KB135246

법과 혁명 Ⅱ

그리스도교가
서양법 전통에 미친 영향(前)

법과 혁명 Ⅱ

그리스도교가
서양법 전통에 미친 영향(前)

해롤드 버만 지음 · 김철 옮기고 주석

Harold J. Berman

LAW and REVOLUTION, Ⅱ

translation & commentary
by
Chull Kim

Law and Revolution II
The Impact of the Protestant Reformations
on the Western Legal Tradition
by
Harold J. Berman

■ 해롤드 버만 교수와 "법과 혁명": 옮긴이의 서문

1. 해롤드 버만 교수는 20세기와 21세기에 걸친 세계적인 법학자이자, 인문 사회과학계에서도 존중과 칭송받는 학자이다. 이런 의미에서 로스코 파운드, 론 풀러, 막스 베버(Max Weber)와 비견되는 예로 지적된다.

2. 그는 1917년에 태어나 1930년대의 세계 대공황, 1933년의 히틀러의 대두, 1938년의 세계대전 발발과 세계대전, 그리고 1945년 8월에 2차 세계대전의 종막을 겪었고(유럽전쟁에 참전하였다), 전후 미・소 냉전시대를 거쳐서, 냉전질서에 이완이 가시화되던 고르바쵸프의 페레스트로이카 시대, 그리고 드디어 1989년 가을의 베를린 장벽붕괴에 잇따른 중동부 유럽 전체의 공산주의의 붕괴와 마침내는 1917년 이후 1차 세계대전 종전 이후 약 72년간 존속하였던 소비에트 연방공화국의 붕괴를 직접 체험하였다.

3. 사회주의 법 가족의 붕괴와 해체 전후의 이른바 교량기간(the Bridge Years) 동안, 그는 공산주의 이후의 중동부 유럽과 러시아 연방에 "서양법 전통"의 전통과 역사를 새로운 질서의 근간으로

하는 법치주의를 수립하는 데 진력하였다. 또한 2006년 여름에는 중국 대륙의 4개 도시의 순회강연을 통해서 수천 명의 중국학자들에게 강의하였다. 그의 생애를 통해서 버만 교수는 약 40개국 이상의 나라에서 천 번 이상의 공개강좌를 행하였다.

4. 『법과 혁명 Ⅰ－서양법 전통의 형성』(원저 1983년, 한국어 번역본 2013년)은 도이치어, 프랑스어, 이탈리아어, 스페인어, 러시아어, 폴란드어, 리투아니아어로 번역되었으며, 중국어와 일본어로도 번역되어 있다. 그의 다른 저술은 합쳐서 20개국 이상의 언어로써 세계 각국에서 읽혀지고 있다.

5. 해롤드 버만 교수는, 하버드 로스쿨에서 가장 업적이 탁월한 교수에게 주어지는 두 가지의 특별 교수직으로 37년간을 재직하고, 68세 때 남부의 하버드라고 불리는 에모리 대학이 최초로 주는 특별 교수직으로 다시 22년간을 에모리 로스쿨에서 재직하였다. 그의 영향으로, 에모리 대학의 법과 종교 연구센터(the Center for the Study of Law & Religion)가 설립되었다. 그는 또한 동서냉전이 격렬하던 1955년 이후 1989년 동유럽 러시아혁명 이전에도, 학자의 신분으로 당시 소비에트 러시아에서 모스크바 법과대학을 베이스로 해서 50회 이상 강의와 연구 프로젝트를 행하고, 모스코바에 아메리카 법 센터(the American Law Center in Moscow)를 창설하였다.

6. 공산주의가 붕괴 해체된, 1989년 동유럽 러시아혁명 이후에도, 동유럽과 대륙 중국에서 가장 신뢰되고, 자주 인용되는 학자이

다. 그는 신흥 민주주의 국가에서의, 신뢰, 평화, 정의를 확립하고, 불평등을 교정하기 위해서, 세계법 기구(the World Law Institute)를 공동 창설하였다. 이 기구는 세계법(world law) 교육 프로그램과, 2000년에 부다페스트의 중앙 유럽대학(Central European University in Budapest)과 모스코바에, 세계법 아카데미(Academy of World Law)를 개설하였다.

7. 버만은 로스코 파운드, 칼 르웰린, 론 풀러에 이어서 20세기 법학교육에 있어서의 거인으로 평가되고 있다(James T Laney). 로스코 파운드는 하버드 로스쿨의 실질적인 건설자이고, 론 풀러 역시 2차 세계대전 이후 전후 세계질서와 관계된 자연법론자로서 하버드 로스쿨을 베이스로 해서 2015년 한국의 법학계까지 영향을 미치고 있는 전설적 인물이다.

8. “버만의 법과 혁명(Law and Revolution)은, 모든 것이 잊혀지고 나서도, 세월을 초월해서 빛을 발할 것이다(칼라브레시, Calabresi).”

“법의 근대성(legal modernity)을 역사적으로 비교하여 이해하는데 있어서, 버만은 막스 베버와 짝이 될 수 있는 유일한 인물이다(칼라브레시, Calabresi).”

“법과 혁명은, 금세대에 있어서, 법과 제도에 대한 가장 중요한 업적이 될 수 있다(전미 변호사협회, 아메리카 정치학 리뷰).”

9. 이러한 세계 법학과 인문 사회 과학계의 거인이 한국에 소개

된 바가 극히 최근이라는 것은 놀랄 만한 일이다. 옮기고 정리한 필자가, *The Interaction of Law and Religion*(1974)을 한국어로 옮겨 『종교와 제도 - 문명과 역사적 법이론』(1992)으로 한국에서 출간한 것이 처음이었고, 『법과 혁명 Ⅰ - 서양법 전통의 형성』을 2013년에 출간한 것이 본격적인 저술의 두 번째 소개였다.

10. 이제 『법과 혁명 Ⅰ』 이후, 버만이 20년의 세월이 걸려서, 최후의 대작으로, 집대성한 『법과 혁명 Ⅱ - 그리스도교가 서양법 전통에 미친 영향』을 한국어로 옮기고, 주석을 달고, 한국어 독자의 이해의 편의를 위하여, 가외의 부록을 붙여서, 출간하기로 하면서, 도와주신 분들에게의 깊은 감사는 책 끝의 옮기고 정리한 사람의 후기를 참조해주었으면 좋겠다.

11. 『법과 혁명 Ⅱ - 그리스도교가 서양법 전통에 미친 영향』을 옮기고, 주석을 단 한국어판의 방대한 원고량 때문에, 총론과 "도이치혁명과 법" 부분을 전편으로, "잉글랜드혁명과 법" 부분을 후편으로, 2권으로 나누어서 출간하게 됨을 양해바란다.

2016년 1월

옮기고, 정리해서, 주석을 붙인 김철

■ 해롤드 버만의 서문

만만치 않은 부제목과 엄청난 각주에도 불구하고 이 책은 법학도만이 아니라, 또한 비법학도들을 위해서 쓰여진 것이다. 실로 이 책은 전문적인 주제인 법에 관한 것이다. 그러나 법은 전문가들에게만 맡겨두기에는 너무 중요하다. 실로 법은 대부분의 생각하는 사람들의 마음속에 있다. 입법가들의 정책과 행동, 정부 규제와 절차, 그리고 비정부기구의 것들, 판사들의 결정은 모든 주요 정보 미디어에서 눈에 띄게 보도된다. 국제 관계든 정치캠페인이든, 경제, 범죄, 인종, 여성문제 그리고 스포츠에 관한 사항들이다.

이 책은 또한 역사를 다루고 있고, 종교를 다루고 있는데, 이것 역시 전문가들에게만 맡겨두기에는 너무 중요하다. 전문가들은 개별적인 세부 전공에 지나치게 집착하는 경향이 있다. **법을 역사와 종교와 함께 고찰하는 전문가는 드문데, 실지로는 이 세 개가 눈에 띄는 방식으로 서로 겹치고 있다.** 현대에 와서 법을, 다른 주제와 함께 학제적으로 생각하는 저명한 법학자들조차도, 정치학쯤을 같이 놓고 생각할 뿐이다.[1)]

법의 생명은 어느 사회의 정치뿐 아니라 그 사회의 도덕적 가치

1) 옮긴이 주석: 법학과 경제학의 학제적 연구에 대하여는 김철, 법과 경제 3부작 (2009.3, 2009.9, 2014) 참조.

와 역사적 경험과 분리될 수 없게 연결되어 있다고 믿는 사람들에게는, 전문가가 자기 전공 만에 집착하는 것은, 힘들게 느낀다. 『법과 혁명』 1권을 읽은 법학 전문가나 역사가들과 대부분의 사람들은, 이 책에서의, 새로운 발견에 놀랐을 것이다. **서양법 전통**(Western Legal Tradition)**은 12세기와 13세기에 교황의 혁명**(Papal Revolution)**의 영향으로 형성되었으며, 교황의 혁명은 로마가톨릭 교회의 위계를**, 황제, 왕, 봉건 영주의 지배로부터 **해방시켰으며, 최초의 근대적 서양 법체제인 로마 가톨릭교회법**(canon law)**의 창설로 결과되었다**. 여기에 대한 응수로, 왕의 법, 봉건법, 도시법 그리고 상인법이라는 세속 법체계가 유럽 전역에서 점진적으로 형성되었다.

성속(聖俗)의 구별에 따른 재판관할권의 이원론(즉 교회 법원과 세속 법원의 양립)과, 같은 정치 공동체 내에서의 세속 법원 내의 재판관할권의 복수주의는, 서양법 전통의 형성의 심장부였다. 법학 전문가나 역사 전문가들과 함께 비전문 일반인들은 새로운 사실에 접하게 된다. **게르만의 루터주의와 잉글랜드의 칼뱅주의가, 16세기 초에서 18세기 초까지 서양법 전통의 변용에 엄청난 영향을 끼쳤다는 사실, 프로테스탄티즘이 정신적 권위와 정신적 책임감을**, 여러 지역 영방과 민족국가의 **세속 입법가들에게 옮겼는데,** 이들의 주권적 권위가 이전에는 자율적이었던 모든 재판관할권을 포함하고 있다. 이 중요한 역사적 사건은, 12세기 이전 세대의 역사가들에게는 잘 알려졌으나, 12세기에 와서는 거의 잊혀졌는데, 세속주의 자체가 세속화되고, 서양의 공통적인 법적 유산은 강한 민족주의로 용해되었다.

지나간 세기들에서 로마 가톨릭과 프로테스탄트 그리스도교가

서양법 전통에 미친 영향을 기억하는 것이 왜 중요한가?

첫째로, 우리는 그 전통의 유산 상속자들이며, 근대 이후의 법은, 그 영향의 산물이기 때문이다. 우리는 우리들의 법제도가 어떻게 현재의 것으로 왔는가를 모르고서는, 우리들의 법제도를 이해할 수 없다. 마치 만약 사람이, 어떻게 현재 상태까지 오게 되었는가를 모르고서는, 현재의 우리를 알 수 없는 것과 마찬가지이다. 우리들의 역사는 우리들의 집합적 기억(group memory)이고, 그것이 없다면 집합체로서의 우리는 없을 것이다. 만약 우리가 단지 현재에만 산다면, 우리는 기억 상실증으로 고통받을 것인데, 어디서 우리가 왔으며, 어디로 우리가 가는가를 모르는, 사회적 건망증일 것이다.

두 번째는, 과거에 대한 지식 없이는 미래를 향한 확실한 근거 있는 헌신은 없을 것이다. 에드먼드 버크(Edmund Burke)가 2세기 이상 전에 가르친 것처럼, 조상 때의 과거를 돌아보지 않는 국민은, 그 장래를 예측할 수도 없다. 테야르 드 샤르댕(Teilhard de Chardin)의 말처럼, 미래가 어떻게 건설될지를 알려주는 것은 과거이다.

세 번째로, 우리들의 법적 유산은, 역사적으로 각기 다른 형태의 그리스도교 신앙에 뿌리를 두고 있다고 하는 것이 중요하다. 최근 세대에서 그 사실은 망각되었고, 그 결과로 우리는 더 이상 현재 지배하는 법적 제도의 기초로 깔려 있는, 근본적 확신을 더 이상 확인하지 못하고 있다. 1952년에 미합중국 최고법원 판사는 판결 의견에서, 아메리카인들은 "**그들의 모든 제도가 지고(至高)의 존재**(a Supreme Being)**를 전제로 하고 있는 종교적인 국민**(religious people)**이다**"라고 할 수 있었다.[2)3)] 오늘날에도 정치가나 다른 분야에서는 그런 소리를 할 수 있겠으나, 더 이상 법원에서는 하지 않는다. 법적으로, 종교는 개개인의 사적인 일들이 되었고, 대체로 법적인 논의에서는 떨어져 나갔다. 오늘날에는 어떤 새로운 근본적인 확신이, 우리들의 법제도가 그 위에 서 있는 초석으로서의 정통적인 종교적 신념을 대체했는가는 분명하지 않다. 순차적으로, 우리들의 법적인 논의와 법 가치의 네트워크가, 일찍이 그것들이 가졌던 힘과 활력을 결여하고 있다.

네 번째로, 그리스도교의 다양한 신앙에 두고 있는 뿌리를 포괄하여, 우리들의 법적 전통의 종교적 차원에 대한 인식을 회복하는 것이 중요하다. 이것은 20세기와 21세기에 우리들이 진입한 세계 역사의 새로운 시대의 도전에 대해서 창조적으로 응수하기 위해서 필요하다. 이 시대에, 서양(The West)은 다른 문명과 문화와 끊임없이 상호작용하였다. 특히 그리스도 시대의 두 번째 1000년 시대 (2000년대 이후)에는, 한 세기가 지나갈수록, 세계의 사람들은 서로 접촉하도록 상황 지어진다. 서양 기독교는 선교사, 상인, 군대를 통해서 점차로 그 자신 주위에 하나의 세계를 만들었다. 이제 서양은 더 이상 그 세계의 중심은 아니다. 모든 인류는, 한편에서는 지구 차원의 커뮤니케이션, 과학과 기술, 시장을 통해서 공통의 문명으로 같이 연결되어 있고, 다른 한편으로는, 환경 파괴, 질병, 빈곤, 억압 그리고 파괴적인 전쟁의 전 지구적인 도전에 의해서 연결되어 있다.

비록 대부분의 사람들이 아직도 **법을 일차적으로 국가적 용어**

---

2) 윌리엄 더글라스(William O. Douglas) 판사 의견, Zorach v. Clauson, 343 U.S. 306, 213 (1952).

3) 옮긴이 주석: 프랑스 인권선언(1789)은 지고(至高) 또는 최고의 존재(superier)를 전제로 하고 있다. 2차 전후의 본 기본법은 유사한 구절을 쓰고 있다.

(國家的 用語)로 생각하고 있지만－법은 국민 국가(nation-states)에 의해서 만들어지기 때문에－실로 온전히 새로운 세계법(world law)의 유기체가 나타나고 있으며, 이것은 국제적 비정부 조직이나 정부 간의 조직에 의해서 만들어지고 있다. 지구적 통합의 새로운 시대에서는, **세계법은 물질적・정신적 원천을 서양뿐 아니라 다른 문명에서도 찾아야 하며, 그리스도교뿐만 아니라, 다른 세계적인 종교적 또는 비종교적 신념 체계에서도 찾아야 할 것이다**. 서양법 전통(the Western Legal Tradition)의 역사적 원천에 대한 기억을 소생시킨다는 것은, 세계법의 새로운 시대에 대한 전망에서 나오는 것이다.

마지막으로, 서양법 전통은 세계 사회에 특유한 시대감각(time sense)을 주는 데 공헌할 수 있다. 이 시대감각은, **세대를 넘고 세기를 넘어서, 점차적으로 진행되는 제도적 진화**의 규범적 중요성에 대한 감각이다. 서양에서는 이 시간의 의미(time sense)는, 역사의 신(God of history)이 인류로 하여금, 세계의 개혁(reformation)을 통해서 구원을 찾도록 도전한다는 생각과 연결되어 있다. 실로 (이 책에서 보여주는 대로) 서양에서 법의 진화를 시기에 따라서 중단시켜 왔던 대혁명들 모두는, 사회를 묵시록에서처럼, 폭력적으로 변화시켜서 인간의 형제애의 새로운 시대를 열게 한다는 확신에 기초하고 있었다. **그러나 모든 혁명은 이윽고 종말론적 프로그램과 결별하고, 처음에 내걸었던 새로운 비전을 혁명 이전의 과거와 타협하게 한다**. 만약 서양법 전통이, 다 문명적인 세계법의 발달에 적극적인 공헌을 하게 하려면, 그것은 폭력적 혁명으로 가는 종말론적 비전이 아니라, 법이 진화하는 능력을 믿는, 혁명 이후의 확신을 통해서이다. 즉 변화하는 사회의 필요성과 가치에 적응해가면서, 계속성(continuity)을 유지해나가는 법의 능력에 대한 믿음이다.

실로 서양법 전통의 주된 장점 중 하나는, 진화하는 특징이며 점진적 성장의 능력이며 새로운 상황에의 의식적인 적응이다. 유럽과 미국에서의 현대 법사상은, 법실증주의자(legal positivists)와 자연법 이론자(a theory of natural law)와의 논쟁으로 점철되어 왔다. 19세기 법철학의 제3의 학파는 역사학파(historical school)로서, 법실증주의와 자연법이론 모두에 반대해서 대두하였다. 역사학파는 오늘날 법학 이론가들 간에서는, 주로 낭만적 민족주의(romantic nationalism)과 같은 것으로 오인되어서, 불신되고 있는데, 법의 시작(origin)과 유효성의 원천을, 그 법이 해당하는 사회의 역사적 경험과 역사적 가치에서 찾는다. 도이치에서는 중점이, "국민의 정신(the spirit of the people)"이라는 뜻의 Volksgeist에 주어진다. 미국에서 중점은 건국의 아버지(Founding Fathers)의 신념과 그 신념에 대한 잇따른 해석에 주어진다.

이 책은, 계몽주의 이전 시대의 법이론으로 돌아간다. ‒ 그때는 법의 세 가지 차원을 모두 결합하고 있었는데 ‒ 정치적 차원, 도덕적 차원 그리고 역사적 차원이다. 이와 같은 종합적인, 즉 통합적인 법학(integrative jurisprudence)에서 법을 정의(definition)하기를, 경험의 빛으로 질서와 정의(justice)를 균형 잡는 과정으로 본다. 통합법학이란 라틴어 *integrare*의 원래 의미인 병 고치는 "to heal" 그리고 *integratio*의 의미인 새롭게 하는 "renewal"과 관계있다.

이와 같이 16세기와 17세기의 프로테스탄트혁명(개혁)이 서양법 제도에 미친 영향은, 과거의 에피소드가 아니라, 우리들의 현재와 미래에 영향을 주는 살아 있는 기억이다. 물론 과거로 돌아갈 수는 없다. 루터주의와 칼뱅주의가, 이 책에서 강조된 대로 법질서와 법 정의를 쇄신하는 데 있어서의 주요한 원천이었을 뿐 아니라, 군주권과 귀족에 의한 계층적 독점, 종교전쟁, 이단의 억압, 유대인에 대한 차별, 마녀 처형과 그 밖의 악의 원천이었던 과거로 회귀할 수도 없다. 그러나 그 시대의 좋은 점으로 회귀할 가능성과 필요성은 없을 것인가? 법이 종교적 원천을 가지고 있다는 확신이 그 시대의 좋은 점의 중요 부분이 될 수 있을 것인가? **인류학자들은 모세의 10계명 중 마지막 6계명은 모든 다른 문명에서도 상응하는 대응물을 가지고 있다고 한다.**

서양법 전통과 서양 종교 전통의 관계에 대한 대발견과 부흥은 양자만을 강화할 뿐 아니라, 세계의 다른 문명권 간의 대화와 협조를 촉진할 것이며, 이것은 보편적인 법 기준과 공통적 법제도를 발전시키는 데 도움이 될 것이라는 확신에서, 이 책은 쓰였다.

■ 전 · 후편의 총 차례

<전편>

옮긴이의 서문

해롤드 버만의 서문

총론(Introduction)

제1부 게르만 혁명(종교개혁)과 게르만 법의 변화(16세기)

제1장 교회와 국가의 재정립(1517~1555)
제2장 루터주의의 법철학
제3장 도이치 법과학의 변화
제4장 도이치 혁명과 형사법의 개혁
제5장 도이치 사법과 경제법의 변용
제6장 도이치 사회법의 변용

옮기고 주석 붙인 이 후기(전편)

색인

<후편>

옮긴이의 서문

해롤드 버만의 서문

제2부 잉글랜드 혁명과 잉글랜드 법의 변용(17세기)

제7장 잉글랜드 혁명(1640~1689)

제8장 잉글랜드 법철학의 변용

제9장 잉글랜드 법 과학(English legal science)의 변용

제10장 잉글랜드 형사법의 변용

제11장 잉글랜드 혁명과 사법·경제법
(The Transformation of English Civil and Economic Law)

제12장 잉글랜드 사회법(English social law)의 변용

제13장 결론(Conclusion)

해롤드 버만(Harold J. Berman)의 생애와 학문

[부록 1] 법과 혁명: 아메리카 독립 혁명(1776년)이 법제도에 미친 영향

[부록 2] 법과 혁명 프랑스 혁명(1789년)이 법제도에 미친 영향-법과 종교의 관계를 겸하여

[부록 3] 법과 혁명: 동유럽 러시아 혁명(1989년)까지의 러시아와 체코 행정법의 역사

[부록 4] 법과 혁명: 동유럽 러시아 혁명(1989년)이 러시아의 법치주의와 입헌주의에 미친 영향-법과 권리의 우위원칙; 러시아와 동아시아에 있어서의 체제변환의 기초

옮기고 주석 붙인 이 후기(후편)

옮긴이와의 서신과 버만의 자필 서명

색인

■ 전편 차례

옮긴이의 서문 / 5

해롤드 버만의 서문 / 9

총론(Introduction) / 21

0.1 서양법 전통의 기원은 교황의 혁명에서 시작된다 30
0.2 최초의 개신교혁명: 루터주의의 도이치 34
0.3 두 번째의 프로테스탄트혁명: 칼뱅주의 잉글랜드 41
0.4 프랑스 대혁명: 이신론주의자(Deist)의 합리주의 47
0.5 아메리카혁명: 부분적으로는 '영국식', 부분적으로는 '프랑스식' 53
0.6 소비에트 러시아혁명: 무신론자들의 국가사회주의 62
0.7 천년을 단위로 하는 역사연대기(Millennial Historiography) 74
0.8 초기 프로테스탄트 믿음 체계들과 서양의 '흥기'와 16세기와 17세기의 프로테스탄트 신앙 체계들 82

제1부 게르만 혁명(종교개혁)과 게르만 법의 변화(16세기)

제1장 교회와 국가의 재정립(1517~1555)

1.1 들어가는 말 101
1.2 도이칠란트: 제국(Reich)과 영방들(Länder) 104
1.3 변화의 징조 116
1.4 루터와 교황; 교회의 개혁 124
1.5 루터주의 125
1.6 루터의 인격 140
1.7 개혁운동이 퍼져 나가다 147

1.8 루터와 (각 영지의) 군주들: 국가의 개혁 152
1.9 자유도시의 역할 162
1.10 농민들의 전쟁 '보통 사람들의 혁명' 168
1.11 도이치혁명이 유럽 전역에서 파장을 일으키다 176
1.12 법의 개혁(Reformation of Law) 189
1.13 제외된 사항들 205

제2장 루터주의의 법철학

2.1 루터의 법철학 216
2.2 법의 효용 225
2.3 필립 멜랑히톤(Philip Melanchthon)의 법철학 230
2.4 자연법의 신의 법에 대한 관계 235
2.5 세속 시민사회에 있어서의 자연법의 효용들 243
2.6 자연법과 실정법과의 관계 247
2.7 요한 올덴도르프의 법철학 266
2.8 신의 법(divine law), 자연법(natural law), 실증법(positive law) 272
2.9 형평법(Equity) 282
2.10 정치와 국가 295

제3장 도이치 법과학의 변화

3.1 인본주의 또는 인문주의자(humanist) 법과학의 회의적인 단계 321
3.2 인문학적 법과학의 원칙을 세우는 단계 331
3.3 법과학의 체계화 단계 344
3.4 멜랑히톤의 주제별 방식(Melanchthon's Topical Method) 355
3.5 요한 압펠(Johann Apel) 365
3.6 종교개혁 시대의 법학자 콘라드 라구스(Konrad Lagus) 385
3.7 법의 체계화에 잇따른 발전
(The Subsequent Development of Legal Systematization) 401
3.8 새로운 법과학의 정치적 함의와 철학적 함의 407

제4장 도이치 혁명과 형사법의 개혁

4.1 슈바르첸베르크(Schwarzenberg)와 밤베르겐시스
(Bambergensis)와 카롤리나(Carolina) 438

4.2 슈바르첸베르크의 형법개혁의 도이치혁명에 대한 관계 462

제5장 도이치 사법과 경제법의 변용

5.1 계약(Contract) 480
5.2 물권(재산법) 512
5.3 비즈니스의 조직(Business Associations) 535

제6장 도이치 사회법의 변용

6.1 세속법의 비세속화 또는 정신화
(The Spiritualization of Secular Law) 551
6.2 세속법과 비세속법(교회관할법)의 상호작용관계
(The Interaction of Secular and Spiritual Law) 589

옮기고 주석 붙인 이 후기(전편) / 601
색인 / 609

<약어 설명>

다음 약어의 본래 명칭은 아래와 같다.

- CCC Constitutio Criminalis Carolina
- *CR* *Corpus Reformatorum*, 28 vols. (Frankfurt am Main, 1834~1860)
- *LW* *Luther's Works*, ed. Jaroslav Pelikan, 55 vols. (St. Louis, 1956)
- *WA* Martin Luther, *Werke: Kritische Gesamitausgabe* (Weimar, 1883)

■ 총론(Introduction)

이 두 책은 두 개의 큰 혁명들－즉, 루터의 종교개혁이 결정적인 부분이었던 16세기의 도이치의 혁명과 칼뱅주의의 종교개혁이 결정적인 부분이었던 17세기의 영국혁명－의 영향 아래에서 일어난 서양법 전통의 연속해서 일어난 두 번의 변용을 스토리로 하고 있다. 이 스토리는 물론 도이치 종교개혁과 영국 칼뱅주의의 혁명에 의해서 영향받은 법전통만을 얘기하는 것은 아니고, 새로운 형태의 민족, 새로운 형태의 정부, 새로운 경제적 제도, 새로운 계층관계, 역사의 새로운 개념과 진리의 새로운 개념을 포함하고 있다. 이들 혁명들은 두 개의 전면적인 정치적이며 사회적인 대격동이며, 두 개의 새로운 믿음의 체계를 반영하고 있어서, 그 믿음의 체계의 반향은 전 유럽을 통해서 느껴졌었다.

이들 두 개의 연속적인 역사의 기간 동안에 서양법 전통에 무엇이 일어났는가를 이야기할 때는 전체로서의 혁명적 변화의 배경을 스케치하지 않고서는 적절하지 않을 것이다: 즉, 1517년 10월 31일 이후 도이치와 그리고 유럽에서 무엇이 일어났는가? 때는 마르틴 루터가 비텐베르크에 소재하는 왕립 교회의 문에 써 붙인, 로마 가톨릭의 사제직의 폐지와 도이치 프린스(prince)가 통치하는 공국

(principality)의 지배자들이 군사를 일으켜서 독일 황제와 교황의 힘에 대적해서 루터주의의 공의를 방어하자는 선언을 포함하고 있었다. 그리고 그다음에는 1640년 11월 이후 영국과 유럽에서 일어난 일들로써 이때 찰스 1세의 11년에 걸친 개인적 통치 이후에, 청교도가 지배하는 의회가 주로 영국의 지방 향사들에 의해서 선출되었으며, 의회는 스코틀랜드에 장로교회를 설치하기로 투표하여서, 찰스 왕은 400인의 군대를 의회(the House of Commons)로 보내서 의회 주도 멤버들을 체포하려고 했으며, 여기에 대해서 의회는, 의회군을 일으켜서, 왕이 가지는 최고의 지위를 박탈하려고 했다. 그러나 이 두 책의 주된 초점은 이와 같은 두 개의 혁명의 경로에 있는 것이 아니고, **두 개의 혁명의 와중에서 이윽고 이들 두 나라에서의 법의 체계들에 무슨 일이 있었는가에 초점이 놓여진다**. 이때 콘텍스트가 되는 것은 도이치와 영국이라는 두 개의 국가적·민족적 법체계를 구성하고 있었던, 보다 넓은 법전통이라는 맥락에서 관찰하는 것이다. 앞선 제1권은 서양법 전통의 형성의 스토리에 대해서였다. 즉, 11세기 말과 12세기 초의 교황의 혁명의 영향 아래에서, 12세기와 13세기에, 최초의 근대적 법체계가 형성되었고, 이것은 로마 가톨릭교회의 "새로운" 교회법, 즉 canon law였으며, (이것은 그때 불려지던 이름으로는 *jus novum*이었으며) 점차로 이 새로운 교회법과 함께 공존하는 세속 법체계들 – 즉, 왕의 법(royal), 봉건법(feudal), 도시법(urban), 그리고 상인법(mercantile)이 나타났다[4](Harold Berman, *Law and Revolution*, 1983). **실로 교회법**, 즉

4) 원저 p.2. 각주 1. Harold J. Berman, *Law and Revolution: The Formation of the Western Legal Tradition* (Cambridge, Mass., 1983) (hereafter Berman, *Law and Revolution*).

캐논법은 중요한 측면에서 세속 법체계의 발달에 모델로서 작용하고 봉사하였다. 서양법 전통의 이후의 변화는, 18세기의 프랑스와 미국혁명의 충격 아래에서 생겨났으며, 또한 20세기의 러시아혁명의 충격에서도 변화가 생겨났으며, 또한 20세기와 21세기 초의 서양법 전통의 위기 상황에서도 변화가 생겼다.

이 서문의 주된 목적은 16세기와 17세기의 독일과 영국법의 변화를, 각각 전체로서의 서양법 전통이라는 맥락 안에서 위치 지우는 것을 목적으로 한다. 서양법 전통은, 전체로써 11세기 말에 기원을 가지고 있으며, 이후에 연속적으로 행해진 중요한 변화를 통해서 20세기와 21세기 초의 상황에까지 변용된 것이다. 서양법 전통의 형성과 잇따른 변화와 변용의 스토리가 얘기되는 것은, 궁극적으로 900년 이상된 서양법 전통이 현재 위기 상황에 있다는 기본적 전망에서부터 나오는 것이다.

처음 "서양의"(Western), "법의"(legal), 그리고 "전통"(tradition)이라는 용어가 무엇을 의미하는가를 간단히 밝히는 것이 도움이 될 것이다. 이것은 특히 이 용어들이 서양법 전통이라는 단일한 개념으로 묶여져 있을 때 그러하며, 또한 혁명 – 특히 대문자인 R을 쓴, "Revolution"과 함께 쓰여질 때 더욱 그러하다. 혁명이란 서양사에 있어서 시대에 따라서 분출된 거대한 정치적, 사회적 격변이며, 이러한 혁명에 더구나 서양법 전통이 어떻게 관계되는가를 설명하여야 한다.

내가 뜻하건대 서양이란, **12세기 초에서 16세기 초까지 공통적인 정치적, 법적인 개념을 가지고 있었으며, 또한 공통적으로 종교에 있어서 로마 가톨릭교회의 교황의 계층구조에 예속하고 있었으며,** 또한 16세기에서 20세기까지 일련의 대규모의 국민혁명들을 겪었으며, 그 혁명들의 하나하나는 부분적으로는 로마 가톨릭에 반대하는 방향이었으며, 그 혁명들의 하나하나는 유럽 전역에 반향을 가져왔던, 그러한 유럽 사람들의 역사적으로 전개되는 문화를 서양이라고 한다. 서양으로 포함되는 것은, 아메리카 합중국과 같이 비유럽 국가들도 포함되며 이때는 주로 식민활동에 의해서 역사적으로 발전되는 서양문화로 편입된 경우이며, 러시아의 경우에 있어서는 문화적 또는 정치적인 상호교류 관계와 일치성에 의해서 서양문화로 된 경우이다.

서양법 전통에서 “법”이라고 할 때, 나는 법의 체계를 의미하는데 – 헌법과 법철학과 법과학, 형법과 민법, 절차법의 법원칙과 룰들도 포함해서 얘기하고 있으며 – 이러한 법체계들은 12세기 이후 서양에서 오랜 시간을 두고 발달해온 것이다. 시간과 장소의 다양성에도 불구하고 **12세기 이후의 서양 여러 나라의 법체계들은 역사적으로 공통된 기초를 가지고 있으며 공통된 개념과 방법을 가지고 있다**. 또한 여기서 법에 포함되어야 되는 것은, 세속법이 아닌 교회와 관계된 정신적 영역의 법(spiritual law) 또는 사회법(social law)으로서 교회에서 이루어지는 여러 일들, 즉 혼인과 가족, 도덕을 훼손하는 범죄, 교육 그리고 가난한 자의 구제를 규제하는 법을 말한다. 16세기 이전에 이와 같은 일들은 로마 가톨릭 교회의 권능 안에 있었다. 그러나 프로테스탄트 개혁은 이 일들을 교회가 아닌 세속 정부의 권능 안에 가져오게 하였다.

서양법 전통이라 할 때 “전통”은 무엇을 의미하는가. 과거와 현재 사이를 잇는 유효하고, 진행되고 있는, 역사적 연속성의 감각을 의미한다. 법과 법학에 있어서는 **여러 세대와 여러 세기에 걸쳐서 법제도들이 유기적으로 발전하는 것을 의미하는데**, 이때 한 세대는 앞선 세대들의 업적 위에 의식적으로 쌓아올려 가는 것이다. 역사가 야로슬라브 펠리칸(Jaroslav Pelikan)은 전통주의(traditionalism)란 살아 있는 자들의 죽은 신앙이며, 전통이란 죽은 자들의 살아 있는 믿음이라고 하였다.5) 비슷하게 우리는 역사주의(historicism)란 과거에 집착하는 것이다. 그것도 '현재가 아닌 과거를 위하여 집착하는 것이다'라고 할 수 있으며 여기에 대조해서 역사성(historicity)이란, 새로운 미래를 건축하는 데 있어서, 과거의 경험 위에서 그림을 그리는 것이다. 사회학자 에드워드 쉴즈(Edward Shils)는 **전통이란 "과거의 죽은 손이 아니라 정원사의 손이며, 이 정원사의 손이, 판단에 있어서의 어떤 경향을 풍부하게 하기도 하고 제외하기도 하는데, 정원사의 손이 없이는 판단의 기준이라는 것이 충분히 강하지 못한 것이다"**6)라고 한다. 특징적으로 서양은 시간에 따라서 의식적으로 발전하며 여러 세대에 걸쳐서, 여러 세기에 걸쳐서 "성장하는" 법의 "몸체"라는 개념을 가지고 있다. 따라서 서양법 전통에서 전제가 되는 것－법의 변화라는 것－은 우연하거나 멋대로 일어나지 않고, 현재와 미래의 필요성을 충족시키기 위해서 과거를 의식적으로 재해석함으로서만 일어나는 것이다. 이런 의미에서 법은 진화하며 현재 진행형으로 변화하고 있으며, 그래서 법은 역사를 가지고 있으며 역사를 가지고 있는 법은, 그것의 스토리를 우리에게 얘기한다. 그러나 서양에 있어서의 법의 진화과정은, 대혁명에 이어서 시작되었으며, 과거 5세기 동안 주기적으로 일련

---

5) 원저 p.3. 각주 2. See Jaroslav Pelikan, *The Vindication of Tradition* (New Haven, 1984), p.65.

6) 원저 p.3. 각주 3. See Edward Shils, *The Virtue of Civility: Selected Essays on Liberalism, Tradition, and Civil Society* (Indianapolis, 1997), p.107. Cf. idem, *Tradition* (Chicago, 1981).

의 대혁명들에 의해서 중단되고 간섭되어져 왔다. 서양에 있어서의 모든 나라와 민족은 그들 법을 이와 같은 어떤 혁명에 유래를 두고 있다. **장기에 걸쳐서 연속적으로 진화하다가, 이윽고 주기적으로 대혁명이 일어나는 것과 같은 역사와, 이와 같은 장기 진화와 주기적 대혁명의 폭발이 서로 어떤 영향을 미쳐서 전체적으로 하나의 역사를 이루는 것인가가** 법 이야기의 본질적인 부분이 된다.

"혁명"은 근본적인 변화, 급격한 변화, 맹렬하고 폭력을 동반한 변화, 영향이 오래 가는 변화를 말하며 어떤 사회의 정치, 사회 체제에서 일어나는 것이다. 또한 혁명은 그 나라의 사람들 자신에게도 근본적인 변화를 일으키는데－사람들의 태도, 사람들의 성격 그리고 그 사람들이 무엇을 믿고 사느냐라는 신앙의 체계에서 근본적인 변화를 일으킨다. 혁명의 이런 의미는 1789년 프랑스 대혁명의 발발로부터 유래한다. 이때, Liancourt 공작이 바스티유의 대폭동의 뉴스를 베르사유 궁전에 있는 루이 16세에게 가져왔을 때이다. 왕은 외치기를 "그러나 그것은 반역이다." Liancourt는 "폐하, 아닙니다. 이것은 혁명입니다."[7] *똑같은 표현이 1776~1773년*

---

7) 원저 p.3. 각주 4. See Ilan Rachum, *"Revolution": The Entrance of a New Word into Western Political Discourse* (Lanham, Md., 1999), p.230. Rachum traces to Italian sources of the fourteenth and fifteenth centuries the use of the word "revolution" to signify important abrupt changes, including important abrupt political changes. His principal thesis is twofold: first, that long before the seventeenth and eighteenth centuries, contrary to what many have maintained, "revolution" came to mean change forward, not a cyclical return-not a "revolving"-to a previous position; and second, that many such changes in the political sphere were called revolutions. Rachum ignores, however, the very strong evidence presented by Eugen Rosenstock-Huessy that the first use of the word to represent not just "a" political change but a fundamental transformation of the entire political and social order was in England in 1688, when not just "a" revolution but "the Glorious Revolution" was understood by the Whigs, who effectuated it and named it, as the inauguration of a new era in English history,

의 미국독립전쟁, 그리고 1905년과 1917년의 러시아혁명에 대해서도 적용된다.[8] 역시 같은 말이 1640년이 영국혁명에도 적절하게

---

though disguised in the terminology of a "restoration" of the ancient rights and liberties of Englishmen. See Eugen Rosenstock-Huessy, *Out of Revolution: The Autobiography of Western Man* (1938; reprint, Providence, 1993), pp.304~305, 340~341. See also W. A. Speck, *Reluctant Revolutionaries: Englishmen and the Revolution of 1688* (Oxford, 1988), p.1 and n. 1. Rosenstock-Huessy's great work has been almost totally ignored by historians of the European Revolutions. Norman Cantor counted four "world revolutions," namely, the Papal Revolution, the Protestant Reformation, the French Revolution, and the Russian Revolution, but omitted the English Revolution and the American Revolution. See Norman Cantor, *Medieval History: The Life and Death of a Civilization* (New York, 1968). Crane Brinton, in *The Anatomy of Revolution*, rev. ed. (New York, 1965), analyzed the English Revolution, the American Revolution, the French Revolution, and the Russian Revolution, but omitted both the Papal Revolution and the German (Protestant) Revolution. More recently, Charles Tilly, in *European Revolutions: 1492~1992* (Oxford, 1993), examines causes and outcomes of "abrupt wide-reaching, popular change in a country's rulers" in Spain and the Netherlands in the sixteenth century, Britain in the seventeenth century, France in the eighteenth century, and Russia in the twentieth century. Theda Skocpol, in *States and Social Revolutions: A Comparative Analysis of France, Russia, and China* (Cambridge, Mass., 1999), focuses on the causes and consequences of the outbreak of the French, the Russian, and the Chinese Revolutions in the first few years, that is, in their most radical phases. R. I. Moore, by contrast, in *The First European Revolution: c. 970~1215* (Oxford, 2000), portrays political, economic, and social changes, including changes in law, that took place during the century before the Papal Revolution and the century after it. At the same time he minimizes the significance of the violence and rapidity that characterize the climax of the revolutionary upheaval and that establish it in the historical memory of the society. None of these other authors trace, as Rosenstock-Huessy does, the continuity of European history from the twelfth to the twentieth century, preserved and transformed by periodic revolutionary upheavals that take two or three generations to run their course.

8) 원저 p.3. 각주 5. Reference here and throughout is to the Bolshevik Revolution of October 1917, as contrasted with the peaceful establishment in Russia of the so-called Provisional Government in February 1917, after the tsar's abdication, which is called "the February Revolution," and the uprising of the populace in 1905, leading to the establishment of the first Russian parliament (Duma), which is called "the 1905 Revolution." The first two upheavals, though called revolutions, turned out to be preludes to the third, which alone of the three had substantial European and, indeed, worldwide repercussions.

적용될 수 있다. 그러나 이 경우는 영국혁명이 1689년에 결론이 났을 때 명예로운 혁명(Glorious Revolution)이라고 불리었다. 우리가 루터의 종교개혁이라고 알고 있고, 그 당시에 그렇게 불리였던 게르만혁명(German Revolution) 또는 독일혁명에도 똑같은 특징이 적용될 수 있다. 또한 주도한 사람의 이름을 좇아서 그레고리의 개혁(Gregorian Reformation)이라고 당시에 불리던 1075년에서 1122년까지의 교황의 혁명에 대해서도 똑같은 얘기를 할 수 있다. 왜냐하면 (한국에서 잘 알려지지 않았으나) 이들 6개의 대혁명 전부에서 맹렬하고 폭력적인 봉기가 있었으며, 크나큰 이념들을 두고 싸운 내전 상태가 있었다. 6개의 이러한 대혁명들이 뿌리를 내리는 데는 한 세대 이상이 걸렸다. **각각의 혁명은, 가장 근본이 되는 법에 있어서의 정당성을 두고 싸웠고** 또한 묵시록적인 전망을 추구하였다. 각 개의 혁명은 이윽고 법의 새로운 몸체를 산출하였는데 이 새로운 몸체를 가진 법은 혁명의 주된 목적들을 반영하고 있었다(예를 들면 프랑스혁명 이후의 나타난 프랑스 인권선언과 인권조항 그리고 나폴레옹 민법전과 형법전은 프랑스혁명의 중요한 목적들을 담고 있다). 이와 같이 서양 사회의 대혁명들의 하나하나 또는 전부가 서양법 전통을 변형시켰고, 최종적으로 판단한다면 혁명의 성과는 서양법 전통 안에 담기게 되었다.

이와 같이 전통 그 자체는 과거를 볼 뿐만 아니라, 역시 미래를 보게 된다. **서양사에서 나타난 대혁명들의 하나하나의 표어들은 "세상을 개혁하는 것"이었다. 최초의 세 개의 혁명－즉 교황의 혁명, 게르만인들의 종교혁명 그리고 영국혁명－들은 "새로운 하늘과 새로운 땅", 즉 전혀 새로운 세상을 맞이한다는 성경에서 나오는 믿음과 전망을 가지고 있었다. 아메리카 독립혁명과 프랑스혁명**

은, 창조주가 부여한 인류의 이성을 가장 높은 지위로 두고, 따라서 창조주가 부여하였기 때문에 타인에게 양도할 수 없는 권리와 자유들을 가진다는 똑같은 믿음을 채택하였다. 이 믿음은 창조주에 대한 신앙에서 비롯되었고, 창조주가 부여한 인간의 이성을 기초로 하고 있기 때문에 이신론(Deism, 理神論)이라고 불린다.[9] 러시아 혁명은 무신론자인 공산주의자 당이, 계급 없는 사회, 즉 모두가 형제이며 자매이고, 모든 사람은 그의 필요에 따라서, 필요한 것을 받게 되는 사회를 준비하라는 메시아적인 역할을 선포하였다. 1989년 가을의 동유럽 러시아혁명은, 72년 만에 사회주의법 가족이 붕괴하고, 혁명 이전으로 복귀한 것이다. 이들 여러 혁명에서 나타나는 묵시론적이며 종말론적인 전망에 동반하는 믿음의 체계들은, 급격한 정치, 경제, 사회 변화에서 나타날 뿐만 아니라 역시 공법과 사법이라는 새로운 개념과 새로운 제도들에서 보여진다.

따라서 루터의 종교개혁과 칼뱅주의의 종교개혁의 영향 아래에서 일어난 서양법 전통의 변용에 대한 이러한 스토리는 훨씬 더 넓고 확대된 더 큰 이야기의 일부로 보여져야 한다.

---

9) 옮긴이 주석: 이신론의 논리적 전개는 창조주 하나님의 지상에서의 대리인인 사제가 어떤 경우에 이성에 어그러지는 것을 명령할 때는 어떻게 해야 할까라는 문제이다. 이신론에 의하면 판단의 주체가 되는 우리 인간의 이성 자체를 하나님이 주신 것이므로 이 이성의 판단에 의해서 그릇된다고 생각되는 다른 권위는 부인할 수 있게 된다. 흔히 천부인권으로 한국에서 불리는 양도할 수 없는 권리, 즉 자연권은 그것의 개념을 인간이 만든 것이 아니라, 서구인들이 18세기의 혁명 이전의 오랜 전통에서, 인간과 자연의 모든 것을 창조했다고 믿었던 창조주가 개별 인간에게 직접 부여한 것이라는 의미에서 그 양도할 수 없는 권리가 부인당할 때, 아메리카와 프랑스에서 혁명이 일어난 것이다. 중국 문명의 오랜 지역에서, 고대에는 자연법의 등가물이 발견되기는 하나, 중세 이후에는 "양도할 수 없는 권리"라는 생각이 나타나지 않는 까닭은, 권리를 부여하는 주체로서, (중국 문화에서는) 창조주나 절대자를 전제로 하지 않고, 모든 권리와 의무는 그것을 부여하는 세속 군주인 황제에서 비롯됐기 때문이다. 따라서 세속 권력인 황제가 주지 않았던 것은, 어떤 국민도 가질 수 없었다.

0.1 서양법 전통의 기원은 교황의 혁명에서 시작된다

위에서 말한 보다 큰 스토리는, 흔히 말하는 성속의 구별, 또는 정확히 말하면 교회의 재판관할권과 교회 아닌 정부의 재판관할권을 분리하는 것으로부터 시작한다. 이 성속의 구별은 혁명적 운동에 의해서 이루어졌는데; 이 운동은, 로마의 교회를 (이전의 오랜 시기에 걸쳐서 관행이 되어왔던) 황제들과 왕들과 봉건영주들에 의한 예속으로부터 해방해서 자유롭게 하는 운동이었다. 그래서 황제권과 왕권에서 독립한, 사제들의 계층구조를 교황 아래에서 확립하고, 동시에 분쟁을 해결하며 교황이 만든 법을 강제하기 위해서, 세속 법정이 아니면서 교회 내부에 속하는 전문적인 교회 법정의 구조를 확립한 것과 관계된다. 최초에는 교황 그레고리오 7세에 의해서 시작되었는데 그래서 당시의 이름대로 그레고리오의 개혁은 (가톨릭 사제들의 임명을 종전처럼 황제나 왕과 같은 세속 권력자로부터 독립시키려는 목적이었다는 의미에서) 성직 수여에 관한 경쟁이라고도 불리며, 그 변혁의 주체가 교황이었다는 점에서 교황의 혁명이라고도 불리는데, 이것은 20세기에 와서 비로소 이런 이름을 가지게 되었다. 어쨌든 교황의 혁명은 서기 1075년에서 1122년까지 약 50년의 기간 동안 유럽 전역에 걸친 내란으로 특징지어진다.[10] 이러한 경위 중에 **로마인의 범유럽적인 교회는 최초의 근세 국가가 되었다**. 왜냐하면 근세국가로서의 로마교회는 법의 몸체를 확립시켰고, 이 확립된 법의 몸체는 1140년 그라티아누스의 논문집에서 체계화로 나타난다. 이 논문집은 「일치하지 않는 교회법의

10) 원저 p.4. 각주 6. See Berman, *Law and Revolution*, pp.94～107.

일치」라는 제목이 붙어 있었다. 이 책은 법의 전체 체계에 대한 최초의 체계적인 논문집이며, 현재까지도 교회법에 대해서는 가장 권위 있는 언급으로 여겨지고 있다. 12세기에 처음 출현한 논문집 이후 13세기에는, 영국, 게르만, 프랑스 그리고 다른 영역의 세속법 국가에서 이에 따른 권위 있는 논문집들이 나타났다. 세속법이 주로 커버하는 것은 다음과 같은 상황에 대한 왕의 재판관할권에 대해서이다. 토지소유권과 폭력적 범죄들이 여기에 속한다. 여기에 대해서 영주들이 관할하는 봉건 또는 장원의 재판관할권은, 영주와 영주에 부속되는 하급 지주와의 관계와 함께 토지소유자인 영주와 농민과의 관계를 관장한다. 도시법의 재판관할권은, 12세기와 13세기에 나타난 수천의 새로운 도시와 성읍에서 생기는 민사적 문제에 관계있다. 마지막으로 상인법의 재판관할권은, 시장과 부정기시장에서의 상업적 거래에 대해서 재판권을 가지고 있다. 통틀어서 이와 같이 열거된 세속법과 교회법을 비교할 때, 교회법이 영역에 있어서 더 넓었다. 왜냐하면 교회법은 신부와 사제와 직접 관계된 모든 문제를 관장할 뿐만 아니라, 신부 아닌 일반인들에 관한 많은 사항도 관장했기 때문이다. 실로 성직자 아닌 일반인들도, 계약에 있어서의 분쟁을 교회 법정에서 소송하기를 자주 선택했는데 특별히 그 이유는 당시에 세속 계약법은 교회법에 비해서 훨씬 덜 발달한 상태였기 때문이다. 또한 교회법정과 정부의 법정에 동시에 중첩되는 재판관할권을 불가피하게 하는, 서로 겹치는 일들이 있었다. 또한 이미 열거된 바대로 왕의 법정, 봉건 영주의 법정, 자유도시의 법정, 그리고 상인들의 법정 사이에서도 동시에 중첩되는 재판관할권이 존재했다.

(한국인들이 나라별로 파악하고 있는) 어떤 정치적 공동체 내부

에서도 이와 같이 여러 가지의 다양하면서 독자적으로 움직이는 법체계가, 특히 현실적으로 재판관할권을 가지는 각기 다른 영역들이 공존하면서 경쟁했다는 역사적 사실이 어떤 주어진 정치적 공동체, 즉 국가 안에서도 법이 최고의 성질을 가진다는 것을 가능하게 했다. 교회 안에서도 법의 최고성이 보장되고 또한 국왕이 다스리는 유럽의 여러 왕국의 내부에서도 법의 최고성이 보장된다는 것은, 12세기에 와서 전문적으로 훈련된 사람들의 집단, 즉 전적으로 거기에만 종사하는 직업으로서의 법률가들이 나타남으로서 더 강화되었다. – 즉 12세기에 이미 서양에서는 전문적인 법률가와 판사들 그리고 법학자들이 나타난 것이다. 이들은 교회의 영역에서와 동시에 정부의 영역에서 다 같이 나타났다. 6세기경에 비잔틴제국의 황제 유스티니아누스에 의해서 모아서 이루어진 로마법의 텍스트는, 500년이나 뒤에 서양 세계에서 다시 발견되었다. 시기적으로는 성속의 권력을 분리하는 것을 목표로 했던 교황의 혁명의 정점에서 재발굴되었다. 이후에 이 로마법의 텍스트는, 나중의 이름인 스콜라주의라는 당시로서는 새로운 방식에 의해서 분석되고 종합되었다. 이 새로운 방식은 권위를 가진 텍스트에서 발견되는 앞뒤가 맞지 않는 여러 모순들을 서로 조화시켜서 그 텍스트에서 나타나는 사례와 그리고 각기 다른 룰들로부터 일반적 법개념을 추출하는 것이었다.

마침내 서로 모순되지 않으며 갈등되지 않는 몸체로서의 법개념이나 법규칙과 법원칙의 체계로서의 법개념이라는 것에 살아 있는 활력을 부여한 것은, **법개념이 현재 진행형인 성격을 가지고 있으며, 세대와 세기를 넘어서서 지속적인 성장을 할 수 있는 능력이 있다는 것을 사람들이 믿었기 때문이다**. 그리고 이 법개념의 성격에 대한 믿음은(다른 문명과 비교할 때) 서양의 특유한 것이라 할 수 있다.[11] 서양에 있어서의 이러한 종합적 개념으로서의 법이라는 것은 비유를 들면 쾰른(Köln)의 고딕식 성당과 같이 여러 세기를 두고 건축되고 재건축되기를 처음부터 예정된 것이었다.[12] 법의 몸체라는 것이 일단 지어지면 변화하지 않는 것이 아니라 성립한 이후에도 유기체인 생물처럼 변화하게끔 내부적인 장치를 가지고 있다는 것이 받아들여졌다. 이에 더하여 법의 성장과 시간에 따른 변화는, 변화의 어떤 패턴에 따라서 원래의 내부적인 논리라는 것도 받아들여졌다.[13]

12세기와 이후의 서양에서 이해되게 된, 법의 역사성은 법의 정치적 지배자에 대한 우위라는 생각과 또한 정치적 지배자에 관계없이 자율성을 가진다는 생각과 연결되어 있었다. 물론 법을 만드는 것은 왕 또는 교황과 같이 최고의 정치적 권위였다. 그러나 법을 만드는 경우에도 왕이나 교황은 자기 마음대로 함부로 입법하지 못했으며 또한 중요한 것은 입법자라 할지라도 법을 다시 고치기 전까지는 입법자 자신이 법에 구속된다는 것이다. 12세기 초의 플라톤의 유명한 말에 의하면 "왕은 사람 밑에 있는 것이 아니라

11) 옮긴이 주석: 역자의 개인적인 경험으로는 역자가 처음으로 우리 민법의 몇 개 조항을 읽었을 때, 여기서 나타나는 법개념이 살아 있고, 지금도 활력을 가지고 있으며 세대와 세기를 넘어서서 연속적인 성장을 할 수 있는 능력을 가진 활력과 생명력을 가진 실체로는 보여지지 않았다.

12) 옮긴이 주석: 수백 년에 걸쳐서 조금씩 축조되어서 완성된 이러한 고딕 성당들의 비유는 역자도 대학 초년 시절에 들었으나 그 역시 믿을 수가 없었다.

13) 옮긴이 주석: 한국인들이 어떤 완성된 법제도에 대해서 가지는 인상은, 완공된 건축물을 보는 것과 같아서 법제도 그 자체가 이미 장래 변화하고 성장하는 내부논리를 가졌다는 것은 결코 주된 관점이 될 수 없다. 법은 어떻게 발전되고 전개되는가? 현재와 미래의 변화에 맞추기 위해서 지난날의 규칙과 결정들을 끊임없이 재해석함으로 의해서이다.

신이나 법 밑에 있는 것이다. 왜냐하면 왕 자체를 만드는 것은 법이기 때문이다."[14] 또한 영국인 브락톤(Bracton)의 도이치인 동료인 아이케 폰 레프가우의 말에 의하면, "신은 곧 법이며, 따라서 법은 신이 즐겨하는 것이다."[15]

0.2 최초의 개신교혁명: 루터주의의 도이치

교황의 혁명의 전망은 서로 상반되는 것들을 변증법적으로 화해해서 종합한다는 전망이었다; 서로 반대되는 것이라는 것은 정신적인 것과 세속적인 것, 교황에게 속하는 것과 왕에게 속하는 것, 성직자와 일반인 ‒ 그리고 세속 안에서는 왕의 법과 봉건법, 봉건법과 도시법 서로 반대되는 것이었다. 이와 같이 서로 다른 방향을 가지는 반대되는 것들을 변증법적으로 화해하고 종합한다는 전망은, 그 실현이 우선 사제계급의 신실함과 충성심에 의존하고 있었다. 왜냐하면 그들은, 중세를 지배한 양검이론에 있어서 강력한 "정신적 검"을 행사하고 있었기 때문이다. 또한 성속(聖俗)의 질서를 화해시켜서 종합한다는 전망은, 다른 한편에 있어서는 왕권에 속하거나 봉건 귀족에 속하거나 자유 도시의 권력자들의 책임

---

14) 원저 p.5. 각주 7. "Rex non debet esse sub homine sed sub deo et sub lege, quia lex fecit regem." Henry de Bracton, *De Legibus et Consuetudinibus Angliae* (On the Laws and Customs of England), vol. 2, ed. George E. Woodbine, trans. Samuel E. Thorne (Buffalo, N.Y., 1968), p.33.

15) 원저 p.5. 각주 8. "Gott ist selber Recht, deshalb ist ihm Recht lieb." This quotation is repeated often in literature on the Sachsenspiegel but without citation of the edition and page number, and copies of the book itself are difficult to obtain. See, for example, Christoph Hinckeldey, ed., *Justiz in alter Zeit* (Rothenburg ob der Tauber, 1984), p.10.

을 요구하였다. 왜냐하면 이들은 역시 중세 양검이론(Two Swords Theory, Zwei Schwert Theorie)에 있어서 강력한 "세속적인 검"을 행사하고 있었기 때문이다. 그러나 교황의 혁명에서 나타난 "양검"의 전망은 시간이 지남에 따라서 상당한 정도 손상을 겪게 되었다.

14세기 후반과 15세기에 걸쳐서 서양은 광범위한 격동을 경험하게 되는데, 이 격동은 교회체제나 세속 정부체제 양자가 모두 계속되는 개혁을 겪었기 때문이다. 그러나 종교적 반란이나 더 많은 정의를 요구하는 인본주의적 요청이나 더 인간적인 교회정책에 대한 요구는, 교황 정부의 계층구조로부터는 강한 반응을 이끌어내지 못했다. 왜냐하면 교황의 계층구조는 15세기 끝까지는 깊은 부패로 빠져들었기 때문이다. 개혁의 요구는 역시 세속 정부의 영역에까지 확장되었으나 이 경우에도 별다른 소득이 없었다. 멀리 떨어져서 볼 때, 당시의 사태들은 폭발 지점에까지 누적되고 있었다는 것을 볼 수 있었다. 당시에도 이러한 사태를 인지한 사람은 많았다. 16세기 초에 루터주의가 출현하기 이전에는, 이러한 폭발을 예방하기 위해서 어떤 변화도 그 시대의 치명적인 문제를 시원스럽게 공표하지 못했다. 시대의 결정적인 문제라는 것은 무엇이냐? 역사가 길모어(Gilmore)의 말에 의하면 "그레고리의 혁명은 마침내 실패하였다" 실로 로마 가톨릭교회에 의해서 설정된 목표였던 "세속 정부는 궁극적으로 은혜나 공의를 얻기 위해서이다"라는 생각이 그들의 목표였다면 길모어가 쓰듯이 그러한 세속 정부의 목표를 은혜와 공의에 연결시키는 로마 가톨릭의 사상은 "그때 와서는 더 이상 심각하게 고려되지 않기에 이르렀다."[16)]

1517년에 마르틴 루터와 그의 추종자들은, 이전에 존재해왔던 교회정부가 가졌던 일반인들에 대한 재판관할권을 폐지할 것을 선포함으로써 서양법 전통을 통해서 그때까지 진행해왔던 점진적인 진화의 과정을 파괴하였다.[17] 루터가 말하기를 교회는 법을 만드는 기구가 아니다. 즉, 입법기구가 아니다; 교회는 신앙심 깊은 눈에 보이지 않는 공동체이다. 그 안에서 모든 신자들은 서로에 대해서 봉사하는 사제이고, 각각의 신자는 하나님에 대한 관계에 있어서 "개인적인 인격"이다. 또한 각각의 신자는 하나님의 말씀으로서의 성경에 대해서 개별 인격적으로 반응한다. 따라서 루터주의 이전에는 로마 가톨릭교회의 법적인 권한 내부에 있었던 법을 만드는 권리와 의무는, 군주와 그의 신하 또는 주권을 가지는 세속적 정치권력이 담당하지 않으면 안 된다.

이와 같이 루터주의자들은 12세기의 교황의 혁명 때 사용되고 이후에 통용되었던 "양검이론"을 새로운 이론으로 만들어버렸다. 루터주의자들이 기치로 내건 새로운 이론은 "두 왕국" 이론이었다; 루터주의자들은 가르치기를, 모든 신자들이 사제역할을 하는 눈에 보이지 않는 교회는 하늘의 왕국 또는 천상의 왕국에 속한다. 그리고 천상의 왕국은 복음에 의해서 지배 된다; 이에 비해서 "이 세상"의 왕국인 지상의 왕국은, 눈에 보이는 제도로서의 교회를 포함하는데, **법에 의해서 지배되고**, 이때의 법은 기독교 군주나 그의 신하들의 배타적인 권능 안에 있다.

루터주의자들은 다음과 같이 가르쳤다. 천상의 왕국에 있어서 영

16) 원저 p.6. 각주 9. Myron Gilmore, *The World of Humanism, 1453～1517* (New York, 1952), p.135.

17) 옮긴이 주석: 즉, 법의 역사에서 진화에 의한 성장이 혁명에 의해서 중단되고 파괴되는 과정이 나타난 것이다.

혼의 구원은, 하나님의 은혜에 의해서만 신앙을 가진 사람에게 도달하고 "법의 노력"에 의해서 얻어질 수 있는 것이 아니다 라고 했다. 그래서 종종 다음과 같은 오해가 있었다. 즉, 루터와 그의 동료들은 법철학이나 법개혁에 대해서 긍정적이지 않다는 오해였다. 그러나 이것은 진실이 아니다. 루터주의자들의 가르침은 다음과 같다. 신이 존재하는 지상의 왕국에 있어서도, 비록 눈에 보이지 않고 숨겨진 채로지만 법이 필요하다. 이때의 법은, 10계명에 있어서의 기본적인 도덕법과 도덕법에 근거해서 세속 정부의 지배자가 만든 실정법을 다 같이 포함한다. 그 이유는 첫째로, 도덕원칙에 의해서 죄인으로 하여금 그들의 죄인임을 의식하게 만들고, 죄인들로 하여금 뉘우치고 회개하게끔 도와주는 데 법이 필요하다. 두 번째로 법이 필요한 이유는, 처벌하겠다는 제재의 위협에 의해서 죄인으로 하여금 반사회적인 행위를 저지하는 목적이 있다. 세 번째로 법이 필요한 이유는, 법 원칙과 법 절차에 의해서 의로운 사람들로 하여금 공의와 공통의 복지의 길에서 교육하고 인도하는 역할이다.

루터주의자들이 부른 바대로 "이와 같은 법의 세 가지 효용을 달성하기 위해서 도이치연방의 루터주의 군주들은 포괄적인 제정법을 만들었는데, 규정 또는 규례(Ordnungen, "ordinance")라고 불렀다. 규제대상이 되는 사항은 루터주의 이전에는 로마 가톨릭 정부의 권한에 있었다. 이들 규정들은 교회의 규례라 불렸고, 도이치 프린스가 통치하는 공국(principalities) 내의 루터교회의 구조와 기능을 규정하고 있었다; 여러 가지 규정이 있었는데, 혼인 규례는 혼인과 가족관계를 규율하였다; 풍속 규례는 도덕적 범죄를 규제하고 있었다; 학교 규례는 아동의 공식적 교육을 규제하고 있었으며;

빈곤자 규례는 빈곤자와 병자, 과부와 고아, 집이 없는 홈리스 그리고 실업자들을 관장하고 있었다.[18] 군주가 만든 이와 같은 규정의 대부분들을 기초한 것은, 루터주의의 법을 훈련받은 신학자들이었다. 어떤 경우에는 루터 자신과 그보다 젊고 가까운 동료였던 필립 멜랑히톤을 포함하였다.

이전시대를 풍미했던 로마 가톨릭의 법과학에서 써왔던 스콜라주의의 방법에 대비해서, 루터주의에 의한 법률가들은 다음과 같은 것들을 강조하였다. 법의 온전한 전체로서의 일체성과 하나로서의 법이 여러 갈래로 나누어지는 것 그중에서도 첫째로 전체로서의 법이 공법과 사법으로 나누어지는 것, 그리고 두 번째로 사법 내부에 있어서 재산에 대한 것과 채무[19]에 대한 명령, 그리고 그다음에는 채무에 대한 것으로서는 계약에서 오는 채무, 그리고 불법행위에서 오는 채무, 그리고 불공정한 치부에서 오는 채무로 나누었다. 이와 같이 분류한 것은 루터의 동료였던 멜랑히톤의 주제에 의한 방법론이었고, 이 방법은 이전 시대의 스콜라주의의 방법에 대조할 때는, 처음에는 모든 과학에 적용 가능한 일반 주제나 진리에서부터, 그다음에는 개별적인 과학의 영역에 적용 가능한 특별한 토픽으로부터, 각각의 토픽을 생물학상의 분류개념인 속(屬, genera)과 종(種, species)으로 더 세밀하게 분류해 들어갔다. 멜랑히톤의 주제별 방식(主題別 方式, topical method)은 전 유럽에 걸쳐서 학자들에 의해서 적용되었는데 주로 그들의 법에 대한 논문집에서

18) 원저 p.7. 각주 10. More general ordinances, covering various fields, were called *Polizeiordnungen*, "policy ordinances."

19) 옮긴이 주석: 원 표기는 obligation이다. 그러나 현대의 법학도가 익숙한 용어로는 채무가 있고, 또한 채무와 같이 존재하는 채권을 연상한다. 따라서 의역은 채무와 채권이 될 수 있다.

나타났으며, 이 학자들의 법에 대한 서술이 범유럽적인 공통되는 법 또는 보통법으로 여겨지게 되었다. 이때 새롭게 나타난 범유럽적인 보통법을 새로운 이우스 콤무네(*jus commune*)라고 불리웠다. 그때까지 존재해왔던 유럽 전역에 걸쳐서 효력을 가졌던 범유럽적인 공통적 법체계 – 즉, 로마법과 캐논법에서 뽑아낸 원칙들과 독트린과 룰들을 포함하고 있었다. 이우스 콤무네는 또한 왕의 입법, 봉건법, 상인법, 그리고 도시법이라는 다양한 법체계에 존재하는 공통적인 특징으로부터도 추출된 원칙과 독트린, 룰들을 포함하고 있었다.

위에서 설명한 것은, 교수들이 만드는 법과학이었고 대학에서 법을 가르치는 데 적용된 것이었다. 도이칠란트에 있어서는, 장래의 군주에 대한 자문관과, 비성직자들의 세속적 재판정을 주도하는 미래의 전문적 판사의 법학교육을 담당하는 일은, 대학에서 이루어졌다. 이들 법과학은 또한 교수들 자신에 의해서, 판례에서 나타나는 새로운 결정을 새롭게 체계화하는 데도 적용되어졌다. 그래서 **역사적으로 유명한** '재판기록의 송부' – Aktenversendung – 즉 **어려운 사건을 도이치어권의 법원이 마지막 결정을 위해서 대학의 교수들에게 보내는 제도가 있었고, 이 제도는 1878년까지 도이칠란트에서 존속하였다.**

루터주의 법학에는 또한 성서법(biblical law)이 있었다. 로마 가톨릭 법학자들이, 교회법 또는 캐논법을 교회의 일곱 가지 성사(영세, 견진, 성체, 고해, 종부, 서품, 혼배의 7성사를 말함)를 기초로 해서 체계화했던 것과 마찬가지로, 이제 루터주의의 법학자들은, 멜랑히톤의 주제별 방식을, 십계명을 기초로 해서, 법의 여러 가지 분과로 나누게 되었다. 이와 같이 약 300년이 지난 뒤에, 미합중국 최고 법원 대법관인 조셉 스토리(Joseph Story)의 도서관에 비치되었던 주된 논문집의 저자였던 도이치의 요한 올덴도르프(1516년 Greifswald 대학 교수)는 멜랑히톤의 주제별 방식을 추종하였는데, **구체적으로는 형법의 기초를 '살인하지 말라'라는 십계명에 두었다. 또한 같은 사람은 물권법의 기초를 '이웃의 것을 탐하지 말라'라는 십계명에 두었다. 또한 가족법의 기초를 '간음하지 말라'라는 계명에 두었다. 또한 계약법과 불법행위법의 출발을 '거짓 증언하지 말라' 그리고 '이웃의 것을 탐내지 말라'라는 계명에서 출발했다.** 이미 이야기한바, **주제 또는 토픽**(topic)**이라는 것은 이와 같은 십계명의 하나하나를 의미**한다. 이 경우에 있어서 주제(topic)는 카테고리나 제목이라는 의미뿐만 아니라 일반 원칙이라는 의미에서도 마찬가지인데 – 출발은 신학적으로 기초하고 있는 도덕법칙이며 **이 신학적으로 증명된 도덕법칙으로부터, 법적인 룰이라는 것은 종속적으로 해석되어지는 것이다.** 다시 말하자면 **신학적으로 동의되고 합의된 도덕원칙이 먼저이고 거기서부터 법원칙이 나온 것이다.** 이러한 방식은 법적인 종합에 이르는 새로운 방법이라 할 수 있다. 왜냐하면 이전의 가톨릭 법학에 있어서는 똑같은 정치공동체 내부에서 서로 공존하는 다양한 법체제 중에서의 구분들(예를 들면 교회법, 세속법, 왕의 법, 봉건 제후의 법, 장원법, 도시법, 상인법)에 의존했는데, 이것을 초월하는 방식이기 때문이다. **구약과 신약성서의 텍스트를, 분리되어 있지 않은 온전하게 통합된 전체로서 취급할 수 있는 새로운 해석학이 역시 법학에도 적용되게 되었다.**[20)]

20) 옮긴이 주석: 왜냐하면 새로운 법학은 온전히 성서의 계명 하나하나의 해석론에서 나왔고 각각의 계명이 법의 하나의 분과를 이루었기 때문에 신구약을 통틀어서 하나님의 계명의 해석론은 새로운 법해석의 필수조건이었다.

이와 같은 새로운 신구약 해석학은, 법의 분과에 있어서 최초로 포괄적인 법전화(法典化)의 모습을 보인, 독일 형법의 체계적인 법전 편찬에서 표현을 발견했다.

루터주의의 법률가들은 역시 새로운 법철학을 발전시켰는데, 이 새로운 법철학은 **입법자의 의지를 표현하는 형식적 룰의 몸체로서의 실증주의적 이론과 다른 한편에 있어서는 루터주의에 의하면 판사의 양심은 하나님의 뜻에 의해서 인도된다는 것에 의지하여, 룰의 적용에 있어서 자연법을 배제하지 않는다는 자연법 이론과 결합시켰다.**

이와 같이 도이치의 루터주의혁명의 방향은, 유럽 전역에서 느껴지게 되었다. 영국과 같이 프로테스탄티즘이 승리한 곳에서는, 군주를 수장으로 하는 국가교회가 도입되었고, 이 국가교회 왕국의 모든 사람들은 법에 의해서 소속되게 되었다. 또한 프랑스와 스페인, 오스트리아 같이 로마 가톨릭으로 여전히 존속하는 나라들에 있어서도, 왕국 내부에 있어서 교회에 대한 왕권은 대규모로 증가했다. 각각의 나라 내부에서의 재판관할권의 모든 다양한 스펙트럼을 커버하는 국가적 법체계가 창조되기 시작했다.

0.3 두 번째의 프로테스탄트혁명: 칼뱅주의 잉글랜드

개신교나 로마 가톨릭 나라 모두에 있어서 뒤이은 세대들에 있어서, 독일혁명의 와중에서 문제들이 심각하게 드러났다. 우선 개신교가 다양한 교파로 나누어지는 것으로부터 종교적 위기가 나타났다. 특히 16세기에 프랑스 신학자요 법학자였던 장 칼뱅을 추종하는 자로부터 특별히 구성된 교파의 문제였다. 한편으로는 칼뱅주의의 루터주의에 대한 위협과 다른 한편으로는 로마 가톨릭 지배자들의 계속된 반대는 이윽고 1618년에서 1648년까지 유럽대륙에서 간헐적으로 일어났던 이른바 30년 전쟁으로 이끌었다. 이 30년 전쟁과 밀접히 관계된 정치적 위기가 역시 위기상황에서 출현했다. 이때 유럽은 최고의 입법자이며 최고의 판사이며 또한 법의 최고의 집행자를 겸했던 절대군주에 의한 억압적인 유럽이었다. **이들 절대군주들은 그들 자신은, 이러한 법에 대한 복종에서부터 '면제받고' 있었다.** 헨리 8세는 16세기 영국의 개혁이 시작되는 무렵에 이와 같은 절대 권력을 선언하였으며, 그와 동시대에 살았던 프랑스의 로마 가톨릭 군주였던 프란시스 1세 또한 그랬다. 이 시대에 16세기 후반에 쓰인 것으로서 장 보댕(Jean Bodin)의 논문은, 절대군주의 독트린을 뒷받침했으며 당시 유럽의 모든 나라의 지배계층 간에서는 가장 권위 있고 의지할 만한 것으로 받아지고 있었다.[21)]

그러나 **17세기에 이르러서 왕권이 가장 높아서 도전할 수 없다는 생각은 점차로 공격받게 되었는데 첫 번째로는 국제적인 칼뱅주의에 의해서였다.** 칼뱅주의는 군주를 주권으로 하는 국가이론에 반대해서 귀족을 주권자로 하는 국가이론을 가르쳤으며, 두 번째로 칼뱅주의자들이 절대왕권을 공격하는 것은, 왕가와 왕가가 부리고 있던 관료들에 의한 실제 또는 상상상의 억압으로 고통당했던, 시골의 향사(鄕士, gentry)계층이나 다른 계층의 구성원들에 의해서였다. 17세기 중반까지는 유럽의 여러 국가들이 왕권에 반대하는

---

21) 원저 p.9. 각주 11. See Jean Bodin, *On Sovereignty*, ed. and trans. Julian H. Franklin (Cambridge, 1992). Bodin's work strongly influenced the thought of King James I of England, who himself authored a defense of absolute monarchy.

반란을 거의 여러 군데서 동시에 경험하였다. 처음에는 보다 작은 규모로 행해지다가 드디어 1640년 대규모의 영국혁명이 발발하였다. 1642년에서 1649년까지의 내전 상태로 전개되다가 1649년에서 1660년까지의 내전에 잇따른 청교도 공화국이 수립되었다. 그 후에 1660년부터 1688년까지의 왕정 복고기간과 1688년에서 1689년까지의 이른바 명예혁명으로 이어졌다.

1640년부터 1689년까지의 영국혁명은 왕권에 대한 영국의회의 우위를 확립하였다. 그러나 이것은 데모크라시(대중민주주의)와 혼동되어서는 안 된다; 왜냐하면 성인 남자인구의 2%나 3%만이 투표권이 있었다. 실제로는 토지를 가진 8,000명 내지 10,000명의 지방의 향사(gentry)들과 수백 명의 상인들이 같이 연합해서, 당시 지배계급이었던 약 120개의 귀족 칭호를 가졌던 계층을 대체한, 말하자면 귀족을 대체한 것이다.[22] 의회에서는 귀족이 아닌 사람들로 구성된 하원이 처음으로 귀족들로 구성된 상원보다 더 큰 권력을 장악했다.

잉글랜드는 프로테스탄트 기독교 나라를 유지하였다. 그러나 이제, 의회의 통제 아래에 있는 잉글랜드 교회는, 모든 기독교도 백성들이 준수하도록 요구되는 국가의 교회로부터 지위가 격하되어 공인된 교회로 되었다. 그 뜻은 나라의 의해서 지지받는 특권적 교회이기는 하나, (청교도혁명 이후에) 1689년 종교적 관용에 관한

---

22) 원저 p.9. 각주 12. The term "aristocracy" is used here, as elsewhere in this book, to refer to what Aristotle called "the rule of the few," as contrasted with monarchy, "the rule of one," and democracy, "the rule of the many." In England, however, the term is generally applied to the titled nobility, called "the peerage," but not to the landed gentry, called "the squirearchy." Cf. Lawrence Stone, *The Crisis of the Aristocracy: 1558～1641* (Oxford, 1965), p.13.

입법(Act of Toleration)에 의해서, 1640년에 청교도혁명을 주도하였던 칼뱅주의자들의 교파와 공존하게 되었다. 실로 새로운 영국의 공인교파인 앵그리칸 교회(Anglican Church, 성공회)는, 청교도혁명의 최초 단계에서 청교도들로 하여금 일어나서 앵그리칸 국가교회에 대항하도록 하는 동기가 되었던 칼뱅주의의 신앙체계의 많은 것을 흡수하였다.

청교도혁명은 또한 영국의 법체제에 근본적이며 지속적인 변화를 가져왔다. 판사들은 더 이상 군주의 뜻에 따라 봉사하지 않게 되고, 독립적 지위가 주어졌으며 종신임기가 보장되었다. 스튜어트 왕정에 의해서 확립된 이른바 규문 법원들은, 그중에서도 **성실법원이라고 번역되어왔던** 성청법원(High Court of Star Chamber)과 **고등종무법원**이라고 번역되어왔던 Court of High Commision이 가장 악명이 높았었는데 폐지되었다. 그리고 보통법법원이나 대법관법원(Chancery)이나 해상법원(Admiralty)보다도 우위에 서게 되었다. 배심재판도 변화되었다: 배심원은 더 이상 판사에 의해서 지배되지 않게 되고, 증인에 의한 증거와 증거의 법칙(Rules of evidence)이 도입되었다. 이전시대의 소송의 형태는 폐기되지 않고 보존되었으나, 이때 와서는 물권계약 그리고 불법행위에 관한 영국법을 근대화시키는데 쓰여지게 되었다. 선례구속의 원칙(The doctrine of precedent)은 영국 보통법의 대명사인데 새로운 근대적인 의미를 가지게 되었다. 그것은 다음의 두 개를 구별하는 방식의 도입함으로였다. 하나의 주어진 사례의 결정에 반드시 내포하고 있는 법원칙, 즉 사례의 '결정취지'(The holding)와 '부수의견'(Dicta)이라고 불리는 것을 구별함에 의해서이다. 부수의견은 그 사례의 결정에 필수적인 것이 아닌 것으로 법정이 의견으로서 밝힌 사유를 말한다. **도이치인들이, 법원칙의 일관성에 대해서 강조한 것이, 군주가 있는 관료국가와 군주의 자문관들의 출현에 관계있는 것과 같이; 영국의 경우에는 법의 역사적 계속성을 강조한 것은 귀족적인 의회 국가의 출현과 관계 있었다.** 이때 귀족적 의회 국가는, 휘그당과 토리당의 정당체제와 함께, 판사와 변호사들의 동업집단이 같이 존재하였다. 군주와 군주의 관료가 지배하는 국가였던, 도이치에서 발달된 개념주의(conceptualism)는 다음과 같은 법과학으로 인도되었다. 이 법과학에서는 모든 질문이 (법개념의 상하 위계질서에 따라서) 상위개념과 하위개념으로 이루어지는, 생물학상의 분류체계와 유사한 체계 안에 '위치 지어진다'(즉, 어떤 법적 질문도 그 질문이 상하의 위계로 짜여 있는 어느 개념에 속하는가라는 방식으로 진행된다). 여기에 비해서 영국의 경험주의는 다음과 같은 법과학으로 인도되었다. 이 법과학에서는, 여러 사례들로부터 추출되고 뽑아진 법원칙들은, 대립 당사자가 맞수로서 서로 항변하는 절차에서 주장과 반박을 계속함으로써 증명되었다.

이와 같은 17세기와 18세기 초의 영국법의 혁신(innovation)은, 부분적으로는 칼뱅주의의 개념에 뿌리가 있었다. 이 시대에 영국 청교도들은, 서로 다른 가지와 서로 다른 교파와 실로 서로 다른 회중 사이에 신조에 있어서의 강한 차이에도 불구하고, 다음과 같은 믿음을 공유하고 있었다. 즉, 인간의 역사는 전적으로 신의 권능 안에 있는 것이며, 인간의 역사라는 것은 1차적으로 신 자신의 목적이 펼쳐지고 전개되는 정신적인 스토리라는 믿음이였다. 신의 권능에 대한 이와 같은 강력한 믿음은, 영국 청교도로 하여금 잉글랜드를 신이 선택한 나라로 보는 대로 인도하였다. 선택된 국민이라는 것은 인류를 위한 신의 계획을 드러내기도 하고 담고 있기로 예정된 국민과 나라라는 의미이다. 영국 청교도들은 더 나아가서 그들의 말대로 '세상의 개혁'(The Reformation of the World)을 신이 의욕하고 명령했다고 믿었다. 또한 더욱 중요한 것은 이러한 세상의 개혁의 중요한 방식으로서 법의 역할을 강조한 것이다. 영국의 발전에 강력히 영향을 미친 청교도의 믿음의 체계에서 더 이야기되어야 할 요소는 다음과 같다. 즉, 영국 청교도들 기독교 공동체의 단체적 성격을 강조하였다. 이 시대의 영국 칼뱅주의자들의 청교도주의는, 본질적으로 공동체 중심적인 종교였다. 그들이 강조한 것은, 신성한 약속 또는 서약의 존재이며; 이러한 신과의 신성한 약속 아래에서 신앙심 깊은 대중들은 '세상의 모든 민족과 국가들에 대한 빛'이며 따라서 '언덕 위의 도시'가 되게 되는 것이였다. 그래서 빛이요, 언덕 위의 도시인 청교도의 대중들은, 고된 일과, 근면, 절제, 단련, 자기계발 및 청교도 윤리로 분류되는 비슷한 특징과 같은 미덕을 강조할 뿐만 아니라, 다음과 같은 사람과 사람 간의 언약의 신성성에도 강조점이 주어졌다. 즉, 공적인 책임, 공동체에 대한 봉사, 법인 형태의 기업, 서로에 대한 양 방향의 상호 신뢰, 그리고 공공정신(Public spirit)과 관계있는 모든 성질을 강조하였다.[23]

영국이 신이 선택한 나라라는 믿음이 새로운 개혁을 위한 운동을 가능하게 했다－1650년대의 위대한 청교도 시인이며 철학가였던 존 밀턴이 '개혁에 대한 개혁'(A Reformation of the Reformation)

---

23) 옮긴이 주석: 이와 같은 청교도의 개인적 윤리와 공공정신의 강조는 대서양을 넘어서 아메리카 식민지와 독립혁명기의 꽃피게 되고 여기에 대해서 막스 베버의 '프로테스탄티즘의 윤리와 자본주의 정신'이 나타났다. (김철, "'막스 베버의 프로테스탄트 윤리와 자본주의 정신'에 대한 해롤드 버만의 연구", 한국사회이론학회 편, 『다시 읽는 막스 베버』(서울: 문예출판사, 2015)

이라고 부른 새로운 개혁은, 그 기초가 부분적으로는 영국의 튜더 왕조 이전의 과거의 전통에 있는 것이었다. 이를 위해서 혁명적인 정치적 변화를 지탱해줄 수 있는, 앵글족과 노르만 시대의 역사가 일깨워지고; 1215년의 마그나 카르타(Magna Carta)와 초기 보통법이 개혁의 기초로서 재조명되어졌다. 이와 같이 영국 칼뱅주의자들의 사상은 새로운 역사적 법학이 나타나는 데 공헌하였다. 이 새로운 역사적 법학이, 종전에 있어왔던 **로마 가톨릭**의 다양한 **자연법 이론**과, **루터주의**에 의한 법철학의 다양한 **법실증주의** 이론에 추가되었다.

0.4 프랑스 대혁명: 이신론주의자(Deist)의 합리주의

16세기의 도이치혁명이, 루터주의의 신앙체계를 반영할 법의 몸체를 산출하였고; 17세기의 영국혁명이, 칼뱅주의의 신앙체계를 반영한 법의 몸체를 산출한 것과 같이; 1789~1830년까지의 프랑스 대혁명은 이신론자의 신앙체계를 반영한 법의 몸체를 산출하였다.

이신론이란 18세기의 사람들이 광범위하게 공유하고 있던 서양인의 믿음의 체계였다. 이들은 그리스도의 신성성에 대해서는 믿음이 없었고, 실로 많은 경우에 있어서 반기독교인임을 선언하였었다. 그럼에도 불구하고 이들은 다음과 같은 사실을 믿고 있었다. **우주나 삼라만상은 원래 신에 의해서 창조되었으며, 신은 우주 안의 모든 것에 목적을 부여하였다. 또한 인류는 이러한 창조주에 의해서 어떤 능력을 받았는데 그중 무엇보다도 이성(理性)이 중요하며, 이성으로 하여금 창조주는 그들 자신의 복지를 확보할 수 있도**

록 하였다는 것이다.

볼테르(Voltaire), 디드로(Diderot), 루소(Rousseau)는 당시에 그들이 불리던 이름으로써의 "어둠 속의 빛"(lights, lumières)이었는데, 그들은 인간은 자유롭고 평등하게 태어났으며, 타고난 이성을 사용함으로써 지식과 행복을 추구할 수 있는 능력을 가지고 있다고 가르쳤다. 이 사람들은 이신론자(理神論者)로 분류할 수 있다. 왜냐하면 모든 인간은 똑같이 창조주로부터 이성을 부여받았으며 이러한 점에서 자유롭고 평등하다고 가르쳤기 때문이다. 이러한 철학은 19세기 초기에 처음에는 도이치에서, 그다음에는 다른 곳에서 계몽주의(Enlightenment, Aufklälung)[24]라고 불렸다. 이 계몽주의는, "원래 창조주에 의해서 부여된 인간 이성의 자유롭고 평등함을 강조하였기 때문에" 종교적 차원을 가졌던 것이다.[25] **이신론(理神論)은 인간 이성의 순수성과 인간 이성의 능력을 최대한으로 – 종교적 신앙과 같이 – 믿는 것이며, 또한 더 나아가서 인간 이성의 소산인 과학과 학문을 신앙과 같이 믿는 것이 특징이다.** 이러한 인간의 이성적 능력과 과학적 능력을 신뢰하는 태도는 그때까지의

---

24) 옮긴이 주석: 어둠 속의 빛(lights) – 어둠 속에서 빛을 밝히기(enlighten)-빛을 밝히기(Enlightenment)-계몽주의(the Enlightenment)라는 언어의 전개에서, 계몽주의라는 용어를 최초로 쓴 사람은 임마누엘 칸트이다(Berman, 2003: 386). 그러나 칸트가 창조한 것이 아니다. 애초에 프랑스의 계몽주의 운동에서 나타난 프랑스어의 어둠 속의 불빛(lights, lumières)을 도이치어로서 적절하게 옮긴 것이 die Aufklärung이다. 이것이 영어의 Enlightenment에 해당한다. 이 Aufklärung을 동아시아에서 한자어로 옮길 때 계몽(啓蒙) 또는 계몽주의(啓蒙主義)가 되었는데, 원래 프랑스어에서 쓰여졌던 단순하고 간명한 "어둠 속의 불빛"이라는 직관적인 느낌은 거의 전달되지 않는다.

25) 원저 p.11. 각주 13. The first use of the term is generally ascribed to Immanuel Kant, who called the philosophy of the French "lights" die Aufklälung, "the Enlightenment". Berman, Harold J., *Law and Revolution Ⅱ-The Impact of Protestant Revolution on the Western legal Tradition*(Cambridge: Harvard Univ. Press, 2003), pp.10～11.

전통적 기독교 신앙의 어떤 점에 도전하는 바가 있었다. 왜냐하면 기독교 신앙은, 인간은 원래 죄 많은 존재이고, 즉 원죄를 가졌다는 것을 강조하며, 인류의 역사에 있어서 인간의 능력보다는 창조주의 섭리(攝理)라는 면을 강조한다. 이러한 전통 기독교에 있어서의 믿음들은, 로마 가톨릭교회에 의해서 강조하는, **신앙과 종교의 단체적 성격**에 있어서나, **개별 교회 중심의 전통**에 있어서의 기독교인의 신앙에 있어서, 그리고 도이치 종교혁명 이후의 루터주의나 청교도혁명 이후의 칼뱅주의에서 똑같이 강조되는 점이다. 여기에 대해서 이신론(Deism)은, 로마 가톨릭과 개신교 양자의 역사적 산물이라고 할 수 있다고 한다(Berman, 2003: 11). 즉, **로마 가톨릭과 개신교의 공통되는 믿음은 첫째로, 신이 인간을 창조하였으며, 창조주는 인간에게 이성을 부여하였으며, 또한 인간에게 공통된 도덕적 가치를 주었으며, 또한 신・구약을 통틀어 나타나는 신의 명령인 법에 대한 신뢰를 요구하였으며, 더욱이 신의 뜻으로서의 법을 세상을 변화시키는 방법으로 주었다는 믿음이다**(Berman, 2003: 11).

0.4.1 이신론과 합리주의가 미친 근본적 변화-공법과 사법 양면에서[26)]

혁명의 시대였던 18세기 프랑스의 철학자들의 이신론(Deism)은, 특별히 그 철학이 가지고 있는 본질로서의 합리주의(rationalism)를 포함하여, 프랑스혁명 이후의 근본적인 변화에서 반영되고 있다. 근본적인 변화는 어디에서 발견되는가? 공법과 사법 양쪽에서 발견될 수 있다. 도이치 종교혁명(1517년, 1544년)의 강조가 군주제

26) 옮긴이 주석: 김철, 『경제위기와 치유의 법학』(Law in Economic Crisis & “Integrare” Jurisprudence)(파주: 한국학술정보, 2014), pp.274~275.

와 왕의 특권에 있었다는 것에 비교하고, 영국혁명의 강조점이 귀족주의와 귀족의 특권에 있었다는 것에 비교해서, 프랑스혁명의 참여자들의 강조점은 민주주의(democracy)와 시민의 권리와 자유(civil rights and liberties)에 있었다. 이것은 "인간과 시민의 권리에 대한 1789년 프랑스 (인권) 선언"[27]에서 명백히 나타나게 되었다. 즉, "인간의 자연적이며 양도할 수 없는 권리들의 선언"이다. 프랑스혁명의 특징은 첫째로, 프랑스 귀족주의의 관습적 특권이라는, 억압적이고 비합리적인 체제를 폐기하는 것이었고, 두 번째, 군주에 의한 억압적이고 비합리적인 독재권을 폐기하는 것이었다. 따라서 민주적으로 선출된 의회 최고의 권력이 주어져서 의회를 선출한 자력 있는 중산층의 여론을 반영할 수 있는 정책을 수행하도록 책임지우는 것이었다. 일련의 성문 헌법들이 권력을 엄격하게 분리하는 정부 체제를 도입하였다. 즉, 집행부 또는 행정부는 오로지 집행 또는 행정을 할 뿐이고 사법부는 개별 소송 사례에 있어서 법을 단지 적용할 뿐이며, 법 자체는 오로지 입법부만이 창조할 수 있는 권능을 가졌다(Berman, 2003: 11).

0.4.2 **프랑스혁명의 법학에 대한 영향: 새로운 법과학과 새로운 법철학**

새로운 헌법체계를 확립하는 데 더해서, 프랑스혁명은 새로운 법과학과 새로운 법철학을 도입하였다.[28] 도이치 사람들은 그들의 법학에 있어서 생물학에 유래한 분류법에서의 상하의 위치 체계

27) 옮긴이 주석: 김철수, 제18전정신판 『헌법학개론』(서울: 박영사, 2006), 254면.

28) 옮긴이 주석: 김철, "8. 프랑스혁명의 법학에 대한 영향: 새로운 과학과 새로운 법철학", (전게서 주26), pp.278~280.

안에서 법원칙들을 어디에 위치 지우느냐라는 법학자들의 작업을 강조하였고; 영국인들은 그들 법학을 만드는 데 있어서, 어떤 법학적 질문들이 역사적으로 이미 존재한 선례가 있는가라는 맥락에서, 법정에서 '찬반토론'을 강조한 것에 비교해서; 프랑스 사람들이 강조한 것은, (혁명 이후에) 과거에는 없었던 포괄적인 입법을 행함으로서, 법적인 독트린을 '명료하게 하는 것'(clarification)이었다. 프랑스에 있어서는, (도이치와는 달리) 법학전문가들이 밝혀낸 법원칙과 재판들도, 입법부에 의해서 포괄적인 법전 안에 집어넣은 독트린과 룰에 종속되게 되었다. 동시에 16세기와 17세기 초에 팽배하여 왔던 자연법이론과 17세기와 18세기 초에 자연법이론과 함께 자리를 잡아왔던 역사적 법학은, 법실증주의에 양보하게 되었는데, 법실증주의는 19세기에 점점 더 받아들여지게 되고 20세기에 들어와서 서양의 법철학을 실질적으로 지배하게 되었다. (이와 같이 프랑스혁명 이후에 나타난) 새로운 법과학과 새로운 법이론은, 실체법에 있어서의 중요한 변화와 밀접하게 연결되어 있었다. 예를 들면 민사법의 영역에서, 나폴레옹이 그 기초에 직접 참여하였으며 프랑스혁명의 정신을 나타내게끔 의도되었던, 유명한 1804년의 민법(Code civil)은, 특별히 강한 보호를 사유 재산과 계약의 권리에 주고 있었다. 불법 행위법에 있어서, 다음과 같은 원칙이 확립되었다. 일반적 룰로써 책임은 과실에 기초하여야 한다: 해악의 행위자는, 그가 그 해악을 의도하지 않았거나, 과실로 해악을 초래하지 않은 이상, 희생자에게 민사적으로 책임이 없어야 한다(과실 책임의 원칙). 또한 가족법의 영역에서 혼인은 다른 어떤 민사계약과 같이 같게 보여 졌고; 이혼은 상호 동의나 또는 원인으로서 증명된 무능력을 이유로 가능했다. 부인과 아이들에 대한 남편의 가장권은 축소되었다. 부인들은 (혁명 이전보다) 일반적으로 더 큰 재산권과 더 큰 민사적 권리를 가지게 되었다.[29]

형사법의 영역에 있어서도, 뚜렷한 법개혁이 도입되었다. 새로운 형법은 형사법의 소급효를 금지하였으며, 무죄추정의 원칙을 선언하고, 범법자의 신분과 지위를 막론하고, 같은 범죄에 대해서는 같은 처벌을 부과하였다. 모든 범죄는, 제정법에 의해서만 확정되고 정의되도록 했다(죄형법정주의). 동시에 나폴레옹 형법전은, 응보보다는 범죄를 저지하는 데 강한 강조를 두었다. 이와 같은 태도는 18세기 말의 위대한 개혁자들 사이에 널리 퍼져 있었던 공리주의적 철학(Utilitarian Philosophy)을 발명한 것이다. 범죄적 행위는, 일차적으로 그것들이 도덕적으로 악하고 응보를 받아야 마땅함으로 처벌되어야 된다는 것도 아니고, 또한 동시에 영국 칼뱅주의자처럼 범죄적 행위의 성립이 전통적인 공동체의 기준을 이유로 하기 때문만이 아니고 일차적으로 범죄적 행위라는 것은 사회에 유해하며 그 자신뿐만 아니라 타인으로 하여금 앞으로 범죄를 행하는 것을 저지하는 데에 범인처벌의 목적이 있기 때문이라고, ('프랑스혁명 이후의') 이성(Reason)이 가르친 것이다.

합리주의, 개인주의, 그리고 새로운 프랑스 법과학의 기초에 놓여 있던 공리주의의 철학은, 한편에 있어서는, 그때까지의 전통적인 기독교 교조를 거부하는 것과 밀접히 관계있었으며, 다른 한편

29) 원저 p.12. 각주 14. See James F. Traer, "From Reform to Revolution: The Critical Century in the Development of the French Legal System," *Journal of Modern History* 49 (1977), 73~88; idem, *Marriage and the Family in Eighteenth-Century France* (Ithaca, N.Y., 1980). For a general survey of private law legislation of the period preceding the drafting of the "Code civil," see Phillippe Sagnac, *La legislation civile de la révolution française* (Paris, 1989).

에는 인간성의 창조주인 신에 대한 믿음과 밀접히 관계있었다. 창조주인 신은, 인간에게 이성이라는 선물을 부여하였으며, 의사의 자유와 표현의 자유, 기회의 평등 그리고 새로운 프랑스헌법과 법전에 담겨진 다른 자연권을 행사함으로써 이성이라는 선물을 사용할 힘을 부여한 것이다.

0.5 아메리카혁명: 부분적으로는 '영국식', 부분적으로는 '프랑스식'

아메리카혁명은 한 시점에서 볼 때는, 식민자들이 영본국의 사람들이 식민자들의 모국에서 향유했던 똑같은 권리를 위해서 싸운 독립전쟁으로 보인다. 혁명의 이런 측면이 강조된 것은 1774년의 제1차 대륙회의에서 채택한 권리의 선언에서이다. 이 선언은 영국의 영역 안에 있는 자유롭고 자연적으로 태어난 신민들의 모든 권리과 자유를 부여한 것이다.[30)]

왜냐하면 이들 권리들, 자유들 그리고 특권들은, 아메리카 식민지에 사는 사람들에게는 부인되었기 때문이다; 왜냐하면 영국의 제국법 아래에서 아메리카에 이주한, 영국에 기원을 둔 식민자들은, 영본국의 보통법에서 주어지는 권리에 대한 자격이 없었다. 대신에

---

30) 원저 p.13. 각주 15. See Declaration and Resolves of the First Continental Congress, in *Documents of American History*, vol. 1 (to 1898), ed. Henry S. Commager and Milton Cantor, 10th ed. (New York, 1988), pp.82~85. In the Resolutions of the Stamp Act Congress (1765), a similar demand had been made on the British Government: "His Majesty's liege subjects in these colonies are intitled to all the inherent rights and liberties of his natural born subjects within the kingdom of Great Britain" (ibid., p.58).

영제국의 추밀원(the Privy Counsel)이, 식민지 주민들에게 적용 가능하다고 간주된 영국 보통법의 일부분만 자격이 있었다. 아메리카 식민지인들은, 마그나카르타(대헌장), 권리청원(Petition of Right), 인신보호령(the Habeas Corpus Act), 권리장전(the Bill of Rights, 1689)이나 아메리카 식민지의 각 지역에 정착되기 이전에 영본국에서 제정되었던 어떤 다른 제정법에도 자격이 없었다. 또한 개별 식민지가 특별히 명기되지 않으면, 식민지와 본국 간의 합의에 의한 제정법이 베푸는 혜택에도 자격이 없었다. 식민지인들은 배심재판의 자격이 없었다. 더하여 식민지의 총독들은 영국왕에 의해서 지명되어지고 식민지의 판사들은 왕권에 의해서 언제든지 제거될 수 있었다. 요약해서 말하면, 아메리카 식민지인들은, 영본국에서 1640년부터 1689년의 49년에 이르는 긴 기간 동안 영본국의 의회가 싸워서 폐기하려고 했던 왕의 특권적인 권력하에 있었고, 그 이유는 영본국의 의회가 본국에서는 청교도혁명 때 폐기하였으나 해외의 식민지에서는 그대로 행사되도록 허락하였던, 이전의 왕의 특권적 권력 때문이었다. 아마도 가장 중요한 것은, 식민지 거주인들은 영본국의 대표를 보낼 수가 없었다. 식민지인들의 입장에서 본다면 그들의 독립전쟁이라는 것은 이미 그들의 본국이었던 영국혁명의 전화 속에서 확립되어갔던 정치적 제도와 법적 제도를 약 80년 뒤에나 그들 자신을 위해서 식민지에서 확립하려고 싸운 것이 된다. 이것이 아메리카혁명의 '영국적' 얼굴이었다.

그러나 사물의 다른 전망이 있다. 아메리카혁명은 이미 말한바대로 정부형태에 있어서 영국에서 확립한 형태와 영국법에서 확립된 권리를 식민지인들에게도 주자는 운동이었을 뿐만 아니라, 정부형태에 있어서 전혀 새로운 종류를 확립하고 영국법으로부터 본질적으로 다른 법을 확립하려는 운동이었다.[31] 토마스 제퍼슨은 아메리카혁명의 두 번째 전망에 대해서 다음과 같이 썼다: "나는 보통의 독트린을, 우리와 우리 선조가 영국으로부터 가지고 온 보통법상의 권리(common law)에서 찾는다. 이와 같이 좁게 시작한 개념은, 아메리카인들이 대영제국에 반대해서 권리를 주장하는 최초의 운동에서는 대단히 즐겨했던 독트린이었다. 그러나 그것은 어떤 설명 이전에, 그들 자신의 권리라는 것을 감지해왔던 사람들의 얘기였다. 따라서 진실로 우리가 식민지로 가져온 것은, 인간의 여러 권리 중에서 특히 국외로 추방되어 국적이 박탈된 인간의 권

31) 원저 p.13. 각주 16. French ministers writing of the American situation in the mid-1770s spoke of "les re'volutions des empires" in referring to colonial agitation in the New World. This term was taken up by GouverneurMorris in 1776, who wrote to his mother concerning the American Revolution that "great revolutions of empire are seldom achieved without much human calamity." See Rosenstock-Huessy, *Out of Revolution,* p.646. Subsequently the term "Revolution" was invoked to compare and contrast the American and French experiences. See Friedrich von Gentz, *The Origin and Principles of the American Revolution Compared with the Origin and Principles of the French Revolution* (Delmar, N.Y., 1977), published in German in 1800 and translated soon after into English by John Quincy Adams, who made use of the work as a pamphlet in his father's reelection campaign. Cf. Robert R. Palmer, *The Age of the Democratic Revolution: A Political History of Europe and America, 1760～1800,* vol. 1 (Princeton, 1959), pp.187～188 (discussing the significance of this pamphlet in American politics). Historians continue to be divided between those who treat the American Revolution as a revolutionary upheaval and those who see it as a War of Independence to gain for the colonists the ancient rights of Englishmen. Thus, Gordon Wood-who classifies himself with the former-distinguishes between progressive historians, such as Carl Becker, who stress the class tensions and social struggle inherent in the Revolution, and conservatives, such as Bernard Bailyn, who see the Americans as concerned "not with the need to recast the social order but with the need to purify a corrupt constitution and fight off the apparent growth of prerogative power." See Gordon S. Wood, *The Radicalism of the American Revolution* (New York, 1992), pp.3～5, quoting Bernard Bailyn, *The Ideological Origins of the American Revolutio*n (Cambridge, Mass., 1967), p.283.

리였다."[32]

모든 인간의 자연적 권리와 평등한 권리, 그리고 이와 같은 권리를 보호하지 않는 어떤 정부를 폐기할 수 있는 공동체의 다수의 권리에 대한 제퍼슨의 철학은 ‒ 1776년 6월 12일의 버지니아 권리장전(Virginia Bill of rights)과 독립선언(Declaration of Independence)의 첫 번째 구절에서 명백하게 표현된 것으로, 아메리카혁명은, 이전의 영국혁명 ‒ 영국혁명의 이데올로기는 본질적으로 전통주의자들의 것이었으며, 영국혁명의 정치적 구조는 본질적으로 귀족주의적이며 단체중심이었던 것인데 ‒ 에 연결시키는 것이 아니라, 오히려 이윽고 일어난 프랑스 대혁명 ‒ 프랑스 대혁명의 이데올로기는 본질적으로 합리주의자의 것이며 프랑스 대혁명의 정치적 구조는 본질적으로 데모크라시와 개인인격 중심적이었던 것인데 ‒ 에 연결되어 있었다.

충격적인 사실은 에드먼드 버크(Edmund Burke)와 토마스 페인(Thomas Paine)은 정반대의 이데올로기적인 입장에 서는데도 불구하고, 양자 모두 아메리카 독립혁명의 대의명분을 지탱할 수 있다는 것이다. 버크는 1790년의 「프랑스 대혁명에 대한 성찰」(Reflections on the French Revolution, 1790)에서 이전 세기 17세기에 일어났던 영국혁명을 옹호하면서 영국국민의 전통과 단체의 진화를 영예롭게 했다. 한 국가는 사회계약에 의해서 실로 형성된다. 그러나 이때 사회계약이라는 것은, 상품 매매계약과 혼동되지 말아야 될 것은, 과거와 현재 그리고 미래세대의 파트너십에 의한 계약이다.[33]

---

32) 원저 p.14. 각주 17. Quoted in Joseph Story, *Commentaries on the Constitution of the United States,* vol. 1, 3rd ed. (Durham, N.C., 1858), p.105 n. 1.

33) 원저 p.14. 각주 18. "Society is indeed a contract …… [B]ut the state ought not

버크는 자유권의 원천을, 변동할 수 있는 다수의 의지에서 찾지 않고, 입법부와 재판정의 지도자들의 공공적 정신에서 찾았다. 버크에 응수해서 페인은 그의 1791년의 인간의 권리(Rights of man)에서 프랑스 대혁명을 옹호하고 인간의 이성을 명예롭게 했다－무슨 뜻인가 하면 개별 인격자의 이성적 성격을 말한다.－또한 페인은 한 국가를 인격성을 가진 개인의 자발적인 모임 또는 결사로 보았다. 페인은 자유권의 원천을, 주어진 역사의 순간의 어떤 특정한 사회에서 나타난 공공적 의견, 즉 여론에서 찾았다. 버크는 독립전쟁을 옹호하는 데 있어서, 식민지 거주인들이 그들 모국이었던 영본국으로부터 정당하게 계승하는 것으로 지지의 기반을 잡았고 여기에 비해서 페인의 입장은 식민지 거주자들이 원하는 것은 (본국과의 연결이 아니라) 혁명적 전쟁이라고 보았기 때문에 지지하였다.

그러나 각각의 아메리카 식민지 거주자들이 독립혁명을 지지하는 데 있어서 지금 말한 둘의 입장 중 하나를 택했다고 생각하는 것은 중대한 착오이다. 정반대로 존 아담스(John Adams)나 제임스 윌슨(James Wilson), 제임스 매디슨(James Madison)과 같은 사람들의 위대한 지도자들은, 위에 이미 말한 두 개의 전망 사이에 생기는 긴장을 조화시켰다. 아담스, 윌슨, 메디슨 세 사람은, 각각 아

to be considered as nothing better than a partnership agreement in a trade of pepper and coffee, calico, or tobacco …… to be dissolved by the fancy of the parties …… It is a partnership in all science, a partnership in all art; a partnership in every virtue and in all perfection. As the ends of such a partnership cannot be obtained in many generations, it becomes a partnership not only between those who are living, but between those who are living, those who are dead, and those who are to be born." Edmund Burke, *Reflections on the Revolution in France* (1790), ed. J. G. A. Pocock (Indianapolis, 1987), pp.84～85.

메리카 헌법의 형성에 있어서 주된 역할을 한 사람인데 세 사람 모두 강력한 프로테스탄트 기독교 확신을 가지고 있었던 사람이었다. 세 사람 어느 누구도 프랭클린(Franklin), 페인(Paine), 그리고 제퍼슨(Jefferson)과 같은 이신론적(사고의 특징이 되는) 합리주의나 개인주의의 교조적 사고를 받아들이지 않았다.[34] 그럼에도 불구하고 이들 세 사람은 정치적 다수의 의지에 대해서 실질적으로 헌법장치에 의한 제한을 가할 것을 주장하고 지지하면서도, 귀족적 특권과 왕의 전통적 특권에 대해서는, 개인인격의 자연적 권리와 자연적 자유 그리고 이를 위한 민주적 정치제도를 열광적으로 지지하였다. 마지막으로 헌법의 아버지였던 이들 세 사람 모두가 영국 보통법에서 나타나는 역사성의 강한 요소와 과거와 미래를 연결하는 연속성에 대한 흔들리지 않은 믿음이 있었다. 총괄적으로 그들은 명백히 각각의 방식에 의해서, 당시의 프랑스 철학자들과 이에 동조하는 영국 및 아메리카인들이 설교하는 마침내 프랑스 제1공화국 법에서 발견될 자유주의 사상과 다른 한편에 있어서는 17세기 영국혁명의 지지자였던 존 밀턴(John Milton)과 매튜 헤일(Matthew Hale)이 17세기 말과 18세기의 영국법의 발전에서 그 반영을 발견하였던 – 에드먼드 버크(Edmund Burke)가 발전시킨 진취

---

34) 원저 p.14. 각주 19. In the 1770s, Benjamin Franklin proposed that the Deistic Society of London, which he had been instrumental in creating, be transformed into a "church" replete with liturgy and a "priest of nature." The Society flourished throughout much of the late 1770s and early 1780s, and included as participants such figures as Thomas Paine, Dupont de Nemours, and, in all likelihood, the English radicals Richard Price and Joseph Priestley. David Williams, who served as a "priest of nature," preached regularly in the Society's "chapel." On the activities of this Society, see Nicholas Hans, "Franklin, Jefferson, and the English Radicals at the End of the Eighteenth Century," *Proceedings of the American Philosophical Society* 98 (1954), 406.

적 의미에서－보수적인 사상을 결합시키고 또한 조정, 화해하였다.[35)]

이와 같이 이 이전에 일어났던 영국혁명과 관련된 귀족주의적 사고방식이나 보수적 사고방식과 다른 한편에 있어서는 당시에 거의 같이 진행되고 있었던 프랑스 대혁명과 관련된 민주주의와 자유주의 이상(liberal ideals) 간의 변증법적인 긴장이 새로운 아메리카 공화국의 법제도에서 반영되고 있다. 즉, **헌법과 민법 및 형법 양자에서 모두 이러한 긴장이 나타나고 있다**. 예를 들면 다음과 같다. 헌법에서 아메리카의 상원은 장기 임기로 선출되고, 처음에는 주 입법부에 의해서 선출되었는데, 영국의 하원의 구성원들과 같이 나라 전체를 대표하는 것으로 생각되어졌다. 여기에 비해서 아메리카의 하원의 구성원들은, 프랑스의 Estates General의 구성원과 같이 각각 특수한 지역을 대표하는 것으로 생각되어졌다. 아메리카 최고 법원의 아홉 사람의 대법관들은 종신으로 임명되었는데, 영국에 있어서의 최고의 사법 기구를 구성하고 있는 귀족적 대법관(Law lords)들이 모이는 귀족원(house of Lords)과 같은 종류였다. 비슷하게 미합중국의 대통령은, 상원의원과 마찬가지로 처음에는 주 입법부들에 의해서 선출되었는데 적어도 외교정책에 있어서는 일종의 왕으로 간주되었는데, 물론 이때 세습에 의한 왕을 의미하는 것은 아니었다(이와 같은 것들이 미국 법제도에 미친 아메리카혁명의

35) 원저 p.15. 각주 20. The surprising fact that both sides in this great religious-philosohical and political-legal debate could appeal to the writings of John Locke is due to the neglected fact that those writings could be construed either as a justification for the aristocratic, traditionalist, and communitarian English Revolution or as a foundation of the democratic, rationalist, and individualist program eventually embodied in the French Revolution.

영국적인 모습이다).

그러나 위와 같은 영국의 전통을 계승하고 채택했던 똑같은 사람들이 – 윌슨과 매디슨과 같은 사람들 – 역시 미국헌법에 비록 완화된 형태로지만, 그 기본에 있어서 프랑스 철학과 또한 프랑스 대혁명에서 유효하게 나타난 신념의 체계로서의, 18세기 유럽에서 나타난 개혁운동의 정신인 민주주의와 자유주의의 사상(liberal ideals)을 채택하였다. 이것은 다음과 같은 것을 포함한다. 즉, 성문법이라는 형식 자체 또한 권력 분립의 조정된 원칙 또한 선거권자의 여론에 직접 책임지는 정부의 이론 같은 것이다. 더 현저한 것은, 종교의 자유, 스피치의 자유, 프레스의 자유, 집회의 자유의 보장이었다. 실로 독립혁명 이후의 아메리카가 제정한 헌법 모두가 18세기 정치 및 법사상의 가장 새로운 개념을 반영하고 있었다. 즉, 모든 인간은 인간의 본성 때문에 보편적이고 평등한 권리를 가지고 있다. 그것은 생명의 권리, 자유의 권리, 그리고 재산의 권리이다. 또한 이러한 보편적이고 평등한 권리를 항상 보호하지는 않더라도 적어도 억압하지 않는 것이 정부의 의무이다.[36]

민사법의 영역을 보자. 물권, 계약, 불법행위 그리고 다른 민법적 의무(civil obligation)와 기업법과 다른 단체의 법의 영역에 있어서, 아메리카의 여러 주에 있어서는 긴장이 있어 왔다. 즉 식민지 시대를 지배해왔던, **보다 전통적이고 보수적인 영국법 전통과, 프랑스혁명 이후에 나폴레옹에 의해서 기초된 프랑스 민법에서 반영되는 보다 자유주의적인 법학과 철학 간의 긴장을 말한다**. 독립 당시의 아메리카 각 주 법원들은, 영국 보통법의 선례들이 "계수"

---

36) 옮긴이 주석: 이 마지막 부분은 실로 근대 혁명의 특징으로 소극적 자유권의 생각이 드러난다.

(received)되어져야 하는가에 대한 의문을 놓고 서로 투쟁하였다. 기어코 민법을 법전화하려는 운동이 일어났고 여러 주에서 민법이 채택되었다. 비슷하게 형사법의 영역에서 판사들로 하여금, 그때까지 해왔던 대로 영국 보통법의 독트린을 새로운 상황에 적용하는 것을 제한하려는 강력한 경향이 일어났다. 또한 미합중국 최고 법원은 일찍부터 국민의 대표인 의회만이 연방 형법을 제정할 수 있으며, 무엇보다도 모든 연방 형법은, 관습법이 아니라 제정법이여야 된다는 민주주의에 의거한 원칙을 일찍부터 채택하였다. 이렇게 볼 때 다음과 같은 사실을 확신하게 된다. 아메리카혁명이 가져온 미국법의 특유한 모습은 연방과 주 헌법과 민법과 형법에 있어서의 연방법 및 주 헌법의 체제는 다음의 두 가지 서로 방향이 다르며 갈등하는 믿음의 체계를 유효하게 결합한 것이다. 두 가지 갈등하는 믿음의 체계는, 한편에 있어서는 청교도주의(Puritanism), 전통주의(traditionalism), 그리고 공동체주의(communitarianism)를 결합한 것이며 다른 방향에 있는 반대되는 것은 이신론(Deism), 합리주의(rationalism), 그리고 개인 인격주의(individualism)이다. 두 가지 다른 방향의 믿음의 체계와 연결되어 있는 것은 또한 두 가지 다른 방향의 서로 갈등하는 정치체계이다. **공적인 정신**(public spirit)**에 기반을 둔 귀족주의**가 한편에 있고, 다른 반대편에는 **여론**(public opinion)**에 기반을 둔 데모크라시**가 있다. 그러나 혁명 이후의 미국법에서 근본적으로 새로운 것은, 이미 열거한 이 두 가지 다른 방향의 믿음의 체계를 종합하는 것에는 제약되어 있지 않았다. 새롭게 성립한 아메리카 공화국은 "영국 방식"도 아니고 "프랑스 방식"도 아니며, 영국식과 프랑스식을 결합한 것도 아닌, 세 개의 헌법적 원칙을 도입하였다. 이 헌법적 원칙을 실로 서양에 있어서는

똑같은 형태로는 이전에 결코 존재하지 않았던 것이다. 첫 번째 헌법적 원칙은 아메리카의 연방주의(federalism)이다.[37] 연방주의와 가깝게 관련된 원칙은 대륙주의(continentalism)이다. 대륙주의란, 실제로 거의 무제한적인 사람과 물건의 움직임이며, 또한 실제로 무제한적인 유입이민의 흡수를 동반한 것으로, 이 역동성이 아메리카 대륙 전부에 걸친 영역에서 점점 확대되는 정치 공동체를 이루는 데 대한 헌법 내재적 조항과 준비였다. 세 번째 헌법적 원칙은, 입법된 법률에 대한 합헌성과 위헌성을 사법부가 심사하는 제도이다. 이러한 제도를 사법심사제도(judicial review)라고 한다. 혁명 이후의 아메리카 헌법에서 나타난 이와 같이 열거된 세 가지 헌법 원칙이, 서양법 전통의 발달에 끼친 충분하고 증폭적인 영향은, 제2차 세계대전이 완전히 끝나고 난 이후에야 비로소 눈에 띄게 명백해져왔다.

0.6 소비에트 러시아혁명: 무신론자들의 국가사회주의

1914년에 제1차 세계대전이 발발했을 때를 기준으로, 우리는 서양에 있어서의 1차 세계대전 발발 이전에 800년간 계속된 서양법 전통의 진화를 되돌아볼 수 있다. 800년간의 서양법 전통이라는 것은, 100년씩의 세기가 변화하는 동안, 맹렬하고 때로는 과격한

37) 원저 p.16. 각주 21. See Vincent Ostrom, *The Meaning of American Federalism: Constituting a Self Governing Society* (San Francisco, 1991). Ostrom shows the depth of the meaning of federalism as understood in late-eighteenth-century America, including its basis in the religious concept of covenant (foedus). The theory of federalism reflected in *The Federalist*, he writes, challenged traditional concepts of sovereignty and reflected instead "a theory of concurrent, compound republics that enables democratic societies to reach out to continental proportions" (p.97).

국가적 혁명에 의해서 중단되었다. 그 혁명들은 기존의 법질서에 반대해서 초월적 정의(transcendent justice)와 올바름이라는 새로운 전망의 이름으로 행해졌다. 그러나 다른 한편에 있어서, 800년간의 서양법 전통은 그러한 여러 과격한 혁명들을 이겨내었으며, 그 혁명들에 의해서 새롭게 형성되고, 마침내는 쇄신되는 것을 보여주었다.

12세기 초에 기원을 둔 것으로, 이 책에서 이미 설명된 서양법 전통의 원천에서부터, 800년을 견뎌낸 것은, **여러 법체계가 마침내 통합되어서 공존한다는 생각이었다**. 즉 통합된 법체계의 공존을, 법의 "몸체들"(bodies)로 개념화하는 것이다. **800년을 견뎌낸 것은, 또한 "스콜라 주의"(scholastic) 또는 "스콜라 철학"으로 불리는 법학에 있어서의 테크닉이었다**. 스콜라 방식이라는 것은; 권위 있는 법의 텍스트에서 발견되는, **불일치와 모순을 조화**시키는 방식이다.[38] 스콜라 방식의 두 번째 적용은, 권위 있는 법적 텍스트가 제시하는 **사례와 법적인 룰로부터 어떻게 일반 개념을 뽑아내느냐**라는 방식이다.[39] 또한 법적인 룰(rule)로부터 똑같은 권위가 되는 텍

38) 옮긴이 주석: 한국의 법학도가 참조하는 한국 법의 권위 있는 텍스트에서도 상호 모순과 불일치가 발견되는데, 막상 발견된 불일치와 모순을 조화시키는 방식은, 한국 법학교육에서 훈련하지 않아왔다. "일치하지 않는 것을 일치시키는 방법"은 이미 설명한 대로 르네상스 법학부터 서양 법학의 가장 중요한 방법론 또는 테크닉인 스콜라 방식이다. 과문의 탓이나, 역자는 한국의 어떤 법학 교육기구에서도, 상호 모순되는 것들을 일치시키는 스콜라 방식을 공식적으로 가르치는 것을 들은 바가 없다. 이것은 물고기를 원할 때 고기를 잡는 방식을 가르치는 르네상스 법학과 물고기 자체를 회를 떠서 접시에 얹어주는 수험 법학과의 차이를 보여주는 것이다.

39) 옮긴이 주석: 텍스트에 나온 사례 및 법칙을 주어진 것으로 해서 거기서부터 여러 종류에 개념을 도출하는 과정을 가르치는 것이 르네상스 법학 이후 서양 법과학의 방식이었고 이것은 21세기까지의 주요 선진국의 법학교육의 주된 과정이다. 더 부연해서 설명한다면 법학도에게 어떤 텍스트가, 이미 도출된 개념을 움직일 수 없는 권위로서 접시에 얹어주는 것은 법학교육방식이 과학적이 아니라는 것이

스트의 제시된 법적인 룰과 사례들로부터 일반 개념을 뽑아내는 방식이다. 서양 법학의 원천이 되는 12세기 초에, 르네상스 법학 때부터 살아남은 것은 또한 다음과 같은 믿음이다. **법이 어떤 시대에도 진행형의 특징을 가지고 있다**는 것, 또한 여러 세대에 걸쳐서 **법이 성장할 수 있는 능력**을 가졌다는 것, 그리고 마침내 **법의 역사성**(historicity)이다. 800년을 살아남은 또 다른 믿음은 법이 갈등을 해결할 수 있는 능력을 가졌다는 것이다. 이때의 갈등은 어떤 영역 내부에 있어서의 서로 경쟁적인 정치적 권위 간의 갈등이다. **어쨌든 800년을 살아남은 서양법 전통의 믿음은 법이 정치적 권위보다는 궁극적으로 우위에 있다는 믿음이다.**

이미 말한 서양법 전통의 이와 같은 근본적인 여러 특징들의 기초는 어디에 놓여있는가. 처음에는 로마 가톨릭 형태로 나중에는 루터주의와 칼뱅주의의 형태로 나타나나 통틀어서 기독교적인 믿음에 근거하고 있다. 여기에 비해서 이른바 계몽주의라는 그 성질에 있어서 종교적인 믿음이었던 이신론(Deism)은, 이전의 시대에서 보여주는 신의 법(Divine Law)에 대한 크리스천의 신앙을 대체해서, 신이 부여한 인간의 이성에 대한 믿음과 여론의 최고 우위성에 대한 믿음을 강조하였다. 그럼에도 불구하고, **제1차 세계대전이 시작된 1914년을 기준으로 살펴볼 때 서양 세계에서 광범위하게**

다. 사례 및 기초적인 룰에서부터 어떻게 작은 개념과 큰 개념을 뽑아내느냐의 훈련이 올바른 법학교육의 방법이라는 것이다. 한국의 법학교육은 최종 도출된 개념을 당연한 전제로 해서 그 개념에 사례나 룰을 맞춰가는 톱-다운 방식만을 교수해왔다. 톱-다운 아닌 방식은 바텀톱방식으로서 주어진 경험적 사례에서부터 귀납적으로 차츰 위쪽으로 작은 개념과 큰 개념을 만들어가는 방식이다. 한국의 법학교과서와 선진국의 케이스북이 다른 것은 후자는 1차자료를 수록한 것이고 그 1차자료에 의해서 학생들이 스스로 어떤 개념과 룰을 발견하도록 유도하는 것이고, 한국의 권위있는 교과서는 최종적으로 만들어진 개념들을 먼저 나열해서 사례들은 나중에 거기에 맞추어서 생각하도록 하는 방식이다.

믿어지고 있던 것은 권위 있는 실정법의 궁극적이고 마지막 원천에 대한 것이었다. 신의 법(Divine Law), 특히 십계명, (개인인격이 가지는) 이성과 양심에 의해서 발견되는 **자연법**(Natural Law), **마그나카르타**(Magna Carta, **大憲章**)**와 또한 적정절차**(due process of law)**와 평등보호**(equal protection of law)를 할 것을 요구하는 헌법적 조항과 같은 오래된 원천에서 볼 수 있는 서양법의 역사적 전통이었다.

이미 열거한 이와 같은 법의 원천에 대한 서양 문명인들의 광범위한 믿음은 역시 다음과 같은 것에 대한 믿음의 근거를 두고 있었다. 법은 역사에 따라서 진화하며 또한 주기적으로 기존 법체계에 대해서, 결코 평화적이 아닌 방식에 의해서 기존 법체계를 대체하려는 역사적 요구가 나타날 때는 이것을 받아들여야 한다는 믿음이 있었다.[40] 후자의 역사적 필요성은 어디에서 오는가. 법이 초월적인 목표를 달성하는 데 실패할 때라고 한다. **서양 문명사에 있어서 모든 나라들이 법체제**(legal system)**의 기원을 이러한 혁명에까지 소급하고 있다. 서양사에 있어서의 대혁명들의 각각에 있어서의 모든 서양사의 대혁명의 표어는 어디에서 도출되었는가**. 예수가 바리새인들에게 행한 꾸짖음에서이다: "화 있을진저, 법률가 또는 율법학자들아.[41] 너희는 박하와 유향과 몰약을 십일조로 바치나" – 이 뜻은 너희들은 법의 기술성과 형식성의 준수에 집착하나 – "오히려 더 중요한 법의 실질들, 즉 공의(정의, Justice)와 동정과 신뢰는 져

40) 옮긴이 주석: 이것이 동양사에 있어서의 법체계의 진화 및 혁명과 대비되는 특징이라고 할 수 있다.

41) 옮긴이 주석: 한국어 성경번역은 율법학자로 번역된다. 그러나 예수시대의 율법학자들은 21세기의 법률가들이 하는 역할을 다 가지고 있었기 때문에 오히려 현대에는 법률가들이라고 해도 별 차이가 없을 것이다.

버리는도다.”

1914년 기점으로 서양에서는 서로 다른 형태의 법체제와 서로 다른 형태의 법학이 공통된 서양법 전통이라는 범위 안에서 경쟁했었다. 교회와 국가의 분리라는 로마 가톨릭의 버전은 루터주의 교회, 칼뱅주의 교회, 그리고 이신론자들의 국가와 교회에 대한 버전과 나란히 공존하였다. 입헌군주제는 귀족주의 정치제도와 민주주의 정치제도와 공존하여 이 시대는 프러시아의 카이저황제의 군주의 대권은 영국 의회에 의해서 대표되는 지배층의 특권과 공존하였다. 아메리카 하원의원과 프랑스 하원에 의해서 대표되는 시민들의 권리와 공존하고 여기에 더하여, 서양법 세계의 각각의 나라들은, 그들 사이에서뿐만 아니라 다른 영역에 있어서도 전혀 다른 형태에 의한 지배, 즉 (아리스토텔레스에 의한 분류로서) 한 사람에 의한 지배, 소수에 의한 지배, 그리고 다수에 의한 지배라는 형태를 가지고 공존하였다.[42]

법학에 있어서 종종 고 중세시대로 잘못 불려져왔던 최초의 근세 스콜라주의는 각기 다른 모습으로 각기 다른 나라에서 1914년까지 공존하였는데, 각기 다른 나라라고 하는 것은 게르만지역에 있어서의 독일 개념주의(German conceptualism), 영국 경험주의(English Empiricism) 그리고 프랑스의 원칙주의(French doctrinalism)이다. 서양세계의 전역에서 법전법은 사례법과 공존하였는데 – 정확히 말하자면 다양한 비율로써 공존하였다. 서양세계의 공동체법(jus

42) 옮긴이 주석: 한국의 법학도에게 항상 문제가 되는 것은; 1차 세계대전 직전까지는 자유주의적 혁명이 이미 진전된 곳에서는, 영국 의회, 아메리카 하원, 프랑스 하원 같은, 지배층이나 시민들의 대의기구가 발전되던 같은 시대에, 프로이센, 오스트리아제국, 러시아제국에서는 황제주권과 카이저의 통치대권이 동시에 존재했다는 것이었다.

commune)은; 점차로 국민 또는 민족을 단일화해가는 법체계라는 표피에도 불구하고 저변에서 아직 존재하고 있었다.

긴 19세기가 끝나고 난 1914년이 이와 같이 기준이 된다.

서양세계의 천 년간의 역사에 있어서 중요한 사건과 중요한 특징들을 확인하거나 기억하는 것은, 20세기나 21세기에 와서 과거보다 더 어려울 수 있다. 900년이나 500년 또는 300년조차도 매우 긴 시간으로 보인다. 그러나 세계문명사의 전모라는 점에서 볼 때, 1000년조차도 우주 전체의 시간이라는 프레임에서 볼 때는, 단 하나의 조각에 불과하며, 또한 전 인류가 선사 이래 처음으로 세계경제에서 같이하게 되었으며, 세계 사회라는 것이 시작되고, 세계법의 어떤 몸체라는 것을 만들게 되었다.

길었던 20세기는 1914년에 시작되었고 2000년대의 첫 번째 10년에서 끝나가는 것처럼 보인다. 이 20세기의 주된 사건과 주된 특징을 확인하고 기억하는 것은 더 쉽다. 20세기 두 번에 걸친 세계대전 중 **첫 번째 대전은**, 유럽국가의 내전으로 시작된 끔찍한 전쟁의 세계였으며 종족 간의 전쟁과 인종말살의 세기였다. 또한 인종과 지역문화가 충돌하는 세기였으며 이윽고 공존하는 세기였다. 20세기의 특징은 지구 전역에 걸쳐서 기술 커뮤니케이션이 일어나는 세기이며 공통되는 신념체계를 가지고 있지 않은 각기 다른 문화들 간의 지구적 규모의 경제적 교섭과 환경적인 의존성의 세기였다.

긴 19세기는 1차 세계대전과 함께 끝을 맺었다. 긴 20세기는 러시아혁명과 함께 시작되었다.[43)]

---

43) 옮긴이 주석: 원저자는 1914년 1차 세계 대전의 시작을 20세기로 보고 있고 이미 말한바 20세기를 1910년대에서 진행된 사건에서 출발로 보고 있다. 이것은 역자가 1차 세계대전 종전 이후, 즉 1918년과 1919년을, 법의 역사에서 현대의 시작으로 보는 것과 일맥상통한다.

어떤 사람은 러시아는 서양의 부분이라고 동의하지 않을 것이며, 또는 러시아 역사의 일부가 서양 역사의 일부라고 동의하지 않을 것이며, 더 나아가서 소비에트 러시아혁명이 도이치나 영국 또는 아메리카, 프랑스에서와 같은 대혁명의 연쇄 속에 속하지 않는다고 할 것이다. 역사적으로 **동방 정교회의 러시아는 11세기 말과 12세기 초의 서양세계에 있어서의 교황의 혁명을 강력히 반대하였다. 그들이 반대한 것은, 서양 세계에서 이루어졌던 독립적인 교회 국가 및 자율적인 체제로서의 교회법의 형성이었다. 또한 러시아가 경험하지 못한 것은, 루터주의 그리고 칼뱅주의 그리고 이신론자들의 서양세계에 있어서의 혁명이었으며,** 군주가 대권을 가지는 독일 민족국가의 형성이나, 귀족주의적인 영국식의 의회제도나 또는 민주주의적인 권력의 분립이 서양세계에서 연속적으로 이루어지는 것을 경험할 수 없었다. **러시아의 차아르 체제는 1917년에 사라질 때까지 최고의 정신적 권위와 최고의 세속적 권위를 융합한 신정체제(神政體制)를 선포하였다. 더하여 러시아는 지배계급이 프랑스 계몽주의의 영향 밑에 들어갔던, 18세기에 이르러서야 비로소 서유럽과 밀접한 접촉을 하게 되었다.** 러시아의 최초의 대학은 1756년 모스코바에 세워졌는데, 이것은 서양에 최초의 대학이 볼로니아에서 세워진 이후 거의 700년이 지난 이후였다. 또한 19세기에 이르러서야, **나폴레옹전쟁 이후에 비로소 서양세계에 있어서 700년 동안 이미 존재해왔던 것과 유사한 법제도로서 러시아 법제도가 나타나게 되었다**; 즉 법의 체계와 법문의 총체적인 존재, 그리고 학식이 있는 법률가의 집단들이 나타났으며 마침내 **1860년에 이르러서 전문적인 사법부와 그리고 전문적인 법률가집단과 함께 계층적인 법원구조가 나타났다.**

그럼에도 불구하고 러시아는 18세기, 19세기, 그리고 20세기 초까지 점차적으로 '서구화'되어 갔다. 1917년 러시아 볼세비키혁명의 지도자들이 가졌던 마르크시즘에 입각한 사회주의 신념이라는 것은, 그 기원에 있어서는 그것 자체는 서양에서 유래한 신념체계였다. **소비에트 맑시스트들의 무신론은 기독교전통에 있어서는 일종의 이단이었다**. 국가의 소멸이나 법체계의 소멸을 동반하는 이른바 미래의 계급 없는 사회라는 유토피아적인 맑시스트 레닌주의의 전망은, 원래 서구에서의 유토피아적인 전망이었으며; 이것은 도이치와 영국 그리고 프랑스혁명의 최초의 과격한 단계에서 있었던 도덕률 폐기론(antinomianism)에 병행하고 있었다. 실로 20세기 러시아 사회주의에 순수히 러시아적인 요소가 있었던 것은, 초기 도이치, 영국, 아메리카, 그리고 프랑스의 국민적 혁명에, 순수히 민족적인 또는 국가적인 요소가 있었던 것과 같다. 그러나 역시 19세기의 서구에 있어서의 사회주의 운동에서 이미 나타나는 그러한 요소들도 많았으며 또한 미국을 포함한 서구 각국에 나중에 퍼져 들어간 요소와 같은 것들도 있었다.

우리들은 보통 1991년 **12월의 소비에트 연방의 붕괴에 앞서서 존재했던 소비에트 러시아법과 서양 법체계를 날카롭게 구별해왔다**. 흔히 강조하는 것은 소비에트 **러시아에 있어서는 국가보다 더 높은 차원의 법의 개념이 없다는 것이며 국가의 최고의 리더십을 구속하는 법개념이 없다는 것이다**: 토지의 사적 소유가 없다는 것이며 생산수단의 사적 소유가 없다는 것이다: 스피치의 자유 그리고 언론의 자유 종교의 자유 및 다른 기초적인 시민적 자유를 억압하는 것이다: 공산당의 독재와 당 내부에 있어서의 총서기 및 정치국의 독재이다. 그러나 우리가 만약 소비에트 법체계가 75년간에 걸쳐서 진행된 과정을 주의 깊게 연구한다면 그리고 특별히 스탈린 이후의 세기들을 고찰한다면 ‒ 이 스탈린 이후의 세기라는 것은 고르바초프 치하의 7년에서 정점을 이루는 것인데 ‒ 그리고 우리가 1920년대 후반과 1930년대 대공황 이후의 유럽과 아메리카 법체계의 발전을 비판적으로 볼 수 있다면 우리는 많은 병행점을 볼 수도 있다.

스탈린 이후의 소비에트의 민법전과 형법전과 사법 체계는 현대의 서구의 민법과 형법전 및 사법제도와 공통점이 많다. 1950년대 후반에서 1980년대까지의 소비에트연방에서, **법의 지배**(Rule of Law)**는 아니라 할지라도 법에 의한 지배**(Rule by Law)**는 점차적으로 중요한 역할을 하기에 이르렀다**. 구 소비에트 연방이 1991년 12월에 해체되었을 때, 대학에서 훈련받은 법률가의 숫자는 25만 명 이상이었다. 그럼에도 불구하고 소비에트법과 서양법 사이에는 ‒ 공산당 지배를 제외하고서도 ‒ 두 개의 본질적인 차이가 존재했다; 첫째로 소비에트 국가에서는 경제 및 사회 활동을 운영하고 컨트롤하기 위해서, 다른 서양국가와 비교할 때 훨씬 큰 정도로 법이 쓰여지고, 특별한 행정규제가 쓰여진다. 두 번째 특징은 서양 국가와 비교할 때 훨씬 큰 정도로 소비에트 국가는 소비에트 국민의 믿음과 태도를 지도하고 훈련하고 단련시키는 데 법을 사용해왔다. 그것은 소비에트 인들이 말하듯이 '법의 교육적 역할' 더 상세하게는 '법의 양육적 역할'이다.[44] 1930년대와 1940년대 칼 르웰린(Karl Llewellyn)은 이 역할을 "부모의 역할을 하는 법"(parental law)

---

44) 원저 p.19. 각주 22. The same Russian word, *vospitat'*, means "to educate" and "to nurture or nourish." On the Soviet concept of the educational or nurturing role of law, see Harold J. Berman, *Justice in the U.S.S.R.* (Cambridge, Mass., 1963), pp.277～284.

이라고 부르고 우리들 자신의 법도 "부모와 같이 양육하는 방향으로" 움직여가고 있다고 했다.[45]

법을 통한 정부나 국가의 경제계획 그리고 전 국민의 믿음과 태도에 대해서, 법을 통해서 국가가 조장하거나 양육하는 이 두 가지가 긴 20세기 동안 1917년의 러시아혁명이 좋든 궂든, 그 효과에 관계없이 서양법 전통에 끼친 주된 영향이다. 소비에트 전체주의 국가는, 그 혁명의 주된 전망의 본질적 부분이었던 사회 민주주의의 아이디어를 왜곡시켰다. 그럼에도 불구하고, 그러한 이상들의 어떤 것들은 소비에트법에 입법되었고, 스탈린의 사후에는 점차로 보완되기에 이르렀다. 소비에트법은 초기에 일할 권리, 노령연금에 대한 권리와 무료 의료 그리고 고등교육의 무료에 대한 권리를 확립하였다. 인종이나 성별에 의한 차별이나 또는 인종주의적 행동과 언동 또한 고용관계에 있어서 상사에 의한 성적희롱은 형법 위반이 되었다.

소비에트법의 기초에는 무신론적인 전망이 존재한다. 이 전망은 인간성의 근본적인 선한 능력과 각자가 그의 일에 따라서 수입을 받으며 마침내 그의 필요에 의해서 수입을 얻는 사회를 건설할 수 있는 인간의 원래적인 능력을 표방하고 있다. 또한 이러한 무신론이 표방하고 있는 것은, 경제적인 계급착취에서 자유롭게 되고 또한 그들이 말한 바대로 종교적 신념에서 자유롭게 되며, 어떤 헌신적인 리더십의 의지에 적극적으로 반응하게 된다는 것을 표방하고 있다.[46]

---

45) 원저 p.19. 각주 23. On Karl Llewellyn's use of the term "parental law," see ibid., p.284.

46) 원저 p.20. 각주 24. See Harold J. Berman, "Atheism and Christianity in the

소비에트 유니온의 붕괴를 가져온 것은, 다른 어떤 요소보다도 이와 같은 유토피아적인 전망에 대해서 더 이상 신뢰하지 않았기 때문이다. 법에 의해서, 사회주의가 작동하게끔 만드는 데 필요한 만큼의 이타주의를 배양하고 강제하려는 소비에트의 노력은 유효한 법작용의 한계를 넘어섰다. 많은 실험이 행해졌는데 국가 기업에서의 자율성과 정부의 계획을 조화시키려는 실험 또는 근로자의 집단적인 목표와 개인적인 자발성을 위한 인센티브를 도입하여서 균형을 잡으려는 노력에도 불구하고 계획경제는 이윽고 붕괴하였다. 비슷한 양상으로 당과 국가의 끊임없는 노력, 즉 가족 가정과 이웃과 학교와 일터와 그리고 시민사회를 구성하는 다른 결사와 조직의 사회적 책임과 내부적 결속을 강화하려는 노력은 실패하였고 오히려 궁극적으로 약화시켰다.

1917년의 러시아혁명의 동기가 되었던 전망이 1990년대의 러시아에서 붕괴되었다는 것은 다음과 같은 사실을 회상시킨다. 1789년에 프랑스혁명의 동기가 되었던 전망들의 많은 것들은 1870년대에 와서 나폴레옹 3세 황제치하에서 이윽고 패배하게 되며; 1640년대의 영국혁명에 동기가 되었던 전망의 많은 것들은 1800년대 초에 패배하게 되었으며; 1517년 독일 종교개혁 때의 혁명의 계기가 되었던 이전의 많은 것들은 1세기 뒤의 독일에서는 30년 전쟁 때 패배하게 되었다. 그러나 다음과 같은 쌍둥이로 태어난 법적 쇄신이 러시아혁명에 의해서 소개되었는데 – 국가와 정부의 사회경제적 역할을 엄청나게 고양시키는 것과 법의 양육적인 역할을 역시 고양시키는 두 가지 점에서 그러했다. 이 두 가지 법적 쇄신의 쌍둥이

Soviet Union," in Lynn Buzzard, ed., *Freedom and Faith: The Impact of Law on Religious Liberty* (Westchester, Ill., 1982), p.127.

는 서구세계 전역을 통해서 지금까지도 살아남았고 반향을 가지고 있어 왔다.

서양의 실질적으로 모든 나라에 있어서, 20세기와 21세기의 정부의 관료제도는 직접적이고 적극적인 방법으로 경제, 커뮤니케이션, 교육, 의료, 고용조건 및 경제생활과 사회생활의 다른 측면들을 통제하기에 이르렀다. 지금 열거된 영역들은 높은 정도로 행정규제에 의해서 규율되고 있다. 행정규제가 법의 중요한 원천(administrative regulation as a major source of law)으로 작용하는 것은 절대 완벽하게 그러하다는 것은 아니지만, 그럼에도 불구하고 상당한 정도 행정규제는 프랑스에 있어서의 민법과 영국에 있어서의 보통법 선례들과 그리고 독일에 있어서의 법학자들이 만든 개념 및 법원칙을 침략하였다. 똑같은 정도는 아니지만 미국에 있어서도 또한 입법부와 법원은 경제적, 사회적 생활의 넓은 부분에 걸친 통제에 있어서 정부, 즉 행정기구에 양보하여 왔다. 동시에 아메리카의 법원들은 그 자신들이 상당한 정도 경제생활 및 사회생활을 적극적으로 통제하는 헌법상 기구가 되었고 이른바 사법적극주의(judicial activism)는 점점 더 공적으로 받아들여지게 되었다.

경제활동과 사회활동을 직접적으로 국가가 규제하도록 하는 법의 용도는, 우리들의 시대에 있어서 법의 용도를 **국민의 믿음과 태도에 직접 영향을 주게 하고 국민들을 사회적으로 책임 있게 교육하는 목적**으로 쓰며, 또한 인종이나 성별 또는 연령 또는 계층의 차이와 관계없이 **서로를 동등하게 취급하도록** 교육하는 데에 두는 것과 밀접히 관계되어왔다. 최현대인인 우리는 점점 더 가족, 학교, 교회, 공장, 상업적 기업, 그리고 입법과 행정과 사법의 직접적인 통제에 매여 있는 다른 지방 단체들의 사회화하는 기능들을 보아

왔다. 비단 러시아에서뿐만 아니고 서양 전역에 걸쳐서, 국가의 법은 사회적으로 바람직한 것으로 공식적으로 간주되는 태도들을 양육하는 데 있어서 양친이나 선생의 역할을 하게 되었다. 폴란드계의 미국 시인이자 예언자인 체슬로 밀로즈(Czeslow Milosz)가 20세기에 대해서 말한바 대로 "국가는 사회의 모든 실질적인 부분을 묻어버렸다."[47)]

0.7 천년을 단위로 하는 역사연대기(Millennial Historiography)

우리가 최초에 **무엇이 시대에 활력을 주었으며, 미래의 도전에 응수하기 위해서 무엇이 우리를 도울 수 있는가**를 발견할 목적으로 우리의 과거를 탐색하는 것은 다음의 이유이다. 한 시대의 끝장에 와 있고, 그 시대 전부의 경과를 분간할 수 있기 때문이다. 또한 우리가 그 시초에 서 있는 새로운 시대는 국가를 넘어서고 문화를 넘어선, 즉 초국가적・초문화적 상호 영향의 시대이기 때문이다.

두 개의 세계 대전 이전의 시대에 **서양을 지배해왔던 국가위주이며 민족위주인 법의 연대기가 국가를 넘어서고 민족을 넘어선 전 유럽의 법 역사의 연구에 양보하기 시작한 것은 20세기의 마지막 10년간의 일어났으며** 우연한 일은 아니었다.[48)] 그러나 주의할

---

47) 원저 p.21. 각주 25. Quoted in Nathan Gardels, "An Interview with Czeslaw Milosz," *New York Review of Books*, February 27, 1986, p.34.

48) 원저 p.21. 각주 26. See Manlio Bellomo, *The Common Legal Past of Europe,* trans. L. G. Cochrane (Washington, D.C., 1995). As Bellomo writes (p. xvii), a study of the sixteenth-and seventeenth-century pan-European *ius commune*, or "common law," as it was called, is particularly timely in an age when a reader might easily imagine "a future in which national barriers will be in great part

것은 **전 유럽의 법제사**라는 것은 전체적으로 봐도 **개별 국가의 법체계**가 각각 따로 분리되어서 연구될 때에 적용되던 시대구분과는 다른 시대구분을 필요로 한다. **서양 법제사를 포함해서 전체로서의 서양 역사는 긴 시간 간격을 가지고 되풀이되는 모티브를 지닌 채 진행되어 왔다.** 따라서 올바른 시대구분을 하는 것은 서양법의 역사에 있어서 과제이다.

일반적으로 서양사를 연구하는 대학의 역사가들 사이에서 시대구분은 이미 주어진 당연한 것으로 여겨져 왔고, 또한 역사적 탐구가 점점 더 계속해서 협소해지는 경향을 보임에 따라서 시대구분 같은 것은 무시되어 왔다. **위대했으나 또한 엄청나게 무시되었던 20세기의 학자였던 오이겐 로젠스토크-휘시**(Eugen Rosenstock-Huessy)의 말에 의하면 19세기와 20세기의 이른바 "과학적" 또는 "객관적" 역사연표는 역사가들을 역사 바깥에 자리하게 했으며, 과거 역사를 점점 더 작은 구분으로 계속해서 분쇄해 들어가고, 마침내는

---

dismantled, in individual minds and in collective awareness, and in which specific structures will become either anachronisms or a special province for speculation and fiscal legerdemain." Traditionally the unique features of English law have been stressed by legal historians and comparatists, and books and articles are written contrasting the English "common law" with the continental European "civil law." Reinhard Zimmermann has been in the forefront of those who have exposed as a "myth" the autochthonous character of English law, stating that "in reality …… ever since the Norman conquest continuing international contact has left a definitive and characteristic mark on English law." See Reinhard Zimmermann, "Civil Code and Civil Law: The Europeanization of Private Law within the European Community and the Re-emergence of a European Legal Science," *Columbia Journal of European Law* 1 (1994), 87~88; idem., "Der europäische Charakter des englischen Rechts: Historische Verbindungen zwischen Civil Law und Common Law," in *Zeitschrift Fur Europaisches Privatrecht* 1 (1993), 4; idem, "Das römisch-kanonische *ius commune* als Grundlage europäischer Rechtseinheit," *Juristenzeitung* 47 (1992), 8. Historical links between English law and the law of other European countries are discussed infra in Chapters 7 through 12.

이 작은 부분들 안에서 어디로 가는지 방향감각을 상실하게 만들었다고 한다(현대학문의 방향이 세밀해지고 정밀해지는 것은 장점도 있으나 그 단점으로 그 전체적인 방향을 잃게 될 수도 있다는 같은 의미이다). 휘시가 쓰기를 역사가라면 **일수나 연수만** 계산할 것이 아니라 무엇보다도 **세대와 세기**들을 세워야 한다. 이것은 "**정리되지 않은 자세함과 의미 없는 일반화를 피하려면 특히 필요하다.**"[49]

로젠스토크－휘시가 서양사를 시대 구분하는 방법은 11세기부터 20세기까지 발발한 대혁명들을 강조하는 것으로, 각각의 혁명은 그 이전에 있었던 선재하던 혁명의 경험위에 마침내는 그 성과를 건축한다는 것이다. 해롤드 버만은 이 방법을 서양법의 역사를 탐구하는 데 적용하였다.

그러나 역사의 어떤 부분과 조각에 집중하는 연구자들은 더 큰 대분류의 시대구분의 필요성을 피하게 되고 잘못된 시대구분을 대학에 있어서의 관행으로 만들고 있다고 할 수 있다－그중 가장 대표적인 것은 역사를 "고대"(Ancient), "중세"(Medieval)의 또는 "근대"(Modern)와 같이 삼분하는 것으로 이것은 16세기의 시대 구분법이었다. 그들의 분야가 아무리 전문화되어 있다고 해도 결국 이러한 삼분법 안에서 움직이게 되어 있었다. "중세"를 5세기에서 11세기까지의 "초기 중세"와 12세기부터 15세기까지의 "후기 중세"(High Middle Ages)로 나눈다든지, "근대"(Modern)를 16세기와 17세기의 "초기 근대"와 18세기부터 두 번에 걸친 세계대전까지의 "근대사"(Modern History)로 나누는 것에 대해서는 이들 관

49) 원저 p.21. 각주 27. See Rosenstock-Huessy, *Out of Revolution*, p.707.

행적인 역사가들은 반대해왔다. 이들에게는 다음과 같은 사실은 망각되는 것처럼 보인다. 즉 "중세"(Middle Ages)란 용어와 "중세적인"이란 용어를 최초로 유행시킨 **16세기의 루터주의자들**은, 그 목적이 **초기(그들 이전의) 기독교 시대부터 그들 자신들의 직전 시대까지 계속된 기간**을 특징화하기 위해서였다. 중세 또는 중세적인이란 용어는 또한 **16세기의 휴머니스트들**이 썼는데 그때의 목적은 그리스 로마와 같은 고전시대로부터 그들 자신 **직전 시대에 계속된 시간**을 특징화하기 위해서였다.[50] 최현대에 와서 중세의 원래

50) 원저 p.22. 각주 28. The term "middle age" originally referred to the concept of an intermediate period between an "ancient" period whose progress had been interrupted and a "modern" period which in some respects was returning to that earlier time. Although I have found no evidence that the term "middle age" was applied to the period preceding the Papal Revolution of the late eleventh and early twelfth centuries, partisans of the Papal Revolution claimed that it introduced a new "modern" age (see Berman, *Law and Revolution,* p.112 and sources cited p.581 n. 35), and they looked back to pre-Carolingian canons and patristic writings to justify their claim that the intervening centuries of imperial domination of the church were a "time of usurpation." See citations to Augustin Fliche, *La réforme gregorienne*, in Charles J. Reid, Jr., "The Papacy, Theology, and Revolution: A Response to Joseph L. Soria's Critique of Harold J. Berman's *Law and Revolution*," *Studia canonica* 29 (1995), 473~475. The first use of the term "middle age" that scholars have found was in the early fifteenth century, and then it was said to refer to the centuries between the so-called fall of Rome in the West and the rise of self governing Italian city-states some seven centuries later. See Alison Brown, *The Renaissance*, 2nd ed. (London, 1999), pp.7~8. Later in the fifteenth century, the term was used by Italian humanists to refer to the period between the classical writers of Greek and Roman culture and themselves, roughly from the fifth to the late fifteenth century. None of these uses of the term "middle age," however, had the same degree or the same kind of influence as its subsequent use by early sixteenth-century followers of Luther to refer to the period between the Protestant Reformation and the early biblical Christianity to which Protestantism was returning. The Lutheran concept of "middle age" (or, in English usage, "middle ages") had a religious and political significance, linking it with the hegemony of the Roman Catholic Church. Marxists later came to identify it with "feudalism."

어원이었던, 중간에 끼어 있는 시대라는 문맥은, 무엇과 무엇의 중간에 끼는 시대라는 것이었다. 최초의 16세기의 루터주의자나 휴머니스트들이, "중간에 끼었다"고 할 때는 무엇과 무엇 중간에 끼었는지 확실했으나 이제 와서는 똑같은 어원을 가졌으나 무엇과 무엇의 중간에 낀 시대인가가 **기준되는 우리들의 시대**가 훨씬 더 진행되었기 때문에 불분명해졌다고 할 수 있다.

서양법 전통에 대해서 논할 때 유럽 역사에 있어서의 프로테스탄트가 나타나기 이전의 시대를 지칭할 때 "중세", "중세적"이라는 용어를 쓰는 것은 시대착오적인 방식이라 할 수 있고 이것을 피하는 것이 중요하다고 생각한다(왜냐하면 다음의 예와 같이 중세적이란 용어는 상대적이기 때문이다). **12세기 교황에 혁명에 관계된 행동가들은 그들 자신의 시대를 "근대적"(Modern)이라고 간주했다.**[51] 또한 이것은 다음과 같은 면에서 이유 있다 할 수 있다. 즉, **교황의 혁명에서 교회와 세속 정부를 분리하며 성속의 영역과 재판관할권을 분리했기 때문에 결과적으로 서양 최초의 근대 법체계가 창조된 것이기 때문이다.**[52] 또한 재검토해서 피해야 될 용어는 18세기에 만들어진 봉건주의(feudalism)라는 용어이다. 물론 봉건법

51) 원저 p.22. 각주 29. See Berman, *Law and Revolution*, pp.112 and 581 n. 35.

52) 옮긴이 주석: 이 대목에서 동아시아, 특히 중국에서 "근대" 법체계가 형성되지 않았는가의 큰 의문이 풀리게 된다. 즉 중국에서는, 서양에서 12세기의 교황의 혁명에 의해서 형성된 정신적 권위와 세속 정부의 분리라는 것이 일어나지 않았다. 즉 중국에서는, 서양에 있어서의 세속 정부의 권위와 교회의 권리를 합쳐서, 단일한 인격의 황제가 가지고 있는 상태가 계속되었다. 우리가 만약 이와 같은 방식을 중국의 법사에 적용한다면, 성속(聖俗)의 구별이라는 서양법사의 혁명적 사건은 중국에는 일어나지 않았으므로, 서양적 의미의 근대법은 중국에서는 일어나지 않은 것이 된다. 성속의 구별은 또한 『법과 혁명 Ⅰ-서양법 전통의 형성 1』, 4장에서 이미 나온 것처럼, 왜 근대과학이 전통 중국문명 또는 인도에서 발달하지 못하고 단지 성속의 구별이 처음으로 시도된 교황의 혁명 이후의 유럽에서 발달했는가의 답이 될 수 있다. 위의 책 322페이지.

(feudal law)이라는 것이 있었으며 봉건시대의 군사관계와 봉건시대의 토지관계를 규율하고 있었다. 그러나 봉건적 군사관계와 토지관계는 대체로 프랑스혁명 이전, 200년도 훨씬 이전에 사라졌는데 프랑스혁명 때 국민의회는 "봉건체제는 앞으로 폐지한다"라고 선언하였다.[53] 프랑스의 부르주아지가 반대해서 항거하였던 억압적인 귀족의 특권들은, 실제로 영주와 가신관계가 존재했던 훨씬 이전 시대의 것이 남아 있던 것이었다. 그러나 방금 말한 훨씬 이전 시대에 있어서조차도 "봉건주의"(feudalism)는 12세기부터 14세기에 만들어진 수천의 유럽도시에서는, 지배적인 추세가 아니었고 또한 이른바 "중세"(medieval) 교회 체제에서는, 봉건주의는 존재하지 않았으며 또한 "중세"산업이라는 번영하는 세계에서도 봉건주의는 존재하지 않았다. 비슷하게 15세기 말과 16세기에 걸친 이탈리아의 문학, 예술 그리고 과학과 학문적인 운동을 지칭하는 것으로, 19세기 중반에야 발명된 용어인 새로운 탄생을 의미하는 용어인 "르네상스"(Renaissance)는 (흔히 얘기 되는대로) 근대의 출발을 지칭하는 것으로는, 전적으로 잘못된 것이다(한국에서 알려진 상식으로서의 르네상스는 종교개혁과 시민혁명에 앞서서, 근대의 문을 여는 3대 사항 중에 하나로 알려져 있다). 왜냐하면 14세기의 위대한

---

53) 원저 p.22. 각주 30. As Marc Bloch wrote concerning the French Declaration, "How could one thenceforth deny the reality of a system which it had cost so much to destroy?" Quoted in Berman, *Law and Revolution*, p.42. With similar irony, F. W. Maitland wrote: "Now were an examiner to ask who introduced the feudal system into England? One very good answer, if properly explained, would be Henry Spelman …… If my examiner went on with his questions and asked, when did the feudal system attain its most perfect development? I should answer about the middle of the [eighteenth] century." Quoted in S. F. C. Milsom, introduction to Sir Frederic Pollock and F. W. Maitland, *History of the English Law before the Time of Edward I* (Cambridge, 1969), p.xxviii.

미술가 지오토와 역시 14세기 당대의 위대한 작가 단테는 이제 와서는 "르네상스"의 일부로 간주되기 때문이다. 실로 최근에는 "12세기의 르네상스"에 대해서 책이 쓰여지고 있다.54)

지금까지 관행이 된 서양사의 시대구분은 다음과 같은 견해를 반영한다. 즉 서양의 "근대역사"("modern" history)는 다음의 변천과 함께 시작한다. 즉 **로마 가톨릭에서 프로테스탄트로의 변천, 봉건주의에서 자본주의로의 변천, 스콜라주의에서 휴머니즘으로의 변천** 그리고 **공통된 문화에서 국민국가의 다양한 문화로의 변천** 그러나 이러한 견해는 "근대" 서양역사를－그리고 우리의 관심인 서양법의 역사를－뿌리에서부터 절단하는 것이다. **서양에 대한 새로운 역사는 서양제도의 발달을 11세기에부터 시작된 결로부터 21세기에까지의 발전 경로를 추적하는 것인데 최근 수십 년간에 겨우 대두한 것이다.** 그 계기가 된 것은 **서양문명이** 세계 경제의 발달과 다문화적인 세계 발달의 단계에서 비서양 문명이 참여함으로서 비로소 그 특징이 나타난 것이다. 여기에 기여한 것은 특별히 경제사학자들로서 이들은 "서양 세계의 세계적 경제세력으로서의 대두"를 설명하면서 이러한 서양세계의 일어남을 부분적으로 11세기와 12세기의 상업혁명에 원인이 있는 것으로서 또한 이윽고 급격한

---

54) 원저 p.22. 각주 31. The use of the word "Renaissance" to characterize a historical period, namely, the late fifteenth and early sixteenth centuries in Italy, was introduced by the french historian Jules Michelet in the mid-nineteenth century and taken up shortly thereafter by the Swiss historian Jacob Burckhardt to signify an age of great achievements of artists and writers in that time and place. Otherwise it was a time and place of the greatest political and religious corruption and scandals. Despite the fact that virtually all scholars would agree with George Holmes that the term "Renaissance" is "an elastic term which has been used with a dozen different meanings" (*Renaissance* [London, 1996], p.7), it keeps being used, and different authors, like Holmes, give it their own different meaning. It should simply be dropped.

경제 성장이 혁명적 기간을 만드는 것으로 설명하고 부분적으로는 이러한 성장을 뒷받침한 법체계들의 발달에 원인이 있는 것으로 설명하고 있다.[55)]

이와 같이 **주도적인 경제사학자들이 법제도에 있어서의 변화가 서양의 경제적 발전에 중심적 역할을 했다는 것을 인정함에 따라서 법학자들에게 남은 일은 그러한 법제도의 발전에 무엇이 가장 중심적인 역할을 했는가**를 밝히는 것인데, 이것은 **신념체계**(system of belief)**에 있어서의 변화**라는 것이다. 이러한 새로운 탐구의 맥락이 되고 있는 것은 **새롭게 전개되고 있는 세계사회와 동시에 새롭게 대두되는 세계법**(world law)이다. **서양은 그것의 테크놀로지를 비서양문화에 수출할 수 있었다. 그렇다면 서양은 비슷한 양상으로 서양의 법도 수출할 수 있을 것인가.** 이 문제는 다음의 문제를 동반한다. **서양법 전통은, 비서양문화에서, 그 전통이 기초하고 있는 믿음의 체계를 제외하고 유효하게 계수될 수 있을 것인가.** 법 전통이나 믿음의 체계에 있어서의 어떤 변화가 세계법의 새로운

---

55) 원저 p.23. 각주 32. Douglass C. North has been in the forefront of those economic historians who have emphasized the importance of legal institutions in facilitating the economics of the West over the centuries. It is the principal theme of his voluminous writings on the economic history of the West-writings that have earned him the Nobel Prize in economics-that "well-specified and enforced property rights [are] a necessary condition for economic growth," and further, that it was the periodic establishment of secure property rights that accounts for the "rise of the West." See his essay "The Paradox of the West," in R. W. Davis, ed., *The Origins of Modern Freedom in the West* (Stanford, 1995), pp.7～34. Among his major works are Douglass C. North and Robert Paul Thomas, *The Rise of the Western World* (Cambridge, 1973); Douglass C. North, *Structure and Change in Economic History* (New York, 1981); idem, *Institutions, Institutional Change, and Economic Performance* (Cambridge, 1990); Douglass C. North, Paul R. Milgrom, and Barry R. Weingast, *The Role of Institutions in the Revival of Trade: The Law Merchant, Private Judges, and the Champagne Fairs* (Stanford, 1990).

전통을 형성하는 데 있어서 **비서양 전통문화와 함께 협력할 때 필요할 것이다.** (배타적 관계가 아니라 협력의 관계의 비전이다)

이 책은 이러한 질문에 대한 대답을 추구하고자 하는 것이 아니고 차라리 앞으로 비서구권 **문화와 공유해야 될 서양법 전통의 성질을 이해하고 또한 그 서양법 전통이 기초하고 있는 믿음의 성질**을 이해하는 필요한 배경을 제공하는 것이다.

0.8 초기 프로테스탄트 믿음 체계들과 서양의 '흥기'와 16세기와 17세기의 프로테스탄트 신앙 체계들

20세기와 21세기에 와서 유럽역사에 대한 학술문헌은 일관되지 않고 혼합된 모습을 가지고 있다. 한편에 있어서 16세기 17세기의 개신교 신앙체계는 민족주의 또는 전투적인 민족주의, 개인주의, 자본주의 그리고 (합리적)세속주의가 일어나는 것을 예비하였다고 평가된다. 16세기와 17세기의 서양세계의 정치적이고 경제적인 '흥기'와 20세기와 21세기에 와서의 서양의 종교적인 그리고 도덕적인 "쇠퇴"는 다음과 같은 것에 원인을 돌릴 수 있다. 즉, 국가주의자, 민족주의자, 개인 인격주의자, 자본주의자, 그리고 합리적 세속주의 세력의 역사적 기원은, 이미 말한 바 16세기 17세기의 루터주의와 칼뱅주의의 개신교와 연결되어 있다. 다른 한편에 있어서, 프로테스탄트주의가 법사상과 법제도의 발달에 미친 적극적인 공헌은 대체로 무시되어왔다.

도이치와 영국에 있어서 초기 프로테스탄트 기독교가 법이 미친 영향에 대한 연구나 또는 역시 초기 개신교 기독교가 서양법 전통에 미친 영향의 연구는 지금까지의 잘못된 견해를 고치는 데에 도움이 될 수 있다. 지금까지의 잘못은, 이들 믿음이 후기에 가서 완화 조정된 경위를 초기의 창립자들과 초기 신봉자들에게만 돌리고 있었다. 새로운 연구는, 정의 또는 공의와 질서에 대한 프로테스탄트의 전망이 양립한 것은, 흔히 생각하는 것처럼 민족주의, 개인주의, 자본주의, 세속주의 같은 주의가 아니고 오히려 국가적 또는 민족적 이익, 개인적 책임과 기회, 시장경제, 그리고 공공정신이었다. 또한 새로운 주의를 대체하는 데까지 인도한 것은, 즉 국가에 대한 압도적인 믿음 또는 개인 인격에 대한 믿음, 부를 개인적으로 축적하는 것, 합리적인 계산의 우위성까지 인도한 것은 16세기와 17세기의 개신교 기독교라기보다는 차라리 19세기와 초기 20세기의 개신교와 또한 로마 가톨릭 기독교의 쇠퇴였다고 볼 수 있다.

초기 개신교 특히 칼뱅주의의 형태가 서양에 있어서 자본주의의 출현에 결정적인 역할을 했다는 주제는 가장 강력하게 막스베버에 의해 제시되었다. 베버는 20세기 사회이론의 수호천사라고 할 수 있고, 그러나 그는 20세기에 있어서 자본주의의 사망을 예보하였으며 자본주의는 사회복지에 헌신하는 정치 및 법적질서에 의해 대치된다고 예보하였다. 베버의 저서 『프로테스탄트 윤리와 자본정신』(The Protestant Ethic and the Spirit of Capitalism)는 역사학자, 사회학자, 신학자, 경제학자, 정치학자, 그리고 법학자에게 강력한 영향을 끼쳤다.[56] 문자 그대로 수백 권의 책과 수천의 논문이 베버의 이 주장을 논의하기 위해 쓰여졌다. 특수하고 개별적인 항

56) 원저 p.24. 각주 33. The original German title was *Die Protestantische Ethik und der "Geist" das Kapitalismus*, published in two parts in 1904 and 1905. The quotation marks around the word "spirit" (*Geist*) were omitted in the standard English translation by Talcott Parsons.

목에 대한 광범위한 비판에도 불구하고, 베버의 주된 주장은 최근까지도 "서양의 출현"에 대해서는 이론이 없는 것으로 받아들여졌다.[57)]

---

57) 옮긴이 주석: **중국을 비롯한 인도와 같은 비서양지역에서 왜 자본주의가 근대 이후 발달하지 못했는가** 또는 이와 관련해서 왜 근대 세계 이후 서양제국이 지구 상의 주된 역할을 하게 되었는가를, 베버는 개신교 윤리에서 찾고 있다. 한국의 사회학도에게 익숙한 이 명제가 한국의 법학도에게는 익숙하지 않다. 즉, 근대 서양을 세계적인 주도 세력으로 양육한 자본주의는, 베버에 의하면 명백히 종교개혁 이후의 개신교를 기초로 하고 있다(김철, 2015). 그렇다면, 근대 이후 지구 상의 주된 문명권, 즉 **서양 문명권이 자본주의와 함께 발달시킨 법제도 역시 개신교와 관계있을 것 아닌가**라는 의문을 사회학도는 가졌으나 동아시아의 법학도는 가질 수가 없었다. 왜 그랬을까? 왜 그럴까는 한국 및 동아시아 법학이 해결해야 하는 자기모순이다. 역자가 받은 한국에서의 모든 전형적인 법학 교육에서는 어떤 경우에도, 근대 자본주의, 근대 종교개혁 이후의 개신교, 서양법제도의 관계를 말해주는 바가 없었다. 더 간명하게 한국 전통법과 동아시아 전통법의 견지에서 종교와 법의 관계를 중요하게 생각하지 않는다. 이것은 한국의 서양법학이 일본인에 의해서 가르쳐지기 시작한 1920년대－더 정확하게는 1926년의 경성제국대학 법학부 설립 때부터－1930년대 및 1940년대까지의 법학을 관찰하면 알 수 있다. 이 시대의 특징은 국가주의와 국가주의 아닌 사회이론에 있어서는, 세계 대공황 전후의 분위기로, 마르크시즘의 세계적인 영향을 특징으로 들 수 있다. 특히 초기 한국 지식인과 법학자에게 영향을 미친 일본의 지식인과 법학자들은 한편에 있어서는 메이지 이후의 국가주의에 경도하고 있었고, 다른 한편 국가주의를 극복한 일본 지식인들은 1917년 이후로 세계를 풍미한 마르크시즘의 유토피아적인 전망에 영향을 받고 있었다. 식민지 지식인들의 사상적 경향은 (법학을 포함해서) 이상주의적인 경향을 가졌다면, 또한 당시 식민지 상황에서 식민지에서의 해방을 염원하였다면 사상적으로 열려 있는 길은, 사회주의적인 유토피아니즘 아니면 그때까지 극히 미미했던 서양 종교, 즉 기독교의 영향이었다. 최근의 어떤 서양 사학도의 진솔한 언급에 의하면, 식민지 상황의 한국 지식 엘리트들은 마르크시즘이냐 기독교냐는 양자택일의 기로에 놓여 있었고, 후자를 택한 사람들은 사회과학이나 법학도는 드물었고, 주로 신학의 길로 나간 소수였다. 다시 말하자면 식민지 상황에서 서양법학을 한국학도에게 전수한 일본인들의 성향은 역시, 사회과학과 법학의 경우에는, 근대 서양의 역사적 실재로서의 기독교 전통을 주목한 사람은 거의 없었고, 대부분 당시 세계적인 풍조대로 마르크시즘의 영향 아래에 있었다고 한다. 해방이후 한국의 법학과 사회과학을 담당한 엘리트 지식인들은, 주로 식민지 체제 아래에서 훈련받은 사람인데, 그들의 경향 역시 생애의 주된 수련 기간 중에 받은 영향을 벗어날 수 없었다. 따라서 최근에 자기 고백된 어떤 대표적인 한국 경제사학자의 얘기대로, 해방 이후의 사회과학은－법학의 경우에는 법학자들의 현실적인 처신 때문에 명백하지는 않았으나－기독교의 영향보다는 마르크스시즘의 영향이 더 짙게 나타난 상태가, 적어도 확인된 바로는 1960년대까지 계속되었다. 현실적인 법학자들이 해방 이후에 어떤 기본적인 신념체계를 선택했는가는 썩 잘 밝

베버의 개신교 윤리와 자본주의 정신에 대한 주제는 "그의 친구나 적들에게 의해서 똑같이 광범위하게 오해되어왔다"라고 베버의 가장 존중받을 만한 비판자는 관찰하고 있다. 실로 베버의 명제는 매우 복잡하기도 하고 매우 간명하기도 하다. 베버는 "프로테스탄티즘"이 "자본주의"의 "원인"(cause)이라고는 하지 않았다. 그가 말한 것은 프로테스탄티즘의 한 가지 형태인 칼뱅주의가 특히 17세기 영국 청교도들의 것인데, 이것이 자본주의의 "정신"(The spirit, der Geist)을 지지 지탱하고, 또한 일치하였다는 것이다 – 베버가 그의 원래 저서에서 이 말을 쓸 때 어떤 점을 강조하기 위해서 인용부호를, 즉 따옴표를 넣어서 강조했는데 – 이것은 유럽에서 훨씬 나중에 일어난, 제3계급 부르주아지의 산업혁명의 정신을 강조하기 위해서였다. 더하여 베버가 칼뱅주의가 자본주의 정신과 일치하거나 지탱한다고 본 것은, 그것 자체가 복합적이며 동시에 명백한 것이다(이율배반적인 성격을 가지고 있다). 그는 자본주의 정신이 큰 부를 획득하려는 개인적인 자본주의자 기업가들의 입장에서의 압도적인 욕망으로 구성되어 있다고 밝혔다. 그러나 동시에 베버가 밝힌 것은, 영국칼뱅주의자들은 이와 같은 기업가들의 압도적인 갈망을 맘몬을 숭배하는 죄악에 찬 맘몬주의라고 비난했다는 것이다.[58] 이와 같은 역설은 어떻게 해결될 것인가. 베버가 말한 바,

---

혀지지 않아 왔다. 출세주의를 제외하면, 거의 국가 형성기에 국가의 필요성에 부응한다는 실용적 사고방식이었다고 추정할 수 있다. 그러나 이것도 넓게 보면 국가주의 또는 변형된 민족주의로 일단 넓게 규정할 수 있고 이런 태도가 서양세계에 있어서의 주된 조류와 거리가 있어온 것은 말할 나위 없다. 그 증거로는 1972년의 유신헌법 및 1975년의 긴급조치법에 대한 이들의 태도가 약 40년간 지속되다가 2013년 3월 21일 헌법 재판소 판결에 의해서 비로소 서양법제도의 보편주의 가치를 받아들인 공식적인 판결이 난 것으로 보여진다.(김철, 2015:213)

58) 옮긴이 주석: 정리하면 영국 칼뱅주의는 두 요소로 구성되어 있다. 하나는 기업가들의 압도적인 갈망, 또 하나는 이 갈망을 죄스럽게 규정하는 정신이다.

칼뱅주의의 예정조화설(predestination)의 교리에 의하면; 첫째로, 신은 영원한 구원을 받을 대상으로 인류 중에서 지극히 작은 숫자만을 선택하였다. 두 번째로, 개인 인격에 대해서 마지막 심판 때의 구원이냐 또는 영원한 저주이냐를 결정하는 것은 전적으로 인간의 능력 밖의 일이며, 이해할 수도 없고 영향을 줄 수도 없다(궁극에서의 인간의 구원은 이미 예정되어 있고, 인간의 의지나 노력과는 관계없다는 것이다). 베버가 파악하기를 이와 같이 칼뱅주의는, 한 인격이 지옥에 떨어지게끔 선택됐는지 구원될 소수로 선택되었는지에 대해서 끔찍이 불확실한 상태에 놓여지게 되었다. 그러한 상황에서 인간에게 남은 마지막 희망은 다음과 같은 사실로 구성된다. 만약 한 인격이, (그가 믿는 바대로) 신이 그를 불러준 어떤 직업을 양심적으로 수행한다면, 신은 그 소명 또는 천직에서 그에게 큰 성공을 주실 것이고, 그래서 만약 신이 한 인격에게 직업상의 큰 성공으로 축복했다면, 그다음에는 그것은 신이 그 인격을 구원받을 소수의 선민으로 택했다는 약간의 증거나 사인이 될 수 있을 것이다. 베버가 정리하기를, 기업활동에 종사하기로 소명을 받은 칼뱅주의의 기업가들이, 거대한 부를 획득하려고 노력하게끔 내적인 동기를 불붙인 것은, 이와 같은 칼뱅주의의 교리에서 나온 믿음이다. 또한 비교해볼 때 로마 가톨릭시즘이, 이와 같은 세속적인 욕망을 별로 평가하지 않고, 무엇보다 "세상적이 아닌 금욕주의"("other worldly asceticism", "ausserweltliche Askese")를 추구했으며 또한 비교할 때 루터주의는, 무엇보다도 세상적이 아닌 신앙을 통해서 구원을 추구하는 데 비해서, 베버가 볼 때 칼뱅주의만이, 오로지 베버가 명명한 대로 "세상적인 금욕주의"("this worldly asceticism", "innerweltliche Askese")라고 부른 것을 높이 평가했으며, 이것은 개인 인격이 그가 세상 안에서 영위할 소명으로서의 직업에 헌신하는 것을 의미한다. 따라서 자본주의자 기업가의 경우에, 이와 같은 이 세상 안에서의 소명은 "모든 생이 줄 수 있는 향락을 엄격히 기피하면서 더욱더 많은 돈을 버는 것이었다."[59]

그가 이와 같은 노력을 할 때에는, 신의 측량할 바 없는 의지가 개인 인격을 축복하고, 이 세상에서의 성공으로 그를 보상한다는 희망에서이며, 이와 같은 축복과 보상은 그 개인 인격이 아마도 신이 선택한, 즉 영원한 구원으로 선택된 소수라는 사인이 될 수 있다는 것이다.[60]

이론적으로 베버의 명제가 복잡한 것은 다음과 같은 것 때문이다. 즉, 부를 추구하라고 설교하는 것은, 17세기 중반의 영국의 청

---

59) 원저 p.25. 각주 34. Max Weber, *Economy and Society: An Outline of Interpretive Sociology, ed. Guenther Roth and Claus Wittich* (New York, 1978), p.53.

60) 옮긴이 주석: 그렇다면 현대 한국에서, 만약 어떤 성공한 기업가가 스스로 금욕하지 않는다면 어떤 종교적 판단이 가능한가. 세속적 금욕주의라는 칼뱅주의의 교리에는 어긋난다고 판단된다. 다시 말하자면, 거칠게 말해서, 기독교도라 칭하더라도 달리 판단된다. 또 다른 어려움은 한국에서 신이 부여했다고 간주되는, 천직에 헌신했으면서도 신의 축복이나 이 세상에서의 보상을 받지 못한 인격은 어떻게 판단될 것인가. 이 경우에 한국 기독교의 어떤 가르침은 ‑ 아마도 루터주의에 가까울 것인데 ‑ 이 세상에서 보상을 바라지 말라고 한다. 그러나 칼뱅주의의 '이 세상에서의 금욕주의 교리'에 의하면 천직에 헌신했으나 이 세상에서의 보상을 받지 못한 인격은, 신의 축복을 받지 못한 것이 되고 더 나아가서 내세에서도 구원받으리라는 최소한도의 사인을 못 받은 것이 된다. 이 모순을 어떻게 해결할 것인가. 칼뱅주의는, 분명히 근대 서양세계에 있어서 개인의 금욕주의와 개인의 직업에의 헌신이 양립하는 정신적 기반이 되었다. 그것은 기독교 전통이 사회에 압도적인 사회였다. 거기에 비해서 21세기의 한국사회는 아직도 서양 근대처럼 프로테스탄티즘이 지배하는 사회라고 볼 수 없다. 이와 같은 사회에 대한 비교가 한 대답이 될 수 있다. 신의 축복이 세속적 보상을 동반한다는 믿음은, 확실히 서양 근대사회를 융성하게 한 자본주의의 기본정신으로서의 칼뱅주의의 교조였다. 그러나 만약 한국에서 그의 봉사와 헌신에 대해서 신이 주는 이 세상에서의 보상을 받지 못한 경우를, 칼뱅주의의 교리에 의해서 신의 선택을 받지 못한 자라고 할 수 있겠는가. 또한 반대로 이 세상에서의 보상에서 성공한 모든 인격을 신이 주는 축복을 받았다고 해야 할 것인가. 그렇지 않다는 것이 일반의 판단이다.

교도 칼뱅주의자가 아니라, 18세기의 합리주의자들로서 자유기업의 찬성자였다는 사실이다: 베버가 그의 '자본주의 정신'의 살아 있는 예로서 지적한 아메리카 독립혁명 당시의 벤자민 프랭클린은 ‒ 칼뱅주의자라기보다는 ‒ 이신론자(deist)였으며, 물질적 부유를 위해서 절제를 변호한 사람이었다.[61][62] 더욱이 베버가 보기에, 그가 말한 자본주의, 즉 '제3계급인 부르주아지의 산업 자본주의'가 존재하게 된 것은, 단지 19세기에 와서의 일이었으며 ‒ 그러나 이 산업 자본주의의 동기가 된 것은 18세기의 '정신'(spirit)이었으며 이 18세기의 자본주의 정신의 토대는 순서에 따라서 17세기의 '프로테스탄트 윤리'라는 것이다(17세기 프로테스탄트 윤리라고 하는 것은, 역사상에서 청교도 윤리가 처음으로 나타난 것은 1640년부터 시작된 영국 청교도혁명이기 때문이다). 그런데 곰곰이 따져보면, 18세기의 계몽주의 사상과 프랑스 대혁명과 그리고 영국의 공리주의가,

61) 원저 p.25. 각주 35. "Time is money …… Money can beget money, and its offspring can beget more …… He that murders a crown, destroys all that it might have produced even scores of pounds." pp.48～49.

62) 옮긴이 주석: 벤자민 프랭클린 스스로가 쓴 자서전에서 나타난 종교적 태도는, 칼뱅주의라던가 이신론자 같은 이름은 나타나지 않는다. 그의 기독교적 신조는 매우 간단하게 표기되었다. 하나님이 존재하신다. 하나님은 인간이 선한 일을 행하고 악한 일을 피하기를 원하신다. 인간은 열심히 일하고 절약하는 것이 그의 생활을 좋게 만든다. 그는 특정 교파의 교리에 집착하지 않았으며, 당시의 명설교라면 어떤 것이라도 듣기를 원했다. 그러나 그는 좋지 않은 환경에서 10대를 보냈기 때문에, 일요일 전부를 교회에 바칠 수가 없었고, 그의 생활기록에 의하면 주중의 점심시간과 일요일 전부는, 그가 grammar school 2년밖에 수료하지 못한 학교교육을 스스로 충당하는 시간이 되었다. 따라서 일요일은 원칙적으로 그에게 공부하는 시간이었다. 아마도 이런 태도가, 저자인 버만으로 하여금 당시 전형적인 청교도 칼뱅주의자가 아니라고 판단한 것 같다. 또한 그는 드물게 보는 과학적 탐구의 열정을 가지고 있었고 이점은 당대의 신학자들을 능가했을 것 같다. 과학적 탐구를 존중하는 이러한 그의 지적인 경향이, 그로 하여금 이신론자로 판단하게 한 듯하나, 그러나 그가 인간의 이성과 지식을 존중했다고 해서 경건하지 않은 사람은 아니었고 기독교도가 아닌 것도 아니었다.

19세기의 부르주아지 산업자본주의의 직접적인 이념적 선조라는 베버의 견해는, 프로테스탄트 윤리가 자본주의 정신이라는 대명제와는 어긋난다는 것을 발견하게 된다. 그래서 이러한 맥락에서 그의 대주제인 "프로테스탄트 윤리와 자본주의 정신"은, 다소 현학적이고 이상하게 들리지 모르나, "프로테스탄트 윤리의 쇠퇴와 자본주의 정신"이라고 제목 붙일 만하다.

그럼에도 불구하고 베버의 이론 없이도, 칼뱅주의가 사실상 자본주의 정신에 공헌했다는 것을 동의할 수가 있다. 베버의 이론이라는 것은, 예정 조화론이 자본주의 기업가의 내적인 동기에 미친 영향에 관한 것이다. 또한 기업가의 입장에서의 이윤 극대화의 노력은, 실로 자본주의 정신의 중요한 측면이라는 것은 쉽게 동의할 수 있다. 이때 베버의 설명방식은, 이러한 이윤 극대화의 일차적 동기는 거대한 부를 획득하려는 개인의 압도적인 욕망이라는 것이었다.

실로 17세기와 18세기에 기업가적인 활동의 정신을 양육한 것은 칼뱅주의 교리라기보다도 기독교 공동체 성질에 대한 칼뱅주의 교리라고 볼 수 있는데 – 다소 전문적인 신학 용어로는 칼뱅주의 구원론이 아니라 칼뱅주의 교회학이 자본주의 정신을 양육한 것 같다는 이야기이다. 믿는 자의 회중들의 일치와 동지에 대한, 칼뱅주의 – 그리고 루터주의 – 의 믿음은, 하나님 중심의 공동체의 밀접하게 짜여진 약속의 커뮤니티의 형성을 지탱하고 도왔다. 실로 루터주의와 칼뱅주의는 현대 사회 이론가들의 관행적인 견해와는 달리, 강력히 공동체중심적(communitarian)이었다. 루터에 의하면 개인 인격은, 신에 대한 관계에 있어서는 '개인적 사적 인격'(private person)이나 – 가족공동체, 교회공동체, 그리고 지배하는 정부의 고권(Obrigkeit)이라는 – '3개의 영역'과의 관계에 있어서는, 개별인이 아니라 사회적

인격(social person)이 된다. 목회자에 의해서 대표되는 루터교회의 회중이나, 장로들에 의해서 인도되는 칼뱅교회의 회중들은, 모두 밀접하게 짜여지고 자율적으로 규율하는 '언약에 의해서 맺어진' 동지애이다. 신과 신의 백성 사이의 엄숙한 약속인 신적인 언약이라는 기독교의 교리는, 한편에 있어서는 신과 백성과의 관계이지만, 다른 한편에 있어서는 기독교 커뮤니티의 구성원들 간에서 다양한 소명으로 소위 직업에 의해서, 루터주의와 칼뱅주의에 의해서 공유되는 관계이다. 그러나 이와 같은 공동체 내부의 관계는, 특별히 칼뱅주의에 의해서 강조된다. 비슷하게 16세기와 17세기에 있어서의 경제적 기업은－아직도 부르주아에 의한 것이 아니었고 아직도 산업화까지 가지 않았으며－그 성질은 기본적으로는 개인주의적이 아니고 공동체 중심적이었으며 실로 '금욕주의적'이 아니었다.[63)64)]

---

63) 원저 p.26. 각주 36. Both Michael Walzer and Herbert Luthy, although they challenge Weber's thesis in many respects, endorse his belief that "asceticism" was carried over from sixteenth-and seventeenth-century Puritanism to nineteenth-century industrial capitalism. See Michael Walzer, *The Revolution of the Saints: A Study in the Origins of Radical Politics* (Cambridge, Mass., 1982), pp.303～304; Herbert Luthy, "Variations on a Theme by Weber," in Menna Prestwich, ed., *International Calvinism, 1541～1715* (New York, 1985), pp.382～384. The problem lies partly in the word "ascetic," which was originally applied to monastic life (Weber's "inner-worldly asceticism"), and which has come to mean austere, severe, disciplined, self-denying. As I have indicated, Weber applied it to the capitalist's alleged dedication to an "outerworldly" calling to earn more and more money while avoiding all other enjoyments. But Weber himself recognized that authentic Calvinism, like other forms of Christianity, denounces greed as a mortal sin. Moreover, there is abundant evidence that sixteenth-and seventeenth-century Puritans, although they denounced drinking, gambling, and theatergoing, thoroughly enjoyed music, art, literature, athletics, and good food. Puritanism did stress hard work and did value success, but that did not distinguish it fundamentally from other branches of Christianity.

64) 옮긴이 주석: 이 대목에서 해롤드 버만은 지금까지 통설이 되어왔던 막스 베버의

17세기의 자본주의로서의 공동체중심주의의 현저한 예는, 주식회사(joint stock company)의 발명이다. 주식회사는 공통된 목적과 활동에 같이 종사할 투자자들을 모으는 방법이었으며, 자주 경제적 중요성과 함께 정치적 중요성을 가지고 있었다. 1692년에 영국의 회의 법령은 런던의 상인회사에 법인의 자격을 주는 허가장을 수여했는데, 이때 런던 상인회사는 그린랜드와의 교역을 수행하려고 했다. 이때 의회법령은, 이러한 원거리 교역의 중요성을 강조하고, 비록 그것이 다른 나라의 손에 떨어진다 하더라도 많은 사람들이 참여하는 공통의 노력에 의해서 그 교역권을 다시 찾을 중요성을 강조하였다.[65] **주식회사의 공공적 목적**을 강조하는 것은, 다른 주식회사의 법인자격을 수여하는 법령에 의한 허가장에서도 보인다. 실로 이것들이 주식 소유자들에게 이윤이 돌아가도록 의도된 기업적 활동이라는 것이다. 동시에 기업은, 공공적 목적에 봉사하는 조인트 벤쳐에서, 다른 사람들에게 참여하려는 욕구에 의해서 부분적으로 동기가 만들어진, 많은 비슷한 마음을 가진 사람들의 밀접한

개신교와 자본주의 정신의 관계에 대해서 일대 전환을 보여주고 있다. 베버의 설명보다 훨씬 더 자세하고 풍부하게 17세기 이후의 시대상에 접근하고 있는 듯하다. 버만은 막스 베버의 "이념형"에 대해서 너무 범위가 넓고 모호하다고 역자에게 답변한 적이 있다. 참조, 버만과 김철, 『종교와 제도－문명과 역사적 법이론』 (서울: 민영사, 1992) 중 6개의 질문과 6개의 대답에서 막스 베버에 대한 질문.

65) 원저 p.26. 각주 37. On the act incorporating the Greenland Company, see Samuel Williston, "History of the Law of Business Corporations before 1800," *Harvard Law Review* 2 (1888), 111. On the economic and legal history of the English joint-stock company, see William Robert Scott, *The Constitution and Finance of English, Scottish, and Irish Joint-Stock Companies to 1720*, 3 vols. (1912; reprint, Gloucester, Mass., 1968). See also Frank Evans, "The Evolution of the English Joint-Stock Limited Trading Company," *Columbia Law Review* 8 (1908), 339～361, 461～480. Unfortunately, these works do not discuss, but take for granted, the strong communitarian character-and philosophy-of this form of economic and legal enterprise.

협조에 의존하고 있었다. 17세기 말의 영국에서, 1694년에 의회 제정법에 의해서, 주로 프랑스에 대한 정부의 전쟁을 재정적으로 받침하기 위해서 설립된 잉글랜드 은행(Bank of England)이라고 불리는 주식회사의 창조보다 "자본주의 정신"(spirit of capitalism)을 보다 더 상징화하는 것은 없었다. 영란 은행법에 의하면, 국왕에 의해서 임원진은 임명되어지고, 임원진은 기여금을 받도록 했다. 또한 국왕은 "헌금 기여자들과 주식 참여자들, 그들의 자손과 계승자들이나 특정화된 지명을 함께 모아서 몸체를 만들고, 정치적으로 하나의 몸체이다. 즉, 법인이 성립되도록 하는 권한을 가지고 있었다."[66] 주주들은 그들의 집합적인 이익을, 영국의 경제의 복지와 동일시하도록 요구되었다. 헌금 기여자들은 의회의 많은 멤버들을 포함했다. **최초의 26명의 이사 법정원 중에서, 여섯 사람이 이윽고 런던 시장의 명칭으로 귀족에 서훈되었다**(Lord Mayors of London). 영란 은행법의 부수되는 법은, 이사회(the Court of Directors) 매주 열리게끔 요구했고, 주주들의 일반 총회(the Court of the Shareholders)는 일 년에 두 번 열어서 "이 기업 법인의 전반적 상태와 상황을 고려해서 주주들의 여러 지분에 따라서 배당을 결정하도록 했다."[67] 17세기 말에 와서 공동체 중심적인 목적뿐만 아

66) 원저 p.26. 각주 38. 5 & 6 William & Mary c. 20 (1694).

67) 원저 p.27. 각주 39. See John Giuseppi, *The Bank of England: A History from Its Foundation in 1694* (London, 1966), pp.9~14 (discussing the origins of the Bank and the social backgrounds of its first investors and directors); *Rules, Orders, and By-Laws for the Good Government of the Corporation of the Governor and Company of the Bank of England, reprinted in Bank of England: Selected Tracts, 1694~1804* (Farmborough, Hants., 1968), p.11 (on the weekly meetings of the Court of Directors) and p.19 (on the biennial meetings of the General Court of shareholders). As in the case of the jointstock company, so in the case of banking and other forms of crediting, there exists a large economic

니라, 개인의 목적에도 맞는 다른 중요한 법제도가 만들어졌는데, 즉 신탁(trust)제도라는, 근대적인 영국과 또한 미국의 법제도이다. 주식회사와 마찬가지로 신탁 제도의 장치는, 자본의 소유자가 투자한 것의 용도가 수탁자에 의해서 컨트롤되는데, 수탁자는 투자가 행해진 목적을 형평의 원칙에 의해서 수행하도록 하는 일에 헌신하였는데, 이 신탁 장치가 많은 구성원들을 공통적인 목적 안에서 포용할 수 있는 영리 기업과 자선 단체 양자 모두를 형성시키는 제도적인 장치가 되었다.

만약 막스 베버가 17세기 잉글랜드에 있어서의 법적인 발전을 고려하였더라면, 그의 주장은 참으로 달라졌을 것이라는 사실을 확정하는 데에 이러한 예들은 충분할 것이다.[68] 우리가 법률가들과 법률가들이 창조하고 있는 법제도를 볼 때 우리가 관찰할 수 있는 것은, (막스 베버가 『자본주의 정신과 청교도 윤리』에서 설명한 바와 같은) 금욕적인 칼뱅주의의 추종자인 개인 인격이 궁극적인 저주 혹은 구원의 전망 앞에서 (예정조화설이나 웨스터민스터 신앙고백서에 쓰인 것처럼 구원의 불확실성 앞에서) 전율하면서 떨고

---

and legal literature which traces the origins of the modern form of these institutions to the latter half of the seventeenth century but which takes for granted, without stressing, their strong communitarian character. See, for instance, Frank T. Melton, *Sir Robert Clayton and the Origins of English Deposit Banking, 1658～1685* (Cambridge, 1986); P. G. M. Dickson, *The Financial Revolution in England: A Study in the Development of Public Credit, 1688～1756* (London, 1967); and James Steven Rogers, *The Early History of Bills and Notes: A Study of the Origins of Anglo-American Commercial Law* (Cambridge, 1995).

68) 옮긴이 주석: 막스 베버의 법의 형식성과 형식법의 지배는 1871년 프로이센을 중심으로 한 독일 맹방의 통일 제국 이후에 법조 관료를 포함한 관료 제도와 강력한 군사 제도를 중심으로 한, 명목적이었던 신성로마제국 이후의 게르만 민족 국가 성립 이후의 사정을 종합한 것이라고 보는 것이 역자의 관점이다.

있는 사실이 아니다. 차라리 (역사 안에서 우리가 관찰할 수 있는 실상은) 공동체 지향적인 근대인이, 주식회사나 신용을 주고받는 은행이나 또는 이미 설명한 신탁 장치와 같은 공동체 중심적인 법 제도들을 만들고 있는 것이 보일 뿐이다. 근대인들은 시장 경제의 성공은, 신탁 제도 또는 신탁이 근거하는 신뢰(trust), 은행 제도 또는 은행이 근거하고 있는 신용(credit)의 신뢰와 공통적 목적(common enterprise)을 가진 기업에 승패가 달려 있다는 것을 이해하였고, 훨씬 나중에 믿게 되는 것처럼 시장 경제의 성공이 개인적 탐욕(greed)에 놓여 있다고 보지 않았다. 땅을 소유한 향사(landed gentry)와 상인 엘리트들 간의 대규모의 협동을 포함하는 공동체주의는 그것 자체가 심층에 있어서 칼뱅주의에 뿌리를 가지고 있었다. 17세기와 18세기 초의 베버가 말한 자본주의 정신은, 베버가 생각한 바대로 "세속적 또는 이 세상의 금욕주의"(secular asceticism)가 아니라 그 시대에 공공정신(public spirit)이라고 불리는 것의 산물이었으며, 따라서 17세기와 18세기 초의 자본주의 정신은, 예정조화설과 신이 명한 직업적 소명이라는 개인주의에 입각한 독트린을 반영한다기보다는, **성서에 나타난 언약과 언약에 의한 공동체라는 집합주의적인 칼뱅 교리**(collectivist Calvinist doctrines)**를 반영하는 것이다**.

프로테스탄티즘과 자본주의 양자의 분석에 있어서 막스 베버의 실패는, 단체 또는 법인의 구조에 내재하고 있는 **법적인 가치**(legal value)를 고려하지 않은 것이다. 이때의 법인(corporate)이라 함은 이미 설명한 바대로 신탁 장치(trust device)에서 나타나는 것이며, 또한 자선 조직(charitable organization)을 설립하거나 규제하기 위한 룰에서 나타나는 것이며, 실로 종교 단체나 상업 목적의 단체 모두를 지배하는 헌법(constitutional law)에서 나타나는 것이다. 이와 같은 베버의 실패는, 다음과 같은 사실에 기인한다. 베버는 그의 모든 저술에서 사실(fact)과 가치(values)를 날카롭게 구분한다. 또한 베버는 사실과 가치를 구분하는 것과 병행하여, 법을 사실의 영역으로 배치하여 격하시켰다. 그의 법사회학에 관한 저작에서, 베버는 법을 정의하기를, 국가에 의해서 정립된 규칙과 절차로서, 국가의 의지에 복종시키기 위해서 국가에 의해서 강제되는 것이라고 하였다. 베버는 되풀이해서 법적 제도의 도출을, 정치적 지배 연원을 두고 있다고 추적하였다. 베버가 여러 문명과 여러 역사적 시기에서 감지하고 추출한 법체계의 "이상형"(ideal types, Ideal Typus)은, 그에게 있어서는 강제가 더 유효하게 작용할 수 있는 정치적 권위의 정당성의 원천으로 생각되었다. 베버는, 17세기와 18세기의 영국 보통법을 분류하는데 있어서, 사법의 선례에 중점을 두고, 일종의 "전통주의자"법(traditionalist law)의 유형으로 분류하였다. 이때 그는 19세기 프랑스와 도이치의 특징으로서 "형식적－합리적"(formal-rational) 유형의 법으로 대비시켰는데, 이때 그의 중점은 법전(法典)을 만들었느냐의 여부, 즉 법전화(法典化)에 있었다. 그러나 (이해할 수 없는 것은) 베버는 똑같은 시대의 칼뱅주의를 "반전통주의"(anti-traditionalist)로 분류하며, 그가 자본주의 정신과 함께 동위에 놓는 합리주의(rationalism)를 지지하고 인접한 것으로 설명했다. 이때 그가 고려하지 않은 것은, 영국의 칼뱅주의 청교도들이 (1640년부터 시작된) 내전에서 싸운 것은; 그 목적이 부분적으로는, "전통적인 또는 전통주의자"(traditionalist)의 보통법이 최고의 성질을 가진다는 주장을 확립하기 위해서였다.

베버는 정치 체제와 법적 체제를 "이상형"(ideal types, Ideal Typus)

으로 분류한 데에 있어서, 천재적인 역량을 보였다. 그러나 그는 (그의 부인이었던 마리안느 베버가 그에 대해서 말한 것처럼 "종교적으로는 감수성이 없었다") 종교에 대해서 잘못 이해하였으며,[69] 특히 16세기와 17세기의 게르만과 잉글랜드에 있어서의 루터주의와 칼뱅주의, 프로테스탄트에 대해서 그러했으며, 이러한 오해가 같은 시대에 독일과 영국에서 일어난 법의 발전에 대해서 잘못 이해한 것과 병행하고 있다. 16세기와 17세기의 영국과 독일에 있어서의 프로테스탄티즘에 대한 오해와, 같은 시기의 같은 나라에 있어서 법제도의 전개에 대한 오해는 다음에 유래한다. 즉, 사실(fact)과 가치(value)를 엄격히 분리하는 방식, 여기에 더해서 법을 사실의 영역에만 속하는 것으로 보는 경직된 실증주의자의 견해, 그래서 법을 1차적으로 정치적 강제의 수단으로 보는 견해에서 유래한다.

계속되는 각 장들은, 더욱 자세하게 게르만과 영국혁명의 부분이었던 경제적 변화를 일으킨 법에 있어서의 변화를 진술할 것이다. 이때 그와 같은 경제적 변화와 법적 변화가 로마 가톨릭에서부터 개신교 기독교로의 변화와 어떤 관계가 있는가를 포함한다. 막스 베버가 개진한 사회이론에 대비해서, 여기서는 (게르만과 잉글랜드에서의) 두 개의 큰 혁명들이 마침내는 그 혁명에서부터 유래한 질서의 체계와 정의의 체계에 어떤 영향을 미쳤는가에 대해서 보다 적극적인 견해가 피력된다. 실로 여기서 얘기한 두 개의 혁명은 각각 모두 폭력, 심한 편견, 파괴, 처형, 억압과 전반적 부정이라는 것에 의해서 특징 지어진다. 그러나 두 개의 혁명은 이윽고 두 세

69) 원저 p.28. 각주 40. See Max L. Stackhouse, "A Premature Postmodern," *First Things* (October 2000).

대 이후에 끝났다. 끝났음의 상태는, 원래 시작했던 혁명가들의 유토피아적인 전망이, 애초에 혁명가들이 그것에 반대해서 반란을 일으켰던 전통의 어떤 것과 화해하고 균형을 이루는 결말을 보여준다. 각각의 혁명은 서양법 전통을 변형시켰으나 이윽고 각각의 혁명은 서양법 전통 안에서 그 모습을 가지고 있다.

제 1 부
게르만혁명(종교개혁)과 게르만법의 변화(16세기)

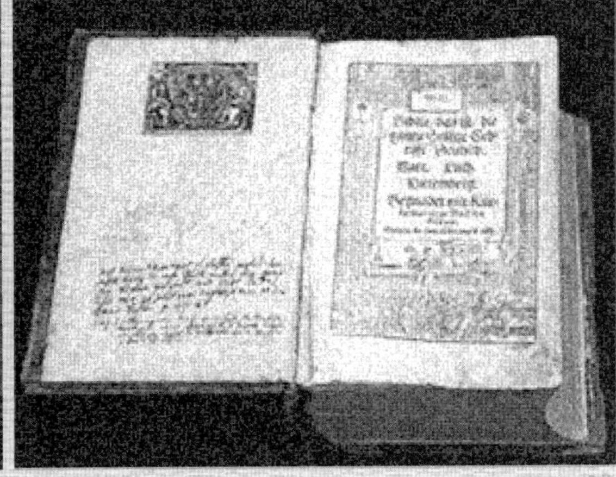

루터 초상의 스테인드 글라스
(A stained glass portrayal of Luther)

루터의 1534년 성경
(Luther's 1534 Bible)

필립 멜랑히톤(Melanchthon in 1526)
알브레히트 뒤러(Albrecht Dürer)의 판화이다.
뒤러는 필립의 얼굴은 그릴 수 있었으나
그의 정신을 그릴 수는 없었다.

요한 올덴도르프(Johann Oldendorp)
루터주의 법철학을 모랄리스트로서
다시 비판적으로 체계화한 것이다.

사진 출처: 위키피디아

제1장
교회와 국가의 재정립(1517～1555)

1.1 들어가는 말

정치적 사건으로 관찰할 때, 그리고 가장 단순하게 공식화한다면, 게르만 영방의 군주들이, 교황과 게르만 황제에 반대해서 루터주의 신앙을 확실히 해서 그들의 공국에 있어서 최고의 지배자가 되기 위해서 성공적으로 싸운 것이 게르만혁명이다.

물론 이것을 큰 혁명으로 만든 것은 그 이상의 것이다. 비단 그들의 고문관들과 고급관료들과 함께 영방의 군주들이 투쟁한 것뿐만 아니라, 영방 내부의 자유도시의 시장, 자문관, 그리고 다른 관료들도 같이 해서 교황의 권위와 황제권에 반대해서 격렬한 투쟁을 전개한 것이다. 혁명은 프로테스탄트 영역에 있어서 로마 가톨릭교회 재산을 엄청나게 박탈하는 것과 함께 로마 가톨릭교회를 불법화했을 뿐만 아니라 세속 정부 간에 (이전에는 없었던) 통합된 법체계로서 일치된 질서를 수립하였다. 성직자 계급과 귀족 계급은 새로운 유형의 왕권에 복속되었다. 또한 로마 가톨릭으로 잔존한 지역들에 있어서도, 군주들의 권한과 재판관할권은 상당한 정도 증가되었다.

이러한 넓은 견지에서 본다면 정치적 개혁이나 또는 국가의 재구성 또는 개혁조차도 게르만혁명의 하나의 측면에 불과하게 된다. 왜냐하면 적어도 똑같이 중요한 것은 종교적 개혁이었으며, 교회의 개혁이었다. 도이치에 있어서는, 국가의 개혁과 종교의 개혁이라는 두 유형의 급진적인 변화가 동시에 일어났다. 교황권과 황제권에 반대하는 군주와 자유도시의 반란은, 교회를 내부에서부터 개혁해야 된다는 루터의 먼저 일어난 부르짖음과 전적으로 연관되어 있다. 두 개의 개혁은 똑같은 동전의 양면이 되었다.

그럼에도 불구하고 교회와 국가의 개혁을 합치더라도 지금 우리가 서술하려는 게르만혁명의 모든 차원을 다 설명한다 할 수 없다. high magistracy뿐만 아니고, 종교 지도자들뿐만 아니고, 게르만 지역의 모든 사람들이 직접 또는 간접으로 내전에 개입되게 되었다: 자유도시의 상인들과 공예인들, 농민들, 광산 근로자들, 여러 지위의 귀족들, 여러 지위의 성직자들, 법률가들, 지식인들, 그리고 다른 사람들이었다. 사회경제적인 개혁이었고, 동시에 문화적・지적인 개혁이었으며, 모든 법질서의 개혁이었다.

마침내 교회의 개혁과 국가의 개혁은 단지 게르만인들의 사건만이 아니게 되었다. **게르만인의 혁명은 역시 유럽의 혁명이 되었다. 혁명의 발발 이전의 시기에 교회와 국가를 개혁해야 된다는 외침은 백년 이상 전 유럽을 통하여 들려왔었다.** 이전의 시기에 게르만 영방의 군주들의 개혁의 노력은 대체로 좌절되어왔지만, 스페인에 있어서는 성직자 계급 자체가 강력한 왕권 지배자의 지지와 컨트롤 아래에서 실질적인 개혁을 도입하는 데에 성공한 상황이었으며, 이러한 스페인에 있어서의 개혁의 일부는 나중에 게르만 루터주의

자에 의해서 채택된 변화를 예기하고 있었다.[1] 그리고 게르만 지역에 있어서의 혁명의 발발 이후에 프로테스탄티즘과 (개별 국가의) 군주권의 헤게모니는 함께 또는 분리되어서 다른 유럽 나라들로 확산되었다. 더하여 프로테스탄트 영방 지역에서는 불법화되었던 로마 가톨릭교회는, 그 자체가 자신의 개혁으로 들어갔으며, 나중에 때때로 (로마 가톨릭교회의 프로테스탄티즘에 대항한) 반개혁(Counter-Reformation)으로 불리운다.

이와 같이 게르만혁명을 말할 때, 우리는 마음속에 모든 백성과 모든 문화의 전반적 봉기, 즉 새로운 시대로 향한 전기(“turning around”)를 의미하는 것이다. 혁명은 집합적으로나 개인적으로나 전 게르만 사람들의 자연적 성격에 대한 지속적인 변화를 구성하였고, 더 나아가서 게르만 사람들뿐만 아니라 이웃고 전체로서의 유럽 사회 전반에 걸친 성질상의 변화를 가져왔다.

그럼에도 불구하고 이 전반적인 스토리를 얘기하는 데에 있어서 다음과 같은 간단한 공식으로 출발하는 것이 유용하다. 그래서 다음과 같이 묻는다. (개혁과 혁명의 주체였던) 군주들은 누구였으며, 무엇을 하는 사람이었던가. 게르만인들의 지역이었던 도이칠란트는 무엇이었던가. 황제들은 누구였으며 무엇을 했던가. 교황은 누구였으며 무엇을 했던가. 마지막으로 루터가 어떤 사람이었으며 루터주의가 무엇이었던가.

---

1) 옮긴이 주석: 이와 같은 스페인의 로마 가톨릭교회 내부에서의 개혁은 부분적으로 프란시스코 하비에르(Francisco Xavier)에 의해서 주도된 개혁 운동에 힘입은 바 크다. 이후에 전 유럽에 있어서의 개신교 중심의 종교개혁을 이겨낸 구교 질서의 일부는 여기에 기인한다.

1.2 도이칠란트: 제국(Reich)과 영방들(Länder)

1500년의 도이칠란트는 그 영역과 인구에 있어서 유럽에 있어서 가장 큰 나라였으며, 약 1,200만 명의 인구를 포용하고 있었다.[2)]

---

2) 원저 p.32. 각주 1. In *The Age of Reform, 1250～1550* (New Haven, 1980), Steven Ozment writes: "Europeans suffered the worst famine of the Middle Ages between 1315 and 1317, and recurring poor harvests kept resistance to disease low when bubonic plague, following the trade routes from the east into and throughout western Europe, struck in mid-century. Many areas lost half of their population, and the overall decrease has been estimated at two-fifths of the previous total. By 1500 these losses had been fully recovered, and the sixteenth century became a period of steady, almost universal population growth. By gross estimate the Empire, France, and Italy were the largest countries, with 12 million people in the Empire, and 10 million in both France and Italy. There were 7.5 million in Spain and 3.5 million in England. By 1600 the population in the Empire had risen to 20 million, in France to 15 million, in Italy to 13 million, in Spain to 10 million, and in England to 5.5 million. Europe's overall population grew to an estimated 85 million by 1600 and stabilized in the seventeenth century at about 100 million.
"Cities and towns contained only a small fraction of the total population; an estimated nine out of ten Europeans lived in rural areas. This generalization is somewhat deceptive, however, for urban density could be greater in some areas (Germany, the Netherlands, and Italy) than in others (Spain). In Saxony, where the Reformation began, one in five was a townsman by 1550. Reflecting the general population growth, many cities and towns doubled in size during the sixteenth century, among them Naples (possibly Europe's largest city, with 200,000 in 1500), Seville, London, Milan, Cologne, and the three major Reformation centers, Augsburg, Nuremberg, and Strasbourg. Even areas like France, where religious and civil warfare took the lives of thousands, still registered population increases in the sixteenth century. Whereas only five cities could boast more than 100,000 people in 1500 (London, Paris, Florence, Venice, and Naples), at least a dozen could do so by 1600.
"Germany especially teemed with small towns. Of some 3,000 German towns at the turn of the century, 2,800 had populations under 1,000 and only fifteen could boast more than 10,000. Augsburg and Cologne, with populations between 25,000 and 30,000, were the largest. Wittenberg, the birthplace of the Reformation, was by comparison a small town of only 2,500. Zürich, the home of Zwinglian Protestantism, had a population of 6,000, and Geneva, where Calvinism began, held about 15,000 people within its walls when John Calvin

도이치는 수백 개의 세속 영주가 지배하는 지역과 교회가 지배하는 지역, 즉 란트로 구성되어 있으며, 또한 수십 개의 자유도시가 있었고, 여기에 더하여 12세기에서 처음으로 "로마제국"으로 불리우고 13세기에 와서는 "신성로마제국"으로 불리웠으며 15세기에는 "게르만 민족의 신성로마제국"으로 불리우던 매우 느슨하게 조직된 황제령의 구조가 전체를 덮고 있었다. "게르만국가"(German Nation)라는 명칭은 보다 넓고 느슨하게 짜여진 황제령을 지칭하기 위해서 쓰여졌는데, 이것은 역사의 여러 시기에 있어서 북부 이탈리아(Lombardy) 그리고 네덜란드, 부르군디(Franche-Conté), 그리고 스페인과 포르투갈을 포함하고 있었다.[3)]

(신성로마제국에 대해서 보도록 하자) 샤를마뉴에 의해서 창설되고 – 서기 800년에 로마주교에 의해서 대관식이 이루어진 – 신성로마제국에 있어서 제국은 전적으로 로마제국으로 불리지 않고, 오히려 때때로 프랑크의 제국이나 다른 경우에는 기독교 제국으로 불리웠다. 샤를마뉴 황제의 세 사람의 손자들 간에 제국이 분할되게 된 이후 황제의 칭호는 동쪽의 프랑크인들의 지배자에게 계승되었는데 이 동프랑크인들이 나중에 튜톤인(tutonici), 혹은 도이치인(deutsche)으로 불리게 되었다. 영국인들은 이들을 게르만인들("Germans")이

---

arrived in 1536" (pp.191 ~ 192). (For somewhat different population estimates of non-German European cities, see n. 68).

3) 옮긴이 주석: 게르만 국가에 네덜란드나 스페인, 포르투갈이 또한 북부 이탈리아가 포함된 것은 현대의 독자들에게 이외일 것이나 가장 간략한 설명은 다음과 같다. 게르만인들의 왕가였던 합스부르크 왕가가 지배했던 오스트리아 – 헝가리 제국은 최성시에는 동쪽으로는 이베리아 반도로부터 서쪽으로는 오스트리아 및 체코, 폴란드, 헝가리까지 포함하는 광대한 영역이었다. 동양인들은 중세 이후의 유럽의 지리를 오로지 현대 민족국가의 작은 단위로 생각하나 근세까지 앙시앵레짐 국가로서 가장 넓은 영역을 차지한 국가들은 합스부르크 왕가나 호헨촐레른 왕가나 하노버 왕가 같이 다국적에 걸치는 지배권을 확립한 나라들이었다.

라고 불렀다. 프랑스인들은 이들을 알레망인("Alemans")으로 불렀다. 러시아인들은 그들을 "우리들이 아닌 이방인"이라는 뜻에서 Nemtsy 라고 불렀다. 이탈리아인들은 "도이치인들"에 해당하는 이탈리아어로써 "Tedeschi"라고 불렀다.[4)]

11세기 초에 미래의 황제로 선출된 후계자에게 "프랑크의 왕"이라는 칭호 대신에 "로마인의 왕"이라는 칭호를 주는 관행이 제도화되었고, 황제가 죽은 이후에 후계자인 아들은 보통은 로마로 나가서 교황에 의해서 "로마인들의 황제"로 대관식을 받게 되어 있었다. 이 관행은 무엇보다도 프랑크의 황제가, 로마 황제였던 콘스탄티누스와 그의 후계자의 신정 체제의 권위로써, 그리스도의 사제와 교회의 수장이라는 주장을 상징하는 것이었다. 그러나 11세기 말과 12세기 초에 교황의 우위가 확립된 이후에는, 처음으로 그리스도의 사제라는 명칭은 교황이 가지게 되었다.[5)] "로마인들의 왕"과 "로마제국"이라는 칭호에 있어서 "로마인"이라는 단어는 더 이상 황제의 신정적 주장을 상징하지 않고 단지 세속 영역에 있어서의 권위를 나타낼 뿐이게 되었다. 그러나 다른 유럽 왕국보다 더 신성로마 황제는 그의 영역에 있어서 교회의 최고 보호자로서의

---

4) 원저 p.33. 각주 2. The eighth-century Latin translation of the original name for what is called in modern English "German," and in modern German "Deutsch," was *theodisca*, from which is derived the Italian *Tedeschi*. On the derivation of "Deutsch," see Eugen Rosenstock, "Unser Volksname Deutsch und die Aufhebung des Herzogtums Bayers" (1928), in Hans Eggers, ed., *Der Volksname Deutsch* (Darmstadt, 1970), pp.32~102. The word *theod* was apparently a rendition of the native word for "people," or "folk," and was applied to the Carolingian imperial armed forces.

5) 원저 p.33. 각주 3. Previously the pope had been called vicar of Saint Peter and the emperor had been called vicar of Christ. See Berman, *Law and Revolution*, pp.92~93.

종교적 권위를 계속해서 주장했다.

(신성로마)제국은 수도도 없었고, 상설 관료도 없었다. 1495년까지 신성로마제국은 전문적인 법원조차도 없었다. 황제는 신민들에게 대한 과세권이 없었고 그의 세입은 제국 전체에 흩어져 있는 그 자신의 재산에서 취하는 수밖에 없었다. 황제는 제국의 여러 군데에 존재하는 구성 영역의 지배자 중에서 가장 높은 지배자였지만, (이러한 사정으로) 11세기 말과 12세기에 그를 선출해준 공작들과 다른 주도적인 (영방의) 개별 군주에게 의존할 수밖에 없었다. 12세기의 끝까지는 신성로마제국의 황제들은, 교회와 세속 군주들이 구성하는 선거단에 의해서 선출되는 관행이 확립되고, 선거인단 중에서는 마인츠, 쾰른, 그리고 트리어의 대주교와 라인 란트의 팔라타인 백작이 우선권을 가지고 있었다. 이들 네 사람의 "군주－투표자들"에 나중에 다른 세 사람이 추가되었는데, 색소니의 공작, 보헤미아의 왕, 그리고 브란덴부르크 대공이었다. 12세기 초부터 16세기 초까지 경과하는 동안 신성로마제국은 새로운 정치적・법적 제도를 발전시켰고, 비교적 어떤 때는 더 힘이 있기도 하고, 어떤 때는 약화되기도 하는 여러 단계를 거쳤다. 제국의 최고의 재판관으로서, 황제는 그의 여행에서 군주들과 귀족들의 법원에서 행한 재판뿐만 아니라, 자유 도시의 법원에서 행한 재판에 불복한 항소심을 담당하였다. 황제는 또한 세속 정부나 교회 정부의 대군주들을 서약케 하는 권리를 가지고 있었으며, 이때는 주요한 기사들과 황제령의 도시의 대표들을 포함했으며, 13세기에 규칙적이 된 "황제의 날들" 또는 회의("diets", 이것은 영어의 "day" 또는 도이치어의 *Tag*에 해당하는 라틴어 *dies*에서 나왔으며, 구체적인 뜻은 도이치어의 *Reichstag*에서 나타나는 것처럼 뽑힌 자들의 모임으로

서의 의회를 뜻하게 된다)라고 불리는 매우 신중하게 진행되는 모임에 참석하게 되었다. 중요한 사람들의 주기적인 모임은 어떤 정치적 구조를 상징화했는데 그 정치적 구조에서는 권력은 여러 다양한 영지(Stände)들 간에 나누어진다: 즉, 고위의 성직자와 낮은 성직자들, 고위의 귀족층과 낮은 계층의 귀족층, 주도하는 상인들과 그렇지 않은 도시의 주요 인물들－이런 시민들을 burghers라고 한다. 12세기와 13세기에 이르러서 특히 황제들은 황제가 여는 모임인 소규모 의회를 통해서, 새로운 법률을 공포했는데 그 명칭은 종종 "지상의 평화"(land peace, *pax terrae*, Landfriede)라고 불리운다. 강제력이 약한 성질을 가지고 있었음에도 불구하고, 이와 같은 황제의 법들은 효력이 있었고, 공작령과 다른 영주령과 함께 자유도시의 지역법에도 자주 스며들었다.[6] 황제의 권력과 황제의 법은 13세기, 14세기, 그리고 15세기 초에 점차로 쇠퇴하였고, 게르만인의 영방의 권력과 법은 점점 더 강력해지는 추세를 계속하였다. 그렇다고 해서 이 사실이 게르만 국가로서의 도이치가 없었다고 의미하는 것은 아니다. 첫째로, 공통적인 게르만족의 관습적인 언어의 요소가 존재했다. 물론 여러 다양한 게르만 부족 그룹들, 즉 부족 집합들(stems, Stämme)은 서로 다른 방언을 쓰고 있었지만, 그러나 서사시나 서정시에 있어서 특히 공통적인 문학을 가지고 있었다.[7] 무엇보다도 공통적인 게르만법이 존재했었다. 부분적으로 공통적인 게르만법은 색슨인들의 거울이라는 뜻을 가진 작센슈피겔(Sachsenspiegel)에 나타났으며 이 책은 아이케 폰 레프가우(Eike von Repgau, ca. 1180~1235)라는 이름의 색슨족의 법률가에 의해서

6) 원저 p.33. 각주 4. Ibid., p.503.

7) 원저 p.34. 각주 5. See C. P. Magill, *German Literature* (Oxford, 1974), pp.1～17.

1220년경에 쓰여진 것이다. 이 사람은 처음에는 라틴어로 이 법서를 썼으며, 다음에 도이치어로 번역하였다. 작센슈피겔은 간단하게 언급된 법원칙과 법규칙을 체계적으로 모은 것이고, 현대 편집판으로는 약 240페이지에 달한다. 주제는 주로 색소니의 지방 관습법과 봉건법이며, 또한 게르만 황제가 만든 법을 포함하고 있다. 작센슈피겔은 재산과 상속법을, 형법, 사법 체계, 헌법 그리고 영주-가신 관계를 포함하고 있다. 매우 일찍부터 작센슈피겔은, 도이치 영역 전역에 걸쳐서 반공식적인 효력을 갖기에 이르렀다. 그것은 학식이 있는 법률학자들에 의해서 편찬되었다. 프랑크족의 거울이라는 뜻인 프랑켄슈피겔(Frankenspiegel)과 스와비아족의 거울이라는 뜻인 슈바벤슈피겔(Schwabenspiegel)과 기타 다른 법에 대한 "거울들"은 작센슈피겔을 모방해서 쓰여졌다.[8]

도이칠란트는 역시 도이칠란트 도시의 공통된 법에 의해서 결속되어 있었다.[9] 11세기에서 15세기까지 수백 개의 새로운 도시들이 도이치에서 만들어졌고, 그것들 중 어떤 것들은 매우 초기에 법제도와 법에 대한 성문 집성으로 유명해졌다. 새로운 도시들은 더 오래된 도시의 법들을 채택하곤 했다. 따라서 12세기부터 기록되는 마그데부르크(Magdeburg)의 법들은 80개 이상의 새로운 도시들에서 받아들여졌으며, 뤼베크(Lübeck)의 법들은 43개의 도시에서 받아들여졌으며, 프랑크푸르트 시의 법은 49개 도시에서, 프라이부르크 법은 19개 도시에서, 뮌헨의 법은 13개 도시에서 계수되었다. 전형적으로 새로 설립된 "딸격의 도시"는 "엄마격의 도시의 법"을 배우기 위해서 파견하곤 했다. 그래서 엄마 도시의 주된 사법 관료

8) 원저 p.34. 각주 6. See Berman, *Law and Revolution,* pp.503~505, 632~633.

9) 옮긴이 주석: 도시법의 발달을 말한다.

들은 딸 도시를 위해서 새로운 법편집을 마련했다. 또한 딸격의 도시 법정들은 종종 엄마격의 도시 판사들에게 개개의 사례들을 제출해서 개별적이고 특수한 사실의 상황에 적용할 수 있는 규칙을 선포하도록 해서 얻어내곤 했다. 비록 하나하나의 도시는 자신의 법을 가지고 있었지만 이런 의미에서 우리는 범게르만적인 도시법 유형에 대해서 말할 수 있게 되고, 이 경우에 부분적으로는 성문화되어 있었지만 대부분(이미 말한 작센슈피겔에 포함된 법처럼) 관습법이었다.[10] 물론 한 도시의 관습과 관행은 다른 도시의 관습과는 달랐고, 이들 차이들이 세대가 지나가고 세기가 지나갈수록 점점 늘어가는 추세에 있었다. 이러한 경향은 (자유도시가 아닌) 도시(city)나 다른 정치적 단위의 관습 법체계에 있어서도 마찬가지였다. 그럼에도 불구하고 공통된 중요한 특징들은 남아 계속 되었고, 최소한에 있어서의 정치문화와 법문화의 공통점이 그러했다.

이리하여 게르만의 나라－도이칠란트－는 서기 1500년에 한 국가를 구성하였으며 한 민족을 구성하였다. 그러나 민족국가는 아니었다. 게르만인의 나라 도이칠란트는 언어와 문학과 관습법의 유대에 의해서 뿐만 아니라 인종적 유대와 많은 공통적인 문화적 특징에 의해서 결합되어 있었다. 도이칠란트는 과거에 대한 공통적인 역사의식과 공통적인 미래에 대한 감각을 공유하고 있었다. 정치적인 의미에서는 아니었으나 문화적으로, 인종적으로, 법적으로 도이칠란트는 서기 1500년의 시점에서 인구가 약간 적었던 프랑스나 이탈리아보다도 덜 단합된 것은 아니었다.

황제의 법, 지역의 법, 도시법에 의해서 지배되는 것에 더하여,

---

10) 원저 p.34. 각주 7. Ibid., pp.371～380.

서양 기독교 국가의 다른 곳에서와 마찬가지로, 도이칠란트는 로마 가톨릭교회의 교회법, 즉 캐논법에 의해서 규율되고 있었다. 교회법, 즉 캐논법의 원천은, 재판에서 모은 결과를 몸체로 하고, 학자들이 쓴 법적인 저술들 그리고 로마의 교회(the Church of Rome)가 입법한 것이며 이 경우에 교황의 법정이 내린 결정들(decretals)이라고 불리었다. 그라티아누스의 권위 있는 논문(Decretum)이라고 불리었다. 그리고 다른 논문들과 모음들, 교회위원회와 교황들이 만든 캐논들을 포함한다.[11] **교회법, 즉 캐논법은 서양 전부에 걸쳐서 주교가 관할하는 법정에서 적용되었다**; 어디서나 **공통의 법이라는 뜻의 라틴어 이우스 코무네**(*jus commune*) – 영어의 'common law' –로 불리었다.[12] 한편 공통적인 역할을 한 교회법을 지방에서 변형시킨 것은, 때때로 그 땅의 '법'이라는 라틴어인 *lex terrae*('law of the particular land')라고 불리우든지 특수한 법이라는 라틴어인 *lex proprai*(particular law)로 불리웠다. 로마 가톨릭교회에서 관장되는 법적 관할은 늘 성공적이었지는 않았으나, 사제와 교회 재산들과 관련한 모든 문제들과 취약, 빈곤구제 및 다른 형태의 자선, 혼인과 가족의 부양, 이단, 마법, 성범죄, 정신적인 문제들 그리고 일반적으로 부도덕한 삶의 방식뿐만 아니라, 계약이나 양 당사자가 그들이 선서를 하고 나서야 해야 될 중요한 약속을 할 때처럼, 성직자 계급이 아니더라도 직접적으로 일반인들에게 영향을 미치는 모든 일들에까지 확장되었다.[13] 교회법, 즉 캐논법이 지금까지 열

11) 옮긴이 주석: 교회법, 즉 캐논법의 법원은 판례와 입법을 포함해서 학자들의 저술까지 포함하는, 범위가 넓은 것이다. 동아시아에서는 입법을 넘어서서, 학자들의 저술이 포함된 적은 없었다고 보아야 한다.

12) 옮긴이 주석: 서유럽 전역에서 공통적으로 적용되는 법이 여기서 발견된다.

13) 옮긴이 주석: 로마 가톨릭교회의 재판관할권이 일반인들에게도 상당한 정도 확장

거한 이 모든 일들과 다른 것들을 덮고 있었다. 사제나 성직자가 아닌 일반인들도, 교회법에 따라서 교회가 개설한 법원에서 판결을 받기 위해서 계약, 물권 그리고 불법행위에 대한 쟁송을 자발적으로 교회법원에 제소하는 일이 자주 있었다.[14] 14세기와 15세기에 있어서 도이칠란트의 교회에서 개설한 법원들은, 잉글랜드에 있어서의 얼마간의 예외를 제외하면, 유럽 어느 나라에 있어서 보다 더 중요한 역할을 했으며 더 넓은 재판관할권을 가지고 있었다.[15] 교회법, 즉 캐논법의 많은 전문용어들과 룰들이 어디에서부터 유래했던가. 전편에서 보인 바대로 어째서 성직자 아닌 일반인들도 세속 법정이 아닌 교회 법정에서 계약과 같은 사건에서 판결받기를 원했을까. 그것은 교회법의 룰과 개념이 당시 세속 법정보다 더 발달되어 있었다는데 원인이 있었을 것이다. **그렇다면 왜 교회법이 세속 법정보다 더 발달되었을까**. 이 문제는 어디에서 유래했는가가 문제가 된다. 교회법의 중요한 부분은, 6세기의 동로마제국의 황제였던 유스티니아누스가 만든 로마법 텍스트를 12세기 말부터 계속해서 유럽의 학자들이 주석을 달고 체계화시킨 것에서부터 유래하였다.[16] **이와 같이 학습된 고대 로마법은－공통의 법** 'common

---

되어서 수행되고 있었다.

14) 원저 p.35. 각주 8. Ibid., pp.199～254. The swearing of an oath or a pledge of faith to perform an obligation would suffice to give the ecclesiastical court jurisdiction.

15) 옮긴이 주석: 동아시아의 14세기나 15세기에 국가가 개설한 법정 이외에 어떤 국교가 개설한 법정도 정부의 법정과 나란히 또는 더 우위에서 일반인들에 대해서 재판관할권을 행사한 적이 없었다고 보인다. 불교나 유교의 어떤 시대에도 독자적인 재판기구를 가진 적이 없었다.

16) 옮긴이 주석: 한국의 로마법 및 서양법제사에서의 주된 내용은 유스티니아누스 로마법 텍스트는 이후의 대륙법의 민법과 관계있고, 한국에서 민법의 설명 부분에 써 왔다. 완전히 빠뜨린 부분은 서양에서 세속 법정보다 더 교회법이 로마법 텍스트를 사용했다는 사실이다.

law'이라는 라틴어인 *jus commune*라고 불리우고 서양 전역에 걸쳐서 적용 가능했다. 그러나 캐논법과 로마법을 비교한다면, 로마법은 주로 대학에서 가르치는 학과목이였다; 로마법은 현재 통용되고 효력이 있는 법에 틈이 있는 경우에, 그 틈을 메우길 위해서 인용될 수가 있었고, 로마 법원칙 중 어떤 것들은 실제 입법에서나 재판상의 결정에 있어서 채택되었다. 그러나 약간의 예외를 인정한다면, 로마법은, 교회 법정에서나 세속 법정 양자에 있어서 (당시의 유효한 법이였던) 제정법이나 관습법에 대해서 보조적인 역할을 하고 있었다. 비록 황제가 만든 법에 의해서, 공통의 관습법에 의해서, 교회의 캐논법에 의해서 또한 공통의 종교적 신앙과 공통적인 언어와 문학의 요소에 의해서 결합되어 있었지만, 게르만인들의 나라 도이치는 정치적으로는 많은 숫자의 개별화된 영역을 중심으로 한 단위로 나누어져 있었다. 예를 들면 규모가 크고 강력한 영방들로서, 그것들 중 어떤 것은 면적과 인구에서 네덜란드와 비교할 만한 것들로부터, 작은 군에 해당하는 영역인 공작령(Grafschaften), 즉 백작의 영지(count-doms)로서, 때로는 이삼백 명의 백성으로 구성되었다. 또한 아주 다양한 규모의 교회가 지배하는 영역이 있었고, 많은 자유도시가 있었다. 이와 같이 **1521년에 게르만 민족의 신성로마제국**은 계층적 순서대로, 황제, 황제선출권을 가진 7인의 제후들, 50인의 대주교와 주교들, 83개의 독립 교회 영지, 수도원와 수녀원들, 31명의 세속 군주들, 138인의 백작과 영주들, 그리고 황제가 인정한 85개의 자유도시를 대표하는 사람들 – 모두 합쳐서 **약 400개의 정치적으로 독자적인 관할권으로 구성되었다**.[17] 12세

17) 원저 p.36. 각주 9. These figures are derived from the Reichsmatrikel (federal tax schedule) of the 1521 Diet of Worms, reproduced in Gerhard Benecke,

기부터 15세기까지 세속 권력이든 교회권에 속하든 양자 모두 합쳐서, 많은 개별적인 게르만인들의 영역을 중심으로 하는 독립된 단위들은, 참으로 복잡하고 정밀한 정치제도와 법제도를 발달시켜 왔다. 이것은 특히 잉글랜드, 프랑스나 시실리의 노르만족 왕국의 왕이 만든 법과 구별할 때 그러하다.[18] 위에 설명한 게르만인들은, 중앙에 위치하는 외교 및 재무 담당의 직업공무원과 함께 역시 중앙에 위치한 전문적인 재판에 종사하는 법원을 이미 확립하고 있다. 형법과 민법의 근대적 시스템이, 그 이전의 시련재판과 선서에 의한 이른바 형식적 증거와 대비되는 것으로서의, 합리적 증거에 기초한 재판절차와 함께 이미 도입되어 있었다. 이것은 게르만 부족시대의 제도로부터 변형된 관습적인 법제도와 병렬적으로 관련된 것이다. 교회의 캐논법과 마찬가지로 14세기와 15세기 동안의 게르만인 영역들에서 발전하고 있는 것은 학자들의 용어와 개념에서부터 끌어왔는데, 이것은 특히 게르만 법학자들이 이탈리아와 프랑스 대학에서 공부하고 난 이후 귀향함에 따라서였고 또한 로마법이 교회법과 같이 도이칠란트 자체에서 자리 잡게 되면서이다.[19]

Society and Politics in Germany, 1500～1750 (London, 1974), pp.382～393. It is not possible to determine a precise count of all the territorial units within the empire at any given time. Benecke himself states that the list is incomplete.

18) 원저 각주 10. For a summary of German territorial law in the twelfth and thirteenth centuries, especially in Bavaria, see Berman, *Law and Revolution,* pp.505-510 and sources cited therein. For the fourteenth and fifteenth centuries, see Karl Kroeschell, *Deutsche Rechtsgeschichte,* 8th ed., vol. 2 (1250～1600) (Opladen, 1992), pp.59～125.

19) 원저 p.36. 각주 11. Universities were established at Prague (1348), Vienna (1365), Heidelberg (1386), Cologne (1388), Erfurt (1392), Leipzig (1409), Rostock (1419), Greifswald (1456), Freiburg (1457), Basel (1460), Ingolstadt (1472), Mainz (1476), and Wittenberg (1502). For data on Germans studying in France, Italy, and Germany from the fourteenth through the seventeenth

가장 넓은 윤곽에서 1500년의 도이칠란트의 정치적 법적 구조는 교황의 혁명 이후 전 유럽에 걸쳐서 나타난 정치적 법적 구조와 본질적으로 비슷했다. 그것은 교회와 세속의 재판관할권을 양립하는 방식에 기초를 두고 있었다. 세속 영역 내부에서도 재판관할권이 복수주의에 기초를 두고 있었다. 도이치의 정치적 법적 구조는 역시 위에서 설명한 약 400개의 독립적인 단위 내부에서의 수직적 계층구조에 기초를 두고 있었다. 또한 이와 같은 정치적 법적 모델은 400년 동안 지속적으로 유지되었다. 실로 그 내부에서는 심각한 긴장이 있었다. 긴장 중 하나는 교회권과 세속 권력 사이에 점점 증가하는 경쟁이였는데 이 경쟁은 도이치에서 극대화된 것은 황제가 그의 모든 신민들 위의 가장 상부의 영주로서의 역할과 함께 다른 한편에 있어서는 교황의 정신적 역할에 의한 것이다. 다른 긴장은 왕권과 봉건적 귀족 사이에서 점점 증가하는 경쟁이였는데ㅡ 다시 도이칠란트에서는 황제와 군주들 간의 경쟁에 의해서 극대화되었다. 1493년에 맥시 밀리안 선출과 함께 황제의 권력과 재판관할권의 확장이 있었는데 이것이 황제가 곧 수장이었던 수직 구조 안에서의 다양한 세속 지배자들의 (종전의 행사되던) 자율성을 훨씬 더 감소시키는 위협으로 작용하였다. 1495년 맥시밀리안에 의해서 소집된 의회는 로마법이 제국의 공식적인 실정 세속법이라는 것을 처음으로 선포하는 법률을 공포하였다. 그러나 이것은 제국

---

centuries, see Adolf Stözel, *Die Entwicklung des gelehrten Richtertums in den deutschen Territorien*, vol. 1 (1872; reprint, Aalen, 1964), pp.45～111; Jacques Verger, *Les universités françaises au Moyen Age* (Leiden, 1995), pp.122-173; and Marcel Fournier, "La nation allemand à l'Université d'Orléans au XIVe siècle," *Nouvelle revue historique de droit français et étranger* 12 (1888), 386～431.

내부의 분리되어 있는 영방이나 황제권에 속하지 않는 도시들에서는 해당되지 않았다. 이 법률에 의해서, 처음으로 그 법률을 적용할 황제의 법원을 설립했으나, 또한 이 법원은 군주가 올린 항소심 또는 황제가 만든 법에 의해서 규율되는 제한된 숫자의 사례들에 있어서, 군주법원(princely courts)과 황제권에 속하는 도시들의 법원(courts of imperial cities)으로부터의 항소심을 담당하게 되었다.[20][21]

1.3 변화의 징조

맥시밀리안 황제의 제국은 넓고 다양했으며, 황제의 야심에 대한 군사적·정치적 도전은 매우 커서, 결과적으로 황제가 게르만인의 영방 전부에 걸쳐서 약한 중앙적 통제 이상의 것을 유지하는 것은 불가능했다. 맥시밀리안은 그의 아버지로부터 오스트리아 제국의 합스부르크 왕가의 위치를 유산으로 받았으며, 거기에 더하여 혼인을 통해서 부르건디 공국을 획득하였으며 그 공국은 당시 플랑드르(Flanders)와 홀랜드(Holland)를 포함하고 있었다. 그의 치세의

---

20) 원저 p.36. 각주 12. See Karl Zeumer, *Quellensammlung zur Geschichte der Deutschen Reichsverfassung in Mittelalter und Neuzeit*, 2 vols. (Tübingen, 1913), vol. 1, pp.173-176.

21) 옮긴이 주석: 왜 이런 작업을 하는가. 한국의 법학자들이 흔히 말하는 '독일 법'에서의 발상지인 '독일'은 흔히 한국과 중국, 일본과 같은 수천 년이래 중앙집권제의 강력한 단일 왕권의 국가 구조와는 역사적으로 전혀 다르다는 것을 확인하기 위해서였다. 지금까지 보아온 대로 16세기의 게르만인들의 도이칠란트에는 크게 보아 두 가지 압도적인 정치적, 법적 권위가 양분하고 있었다. 황제 권과 교황 권이 그것이다. 또한 세속권의 영역에서도 동아시아의 황제 권과는 달리, 비록 수직적인 계층구조 내부에서도 여러 수준의 거의 독립적인 정치적 법적 단위 아래에서 끊임없는 긴장과 경쟁이 있어 왔다. 이것은 세속적 권위를 독점하고 정신적 권위까지도 독점했던 중국의 황제나 또는 자국 영토 내에서는 거의 독점적이었던 한국의 왕권과는 엄청나게 큰 차이를 알려주는 것이었다.

대부분은, 네덜란드에 있어서 부르건디의 이익을 방어하거나, 합스부르크 왕가의 이익을 방어하는 데 소모되었는데, 공격은 프랑스 왕으로부터 왔다. 황제는 게르만 영역의 군주들에게는 인기가 없었는데 그 이유는 그들은 끊임없이 황제의 전투를 지탱하기 위한 자금제공을 요구받았기 때문이다. 황제의 영향 영역은, 1519년에 맥시밀리안이 죽고, 그의 손자 카를이 황제로 선출된 이후 더욱 확대되었다. 19세의 카를 5세는 비단 맥시밀리안의 영토를 물려받았을 뿐만 아니라 그의 어머니 계통을 통해서 스페인과 남부 이탈리아를 유산으로 받았다. (합스부르크 왕가는 당시 유럽에 있어서 민족국가를 초월한 전 유럽에 걸치는 왕가를 형성하고 있었다) 카를은 교황과 황제의 리더십 아래에서 기독교 통일체로서의 유럽을 다시 확립하려고 시도하였다 - 이 개념은 14세기 중엽 이후 거의 계속적인 쇠퇴 일로에 있어 왔다. 그러나 그는 또한 군사적 전투에 깊이 개입되어 있었는데 - 그의 할아버지대와 마찬가지로 프랑스와의 전쟁이었다. 카를이 부르건디의 왕궁에서 양육되었으며 도이치어로 말할 때 외국풍의 악센트를 가졌다는 이유가, 황제의 게르만인들의 지역에서의 황제권과 다른 제후들 간의 정치적, 경제적 긴장을 더 악화시켰다.

제국 내부의 다른 긴장의 원천이 된, 보다 더 큰 긴장의 원천은 로마 가톨릭 위계질서와 세속 군주 간의 점차로 증가하는 경쟁이었다. 이 긴장은 특별히 다음과 같은 이유로 더 높았는데, 즉 대주교나 주교의 영역에 있어서의 관할권이, 보통 세속 지배자의 영역을 기준으로 할 때 한 개 이상의 영역에 있어서 여러 부분들을 포함하고 있었기 때문이다. 실로 삭손(Saxony)의 선제후의 공국에 있어서는, 적어도 6인의 다른 주교가, 그 공국의 부분들과 또는 다른 연방의 부분들에 대해서, 지배권을 행사하고 있었다. 환원하면 한 사람씩의 주교는, 어떤 사항에 대해서는 직접적으로 교황에게 복종하며, 다른 사항에 대해서는 황제에게 복종함과 동시에 그 지배 영역이 주교좌와 중첩되고 있는 여러 사람의 세속 지배자와 중첩되는 재판관할권과 지배권을 행사하였다.[22] 여기에 더하여 도이치의 모든 땅의 3분의 1 정도를 소유하고 있었던 교회는, 세속 정부의 과세로부터 면제되고 있었다. 그래서 세속 군주들은 교회의 권한과 교회의 부에 대해서 똑같이 좋아하지 않을 이유를 가지고 있었다. 동시에 성직자가 아닌 일반인의 인구들은, 교회가 행사하는 재정적 부담에 복종하고 있었다. 이러한 상황에서 실로 교회의 잘못함에 대해서 통탄하는 것은, 쉽사리 황제의 권력으로 옮겨갈 수가 있었으며, 황제의 권력은 당시 로마 가톨릭교회의 계층 질서와 가깝게 파악되고 있었다. 왜냐하면 신성로마 황제는, 11세기 말과 12세기 초의 "교황의 혁명" 기간 동안 황제가 패배하였음에도 불구하고, 여전히 로마 가톨릭교회 안에서 (이전처럼) 신성한 과업을 그대로 유지하는 바가 있었기 때문이다. 비슷한 긴장이 도이치의 도시와 성읍에서 팽배하였는데, 이 도시와 성읍들은 시장(mayor)과 유력한 시민들에서부터 선출된 시 의회에 의해서 지배되는 것이 전형적이었다. 당시의 지배자들은 일반적으로 급격한 변화를 환영하는 경향은 아니었다. 교황의 권력에 의해서 과해지는 경제적 부담이나 정

22) 원저 p.37. 각주 13. See Eugen Rosenstock-Huessy, *Out of Revolution: The Autobiography of Western Man* (1938; reprint, Providence, 1993), p.374. Many of the insights of the present chapter, as of subsequent chapters in this book, are drawn from RosenstockHuessy's pioneering work, a revision of his earlier work in German titled *Die Europäischen Revolutionen: Volkscharaktere und Staatenbildung* (Jena, 1932).

치적 압력을 감소시키는 노력에 대해서, 지배자들은 동정적도 아니었고, 상인들이나 제조업자들, 도시 빈민들은 비록 그들은 세속 권력이 확대될 때, 이것을 피하기 위해서는 황제들과 교황들을 쳐다보는 경향이 있었지만 역시 동정적이 아니었다.

세속 권력, 즉 당시의 왕과 황제의 정부와 교회 권력, 즉 당시의 교황의 위계질서 사이에 일어난 긴장은, 역사적으로 소위 면죄부라고 불리는 것의 판매를 통해서, 교황권이 돈을 모으는 캠페인을 벌임에 따라서 크게 증폭되었다. 교황은 죄인을 위해서 그들의 처벌을 면제하기 위해서 하나님을 중개 대리하는 권한을 주장했고, 이 경우에 그 권한이 아니라면 사후에 죄인이 연옥에 떨어질 것이라고 주장했다. 또한 1476년 이후 죄인들뿐만 아니라 이미 사망한 사람들의 친족들에게도 해당된다고 했다.[23] 면죄부는 11세기 끝무렵의 제1차 십자군 이후 항상 존재한 특별한 상황에서 허용되었었다. 그러나 14세기와 15세기에 면죄부는 신체적 강제에 의해서가 아니라, 정신적 강제에 의해서 과해진 과세의 어떤 조야한 형태

23) 원저 p.38. 각주 14. In the eleventh century, with the Papal Revolution, popes asserted the power to distribute merits in purgatory equivalent to the time period of penance that would be required on earth to expiate the penitent's sins. These were "partial indulgences," normally given in terms of years, months, days, or "quarantines (Lenten periods). The term of indulgence referred not to the time of punishment but to the time of penance; that is, an indulgence of six years corresponded in value to six years lived under the penitential disciplines of the church. A "plenary" indulgence remitted the full temporal punishment incurred by a sinner. See Paul F. Palmer, *Sacraments and Forgiveness: History and Doctrinal Development of Penance, Extreme Unction, and Indulgences* (Westminster, Md., Newman Press, 1960), pp.329~367 and 398~401. In the 1476 bull *Salvator Noster*, Pope Sixtus IV extended plenary indulgences for the first time to souls already in purgatory. B. J. Kidd, *Documents Illustrative of the Continental Reformation* (Oxford, 1911), pp. 3~4. This allowed the living to purchase indulgences on behalf of their deceased loved ones suffering in purgatory for sins not yet fully expiated.

가 되어버렸다. 면죄부를 사는 돈은, 교회가 평시에는 "미덕을 저장하는 곳"(treasury of merits)으로 알려진 데에 반해서 (이 뜻은 선행이 쌓이는 곳은 교회이다) "자선을 행하는 선량한 일"로 간주되었다.[24] 면죄부의 판매는 유럽의 다른 나라에서도 행해졌지만, 도이칠란트가 특별히 그 일을 위해서는 아주 풍요한 땅으로 간주되었다. 마르틴 루터가 교황의 이름으로 행해지는 "강도질과 노략질"(robberies and extortions)을 비난하면서 질문한 것은 "왜 우리 게르만인들이 그들로 하여금 우리를 바보 취급하고 농락하도록 내버려두어야 하는가"였다.[25]

이와 같은 경위로, 최고 지도자와 그에게 딸린 귀족들 사이의 긴장뿐만 아니라, 교회 정부의 권력과 세속 군주의 권력 사이의 긴장도 프랑스, 잉글랜드, 스페인, 네덜란드, 그리고 서양의 다른 지역보다 도이치에서 더 심했다. 그러나 유럽 전반에 있어서의 사정은, 봉건 귀족층에 대한 왕권의 지배력은 점점 늘어나고 있었으며, (일찍이 우위를 주장했던) 정신적 권위를 대표하는 교회 정부의 권위와 영역의 충성에 반대하여 세속 정부의 권위가 자기주장을 강화하고 있었다. 유럽 전역에서 교회가 행사하는 권력을 줄이고, 교회와 국가 양자 모두를 개혁해야 된다는 강한 목소리가 들렸다. 어디서나 (자유)도시들은 더 큰 자율성을 추구하고 있었다.

실로 적어도 3세대 동안 서양 전역은 혁명 전의 상태에서 살아

---

24) 원저 p.37. 각주 15. The "treasury of merits" was the infinite reservoir of good works accumulated by Christ, the Virgin Mary, and the saints. It was administered by the pope. The theory of the treasury of merits was formalized in the 1343 bull *Unigenitus* of Clement VI. See Kidd, *Documents Illustrative of the Continental Reformation*, pp.1～3.

25) 원저 p.38. 각주 16. See Martin Luther, *Address to the Christian Nobility,* vol. 44 of *Luther's Works* (Philadelphia, 1966), pp.142～143.

왔다. 16세기의 초에, 이미 한 세기 이전인 1384년에 그들의 원래 지도자였던 존 위클리프가 죽고 난 이후에도, 롤라드의 종교적 반란은 잉글랜드에서 아직도 활동성이었는데, 무자비하게 제압되었다.[26] 1415년에 얀 후스의 처형 이후에도 두 세기 이상 보헤미아에서 투쟁을 계속한 후스파들도 마찬가지였다.[27] 교회 내부의 권한과 권위를 분산시켜서 로마 가톨릭교의 경직성을 완화하려고 시도한 로마 가톨릭 공의회(Council of Roman Catholic)가 계속된

---

26) 원저 p.38. 각주 17. John Wyclif (1320~1384) was a master at Oxford University whose views on religious doctrine foreshadowed those of Luther. Wyclif denied that the pope had authority over all Christendom, preaching instead a priesthood of all believers who stood in a direct relation to God. Like Luther, he translated portions of the Bible into the vernacular. Like Luther, he also rejected the church's eucharistic doctrine of transubstantiation. See Kenneth B. McFarlane, *John Wycliffe and the Beginnings of English Non-Conformity* (New York, 1953); Anthony Kenny, *Wyclif* (Oxford, 1985). Although Wyclif's followers, known as Lollards, were persecuted by English kings and put down in a 1414 revolt, small communities of Lollards survived until the Reformation reached England in the sixteenth century. See John A. F. Thomson, *The Later Lollards, 1414~1520* (London, 1965).

27) 원저 p.38. 각주 18. Jan Hus(1369~1415), a dean at the University of Prague who was ordained in 1400, studied Wyclif's writings and was strongly influenced by his reform ideas. In his principal work, *De Ecclesia* (1415), he asserted, as did Wyclif, a priesthood of all believers and a church in which Christ, not the pope, was the head. Condemned as a heretic, Hus went to the Council of Constance to defend his views. Despite a letter of safe conduct from the emperor Sigismund, the council condemned Hus to be burned at the stake in 1415. See Matthew Spinka, *John Hus' Conception of the Church* (Princeton, 1966), and *John Hus, A Biography* (Princeton, 1968). Hus's death made him a martyr for Czech nationalism. In 1420 the emperor preached a crusade against the Hussites, as the adherents of reform had become known. The first Hussite Wars (1420~1434) ended in a compromise which established an autonomous Bohemian church and secularized monastic lands. Later outbreaks occurred periodically until 1571. In the sixteenth century, Bohemia proved fertile ground for both Lutheranism and Calvinism. See Josef Macek, *The Hussite Movement in Bohemia* (Prague, 1958), and Howard Kaminsky, *A History of the Hussite Revolution* (Berkeley, 1967).

노력 중의 첫 번째 것인, 1415년의 콘스탄스 공의회(Council of Constance of 1415)는 법률의 효력을 가지는 명령을 포고하였는데, 역설적인 것은 후스가 화형된 것이 계기가 되었다. 잇따라 열린 교회 공의회에서, 누구보다도 게르만인의 군주들이, 이러한 교회의 정책에 반대해서 유감을 표시했는데 대부분 성공하지 못했다. 15세기의 후반의 수십 년간과 16세기의 최초의 몇 년 동안, 스페인의 종교재판(Spanish Inquisition)은 유대교와 이슬람교에서 공개적으로 기독교로 전향한 사람들 사이에서 사실상 테러의 지배라고 할 만한 것을 형성시켰으며, 북유럽의 인문주의자들이－에라스무스가 그중 가장 저명했는데－보다 인간적이며 보다 자유로운 교회당국의 정책을 위해서 캠페인을 벌였으나, 악명 높게 부패한 교황 권력 주변에서부터 심한 저항에 직면하였다.[28)]

도이치에서 종교개혁의 요구는 예언자와 후마니스트들에서뿐만 아니라 세속 정부의 지배자들로부터 나왔다. 1438년경에 이미, "지기스문트의 개혁"(Reformatio Sigismundi)이라는 제목의 널리 퍼진 팸플릿이, 왕의 권력이든 교회의 권력이든 양자 모두의 전면적 변

---

28) 원저 p.39. 각주 19. See Henry Kamen, *The Spanish Inquisition: An Historical Revision* (London, 1997), pp.174～213. At this time a series of Roman pontiffs were more concerned with consolidating their power in local Italian politics and commissioning grand works of art than tending to the spiritual well-being of the church. The Fifth Lateran Council (1512～1517), convened under Julius II and Leo X with the avowed purpose of reforming Christendom, succeeded in little more than establishing a new concordat with France and reasserting the doctrine of immortality. It ended seven months before Luther posted his Ninety-five Theses. See Hubert Jedin, *A History of the Council of Trent,* vol. 1 (New York, 1949); Richard J. Schoeck, "The Fifth Lateran Council: Its Partial Successes and Its Larger Failures," in Guy Fitch Lytle, ed., *Reform and Authority in the Medieval and Reformation Church* (Washington, D.C., 1981), pp.99～126.

화를 제안하였다.[29] 15세기에 여러 차례에 걸쳐서 그 소책자는 다시 쓰여지고 다시 발행되었지만, 성과는 거의 없었다. 실로 많은 자유 도시들이 범위가 넓은 법적인 개혁을 채택하였으며, 이것을 “개혁”(reformation)이라고 불렀는데, 이것은 부분적으로는 상거래에 관한 법을 합리화하고 또한 교회 정부에 반대하는 왕의 정부의 권력을 확대시키는 효과를 가졌다.[30] 그러나 이와 같은 도시의 개혁들은, 백성들의 대부분에 속하는 계층의 현실로 존재하던 곤경과 비참에 상응하지 못했다. 따라서 여러 지역에 있어서의 농민들이 이따금씩 반란을 일으켰으나, 성공하지 못했다. 떠돌이들, 거지들 그리고 도둑들이 국도에 횡행하고 범죄가 빈발하였다. 도시에 존재하던 상업적 이익은, 위축된 기사 계급에 대해서 어떤 정도의 경제적, 사회적 압력을 행사하였는데, 영락한 기사 계급 역시 때때로 반란을 일으켰으나 또한 성공하지 못했다. 어느 곳에서나 점차로 교회가 수세에 서게 되었다. 그러나 어느 곳에서나 교회는 (그 자체 내외부에서 일어나는) 근본적 개혁에 저항하였다. (예외는 스페인에 있어서의 수도원 운동이었다)

여러 가지 조짐이 이윽고 일어날 폭발의 수준까지 쌓여가는 것

---

29) 원저 p.39. 각주 20. The German text is reproduced in Heinrich Koller, ed., *Reformation Kaiser Siegmunds* (Stuttgart, 1964); an English translation is provided in Gerald Strauss, *Manifestations of Discontent in Germany on the Eve of the Reformation* (Bloomington, Ind., 1971), pp.3～31. For commentary and discussion, see Lothar Graf zu Dohna, *Reformatio Sigismundi: Beitrag zum Verständnis einer Reformschrift des fünfzehnten Jahrhunderts* (Göttingen, 1960).

30) 원저 p.39. 각주 21. Reforms of municipal laws, called reformations, took place in Cologne (1437), Nuremberg (1479), Hamburg (1497), Worms (1499), and Frankfurt (1509). See Franz Wieacker, *A History of Private Law in Europe, with Particular Reference to Germany*, trans. Tony Weir (Cambridge, 1995), pp.143～167 (hereafter Wieacker, *History of Private Law*).

을 감지할 수 있었다. 당시에 많은 사람들에 의해서 인지될 수 있었다. 그러나 루터 이전에는 개혁의 어떤 주창자도 그 시대의 치명적인 문제를 설파하지 못했는데, 치명적인 문제는 마이론 길모어의 말에 의하면, “세상은, 로마의 교회(즉 로마 가톨릭교회와 교황)가 설정한 과제로부터, 더 이상 세상이 존재하는 궁극적인 의미를 끄집어 낼 수 없게 되었다.”[31]

이제 실로 혁명적인 상황이 되었다; (일찍이 그 이전에 존재했던 성속의 융합을 깨뜨리고 분리시켜서 이후의 질서를 창조했던) 교황의 혁명이 가졌던 묵시록적인 전망은 이미 (당시에 와서) 실패한 것처럼 보였으며, 정치질서와 법질서를 본다면, 그것들의 내부에서 생긴 긴장이, 근본적인 개혁을 위한 압도적인 압력을 이미 만들었기 때문에, 원천적으로 그 개혁을 수행하는 것은 불가능하였다. 이러한 사정은 도이치에서 특별히 진실이었으며, 왜냐하면 왕들이 만드는 세속 정부, 즉 황제권과 교황과 주교들의 교회 정부 사이의 긴장은 유럽의 다른 어느 지역에서보다도 더 높았다.

1.4 루터와 교황; 교회의 개혁

게르만인의 혁명 또는 도이치혁명을 1517년에 점화시킨 것은, 비텐베르크 대학의 34세의 신학교수였으며, 어거스틴 수도원의 수도사였던 마르틴 루터였다. 곧 많은 뛰어난 사람들이 그에게 동참하였고 어떤 경우에서는 그와 적수가 되었다. 그럼에도 불구하고 1546년 죽을 때까지 루터는 교회의 개혁과 도이치의 국가개혁 두

---

31) 원저 p.39. 각주 22. Myron Gilmore, *The World of Humanism*, 1453~1517 (New York, 1952).

개에 걸쳐서 영적이며 지적인 주된 지도자로 계속하였다. 혁명적인 운동에 있어서 루터 자신에 의해서 행해진 이례적인 역할은, 그가 가르친 교조에서 쓴 용어들에 의해서 부분적으로 설명되어질 수 있고, 부분적으로는 그의 일생을 통해서 그 교조들을 그가 어떤 식으로 나타냈느냐의 방식에 의해서 설명될 수 있다.[32)]

1.5 루터주의

면죄부의 판매를 포함해서, 사제계급의 부패에 대한 공격은 루터의 종교개혁의 **표면**만을 구성할 뿐이다. 실제로 그와 같은 부패들은 **100년이 넘게**, 벌써 그 이전부터 널리 통탄되어졌다. 그러나 초기의 비판과 통탄은, 그 의도가 당시 현존하는 권위 있는 당국으로 하여금, 당시에 요구되던 변화를 효과 있게 수행해 달라는 것이었다. 그러나 후스가 이끄는 사람들과 위클리프가 이끄는 사람들을 탄압한 이후에는, 개혁에 대한 끊임없는 요구는 **교회 내부**와 교회 아닌 **세속 정부 영역 내부에서** − 이 두 가지 영역은 일찍이 교황 그레고리 7세에 의해서 선포된 **'양검이론'에서의 성속 구분에 관한 영역**이었고, 성속 구분을 명확히 한 것이 그레고리 7세의 교황의 혁명의 성과였다. 그러나 이제 새로운 시대에 와서 이전에 위대한 혁명의 성과는 사라지고 **성속이 융합해서 부패하는 상황**에 도달했다 −

---

32) 옮긴이 주석: 여기서 '무엇을'이라는 것도 중요하지만, '어떻게'에 중점이 가 있는 것이다. 즉, 그가 그의 주된 독트린을 생애를 통해서 어떻게 나타내었느냐의 문제이다. 한국의 지도자들이 잘 하듯이 텔레비전이나 언론회견을 통해서 나타내었는가, 아마도 아닐 것이다. 생애를 통해서 새로운 독트린은 그 자신이 실제로 실행해야 하는 것이다. 루터의 생애에 대해서는 20세기에 가장 이례적인 심리학자 Erikson, *Young Man Luther*가 있다.

도덕적으로 개혁하며, 법의 문제에 있어서 개혁하며 행정과정의 문제도 개혁하라는 전반적 요구로서 나타났다. 파두아의 마르실리우스(Marsilius of Padua, 1275～1332)와 같은 소수의 목소리는 (그러한 시대상황에서는 차라리) 로마교회, 즉 로마 가톨릭교회를 세속 권력에 복종시킬 것을 요구한 적도 있었다.[33] 반대로 루터는 로마 가톨릭 위계의 개혁만 요구한 것이 아니라, 그것의 권위에 대한 추가적인 제안뿐 아니라 그것을 폐지할 것을 주장하였다.

루터는 교회의 권위의 문제를 직접적으로 제기하였고, 그때까지 교회가 가졌던 재판관할권 전부, 입법권 전부, 사법권 전부, 그리고 행정권 전부에 대해서 종지부를 찍을 것을 요구함으로써 가장 격렬한 용어로 문제를 제기하였다. 1517년에 그가 마인츠의 대주교에게 보낸 95개 조의 테제의 저변에 깔린 중요성이며, 또한 비텐베르크에 소재하는 선제후(prince-elector, 신성로마제국 황제 선출권을 가진 제후)인 삭소니 공국의 성의 교회의 출입문에 써 붙인 것도 마찬가지였다; 면죄부 판매나 교황권의 다른 남용만을 공격한 것이 아니고, 모든 백성의 개별 인격이 지은 죄를 회개시키는, 즉 **인간의 영혼의 궁극적 구제를 중재하는 제3자의 필요성을 궁극적으로 부인했다**.[34] 루터는 쓰기를, 죄에 대한 용서를 구하는 인간의 개인 영혼과 절대자 사이에 어떤 사제도 끼어들 권위를 갖지 못한다.[35] 이것이 갖는 의미는 루터와 추종자들에 의해서 밝혀졌는데,

---

33) 원저 p.40. 각주 23. Marsilius proposed that the church be governed by a general council of clergy and laity. Also his theory of penance anticipated Luther's in its rejection of the priestly power of absolution. See Alan Gewirth, *Marsilius of Padua: The Defender of Peace,* vol. 1 (New York, 1951), pp.260, 262, 265～268, and 283～292.

34) 옮긴이 주석: 가톨릭 질서에서 사제계급은 신의 대리인으로서 인간 영혼의 회개를 진행시킬 수 있다. 한편 개신교 질서에 있어서는, 만인사제설에 의해서 달라진다.

즉 (회개를 제외한) 다른 성사를 행하는 데 있어서도 사제계급의 중재나 대리는 필요하지 않다. 나중에 루터가 쓰기를, 어떤 사제도 기독교도가 그것에 의해서 살아야 할 법을 선포할 권위를 받지 못했다. 진정한 교회는 법을 만드는 제도가 아니다. 차라리 진정한 교회는 모든 믿는 자의 눈에 보이지 않는 공동체이며, 그 공동체 안에서 모든 사람은 서로에게 봉사하는 사제들이며, 각자는 신과의 관계에 있어서 (공적인 회중이라기보다는) "개인적 인격"(private person)이다. 개인적 인격은 하나님의 말씀으로서의 성서에 대해서 직접적으로 반응한다.[36] 루터는, 교회와 국가라는 정신적 권력과 세속적 권력이 서로서로 상호 반응한다는 의미에서의, 그레고리 교황이 정립한 양검이론을 대체하여 새로운 "두 왕국"이론(two kingdoms theory)을 세웠다. 루터는 가르치기를, 교회는 은총과 신앙이라는 천상의 왕국에 속한다: 그것은 복음에 의해서 지배된다. 한편 지상의 왕국, 즉 "이 세상"의 왕국은 죄와 사망의 왕국이다: 그것은 법에 의해서 다스려진다. 루터는 이 독트린을 혁명적인 것으로 간주

---

35) 원저 p.40. 각주 24. Article 36: "Any Christian whatsoever who is truly repentant enjoys plenary remission from penalty and guilt, and this is given him without letters of indulgence." Article 37: "Any true Christian whatsoever, living or dead, participates in all the benefits of Christ and the Church; and this participation is granted to him by God without letters of indulgence." Article 76: "We assert to the contrary, and say that the pope's pardons are not able to remove the least venial of sins as far as their guilt is concerned." A translated text of the Ninety-five Theses is printed in John Dillenberger, ed., *Martin Luther: Selections from His Writings* (Garden City, N.Y., 1961), pp.489~500.

36) p.40 각주 25. Luther's writings to which this discussion refers may be found in Dillenberger, *Martin Luther;* Thomas M. McDonough, *Law and Gospel in Luther: A Study of Martin Luther's Confessional Writings* (London, 1963); and Heinrich Bornkamm, *Luther's Doctrine of the Two Kingdoms in the Context of His Theology,* 2nd. ed. (Philadelphia, 1966).

하였다. "법과 복음 사이의 이 차이에 대해서, 고대 교부들의 저술에는 아무것도 발견되지 않는다. 이 차이를 얼마간 이해한 것은 아우구스티누스이며 차이를 보인 셈이다. 제롬과 다른 사람들은 그 차이를 알지 못했다."[37] 이와 같이 루터의 독트린은－눈에 보이며, 단체의 성격을 가지며, 상하 위계질서가 있으며, 정치적이며, 법적인 공동체로서의－(양검이론에서의 한쪽 당사자인) 결정권을 가진 독립된 단위로서의 교회의 성격을 없애버렸다. 대신에 교회는 순수히 정신적 공동체가 되고; 평화, 기쁨, 은총, 구원 그리고 영광의 천상의 영역의 부분이 되었다. 이러한 교회의 개념은 그 축이 되는 "정당화"(justification)의 독트린에 기초를 두고 있다－그 내용은 하나님의 눈으로 볼 때 올바르거나("just") 의로운 것("righteous")은－신앙만에 의해서이고, 따라서 이것만이 신이 무상으로 주는 구원의 선물에 대한 자격 요건이라는 것이다. 루터는 한 인격체가 그의 길을 그의 힘으로 일함으로써, 말하자면 천상왕국으로 갈 수 있다는 것을 부인하였다. 한 인간이 할 수 있는 어떤 것도 그를 구원하지 않으며, 구원의 의미는 그로 하여금 신에게 받아들여질 수 있도록 만드는 것이다. 인간의 타락한 본성과 그의 본질적인 이기적임은 인간이 하는 모든 것에 스며들어서－실로 그가 생각하는 모든 것(그의 이성), 그리고 그가 원하는 모든 것(그의 의지) 모두에 스며들어 있다. 그의 타락과 부패는 전면적이다. 따라서 이생에 있어서나 내생에 있어서 구원은 단지 은혜에 의해서이고, 이 은혜는 신앙을 가지는 사람들에게만 주어진다. 이 목적을 위해서 사제계급의 대리나 중재는 가능하지도 않고 필요하지도 않다. 구원이

---

37) p.40 각주 26. "A Commentary on St. Paul's Epistle to the Galatians" (1531), trans. in Dillenberger, *Martin Luther*, pp.144～145.

믿음에 의해서만 가능하듯이, 교회 또한 법적인 권력 없이 신앙의 공동체일 뿐이다. 루터신학에 있어서 신앙 자체는 "수동적인" 덕목이다. 왜냐하면 신이 그의 선민으로서 선택한 사람들에게만 무상으로 신의 은혜에 의해서 주는 것이기 때문이다.[38)]

인간의 원죄의 이유로 구원의 가치가 없는 사람들에게, 신의 은총에 의해서 구원을 준다는 패러독스는 루터 신학의 핵심적인 부분이다. 12세기부터 15세기까지 계속된 로마 가톨릭의 교리는, 인간의 의지와 인간의 이성에 대해서 근본적으로 낙관적인 견해를 가르쳐왔다; 인간의 죄 많음에도 불구하고, 인간의 의지와 이성 때문에 인간은 "자연적으로"－비록 "초자연적으로"는 아닐지라도－완전해질 수 있는 능력을 계속 가질 수 있다고 생각되었다. 여기서 더하여 로마 가톨릭 교리는, 기독교식의 세례를 통하여 인류의 원죄는－아담이 신에게 거역한 것이 이후의 세대까지 계승된 것인데－용서되고; 또한 개별 인격은 그가 자유의지의 행사로서 행한 현실적이고 실제적인 죄("actual sins")에 대해서는 책임이 있지만, 그럼에도 불구하고 인간은, 신앙과 선행에 의해서 또한 고해성사에 의해서 적어도 어느 정도 하나님의 용서를 얻을 수가 있다. 이러한 고해성사에 있어서, 사제는 보속의 일을 처방할 수 있는 신적인 권위를 부여받고 있으며; 이 보속을 통해서 세례받은 기독교인은 그가 실제 현실적으로 지은 죄로부터도 사함을 받고 영원한 저주로부터 사면되는 것이다. 이와 대조해서 루터와 그의 추종자들은 다음과 같이 가르쳤다. 세례는 성인이든 유아든 신앙 깊은 사람들을 교회로 데리고 와서 그들로 하여금 구원에 대한 준비를 하게 하지

---

38) 옮긴이 주석: 이 대목은 전술한 바 칼뱅주의의 예정 조화설과 일치한다. 또한 웨스트민스터 신앙 고백서의 내용과도 일치한다.

만, 그렇다고 해서 세례가 자동적으로 그들의 원죄를 무효로 하지는 않는다. 죄 사함은 오로지 회개하고 뉘우치는 죄인과 하나님 간의 직접적인 대결을 통해서 또한 하나님의 은총에 의해서 또한 규칙이나 절차에 얽매이지 않고 주어진다고 한다.

실로 루터의 견해에 의하면 인류는 그 자신을 타락된 상태에서 들어 올릴 수 있는 능력이 전적으로 없다. 루터 신학의 이 부분은, 아마도 계몽주의 이후에 전개된 서양 사회로서는 받아들이기 가장 힘든 것인데; 16세기 초의 유럽 기독교 국가들에게는, 가장 크게 영향을 미치게 되는 결과를 가져왔다. 그 이유는 그때까지의 (로마 가톨릭이 가르친) 도덕적 교리가 정말 실정에 맞지 않게 낙관적이었기 때문이고, 당시 유럽 기독교도들의 일상생활은 억압과 부패와 비참으로 설명할 수 있었기 때문이다.

표면적으로만 이해하면, 루터의 교리는 지상의 왕국에 대해서 전적으로 부정적인 견해를 취하고 있는 것 같이 보인다. 지상의 왕국은 죄와 죽음의 영역이며, (인간이) 의지나 이성을 행사해서는 죄와 죽음으로부터 탈출할 방법이 없다. (이러한 상황에서) 정치와 법은 은총과 신앙에 이르는 길은 아니다. (그러나 다시 생각하면) 은총과 신앙은, 올바른 정치와 올곧은 법에 이르는 길이 정말 아닌가. 이 대목에서 루터의 두 가지 믿음은 분열된 것처럼 보이게 되는데 첫 번째는 인간의 본성상의 사악함에 대한 믿음이며, 두 번째의 믿음은 사악함 그 자체와 사악함을 감싸고 있는 지상의 영역 그 자체가 신에 의해서 만들어졌다는 믿음이다. 죄 많은 인간은 바로 신이 창조한 것이라는 교리가 루터주의의 창조 교리이며; 또한 숨어서 보여지지는 않지만 이 지상의 영역에 신이 임하고 존재한다는 것이 역시 루터의 교리이다. (이 교리에 따라서) 루터주의에 의한 개혁가들은 다음과 같이 가르쳤다. 즉, **크리스천의 임무는 '이 세상에서의 신의 일을 근로하는 것이며' ⁻ 아무리 결점이 있더라도- 의지와 이성을 사용해서 되도록 많은 선한 일을 할 것이며** 또한 가능한 한 많은 **(지적인) 이해**를 얻는 것이다. 죄에 가득 찬 인간성 내부에도 죄악이 많은 인간사회에서도, 나타나지 않고 숨어 있는 하나님이 실존하고 있다는 루터주의의 교리는, 표면적으로는 도덕적 비관주의로 보일 수 있었던 루터주의 종교사상에서 필수적인 부분이다. '이와 같은 지상에 있어서의 속된 영역을 미리 정하고, 세속의 특징을 준 것은 신 자신이다. ('그래서') 우리 인간은 지구 상에 있는 한, 임시적이고 세속적인 영역 안에서 잔류하면서 일하지 않으면[39] 안 된다.' **이와 같은 루터의 두 왕국론이라는 교리와 밀접히 연결되어 있는 것이 다음과 같은 쌍둥이 교리이다. 즉, 모든 신자가 사제라는 만인 사제설과 천직에 대한 기독교적 보편주의의 교리이다.** (우선 이전에 존재하여왔던) 사제가 가지는 특별한 지배권과 재판관할권을 폐지하고; 또한 높은 사닥다리에 있는 고위성직자와 낮은 사닥다리에 있는 평민들 사이에 존재해온, 로마 가톨릭 전통의 구별과 차별을 폐지하고 나서; 루터주의의 개혁가들은 한 사람 한 사람 인격체로서의 신자에게 다음과 같은 의무를 지웠다. 즉, 다른 사람에게 봉사할 책임 ⁻ 이것은 타인을 위해 기도함이며, **그들을 훈계함이며,** 그들에게 봉사함이다. 이러한 의미에서 모든 루터주의 신봉자는 성직자 또는 사제 또는 사목자라고 불리운다. **비슷한 방법으로 루터주의 개혁자들은 (이전에 있어왔던) 직업, 생업 또는 천직에 대한 로마 가톨릭 방식의 교리를 교체하였**

---

39) 원저 p.42. 각주 27. See Martin Luther, *D. Martin Luthers Werke: Kritische Gesamtausgabe* (hereafter *WA*) (Weimar, 1883), p.390.

다. 즉, 로마 가톨릭 교리에 의하면 천직 또는 소명은, '정신적으로 또는 신앙적으로' 완벽한 성질은, 일차적으로는 **군주를 중심으로 한 직업과 이와 병행하여 성직 또는 사제직**에 부여하였는데; 여기에 대해서, 루터주의는 **기독교도가 종사하는 모든 직업 전부**를 (상하 귀천 구별 없이) 신이 준 **소명으로서의 천직**(calling, Beruf, vocatio)으로 취급되어져야 한다는 교리이다. 따라서 **목수와 왕의 아들, 가정주부와 판사는 다 같이 그들의 업무를 양심적으로 수행하고, 다른 사람을 위해서 봉사할 기독교도의 책임을 받아들여야 한다**. 특별히 공직자들은, 공동체에 봉사할 특별한 소명을 가진다고 말해졌다. 이와 같은 신이 불러서 시킨 특별한 공직은, 공직자로 하여금 기독교도의 개인윤리로는 구별되는 사회윤리를 요구할 수도 있다. 한 사람의 개인 인격으로서 또한 그 자신 그대로의 개인 인격으로서, 신에 대한 직접적 관계에 있어서의 크리스천의 의무는, 그의 적이라도 미워하지 않고 감내하는 것이며, 가까운 이웃으로부터 오는 부정의와 불법 및 부패라도 직접적인 저항이나 보호 없이 감내하는 것이다.[40] 여기에 비해서, 군대, 사법부 또는 법에 관련된 직업과 같은 봉사하고 있는 공적인 일을 하는 사람으로서의 기독교도, 즉 공인(公人, public person)은 그의 이웃에 대해서라도 불법이나 제약에 대해서 저항할 것이 요구되며 심지어는 불법과 부정

---

40) 옮긴이 주석: 이런 예는 16세기 유럽 문학에서도 예가 많지는 않다. 그림 형제가 수집한 게르만인들의 오래된 민화에는 타인으로부터 행하여지는 불법, 부정의 및 부패를, 무저항 비폭력으로 극복하는 종교적 행동형 보다는 오히려 게르만 부족법 시대의 집단적인 제재 및 복수의 신성함 같은 잔해가 발견된다. 루터주의의 이와 같은 무저항 비폭력에 의한, 악에 대한 태도는, 오히려 훨씬 후기 북유럽의 동화모음인 안데르센 동화집에서 나타나고, 그 주인공은 사회적 최약자이다. 무저항 비폭력으로 악한 이웃을 대적하지 아니하는 수동적 생활방식의 극치는, 러시아의 톨스토이가 쓴 창작에서 나타나는데 그 대표적인 예는 동화, 바보 이반이다. 또한 안토 체홉의 희곡 5부작 중에서, 바냐 아저씨에서 특징적으로 나타난다.

의에 대해서 폭력이나 유혈의 지경까지라도 감수하면서 복수해야[41] 할 것이 요구된다.

루터와 그의 추종자들은, 이와 같은 교리를 무엇보다도 기독교를 믿는 군주, 즉 크리스천 왕이라는 이론에 적용시켰다. 기독교 군주는, 그에게 속하는 신민들의 복지를 촉진하기 위해서, 비폭력적이며 모범적이며 그래서 신과 같은 방식으로 통치하고 지배하도록 촉진되어져야 한다.[42] 이 교리는 다음과 같이 계속 되어질 수 있다. (천상의 왕국이 아닌 지상의 왕국의 지배자로서) 군주 또는 왕은 다음과 같은 것들을 알아차려야 한다. 즉, '각자의 공직이나 공식적 입장이 요구하는 바에 따라서, 어떤 불법이나 부정의에 대해서도 관용을 보여주지 않아야 하며; 악에 대해서 저항하며 악을 처벌하며 올바름을 방위하고 유지하려는 노력이 있어야 한다.'[43] 이와 같은 루터주의의 군주(prince)의 개념은, 직업(vocation)과 공직(office)에 대한 신학적 교리에 뿌리를 두고 있는 것으로, 루터와

---

41) 원저 p.42. 각주 28. See Martin Luther, "The Sermon on the Mount," in Jaroslav Pelikan, ed., *Luther's Works* (hereafter *LW*), 55 vols. (St. Louis, 1956), vol. 21, esp. p. 108 (arguing that "it is the duty and obligation of those who participate in this earthly regime to administer law and punishment, to maintain the distinctions that exist among ranks and persons, and to manage and distribute property"); Martin Luther, "Whether Soldiers, Too, Can Be Saved," in J. M. Porter, ed., *Luther: Selected Political Writings* (Lanham, Md., 1974), esp. pp.1～5 (asserting that "there is no doubt that the military profession is in itself a legitimate and godly calling and occupation"). See also Martin Luther, "On War against the Turk," in Porter, *Luther,* pp.124～125 (proposing "to teach …… how to fight with a good conscience").

42) 원저 p.42 각주 29. See Martin Luther, "Secular Authority: To What Extent It Should be Obeyed" (1523), in Dillenberger, *Martin Luther,* pp. 382-392; Martin Bucer, "De Regno Christi," in Wilhelm Pauck, ed., *Melanchthon and Bucer* (Philadelphia, 1969), bk. 2, chap. 1 ("By What Ways and Means the Kingdom of Christ Can and Should Be Reformed by Devout Kings").

43) 원저 p.43. 각주 30. *WA,* 32: 394.

같은 시대에 산, 니콜로 마키아벨리(1496~1527)의 이론과는 근본적으로 다르다. 마키아벨리 역시 교회법이나 신의 법으로부터 분리된 이른바 세속 국가에 대한 신뢰에서는, 루터와 마찬가지로 '두 왕국' 이론가라고 말해질 수 있다. 그러나 마키아벨리 군주론에 있어서의 군주는 순전히 권력 정치의 고려에서만 행동하는 것이고, 여기에 비해서 루터주의에 있어서의 군주는, 정의와 올바름을 행하기 위해서 전력을 다하는 사람이다. **마키아벨리의 군주론에 있어서의 군주는, 종교를 백성들이 만족해야 하며 일치 화합되게 하며 그리고 충성스럽게 유지하는 방법으로, 종교를 키우게 된다.** 여기에 비해서 **루터의 있어서의 군주는, 군주 자신과 백성 자신의 관계와 백성들 서로 사이의 관계를 규율할 때, 종교에 의해서 안내와 지도를 받게 된다.** 16세기의 게르만인 루터주의자들은 마키아벨리의 견해를 받아들이지 않았다. 왜냐하면 마키아벨리의 견해는, 인간의 이기심과 권력 또는 지배를 위한 투쟁을 정치적 행동의 기초적 원칙으로 만들었기 때문이다. 루터주의자들은, 지상의 왕국을 악마적인 장치에 맡기고 포기할 생각이 없었다.[44] (특기할 만한 것은) **이와 같은 점에서 게르만의 루터주의자들은, 비록 로마 가톨릭과는 다른 신학적 전망과 철학적 전망에서 출발했지만, 놀랍게도 오래된 로마 가톨릭의 전통을 계속 시키고 있었다.**

루터주의의 군주에 대한 개념은 역시 나중에 프랑스의 법률학자 장 보당(Jean Bodin, 1530~1596)이 표명한 군주론과는 본질적으로 달랐다. 법률가 장 보당은 (옮긴이 주석: 지상의 왕국의 모든

44) 원저 p.43. 각주 31. See Luther, "Secular Authority," p.366; and idem, "An Appeal to the Ruling Class of German Nationality as to the Amelioration of the State of Christendom," in Dillenberger, *Martin Luther,* p.411.

법률가들이 그러하듯이 매우 현실적이었으며 따라서 세속 권력에 대한 현실성에서는 가장 앞섰다고 할 수 있고 어떤 의미에서는 전통 한국의 법실증주의자들의 살아 있는 사례라고 할 수 있다) 그 시절의 특징에 따라서, 왕권이 절대적 권위와 권력을 가지고 있다는 이론을 처음으로 개발하였다. 보당 이론에 있어서의 군주도 루터주의에 있어서의 군주와 비슷한 점은, 정의를 행하려고 투쟁하고 신의 법을 따르려고 노력하는 군주였다. 그럼에도 불구하고 보당이 그린 군주는, 그의 영역인 영토의 정치적 생활에 있어서는 신의 유일한 대표자이며, 그런 의미에서 절대 'absolute' 군주이다. 절대라는 유럽어의 어원은 면제되다 'absolved'에서 나왔으며, 어떤 땅[45] 위의 권위에 대한 복종에서도 면제되었으며; 따라서 제도적으로는 심지어 군주 자신이 만든 그 자신의 법을 지키지 않아도 된다는 것이다. 이에 반해서 루터주의에 있어서의 군주는, 신에 의해서 지배하도록 명령되어지고 그의 영토에서는 정치적으로 지존의 위치에 있지만, 그의 권력에 대해서 제도적으로 견제하는 법적 장치에 복종하도록 되어 있다. 이때의 군주는 혼자가 아니고 그의 통틀어 전 가문 'house'와 함께이며 그의 가문에 속하는 신하들과 그의 자문관들 - 뿐만 아니라 그의 전 고위판관들 'high magistracy'이다.[46] 실

45) 원저 p.43. 각주 32. See Jean Bodin, *On Sovereignty: Four Chapters from Six Books of the Commonwealth,* ed. and trans. Julian H. Franklin (Cambridge, 1992), p.23 ("the main point of sovereign majesty and absolute power consists of giving the law to subjects in general without their consent"); Glenn Burgess, "The Divine Right of Kings Reconsidered," *English Historical Review* 107 (1992), 837, 842 ("the essential feature of absolutism was its claim that the king alone was superior to the positive law and not bound by it"). See generally Julian H. Franklin, *Jean Bodin and the Rise of Absolutist Theory* (Cambridge, 1973); cf. Michael Stolleis, *Geschichte des öffentlichen Rechts in Deutschland, Erster Band: Reichspublistik und Policeywissenschaft*, 1600～1800 (Munich, 1988), pp.172～186.

로 오로지 왕권에 의해서만 행사되는 보당의 주권은 "souverainete" 이라는 용어는 처음으로 도이치어로 번역될 때, Obrigkeit라고 번역되었는데, 이 뜻은 가장 높은 성질 "superiority"이라는 뜻이고, 도이치어의 Obrigkeit와 같이 쓰였는데, 알맞은 영어번역은 "high magistracy"가 된다. 이 뜻은 군주 자신만이 아니라, 군주가 자문을 구하고 행정을 맡기는 "최상층의" 지배층 사람들 모두의 군단의 집합을 나타낸다. 실로 군주가 임명한 대학 교수들은, 군주가 자문을 구하는 대상임에도 이론적으로는, 군주를 반대할 자유가 있었으며; 실제로는, 다른 영토에서의 어떤 자리를 갖기 위해서 떠날 자유도 있었다.[47] 덧붙일 것은 보당의 비교해서 루터주의에 있어서의 군주는, 백성들과 비교하더라도, 군주 자신이 절대 신에 더 가까이 있다고 생각되어진 것은 아니다.[48] 백성은 성경에 나타난

46) 옮긴이 주석: 게르만족의 왕가의 대표적인 것은, 'House of Hapsburg'와 'House of Hohenzolern' 또한 부분적으로 'House of Hannover'을 들 수도 있다.

47) 옮긴이 주석: 아마도 루터주의의 시대에 게르만 군주의 영토에서 설립한 대학과 대학 교수가 융성하여 서양 학문의 중추가 된 것은, 왕립대학에서의 이와 같은 교수들의 반대의 자유와 거기에 부수하는 자유 때문일 것 같다. 한편 반대하지 않을 경우에 왕립대학의 교수는 왕의 자문관으로 행동하고 높은 지위와 영예를 보장받았다.

48) 옮긴이 주석: 이점에 주의한다. 비록 루터주의의 군주가 정치적으로는 시대적으로 봐서 보당의 '제한되지 않는' 절대권을 가졌다고 생각되어서; 전혀 다른 문화권, 즉 중국문화권의 황제나 왕과 비교해서, 개념적으로 절대군주인 것은 다를 바가 무엇이 있겠느냐고 비교정치학이나 비교공법학도가 되물어왔다. 그러나 정치적 권위란 그것 자체만으로 작용하는 것이 아니다. 중국문화의 황제나 왕은, 그 정치적 권위와 함께 그의 종교적 권위가 또한 신과 같은 위치로 격상되어서 두 개의 권위를 다같이 독점하고 있었다. 여기에 비해서 루터주의의 군주의 종교적 지위를 주의하라. 루터주의에 의하면, 군주라 할지라도 그의 백성보다 조금도 더 신에 가까이 가있지 않다고 한다. 이런 종교적 평등주의가, 결국은 군주에 대한 견제장치로서의 법적 제도를 만들게 되고; 루터주의에 있어서의 군주는 그 자신의 손에 의해서 만든 법에 의해서라도 구속되는 근세 판의 법 앞의 평등으로 발전되는 것이다. 이에 비해서 한자문명권에 있어서의 황제나 왕은, 그의 백성과 함께 절대자 앞의 평등이라는 자리에 앉아본 적이 없으며; 따라서 그가 만든 법이라도 그 자신을 구속할 수 없다.

근본적인 전제에 모순되고 배치되는, 어떤 법이나 명령도 복종하지 않아야 할 하나님으로부터의 금지명령 아래 있었기 때문이다.

루터와 그의 추종자들이 이윽고 군주의 권위에 부여한 지지는, 역시 성경상의 권위에 기초를 두고 있었다. 루터주의에 의한 개혁가들에 의하면, "너의 아버지와 어머니를 공경하라", 라는 십계명 중의 제4계명은, 각각의 시민들로 하여금, 자녀가 아버지에 대해서, 아내가 남편에 대해서 또는 개별자가 신에 대해서 의무로서 가지고 있는 것과 똑같은 군주에 대한 복종을 요구한다.[49] 제4계명을 정치적 지배자에게 적용하는 것은, 시민의 복종(civil obedience)에 대한 루터주의 개념의 기초였다. 동시에 제4계명은 군주에 대해서 그의 백성에 대한 관계에 있어서는, 사랑과 봉사의 정신으로 통치하고, 공정(just)할 것을 "소명으로 요구"하였다. "Landesvater"란 도이치어는, "그의 나라의 아버지", 즉 국부(國父)란 뜻인데; 군주는 이와 같은 역할로 모든 사람에게 그의 가계와, 그의 재산의 좋은 관리자일 뿐만 아니라 올바른 인격자라는 모범을 보여주어야 하는 것이었다.[50] 루터주의자들은 군주의 지배에 내재하고 있는 독재로 흐르는 경향을 두려워하고 피하려고 했다; 성경상의 신법(divine law)을 독재자가 위반하는 경우에 대해서 시민이 불복종하는 것은 대중이 반란을 일으키는 데에까지는 가지 않고 정지하는

49) 원저 p.44. 각주 33. See Luther's exegesis of the Fourth Commandment in his *Large Catechism,* in *WA,* 30:132～182.

50) 옮긴이 주석: 부모공경에 대한 십계명 중 제4계명을 군주와 백성 간의 관계에 확장하는 루터주의의 해석이나 군주를 모든 백성의 아버지로 역할하는 방식은, 놀랍게도 유교문화권에 가계의 가장과 가족 구성원에 대한 관계를 군주와 백성 간으로 확장하는 것과 차이가 없어 보인다. 비교문화적으로 볼 때, 이 부분에 있어서는, 루터주의 개혁가들과 유교 또는 신유교의 개혁가들과 차이는 극소해 보인다. 해롤드 버만의 법치주의에 대한 해석의 인용, 김철.

것이었는데, 왜냐하면 대중적 반란 그 자체가 신의 법의 위반이었기 때문이다.

따라서 법과 종교와의 관계는, 루터주의 신학에서 이미 예비되어 있었다. 정치와 법은 은혜와 신앙에 이르는 길은 아니었고; 은혜와 신앙은 올바른 정치와 올바른 법으로 가는 길로서 남아 있었다. 크리스천은 법을 준수하는 것으로 생각되었고, 크리스천 군주의 법은 질서와 정의를 다 같이 성취하는 것으로 생각되어졌다. 법은 사람들로 하여금 악을 피하고 서로 협조하며 공동체에 봉사하도록 유도하는 것으로서 생각되어졌다. 크리스천은 선을 행함으로써 하늘나라에 있어서의 점수를 따는 것이라고 생각해서는 안 되는 것이었다; 그럼에도 불구하고 크리스천은－그에 결함의 많은 본성을 의식해서－절대자가 가능하게끔 만든 만큼의 많은 선을 행하기 위해서 그의 의지와 이성을 사용하여야 되는 것이었다.

루터의 종교사상 중에서 이와 같은 기본적 특징을 간략히 설명하는 것만으로도 루터주의는 로마 가톨릭의 어떤 근본적인 교의뿐만 아니라 로마 가톨릭 위계질서의 정당성 자체에 조차도 날카롭게 도전한 것이 명백하다. 그럼에도 불구하고 대부분의 게르만지역과 유럽의 나머지 지역에 있어서 로마 가톨릭교회의 쇠퇴를 초래한 맹렬하고 폭력적인 봉기를 초래한 것은, 루터주의의 종교적 사상 그 자체로는 불가능할 뻔했다. 만약 로마 가톨릭교회의 제도 전체가 없어진다면 기독교 신자들의 공동체에 있어서의 질서를 무엇이 담당할 것인가. 게르만지역의 여러 영역들과 자유도시에 있어서, 정부의 역할을 하는 조직에서 (종전에 중요한 질서유지와 법판결의 주체였던) 대주교와 주교 그리고 다른 성직자들을 대체할 수 있는 것은 누구였던가. (이 시대의 게르만인들의 나라뿐만 아니라 유럽의 여타 지역에서도 백성의 일상생활에서 가장 중요한 역할을 하고 있던) 예배, 세례식, 혼인관계, 성직임명, 사망과 장례 또는 교리와 그 실행을 주재하고 규율할 사람은 누구였던가. (16세기까지 유럽 전역에 걸쳐서 가톨릭교회가 맡고 있던) 교육, 가난한 자에 대한 구제와 교회 재산에 대한 재판관할권과 지배권을 누가 담당할 것인가. (만약 로마 가톨릭 위계질서에 정당성을 부인하는 경우에) 게르만 지역의 3분의 1과 유럽의 나머지 지역의 4분의 1 이상의 토지를 소유하고 있었던 로마 가톨릭교회의 광대한 부를 누가 계승할 것인가.

이러한 질문에 대한 대답은, (루터가 제시한) 두 왕국 논의나 (모든 직업의 신적인 소명에 관한) 기독교도의 소명에 대한 루터주의의 교리에서 볼 때, 구원에 대한 교리에서는 답이 주어지지 않고, 가장 일반적인 방식으로 단지 희미하게 예상되어 있을 뿐이다. 루터주의 신학은, 여러 다른 시기에 있어서의 여러 다른 정치적 전개를 지지하기 위해서 사용될 수 있었다. **루터주의의 교리 자체로서는 어쨌든 그 교리가 만든 치명적인 정치적 문제를 해결하는데 해결점을 충분히 주지 못했다**.

그럼에도 불구하고 1517년 이후의 몇십 년 동안 도이치에서 소개된 새로운 정치질서의 특징에 대해서는, 루터주의 신학은 결정적인 영향을 미쳤다. 그 영향이 느껴지기 위해서는 **루터의 종교사상이 실제로 연출되어야 했다**. 처음에는 교회에서 다음에는 국가전체에서 혁명이 현실이 된 것은, 루터 자신과 그의 다수의 동료들의 행동에 의했으며; 마침내는 많은 부분의 인구들이, 부분적으로는 게르만 지역의 군주들과 군주들에게 속하는 신하들에 의해서 부분적으로 또는 대부분의 게르만 자유도시의 시장(mayors)들과 그에 속한 사람들(councilors)에 의해서, 또한 부분적으로는 대중운동의 지도자에 의해서 인도되어졌기 때문이다. 또한 결정적이었던 것은 루터와 그의 지지자들의 행동뿐만이 아니고 그들을 반대한 사람들의 반작용 때문이었다. 왜냐하면 **전면적 혁명의 성격은 혁명을 지지한 사람들의 사상과 행동에 의해서만 결정되는 것이 아니고 혁명에 의해서 영향받은 모든 사람들의 반작용을 포함한 응수에 의해서 결정되기 때문이다.**

1.6 루터의 인격

루터 자신의 특징과 퍼스날리티가 그의 주장과 독트린에 대한 지지를 얻어내고, 그의 적들로 하여금 마침내 그 자신들에게 치명적인 방식으로 반작용을 하는 데 중요한 역할을 했다.

1483년 삭소니(Saxony) 공국에서 중간 정도 사는, 광업에 종사하는 가정에서 태어나서, 1501년에 에르푸르트(Erfurt) 대학에 등록해서 철학, 신학 그리고 교회법에서의 예비 코스를 마친 후 1505년에 인문학의 마스터 시험을 완료하였다. 다음 해 루터는 민법의 박사 프로그램에 등록했으며, 천둥에 동반한 번개를 맞고 거의 죽을 뻔한 다음, 어떤 종교적 체험에 의해서 에르푸르트의 아우구스티누스 수도사들의 수도원에 들어가서, 교회법과 교회 정부에 대한 공부를 계속했다. 1507년에 루터는 로마 가톨릭 사제, 즉 신부로 서품되었으며; 1510년에는 아우구스티누스 수도원 내부의 법적인 다툼을 위해서, 로마에 있는 교황의 법정(Papal Curia in Rome)에서 에르푸르트 지부를 대표할 만큼 중요 인물이 되었다. 1511년에 루터는 - 아우구스티누스 수도원 소속으로는 머물러 있으면서 - 수도원을 떠나서 1502년에 삭손의 선제후였던 프레데릭 현명왕에 의해서 설립된 비텐베르크(Wittenberg) 대학에서 신학공부를 시작했다. 신학에서 독토르 학위를 받고나서, 비텐베르크 대학에서 가르치기 시작했다. 시편과 사도 바울의 로마서에 대한 그의 1516년의 강의는 급진적인 새로운 신학이 나타나는 최초의 조짐이었다. 1517년에 루터 교수는 전 유럽의 기독교 나라들을 놀라게 했는데, 그는 면죄부를 공개적으로 비난하면서, 하나님에게만 속한 권위가 사제계급에 의해서 참탈한 예로써 들었다.

처음에는 라틴어로 쓰여졌다가 그 즉시로 도이치어로 번역된 95개조의 테제는, 인쇄된 형태로 전게르만 영역과 인접 국가들로 퍼져나갔다.[51] 95개 조는 엄청난 지지와 엄청난 논쟁을 불러일으켰다. 1518년 10월, 루터는 교황의 사절 앞에서 스스로를 방어하도록 요

---

51) 원저 p.45. 각주 34. Posted by Luther in October 1917, the Theses reprinted in Magdeburg and Leipzig in November. A German translation appeared in Basel in December. Bernd Moeller can find no records of contemporary translations of the Theses into vernacular languages other than German. See Bernd Moeller, "Luther in Europe: His Works in Translation, 1517∼1546," in E. I. Kouri and Tom Scott, eds., *Politics and Society in Reformation Europe* (London, 1987), pp.237∼238. Thus the principal direct impact of the Theses outside Germany would have been confined to audiences reached by persons able to read Latin. Yet the literate classes in Europe probably read Latin as much as they read the vernacular, and the non-literate could be reached by Latin-reading preachers and scholars. Moeller states (pp.24∼25): "The theses struck an extraordinarily responsive chord. In retrospect Luther later said that they 'almost raced through all of Germany in fourteen days.' Even if this assertion is tempered somewhat by the relatively small number of reprintings, still the success of this piece of scholastic and scholarly writing is thoroughly remarkable." Moeller also cites Luther's contemporary Oecolampadius, who stated that the Theses "were distributed with amazing speed throughout Germany and were welcomed with special favor by all of the learned." See Bernd Moeller, *Imperial Cities and the Reformation: Three Essays* (Philadelphia, 1972), p.24 and n. 10.

구되었으며, 1518년과 1519년에 걸쳐서 많은 다른 고발자와 기소자에 반대해서 그 자신을 방어하였으며, 95개 조를 많은 질문자들에게 응수하여 더 정교하게 만들었다. 마침내 1520년 6월에 교황은 루터에게 철회할 60일의 기한을 주고 그의 인쇄물들이 공개적으로 태워지도록 하는 교황의 명령을 공포하였다. 1520년 12월, 여기에 대해서 루터는 비텐베르크 대학의 선생과 학생들의 큰 집단을 이끌고, 성문 밖의 장소에서 교황의 권력이 예시되어 있는 교회법의 서적들을 거대한 모닥불에 던짐으로써 응수하였다. "하나씩 다양한 교회법의 인쇄물들이 화염 속으로 맡겨졌다. 마지막으로 루터는 그의 가운으로부터 교황의 교서를 불현듯 끄집어내고 다음과 같이 말하면서 불속으로 던졌다: '그대가 하나님의 진실을 이미 파괴하였기 때문에 주께서 그대를 이 화염 속에서 소진시키기를.'"[52)]

1521년 1월에 교황은 두 번째 교서를 발표하고, 루터를 이단으로서 파문했으며, 교황은 황제께 이 파문을 실행하도록 요구하였다. 따라서 찰스 5세 황제는, 루터를 보름스에서 열린 황제의 재판에 1521년에 회부하고, 교황이 금서처분한 책의 저자인가 여부와 루터가 철회할 것인가를 물었다. 법정에서 루터는 그가 저자임을 인정하고 그의 견해를 방어하였으며 다음과 같이 말한 것으로 보도되었다. "여기 내가 서 있다. 나는 다른 방식은 없다"(Here I stand, I can do no other).[53)] 그러자 황제는 보름스의 칙령으로 알려진 문서에 서명하며 루터를 "수도승의 복장을 한 악마"로 단언하고 이단으로 선언하였으며 다음과 같이 명령하였다.

---

52) 원저 p.46. 각주 35. See Ozment, *Age of Reform,* p.401.

53) 원저 p.46. 각주 36. See Roland H. Bainton, *Here I Stand: A Life of Martin Luther* (Nashville, 1950), pp.185～186.

모든 군주와 영지와 백성들은 상기의 마르틴 루터에게 잠자리나 음식이나 마실 것을 제공하지 못하며; 비밀리나 공개적으로나 어떤 방식으로라도 언어와 행동에 의해서도 도와서는 안 된다. 반대로 어디서나 루터를 잡으면 즉시로 투옥하고, 교황에게 압송하든가 지체 없이 상황에 대해서 교황에게 연락하여야 한다. 비슷하게 모든 군주와 백성은 루터와 동맹한 자나 협력자나 후원자나 추종자와의 거래관계에서 성스러운 근본법과 제국의 금지령을 지켜야 한다. 군주와 백성은 루터의 협조자들과 추종자들이 회심해서 교황의 사면을 청원한 것을 증명하지 못하는 한 그들의 재산을 몰수해서 자신의 것으로 할 수 있다. 더하여 우리들은 다음과 같이 명령한다. 아무도 우리들의 성스러운 아버지 교황이 금지한 마르틴 루터 또는 그를 대리하여 라틴어 도이치어 또는 다른 언어로 쓰여진 모든 저술을 판매하거나 읽거나 소지하거나 복사 또는 인쇄하는 것을 금지한다. 마찬가지로 우리들은 상기 저술과 저서 및 그림들을 신성로마제국이나 우리들의 영역 전역에 걸쳐서 고위 관료들과 사법관들이 수집한 다음 파쇄하거나 공개적으로 불태울 것을 요구한다.54)

그러나 여러 영지의 군주들의 많은 사람들은 황제의 칙령을 집행하려고 하지 않았다. 루터 자신의 군주였던 프레데릭 현명왕은, 그를 체포로부터 보호하여 바르트부르크 성에 은신하게 했으며, 거기서 루터는 1년 동안 숨어 살면서 신약성서를 헬라어에서 도이치어로 번역하였다. 이 번역본은 그가 나중에 번역한 구약성서와 함께 도이치어가 근대어로서 확립되는 데 중요한 역할을 하였으며, 또한 루터가 쓴 수십 개의 찬송가는 도이치의 교회음악의 일차적인 원천이 되었다.

다음 수년 동안 루터는 비텐베르크 대학에서 계속해서 신학을 가르쳤으며, 게르만 영역들 안에서 광범위하게 여행하였다. 황제의 법정을 피하면서 그 이유는 황제 법에 의하면 루터는 명목적으로

---

54) 원저 p.46. 각주 37. De Lamar Jensen, *Confrontation at Worms: Martin Luther and the Diet of Worms* (Provo, Utah, 1973), pp.75～111.

는 범법자라는 것이 사실이었고, 그것을 무시하면서 게르만 영역을 여행하였다. 루터는 목사 신학자 법률가 또는 여러 종류의 학자들뿐만 아니라 여러 수준의 정치적 지도자와 엄청난 양의 정열적인 서신 왕래를 하였으며, 동시에 획기적인 신학에 대한 팸플릿과 설교들의 연속물을 출간하였다. 이러한 운동이 전파되면서, 루터는 비록 항상 현장의 뒤편에 있었지만 많은 측면에 관여하게 되었다.

1525년에 루터는 그의 수도원 서약을 깨고 수녀인 캐더린 폰 보라(Catherine von Bora)와 결혼하였다. 그들의 결혼과 가정생활은, 사제의 지위를 일반인보다 더 고차적인 하나님의 명령으로서 따로 설정한 그 때까지 확립되어 있던 사제 계급이라는 개념에 대한 반란을 표현하는 것이었다. 동시에 루터의 결혼과 가정생활은(게르만 부족법 시대에 통용되던) 부족관계 및 씨족관계로부터 자유로우며; 자애로운 남편과 아버지의 주도적인 역할을 강조하는 긴밀하게 짜여진 독립적인 도이치인의 가계의 모델로서 봉사하였다. 루터의 가정에 있어서의 가부장주의는, 루터주의에 있어서의 국가에 대한 가부장주의에 의한 철학과 서로 매치되었다.[55]

이와 같이 루터는 그의 생애 자체와 그가 한 일에서, 그가 설교한 독트린과 서로 맞아떨어졌다는 점에서 일관성과 온전성을 나타낸다. 루터는 살아 있을 동안 내내, 교황의 파문에 근거한 황제의 금령 아래 있었으며, 따라서 항상 체포와 처형의 위험에 처해 있었지만, 그가 할 수 있었던 일은 저술과 개인적 접촉을 통해서, 종교개혁의 흐름이 도이치 전역에 걸쳐서 자유도시와 영역들에 전파되는 것을 지도하고 도울 수가 있었다. 최초에 "루터주의"와 "루터주

55) 원저 p.47. 각주 38. See generally Steven Ozment, *When Fathers Ruled: Family Life in Reformation Europe* (Cambridge, Mass., 1983).

의자"라는 이름은, 루터의 적들에 의해서 붙여진 이름이었다. 루터 자신은 그런 이름들을 부인했으며 대신에 복음(Gospel)에 대한 라틴어(Evangelium)와 도이치단어(evangelisch)로부터 나온 "복음주의적(evangelical)" 신앙과 또한 "복음주의적(evangelical)" 교회에 대해서 말하곤 했다. 점차로 루터의 지지자들 역시 "루터주의자" 또는 "루터주의"란 이름을 복음주의에 대한 다른 언어로 받아들이게 되었다.

루터는 그의 시대에는 오래 기다려온, 절대자에 의해서 임명된 예언자 또는 새로운 모세나 새로운 엘리자나 또는 새로운 다니엘이나 또는 새로운 세례요한으로 보여졌다. 하나님에 의해서 게르만 사람들을 구원하기 위해서 보낸 것으로 보여졌다. 현대의 초상은 그의 머리 위에 성령의 비둘기와 함께 심지어 후광을 그리고 있다.[56] 그의 명성과 영향력은, 부분적으로는 그의 지적인 능력 때문이었다; 아마도 그는 그의 시대에 있어서 가장 뛰어나고 확실히 가장 창의적이면서도 원천적인 신학자였다.[57] 명성과 영향은 부분적으로는 대화나 강단에 있어서의 연설자로서의 개인적 능력 때문이기도 하고; 또한 널리 알려진 찬송가의 작자, 작곡자 그리고 실제로 부른 가수인데서 기인한다.[58] 마침내 명성과 영향력은, 그 자신

56) 원저 p.47. 각주 39. Robert Scribner, "Incombustible Luther: The Image of the Reformer in Early Modern Germany," *Past and Present* 110 (1986), 47~50.

57) 원저 p.47. 각주 40. Cf. Ozment, *Age of Reform,* p.231.

58) 원저 p.47. 각주 41. "Distinguished alike in the translation of the Bible, the composition of the catechism, the reform of the liturgy, and the creation of the hymnbook, Luther was equally great in the sermon preached from the pulpit, the lectures delivered in the class hall, and the prayers voiced in the upper room. His versatility is genuinely amazing. No one of his own generation was able to vie with him." Bainton, *Here I Stand,* p.346.

외부에 존재하는 것으로 보여졌던 힘들이 그를 이끈 강력한 정열에 기인한다. 이 정열은 루터로 하여금 그가 강력하게 반대하는 사람들을 거부하고 비난하는 것으로 이끌었다. 이와 같은 거부와 비난에 있어서 그는 주저하지 않았다. 그의 말년에 쓰여진 것으로서, 기독교 개종을 거부한 유대인들에 대한 공격[59]은, 비슷하게 그가 가톨릭교도, 재침례교도들, 터키인들, 기타에 대한 공격과 견줄 수 있다.[60]

---

59) 원저 p.47. 각주 42. In his earlier years Luther wrote in a more friendly way about Judaism, hoping thereby to facilitate conversion of Jews to Christianity. In this respect he appears to have been less antagonistic to them than the Roman Catholics on the whole had been in earlier centuries, and especially in the period of the late-fifteenthcentury Inquisition in Spain, Portugal, and Italy. Under both Roman Catholicism and Protestantism, Jews who converted to Christianity were not discriminated against, and Jews who did not so convert were permitted to undertake certain types of economic activities and were often protected therein by both ecclesiastical and secular authorities. The vast majority of Jews, however, were required to live in ghettos and to wear distinctive yellow badges on their clothing and were treated as outcasts from the prevailing civil society. Indeed, they were periodically expelled from particular countries or, within a country, from particular cities. Luther's later vitriolic and inflammatory attacks on Jews, as on Turks, although they fed the overt racist culture of the time, should be taken as religiously rather than racially motivated. As Heiko Oberman has said: "The harshness of those attacks may be explained by the fact that in his later years he spoke out of a pressing eschatological belief that he was living in an end-time, in which the true Church was threatened by three powerful enemies, namely, aberrant Christians led by the Bishop of Rome, infidel Turks then at war with Christians in the Balkans, and Jews, the chosen people, who refused to acknowledge Jesus as the Messiah." See Heiko A. Oberman, *The Roots of Anti-Semitism in the Age of Renaissance and Reformation* (Philadelphia, 1984), pp.104~105. A somewhat contrary view is that of Mark U. Edwards, *Luther's Last Battles: Politics and Polemics, 1531~1546* (Ithaca, N.Y., 1983), p.31. See also Salo W. Baron, *A Social and Religious History of the Jews,* 2nd ed. rev. and enl., vol. 13 (New York, 1965), pp.253ff.; Ronnie Po-Chia Hsia, "Jews," in Hans Joachim Hillerbrand ed., *The Oxford Encyclopedia of the Reformation,* vol. 2 (Oxford, 1996), pp.340ff. See also Chapter 4.

60) 원저 p.47. 각주 43. See David V. N. Bagchi, *Luther's Earliest Opponents:*

어떤 점에서는 루터는 그가 가장 비하한 역사적 인물인 수도사 힐데브란트와 같은 점이 있었다. 힐데브란트는 1073년에 교황 그레고리 7세가 되었으며, 교황의 혁명을 주도하였으며, (그의 어떤 특징들 때문에) 그의 친구이자 동역자였던 피터 다미안에 의해서 "성스러운 사탄"이라고 불리웠다.[61]

1.7 개혁운동이 퍼져 나가다

루터와 교황 그레고리 7세는; 한 사람은 12세기의 종교개혁의 주도자였고, 한 사람은 16세기 종교개혁의 주도자라는 의미에서 비교될 수 있다. 가장 큰 차이는 수도사였던 힐데브란트는, 당시 서유럽 전부에 걸쳐 지배권을 가지고 있었던 로마 가톨릭교회의 수장인 교황이라는 역할로서, 정교 분리라는 종교개혁을 수행했던 데에 비해서; 루터는 교회 전부에서나 또는 세속 정부에서 어떤 영향력 있는 정치적 지위를 가지지 못했다. 즉, **그가 지배하고 있는 공식조직은 아무것도 없었고,** 그런 의미에서 현실적이고 유효한 통제를 할 수 있는 위치가 전혀 아니었다. 루터는 한 사람의 대학 교수였다. 한 사람의 학자였고 동시에 한 사람의 교사였다. 이 경우에 공식조직을 대표하지 않는 공부하는 학인이나, 학생들에게 교과목을 가르치는 교사인 루터가, 시대를 뒤흔든 혁명적인 메시지를 전파하는 경우에 다음과 같은 문제가 생겼다. 그의 가르침과 메시

Catholic Controversialists, 1518～1525 (Minneapolis, 1991); John S. Oyer, *Lutheran Reformers against Anabaptists: Luther, Melanchthon, and the Anabaptists of Central Germany* (The Hague, 1964), esp. pp.114～139.

61) 원저 p.47. 각주 44. See Berman, *Law and Revolution,* p.94; Orville Prescott, *Lords of Italy: Portraits from the Middle Ages* (New York, 1972), p.43.

지가 사람들에게 알려진다 하더라도, 그다음 단계는 받아들여지는 것이 문제이고, 그다음 단계는 **받아들여진다 하더라도 누가 그의 가르침과 메시지의 중요 사항을 실행에 옮길 수 있을 것인가**.

역사를 자세히 보면 루터가 처음부터 당시 유효하게 지배권을 행사하던 로마 가톨릭 질서에 반대하려한 것은 아니었음을 알게 된다.[62]

루터는 최초에는 그의 새로운 가르침을, 로마 가톨릭 질서 자체가 받아들이고 수락할 것을 희망했다. 그래서 그가 최초로 호소한 것은, 교황 자신에게 대해서였다.[63] 루터가 로마로부터 지지를 얻

---

62) 옮긴이 주석: 루터는 교수가 되기 전에 이미, 12세기 이후 서양 사회의 정신적인 영역에 있어서 지위 없이 봉사해왔던 아우구스티누스 수도원에 소속된 서원한 수도사 신분이었다. 로마 가톨릭 질서에 있어서 지역과 영역을 지배하는 지역교회 이외에, 지역의 토지, 지역의 주민, 지역의 세속 정부와 전혀 관계없는 독립된 영적인 공동체로서 수도원이 있어왔으며; 12세기의 종교혁명도 실제로는 지역토지나 지역의 세속 정부와는 관계없는 독립 수도원에 의해서 시작되었었다. 11세기의 프랑스 클루니 수도원은, 그때까지 진행된 세속 권력과 교회 권력의 융합 및 그 결과로서 나타나는 종교적 가치의 훼손에 대해서 정화운동을 시작했으며; 이것이 역시 수도원의 수도사였던 힐데브란트가 12세기의 정교 분리 운동을 주도한 계기가 되었다. 힐데브란트는 수도사에서부터 드디어 서구 세계를 지배하는 교회 정부의 황제가 되었으나, 그 역시 출신 신분은 세속 정부나 교회 정부와는 독립된 수도원의 수도사 출신이었다. 루터가 로마 가톨릭 신학을 연구해서 신학교수가 되기 이전의 그의 신분, 역시 독립 수도원의 수도사였다는 것은 큰 흥미를 가지게 된다. 왜냐하면 12세기와 16세기라는 약 400년을 사이에 두고 일어난, 서양문명사와 문화사에 있어서 최대 사건인 교황의 혁명에서의 종교개혁과, 흔히 우리가 종교개혁이라고 부르는 16세기의 프로테스탄트 종교개혁은, 그 주도자가 두 사람 모두 가톨릭 질서 안에 있으나 교회정부와는 독립된 위치에 있는 수도원의 수도사 신분이었다는 것이다. 독립수도원의 영향에 대해서는 『법과 혁명 Ⅰ - 서양법 전통의 형성 1』, 241페이지 또한 250페이지 클루니 수도원의 개혁운동, 교황의 혁명에 대해서는 같은 책 제3장 서양법 전통의 기원과 교황의 혁명.

63) 원저 p.48. 각주 45. On October 31, 1517, Luther wrote to the archbishop of Mainz, asking him to revoke his instructions concerning indulgences. Included in the letter was a copy of the Ninety-five Theses. The latter provoked strong reaction, in particular from the Ingolstadt theologian Johann Eck. Luther responded to attacks on him by writing a set of "Resolutions," in which he elaborated the Ninety-five Theses. He gave a copy of the Resolutions to be

지 못하자, 그다음에 황제와 황제에게 속한 귀족들에게 도움을 청했다.64) 여기에서 그는 성공하지 못했다. 황제가 그를 불법이라고 단정했을 때, 그의 거주지의 군주가 그를 보호는 하였으나 루터의 혁명적 견해를 지지해서 보증하지는 않았다.65) 1524년이 되어서야 당시 20세였던 헤세의 필립이 헤세의 군주로서 가톨릭에서 개신교로 개종하였다.66) 그러는 중에 루터의 주된 지지는 처음에는 대학 동료들의 상당수로부터 왔고 그 이후에 곧 수십 명의 외부 학자들로부터 왔는데 이들은 신학자들, 철학자들 그리고 법학자들로서 그의 저술과 그의 설계와 그리고 그의 성격에 감복한 사람들이었다. 루터의 언어는 수천 명의 개인으로서의 사제들과 이 사제들이 이끄는 수십만 명의 교회회중 사람들에게 신속하게 번져나갔다. 또한 자유도시의 중요한 사람들과 성읍 전부의 지도자들에게 번지고 자유시와 성읍의 정부들이 보증하고 그들의 교회에서 쓰여진 예배방식과 교리에 대해서 날카로운 투쟁들이 잇따르게 되었다.

뛰어난 종교적 지도자들이 루터와 연합하게 되었다. 필립 멜랑히톤(Philip Melanchthon, 1497~1560)과 같은 사람들은 위치에 있

---

forwarded to Pope Leo X, asking for the pope's support against the pope's Dominican "inquisitors." See Martin Brecht, *Martin Luther: His Road to Reformation* (Philadelphia, 1985), pp.190~192, 218~219.

64) 원저 p.48. 각주 46. Ibid., p.369.

65) 원저 p.48. 각주 47. In notifying Duke Frederick the Wise that he was leaving his Wartburg Castle, Luther wrote sharply to him, saying: "I have no mind to ask for Your Grace's protection; nay, I hold that I could protect Your Grace more than he could protect me …… he who believes most will protect most; and because I believe that Your Grace is still weak in the faith, I cannot by any means think of Your Grace as the man who could protect or save me." The letter is quoted in full in Rosenstock-Huessy, *Out of Revolution,* pp.388~389.

66) 원저 p.48. 각주 48. See Hans Hillerbrand, *Landgrave Philipp of Hesse* (St. Louis, 1967).

어서 루터와 거의 비슷했으며 그들이 없었으면 개혁운동이 어떻게 지속되었는가를 상상하기 힘들다. 루터의 직접적인 개인적 영향하에 들어온 적어도 여섯 사람의 다른 종교지도자들은 한 개 이상의 자유도시가 새로운 믿음으로 전향하는데 있어서 역할을 하였다. 그러나 다른 종교적 지도자들은 루터에 의해서 강하게 영향 받았지만 분리된 다른 길을 갔으며 어떤 사람은 마침내는 루터와 충돌하였다.[67]

1520년대의 초에, 스위스의 몇 개 도시와 남도이치의 몇 개 도시가(가톨릭신앙에서 전향한) 어떤 형태의 복음주의적 신앙을 채택하였다. 그 도시 중에는 취리히, 바젤, 스트라스부르크, 유렌베르크, 아우구스부르크, 그리고 콘스탄스가 있었다.[68] 새로운 신앙은 역시 제국에 속한 기사들 사이에도 퍼졌고 1522년에는 상당한 숫자가

---

67) 원저 p.48. 각주 49. These included Andreas Karlstadt (1486~1541), who taught at Wittenberg with Luther but eventually broke with him over infant baptism and the Eucharist; Thomas Müntzer (ca. 1491~1525), who was present in Wittenberg in 1517~1518 and began to preach the Reformation in 1519, but who sided with the peasants during the Peasants' War and was captured and executed in May 1525; and the Swiss priest Huldrych Zwingli (1484~1531), who began to preach the Reformation in Zu¨rich in 1519 but who rejected Lutheran teaching on baptism and the real presence of Christ in the Eucharist. He died in fighting that broke out among the Swiss cantons in 1531. On Karlstadt, see Calvin Augustine Pater, *Karlstadt as the Father of the Baptist Movements: The Emergence of Lay Protestantism* (Toronto, 1984). On Müntzer, see Hans-Jürgen Goertz, *Thomas Müntzer: Apocalyptic, Mystic, and Revolutionary,* trans. Jocelyn Jaquiery, ed. Peter Matheson (Edinburgh, 1993). On Zwingli, see Joachim Rogge, *Anfänge der Reformation: Der junge Luther* (1483~1523), der junge Zwingli (1484~1523), 2nd ed. (Berlin, 1985); and W. Peter Stephens, *The Theology of Huldrych Zwingli* (Oxford, 1985).

68) 원저 p.48. 각주 50. On the reformations in the cities, see generally Steven E. Ozment, *The Reformation in the Cities: The Appeal of Protestantism to Sixteenth-Century Germany and Switzerland* (New Haven, 1975); and Bernd Moeller, *Imperial Cities and the Reformation: Three Essays,* ed. and trans. H. C. Erik Midelfort and Mark U. Edwards, Jr. (Philadelphia, 1972), pp.41~115.

황제와 교황의 권위에 반대해서 군사적 반란을 일으켰다(기사의 전쟁). 이들 중 가장 현자한 지도자였던 Franz von Sickingen과 Ulrich von Hutten은 그들의 대의명분을 루터주의의 언어로서 정당화했다.[69] 개혁운동은 역시 농민들, 광산근로자들, 그리고 자유도시의 수공업자들 사이에 퍼졌으며 1524년과 1525년 (농민전쟁) 역시 부분적으로는 루터주의 신학에 의해서 정당화되었다. 요약하면 도이치의 혁명은, 루터가 성서에 근거한 신앙의 이름으로 로마 가톨릭 사제단에 대한 공격에 의해서 점화되고 초기단계에서 대중운동이 되었으며 드디어는 여러 시기에 걸쳐서 실질적으로 게르만국가의 모든 계층의 상당한 숫자에 의해서 지지되게 되었다.

유럽역사에 있어서의 다른 위대한 혁명적 운동과 마찬가지로 초기단계에 있어서의 게르만인들의 혁명은 "여러 분파 또는 여러 날개 또는 싹"을 분출시켰다.: 왼쪽 날개로 얘기한다면 츠빙글리주의자와 칼뱅주의자들, 더 급진적인 왼쪽 날개로는 재침례교도들과 영성주의자들. 보다 온건한 오른쪽 날개로는 인문주의자들이 있었으며 가장 오른편으로는 로마 가톨릭교회 내부에서 급격히 개혁하는 것을 찬성하는 사람들이 있었다.[70] 루터 자신은 그 자신을 기준으로 왼쪽에 있는 사람들이나 또는 오른쪽에 있는 사람들을 다 같이 받아들이지 않았다. 루터는 기사와 농민들에 의한 무력에 의지하는 것을 강력히 반대하였다. 그는 조직된 종교와 국가자체 모두를 위협하는 교리를 설교한다고 해서 재침례교도들과 영성주의자들을

69) 원저 p.48. 각주 51. See William P. Hitchcock, *The Background of the Knights' Revolt, 1522～1523* (Berkeley, 1958); Hajo Holborn, *Ulrich von Hutten and the German Reformation* (New Haven, 1937).

70) 옮긴이 주석: 로마 가톨릭교회 내부의 사제들에게서도 상당한 지지를 받았다.

공격하였다. 그는 또한 (네덜란드의 르네상스 이후의 인문주의자였던) 에라스무스와 다른 인문주의자들을 비난하였는데, 그가 보기에 이들은 인간의 이성과 인간의 의지를 강조해서, (루터가 중요시한) 개인인격에 의한 믿음과 소망을 희생하였다는 것이다.71) 루터의 쓰빙글리와 칼뱅과의 신학적 차이는 크지 않았다. 그러나 루터의 교회학적 차이는 근본적이었다.72)

1.8 루터와 (각 영지의) 군주들: 국가의 개혁

1517년 이후 잇따른 해들에, 루터의 개혁혁명은 자발적인 대중운동이 되고 조직된 정치적 중심 없이 그 자신의 힘으로 여러 자유도시로 퍼져나가는 것 같았다. 그러나 농민전쟁과, 급진적인 재침례교도들과 영성주의자 교도의 출현과 함께 사태는 극적으로 진행했고 무정부 상태를 피하기 위해서는 두 가지 방법뿐이었다. 1517년 이전에 계속 기존 세력으로 존재해왔던 로마 가톨릭의 황제체제로 되돌아가든지, 그렇지 않으면 (진행되고 있는) 종교적 개혁을 영역의 군주들의 통제 아래 두든지 하는 것이었다. 마침내 루터주의자들이 영역의 군주들과 연합하게 되었고 또한 각 영역의 군주들이 서로 연합하게 되었으며 이러한 요인들이 합쳐서 게르만인 백성들의 대부분이 살고 있는 개별 영역들에서 루터주의의 승리가 확보

71) 원저 p.49. 각주 52. See Bernd Moeller, "The German Humanists and the Reformation," in Imperial Cities, p.23 (documenting Luther's criticism of Erasmus). Moeller states: "In general, one can conclude that the humanists, unlike Luther, stood on the foundations of medieval Catholicism" (p.29).

72) 원저 p.49. 각주 53. On relations between Luther and Calvin, and on similarities and differences between Lutheran and Calvinist theology, see Chapter 7.

된 것이다.[73)]

처음에 루터를 지지했던 여러 영역의 모든 군주들이 다 같이 루

73) 옮긴이 주석: 흔히 동아시아나 한국의 법학도들이 법학적 모델로서 잘 사용하는 "독일"이라는 국가모델은 약 500년 전에 이미 이와 같은 국가와 종교에 걸친 대혁명을 겪은 것을 망각하고 있다. 강조점은 500년 전의 독일이란 나라는 전술한 바대로 약 400개의 영역과 자유도시, 그리고 교회령과 황제령을 나누어져 있었으며 각 영역에는 독립 군주가 있었으며 자유도시와 성읍에는 거의 자율적인 지도자들이 있었다. 강조할 것은 약 500년 전의 독일이라는 나라는 그 이후에 1871년에 통일제국을 이룰 때까지도 계속 수백 개의 자율적인 정치단위로 존재하고 있었다는 것이다. 동아시아의 법학도들이 머릿속에 이미 선입견으로 존재하고 있는 강력한 중앙집권체제의 관료와 군대, 황제와 같은 국가 구성은 가장 특징적으로는 중국에서 유래한 것이고 약간의 차이를 두고 일본 그리고 한국과 같은 동아시아 국가의 특징일 뿐 한국의 법학도들이 인용하기에 즐겨하는 "독일"의 오래된 모습은 아니다. 한국의 개혁가들이 중요한 제도 개혁을 할 때 그 사고방식에서 반드시 외국의 모델을 차용해왔다. 예를 들면, 2007년 법전원법의 모델은 당시의 개혁주체들이 언명한 바 미국식 로스쿨 모델이었다. 이후의 경과는 시행령과 시행규칙 그리고 2009년의 변호사법 입법을 포괄해서, 한국의 개혁가들이 이른바 "미국식 모델"을 역사적으로 충분히 검토할 시간과 성의가 부족했다는 것이 드러났다. 일본의 명치유신 이후의 개혁 역시 큰 규모에서부터 서유럽의 모델을 차용한 것이었다. 1891년의 메이지헌법으로 종결되는 메이지 개혁 내지 혁명의 주된 모델은 1871년 비스마르크 헌법으로 종결되는 프로이센 제2제국의 국가제도였다. 메이지유신 때의 일본개혁가들의 모델 선정은, 그 이후의 경과를 보건대, 비교적 그 문화와 정치구조에 있어서 프로이센 모델을 채택한 것이 적실성이 있었다고 평가될 수 있다. 그러나 훨씬 작은 규모에서 2003년 내지 2004년에 행한 일본의 로스쿨개혁의 모델을 보기로 하자. (한국의 2007~2009 로스쿨 입법과 마찬가지로) 일본의 모델도 미국식이었으나, 일본은 보다 더 자신의 역사와 문화를 살렸다고 할 수 있다. 즉, 메이지유신 이후 약 230년간 계속된 일본 자체의 법학교육모델의 원형은 훼손하지 않고 그대로 존치하면서 새로운 미국식 모델을 새로 설치한 것이다. 한국과는 매우 다르다. 그 정도 주의하였음에도 불구하고 그리고 한국과는 엄청난 차이가 있음에도 불구하고 일본의 2003~2004년 미국식 로스쿨 개혁 자체는 실패라는 냉정한 평가가 최근 일본법을 오래 연구한 서양법 계통의 아메리카로스쿨 학자에 의해서 제기되었다. 마이클 영(Michael Young), 2013/4/20~21 토일 매일경제 B4 "한국과 일본 모두 최근에야 로스쿨을 도입했다. 로스쿨에서 가르치는 내용은 법과대학 학부와 비슷하다. 이런 식으로는 어떠한 변화도 기대하기 어렵다. 새로운 인재를 만들기 위해 새로운 방법으로 가르치는 법을 연구해야 한다." "일본과 한국은 무조건적으로 서양을 따라가려 하는 성향이 있다. 그러나 서양 따라 하기 식으로 무엇인가를 도입하는 것은 옳지 않다고 본다. 나는 일본 법조시스템에 대해 많은 연구를 했는데, 일본은 250년 역사의 세련된 법조시스템을 갖고 있었다. 그런데 한순간에 서양법 시스템을 도입하고 말았다. 한국과 일본은 자신들만의 좋은 점을 갖고 있다는 것을 알았으면 좋겠다."

터의 교리와 가르침 같은 대의명분에 끌린 것은 아니었다; 어떤 군주들은 당시 지배적이었던 황제와 교황의 관계에서 그들 자신의 권한과 권리를 방어하는데 지나지 않았다. 실로 당시 여러 영역의 군주들의 (기존 정부와 기존 교회에 대한) 통탄은 여러 점에서 루터의 통탄과 우연히 일치된 것이다. 저지대 삭소니공국의 선제후였던 현명왕 프레데릭은, 루터를 보호한 사람인데, 계속 로마카톨릭 교도로서 유지했으며 (1521년 보름스의 회의에서) 단지 한 번 루터를 만났으나 그럼에도 불구하고 교황과 황제를 반대해서 루터의 대학교수로서의 자유권을 열렬하게 보호하였다. 루터의 자유는 "프레데릭 군주 자신의" 왕립교회의 입구 문에 루터가 대학교수로서 그의 신학적 주장을 개진할 자유를 말한다. 1521년에 루터에 대해서 황제가 행한 봉쇄령을 집행하기 거절한 영역의 군주들 중에서는 마인츠의 대주교가 있었는데 그는 (동아시아인에게는 이해가 되지 않는 일이지만) 루터를 봉쇄한 제국의 중요한 주교였으며 루터주의 신학에 대한 가장 큰 적수였다.

1520년대 중반에 이르러서 정치 상황은 급격하게 변동하였다. 가톨릭 군주들의 연합이 1525년에 조직되었는데 그 목적은 (프로테스탄트들의) 복음주의적 운동을 분쇄하려는 것이었다; 가톨릭연합은 (상부)삭소니의 공작과 마인츠의 대주교 그리고 브란덴부르크의 선제후를 포함하고 있었다. 헤세의 필립; (저지대)삭소니공국의 선제후인 프레데릭의 후계자였던 요한; 그리고 메크렌부르크의 지배자였던 Anhalt와 Brunswick와 같은 군주들은 같이 연합해서 루터주의의 교리와 가르침을 방어했다. 1529년에 슈파이어에서 열린 황제의 회의에서, 가톨릭 다수파는 모든 종교적 쇄신을 끝장내는 황제의 결의안을 통과시키고 (종전과 같이, 그리고 면죄부를 판매한) 주교들을 원위치대로의 지배권과 재판관할권에 복귀시키는 결의안을 통과시켰다. 여기에 응수해서 루터주의에 속하는 5개의 영역과 14개의 자유도시들의 지배자들은 "항의문"을 발표하였다. 항의문은 "신의 영감과 인간 영혼의 구원에 관한 일들에 관해서는, 개별 영혼은 신 앞에 서서 그 자신을 위해서 대답해야 된다"라고 했다.[74] (가톨릭 사제의 대리인 역할을 부인한 것이다) 이와 같은 경위로 오늘날 개신교도를 뜻하는 프로테스탄트(Protestant)라는 이름은 슈파이어 항의문을 발표한 사람들에게 주어져서 그 원래의 의미는 "항의하는 사람들"이며 이 이름은 점차로 이러한 사람들의 발자국을 따라간 수백만의 사람에게 주어졌다.[75]

(신성로마제국의 황제였던) 카를 5세는 1530년에 도이치로 귀환했는데 얼마간 궐위였었다. 그는 아우구스부르크(Augsburg)의 회의를 주재했는데 그 종교회의에서 함부르크의 가톨릭신학자들이, 루터주의, 츠빙글리주의 그리고 재침례학파들의 저술의 허황된 404개의 오류를 조모조목 지적한 서류를 제출하였다. 한편 루터의 지지자들은 황제께 나아가 다른 서류를 낭독했는데 이것이 아우구스부르크 고백(Augsburg Confession)이라고 알려진 주로 멜랑히톤에 의해서 준비되고 루터가 인정하였으며 프로테스탄트 신앙의 근본적 교리를 밝히는 것이다. 아우구스부르크 고백은 이미 말한 바 슈

74) 원저 p.50. 각주 54. See Franz Lau and Ernst Bizer, *A History of the Reformation in Germany to 1555*, trans. Brian A. Hardy (London, 1969), p.78.

75) 옮긴이 주석: 한국과 동아시아에 있어서는 1517년 이후의 루터의 종교개혁을 서양사 일반의 혁명으로 간주하지 않는 관행이 있어 왔다. 그러나 이런 관행은 루터의 종교개혁이 게르만 국가뿐 아니라 서양 사회에 미친 광범위한 변혁을 단지 종교사나 교회사적으로만 파악하는 버릇에서 나온 것이다. 지금 진행 되는대로 루터의 개혁은 서유럽 사회의 교회뿐만 아니라 국가의 구조와 형성에 대해서 엄청난 영향을 미쳤으며 이런 뜻에서 저자는 루터의 종교개혁을 도이치의 혁명이라고 특징짓고 있는 것이다.

파이어 항의문을 발표한 때에 군주들과 여러 자유도시들의 대표자들에 의해서 서명되었다. 프로테스탄트 군주들의 아우구스부르크 종교회의가 끝나기 전에 그들이 없는 사이에 가톨릭 대표자들은 결의문을 채택하였는데 그 결의문은 이단에 속하는 종교 쇄신을 금지하고 교회에 속하는 재산이 세속화되도록 하는 내용의 원상복구를 요구하였으며 인쇄에 의한 팸플릿과 모든 종류의 설교에 대한 검열을 확립하였다. 여기에 응수해서 아우구스부르크 고백에 사인한 사람들은 회의를 열고 1531년에 프로테스탄트 신앙을 수호하기 위한 슈말칼드연맹(Schmalkaldic League)을 형성하였다. 북부와 남부 도이치에서의 다른 도시들과 영역들이 곧 이 연맹에 참가하였다. 동쪽으로부터 터키인들이 끊임없이 침략하려는 위험에 직면해있었기 때문에 (구세력의 우두머리였던) 황제는 수년 동안 이러한 프로테스탄트연맹을 억압하려는 조치를 취할 수 없었으며 그 결과로 이 연맹은 제국 안에 있어서 급격히 성장하는 프로테스탄트 운동의 정치적이며 군사적인 등뼈가 되었다.[76)]

연합된 로마 가톨릭제국이라는 신성로마제국 황제의 전망은 프로테스탄티즘의 전파에 의해서 좌절되고 황제인 찰스 5세는 마침내 1546~1547년에 프로테스탄트연맹에 대해서 전쟁을 개시하였다. 1552년에 프로테스탄트 군주들은 연합해서 프랑스의 (가톨릭 군주였던) 앙리 2세와 싸웠으며 황제를 패배시켰다. 1555년에 아우구스부르크에서 열린 황제의 회의가 아우구스부르크의 평화(Peace of Augsburg)를 입법하였으며, 마침내 도이치에 있어서의 내전을 종

---

76) 원저 p.50. 각주 55. On the actions of the Schmalkaldic League in the 1530s and 1540s, see Hajo Holborn, A *History of Modern Germany*, vol. 1, *The Reformation* (New York, 1959), pp.215~217; Lewis W. Spitz, *The Protestant Reformation, 1517-1559* (New York, 1987), pp.117~121.

식시켰다. 각 영역의 군주들로 하여금 자기 영역의 종교를 결정할 것을 허용한 것이다. 이와 같이 게르만인들의 각 영역의 군주들이 루터주의의 교리와 가르침을 지지한 것이 게르만인의 혁명에 결실을 가져오는 데 결정적인 요인이 되었다.

아우구스부르크의 평화조약은 신성로마제국의 게르만 영역을 구성하고 있었던 여러 영역 내부에서 또는 여러 영역 사이에 걸친 35년간을 지속한 종교적 분쟁을 해결하는 기본적 원칙을 수립하였다.[77] 그 조항들의 효과는 제국을 구성하고 있던 각 영역의 통치자가 그 영역에서 루터주의 종교나 또는 로마 가톨릭 종교가 유일한 종교인가를 결정하게 하는 것이고 통치자나 또는 통치자에 속하는 고위 관직자들이 영역 내의 교회문제에 대해서 입법권, 행정권 그리고 사법권을 행사할 수 있느냐는 문제가 되었다. 점차로 "그의 영역에서－그의 종교"라는 뜻의 라틴어구의 cuius regio eius religio 어구가 그 원칙에 적용되게 되었다. 그러나 강조되어야 하는 것은 선택권은 루터주의를 뜻하는 "아우구스부르크 고백"이나 로마 가톨릭을 뜻하는 "오래된 종교"에 한정되었다. 재침례교나 칼뱅주의나 다른 종교적 종파에 속하는 사람들은 제외되었다.[78]

이들 두 신앙 중에서 어떤 것이 주가되어야 될지를 결정하는 각 군주의 권한에 어떤 예외가 주어졌다. 두 가지 종교가 동시에 믿어지고 있던 제국의 자유도시들에 있어서는, 루터주의나 로마 가톨릭

---

77) 원저 p.50. 각주 56. For the text of the Peace of Augsburg, see Sidney Z. Ehler and John B. Morrall, eds., *Church and State through the Centuries* (London, 1954), pp.164～173. The peace did not extend to "non-German" parts of the empire, including the Netherlands, Switzerland, and Franche-Comté.

78) 원저 p.51. 각주 57. See Herman Tuchle, "The Peace of Augsburg: New Order or Lull in the Fighting," in Henry J. Cohn, ed., *Government in Reformation Europe, 1520-1560* (London, 1971), p.155.

교회가 용인되어졌다(14조). 또한 제국의 자유기사들은 그들의 영역통치자의 종교적 관할권에 예속되지 않아도 되었다(제13조). 제11조는 역시 소수종교에 속하는 사람들이 다른 영역으로 사실상 이민을 가는 자유를 예비하고 있다(이민권 jus emigrandi). 조건은 세금을 완납하는 것이며, 더 중요한 것은 그들이 사는 곳에 종속되어 있는 노예계급으로서 법적으로 묶여 있지 않아야 되는 것이었다. 문서로 작성된 조약을 보충하는 구두 동의에서, 프로테스탄트 지역의 독립단위들은 황제와 씨름하여 이미 이전에 프로테스탄티즘으로 전향한 교회의 통치자에 종속되는 도시들이나 공동체들 그리고 기사들은 지난 시절의 종교로 도로 돌이키지 않아도 된다는 언질을 받아내었다.[79]

아우구스부르크의 평화조약은 루터주의에 속하는 군주들의 가장 바라던 것을 허용했다: "개혁할 권리"(jus reformandi), 즉 각각의 영역에 있어서 루터주의 종교를 공인된 국교회로 확립할 수 있는 권리를 말한다. 그러나 아우구스부르크 조항은 또한 "오래된 종교"에 호의적인 사실상의 양보와 협상을 나타내고도 있었다. 루터주의 영역에 있어서 로마 가톨릭 기사들과 로마 가톨릭으로 잔존한 세속 영역들에 있어서 루터주의가 금지되었고 제국 내의 자유도시에 있는 로마 가톨릭 시민들이 보호받았을 뿐만 아니라 로마 가톨릭 교회에 속하는 재산을 프로테스탄트 군주들이 징발할 권리에 대해

79) 원저 p.51. 각주 58. This provision was issued as a supplement to the text and was not recognized as imperial law. The staunchly Catholic Emperor Charles V could not in good conscience recognize the apostasy of bishops and archbishops who had abandoned the "ancient Christian and Catholic religion." The inevitability of such a recognition led him to entrust authority over the Augsburg Diet to his brother Ferdinand and ultimately to abdicate to him the imperial throne. See Tuchle, "Peace of Augsburg," pp.147~148.

서 어떤 제한이 가해졌다. 아우구스부르크 평화협정의 제5조는 다음과 같은 것을 예비하였다. 즉, 향후 어떤 주교가 로마 가톨릭 신앙을 포기할 경우 그의 수입과 그의 관청은 로마 가톨릭교회로 반환되게 된다. 아우구스부르크 회의에서의 프로테스탄트 영역에 속하는 나라들은 이러한 "구교회가 가지는 유보권"에 대해서 동의하기를 거절하고 이 거절이 제5조에 더하여 나타나있다. 더하여 제6조는 1552년의 파사우의 평화협정 이전에 프로테스탄트 영역에 의해서 이미 집행되었던 교회재산의 세속화에 대해서 유효성을 인정하였다.

어떤 역사가들은 아우구스부르크 평화협정은 단지 "기존상태의 확인"에 지나지 않는다고 주장하여왔고 또한 협정은 "미래를 통하는 길을 시작하지 못했고" 단지 두 세대 이후에, 소위 30년 전쟁(1618~1648)의 발발로 절정을 이루었던 재앙적인 종교갈등으로 이끌었다고 주장한다.[80] 종교적 갈등은 제국의 각 영역 내부에서 계속되었다. 또한 (루터주의와는) 전혀 다른 형태의 개신교인 칼뱅주의가 게르만인들의 나라에서 점점 더 증가하기 시작했다. 팔라티네이트의 선제후인, 프레드릭 3세는 제국의 주요한 영역의 군주였는데 1563년에 칼뱅주의로 개종하였으며 그의 영역에 있어서 칼뱅주의를 국교회로 확립하였다. 비슷하게 1577년 낫사우의 백작과 브레멘과 아날트 자유도시가 1580년에 이를 따랐다.[81] 동시에 1570년대에 부르츠부르그의 주교좌에 가톨릭이 재건되었으며, 1600년

80) 원저 p.51. 각주 59. Ibid., p.166.

81) 원저 p.52. 각주 60. Henry J. Cohn, "The Territorial Princes in Germany's Second Reformation, 1559~1622," in Menna Prestwich, ed., *International Calvinism, 1541-1715* (Oxford, 1985), pp.135~166.

대 초에 풀다의 수도원의 영지에도 같았다. 쾰른 선제후는 1580년대에 개신교도의 보전을 이겨내었다. 따라서 쾰른은 구교지부로서 잔존하였다. 한편 합스부르그 왕가의 오스트리아와 바바리아 지역에서 가톨릭은 공격적으로 자기주장을 하였다. 그래서 개신교지역이나 가톨릭 지역 양쪽 모두의 주민들은 그들 영역의 통치자가 어느 쪽을 선택하였는가에 따라서 그들 의사에 반해서 그 영역 내의 종교를 강요받는 위치에 직면하였다. 그러나 30년 전쟁자체는 베스트팔리아 평화조약(1648년)에서 절정에 달했고 이 평화조약은 본질적으로 아우구스부르크 평화협정의 기본 원칙을 재확인하고 확대하였는데 칼뱅주의를 받아들일 수 있는 종교의 범주에 집어넣고 또한 한 군주가 개종할 경우에는 그는 그의 토지를 포기할 것을 요구하였다.

역사에 있어서 아무것도 새로운 것도 없고 아무것도 최종적인 것이 없다고 주장할 수 있다: 그러나 부정할 수 없는 사실은 게르만 제 영역들에 있어서의 로마 가톨릭교회의 헤게모니는 아우구스부르크 평화협정에 의해서 마침내 분쇄되었으며 그 협정은 마침내 새로운 원칙을 확립하고, 게르만인들의 나라를 구성하는 각 독립된 커뮤니티 안에서 각 영역을 통치자의 종교가 – 그것이 로마 가톨릭이든 루터주의든 – 그 영역의 유일한 종교가 되도록 하였다. 1555년 이후 통일되고 중앙집권적인 로마 가톨릭제국을 재건하려던 찰스 5세의 꿈은 결코 이루어지지 않았다. 1556년에 황제는 그 자신이 이것을 깨달았고, 황제의 지위를 포기하고 마침내 수도사가 되었다 (같은 연대의 조선조 왕은 명종이었으며 중국은 명나라시대였다. 16세기에 조선 전체의 인구는 약 900만 이었다고 하며 – 김학준 – 그중 3분의 1이 노비신분이었다고 한다). 실로 이 시대는 루터주의로 개종한 군주가 황제로 선출되는 것이 가능하게 보이는 시대였다.[82] 각 영역에 있어서의 군주가 그의 영역에 있어서 처음에는 루터주의 종교 그리고 나중에는 칼뱅주의에 의한 기독교를 국교로 확립할 수 있는 권한과 차츰 로마 가톨릭으로 잔존한 군주들이 이제는 교황의 결정에 의하지 아니하고 그들의 결정에 의해서 "오래된 종교"로 계속할 수 있는 자신들의 결정권을 가짐에 따라서 역시 권한이 강화되었다.

아우구스부르크 평화협정은 그 조항의 애매모호성 때문에도 불구하고 그리고 아마도 그 애매모호성 때문에 도이치혁명을 구성한 일련의 정치적 사건들을 종결시킨 것으로 이야기된다. 개혁자 루터가 원래 가졌던 묵시록적인 전망은 완전한 실현은 불가능한 것으로 이미 증명되었다. 남은 것은 주로 반대하는 세력들 특히 구체제를 대표하는 세력들을 포함한 여러 세력들 간에 협상이 행해져야만 했다. 그러나 지속적인 변혁이 게르만 영역뿐만 아니라 유럽 전역에 있어서 이미 일어난 것이다.[83]

---

82) 원저 p.52. 각주 61. Of the seven imperial electors, only those of Saxony and Brandenburg were Protestant in 1555. The conversion of the elector of the Palatinate in 1556, however, added a third, leaving only four Catholic electors-the three ecclesiastical electors and the king of Bohemia. The possibility of a Protestant majority among the electors arose first in the early 1580s, when the Roman Catholic archbishop-elector of Cologne married according to the Lutheran rite and was deposed. Also, the assumption of the Bohemian crown by the elector of the Palatinate in 1616 again temporarily tipped the balance in favor of a Protestant majority. In none of these instances, however, was there a vacancy to be filled.

83) 원저 p.52. 각주 62. In terms of the political struggle in Germany itself, the following results were reached. All of northern Germany east of the Weser River, including Prussia, was Protestant. The Protestant principalities of Hesse, Nassau, and Saxony dominated the central regions. Although southern Germany remained largely Roman Catholic, Protestantism had made inroads in the Palatinate, Ansbach, and Württemberg. Although both Roman Catholicism and

1.9 자유도시의 역할[84)]

지금까지 진행된 바에 의하면 도이치혁명은 대체로 전통적인 버전으로는 한편에서는 "루터와 루터를 지지하는 군주들"이 있고 다른 한편에서는 "교황권과 교황권을 배경으로 한 제국"이 있고, 이 양자의 스토리가 게르만인들의 혁명이라고 해왔다. 그러나 최근 수십 년간 이러한 스토리의 버전은 주류학자들에 의해서 심각하게 도전되었다. 새로운 버전에서 강조하는 것은 이미 알려진 바대로 종교적인 예언자와 또한 교회와 국가의 대변혁에 책임이 있는 세속 세계의 고위지배층 간의 결합이었다는 것이 아니라 오히려 새로운 버전의 주인공은 전체로서의 게르만 백성들의 상당한 부분들의 행동이며 특히 게르만도시들 안의 상인과 수공업자 계층의 행동이다. 그래서 새로운 견해의 찬성자는 다음과 같이 썼다. "나는 지금까지의 전통적인 서술 경로를 거부하는데 그 경로의 중점은 루터의 신학과 다음의 기사와 농민전쟁을 통해서 드디어 군주에 의한 개혁으로 진행되었다는 경로이다. 내가 보는 것은 도시의 개

Lutheranism were tolerated in all the imperial free cities, the majority of them chose Lutheranism, and of the major ones only Aachen and Cologne remained largely Roman Catholic. Enclaves of Catholic rule survived in three regions: to the east and south, Austria and Bavaria; in central Germany, the three Main River bishoprics of Bamberg, Mainz, and Würzburg, together with the abbey of Fulda in Franconia; and in the west, most of the ecclesiastical territories in the Rhineland and Westphalia, including the archbishoprics of Trier and Cologne and the bishoprics of Münster, Paderborn, and Strasbourg. Yet even in these Catholic territories Protestantism continued to win converts.

84) 옮긴이 주석: 한국이나 동아시아인들은 서유럽 전역에 걸쳐서 발달되었던 자유도시의 성질에 대해서 잘 모르고 있어 왔다. 이들 자유도시는 상당한 정도 독자성을 가지고 자율적인 결정을 할 수 있고 황제권이나 군주권에서부터 비교적 자유로운 지역이었다. 다음의 오래된 속담을 상기하라 "도시의 공기는 자유를 만든다."

혁이라는 조건에서 창조적이고 돌이킬 수 없는 사건들을 보는데 이것은 설교자들과 팸플릿을 만들어 돌리는 사람들과 이것을 인쇄한 사람들에 의해서 보태어진 새로운 역학에 의해서 분출되어 나온 운동을 말하며 이것은 도시정치의 낡은 것에 대한 개혁이었다."[85] 똑같은 저자에 의한 자주 인용되는 말은 다음과 같다. "도이치에 있어서의 게르만 종교개혁은 도시에서 일어난 일이었다."[86]

관계되는 학설로서, 종교개혁의 '풀뿌리적' 성격을 역시 강조할 때는 개혁에의 주된 충격을 농민과 도시영세민에 돌리고 있고 이들의 1524~1526년간의 대규모의 반란은 고위관료층에 의해서 분쇄되었다.

여기에서 무엇이 더 진실이며 무엇이 덜 진실인가를 이러한 학설들의 해석에서 분류하는 것은 불필요하다. 학자들의 논쟁에서 늘 자주 그러하듯이, 논쟁의 딜레마는 서로 충돌하는 논증의 양편 뿔을 모두 장악함으로써 해결될 수 있다. 군주들, 도시의 부르주아들, 농민과 도시영세민들, 강단에서 설교하는 사람들과 다른 성직자들, 법률가들, 인본주의자들 그리고 다른 사람들 - 이 모두가 결정적인 역할을 했다. 스티븐 오즈먼트가 말하듯이, 한쪽이 혁명의 경로를 조사할 때 어떤 지점에 서느냐에 따라서 종교개혁을 설교자들의 것으로 또는 백성들의 것으로 또는 지배층의 개혁으로 볼 수가 있다.[87]

만약 우리가 도이치에 있어서의 종교개혁은 전면적 혁명(전면적

85) 원저 p.53. 각주 63. A. G. Dickens, *The German Nation and Martin Luther* (New York, 1974), p.5.

86) 원저 p.53. 각주 64. Ibid., p.182.

87) 원저 p.53. 각주 65. See generally Steven Ozment, *Protestants: The Birth of a Revolution* (New York, 1992).

변혁)의 부분으로 볼 수 있다면 이때 전면적이라고 볼 수 있다는 것은 모든 게르만 사람들이 개입할 수 있다는 뜻인데, 어떤 편이든 간에 그 변혁에 참가한 모든 사람들에 의해서 '변혁은 야기되었다.' 어떤 단일한 계층이나 그룹이나 또는 계층의 집합이나 그룹의 집합도 그들의 의지를 타인에게 단순히 부과하였다고 볼 수 없다. 그래서 마침내 게르만인의 혁명은 승리자뿐만 아니라 패배자들에 의해서 다 같이 만들어진 것이다.[88] 권력은 상호 영향을 미쳤다. 강한 자의 의지는 약자의 응수에 의해서 깊숙이 영향받았다. 내전에서 흔히 그런 사례가 보이듯이 결과는 단순히 한쪽 편의 승리가 아니고 모든 서로 반대하는 쪽들 간에서 새로운 종류의 상호작용 반작용이 일어난 것이다. 더하여 만약 우리가 종교개혁을 교회와 국가 양자 모두가 관계된 전면적 혁명이라는 맥락 안에서 파악한

88) 원저 p.53. 각주 66. R. W. Scribner, in attempting to "provide a brief sociology of the reform movement," states, "To say that it found adherents among all social groups is an unhelpful truism." R. W. Scribner, *The German Reformation* (Atlantic Highlands, N.J., 1986), p.25. He goes on to say: "What we need to know for an adequate sociology is whether its adherents were drawn disproportionately from one social group or another, and whether there were significant differences in how each group understood its message. We should also examine any differences between leaders and followers, and whether there was any differential appeal in terms of age, gender, occupation or profession and wealth." Scribner concedes that "at this stage of the research, it is difficult to provide firm answers to all these questions." Nevertheless, "we now have enough case-studies to risk a crude sketch." Scribner's sketch does not, however, effectively challenge the thesis that virtually the entire German people was involved in the Reformation on one side or another and that by their reciprocal interactions all groups, including the vanquished as well as the victors, made it what it was. If one is seeking to tell the story of what happened, and how it happened, this is by no means an "unhelpful truism," even though it does not fully answer the question of why it happened. That question itself, however, points not only to its causes but also to its consequences, which, indeed, substantially affected "all social groups."

다면 초점은 – 대부분의 게르만인의 영역에서 일어난 – 로마 가톨릭을 대치하여 루터주의나 칼뱅주의가 나타났다는 데 있을 뿐 아니라 역시, 게르만 백성들의 전면적인 정치적 · 경제적 · 사회적 변혁에 초점을 두어야 한다. 마지막으로 만약 우리가 게르만인들의 혁명의, 제1 원인 찾는 탐색을 포기하고 대신에 무엇이 일어났으며, 어떻게 그것이 일어났으며 그리하여 어떤 결과가 나타났느냐의 스토리를 서술하기 위해 노력한다면, 그때 비로소 루터와 군주들로부터 시작해서 당시 인구의 주요한 그룹들의 역할을 추적하고 또한 혁명이 지속적인 제도적이고 법적인 형태가 되도록 한 사람들의 역할 역시 서술한다면, 총체적으로 적합하다 할 수 있다. 그러나 농촌과 대조되는 의미에서 게르만인들의 도시 내부의 전개과정을 주의한다면, 풀뿌리에 속하는 인구의 요소들은 그들을 지배하고 있던 군주에 속하는 지배층의 인구요소와 쉽사리 구별될 수 없다. 그 이유는 도시거주 인구의 정서와 이해는, 상당한 정도, 도시 지배층에 의해서 취해지는 행동들에서 표현을 발견하기 때문이다. 시장과 (시장을 돕는) 도시행동자문관들이 도시민의 실질적인 다수에 의한 반대에 직면하고 있는 도시들에서는, 정도 높은 투쟁이 뒤따랐고 많은 경우에 새로운 엘리트가 구 엘리트를 대체하였다. 더하여 도시내부의 긴장과 갈등, 어떤 특정도시가 위치하고 있는 보다 넓은 영역에서 지배자인 군주에 속하는 지배행정관료의 정치적 의지에 의해서 강하게 영향받았다.

기원후 1500년의 도이치의 총인구의 상대적으로 작은 퍼센티지를 당시 도시의 성읍들은 지니고 있었다. 대부분의 게르만 영역에서는 10% 미만이었으며 삭소니 공국과 아마도 다른 곳에서 도시인구는 20%에 달했다. 또한 대략 3천 개의 도시의 성읍 중에서

약 2천 개가 천 명 이하의 인구를 가지고 있었다. 루터의 출신지역인 비텐베르크는 약 2,500명의 인구였다. 대도시였던 쾰른은 4만 5천 명, 뉘른베르크는 3만 8천 명이었는데 인구 만 오천 명을 넘는 당시 열두 개의 도이치 도시 중에서 가장 큰 것이었다. 이러한 도시 인구 통계는 서유럽에서 보편적으로 융성하고 있었던 도시들과 비교될 수 있다. 즉, 당시의 도이치는 그 규모에 있어서 파리, 나폴리, 밀라노, 베네치아, 프라하 그리고 그라나다를 비교할 만한 도시가 없었다.[89)]

지적능력에 있어서 도시와 성읍들은 새로운 루터주의 신학을 받아들일 수 있었다. 스티븐 오즈먼트의 언급에 의하면, 프로테스탄트 성공의 전제가 된 것은 문자해독이 가능하고 지적인 능력을 갖춘 도시문학이다. 개신교 종교개혁은 특별히 새로운 정치적・경제적 새로운 중요성을 경험했거나 결심한 새롭게 일어나는 도시의 집단들에게 매력적이었다.[90)] 그러나 많은 도시와 성읍의 지배층에 속하는 고위관료집단들을 루터주의 신조를 그들의 것으로 확립하도록 유인한 요인들과 각 요인들에 있어서의 고위지배집단들－군

---

89) 원저 p.54. 각주 67. 7. See n. 1. See also Paul Bairoch, Jean Batou, and Pierre Chèvre, *The Population of European Cities: Data Bank and Short Summary of Results* (Geneva, 1988), pp.6～68, where it is stated that Paris in 1500 had 225,000 souls, Naples had 125,000, Milan and Venice 100,000 each, and Prague and Grenada 70,000 each, and that other cities with populations over 50,000 included Lisbon, Tours, Rome, London, Ghent, Bordeaux, Lyon, Bologna, Florence, Genoa, Palermo, and Verona.

90) 원저 p.54. 각주 68. Ozment, *Age of Reform*, p.192; see also Ozment, *Reformation in the Cities*, pp.121～131; Robert M. Kingdon, *Transition and Revolution: Problems and Issues of European Renaissance and Reformation History* (Minneapolis, 1974), pp.53～107; Lewis W. Spitz, "Humanism in Germany," in Anthony Goodman and Angus MacKay, *The Impact of Humanism on Western Europe* (London, 1990), pp.202～219 (documenting the fifteenth-century dissemination of humanist ideals into Germany).

주들과 그들에게 속하는 관료들－이 그들의 영역에 있어서 실행하도록한 요인과는 본질적으로 다른지 어떤지는 명료하지 않았다. 요인들의 어떤 것은 좁은 의미에서 경제적·정치적인 요인이었는데 말하자면 로마 가톨릭교회가 가지고 있던 광대한 토지를 포함하는 재산을 몰수하는 경제적 이익과 또한 로마 가톨릭교회가 가지고 있던 정치적 지배권이나 법적인 재판관할권을 빼앗아서 취득하는데 있어서 정치적 이익이었다. 보다 넓은 정치적 요인은 특히 교구회중들 자신들로부터, 즉 하층으로부터 오는 종교적이며 지적인 압력에 양보함으로써 얻어지는 이익은 보다 넓은 영역을 포함하고 있었던 군주들의 영역에서보다는 도시들에서 더 명백했다. 어쨌든 다음의 사실을 주목하여야 한다. 그들 자신의 종교를 결정할 결정권이 아우스부르그의 평화협정에 의해 부여되었던 제국에 속하는 자유도시들을 제외하고, 개신교이냐 구교이냐 양자 중에서 선택해서 공인된 종교로 수립할 수 있는 권한은 궁극적으로는 도시지배층에 있었던 것이 아니라 그 도시가 소재하였던 보다 넓은 영역의 군주들에게 의존하였다.

약 65개 또는 더 이상의 제국의 도시 중 반수 이상이 16세기 동안 프로테스탄트로 되어서 유지하였다. 다른 도시들에 있어서는 프로테스탄트 교회의 대중과 로마 가톨릭 대중이 나란히 공존하였다. 적어도 12개의, 제국에 속하는 도시들은 종교개혁을 인정하지 않았다.[91] 이러한 통계들은 종교개혁을 '공동체적 가치'를 반영하는 '도시에 있어서의 사건'이라고 부르는 것을 정당화하는 것 같은데 그러나 똑같은 정도로 종교개혁은 도시가 아닌 농촌지역을 넓게

91) 원저 p.54. 각주 69. See Moeller, *Imperial Cities,* pp.41～42.

포괄하는 봉건영역에 있어서의 '군주들의 사건'이라고 불리울 수도 있는데 이때는 '공식적 또는 관료들의 가치'를 반영한다고 부를 수 있다. (종교개혁의 주된 가치를 도시에 있어서의 도시민의 공동체적 가치와 도시가 아닌 봉건농장을 넓게 포괄하는 군주들의 영토에 있어서의 '공식적이며 지배자의 가치'로 같이 파악하고 있다. 필드에 따라서 주도하는 가치가 달랐다는 얘기이다. 역시 도시들이나 농촌을 중심으로 한 봉건영역들이 종교개혁으로 하여금 제도적인 형태를 취하는데 중요한 역할을 했다. 이때 도시정부나 영방의 군주정부는 다 같이 정치적 경제적 사회적·종교적 행위를 규율하는 적절한 입법적 행동을 취하면서였다)

1.10 농민들의 전쟁 '보통 사람들의 혁명'

1524년 6월에 시작해서 1525년까지 계속해서 도이치의 남부에서 광범위한 반란이 터져 나왔다. 수십만에 이르는 무장한 농민들은 도시의 수공업자와 광업근로자의 지지를 받으며 또한 저명한 설교가들과 종교적인 지도자들과 지적인 지도자들의 지지를 받았다. 이러한 반란은 이미 이전에 슈바비안 연맹으로 불리우는 연합을 형성했던 군주들의 쪽에서 무장한 군사행동으로 대치되었다. 1526년 초까지는 반란은 진압되었다. 반란에 가담하였던 촌락과 농민전쟁을 지도한 자에게는 무거운 신체적·재정적 제재가 가해졌다. 현대인들이 추산하기는 전장에서 10만 명이 사망한 것으로 보고되고 있다.[92]

---

92) 원저 p.55. 각주 70. See Peter Blickle, *The Revolution of 1525: The German Peasants' War from a New Perspective,* trans. Thomas A. Brady, Jr., and H. C.

농민지도자에 의해서 주도되어서 나중에 농민전쟁이라고 불리어졌지만 그 반란은 실지로는 대중운동이었는데 대중운동의 참가자들은 도시와 성읍의 빈곤계층뿐만 아니라 농촌지역에서도 나왔고 반란은 농민의 이름으로 행해진 것일 뿐 아니라, 보통의 사람들의 이름으로 종교적인 권력과 이와 야합한 세속적 권력에 의한 억압에 반대하는 전쟁이었다.[93)]

도이치 농민전쟁의 의미와 그것이 종교개혁 안에서의 위치를 지금까지 간과해왔다. 농민전쟁이 종교권력과 세속 권력이 합쳐진 권력에 반항해서 일어난 것이라면 이것은 제한된 의미가 아니고, 프랑스 대혁명이나 이후에 설명할 청교도혁명과 비견할 만한 성격을 갖고 있다고 한다. (지금까지 역자는 도이치 종교개혁을 종교적 성격만으로 파악하고 특권층의 억압에 대한 비특권층의 전면적 투쟁으로 파악할 수 없었다. 한국에 있어서 공법학을 비롯한 법학자들의 일반적 태도는 근대의 중요한 역사적 사건인 3R은 혁명의 R과 종교개혁의 R을 구별하고 도이치의 종교개혁은 근대적인 혁명의 R에 포함시키지 않는다. 당연한 결과로 한국법학자들의 태도는 도이치의 종교개혁과 도이치법의 관계없다는 태도이다.) 게르만의 보통사람들의 반란은 루터, 츠빙글리, 토마스 뮌처 그리고 다른 종교개혁자들에 의해서 선포된 새로운 성경에 근거한 믿음 위에 기초하고 있었으며 그 성경에 근거한 신앙은 모든 계층의 혁명에 경제적·정치적·사회적 평등을 중요시한다고 해석되었다. 도이치의

Erik Midelfort (Baltimore, 1981), p.165.

93) 원저 p.55. 각주 71. Ibid., pp.187~188. In Freiburg, however, and perhaps in some other cities, serious rifts existed between peasant rebels and poor urban dwellers. See Tom Scott, *Freiburg and the Breisgau: Town-Country Relations in the Age of Reform and Peasants' War* (Oxford, 1986), pp.212~213.

역사가 페터, 브리클이 보여준 대로 그 보통사람들의 운동은 많은 경우에 잘못 쓰여졌으나 고전적 의미를 회복한다면 혁명의 많은 특징을 가지고 있었다. 그러나 브리클의 의미해석과 정반대로 1525년의 농민전쟁은, 도이치혁명의 (실패한 혁명으로 간주될 것이 아니라) 더 큰 혁명의 단 하나의 부분으로 간주되어져야 하는데 더 큰 혁명이라고 하는 것은 1517～1555년간의 긴 시간에 걸쳐서 일어난 더 복잡하고 성공적이었던 게르만인들의 혁명의 한 부분이라고 보는 것이었다.

1525년 초에 농민 반란의 지도자들은 12개 조로 불리우는 메니페스토를 발표했는데 이것은 당시에 '크리스찬 지도자'에게 향한 것이며 메니페스토의 모든 조문은 집중적인 성경적 근거를 응용한 것이였다. **메니페스토의 전문**은 성서의 복음은 사랑, 평화, 오래 참음 그리고 조화와 일치 이외의 아무것도 가르치지 않는다 하였다. 또한 농민들의 요구는 이와 같은 복음서가 가르치는 아름다운 덕에 기초하고 있으며 악마는 이미 복음서의 적으로 하여금 그러한 농민들의 요구를 배척하고 저항하도록 내몰았다라고 하였다.[94] 제1조는 개별 교구는 그들 자신의 목회자를 지명할 권리를 가질 것을 요구했다. 제2조의 요구는 십일조에 관한 것인데 수확된 곡물에 대한 십일조는 교구에 의해서 임명된 교회의 직무담당자에 의해서 징수되어져야 하며 십일조의 용도는 오로지 목회자에게 사례하고 (나머지는 가난한 사람들에게 나누어질 것이며) 그 뒤에도 남는 것이 있다면 군사적 방위에 쓰여질 것을 요구하였다. 그리하여 '가난한 자에게는 또 다른 일반적인 봉건영역에서 부과하는 조세가 부담되

94) 원저 p.55. 각주 72. See Blickle, *Revolution of 1525,* p.195. The report of the twelve Articles is drawn largely from Blickle's account.

지 않도록 하는 것이었다.' 가축에 대한 세금은 전면적으로 폐지할 것을 요구하였다. 제3조는 '봉건영주들이 우리들을 그들의 소유재산으로 삼는 관행'을 비난하였다. 첨가하기를 우리들은 모든 적절하고 기독교적인 일에 있어서 신에 있어서 우리들에게 배치된, 우리들의 선택되고 올바른 지배자들에게 기꺼이 자발적으로 복종할 것이다. 제4조에서 제11조까지의 요구는 사냥과 고기잡이에 있어서의 제약을 제거할 것과 숲과 삼림을 촌락 공동체로 반환하여 건축목재나 연료로 쓰이는 목재는 농민들에 의해서 채취될 수 있게 하고 (강제)노역을 줄일 것이며 봉건영주들이 그들이 사전에 동의한 토지임대의 조건을 준수할 것이며 토지임대료를 땅의 소출에 맞게끔 조절할 것이며 형사벌칙을 판관의 편향에 따라서가 아니라 오래부터 내려오는 쓰여진 법과 구체적인 케이스의 상황에 맞추어서 적용할 것을 요구하였으며 농촌 공동체에 속하는 목초지대와 밭을 그것을 징발한 사람들에게서 반환받아야 되며 사망한 사람에게도 부과하는 세금을 전면적으로 폐기할 것을 주장하였다. 제12조의 선언은 모두 같다. 만약 이들 조항 중 단 하나나 그 이상의 것이 하나님의 말씀과 일치하지 않는다고 여긴다면 그것은 성스러운 증언에 의해서 우리들에게 증명되어져야 한다. 만약 성경에 의해서 증명된다면 우리들은 요구조항을 포기하겠다.

주목할 만한 점은 농민들이 열거한 경제적 고충의 대부분들은 15세기 말과 16세기 초에야 시작되었던 개개의 관행들에게 향해지고 있다. 지적된 시기에 땅을 가진 귀족들, 즉 영주들의 경제적 상황이 나빠지고 그래서 그들 중 많은 사람들이 이전에 이미 확립되었던 농민들의 권리를 침해하였다. **어쨌든 농민들의 봉기의 밑바닥에 있는 것은 기독교형제주의 내지 형제사랑에 기초한 사회적 평**

등이라는 새로운 혁명적 전망이었다. 반란의 가장 주목할 만한 리더 중 한 사람인 재침례교도인 토마스 뮌처는 흡사 3세기 이후의 칼마르크스와 같은 어조로 다음과 같이 선포하였다. 모든 사람은 그의 필요에 따라서 적절하게 수입을 가질 수 있어야 한다. 어떤 군주나 귀족이나 영주들은 이것을 거절할 때 심각하게 경고하고 난 후 목을 매달거나 그의 머리가 교수되어야 한다. **기독교형제주의 내지 형제사랑의 절대평등주의적 전망은 남도이치의 여러 군데에서 소위 기독교연합이라고 불리는 광범위한 제도적 프레임워크를 만들게 된다. 이 기독교연맹이라는 것은 그때까지 공화주의적인 헌법모델로 불리우던 것을 채택한 것이다. 공화주의적 헌법모델에서는 농촌과 도시의 기초공동체인 코뮌이 영역에 있어서의 정치구조의 기초를 형성한다. 모든 정치적 공직은 마지막에 가서는 최종적으로 가장 근접성이 있는 기초 공동체의 선거에서 출발하게 된다**. 더 넓은 토지를 차지하는 영역에 있어서 영역 총회(Landschaft)가 여러 다른 코뮌을 대표하기 위해서 창설되었다.[95]

새로운 정치질서의 초석은 하나님의 법(the law of God)**이 될 것이었다. 신의 법**(divine law)**에 의해서 이미 예정되어 있는 공통의 선**(the common good)**은 가난한 자의 경제적 구제를 요구하는 것으로 이해되었다. 기독교도의 형제사랑은 모든 사람을 위한 평등한 정의**(equal justice)**를 요구하는 것으로 이해되었다**. 크리스천 공동체의 자율성은 종교권력과 또한 비종교적인 세상의 권력에서 가장 기초적인 공동체 구성원들의 선거를 요구하는 것으로 구성되었다. 이와 같이 혁명적 운동은 종교적 차원과 함께 정치적 차원을

---

95) 원저 p.56. 각주 73. See ibid., pp.148, 189, 192～193.

넘었다.

'보통 사람들의 혁명'은 루터주의를 왼편에서부터 도전하였다. 루터 자신은 양쪽 모두 배척하였다. 즉, 농민들은 폭력에 호소하려 하고 군주들은 공정한 경제적·사회적 요구에 양보하려하지 않았다. 루터는, 농민전쟁에서 패배한 이후 농민들이 부담했던 가혹한 벌금과 함께 농민을 배척하였는데; 이것은 의심할 나위 없이 많은 숫자의 농민들을 루터주의 교리의 대의명분에서 제외하는 데 공헌하였으며, 마침내 도이치 농민들이 로마 가톨릭에 집착하는 데까지 만들었다. 그러나 비록 한동안이었지만 게르만 백성들의 큰 분파들이 재침례교도들의 사상을 지지한 것은, 도이치혁명의 경로를 실질적으로 영향지웠다. 이 영향은 부정적일 뿐만 아니라 긍정적인 부분도 있었다. 부정적인 측면은 루터주의의 종교적 명분의 진행을 지연시키고 또한 군주들이, 교황과 제국의 권력에 반대하는 정치적 명분을 지연시켰다. 긍정적인 측면으로는 많은 농민들의 고충 사항을 점차적으로 감경시키는 데 쓰였으며 이윽고 군주들이 지배하는 영역에 있어서의 경제적·사회적·종교적 생활에서 농민집단이 평화롭게 참여하는 데 이바지하였다.

대위원회로 불리는, 1526년 슈파이어에서 열린 제국회의에서, 황제의 교시에 응답하여 농민들의 고통에 대한 특별한 고려가 주어졌다. '백성에 대한 부정부패와 부담지우기에 대한 메모리얼'에서 그 위원회는 (농민전쟁이 메니페스토에서 제시한) 12개 조를 논의의 출발점의 포인트로 했다. 위원회는 로마에 지불하는 여러 가지 명목의 세금을 폐기할 것을 권고하였다. 그 이유는 이들 세금은 주로 보통 사람들이 부담하는 것이었으며 따라서 다른 형태의 불복종의 형태를 띠게 되었다. 위원회의 권고 사항은 가축세에 대한 제한, 사망세의 감소나 폐지, 영주들이 농민들에게 시행하는 강제 노역에 대한 제한을 권고하였다. 슈파이어 제국회의의 메모리얼은 노비제가 폐지되어야 된다는 12개 조의 요구를 받아들이지 않았다. 그러나 권고 사항은 노비들의 이동의 자유에 대한 제한을 폐지할 것이며, 지배층이 징발했던 고기잡는 하천과 역시 징발했던 땅을 촌락에 되돌려줄 것이며, 지방에 소재하거나 촌락에 소재하는 법정이라 할지라도, 무시하고 건너뛰지 못하게 할 것이다. 형사적 처벌이 줄여져야 한다.[96] 비록 이와 같은 권고 사항이 황제의 법으로 정식 입법할 방법을 찾지 못했지만, 그럼에도 불구하고, 농민전쟁의 원인이 되었던 많은 농민들의 애통과 고충 사항의 정당성을 인정하게 되었다.[97] 다양한 도이치의 도시들이 내전동안이나 내전이후 모두 실질적인 양보를 농민들에게 부여하였다. 그리고 심지어 슈바비안 연맹의 이미 참여하였던 영역의 지배자 다수도 일단 그

96) 원저 p.57. 각주 74. See ibid., pp.165～169.

97) 옮긴이 주석: 1526년 슈파이어 제국회의 메모리얼의 결과이다. 한국의 1526년은 어떤 연대였을까. 아마도 다산 정약용이 벼슬에서 물러나서 비로소 풀바닥 농민들의 고초를 기록한 3정의 문란 이후보다 훨씬 이전일 것이다. 농민의 애통과 고충에 대한 기록이 조선조에 있어서의, 정약용이 기록한 조선조 농민의 고충과 애통을 상기시키곤 한다. 최근 유학의 종교성을 인정하고, 그 문명사적 의의를 최현대의 해석에 의해서 복원하려는 지적인 움직임이 있어 왔다. 그들에 의하면 유학의 모든 내용도 바르게 시행한다면 사회적 정의를 이루지 못할 것이 없다고 한다. 한국의 전통사상을 복원하려고 하는 노력으로서는 인정할 수 있다. 그러나 비교문명사 내지 비교제도사의 입장에서 볼 때 조선조의 개혁된 신유교라 할지라도 삼정의 문란이나 그 후의 농민의 고충에 대해서는 역사적으로 직접적인 영향이 없는 것은 잘 알 수 있다. 실학자들이 풀뿌리 농민들의 참상을 기록하기 시작한 것은, 전통 유학자로서의 역할이라기보다는 오히려 당시 중국을 거쳐 북학 내지 서학으로 새롭게 전파되기 시작한 그리스도교의 정신(이때 구교가 먼저 전파되었다)의 부분적 발로라고 볼 수 있지 않을까? 물론 실학자들은 신분 자체가 양반이었고 유학의 영향이 체질화되어 있었으니 만약 그들이 당시의 지배층과 같은 가치관을 일관해서 공유하였다면, 하층민의 참상 같은 것은 기록하지도 않았을 것이다.

들이 승리를 취득하였을 때에는(농민전쟁 때 농민들이 요구하였던) 12개 조의 다양한 요구들에 양보하였다.[98)]

스티븐 오즈먼트가 말했듯이, 도이치 종교개혁을 도이치 농민전쟁과 동일시하는 것은 잘못된 일이기는 하지만 그리고 심지어 더 큰 착오는 양자가 동일하기 때문에 종교개혁도 실패했다고 결론짓는 것이지만, 또한 다음과 같이 농민전쟁의 가치를 격하시키는 것도 착오이다. 즉, "농민전쟁은 도이치의 정치 및 사회적 풍경에 아무런 중요하거나 지속적인 변화를 가져오지 못했다."[99)] 농민들의 봉기는 참혹하게 억압되었다. 그러나 그들의 고충 사항의 많은 것들은 마침내는 귀담아 듣게 되었고 또한 충족이 되게 되었다. (도이치 종교개혁운동의 중요 부분을 이루는 농민운동 내지 반란은 1524~1526년이다. 루터가 처음으로 95개 조를 내걸고 종교개혁의 깃발을 올렸을 때가 1517년이었다. 농민 반란은 그 정신적 영향은 루터의 95개 조에서 유래된 것이다)

98) 원저 p.57. 각주 75. See ibid., pp.170~180.

99) 원저 p.57. 각주 76. Steven E. Ozment, *Protestants: The Birth of a Revolution* (London, 1993), p.30.

1.11 도이치혁명이 유럽 전역에서 파장을 일으키다

게르만혁명은 유럽의 혁명이었다. 이 혁명은 유럽 전역에 걸쳐서 백년 이상의 기간 동안 준비되어져 왔다고 할 수 있는데 그것은 교회를 개혁하려는 강력한 움직임뿐만 아니라 교회에 속하는 제도와 봉건적인 제도 양자에 걸쳐서 왕권이 실질적으로 증가한 데 기인한다. 1517년 도이치에서의 혁명의 발발과 이윽고 그것이 점차적으로 전개되어간 경로는 폴란드에서부터 잉글랜드까지 덴마크와 스웨덴에서 이탈리아와 스페인까지 서유럽의 모든 나라에서 심각하고 근본적인 반향을 가져왔다. 실로 루터주의는 스칸디나비아 나라들에서 신속하게 자리를 잡았으며 독일 자체보다도 더 극단적인 형태로 자리를 잡았다. 1520년대 초 덴마크(그리고 점차로 노르웨이와 당시 아직도 덴마크 지배하에 있던 아이슬란드에서) 스웨덴(그리고 다음 순서는 스웨덴 지배하에 있던 핀란드에서)에서 루터주의를 채택했으며 이때 비루터주의 신앙에 공개적으로 추종할 때 심각한 형사처벌을 동반했다.100)

폴란드는 16세기에서는 리투아니아의 부분이었고 우크라이나와 벨라루스의 부분을 포함하고 있었는데, 귀족 계급의 상당한 숫자가 1520년과 1530년대에 루터주의자가 되었다. 1540년대와 1550년대에 와서는 지방향사의 절반은 칼뱅주의자가 되었다. 마침내 폴란드에 있어서는 개신교가 거의 사라진 반면, 라트비아, 에스토니아 그

100) 원저 p.58. 각주 77. See the essays collected in Ole Peter Grell, ed., *The Scandinavian Reformation: From Evangelical Movement to Institutionalisation of Reform* (Cambridge, 1995). Religious toleration was only introduced in Sweden and Finland in 1781, in Denmark in 1844, in Norway in 1845, and in Iceland in 1874.

리고 동프러시아 같은 발틱해안지역 나라들에서는 더 이른 시기부터 루터주의가 변하지 않은 자리를 잡게 되었다. 발틱해안의 3개 국가는 모두가 튜톤족의 기사단에 의해서 지배되고 있었는데 이들의 질서는 로마 가톨릭에 기반을 한 군대질서의 왕권이었다. 그러나 실로 동프러시아에 있어서는 튜톤기사단의 그랜드 마이스터 자신이 1525년에 루터주의자가 되고 동프러시아의 그때까지의 질서를 와해시켰다.101)

루터주의가 게르만 영역에서부터 주로 중부 유럽과 동부 유럽으로 퍼져나간 데에 비해서 루터주의의 친척인 칼뱅주의는 주로 프랑스, 폴란드, 스코틀랜드, 잉글랜드로 퍼져나갔다. 장 칼뱅은 출생과 교육에 있어서 프랑스인이었는데 일찍부터 루터주의 교리의 추종자가 되었다가 26세의 나이였던 1535년에 왕권의 처벌을 피해서 프랑스로부터 스위스로 도망갔다. 뛰어난 신학자이자, **법률학자였**

---

101) 원저 p.58. 각주 78. The Ninety-five Theses were preached in Gdansk in the summer of 1518. By the 1550s, however, Polish Protestantism was badly fractured, and featured a strong radical, anti-trinitarian element, known as the Polish Brethren, existing side by side with mainstream Lutherans and Calvinists. See Stanislas Lubieniecki, *History of the Polish Reformation and Nine Related Documents,* trans. George Huntston Williams (Minneapolis, 1995); George Huntston Williams, *The Radical Reformation* (Philadelphia, 1962), pp.404~416 and 639~669. Cf. Paul Fox, *The Reformationin Poland: Some Social and Economic Aspects* (Baltimore, 1924). It was primarily the divided nature of Polish Protestantism that allowed the Roman Catholic reaction to score a number of successes in Poland beginning in the 1560s and caused the collapse of Polish Protestantism by the middle decades of the seventeenth century. See George Huntston Williams, *The Polish Brethren: Documentation of the History and Thought of Unitarianism in the Polish-Lithuanian Commonwealth and in the Diaspora, 1601~1685,* Harvard Theological Studies, no. 30, 2 vols. (Missoula, Mont., 1980). The Teutonic order was dissolved elsewhere later. Bohemia, the present-day Czech Republic, had been the scene some one hundred years before of Jan Hus's Czech religious movement, and substantial Hussite sympathies were still detectable in 1517.

던 칼뱅은 1536년에 잘 알려진 그의 저서인 『기독교 종교의 제도』의 첫 번째 판을 발행하였다. 칼뱅은 이윽고 제네바에 정착하였고, 거기서 프로테스탄트 공동체를 인도하였으며, 그 개신교 공동체는 한편에서는 구원에 대한 교리와 성찬에 대한 교리에 집착하였는데, 그 교리는 루터의 추종자들의 교리와 단지 부분적으로 차이가 날 뿐이었다. 그러나 칼뱅이 인도한 개신교 공동체는 다른 한편 루터주의와는 근본적으로 차이가 나는 교회의 조직과 교회의 권위, 그리고 예배의식의 교회에 열중하였다. 16세기에 실행되던 대로의 **루터주의와 칼뱅주의의 중요한 차이점**은 다음과 같은 칼뱅주의의 믿음이었다. 루터주의의 신앙과 비교되는 것은, 교회 내부의 여러 문제들에 있어서 신자들이 모인 지역의 대중들 중에서 **장로들의 권위와 결정권**에 궁극적으로 믿음을 가지는 것은 루터주의가 교회 내부의 문제에 대해서도 마지막에는 **그 지역의 군주의 결정권과 권위**를 믿는 것과 차이가 난다.[102]

칼뱅주의는 루터주의와 마찬가지로 나라에 따라서 다른 버전을 가지게 되었다. **프랑스에서는 칼뱅주의 복음주의자로 위그노들**[103]이 1534년에 파리의 로마 가톨릭교회들의 입구 문에 미사를 공격하는 프랜카드를 게시했다. 그리고 파리와 다른 도시들에 ("프랜카드 사건") 이 사건은 최초의 심각한 종교적 처형에까지 이르렀다. 칼뱅주의의 탄압은 1562년에 내란으로까지 폭발했고 집합적으로

---

102) 옮긴이 주석: 한국에 전래된 대부분의 개신교회의 내부 문제에 있어서의 결정권과 권위가 지역교회의 회중들 안에 있는 장로들에게 주어지는 것은 칼뱅주의의 교리와 닮아 있다 할 것이다.

103) 원저 p.58. 각주 79. The name "Huguenots" seems to have been derived from a French shortening of the German word *Eidgenossen,* "confederates," used by Protestant opponents of the duke of Savoy in the 1520s.

종교전쟁이라고 알려진 모두 합쳐서 8개의 연달아 일어난 내란으로 그때까지의 질서에 충성하던 로마 가톨릭 세력이 도시 지역에서의 반란군이었던 위그노의 봉기를 진압하기 위해서 전쟁이 벌어졌다. 1572년과 그 이후에 대규모의 위그노들의 학살이 자행되고 이것을 모두 합쳐서 **성바르톨로뮤 기념일의 학살**이라고 불리워지며 프랑스의 여러 지역에서 행해졌다. 마침내 1598년에 거의 1세기 동안 지속되었던 폭력사태가 앙리 4세의 **낭트 칙령**에 의해서 종식되고 이 칙령은 위그노들에게 양심의 자유를 허용했고 그러나 여전히 혹심한 제약을 동반하고 있었다.[104)][105)]

프랑스에 있어서 여러 종교전쟁들은 네덜란드에 있어서 자행된 프로테스탄트들에 대한 유혈 탄압과 병행한다. 네덜란드에서는 1520년대 초부터 루터주의와 다른 복음주의적 운동이 대규모의 추종을 이끌었고 1540년대와 1550년대에 칼뱅주의는 급격히 펴져나갔다. 1555년에 그가 황제의 자리를 포기하기에 앞서서, (신성로마제국의) 황제 찰스 5세는 종교적 심문이라는 법적 절차를 사용해 왔는데 이 종교재판의 법적 절차로 네덜란드의 수천 명의 개신교도들을 처형하였었다.[106)] 이후에도 찰스 5세의 아들이었던 스페인의 필립왕은 네덜란드의 북부 네덜란드 영역을 점령하고 약탈하기

---

104) 원저 p.59. 각주 80. On the development of Lutheranism in France, see Denis Crouzet, *La genèse de la réforme française, 1520~1560* (Paris, 1996); and Mark Greengrass, *The French Reformation* (Oxford, 1987). On the Edict of Nantes, see Bernard Cottret, 1598, vol. 1, *Édit de Nantes, pour en finir avec les guerres de religion* (Paris, 1997).

105) 옮긴이 주석: 양심의 자유가 왕권과의 사이에서 문제된 최초의 역사적 예이다. 이 예에서 양심의 자유는 종교의 자유의 핵심이었음을 알 수 있다.

106) 원저 p.59. 각주 81. On the Dutch Inquisition, see Edward Grierson, *The Fatal Inheritance: Philip II and the Spanish Netherlands* (Garden City, N.Y., 1969), pp.55~56 and 66~72.

위해서 스페인 군대를 사용하였다. 20년 이상의 간헐적인 전쟁 이후에 1581년에 이르러서, 네덜란드는 칼뱅주의자로 개종한 군주인 오렌지공 윌리엄의 영도 밑에서 네덜란드 연합영역들을 결성하고, 독립을 공식적으로 선포하였고 부분적으로는, 개신교도가 되었던 영국여왕 엘리자베스의 도움에 의해서 독립왕국을 유지하는 데 성공하였다.

잉글랜드는 1520년대와 1530년대에 시작해서 한편에 있어서는 다양한 형태의 개신교도와 다른 한편에 있어서는 새로운 **비로마** (non-Rome) 앵그리칸교회의 갈등에 의해서 찢겨졌다. 앵그리칸교회 그 자체는, 그것의 원천인 로마 가톨릭 신학과 나중에는 프로테스탄트의 신학과 정치적 영향 사이에서 찢겨졌다. 역시 로마 가톨릭은 헨리 8세에 의해서 1534년에 불법화되고 에드워드 6세에 의해서 다시 불법화되었는데; 1553년에 이르러서 헨리 8세의 장녀였던 메리 여왕에 의해서 복고되며, 다시 헨리 8세의 차녀였던 엘리자베스 여왕에 의해서 1558년에 불법화되었으나 여전히 지하에서는 강력한 움직임을 유지하고 있었다. 따라서 주기도문에 대한 앵그리칸교회의 기도문은 많은 부분 원래 로마 가톨릭 미사에서부터 나온 것이기는 하나 역시 나중에 루터주의의 신학과 의식에 의해서 강력히 영향을 받았다. 루터주의에 있어서 동반하는 왕권주의는 역시 영국의 국교회였던 앵그리칸교회에도 내재했었다. 비록 루터주의 그 자체는 잉글랜드에서 별로 확대되지 못했으나, 루터주의보다 급격한 동반자였던 칼뱅주의는 16세기의 후반부에서는 뻗어나갔고 17세기에 이르러서는, (왕권 우위가 아닌) 의회의 우위라는 영국제도상의 원칙을 확립하는 데 주요한 역할을 했다.[107)]

16세기와 17세기를 두루 통하여 군사적으로 로마 가톨릭으로 남아 있었던 나라들에서 조차도 – 이탈리아와 스페인을 말하는데 – 프로테스탄티즘은 깊고 큰 반향을 가졌다. 이들 반향이라는 것은 우선은 부정적인 것이었다: 부정적 반향이라는 것은, 무자비한 종교재판이 이들 나라에서, 스스로 존재하는 개신교도들을 처형하거나, 축출하거나 그렇지 않으면 탄압하는 데 쓰여졌다. 그 이유는 소수의 개신교도들이, 로마에 반대하는 목소리를 감히 내려고 했기 때문이다. 이단에 대한 재판을 시행한 것은 교회였지만; 이단재판의 기소와 재판절차를 지배하고 마침내 사형언도를 부과한 것은, 세속 정부의 권력들이었다. 스페인에 있어서는 네덜란드와 마찬가지로, 종교재판이 일차적으로 왕권과 황제권이 구사하는 정치적 도구로 쓰였다. 동시에 종교개혁의 운동에 대응해서, 교황권은 교회 내부 운영에 대해서 훨씬 더 높은 정도의 권력을 행사하였다. 교황권을 강화하려는 운동은 예수회의 출현에 의해서 강화되었는데; 예수회(Society of Jesus)는 1530년대에 로욜라의 이냐시우스(Ignatius of Loyola)에 의해서 창설되고, 1540년에 교황의 인가를 받았다. 세속적 공동체에 흩어져 살면서, 예수회의 수도사들은, 로마 가톨릭을 전도하는데 활약했고; 그들이 강조한 것은 교황과 교회의 권위에 의무적으로 복종하는 중요성을 강조했다.

그러나 나중에 불리운 대로의 명칭인 로마 가톨릭 측의 반종교 개혁운동은, 신학적으로 볼 때는 당시까지 진행되었던 개신교의 도전에 대해서, 부분적으로는 적극적이며 긍정적인 응수였다. 무엇보다도 로마 가톨릭 측의 반종교 개혁운동의 신학적 특징은 1545～1547년간에 처음으로 열린 **트렌트공회**(Council of Trent)에 의해서 결정

107) 옮긴이 주석: 칼뱅주의가 의회 우위 원칙을 확립하는 데 17세기에 미친 주요한 영향을 부여하고 있다.

되고, 그다음은 1551～1552년, 그리고 최종적으로는 1562～1563년에 의해서 형성되었다. 공회의 초기 회기는, 개신교에 의해서 도전받아 왔던 전통적인 로마 가톨릭의 신학적 교리를 재확인하고; 오직 신앙만에 의해서 구원받는다는 개신교 교리를 배척하였으며; 전통적인 성찬의식의 정당성과 효율성에 대한 개신교 측의 공격을 부정하였고; 또한 로마 가톨릭교회가 하는, 성경해석과는 다른 성경 해석의 허락도 배제하였다. 그러나 공회는, 어쨌든 개신교가 공격하였던 주된 부패 중의 어떤 것을 교정하기 위해서 필요한 조치를 취했다. 다른 개혁 중에서, 사제들의 교육과 훈련은 향상되어져야 하며, 성경 자체가 교회와 학교에서 규칙적으로 낭독되어져야 하며, 전통과 똑같은 효력을 가지게끔 되어져야 하며, 그때까지 행해졌던 가톨릭교회의 비공식적이고 예외적인 혼인의 관용 때문에 부권의 권위를 정복시켰다고 루터주의가 한 비판에 대한 대답으로, 로마 가톨릭교회에 있어서의 혼인은, 신부 앞에서 두 사람의 증인이 있어야 행해지는 것으로 하였다. 또한 예수회는, 개신교 쪽에서 사제가 아닌 일반인들의 교육을 강조하는 것을 참조하였다. 유럽 전역에 걸쳐서 엄청나게 많은 학교를 세웠다: 예수회 학교의 교수방법이 매우 효과적이었기 때문에 개신교도들조차도 때로는 그들의 자녀를 예수회 소속 학교에 보낼 정도였다.[108] 스페인과 다른 로마 가톨릭국가에서의 이러한 서로 연관된 상황의 발전은 비단 반종교개혁(Counter-Reformation)이 아니라 가톨릭시즘 내부의 독립적인 운동이었던 자율적인 **가톨릭 종교개혁**(Catholic Reformation)의 부분이었다.[109][110] 스페인에서는, 대주교이자 나중에 추기경

108) 옮긴이 주석: 지금까지 루터의 종교개혁 운동이 로마 가톨릭에 미친 긍정적 반응을 보았다.

이 된 시스네로스의 프란시스코 시메네스(Fransisco Ximenes de Cisneros, 1437~1517)는 성경 자체로 되돌아가는 것의 중요성을 강조하는 운동을 인도하였고, 1517년에 최초의 성경의 결정판을 만드는 것은 감독하였다. 이 초판은 평행하는 세로의 공간(column)에서 그리스어와 헤브라이어, 새로운 라틴어 번역이 같이 나와 있었다.[111] 그리고 나서 1506년에, 추기경 Ximenes는, 더 자유롭게 교육된 사제들을 훈련하기 위하여 대학을 설립하였다. 거기에 추기경은 자신의 주위에 중요한 학자들을 불러모았는데; **위대한 신학자이자 법학자였던 비토리아의 프란시스코**(Fransisco de Vitoria, 1482?~1546)**의 "법에 관하여"***(De Lege)*, **"전쟁에 관하여"***(De Jure Belli)***는 후대의 개신교 법학자들이 그것을 기초로 사용해서 자신들의 이론을 구축한 초석이였다.**[112][113] 스페인에 있어서의 가

---

109) 원저 p.60. 각주 82. For analysis of the use of the terms "Counter-Reformation" and "Catholic Reformation," see H. Outram Everett, *The Spirit of the Counter-Reformation* (Cambridge, 1968), and Hubert Jedin, *Katholische Reformation oder Gegenreformation? Ein Versuch zur Klärung der Begriffe* (Lucerne, 1946).

110) 옮긴이 주석: 개신교 종교개혁이 처음에는 반종교 개혁운동을 야기했으나, 마침내 가톨릭 종교개혁의 원인이 되었다. 이 과정을 감히 정(正), 반(反), 합(合)의 과정이라고 부를 수 있을 것인가?

111) 원저 p.60. 각주 83. Francisco Ximenes de Cisneros, *Biblia Complutensis* (Rome, 1983).

112) 원저 p.60. 각주 84. In 1536 Vitoria founded a famous school at Salamanca, whose pupils included such future "greats" as Soto, Lessius, Molina, and Suarez. Vitoria himself published nothing, but his pupils published under his name what he had taught them. Vitoria taught in vain that the Spanish repression of conquered peoples of South America was a violation of international law. His conception of the relationship of the Old World to the New was based "upon the fundamental principle that possession should follow discovery to confer a title, and that the barbarians held title to their 'principalities' …… upon an equality with the kingdoms of Spain and France." See James Brown Scott, *The Spanish Origin of International Law: Francisco de Vitoria and His Law of*

톨릭 종교개혁에 속하는 다른 법학자들과 비토리아는, 성 토마스 아퀴나스의 저술로 복귀하고; 토마스주의에 새로운 의미해석을 부여해서, 후대에 이르러서 **신토마스주의**(“neo-Thomist”) **또는 신스콜라주의**(“neo-Scholastic”)**라고 불리었는데, 이것은 어떤 점에 있어서는 법철학과 법과학에 있어서 최근의 프로테스탄트 입장의 전개와 비슷하다.**[114] 루터주의에 의한 교회개혁의 종교적인 반향은; 도이치에 있어서 국가를 개혁하는 것과 동반하여 유럽 전역에 걸쳐서 일어난 정치적인 반향과 밀접하게 연관되어 있었다. 그 시점에서 유럽에는 “선택한 교회를 공개적으로 고백하는 것”(Confessionalization)으로 불리우는 일들이 일어났다. 각각의 종교고백은; 종교개혁 와중에서, 종교를 선택해서 선포한 통치자의 지배영역과 일치되고 동일시되었다. 교황에 의해서 영도되기는 하나 로마 가톨릭교회 자체가 어떤 점에서는 영역을 중심으로 하는 교회들의 연합체가 되었다.

Nations (Oxford, 1934), pp.106~107. Scott rightly emphasized the importance of Vitoria’s insistence that the conquered “barbarians” of Latin America were entitled to full rights under the law of nations. The notion, however, that Vitoria’s writings on this and other subjects constituted the origin of modern international law has been shown to be untrue, although it was widely accepted until the last decades of the twentieth century. Grotius, who is usually considered to be the founder of modern international law, did indeed draw on the works of Vitoria and other sixteenth-century Spanish jurists, but no more than he drew on the work of many others, and the doctrine of the universality of international law and its extension to non-Christian peoples was widely held as early as the twelfth and thirteenth centuries. See Brian Tierney, *The Idea of Natural Rights: Studies on Natural Rights, Natural Law, and Church Law* (Atlanta, 1997), pp.333~342. Tierney points out that Grotius employed a vocabulary that originated with the twelfth-century canonists. See also Landau, “Der Einfluss des kanonischen Rechts,” pp.50~52.

113) 옮긴이 주석: 가톨릭 법학자의 저술이 개신교 법학자들에게 기초를 제공한 예이다.

114) 원저 p.61. 각주 85. On the similarities and differences between sixteenth-century Spanish neoscholastic and sixteenth-century German Lutheran legal philosophy and legal sciences, see Chapter 2, n. 144, and Chapter 3.

즉, 이탈리아 교회, 스페인 교회, 포르투갈 교회, 프랑스 교회, 바바리아 교회, 오스트리아 교회 그리고 다른 나라들의 교회들이다. 로마 가톨릭교회는 트렌트 공회(Council of Trent)를 통해서 교리에 있어서의 일관성을 유지하였다. 그러나 (전 유럽에 걸친 교황주권 시대와는 달리) 여러 왕들의 정치적인 지배로 들어감에 따라서, 로마 가톨릭교회의 재판관할권은 크게 축소되었다. 이와 같이 해서 서양의 기독교 나라들은 변화하게 되었다. 이전에는 단일한 가톨릭교회가 지배하는 나라 내부에서 세속 정부는 복수로서 존재하는 그런 하나의 보편적 사회가 복수의 지상의 나라들과 정치적으로 동일시되는 단일하지 않은, 기독교 복수 교회의 사회로 변화하게 되었다.[115]

유럽의 최초의 큰 전쟁이었던, 1618~1648년간의 30년 전쟁으로 이끈 것은, 많고 다양한 유럽의 정치적 공동체 각각의 내부에서, 교회와 국가를 사실상 단일함으로, 통일한 것이고, 이것을 유럽에서의 교회선택에 대한 고백("confessionalization" of Europe)이었다.[116] 1555년의 아우구스부르크 평화 협정(the Peace of Augusburg

115) 옮긴이 주석: 12세기 그레고리오의 혁명 당시의 유럽은 정신적 권위에 있어서는 단일한 로마 가톨릭교회의 지배였으며 그 보편주의의 우산 아래에서 단지 지역 왕권만이 복수였다. 그러다가 16세기 게르만인의 혁명, 즉 루터의 종교개혁 이후에 전 유럽에 공통된 보편주의 가톨릭주의가 복수의 기독교 고백주의 및 각 영역에 힘을 얻은 개별 왕권의 부분 사회로 전환되었다. 동아시아의 학도들이 익숙한 현재의 유럽의 지역을 대표하는 나라의 명칭은 이와 같이 도이치혁명 이후에 생긴 나라들이다.

116) 원저 p.61. 각주 86. See Wolfgang Reinhard, "Konfession und Konfessionalisierung in Europa," In Wolfgang Reinhard, ed. *Bekenntis und Geschichte: Die Confessio Augustana im historischen Zusammenhang* (Munich, 1981), pp.165~189; cf. Wolfgang Reinhard, "Reformation, Counter-Reformation, and the Early Modern State: A Reassessment," *Catholic Historical Review* 75 (1989), 383, 390, and n. 24 (summarizing subsequent research on the issue of confessionalization).

of 1555)은, 개신교 영역과 로마 가톨릭 제국 간의 도이치의 내전을 성공적으로 해결하였었다. 그러나 두 세대 뒤에, 그리고 유럽의 대부분이 개신교가 되고 난 뒤에, 오스트리아 합스부르크 황제였던 페르디난드 2세는, 훨씬 약화된 황제자리를 계승한 후에, 아직도 잔존하는 로마 가톨릭 군주들을 동원하여, 도이치에 있어서의 프로테스탄트에 속하는 영역과 도시들에 반대하는 전쟁을 개시했다. 그 목적은 아우구스부르크의 평화 협정 이래로 프로테스탄트 지배자들에게 복속되었던 모든 교회의 권한과 재산을 회복하기 위한 것이었다. 30년 이상 주로 게르만인들의 땅에서, 오스트리아의 황제의 무자비한 군대들은 덴마크와 스웨덴 프로테스탄트 왕들의 무자비한 군대와 간헐적으로 싸웠는데; 주기적으로 프랑스, 스페인, 잉글랜드, 네덜란드 그리고 다른 나라들의 군사적 개입이 있었다.[117] 가톨릭 프랑스가 가톨릭 스페인과 서로 싸우고, 장군들이 그들의 황제에게 맞추기 위해서, 그들의 종교적 소속을 변경함에 따라서; 점차로 종교적 동기는 탐욕과 권력에 자리를 내주게 되었다. 다양한 소속의 군대들이 도이치의 농촌을 약탈하여 게르만인들의 도시들을 포위하고 탈취하였다. 수천의 도이치의 촌락들이 완전히 사라지게 되었다. 아우구스부르크의 도시인구가 8만 명에서 1만 6,000명으로 감소했으며 도이치 전체의 인구가 1,200만 명에서 800만 명으로 감소하였다. 도이치가 (이러한 전쟁 때문에) 야기된 빈곤화와 쇠잔에서 회복하는 데는 거의 150년이 걸렸다.

30년 전쟁은 다수 당사자의 조약으로 끝났는데, 이 조약을 베스트팔리아의 평화조약(the Peace of Westphalia)이고; 이 조약은, 모

117) 원저 p.61. 각주 87. See Ronald H. Asch, *The Thirty Years' War: The Holy Roman Empire and Europe, 1618-1648* (New York, 1997), p.76.

든 중요한 유럽의 세력들에게, 이미 90년 전에 아우구스부르크에서 도달했던 도이치에 있어서의 종교적 해결에 나타난 어떤 기초적 조건을 적용하였다. 이전처럼, 지배자의 종교가, 그 영역의 확립된 종교가 되는 것이었다. 그러나 각 영역에 있어서(지배자의 종교가 아닌, 즉 공인된 종교가 아닌) 종교를 자기 종교로 고백하는 것은, 개신교이든 로마 가톨릭이든, 집회의 권리와 예배의 권리가 주어지고 자녀들에게 그들의 신앙 안에서 교육할 수 있는 교육권도 인정되었다. 이와 같이 루터주의자, 칼뱅주의자 그리고 로마 가톨릭 사이에 종교적 관용의 원칙이 확립되었다. 그러나 로마 가톨릭 사제들은, 프로테스탄트 영역의(종교문제가 아닌) 시민의 민사법정에서는, 어떤 잔존하는 특권이나 면책도 부인되었다.[118)]

베스트팔리아의 평화조약에 참여한 여러 나라들의 기본법의 견지에서 볼 때, 최초의 도이치혁명에 의해서 확립된, 왕권이 교회와 국가 양자에 걸쳐서 최고 우위에 선다는 원칙은 다시 확인 되었다. 그러나 (왕의 종교가 아닌) 비공인 교회에 대한 혜택에 대해서는, 어떤 한계와 제약이 있었다. 동시에, 제한적이나 종교적 관용이라는 새로운 헌법적 원칙은 국가주권에 기초를 둔 국제법의 새로운 개념에 대해서 초석이 되었다. 베스트팔리아 조약은 도이치의 각 영역의 주권뿐만 아니라 스페인과 네덜란드 연합 영역, 스위스, 오스트리아와 같은 이전에는 신성로마제국의 부분이었던 다른 유럽 나라들의 주권을 인정하였다. 신성로마제국은, 그 자체 이름으로는

---

118) 원저 p.62. 각주 88. See Leo Gross, "The Peace of Westphalia, 1648~1948," *American Journal of International Law* 42 (1948), 20, 21~22 (reviewing the religious provisions of the treaty); and Herbert Langer, 1648: *Der Westfälische Frieden. Pax Europaea und Neuordnung des Reiches* (Berlin, 1994), pp.11~69 (reviewing the structure of the Peace).

계속해서 존재했으나 사실상은 환상이었다: 왜냐하면 이제 (종교개혁 이후의) 신성로마제국은, 법률 제정이나 조세 부과나 징병이나 또는 국가로서의 다른 기능을 행할 수 없었다. 동시에 도이치 영역의 하나하나는, 개신교이든 가톨릭이든 간에, 모든 다른 주체들과 함께 조약을 맺을 수 있는 주권을 가진 독립적 국가로서 인정되게 되었다.

이와 같이 1555년의 아우구스부르크의 평화조약에 의해서 도이치란트 내부에서 마침내 확립되었던, 주권의 원칙 – 이것은 군주와 군주에게 속하는 자문관과 고위관료에게 부여된 것인데(the Obrigkeit), 많은 유혈 끝에 국제법 아래에서 서로간의 관계에서 모든 유럽 국가들에게 통용될 수 있는 것이 되었다.[119] 주권 국가라는 유럽에 있어서의 근세 국가체계의 출현은 법적인 관점에서 볼 때, 모두가 평등하다고 간주되었으며 또한 이것은 국제법이라는 근대적 체계로 된 것이다. 그것의 기초는 이러한 종교개혁 이후 평화협정에 의해서 생긴 개별 국가의 주권적 의지라는 것과 같이 나타난 것이지만, 통상적으로 1648년의 베스트팔리아 평화조약으로부터 기원을 찾고 베스트팔리아 조약의 초석은 1555년 아우구스부르그의 평화조약에서 기초가 놓아졌다. 이 아우구스부르그 평화조약은, 당시의 게르만인들의 제국 즉 신성로마제국 내부에서 주권국가의 원칙을 유효하게 확립함으로서 효력을 드러내었다. 이것은 개별 군주와 왕권을, 그의 영역이나 그의 왕국 내부에서(종교개혁 이전과는 달리),

---

119) 옮긴이 주석: 동아시아나 한국의 법학도나 시민들에게 당연한 주권국가의 주권의 원칙은, 유럽에서는 1555년 아우구스부르크 평화조약 이후에 비로소 가능했다. 다시 말하자면 현대 유럽에서, 동아시아인인 우리가 눈앞에서 경험하는, 유럽의 각 민족국가와 독일 내부에 있어서의 오늘날 연방을 형성하고 있는 각 주들은, 하나의 국제법상 독립된 단위로 형성되게 되었다.

세속의 영역이나 교회의 영역에 있어서 다 같이 법에 있어서의 최고의 원천으로 만듦으로서 가능했다.[120]

1.12 **법의 개혁**(Reformation of Law)

지금까지 말해진 기둥줄거리는 광범위한 문헌의 주제가 되어 왔고 또한 많은 부분들은 이미 교육받은 사람들에게는 일반적으로 익숙한 것이지만,[121] (심지어 서양의 교육받은 사람들에게 조차도)

---

120) 옮긴이 주석: 현대 유럽에서 관찰될 수 있는 아주 작은 왕국들, 즉 모나코 왕국이나 베네룩스 삼국 같은 인구 수백만의 왕국이 독립 주권국가의 행사를 할 수 있는 것은 이와 같은 1648년도의 베스트팔리아의 평화나 평화조약 이후로 보여진다. 물론 현대사회에 있어서의 그 이후의 진행은 다른 경위를 보여줄 수도 있다. 이런 말을 부연하는 것은 한중일 삼국과 같이 약 5,000년 이상 동일한 민족주체의 동일한 국가를 유지한 눈으로서는 현대 유럽의 국경선이나 국경선이 여러 번 변경되면서 진행된 경과를 이해할 수 없다. 종합적으로 한국의 법학도에게 설명한다면 주권 국가의 국가 의지로서의 개별 국가 법이라는 당연한 개념은 유럽의 역사에서는 1555년 또는 1648년 이전에는 그 의미가 희석된다. 무슨 뜻인가? 그 이전의 유럽 세계는 국경선으로 분할된 민족국가의 성격보다는 이베리아 반도로부터 동유럽에 이르는, 각기 다른 민족과 각기 다른 문화가 융합되어서, 다민족 다문화가 그러나 로마 가톨릭 체제라는 동질적인 종교적 유대에 의해서 보편적 가치체계를 공유하고 있는 특징을 띠고 있다. 버만에 의하면 이 시대의 유럽은 지적이고 문화적인 그리고 종합적인 의미에서 보편적 공동체로 볼 수 있다고 한다. 이러한 보편적 가치 공동체의 오래된 존재가 오늘날 EU라는 초국가적 공동체가 존재하게 되는 역사적 기초를 주고 있다고 보여진다. 따라서 동아시아인이 21세기에 있어서의 유로존의 상황을 관찰할 때 도저히 이해가 되지 않는 것은 어째서 남유럽국가에서 진 채무를 북유럽국가에서 그들의 세금에 의해서 메꿔준다는 것인지 이해가 되지 않는다. 한국의 법학도들이 비교적 이른 시기에 법을 국가 의지의 표현이라고 보고 주권국가의 법에 집중해서 입문하는 까닭에 서양법에 있어서의 보편적 성격의 주춧돌이 되는, 1555년 이전의 보편적 공동체를 상기할 수가 없다. 실로 서양법 전통이라는 것이 21세기까지도 존재하는 것의, 중요한 역사적 연유는; 유럽이 개별 국가로 나누어진 것은 그들의 역사에 있어서 불과 수백 년에 지나지 않는다는 사실이다. 역자가 대학에서 법학을 강의하고 학회에서 여러 한국의 법학자들과 접촉하면서 마침내 깨닫게 된 것은, 서양법을 서양에서 배운 연후에 한국에서 가르칠 때 많은 경우 서양법의 역사적 기초를 생략하거나 고려하지 않고, 동아시아인의 눈으로 서양법을 개념화하고 한국에서 교수하였기 때문에 원천적 시점에 있어서 착시현상이 있다는 것이다.

루터의 종교개혁 또는 전체로서의 도이치혁명이 이와 수반한 법의 개혁에 어떤 관계가 있느냐에 대해서는 지난 150년간 실제로 기록된 바가 적다.[122] 오늘날의 학자들이 쓰는 문헌에서도 별로 언급되지 않는 것은 다음과 같은 사실이다. 즉, 16세기의 도이치와 다른 곳에서 법에 있어서의 근본적인 변화가 일어났는데; 이 변화는 프로테스탄트 믿음의 강력한 영향 아래 있었던 사람들에 의해서였으며, 이들의 생각과 관심은 종교적이면서 동시에 정치적이었다. 다음과 같은 인상이 통상 있어 왔다. 즉, "중세"에 존재했을 법과 종교의 관계가 16세기에 와서는 비단 도이치에 있어서뿐만 아니라 유럽의 다른 프로테스탄트 나라들에 있어서도 신속하게 사라졌다는 인상이다. 또한 다음 사항에 대해서도 별로 취급되어져 온 것이 없다. 즉, 프로테스탄트 영역에 속하는 군주들의 정치적인 권위와 종교적인 권위가 충격적으로 증가함에 따라서 도이치법에 엄청난 영향을 주었다는 사실에 대해서이다. 우리가 흔히 보는 대로, 일반 역사가들이 16세기의 도이치법의 개혁에 대해서 충분한 주의를 하지 않는 것은; 또한 전문적인 영역에 있어서의 법제사가들이, 16세기의 도이치법에 일어난 변화를 종교와 정치에 있어서의 병행하는 변화를 충분히 연결하지 못한 것과 함께, 심각한 오해로 인도하였다. 무엇에 대한 오해인가? 도이치혁명의 어떤 측면에 대한 오해이며, 전체로서의 도이치혁명이라는 봉기 자체의 성질에 대한 오해이

121) 옮긴이 주석: 그러나 이 말은 서양 문화의 교육받은 사람들에게 해당하는 것이고 동아시아나 특히 한국의 대학교육이나 법학교육을 받은 사람들에게는 아직도 익숙하다고 할 수 없다.

122) 옮긴이 주석: 많은 역사가들이 있었으나 실제로 그와 같은 서양사의 큰 흐름이 법의 변화나 개혁 또는 혁명과 어떤 관계가 있느냐에 관해서까지 논의한 예는 거의 없었다. 왜냐하면 어떤 나라에서나, 역사가나 철학자는 법제도나 법학 자체에 대해서는 거의 문외한이며, 양자를 겸하는 경우는 거의 없었기 때문이다.

며, 또한 그 이후의 중요성에 대한 오해였다.

루터의 종교개혁의 시초부터, 종교개혁 지도자들의 다수가, 낡은 법에 대한 신랄한 공격을 개시했을 뿐만 아니라 더 나아가서 법 그 자체에 대한 공격을 개시했다.[123] 이러한 태도가 나타나는 시기는 혁명의 종말론적 또는 묵시록적(apocalyptic) 단계였다. 이때 루터와 다른 개혁자들은, 로마 가톨릭교회의, 눈에 보이며 법제도와 관계하며 상하 계층질서를 이루는 질서를, 신앙만으로 살고자 하는, 신자들의 눈에 보이지 않은 평등주의적인 우애로서 대치하려고 원하는 것처럼 보였다. 처음에는 아주 빈도수가 높게, 그리고 후기에서는 가끔, 루터는 천상 왕국(天上 王國, heavenly kingdom)이라는 거의 신학적 독트린－천상왕국에서는 법은 은혜에 의해서 대치되는 것인데－을 도이치 군주의 영역과 신성로마제국에서 그때까지 지배적이었던 법질서에 대한 광범위한 공격과 병행시켰다. **루터는 또한 이 시기에 일반적으로 법률가나 법학자에 대한 공격도 행했다. "진리와 법은 항상 적이다"라고 루터는 썼다. "나에게 진실을 발견하고자 연구하는 법률가를 보여다오 …… 진실의 발견이라고? 아니다, 법률가와 법학자는 그들에게 돌아오는 이득을 위해서 법을 연구할 뿐이다."**[124][125] 역사의 이 시점에서 종교개혁의 원

123) 옮긴이 주석: 종교 지도자의 법에 대한 공격은, 이때뿐만 아니고 이후에도 이른바 기독교의 반법적인 성향으로 자주 나타난다. 요약하면 종교는 사랑만으로 족할 뿐 어떤 제도나 규범도 무용하다는 근본적 리얼리즘의 태도다. 이런 태도는 특히 혁명기에 있어서 그 이전의 법제도나 질서 또는 규범의 효력을 잃었을 때 나타나는 것이지만 그러나 이런 태도의 영향은 제도 자체, 법 자체, 규범 자체를 허무주의적으로 봄으로써 혼란에 빠지는 경향이 있어 왔다.

124) 원저 p.63. 각주 89. See Martin Luther quoted in Gerald Strauss, *Law, Resistance, and the State: The Opposition to Roman Law in Reformation Germany* (Princeton, 1986), p.14.

125) 옮긴이 주석: 한국의 2013년에 마르틴 루터가 나타난다면 이와 같은 단언을 할

편 날개, 즉 (대단히 삼가야할 표현이지만) 좌파에 속했던, 재침례교도(Anabaptists)들은 프로테스탄티즘의 이러한 경향을 더 밀고 나가서 복음의 가르침만에 의해서 지배되는 공동체의 설립을 변화하였다. 따라서 로마 가톨릭교회의 교회법만 공격된 것이 아니라－당시에 통용되던 세속법, 즉 당시까지 자유도시나, 개별 군주들의 영역이나, 그리고 1495년 이후에는 신성로마제국 전체에 걸쳐서 침투하고 있었던, 상당히 완화되고 근대화된－로마법에 대해서도 공격하였다.[126)]

종교개혁이 가속도를 붙으면서, 낡은 질서를 지탱했던 낡은 법에 대한 공격은, 모든 법에 대한 공격과 짝을 이루어서 무정부주의에 이르게 된다는 것이 차츰 명백해졌다. 1524년과 1525년에, 넓은 계층의 농민들의 큰 규모의 반란의 지도자였던 토마스 뮌처(Thomas Müntzer)는 무정부주의와 가깝게 경계하고 있는 도덕률 폐기주의(antinomianism)를 명백히 표현했다.[127)] 이 시점에서 루터의 교조 중에서; 지상의 왕국이, 법에 의해서 지배되고, 비록 그것이 죄의 왕국이지만 절대자에 의해서 축복받았으며, 하나님은 지상의 왕국 안에서 숨어 있다는 교리가 정치적 중요성을 띠게 되었다. 그 이유는 죄에 찬 지상의 왕국이라고 할지라도 그 속에 숨어 있는 하나님의 뜻이라는 태도는, (지상의 왕국에 존재하는) 법제도와 법원칙

수 있을지도 모르겠다. "나에게 진실을 발견하기 위해서 연구하는 법학자를 보여다오 …… 법학자들이나 법률가들은 오로지 이득만을 위해서 연구하는구나 ……."

126) 옮긴이 주석: 재침례교도들의 로마법에 대한 공격은 아마도 재산법 위주의 로마법이, 당시의 격동기에 일부계층에만 유효하다고 생각했을 것 같다. 한국의 혁명적 변동기에, 한국의 대학생이나 심지어 일부 법학도들도, 사회실정을 들면서 특히 재산 법체계에 대해서 강한 불신을 표현하는 일시적 태도가 있어 왔다.

127) 원저 p.63. 각주 90. See Owen Chadwick, *The Reformation* (Grand Rapids, Mich., 1965), p.189.

에 대해서 적극적인 가치를 부여하는 기초가 되었다. 이와 같이 점차로 루터주의 신학과 (새롭게 권위를 가지기 시작한) 군주의 세속적 권위 및 도시 지배자들의 권위와의 연합은, 새로운 법에 대한 철학과 새로운 법에 대한 "방법", 즉 "과학"을 가능하게 했다. 새로운 법의 방법과 법과학을 새로운 방식에 의해서 법을 조직화하는 것이었으며(그때까지 존재하던) 실정법 자체의 다양한 분야(즉, 민법 형법 행정법 기타)에 대해서 실제적인 변화를 가져오게 되었다. 이후의 장들은 이들 전개 상황을 더 상세하게 검토할 것이다. 1517~1555년간은 게르만인들의 도이치혁명의 궁극적 성공을 보여주기 위해서는 주된 법적 변화를 간략하게 요약하는 것으로 족하다. 도이치혁명의 성공과 함께 서양사의 위대한 혁명 중의 하나로써 종교개혁을 그 본질에서 거론하는 것의 중요성이 있다. 종교개혁이, 일반적으로 알려진 것처럼 종교나 교회에 국한된 것이 아니고, 그것의 이상과 사상의 기초에 있어서는 또는 정치적이며 사회적인 목표에 있어서 서양사의 전형적인 혁명의 하나라는 것은 분명하다. 이것은 특히 새롭고 그 이후에 주도하게 된 법질서를 본다면 알 수 있다.

루터주의 신학과 군주의 권위 사이의 친밀한 관계는, 첫 번째로 종교적 영역과 비종교적인 세속적 정부의 영역을 다 같이 영향지우는 헌법상의 새로운 원칙에서 법적인 표현을 찾아볼 수 있다.[128)]

---

128) 옮긴이 주석: 루터의 종교개혁 이후에 성립된 헌법의 새로운 원칙에 대해서는 지금까지 헌법학계나 공법학계에서는 무심하였다. 왜냐하면 대체로 한국의 학계에서는 헌법의 기본 원칙은, 근대 이후의 시민국가에서 나타날 뿐이고, 전형적인 시민혁명을 거친 나라에서만 발견된다는 것이 지배적이었다. 따라서 전형적인 시민 혁명을 겪지 않은 게르만인들의 영역에서는, 근대 헌법의 원칙이 나타날 수가 없었다. 이러한 견해는 루터의 종교개혁이 혁명의 성격을 띠지 못한다는, 즉 종교상의 문제에 불과하다는 통념에서 나온다는 것이다.

개신교를 채택한 게르만인들의 여러 영역에서 그리고 개신교를 선호한 제국 내의 자유도시에서 군주와 도시 행정가들은 1530년대와 1540년대에 조례를 제정해서 로마 가톨릭의 예배장소를 봉쇄하였으며 금식, 참회, 성인들에 대한 숭배, 망인에 대한 미사, 그리고 수많은 축제와 휴일들과 같은 로마 가톨릭에 기원을 두는 전통적 관행을 심각하게 제한하였다. 스티븐 오즈먼트(Steven Ozment)는 이러한 금지조례들을 프로테스탄트들의 법에 대한 교리와 가르침을 문자 그대로 그리고 경건하게 나타내고 있었으며, 1520년경부터는 개신교를 지키지 않은 사람들은 복음에 근거한 맹세와 팸플릿에 발에 걸려서 부자유하다고 느낄 정도가 되었다.[129]

교회가 관계된 일에 대한 교황에게 속하는 계층구조가 가지는 재판관할권을 계승할 뿐만 아니라, 개신교 군주들 - 그리고 개신교 도시에서는 도시의 고급관료층들이 - 역시 성직자 아닌 평민들에 대한 재판관할권을 계승했는데 재판의 영역은 혼인관계, 가족관계, 도덕상 또는 풍속상의 범죄, 교육, 빈곤자 구제 기타 영역이다.[130] 배우자의 간통이나 유기를 근거로 하는 이혼이 서로 허용되고 도입되었다. 이단, 독신제, 그리고 성범죄는 세속법 아래서 범죄가 되었다.[131] 새로운 세속법이 제정되었는데, 정착하지 않고 방랑하면서 사는 것을 금지하는 것, 구걸하는 것, 체면 또는 명예에 관한 것, 의복의 사치와 같은 것들이다. 종교개혁은 또한 교육을 교회가 아닌 세속 정부가 규제하는 것을 도입하였다: 그전에 존재하던 성

129) 원저 p.64. 각주 91. Steven Ozment, *Protestants: The Birth of a Revolution* (New York, 1992), p.29.

130) 옮긴이 주석: 종교개혁 이전에는 혼인 가족 관계, 교육, 빈곤자 구제, 풍속상의 범죄 경우에는 교회 재판관할권에 속하였다.

131) 옮긴이 주석: 프로테스탄트 개혁 이전에는 교회의 재판권에 속하였다.

당 부속의 학교를 대신하기 위해서 공립학교와 공립도서관이 제도화되고, 대학들이 이제 군주의 권위 아래에 놓이게 되었다.[132] 이제 소년과 소녀들에게 다 같이 가능한 가장 넓은 범위의 교육을 제공하는 것은 프로테스탄트 지배자의 기독교적인 소명의 일부가 되었다. 그 목적은 성직자뿐만이 아니고 모든 사람들이 성경을 읽을 수 있는 능력을 가지게 하는 것이었다. 더하여 과부와 고아의 보호, 병든 자와 나이든 자를 위한 병원들과 다른 형태의 자선기구들인 이전에는 대부분 가톨릭 캐논법 아래에서 수도원이나 다른 교회에 속하는 재단의 책임에 있었는데, 이제는 세속법 아래에서 행동하는 세속적 권위에 맡겨지게 되었다.

종교개혁의 와중에서 위에서 열거한 일들에 대한 규정과 조례의 총체적인 유기체가 군주에게 속하거나 도시에게 속한 입법기구로부터 쏟아져 나왔다. 비록 그들은 혁명적인 개혁을 도입하였지만, 새로운 입법규정의 많은 것들은 실제로는 로마 가톨릭교회의 더 이전 시대의 캐논법에서부터 나온 것들이었다. 달라진 것은 그러한 규정과 조례가 성직자에 의해서가 아니라 세속적인 권위에 의해서 수행된 것이고, 재판 역시 교회재판이 아니라 세속 법정에서 집행된다는 것이다. 전통적으로 교회의 정신적인 법을 세속화하는 과정으로 불려져 왔던 것이 또한 국가의 세속법을 정신화하는 과정으로 보여지게 되었다.

군주와 그에게 속한 고위관료들이 등장한 것은 또한 도이치어로 봉건재산에 의한 지배를 뜻하는 the Ständestaat라고 불리는 것에서부터 군주에 의한 지배를 뜻하는 Fürstenstaat 또는 궁정에 의한 지

132) 옮긴이 주석: 유럽에 있어서의 왕립학교는 이런 맥락에서 볼 수 있다.

배를 뜻하는 Hofstaat로 옮겨가는 마지막 단계를 특징짓고 있다. 지배적인 봉건재산의 세계는 다음과 같이 구성되어져 왔다. 우선 교회가 점유하고 지배하는 토지들, 귀족들의 것, 그리고 향사, 상인들, 그리고 다른 주도적인 부르주아지들의 제3의 재산들; 한편 농민들, 수공업자들 그리고 가계에 속하는 노비들도 역시 재산을 구성하고 있었다. 그러나 이들은 정치적인 문제에 있어서는 소리를 낼 수 없었고, 그들이 무엇인가 "지배했다"라고는 거의 말할 수 없는 지경이었다. 도이치에 있어서 15세기에는 서양 정부에 있어서와 마찬가지로, 영역의 지배자들, 왕들, 군주나 공작이나 또는 백작들은 봉건재산에 비교해서 점차로 더욱더 많은 권력을 획득해 왔었다; 그러나 이들은 역시 수입에 있어서는 영역의 토지로 대표되는 재산에 의존하고 있었다. 수입을 주는 재산 중에서 특별히 교회가 점유하고 지배권을 행사하는 토지재산이 있었고 – 이것이 군주나 귀족에 속하는 관료들의 주된 수입의 원천이 되었다. 이러한 토지 재산의 대표자들이 정기적으로 모이는 것이 영역의 지배자에 의해서 요청되었는데 그 목적은 세금을 부과하고 법을 만드는 것이다. 종교개혁이 가져온 도이치혁명은 새로운 전기를 가져오게 되었다. 즉, 이전에는 상층에 속하는 토지 영역의 대표자가 수행하던 중요한 기능이 또한 그들의 권한에 많은 것과 함께 이제는 새로운 공복으로 행세하는 새롭게 형성된 고위관료층에 주어졌으며 이들 새로운 고위관료 중의 많은 사람들은 태생은 보다 비천하면서도 대학에서 교육받은 사람들로부터 선출되었다.[133] 또한 프로테스탄트 왕들은 이전에 로마 가톨릭에 속했던 부를 징발 및 몰수함으로

133) 옮긴이 주석: 이른바 직업관료제의 형성이다.

써 상당한 정도 부유해진 데 더해서 이제는 독립적인 조세권을 행사하기 시작했다. 이 목적을 위해서 지역의 토지 영역에 속하는 대표자들의 총회가 계속해서 소집되었으며 지역 대표자 의회는 때때로 군주에 의해서 어떤 행동을 취하도록 요구되어졌다. 그러나 그들의 청원은 가끔 고위관료에 의해서 저질러진 부패에 대한 영역인들의 고통과 힘드는 상황을 리스트에 항목으로 적는 것으로 구성되어 있었고, 이들이 군주에게 올린 고통에 대한 청원은 끊임없이 점점 더 불만인 채로 남겨져 있었다. 궁정의 위원회(Hofrat)와 궁정법원(Hofgericht)이 중요성에 있어서 영역의 대표들의 총회를 대치하고 또한 세습으로 물려받은 법원들을 대체하였다.[134) 군주를 나라의 아버지라고 부르는 것을 강조해서, 루터는 그 자신을 법의 궁극적인 원천으로 만들었을 뿐만 아니라 또한 만약 지배자가 백성에게 사악하거나 신이 명하지 않은 방식으로 행동할 것을 명령하는 경우에, 백성의 불복종의 권리와 의무에 대한 제한을 부과하였다. 한편에 있어서는 백성은 이러한 군주의 명령에 불복종할 도덕적 의무를 가지고 있었다. 왜냐하면 이 경우는 신이 군주에게 이미 부여했던 권위를 거꾸로 했기 때문에 다른 한편, 군주에게 적극적으로 저항하는 것은 예정되어 있지 않았다. 왜냐하면 폭군에 의한 지배라는 것도 저항할 것이 아니라 단지 인내하여야 된다는 것

---

134) 원저 p.65. 각주 92. That the transition from the *Ständestaat* to the *Fürstenstaat* took place, and that the prince's officialdom took charge, may be judged from the mass of complaints that were made against their bureaucratic rule. See Gerald Strauss, *Luther's House of Learning: Indoctrination of the Young in the German Reformation* (Baltimore, 1978), p.159: "Protests from all over Germany accused *Amtleute, Vögte, Pfleger, Keller, Schergen, Schosser, Schreiber, Landsknechte, Knechte, Unterknechte* of highhanded behavior." These are all names for various kinds of officials.

이 그 당시의 성서적 해석이었기 때문이다. 이 문제에 대한 루터 자신의 견해는 종교개혁이 가져온 행운들이 밀물과 썰물이 되는 데에 맞추어 변화했다. 루터는 항상 당시 로마 가톨릭 권위층들이 만든 예를 들어, 면죄부 같은 사악하고 신적이 아닌 법에 대하여 저항했었다. 그러나 루터는 자주 진정한 기독교인의 절대무저항의 요구를 주장했다. 이때 누구에 대한 절대무저항인가? 프로테스탄트 군주에 대한 무저항을 말한다. 그의 추종자들도 이 점에 대해서는 그들 자신 사이에서도 달라지고 여러 다양한 시대에서도 달라졌다.

시민적 불복종에 대한 가시울타리 같은 질문에서 벗어나서, 세속적 지배자의 권능, 재판관할권과 권력에 대해서 중요한 제한이 가해졌는데 이것은 루터주의 이론과 함께 그 이론이 적용 가능했던 정치적 현실에 의해서 다 같이 가해졌다. 최초의 제한은 다음과 같은 사실에서 왔다. 군주는 혼자서 통치하는 것이 아니고 그와 함께 고위관료층(Obrigkeit)을 구성하는 공무원을 통해서 한다. 군주와 마찬가지로 고위관료를 형성하는 공무원계층은 그들 역시 공익에 봉사하라는 그들의 기독교적인 소명에 의해서 묶여 있었다. 동시에 그들의 높은 정도의 공적인 책임감은 직업공무원들에게 일반시민들보다 더 높은 정도의 독립성을 부여한다. 더하여 이제는 프로테스탄트 도이치의 여러 영역들의 하나하나는 유효하게 주권국가로 되었기 때문에 직업공무원들은 한 영역의 군주의 고용을 떠나서 다른 영역의 군주에게로 옮아갈 수 있었다. 비슷하게 당시의 고위관료층을 구성하고 있던 대학교수들도 군주에 대한 그들의 의무보다도 더 고차적인 진리에 대한 의무를 가지고 있었다. 그리고 더하여서 그들이 가진 실제적인 가능성은 한 영역에 속한 제약을 떠나서 다른 도이치의 연방, 즉 실질적으로는 다른 주권국가에 속하는 다른 대학의 부름을 받으면 되는 것이다.

그러나 전반적으로 이들 다양한 관료계급들은 일반 백성에 대해서는 억압적이긴 하였지만, 그들 역시 군주의 권한을 함부로 행사하는데 대해서 제한하는 작용으로도 봉사하였다. 부분적으로는 그들이(만약 그 영역의 군주와 맞지 않게 되는 경우) 다른 영역의 군주를 봉사하기 위해서 부름에 응답하여 떠날 자유를 통해서였다. 실로 도이치 군주의 권력은 각각 분리된 게르만인들의 영역들의 사실상 국가연합의 존재에 의해서 일반적으로 제한된다. 이들 각각 분리된 게르만인들의 영역들은 그들의 개별적인 정치구조와 법적 구조에 있어서 높은 정도의 유사성을 가지고 있었다. 종교개혁 전, 즉 1517년 이전에는 신성로마제국의 모든 다양한 지배자들은 황제를 가장 꼭대기에 놓고 그 황제 아래, 권위에 있어서 내림차순의 순서로 지위를 가지고 있었다. 즉, 군주, 공작들, 백작들, 그리고 다른 지배자들, 성직자들 기타 귀족들, 그리고 시민들이었다. 이와 같이 영역별로 교회의 정부별로, 귀족별로 그리고 도시별로 발달한 부수되는 다양한 정치공동체 안에서 여기에 각각 부수하는 황제의 재판관할, 영역의 재판관할, 교회의 재판관할, 귀족의 재판관할권이 존재했다. 그러나 종교개혁 이후, 즉 1555년 이후 각 영역의 하나하나의 지배자는 그의 권력에 있어서나 그의 백성에 대해서나 모두 동등했다. 물론 (사실상의 문제에 있어서) 그들의 권력이나 재산에 있어서 똑같은 위치에 있었다는 것은 아니고, 각 군주는 그의 영역에 있어서는 최고의 위치에 있었다는 말이다.[135] 루터주의의

---

135) 옮긴이 주석: 종교개혁을 종교혁명이라고 부르는 이유가 여기서 나타난다. 신성로마제국에 있어서는 기본적으로 수직적인 위계를 이루고 있었던 약 400여 개의 정치적 단위가 이제는 각 영역의 주권자를 최고로 만드는 루터주의의 영향으로 각각 독립성을 띠게 되었다는 이야기이다.

영역에서는, 각각의 개별 군주는, 종교의 문제에 있어서 독립적인 결정을 행사할 의무와 권리를 가지게 되었다. 개별 군주는 그 자신의 법에 의해서 정부를 구성하고 통제하였다－군주령의 영역법이 성립되었으며 이것이 란트(Landesrecht)의 법이다. 각각의 군주는 그 자신의 관료와 자문관을 선택했는데, 이전과 달리 황제나 교황의 압력에서 자유롭게 할 수 있었다. 동시에 개별 지배자의 그 자신의 영토에 대한 배타적인 재판관할권은 다른 모든 군주에 의해서 존중받게 되었다. 각각의 군주령은 독립적인 국가단위가 되고 특히 외부와의 관계에서 그러했다. 실로 개별 군주령은 국가로서의 특징을 인정받았는데, 그것은 많은 군주령이 사실상 국가연합을 이루고 있는 내부에서 다른 국가로부터 독립성을 인정받게 되었기 때문이다.

더하여 종교개혁으로 야기된 도이치혁명은 지리적인 의미에 있어서의 영토(Land)라는 새로운 개념을 구성하게 했다. 1500년 이전에는 "왕국"(Kingdom)이냐 공국(Princedom)이냐는 왕가나 왕가에 버금가는 대공의 가계가 미치는 지배권, 즉 재판관할권에 의해서 규정되었다. 이때의 지배권과 재판관할권은 영역에 의해서라기보다는 봉건적 권리를 포함한 관직에 의해서 규정되었다. 16세기가 되어서야 비로소 영역에 불구하고 성립되었던 봉건적 권리가 지역을 기반으로 한 주권에 양보하였다.[136] 그러나 이와 같이 성립된 지역기반의 주권은 게르만인들의 공국들에 있어서 서로간의 관계를 고려하면, 연방적 성격과 나라 간의 문제에 의해서 제한되어 있었다.

---

136) 원저 p.66. 각주 93. See Otto Brunner, *Lord and Lordship*, trans. James van Horn Melton (Philadelphia, 1992).

군주의 권력을 함부로 행사하는 것에 대한 더 이상의 제한은 서로 엇바꿔가면서 쓰여지게 되었던 세 가지 개념, 즉 republic, commonwealth, the state의 공통점으로 법에 의해서 지배하는 정치적 공동체, 즉 "법치국가"(law state, Rechtsstaat)라는 것에 의해서 부가되었다. 다음과 같은 사실이 전제가 된다. 나라의 지배자는 그들 정책을 법에 의해서 유효화한다. 즉, 입법행위나 사법행위나 행정행위에 의해서이고 더 나아가서 그들 자신 스스로가 만든 법을 그들 스스로도 준수해야 될 도덕적 구속을 받게 된다. 여기에 더하여 법에 의한 지배라는 군주의 의무는 루터주의 철학에 의해서 강화되는데, 이 루터주의 철학은 성서에 계시된 법과 자연법에서 온 것이다. 성서에 계시된 법이란 특별히 십계명에서 표현된 것이고, 자연법이란 십계명에 일치해서 절대자가 모든 인격의 양심안에 심어놓은 원칙을 말한다.

이와 같이 프로테스탄트 군주의, (종교개혁 이후의) 정치적 권위의 최고인 성격은 완화되었다. 첫째로는 그 자신이 주권을 가지는 영역이 다른 주권영역과 함께 공통적인 도이치라는 큰 프레임워크 안에서 공존하는 사실에 의해서 그다음에는(이미 말한 바대로) 고급관료청의 사람들이 어떤 프로테스탄트 군주로부터 다른 프로테스탄트 군주에게로 옮아갈 수 있는 자유 때문이었다. 두 번째로 개신교 군주의 최고의 권력이 완화된 것은 다음과 같은 믿음에 의해서였다. 즉, 군주의 법은 최종적으로는 십계명에 기초하고 있다. 또 다른 믿음은 군주와 군주의 고위관리들은, 비록 법을 변화시킬 법적인 권한을 가지고 있기는 하지만, 적법하게 법을 바꿀 때까지는 양심에 있어서의 법(the law in conscience)에 구속되기 때문이다. 이와 같이 열거된 원칙들이, 도이치의 군주들로 하여금, 적어도

이론상은, 절대 군주라기보다는 **헌법을 가진 군주 또는 입헌군주** (constitutional monarch)로 만들었다.[137)]

도이치헌법에 대한 영향은 별도로 치로, 프로테스탄트 공국들에 있어서의 로마 가톨릭 재판관할권의 제거는 도이치 형법, 민법, 그리고 법철학과 법과학과 같은 다른 관계된 분야에 있어서도 실질적인 갭을 남겼다. 이 장에서 말할 필요가 있는 것은 다음과 같다. 법의 모든 분과에 있어서 그때까지 진행된 탈교회화와 같은 의미인 세속화 그리고 체계화를 향한 전반적 경향은 한편에 있어서는 국가의 개혁 및 혁명 그리고 다른 한편에 있어서는 교회의 개혁 및 혁명으로부터 거대한 자극을 받았다. 형법과 형사절차법에서, 각 영역에 해당되는 체계적이고 포괄적인 입법이 행해졌다－서양의 역사와, 아마도 인류의 역사에서 **단일한 법 분야**에서는 최초로 이러한 법전화가 이루어진 것이다. 전체로서의 법 영역에 있어서 민사법을 포함해서, 통일화가 이루어진 것은 형식을 갖춘 법전화에 의해서가 아니고, 특정한 영역에 적용가능한 법의 총체에 대해서 학자들의 논문이 체계적으로 쓰여짐에 의해서였다. 이때, 특정 지역뿐만이 아니고 교회법이나 세속법이나 왕의 법이나 도시법이나 또한 봉건법이나 관습법에 대한 논문집들을 얘기하는데－서양의

---

137) 옮긴이 주석: 동아시아 전통의 입장에서 의무는 다음과 같다. 입헌군주라 하더라도 법을 지키지 않는 경우에는 법에 의해서 그 권력이 구속되지 않을 것이 아닌가? 동아시아의 입헌주의 경험이 말한다. 종교개혁 이후의 도이치 군주의 주권이 확립된 것은 종교개혁에 의해서였고, 종교개혁의 와중에서 각 주권자는 자신의 종교를 선택해야 되었으며, 그 종교선택권은 그들이 선택한 종교에 충실한다는 전제에 있었기 때문이라고 대답할 수 있다. 한편 동아시아 전통에 있어서는 주권자가 만든 법에 주권자가 스스로 구속된다는 것은 주권자 이외의 더 높은 정신적 권위를 역사적으로 또는 주권자 개인적으로 인정할 때만이 가능한 것이다. 동양철학의 여러 설명에도 불구하고 중국에 있어서 황제의 권위와 공존하던가 더 높은 정신적 권위는 적어도 법제도적으로는 존재한 적이 없었다.

역사와 아마도 인류의 역사에서 (민사법을 포함한 전체법에 있어서는) 최초의 논문들이라 할 수 있다. 형법과 형사절차법의 법전과 마찬가지로 학자들에 의해서 쓰여진 체계적인 논문들은 법률가와 전문적인 법원에 의해서 적용할 수 있는 원칙과 룰들을 몽땅 모아서 유기체로 구성하는 것을 지향했는데 – 입법부에 의해서 만들어진 어떤 제정법의 통상적인 의미에 있어서의 입법이 아니라 권위있는 텍스트에 포함된 기록된 규칙의 체계라는 의미에서 일종의 입법을 지향하였다. 그래서 새로운 도이치의 법치국가, 즉 Rechtsstaat에서는 이와 같은 학자들의 논문들이 제정법, 관습과 병행해서 법의 중요한 원천으로 자리 잡게 되었다.

루터주의의 법사상도 또한 형법과 민법을 새롭게 체계화하는데 중요한 역할을 하였다. 루터주의의 법사상은 법이 취하는 본질적 형태로서 비교적 구체적인 법적 규칙의 중요성을 강조하였다. 법실증주의의 이 내용은 legal positivism 루터주의의 교리와 관계되는데, 루터주의의 교리에 의하면 인간은 사악함을 가지고 있으며, 따라서 비행 또는 불법을 저지하기 위해서는 강제적인 징벌 또는 제재를 가하는 것이 유용하다는 것이다. (이전의 가톨릭 질서의 보편주의 시대에 통용되었던) 자연법의 지나친 관용성과 일반성 때문에, (불문법이 아니라) 성문법이 필요해진 것은 그 목적이 보통의 범법자를 제어하는데 필요할 뿐만 아니라, 판사와 같은 사법관료를 포함한 관료들로 하여금 그들의 권한을 함부로 행사하고 싶은 자연적 경향을 제어하기 위해서 필요하다는 것이라고 루터는 썼다. 동시에 루터주의가 법적인 텍스트와 케이스의 분석에 있어서 출발점으로서 법의 일반 원칙을 강조한 것은 다음과 같은 개념으로 인도하였다. 즉, 법원의 일차적인 과업은 법을 발견하는 것이라기보다 법을 적용하는 것이다. 이 말은 어떤 텍스트나 케이스를 법원에 가져와서 적절한 주어진 일반 원칙이나 룰 아래에서 같은 종류의 룰로부터 논리적인 과정(deduction)에 의해서 적용하는 것이다. 이때 **연역**(deduction)**을 강조하는 것은 (이전의 학자들의 분석에서 보여지는) 방법인 어떤 특정한 텍스트와 케이스의 구체적인 결과로부터 일반 원칙을 경험적으로 도출하는 주석**(glosses and commentaries) **을 통해서 법발견하는 것과 대비시키기 위해서이다.**

(법학방법론에 있어서 최현대의 한국에서 문제되는 바와 같은) 일반 원칙에서부터 구체적인 규칙과 케이스로 진행시키는 연혁의 방식을 통해서 체계화하는 것을 강조하는 태도는 교수의 역할을 뚜렷이 하는 것으로 인도하였다. 그래서 16세기에 발달한 것은 가장 어려운 케이스들(hard cases)을 결정하기 위해서 대학의 법학교수들에게 가져가는 것이었다. 각 영역의 법원뿐만 아니라 도시법정들 또한 제국의 항소법원(the Imperial High Court) 자체조차도 특별히 어려운 법적용문제에 부딪혔을 때는 사례의 모든 파일을 법학교수에게 보내는 걸로 되어 있었으며 법학교수들이 그 케이스를 연구, 검토해서 법원을 구속하는, 이유가 붙어 있는 판단을 보내곤 했다. 이러한 "파일을 송부하는 것"(Aktenversendung)으로 불리는 제도는 1878년까지 도이치, 즉 프로이센에서 지속했는데 도이치법의 실질뿐만 아니라 형식에 있어서도 엄청난 영향을 주었다. 이러한 제도는 역시 몹시 시간이 걸리고－또한 교수들에게는 이득이 남는 일이었다. 교수들에게 소송파일을 보내어 판단하게 하는 이러한 절차를 광범위하게 채택하는 것은 더 일반적인 경향의 부분이라고 할 수 있었는데 그 일반적인 경향이라는 것은 포괄적인 논문을 통해서 법을 체계화하려는 경향이며, 형사법과 형사절차법의 경

우에 있어서는, 포괄적인 입법을 통해서 법을 체계화하려는 일반적인 경향이라 할 것이다. 헌법뿐만이 아니라, 법철학과 법학방법론뿐만이 아니라 형사법과 민사법의 기본 원칙들과 사회법이라고 불리울 수 있는 영역에 있어서도 도이치혁명의 영향 아래에서 실질적으로 변화하였다. 이러한 변화들을 상술하는 것은 다음의 장에 맡겨져 있다.

1.13 제외된 사항들

도이치와 영국의 혁명이 서양법 전통에 미친 영향이라는 스토리를 얘기할 때, 무엇을 보고하느냐를 결정하는 데에 있어서 특별히 도움이 되는 것은 역사적 법학(historical jurisprudence)이다. 유럽에서 1500년대의 초기에서 그리고 다시 1600년대의 중반에, 어떤 급격한 법에 있어서의 변화의 시기가 도래했는데 이에 대해서는 이후의 장에서 토론될 것이다. 그러나 언급은 되나 분석되지 않을 변화들에 대해서는 제외된다.

1600년대 중반까지 급격한 변화가 오지 않았던 영역은 유대인의 해방문제였다. 16세기의 루터주의 개신교 공국들에 있어서 로마 가톨릭 공국과 왕국에 있어서와 마찬가지로 기독교로 개종하지 아니한 유대인들을 게토에서 살고 신분을 증명하는 배지를 달도록 요구되어졌으며 특정한 직업에만 종사하도록 제한되어져 있었다. 돈거래 또는 금융거래에 종사하는 것은 허용된 하나의 직업이었으며 금전대차 금융에 크게 성공한 유대인들은 군주들과 고위직에 있는 사람들에게 유용하였으며, 따라서 때로는 군주와 고위층에 의해서 사회적으로도 수용되었다. 그러나 다른 직종의 유대인들은 실질적으로 추방되었으며 때로는 잔인하게 처형되었다. 1세기 뒤에, 칼뱅주의의 잉글랜드는 유대인들에게 훨씬 더 친절하여져서 유대인들로 하여금 5세기에 걸친 추방 이후의 영국에 돌아오도록 초청하였으며 그러나 그 경우에도 귀환 유대인들은 분리되어서 시민권을 박탈당하였다.

1600년대 중반까지 아직도 오지 않은 다른 변화는, (중세 이후에 내려오던) 이른바 마법을 행한 범죄를 없애지 못한 것이다. 이 문제에 있어서는, 유대인 문제와 마찬가지로, 로마 가톨릭과 프로테스탄트는 다 같이 책임을 공유하고 있다. 최초로 마법 행함을 기독교 신앙에서의 이단적인 떠남으로 규정하고 그들 자신을 악마에게 넘겨준 사람들의 경우로 규정하였다. 따라서 마법을 행했다고 기소된 사람들은 처음에는 이단으로 처형되었다. 16세기와 17세기에 로마 가톨릭과 개신교 나라에 있어서 마법을 금지하기 위해서 입법된 법률들 간에는 큰 차이는 없다. 이 문제에 있어서, 다른 문제에 있어서는 관용하였던 칼뱅주의 영국의 법의 실행도 루터주의의 도이치나 로마 가톨릭보다도 심지어 더 가혹하였다.

가장 중요한 것은 유럽에 있어서 전쟁의 빈도나 잔인성을 경감시키는 시기는 아직 오지 않았다는 것이다. 서양의 모든 나라들에 있어서의 지배층을 백성들이 400년 동안이나 공유하던 로마 가톨릭 신앙조차도, 로마 가톨릭 공국들 사이에서의 끊임없는 전쟁의 발생을 막지는 못해왔다. 15세기에 로마 가톨릭 프랑스와 로마 가톨릭 잉글랜드는 약 100년 동안 주기적으로 전쟁상태에 있었다. 프로테스탄티즘이 출현하면서, 종교전쟁들이 이제는 개신교와 가톨릭이 공국과 왕국들 사이에서 거듭되었다. 1555년의 아우구스부르크 평화조약은 비록 프랑스는 아니지만 나라들 사이의 2세기에 걸친 종교적 평화를 개시하였다. 그 이후에 로마 가톨릭 연합과 프로테스탄트 나라들 간에서 거의 지속적인 전쟁이 30년간 계속되고 양쪽의 인구를 감소시켰다. 국제적인 규모의 종교전쟁을 종식시키고 동시에 국제적인 전쟁에 대한 제한을 가하는 데 쓰인 국제법의 몸체를 확립한 것은 1648년의 베스트팔리아 평화조약에서였으며 이때도 국제전쟁을 제한한다는 것조차는 실로 항상 유효한 것은 아니었다.

이 책에서 역시 제외된 것은 스페인과 같이 로마 가톨릭으로서 남아 있었던 나라들에서 일어난 법의 발전의 집중적 분석이다. 스페인은 16세기에 법과 법사상에 있어서 중요한 변화를 겪었다. 15세기 말과 16세기 초에, 루터가 급격한 변화를 요구하기 전에, 스페인에 있어서 가톨릭 종교개혁이 있었는데, 이 운동에서 스페인 왕권은 교황으로부터 스페인 교회를 온전히 지배할 수 있는 권한을 뺏어내었다. 페르디난드와 이사벨라의 오랫동안의 공동통치 기간에－이 기간은 스페인 종교재판의 무자비한 행태로 악명이 높았는데 일단의 뛰어난 법학자들이 나타나서 16세기 중에 새로운 “신토마스주의”(Neo-Thomist) 법철학과 법과학을 창조했다. 이들 16세기 스페인의 신토마스주의자들은 어떤 점에 있어서는 프로테스탄트 도이치 법학자들의 새로운 법철학과 법과학에 병행하였다. 프로테스탄티즘의 위협 아래서, 스페인 종교개혁은 새로 창설된 예수회에 의해 인도되고 점차로 반개신교의 대항개혁(Counter-Reformation)의 성격을 띠게 되었다. 그럼에도 불구하고, 위대한 16세기 스페인 법학자들의 저술들은 어떤 중요한 관점에 있어서 동시대의 개신교 법학자들의 저술들과 유사점을 보여주고 있었다. 또한 때때로 스페인과 도이치의 법학자들은 서로서로의 업적을 호의적으로 인용하였다. 스페인의 후기 스콜라주의자들(“late scho1astics”)의 법에 대한 글과 도이치의 초기 성서주의자들(Early Biblicist)의 글 사이에 비슷한 점과 차이점 사이에 책 한 권이 쓰여질 만하다.[138]

138) 옮긴이 주석: 오늘의 주제는 도이치의 종교개혁 이후에 성립한 군주제와 입헌군주제 아래에서의 법치주의의 성립에 대해서이다. 이 부분의 한국 법학에의 의미는 다음과 같다. 필자가 이미 지적한 것처럼,(김철, 2009년 9월 「한국법학의 반성」) 한국의 최현대 법학에서도 여전히 영향을 미치고 있는 “독일의 법치주의” 이론은, 아래에서 보는 바대로 종교개혁 이후에 성립한 입헌군주제에서의 법치주의이다. 이 법치주의 이론은, 필자가 이미 지적한 대로 1차 세계대전 이전의 프로이센 제국 때까지 유효했던 이론으로 이 이론이 한국에 도입된 것은 일본 제국주의 시대의 일본인들에 의해서이다. 그 이유는 일본이 메이지 유신의 기간을 거쳐서 1891년 메이지 헌법을 마련할 때의 일본의 상황은 천황을 주권자로 하는 그러나 서양식의 헌법을 가지는, 말하자면 입헌군주국이었기 때문에 이러한 국체에 맞는 법치주의 이론은 프로이센제국, 비스마르크 헌법 때까지의 그것과 비슷했기 때문이다. 명백히 한국은 1948년 제헌헌법 이후, 국민주권주의에 의해서 입헌군주제는 아니었다. 그럼에도 불구하고 “독일의 법치주의” 이론은 그대로 해방 이후에도 통용되고 필자가 이미 1993년에 지적한 것처럼 (김철, 「법제도의 보편성과 특수성」) 그대로 법치주의 이론을 써왔다. 이와 같은 한국의 공법학사의 대강에서 볼 때 다음의 부분에서 전개하는 도이치종교개혁 이후의 입헌주의와 법치주의의 사정은 그간에 한국의 법학도들이 지나쳐왔던 “독일의 법치주의”의 역사적 맥락을 분명히 해서, 한국이 1920년대 이후 일본의 학자들을 통해서 받아들였던 1920년대의 “독일법치주의”의 성격을 분명히 하는 데 도움이 될 것이다. 1920년대에 수입된 공법학 이론에 대해서는, 김효전, 「경성제국대학 공법학교수의 빛과 그림자」 2013년 5월 13일 공판련 발표에 참조.

제2장
루터주의의 법철학[139)]

서양 법사상사의 지금까지의 관행적인 설명은 16세기의 루터주의 법철학자에 의한 중요한 공헌을 명백히 하지 않아 왔다. 그 이유는 다음과 같다. 대부분의 필자들은 16세기를 다룰 때, 그들이 부르는 대로의 스콜라주의의 중세와, 17세기의 근세의 시작 사이에 존재하는 단순한 과도기로 간주해왔다. 주장을 들어보면, "16세기의 법학자들은, 법철학의 근세 또는 근대에 이르는 수문장이고, 대체로 그들 자신의 사상을 전개하는 능력은 가지지 않았다."[140)] 가장 잘 평가할 때 16세기의 법철학자들은 중간에 존재하는 연결고리로서 봉사한 것인데; 한편에서는 토마스 아퀴나스와 윌리암 옥캄과 같은 "중세의" 법철학자와 다른 한편에 있어서는 토마스 홉스와 존 로크의 "근대의" 법철학자의 연결고리라는 뜻이다. 실로

139) 원저에서 제2장 전체의 주석으로 붙어 있던 것: This chapter draws partly on an article written by the author jointly with John Witte, Jr., titled "The Transformation of Western Legal Philosophy in Lutheran Germany," *Southern California Law Review 62* (1989), 157～1660. See also Harold J. Berman, "Conscience and Law: The Lutheran Reformation and the Western Legal Tradition," *Journal of Law and Religion 5* (1987), 177～202.

140) 원저 p.71. 각주 1. Ernst Cassirer, quoted in Herman Dooyeweerd, *Rechtsphilosophie und der Rechtswetenschap* (Amsterdam, 1946), p.93.

16세기의 법사상이 더 심각하게 고려된다면, 연결점은 통상 루터의 종교개혁이 아니라, 이탈리아와 프랑스의 "르네상스" 법리학과 연결되어 왔다. 이때 르네상스 법학이라는 것은, 고대 로마의 텍스트에 대한 원래의 의미를 복원하려고 했고, 그래서 근저에 존재하는 일반 법원칙의 용어로써 로마법의 텍스트를 조직하려고 노력했다. 이때 동반하는 것은 "신토마스주의"이고 때때로 불리우기를 "신스콜라주의"라고 했고, 신스콜라주의는, 토마스 아퀴나스[141]의 초기 스콜라 사상과 방법에 부응해서 쇄신하는 것이었다. 루터주의에 의한 법개혁가들의 철학적 가르침의 새로움과 중요성은, 이와 같은 경위로 대부분의 현대의 해석가들에게 있어서는 상실되어 왔다.[142]

---

141) 원저 p.71. 각주 2. Two fairly recent books in which sixteenth-century Lutheran jurists are discussed briefly are Ian Maclean, *Interpretation and Meaning in the Renaissance: The Case of Law* (Cambridge, 1992), and Donald R. Kelley, *The Human Measure: Social Thought in the Western Legal Tradition* (Cambridge, Mass., 1990). Neither author, however, relates the theories of the Lutheran jurists to Lutheranism. Maclean identifies theories of Lutheran jurists such as Christoph von Hegendorph, Johann Apel, and Johann Oldendorp as "humanist" and links them with those of nonLutheran humanists such as Cantiuncula, Alciato, and Hotman. The name "Luther" and the word "Reformation" do not appear in his index. Kelley discusses briefly various Lutheran theological and political beliefs, and also makes scattered references to Lutheran legal thinkers such as Apel, von Hegendorph, and Konrad Lagus, but he does not draw connections between the theories of the Lutheran jurists and Lutheran theological and political doctrines. Neo-Thomist jurisprudence in sixteenth-century Spain has been treated in many works, again, however, without reference to contemporary Protestant legal thought. See, for example, James R. Gordley, *The Philosophical Origins of Modern Contract Doctrine* (Oxford, 1991), dealing with the contributions to the philosophy of contract law of Vitoria, Molina, Soto, and other sixteenth-century neo-Thomist Spanish theologians. On the relation of sixteenth-century neo-Thomist Spanish legal philosophy to sixteenth-century Lutheran German legal philosophy, see n. 144.

142) 원저 p.71. 각주 3. Franz Wieacker notes in a cryptic paragraph that Luther at first denied man's ability to have knowledge of natural law but that "when Lutheran theology subsequently returned to natural law, it linked up with the

특히 루터주의의 법철학은 대체로 법적 휴머니즘(legal humanism)의 그늘에서 잔존해왔다.

루터주의의 법철학은, 루터의 사상이 취급되어 온 일반적인 좁은 전망에 의해서 가리어져왔다. 많은 법학자들이 그들의 분석을 마르

Aristotelianism of the Thomists, although with an emphasis on Ciceronian thinking which betrays the influence of Melanchthon's humanism, and a stronger focus on the Decalogue, which testified to the progress of the Reformation." Wieacker, *History of Private Law*, p.209; see also p.471. Wieacker devotes a few paragraphs to the Lutheran jurist Oldendorp's theory of natural law (pp.224~225), and two short paragraphs to Luther's colleague Johannes Apel (p.117), but he treats them more as humanists than as Lutherans and nowhere spells out what is distinctive in Lutheran legal thought. Likewise Helmut Coing, in *Europäisches Privatrecht*, Band 1, *Älteres Gemeines Recht (1500 bis 1800)* (Munich, 1985), pp.229~232, deals only cursorily with Lutheran jurisprudence, although he does analyze briefly Lutheran ecclesiastical law and family law. Coing also refers briefly to Oldendorp's topical method (p.21) and devotes a short paragraph to Apel's application of the distinction between proximate cause and remote cause to property transfers (p.179). Neither Coing nor Wieacker, who are generally considered to be the two leading historians of German law in the second half of the twentieth century, mentions Vigelius, Kling, and other great Lutheran jurists. They mention Melanchthon in passing but ignore his writings on law. Similarly, Hans Hattenhauer's massive history of European law deals only cursorily with the impact of the Reformation on law, stating that "if one asks of [the sixteenth-century Protestant churches] what consequence the Reformation had for civil and criminal law, the law of the common man, the answer of the Lutherans, above all, would turn out to be thin [*düftig*] …… [Luther's] follower, the jurist Oldendorp (1480~1567), undertook to write a book about equity in the year 1529. But if one looks for significant jurists who came from the Lutheran Reformation and brought forth something fundamentally new, the result is modest. Luther created no effective impulse in jurisprudence for the whole of Europe. Great European theologians and musicians, poets and educators, came forth from his teaching, but the jurists of his school influenced very little of Europe's law. The center of gravity of European jurisprudence shifted from Rome not to Wittenberg but to France and Bourges." Hans Hattenhauer, *Europäische Rechtsgeschichte* (Heidelberg, 1992), p.367. Hattenhauer mentions only one of Oldendorp's many works and none by Apel, Lagus, Kling, Vigelius, or even Melanchthon.

틴 루터 혼자의 저술에 한정해왔고, 그래서 잘 정리되지 않은 법철학의 잔해만을 발견해왔다. 많은 법학자들이 루터의 가르침을 체계적으로 찾아내는데, 즉 많은 종교 고백들, 교리들, 그리고 16세기의 종교적 신교들이 있었으며 또한 필립 멜랑히톤과 다른 중요한 루터주의의 신학자들과 윤리학자들의 방대한 기록에서 그리고 다음과 같은 사람의 법학논문에서 산재되어 있었기 때문이다. 즉, 요한 압펠, 콘라드 라구스, 요한 올덴도르프, 그리고 다른 뛰어난 루터주의의 법률학자들이 있었다.

루터주의 법철학을 무시한 중요한 이유는, **종교개혁이 종교에 관한 일에만 한정되었다는 가정 때문이었다**. 루터와 그의 협력자들이, 법을 (교회나 성직자의 관할이 아닌) 민간권력 아래에서의 세속적 영역으로 할당한 사실이 많은 학자들로 하여금 다음과 같이 가정하는 것으로 잘못 이끌었다. 어떤 잘못된 가정일까. 루터와 그의 동료들이 법과 종교를 상호적으로 별 상관없는 것으로 만들어 버렸으며, 더 나아가서 루터와 그의 동료들의 새로운 믿음과 독트린은 단지 종교에만 적용될 수 있다는 가정이었다. 이러한 (오도된) 주제는 저명한 도이치의 역사학자이며 신학자인 에른스트 트뢸치(Ernst Troeltsch, 1865～1923)에 의해서 강력히 주장되었다. 그는 말하기를 프로테스탄티즘은 "법이론이나 법형식에 있어서 아무런 실질적인 변화를 가져오지 못했으며; 본질적으로 프로테스탄티즘 중세의 상황을 지속시켰다."[143] 만약 누구든지 그와 같은 가정에서 출발한다면 다음과 같이 결론짓는 것은 쉽다. 즉, 루터주의의

143) 원저 p.72. 각주 4. See Ernst Troeltsch, *Protestantism and Progress: A Historical Study of the Relation of Protestantism to the Modern World,* trans. William Montgomery (Boston, 1958), p.101.

저술가가 법철학에 이룩한 공헌은, 그리 독창적인 것이 못되고 피상적이며 키케로(Cicero)보다 덜한 것이며 로마 가톨릭에 있어서의 관행적인 것보다도 덜한 것으로 남아 있다는 것이다. 그러나 실상은 바로 그 반대가 제시된다. 즉, 지상의 영역과 천상의 영역이 어떤 관계를 가지는가에 대한 루터주의의 생각은, 다른 말로 하면 법과 신앙의 관계에 대한 것인데, 이것이야말로 새로운 신학의 원천일 뿐만 아니라 새로운 정치과학과 새로운 법이론의 원천이었다.

마지막으로 어떤 저술가들은 다음과 같은 질문으로 점철되어왔다. 그 질문은 단순한 것인데, 루터주의의 법철학이 자연법학파에 속하는 것인가 또는 법철학에 있어서 실증주의학파에 속하는 것인가라는 질문이다.[144] 이들은 이 질문에 대한 대답을 구하는 데 있어서 최근에 유행하고 있는 연속적인 질문에 대한 용어로서 시도하였다. 예를 들면 법규칙의 성질과 본질에 대해서, 법상의 권리의 원천 또는 법원(法源)에 대해서, 법체계를 어떻게 정의할 것인가에 대해서, 법과 정치와의 관계에 대해서와 같은 유사한 질문이다. 현대 법철학과 법이론에서 취급하는 이와 같은 범주들과 질문들은, 따지고 보면 루터주의 법철학의 대부분들을 취급하지 않고 그냥 내버려두는 결과가 된다.

실상은 루터주의의 개혁가들은, 그들의 기본적인 신학적이며 정치적인 믿음에 뿌리를 두고 있는, 특유한 법철학을 가졌고, 이 법철학은 도이치뿐만 아니라 유럽의 다른 나라와 더 나아가서 아메리카와 다른 곳에까지 매우 큰 영향을 미쳤다.

서양 법철학의 기본적 구조는 11세기 말과 12세기 초의 혁명적

144) 옮긴이 주석: 이와 같은 단순한 이분법은 한국 및 동아시아인들이 잘하는 질문법이다.

봉기의 와중과 그 이후의 기간에 이미 확립되었다.[145] 그 시대에 처음으로, 교회법과 새롭게 부흥되고 새롭게 체계화된 로마법의 새로운 시스템을 연구하는 위대한 학자들이 법의 성질과 목적에 대해서, 법의 원천, 즉 법원에 대해서, 다양한 종류의 법에 있어서 법과 (올바름을 뜻하는) 정의와의 관계와, 법과 질서와의 관계에 대해서 일관성 있는 원칙들의 집합을 형성하는 데 종사하였다. 11세기와 12세기의 위대한 법학자들은, 실로 플라톤과 아리스토텔레스의 업적과 그리스와 로마 스토아학파의 업적뿐만이 아니라 교부들과 후기 신학자들의 업적까지 끌어냈다. 이 시대 이전의 그들의 선배들의 누구도, 그들처럼, 법철학을 도덕철학이나 신학으로부터, 비록 관계는 있다 하나, 구별되고 분리되는, 포괄적인 생각의 유기체로서 취급하지는 않았다.[146] 서양 법철학의 기초적 구조뿐만이 아니라 기초적인 특징과 항목들이 처음으로 12세기와 13세기에 공개적으로 천명되었다. 그 시기의 법학자들의 가르침은 다음과 같다. 인간의 법이란 관습법이든, 제정법이든 간에 법의 정당성을 자연법에서부터 가져올 수밖에 없다. 그다음 순서로 자연법은 어디에서 오는가. 자연법은 신이 만든 법, 즉 신법의 반영일 뿐이다. 자연법은, 인간의 이성이 즉각적으로 접근할 수 있는 것으로 생각되었다. 신법이라는 것은, 성스러운 문헌, 즉 성서와 교회의 전통에서, 인간의 이성에게 계시되어 나타난 것이다. 동시에 12세기와 13세기의 법학자들은 다음과 같은 사실을 잘 알고 있었다. 즉, 인간이 매우 이기적이라는 것, 인간의 자만심 그리고 권력에 대한 본능적 욕구

---

145) 원저 p.72. 각주 5. See Berman, *Law and Revolution,* pp.143～151, 275～276.

146) 옮긴이 주석: 11세기와 12세기에 비로소 도덕철학과 신학과 구별되는 포괄적 법사상을 형성했다는 것이다.

같은 것들은, 올바르지 않은 법을 만드는 원천이다. 올바르지 않은 법이라는 것은 자연법에도 모순되며, 신의 법에도 모순되는 것이다. 이와 같이 보아오면, 인간의 법이라는 것은, 비록 (최상의 경우) 신의 의지에 대한 대답 또는 응수라고 간주되지만, 역시 흠이 있는 인간의 의지의 산물로서 보여질 수 있다. 결함 있는 인간의 의지라는 것은, 인간의 이성에 의해서만 교정될 수 있으며 또한 교정될 필요가 있는 것이다. 법학자들은 계속 말했다. 인간의 이성은 원래 자연법과 신의 법과 병행하는 것이었다. 어떤 점에서 다음과 같은 점에서이다. 범죄는 처벌되어야 한다. 또한 계약은 준수되고 강제되어야 한다. 신뢰와 위탁의 관계는 보호되어야 한다. 또한 범죄로 기소된 사람들이 그들 스스로를 방어하는 목적으로 하는 주장을 들어주어야 한다. 그리고 통틀어서 법에 있어서의 규칙과 절차는 올바름, 즉 정의의 기준에 일치하여야 한다.

범위를 넓혀서 얘기한다면, 서양 법철학의 이미 열거한 특징과 항목들은, 12세기와 13세기의 로마 가톨릭의 법학자와 신학자에 의해서 처음으로 명백히 천명되었지만, 루터주의에 의한 혁명가들의 저술에서도 여전히 살아남았다. 따라서 최초에 강조되어야 할 것은, **루터주의의 법철학은 로마 가톨릭의 가르침과의 연속성이라는 점에서 이해되어야 한다.**[147] 루터주의자들이 (가톨릭 전통의) 스콜라주의의 법철학에 대해서 공격하는 것은, (의외로) 초기의 이른바 스콜라주의 법학자들이 이미 그들의 방식으로 확립했었던 어떤 지적 전통 내부에서부터 나온 것이다.[148]

---

147) 옮긴이 주석: 지금까지의 상식은 루터주의와 로마 가톨릭의 교리상의 차이를 이유로 법철학 역시 전혀 연속성이 없다는 식으로 생각하여왔다. 더욱 적절한 말은 의식이나 교리를 넘어서 루터주의나 로마 가톨릭의 법철학에 대해서는 별 관심이 없었다.

그럼에도 불구하고 그러한 전통에 혁명적인 변화를 다시 도입한 것은 루터주의의 개혁가들이었다. 그러한 변화를 분석하는 데 있어서, 필자인 해롤드 버만은 두 사람의 저술을 기초로 하는데, 이 두 사람은 루터주의의 법철학을 기초 놓은 사람으로 알려져 왔다. 두 사람은 루터 그 자신과 그의 동행자 필립 멜랑히톤이고, 또 다른 사람이 있는데 루터주의 법철학을 보다 충분히 전개시킨 요한 올덴도르프(Johan Oldendorp)이다. 이 세 사람 모두가 신학, 철학, 그리고 법학으로 훈련된 사람이었고; 이 중에 루터는 세 과목 중에서 신학에 더 기울어졌으며, 멜랑히톤은 더 철학에 기울어졌으며, 올덴도르프는 더 법학에 기울어졌다. 그들 사이의 차이에도 불구하고, 기본적으로는 같은 신학적 전망과 철학적 전망과 법학적 전망을 공유하고 있었다. 이 글에서는 그들의 공유점을 강조하기로 한다.

2.1 루터의 법철학

루터는 그의 전 생애의 경력을 통해서 법에 대한 철학과 정치에 대한 철학이라는 질문에 대해서 맹렬한 관심을 유지하였다. 그렇다고 그가 이 주제에 대해서 체계적으로 논문을 쓴 것은 아니었다. 1501년에 에르푸르트(Erfurt) 대학에 등록한 이후에, 루터의 아버지는 청년 루터에게 로마법 교과서를 사주고 아들로 하여금 법학을

148) 옮긴이 주석: 환언하면, 초기 스콜라주의 법학자들이 이미 확립한 논변의 방식은, 확정된 가정에 대해서 요지부동의 권위를 부여하는 그런 방식이 아니었다. 그리스 철학의 오래된 전통에 따라서 끊임없이 반문할 수 있는 자유와 권리를 철학으로 포용하고 있었다. 따라서 종교개혁의 초기에 가톨릭 사제요, 수사였던 루터가 행한 방식은, 부패 이전의 초기 스콜라주의 가톨릭에서는 잘 알려져 왔고 허용된 방식이라고 할 수 있다.

전공하도록 밀었다. 따라서 루터는 (그 당시의 대학 규칙대로) 철학, 신학, 그리고 교회법이라는 선수과목을 택했다.[149] 4년 뒤인 1505년에 마이스타의 학위를 받은 뒤 루터는 (당시의 법학 전공자들이 잘하듯이) 시민법(civil law)을 전공하는 전문 독토르(Doktor) 과정에 등록하였다.[150] 그러나 그는 독토르 프로그램에 등록한 2개월 뒤에 대학을 떠났다.[151] 루터는 이제 대학을 떠나서, 같은 도시인 에르푸르트의 아우구스티누스(Augustinus) 수도원에서, (세속법이 아닌) 교회법을 계속 공부하였다. 4년 10개월 뒤인 1510년에, 루터는 로마에 있는 교황의 법정(papal Curia)으로 긴 여행을 하였다. 그 목적은 그가 선택하고 소속하고 있었던 아우구스티누스 수도원 간에 어떤 교회법상의 분쟁이 일어났는데 그 분쟁에서 에르푸르트에 소재한 아우구스티누스 수도원을 대표하기 위해서였다. 1511년에 새로 창설된 비텐베르크 대학의 신학교수가 되었다.[152] 그는 가장 가까운 친구 가운데서 두 사람의 동료가 같은 대학의 법학 교수인 것을 확인했다. 그들은 당시의 뛰어난 법학자 중에서 꼽히는 사람이었고, 슈에르프(Hieronymous Schuerpf)와 요한 압펠(Johann Apel)이었다.[153]

149) 옮긴이 주석: 이 세 과목이 법학전공이 선수과목임을 알 수 있다.

150) 옮긴이 주석: 당시의 학제는 법학 선수과목을 마치면 마이스타, 그리고 로마법을 대종으로 하는 시민법의 전공을 마치면 독토르를 수여한 것을 알 수 있다.

151) 옮긴이 주석: 그 당시 상류층 자제의 가장 빈번한 전공이었던 시민법 독토르를 중지한 것으로 보인다. 당시의 관행적인 지배층 코스를 포기한 것으로 보인다.

152) 옮긴이 주석: 아버지의 뜻과 반대로, 법학이 아니라 신학 교수가 되었다.

153) 원저 p.74. 각주 6. Schuerpf (1481~1554) served as the "best man" at Luther's wedding. He stood by when Luther burned the canon law books in 1520, and he accompanied Luther to the Diet of Worms in 1525 and spoke there on his behalf. It was Schuerpf 's example most of all, Luther wrote later in his life, that "inspired me [in 1517] to write of the great error of the Catholic Church."

1517년부터 1522년 사이의 5년 동안 루터가 로마에 대해서 반기를 드는 경로에서, 그가 의지한 것은, 당시 교회법에 대한 집중적인 지식과 함께, 신학의 문제에 있어서 새로운 통찰이었다. 1517년의 95개 조와 잇따른 격론과 주장에서, 루터는 당시 교회의 고백의 관행뿐만 아니라, 교회법에 있어서 부패와 부정의를 인용하였

Quoted by Theodor Muther, *Aus dem Universitäts- und Gelehrtensleben im Zeitalter der Reformation* (Erlangen, 1866), p.190. For further information on Schuerpf, see ibid.; Roderich von Stintzing, *Geschichte der deutschen Rechtswissenschaft,* 3 vols. (Munich, 1880~1884), 1:267~268 (hereafter Stintzing, *Geschichte der Rechtswissenschaft*); and Melanchthon's panegyric, Oratio de Vita Clarissimiviri Hieronymi Schurffi, in *Corpus Reformatorum*, 28 vols. (Frankfurt am Main, 1834~1860) (hereafter *CR*), 12:86. Stintzing and Muther were the two leading historians of German law in the latter half of the nineteenth century.

Apel (1486~1536) attended Luther's wedding, strongly endorsed Luther's writings on marriage and the family, and, after leaving the university in 1529, frequently corresponded with him. Luther had come to Apel's aid in 1523 when Apel was imprisoned for marrying a former nun in violation of the canon law and in defiance of his archbishop. He, in turn, strongly endorsed Apel's tract *Defensio pro Suo Coniugio* (1524) and wrote a foreword to an amicus curiae brief submitted to the local ecclesiastical tribunal on Apel's behalf. For further information on Apel, see Stintzing, *Geschichte*, pp. 287ff.; Muther, *Aus dem Universitäts*, pp. 455ff.; Theodor Muther, *Doctor Johann Apel: Ein Beitrag zur Geschichte der deutschen Jurisprudenz im sechszehnten Jahrhundert* (Königsberg, 1861); Franz Wieacker, *Gründer und Bewahrer: Rechtslehrer der neueren deutschen Privatrechtsgeschichte* (Göttingen, 1959), pp.44ff.

Luther was also a friend of other lawyers, including Basilius Monner (ca. 1501~1566), Melchior Kling (1504~1571), Gregor Brueck (n.d.), Hieronymous Baumgartner (d. 1565), and Johannes Schneidewin (1519~1568). These friendships did not, of course, prevent Luther from berating the legal profession of his day for its avarice, apathy, and indifference to the demands of justice and the needs of society. See Hermann Wolfgang Beyer, *Luthers und das Recht: Gottes Gebot, Naturrecht, Volksgesetz in Luthers Deutung* (Munich, 1935), pp.51~54; Karl Köhler, *Luther und die Juristen: Zur Frage nach dem gegenseitigen Verha¨ltniss des Rechts und der Sittlichkeit* (Gotha, 1873); Gerald Strauss, *Law, Resistance, and the State: The Opposition to Roman Law in Reformation Germany* (Princeton, 1986), pp.215~218.

다. 그는 교황의 권위나 다른 문제에 있어서의 “오류가 있는 법적 인 기초”로 간주되는 것을 폭로하였다. 성서에 나타난 “하나님의 뜻과 실행”과 로마 가톨릭교회의 “인간의 법과 인간의 전통” 사이에 “놀랄 만한” 불일치라고 간주되는 것을 폭로하였다.[154][155]

그다음 20년이 흘러가는 동안에, 루터는 구약 성경에 대한 학자적인 주석문과 설교들을 준비하였으며, 그의 유명한 교리의 큰 부분을 십계명의 주석에 바쳤다. 루터는 십계명 이외의 다른 성서의 구절에 대해서 빽빽이 주석을 쓸 때에도, 로마법이나 교회법 텍스트에서부터 인용하기도 하고 따오기도 했다.[156] 루터는 대중 강연을 했고, 다음과 같은 법적인 문제나 도덕적 문제에 대해서 학자풍의 글들을 간행하였다. 즉, 혼인에 대해서, 범죄에 대해서, 재산권의 징발에 대해서, 물권에 대해서, 상업에 대해서 그리고 사회복지에 대해서였다. 루터는 또한 빈곤층의 구제와 공립학교에 대해서 포괄적인 법을 기초하였다. 루터는, 열광적인 인문주의자로서 법학을 연구하는 고전주의자들을 지지하였다. 이 노력은 로마법의 고대의 텍스트를 재편성하고 그것으로 하여금 당시 도이치 대학의 법학 교육을 개혁하는 것이었다.[157] 루터는 전 유럽에 걸쳐서 법학자들과 규칙적으로 통신을 주고받았다.[158]

---

154) 원저 p.74. 각주 7. See the collection of quotations in Jaroslav Pelikan, *Spirit versus Structures: Luther and the Institutions of the Church* (New York, 1968), pp.20~24.

155) 옮긴이 주석: 당시 로마 가톨릭교회는 인간의 법과 인간의 관행을 대표하였고; 성서에 직접 나타난 신의 뜻과 신의 실행은 아니라는 취지였다.

156) 옮긴이 주석: 루터는 성서를 해석할 때, 로마법과 당시까지 발달한 교회법을 사용했다.

157) 옮긴이 주석: 루터는 당시 법학교육을 혁신하기를 원했으며, 그 방법은 르네상스 이후의 나타난 후마니스트들의 노력을 지지하는 것이었다.

158) 원저 p.74, 각주 8. Luther's writings on social and political questions, their

그의 신학으로부터, 루터는 다음과 같은 의미 내용을 끄집어내었다. 즉, 십계명이 신의 법으로서 크리스천의 개인적 생활에서 직접적으로뿐만 아니라 간접적으로도 (예를 들면 교회가 아닌 세속 정부의, 십계명으로부터 도출된 법을 통해서도) 그들의 세속 정부 안에서의 정치적 생활에 있어서도, 적용되게끔 십계명을 받아들이는 것이 기독교도의 의무라고 루터는 주장했다. 교회가 아닌 세속 정부의 지배자, 즉 군주라 할지라도, 지상의 왕국에 있어서는 신의 권위를 보유하고 있으며, 신에 버금가는 섭정(vice-resent)으로서 봉사하고 있다. 세속적 지배자의 법은 따라서 신의 법을 존중하고 신의 법의 반영하여야 한다. 따라서 세속적 지배자는 제멋대로 또는 자의적으로 지배하는 자유가 주어져 있지 않다. 루터는 올바름과 정의의 원칙들이 가장 완벽한 형태로 십계명에 표현된 것을 발견했으며, 그가 믿기로는 십계명은 자연법의 요약이며 따라서 (고대 로마의 자연법의 특징대로) 기독교도들뿐 아니라 이교도들에게도 적용 가능한 성질을 가지고 있다고 믿었다.[159] 루터가 올바름과 정

---

titles here translated into English, include: "Shorter Sermon on Usury" (1519); "Longer Sermon on Usury" (1520); "An Appeal to the Ruling Class of German Nationality as to the Amelioration of the State of Christendom" (1520); "On Married Life" (1522); "A Sermon from the Gospel on the Rich Man and the Poor Lazarus" (1523); "On Temporal Authority: To What Extent It Should be Obeyed" (1523); "Against Wrong and False Imperial Mandates" (1523); "A Letter to the Mayor, Council, and Community of the City of Muehlhausen" (1524); "To the Council Members in the Cities of German Territories" (1524); "That Parents Should Not Compel Their Children to Marriage" (1524); "On Trade and Usury" (1524); "Against the Rapacious and Murdering Hordes of Peasants" (1525); "Whether Soldiers Too Can Be Saved" (1527); "On the Keeping of a Community Chest" (1528); "Concerning War against the Turks" (1529); "A Sermon on Keeping Children in School" (1530); "On Marriage Matters" (1530). For his correspondence with jurists, see Hans Liermann, "Der unjuristisches Luther," *Luther-Jahrbuch 24* (1957), 69~85.

의가 표현되었다고 발견한 것은 – 비록 십계명보다는 덜 완벽하지만 – 로마법에서였다. 루터가 보건대, 로마법은 인간의 이성이 현실적인 형태로 나타난 것이었다. 그리고 그 인간의 이성이라는 것은, 신에 의해서 심어지고 양육된 것이다. 그러나 현실세계에서는 인간의 죄 많음에 의해서 부패 상태에 이르게 된 것이었다.[160)]

루터는 다음과 같이 썼다. "정치와 경제는 이성에 종속되어야 한다. 거기에서 이성이 첫 번째 자리를 차지하고 거기에서 사람은, 세속 정부의 법과 세속 정부의 올바름과 정의를 발견한다."[161)][162)] 이러한 이성은, 단지 기독교도의 문헌에서만 발견될 수 있는 것은 아니다.[163)] 루터는 다음과 같이 썼다. "이교도들의 책들도 덕을 가

---

159) 원저 p.74. 각주 9. For further discussion of Luther's legal and political views, see W. D. J. Cargill Thompson, *The Political Thought of Martin Luther*, (Totowa, N.J., 1984); Johannes Heckel, *Lex Charitatis: Eine juristische Untersuchung über das Recht in der Theologie Martin Luthers* (Munich, 1963); Paul Althaus, *The Ethics of Martin Luther*, trans. Robert C. Schultz (Philadelphia, 1972), pp.25～35, 112～154; Beyer, *Luther und das Recht*; Ferdinand Edward Cranz, *An Essay on the Development of Luther's Thoughts on Justice, Law, and Society* (Cambridge, Mass., 1959).

160) 원저 p.74. 각주 10. Although Luther often deprecated Roman law, he occasionally also gave it unstinted praise. See, e.g., *WA*, 30:557 ("our government in these German lands shall and must adhere to the Roman imperial law, which is the wisdom and reason inherent in all politics, and a gift of God") and 51:242 (Roman law is a paradigm of "heathen wisdom"). Nevertheless, Luther continued to criticize specific provisions of Roman law, such as those relating to slavery, marriage and family, and property. See, e.g., *WA*, 12:243ff.; 16:537; 14:591, 714. For more general treatments, see Strauss, *Law, Resistance, and the State*, pp. 201～202; Heckel, *Lex Charitatis*, pp.82～85.

161) 원저 p.74. 각주 11. *WA*, 40:305; see also 51:242 ("natural law and natural reason form the heart and source of all written law"); cf. 17:102.

162) 옮긴이 주석: 여러 관점이 있을 수 있다. 그러나 한국 문화에 대해서 똑같은 명제를 적용할 수 있다. 한국의 정치와 경제가 이성에 종속되어 있는가. 정치와 경제에서 이성이 첫 번째 자리인가. 한국의 입법과 사법은 이성에 종속되는 자리에서 서 있는가. 짧은 대답은 한국인의 문화에서 정치와 경제는 이성에 종속되기보다는 이익에 종속되어 있다고 할 수도 있을 것이다.

르치며, 법도를 가르치며, 지상의 생활을 위한 지혜를 가르친다. 이것은 신약과 구약 성경이, 하늘에 있어서의 영원한 삶을 위한 신앙과 선행을 가르친 것과 같다." 루터는 또한 썼다. "이러한 뜻에서 호메로스, 플라톤, 데모스테네스, 비르길리우스, 키케로 그리고 로마의 자연법론자 울피아누스는 천상의 것이 아닌, 이 세상의 삶을 위한 공동체 생활을 위한 정부를 위해서는, 기독교 사도들이며, 예언자이며, 신학자이며 또한 설교자들이라 할 수 있다."[164][165] 그러나 법에 대한 이해에 있어서, 루터가 그의 앞선 로마 가톨릭의 선배들과 달라지는 것은 철학적 기초와 신학적 기초였다. 그 당시에

---

163) 옮긴이 주석: 루터의 입장은 독선적이거나 기독교 문명만을 모든 원천으로 고집하고 있지는 않다.

164) 원저 p.74, 각주 12. *WA*, 51:242～243. Luther's exaltation of reason in matters of law and politics, and his detraction of reason in matters of doctrine and belief, is predicated on the two kingdoms theory, which separates the spiritual knowledge and activity of the heavenly kingdom, based on faith, from the temporal knowledge and activity of the earthly kingdom, based on reason. This ontological distinction allows Luther, on the one hand, to dismiss reason as "the devil's whore" and "Aristotle's evil brew" when it intrudes on the heavenly kingdom and, on the other hand, to treat it as "a divine blessing" and "an indispensable guide to life and learning" when it remains within the earthly kingdom. See, generally, Bernhard Lohse, *Ratio und Fides: Eine Untersuchung über die ratio in der Theologie Luthers* (Göttingen, 1958), pp.70～72; Brian Albert Gerrish, *Grace and Reason: A Study in the Theology of Luther* (Oxford, 1962), pp.10～27, 57～68, and 84～99.

165) 옮긴이 주석: 흔히 루터에 대한 잘못된 인상은, 후일 뉴잉글랜드의 초기 청교도 공동체 생활에서 발견되듯이 신정주의나－나다니엘 호손의 주홍글씨에서 나타나는－또는 기독교 교리에 의한 독재정치의 인상이 있었다. 그러나 이것은 역사의 훨씬 다른 맥락에서의 사실일 뿐, 루터 자신은 적어도 지상의 공동체를 위한 덕과 지혜, 법제도를 위해서는 성서 이외에 그리스 이후의 모든 서양 고전 문명을 그대로 포용하고 수용한 것으로 확인된다. 이런 점에서 루터의 가르침은 그때까지의 서양 문명의 주류를 계승하고 있다고 볼 수 있다. 자주 잊게 되는 것은, 루터의 지적, 문화적 전통은 종교개혁 이전에 그가 받았던 신학적, 철학적, 법학적 훈련과 교양이었다는 사실이다. 그의 지적 배경은 당시 정치 상황과 교권정치를 제외하면 그가 세속 출세를 포기하고 수도원의 공부하는 수도사가 되었을 때와 달라진 것이 없다고 볼 수 있다.

지배적이던 로마 가톨릭의 독트린은, 인간의 양심을, 인간의 이성의 하녀로 만들었다. 로마 가톨릭의 독트린은 인간의 이해의 능력 – 그것을 이해의 능력(synderesis)이라고 불렀는데 – 과 **적용과 실천의 능력** – 이것을 conscientia라고 불렀는데 – 을 구별했다. 합리적이고 이성적인 인격이라면, 자연법의 원칙과 전제들을 이해하고 명료하게 하기 위해서 그의 이해의 능력(synderesis)을 사용한다. 또한 합리적이고 이성적인 인격이라면, 이와 같이 이해된 원칙과 전제들을 구체적이고 실제적인 상황에 적용하기 위해서, 그의 양심을 사용한다고 로마 가톨릭 독트린은 말하여 왔다. 그래서 예를 들면, 이해의 능력(synderesis)을 사용해서, 한 인격은 "그의 이웃을 사랑하라"는 원칙을 파악하고 이해한다; 다음 단계는 그의 양심을 행사하거나 작동시켜서, 한 인격을 통하여 이 "이웃사랑"이라는 원칙을 가난한 자와 무력한 자를 도우는 실제 행동에 연결시키고, 또한 약속을 지킨다는 원칙과도 연결시킨다. 이와 같은 단계적 설명을 보면, **로마 가톨릭 독트린의 스콜라주의자들에게는, 이성이 더 우월적인 인식능력이거나 더 우월한 지성적 능력으로 간주되었다**. 양심은, (이성에 비해서) 보다 하위에 있고, 실천적인 기술이나 적용할 때의 기술이다.[166] 이와 같은 **로마 가톨릭의 스콜라주의에 비교해**

---

166) 원저 p.75. 각주 13. Bernhard Lohse writes: "Since the days of high scholasticism a distinction had been made on the basis of earlier linguistic usage between *synteresis* and *conscientia* in connection with what we call conscience. In general, *synteresis* was regarded as an ability of the soul, not entirely corrupted by the Fall, to incline toward the good, whereas *conscientia* makes practical application of the principles of synteresis. Whether, following Thomas [Aquinas] or Duns [Scotus], *synteresis* is primarily associated with the reason or, following Bonaventura [or Ockham], with the will …… makes little difference. In any case, the basic design remained the same." See Bernhard Lohse, "Conscience and Authority in Luther," in Heiko Obermann, ed., *Luther and the Dawn of the Modern Era: Papers for the Fourth International*

서, 루터는 이성을 양심에 버금가는 것으로 했다. 루터의 가르침에 의하면, “양심은 합리적으로 판단된 자연법과 지식의 이성적 원칙을 적용하는 기술에 지나지 않다는 것을 부정한다.” 양심은, “인간이 하나님 간의 관계를 담고 있는 부분”이며 “인간의 종교적 뿌리”이며 그의 생활의 모든 활동의 형태를 만들고 지배하는 것이다. 이때 인간의 활동이라는 것은 자연법의 합리적 파악과 실제 적용 모두를 포함한다.[167] “한 인격의 양심이 타락한 채로 머물러 있는 곳에”, 루터는 쓰기를, “그의 이성은 불가피하게 어두워지고 왜곡되고 결함을 가지게 된다.” 한 인격의 양심이 회복될 때, “그가 가지는 이성적인 파악과 이해력도 또한 증진된다.”[168] 루터는 모든 사람은 선과 악을 구별하는 합리적 능력을 가지고 있다는 것을 부인하지 않았다; 그러나 그는 다음과 같은 점에서 로마 가톨릭 스콜라 철학과 달랐다. 즉, 로마 가톨릭에서는, 선악을 구분하는 합리적이고 이성적인 능력은 양심과는 독립적으로 존재하거나 심지어 우월하다. 루터주의 신학에서는, 양심은 직접적으로 신앙에서부터 연유한다; 양심은 신의 법과 자연법의 원칙을 구체적인 상황에 적용할 뿐만 아니라 그러한 신법과 자연법의 원칙들이 구체화된 모습 또는 원천이다.

그러나 신의 법과 자연법에 나타난 원칙들을 이해 파악하거나 적용하는 것만으로는 인류를 구원에 더 가까이 데려가지 않는다. 신학적으로, 루터의 법에 대한 생각과 개념은 로마 가톨릭 스콜라

Conference for Luther Research (Leiden, 1974), p.159.

167) 원저 p.75. 각주 14. See Emmanuel Hirsch, *Luther studien*, vol. 1 (Gütersloh, 1954), pp.127-128.

168) 원저 p.75. 각주 15. Quoted in Friedrich Julius Stahl, *Die Kirchenverfassung nach Protestanten*, 2d ed. (Erlangen, 1862), p.37.

철학자들의 법에 대한 생각과 차이가 있다. 어떤 점에서인가? 루터는 (사람들 간에 통용되는 세속 사회의) 시민법(civil law)뿐만 아니라 자연법과 신법(divine law) 또한, 신에 의해서 주어진 것이며, 그 목적은 지상(地上)의 영역(領域)을 위해서이고, 천상(天上)의 영역을 위해서만은 아니었다고 간주했다. 루터는, 법(law)을 하나님 자신의 객관적인 실체가 나타난 중심적 부분으로 간주하지 않았다. 또한 루터는, 법(law)이 사람들로 하여금 하나님 그 자신과의 연합과 일치로 인도하는 방법으로서, 하나님에 의해서 주어졌다고 간주하지 않았다. 이러한 하나님과의 연합과 일치는 오로지 신앙(sola fide)에 의존하며, 신앙의 내용은 오로지 성서(sola scriptura)에만 나타난다고 했다. 루터의 신학에서는, 십계명을 포함한 모든 법(all law)은, 죄 많은 인류, 타락한 인류를 위해서 주어졌으며, 인간으로 하여금 신의 부름, 즉 소명(calling)을 달성하게 도와주는 방법으로 주어진 것이다. 법에 복종하는 것은 인간으로 하여금 그의 죄 많음에서 구출하게 하는 조건이 아니며 법에 복종하는 것만으로는 인간을 신에게 받아들여질 수 있는 것으로 하는 것은 아니다.[169)]

2.2 법의 효용

위와 같이, 구원(救援)은 "법의 기능과 작용"에 의존하지 않는다는 것이 받아들여지면, 다음의 질문이 생겨난다: 그렇다면 신은 왜 법을 주었는가? 신의 견지에서 본다면, 무엇이 법의 "효용(uses)"

169) 원저 p.75. 각주 16. Cf. Luther, "Secular Authority: To What Extent It Should be Obeyed," in John Dillenberger, *Martin Luther: Selections from His Writings* (Garden City, N.Y., 1961), pp.368~369.

이 되는가?[170] 이 질문은, 본질적으로 초기 로마 가톨릭 신학자들의 질문과는 다른 것이다. 왜냐하면 로마 가톨릭 신학자들은, 도덕법(moral law)에 복종하는 것을, 신앙(faith)과 함께, 하느님이 정당화시켜주는 영역에 두었었다. 스콜라주의 신학자들에게 법의 "목적과 효용"(uses of the law)을 얘기한다는 것은 "신앙의 효용"(the uses of faith)을 이야기하는 것과 같았고－(논의를 더 끌고 나가면) 신앙의 효용이라는 것은 하느님 자체의 효용에 대해서(the uses of God) 얘기하는 것과 같게 된다.

이와 같은 두 종류의 "법의 효용"(usus legis)을, 루터가 설명한 뒤에 그 자신은 제3의 이론을 지지한다. 루터가 내놓은 제3의 법의 효용은, 형벌의 위협에 의해서 사람들로 하여금 비행(misconduct) 또는 불법을 하지 않게 하는 것이다. 루터는 이러한 법의 효용을 "시민사회"(civil society)의 효용 또는 "정치적"(political) 법의 효용이라고 불렀다. 루터는 다음과 같이 주장한다. 신은, 죄인이라 할지라도 도덕법(moral law)－즉, 부모를 존중하는 것, 살인과 절도를 피하는 것, 혼인 서약을 지키는 것, 진실에 의해서 증언하는 것과 같은 것들－을 준수하기를 원한다. 그 목적은 "지상(地上)에 있어서의 질서(秩序)와 지상에 있어서의 집합생활(集合生活, concourse)

---

170) 원저 p.76. 각주 17. On Luther's doctrine of the uses of the law (usus legis), see John Witte, Jr., and Thomas Arthur, "The Three Uses of the Law: A Protestant Source for the Purposes of Criminal Punishment," *Journal of Law and Religion 10* (1994), 433～465; Frank Alexander, "Validity and Function of Law: The Reformation Doctrine of Usus Legis," *Mercer Law Review 31* (1980), 514～519; Cranz, *Essay on the Development of Luther's Thoughts*, pp.94～112; Wilfried Joest, *Gesetz und Freiheit: Das Problem des Tertius usus legis bei Luther und die neutestametliche Parainese* (Göttingen, 1956); Werner Elert, "Eine theologische Faelschung zur Lehre von Tertius usus legis," *Zeitschrift für Religions-und Geistesgeschichte 2* (1948), 168～170.

그리고 지상에 있어서의 화합(和合, concord)을 위한 조치가 유지되는 것이다."[171] 타락한 인간은, 자연적 경향으로는 계명(戒命)을 지키지 않기 때문에, 그런 조건에서는 처벌의 공포에 의해서 계명을 지키게끔 위임될 수가 있다－이때 처벌은 하나님에 의한 처벌과 인간에 의한 처벌을 다 포함한다. (루터가 주장한 바), 법의 이와 같은 "첫 번째 효용"은 십계명(the Ten Commandment)에도 적용되고, 십계명에서부터 도출된 인간사회의 법에도 적용된다.[172]

루터가 주장한, 법의 세속 시민사회(civil society)에 있어서의 효용은, 법실증주의라는 근세의 이론들의 기초를 놓는 것을 도왔다. 루터는 다음과 같이 썼다. "세상이 파괴되고, 평화가 사라지고, 상업과 공통 이익이 파괴되는 것을 막기 위해서는, 이 세상에 있어서는, 엄격하고 견고한 시민사회의 규칙이 필요하다"[173]고 루터는 다음을 강조했다. 질서를 유지하기 위해서 중요한 것은, 상세한 법적 규칙이 있어야 한다. 그 목적은 비단 법 파괴자들을 저지하기 위해서 뿐만 아니라, 판사를 포함한 공직자들로 하여금 그들의 권한을 함부로 행사하고 싶은 자연적 경향을 억제하기 위함이다. 루터는 썼다. **특히 사악한 시대에서는, 쓰여진 법, 즉 성문법이 필요한데 그 이유는 자연법은 지나치게 일반적이어서 모호하기 때문이다.**[174] 이와 같이 루터의 법이론과 철학은 근세 법실증주의자들이 법이

---

171) 원저 p.76. 각주 18. *WA*, 10:454.

172) 원저 p.76. 각주 19. Although Luther generally spoke of the "civil use" as the "first use of the law," and the "theological use" as the "second use of the law" (see, e.g., *WA*, 10:454, 40:486ff.), nevertheless "for Luther the primary emphasis is on the theological use of the law …… particularly later in his career." Alexander, "Validity and Function of Law," p.515.

173) 원저 p.76. 각주 20. *WA*, 15:302.

174) 원저 p.76. 각주 21. *WA*, 4:3911, 4733ff.

무엇이냐를 개념하는 데에 중요한 원천이 되었는데, (루터주의 법철학에 의하면) 법의 원천은, 규칙에 의해서 표현되고 강제적인 징벌수단에 의해서 강요되는 국가의 의지라는 것이다.

그러나 (훨씬 나중에 나타난) **19세기의 법실증주의**와 대비해서, 루터주의의 법철학은 다음의사실을 밝혔다. 즉, 국가나, 국가의 의지나, 국가의 룰(rule)이나, 그리고 국가가 가하는 제재와 징벌은 하나님에 의해서 주어지는 것이다. 또한 국가와 국가의지 그리고 국가 규칙, 국가의 징벌은 - 시민사회에 있어서의 효용에 더해서- 두 번째로 보이지만 더 중요한 신학적 효용과 목적(theological use)을 가지고 있다. 신의 법과 자연법은, 세속법과 함께 다음과 같은 목적에서 유래한다. 즉, 사람들로 하여금 그들의 의무를 의식하게 만드는데 봉사한다. 그들의 의무란, 그들 자신을 하나님과 그들 자신의 이웃들에게 온전히 바치는 것이다. 동시에 신의 법과 자연법 그리고 세속법은, 사람들로 하여금 그들이 전적으로 무능력하다는 것을 의식하게 만드는데 봉사한다. 이때 무능력이라 하는 것은, 신의 도움 없이는 그들의 의무를 행할 수 없는 무능력을 말한다. 이와 같이 법을 통하여 사람은 하나님을 구하고 찾도록 만들어지게 된다. 여기에서 루터가 의지하는 것은 사도 바울이 설명한 바, 십계명이 크리스천에게 가지는 중요성이다; 인간으로 하여금 그들이 원래 죄 있음 즉 원죄를 의식하게 하는 것이며 인간으로 하여금 회개하게끔 만드는 것이다.[175)]

루터는 역시 법의 제3의 효용을 받아들이고, 이것을 법의 "교육

---

175) 원저 p.76. 각주 22. Romans 7:7～25; Galatians 3:19～22. See Dillenberger, *Martin Luther*, pp.14ff., and discussion in Cranz, *Essay on the Development of Luther's Thoughts*, pp.112ff.

적 효용"이라고 불렀다. 그것은 이미 회개하고 복종하게끔 강제할 필요가 없는 신앙 깊은 사람이라도, 교육하여서 하나님이 그들에게 원하는 것 안에 있게 하고 그럼으로써 그들로 하여금 덕으로 인도한다고 하였다. 루터 자신은 이와 같은 제3의 효용을 결코 상세히 설명하지는 않았다.[176] 그러나 그는 신앙고백이나 신앙고백이 행해진 문서를 지지하였다.[177] 신학적이나 법철학적인 용어로써, 위와 같은 법의 3면에 걸친 효용이라는 독트린을 체계적으로 발전시킨 사람은, 루터의 교수 동료이자, 개인적으로 가까운 친구였던 필립 멜랑히톤(Philip Melanchthon)이었다.

---

176) 원저 p.76. 각주 23. See, generally, Adolf Harnack, *History of Dogma*, trans. Neil Buchanan, vol. 7 (New York, 1958), p.206; Joest, Gesetz, pp. 196ff.; Werner Elert, *Law and Gospel*, trans. Edward H. Schroeder (Philadelphia, 1967), pp.38ff.; Gerhard Ebeling, *Word and Faith*, trans. James W. Leitch (Philadelphia, 1963), p.75. For a discussion of the controversy over the place of the third use of the law in early and later Lutheran theology, see Ragnar Bring, *Gesetz uns Evangelium und der dritte Gebrauch des Gesetzes in der lutherische Theologie* (Berlin, 1943).

177) 원저 p.77. 각주 24. See, for example, *Apology of the Augsburg Confession* (1529), art. 4, in *Triglot Concordia: The Symbolic Books of the Ev. Lutheran Church* (St. Louis, 1921), pp.127, 161, 163, where Melanchthon speaks of the virtues that the law teaches. In the 1535 edition of his *Loci Communes Rerum Theologicorum* (written four years later), Melanchthon describes this "legal instruction in virtue" as the third use of the law. See *CR*, 21: 405~406. Luther approved of both these writings by Melanchthon. In several places in his writings, Luther also suggests the idea of, if not the term, the pedagogical use of the law. Cf. *WA*, 10: 454; see also the collection of maxims under the rubric "Of Princes and Potentates," in *The Table Talk or Familiar Discourse of Martin Luther* trans. William Hazlitt (London, 1848), pp.135~136. It is clear from these and other passages that for Luther, law could serve not only as a harness against sin and an inducement to grace but also as a teacher of Christian virtue.

2.3 필립 멜랑히톤(Philip Melanchthon)의 법철학

루터가 하나님의 정의(justice)를 가르쳤다면, 멜랑히톤은 사회의 정의를 가르쳤다라고 말해지고 있다. 멜랑히톤의 사회의 정의라는 것은, 곧 우리가 흔히 말하는 사회적 정의(social justice)이다. 멜랑히톤의 사회정의의 이론이라는 것은 "아리스토텔레스나, 토마스 아퀴나스나 19세기의 도이치 법철학파와 같이 파악될 수 있다."[178] 빌헬름 딜타이(Wilhelm Dilthey)는 멜랑히톤을 다음과 같이 불렀다. 즉, "종교개혁의 윤리주의자" 그리고 "철학적 학문을 스콜라주의 사상의 사례 연구(casuistry)로부터 해방시킨, 16세기의 위대한 교수법의 천재이며, 멜랑히톤으로부터 생명의 새로운 호흡이 나왔다."[179] 실로 그가 살아 있을 동안 멜랑히톤은 "도이치의 스승"(the teacher of Germany)으로 분류한다.[180] 사회정의와 사회 윤리에 관한 멜랑히톤의 가르침은 자연법과 실정법에 관한 새로운 이론과 결합해서, 토마스주의와 다른 로마 가톨릭 이론들을 대체해서 루터주의가 유럽의 해당지역에서 승리하게끔 만들었다.

1497년에 태어나서 열 살에 고아가 된 필립 멜랑히톤은 하이델베르크 대학에서 14살 때 학사학위를 받았으며, 튀빙겐 대학에서 17살에 석사학위를 받았다. 그 이후 1514년부터 1518년까지 어떤

---

178) 원저 p.77. 각주 25. H. Fild, "Justitia bei Melanchthon" (Diss., Erlangen, 1953), p.150.

179) 원저 p.77. 각주 26. Wilhelm Dilthey, *Weltanschauung und Analyse des Menschen seit Renaissance und Reformation: Gesammelte Schriften* (Leipzig, 1921), p.193.

180) 원저 p.77. 각주 27. Cf. K. Hartfelder, *Philip Melanchthon als Praeceptor Germaniae* (1889; reprint, Nieuwkoop, 1964); James William Richard, *Philip Melanchthon, the Protestant Preceptor of Germany* (New York, 1898).

출판사의 편집자로 일했으며, 그리스어로부터의 번역서와 또한 고전문법서인, 그리스어에 대한 중요한 책을 준비하였다.

1518년에 21살의 나이로, 멜랑히톤은 비텐베르크(Wittenberg) 대학으로 초빙되어, 그리스어에 대한 최초의 교수로서 봉사하였다. 그의 뛰어난 취임 연설, "교육의 개선에 대해서"에서 그는 "스콜라주의의 야만적인 방식"을 포기하고 고전 문헌과 기독교 원천으로 복귀할 것을 대학의 동료들에게 강력히 요청했다.[181] 멜랑히톤의 메니페스토(manifesto)는 청중에 있던 루터의 주의를 끌었다. 당시 35세였던 루터는 그보다 연하인 교수 동료를 옹호하였고, 마침내 멜랑히톤의 가장 견고한 친구이자 지지자가 되었다.

루터의 영적인 자극에 의해서, 멜랑히톤은 도이치에 있어서의 프로테스탄트 종교개혁의 대의명분에 참가하였다. 비텐베르크에 취임한 첫 해에, 그는 교수로서 그리스어와 레토릭을 가르치면서 신학을 공부하였고, 1519년 초에 신학의 학사학위를 받았다. 곧 그는 신학에 있어서 재능 있는 교수가 되었다; 600명의 신학생들이 그의 강의에 참여하였다. 그는 곧 루터주의 신학에 대한 웅변적인 찬성자가 되었다. 1519년과 1520년에 그는 로마 가톨릭 반대자들과 많은 대중적인 신학 팸플릿에 반대해서 루터를 옹호하는 학문적 옹호를 집필하였다. 1521년에 그는 "신학적 문제에 대한 공통의 주제"("The Common Topics of Theological Matters", Loci Communes Kerum Theologicarum)를 출간하였는데, 이것은 프로테스탄트 신학에 대한 최초의 체계적인 논문집이었다.[182]

---

181) 원저 p.77. 각주 28. See Philip Melanchthon, "De Corrigendis Adolescentiae Studiis," in Robert Stupperich, ed., *Melanchthons Werke in Auswahl,* 7 vols. (Gütersloh, 1955∼1983), 3:29∼42.

1520년대와 1530년대 동안, 멜랑히톤은 루터주의 종교개혁가들과 로마 가톨릭 반대자들 그리고 급진적인 프로테스탄트 반대자들 사이에 벌어진 논쟁에서 주도적인 역할을 했다. 그는 루터주의 신학의 으뜸가는 선언인 아우구스부르크 고백(Augusburg Confession, 1530년) 그리고 루터주의 신학의 변명(its Apology, 1531년)을 기초하였으며, 다른 중요한 루터주의 신조인 슈말칼트 조항들(Schmalkaldic Articles, 1537년)의 기초에 참여하였다. 그는 상당한 숫자의 루터주의 교리 문답을 준비하였으며, 교육용 서적과 성령에 관한 책과 고대 기독교 신앙고백에 대한 한 다스 이상의 주석서를 출간하였으며, 가장 유명한 "신학적 문제에 대한 공통적 주제"의 개정판과 확대판을 내놓았다.

비록 멜랑히톤의 신학적 글쓰기가 루터와 비교해서 덜 매섭고 더 체계적이며 형태에 있어서 더 논리적이지만 두 사람은 그 실질에 있어서 크게 다르지 않았다.183) 또한 비록 그들의 강조점에 있

182) 원저 p.78. 각주 29. For further biographical information on Melanchthon, see Hartfelder, *Philip Melanchthon; Wilhelm Maurer, Der junge Melanchthon zwischen Humanismus und Reformation,* 2 vols. (Göttingen, 1967～1969).

183) 원저 p.78. 각주 30. A number of earlier scholars have argued that since Melanchthon achieved fame not only as a theologian but also as a humanist, his outlook differed in important respects from that of Luther. Thus Otto Ritschl dismisses Melanchthon as a "distorter of pristine Lutheran doctrine." See Otto Ritschl, *Dogmengeschichte des Protestantismus: Grundlagen und Grundzüge der theologischen Gedenken-und Lehrbildung in den protestantischen Kirchen,* 4 vols. (Leipzig, 1908～1927), 2:39. See also Franz Hildebrandt, *Melanchthon: Alien or Ally?* (Cambridge, 1946). For a survey of this genre of literature, see Robert Stupperich, *Melanchthon*, trans. Robert H. Fischer (Philadelphia, 1965), pp.128～135; and Wilhelm Hammer, *Die Melanchthonforschung im Wandel Jahrhunderte: Ein Beschriebendes Verzeichnis* (Gütersloh, 1967). More recent writers, however, have lauded Melanchthon as the greatest systematizer of Lutheran doctrine. Thus Ernst Troeltsch wrote: "It was not Luther, but Melanchthon who determined fully what the exact consistency of Lutheranism

어서의 스펙트럼상의 차이가 나중에 그들의 후계자들로 하여금 두 그룹의 라이벌로 분리되기는 했지만, 어떤 시기에도 루터와 멜랑히톤은 서로가 주된 포인트에 있어서 반대한 적은 없었는데 그것은 신학에 있어서 그러했고, 도덕 철학, 정치 철학, 그리고 법철학에 있어서도 그러했다.[184] **서양 법철학의 일관된 전통에 대해서 멜랑히톤은 자유롭게 섭렵, 인용하였으며 특히 그리스－로마의 원천에 대해서 그러했음에도, 그는 그 서양 법철학의 전통을 새로운 방식으로 다시 말하고 개정하였다**. 그 방식은 서양 법철학의 모든 전통과 특히 그리스－로마의 원천을 루터가 주장한 두 개의 왕국 이론과 화해를 시키고 또한 더 나아가서 **서양 법철학의 모든 전통을 루터의 독트린에 갖다 붙여서 종속시킨 것**이다. 두 개의 왕국 이론

---

was to be. He was the chief teacher and instructor, the scholarly publicist, and the theological diplomat of Lutheranism; as such he passed Luther's ideas through the sieve of his formulations." Quoted in Michael Rogness, *Philip Melanchthon: Reformer without Honor* (Minneapolis, 1969), p.vii. See also Sachiko Kusukawa, *The Transformation of Natural Philosophy: The Case of Philip Melanchthon* (Cambridge, 1995), p.4: "Melanchthon saw in natural philosophy a potent response to issues which he believed to be seriously jeopardizing Luther's cause; he reinterpreted classical and contemporary authors along Lutheran principles; and he made natural philosophy an integral part of a pedagogy which was aimed at establishing and consolidating Luther's message."

184) 원저 p.78. 각주 31. Concerning Melanchthon's chief theological writing, the *Loci Communes Rerum Theologicarum*, Luther wrote: "We possess no work wherein the whole body of theology, wherein religion is more completely summed up than in Melanchthon's Loci communes; all the Fathers, all the compilers of sentences, put together, are not to be compared with this book. It is after the Scriptures the most perfect of works." Luther, *Table Talk,* p.21. After Luther's death, Lutheran theologians became divided for a time between so-called Phillipists, who were followers of Melanchthon, and so called Gnesio-Lutherans, who opposed the Phillipists. The differences between them were not great, and after the publication of the *Book of Concord* in 1580 the two groups came together.

과 함께 인간의 전적인 타락설, 그리고 신앙만에 의해서 정당화될 수 있다는 이론, 성서만이 절대자가 계시한 유일한 원천이라는 이론, **크리스천의 소명으로서의 직업에 대한 이론, 그리고 모든 믿는 자들이 다 같이 그리스도의 사제가 된다는 만인 사제설 같은 것이다.**[185)]

법철학에 대해서 멜랑히톤은 많은 글을 썼다. 주로 도덕 철학과 정치 철학과 관계해서, 즉 그 맥락에서 썼다. 대학 과목 중에서 로마법을 멜랑히톤은 가르쳤고,[186)] 법제도의 기초에 대해서 신학적이며 철학적인 글을 폭넓게 썼다.[187)] 상당한 숫자의 도시 정부의 제정법과 란트 정부의 제정법을 기초하는 데에 참여하였으며, 구체적인 법률 사례에 대해서 자문을 받았으며, 그 사례들은 당시의 사회상에서 법적인 문제, 정치적 문제, 그리고 도덕적 문제가 서로 얽혀있는 사례들이었다. 체계적인 법철학을 전개시켰는데, 물론 그 기초는 루터주의의 주춧돌 위에 있었다. 루터주의에 기초한 법철학은 세 가지 큰 항목으로 요약될 수 있다. (1) 자연법과 신의 법(10계명)의 관계; (2) 세속 시민사회에 있어서의 자연법의 효용; (3) 자연법의 실정법에 대한 관계.[188)]

---

185) 원저 p.78. 각주 32. See Adolf Sperl, *Melanchthon zwischen Humanismus und Reformation* (Munich, 1959), pp.141～170.

186) 옮긴이 주석: 그 당시 로마법이란 르네상스 대학 이후로, 보편성을 지닌 법학의 교재였다. 물론 최현대 대학에서의 로마법의 위치와 다를 수밖에 없다. 당시는 16세기 초에서 중후반까지이다.

187) 옮긴이 주석: 루터의 신학을 조직화한 사람은 대학의 법학 교수였다는 얘기이다.

188) 원저 p.78. 각주 33. For analysis of Melanchthon's jurisprudence, see Guido Kisch, *Melanchthons Rechts- und Solziallehre* (Berlin, 1967); C. Bauer, "Melanchthons Rechtslehre," *Archiv für Reformationsgeschichte* 42 (1951), 64～100. See also Kusukawa, *Transformation*, pp.165～167 and 176～178.

2.4 자연법의 신의 법에 대한 관계

전통적인 로마 가톨릭 독트린은 다음과 같다. **모든 사람의 마음에 아로 새겨진 도덕적 원칙이 있으며, 그 도덕 원칙에 의해서 사람들은 서로의 관계에 있어서 규율되는데, 이러한 도덕 원칙들은 인간 이성으로 쉽게 알아 볼 수 있는 것이다**. 종교개혁의 법철학자 멜랑히톤도 이러한 전통적인 로마 가톨릭 독트린으로부터는 아주 작은 측면에서만 떠날 수 있었을 뿐이었다. 멜랑히톤 역시 그의 선배나 동시대인이었던 로마 가톨릭 사람들처럼 이러한 **도덕적 원칙을 자연의 법**(lex naturae) **또는 자연법**(jus naturale)이라고 불렀다. 루터주의 법철학자였던 멜랑히톤도 가톨릭 신학자들과 마찬가지로, 이성이 신에 의해서 인간에게 주어진 것은 부분적으로는 이와 같은 자연법을 분별해서 적용하기 위함이라고 했다.[189)]

그럼에도 불구하고 멜랑히톤의 특징으로써 얘기하지 않을 수 없는 것은 다음과 같다. 즉, 자연법의 존재론에 대한 급진적으로 새로운 이론이라고 부를 만한 것인데, 더 풀어서 얘기하면 다음과 같다. 자연법의 원래의 시작을 인간의 천성 중에서 본질적인 성질에서 찾는 것이다.[190)]

두 왕국 이론 위에 쌓아 올리면서 멜랑히톤의 가르침은 우선 **창**

189) 옮긴이 주석: 이와 같이 그 기본적 가정에 있어서 인간 이성과 신의 관계, 천부 이성이라고 할 만한 전제, 그리고 천부 이성에 의한 자연법의 인식과 적용이라는 점은 종교개혁 이전의 구교에서나 종교개혁가에서나 같은 전제였다. 한국 문화에 있어서 인식된 서양 문화의 큰 전제는 자주 그 차이가 과장되고, 연속적인 흐름보다는 단속적인 대립이 과장되게 알려져 왔다.

190) 원저 p.79. 각주 34. See Heinrich Bornkamm, “Melanchthons Menschenbild,” in Walter Elliger, ed., *Philip Melanchthons Forschungsbeiträge zur Vierhundertsten Wiederkehr seines Todestages* (Berlin, 1961), pp.76～90.

조주인 신은 모든 인격들 안에 어떤 "지식의 요소"(elements of knowledge, notitiae)**를 심어주었다. 지식의 요소는 위로부터 오는 불빛이며, 즉 "자연적 빛"**(natural light)**이다.** 이 자연적 빛 없이는 인간은 지상의 왕국에서 인간의 길을 발견할 수가 없다.[191] 이러한 "지식의 요소"(notitiae)는 예를 들면 부분과 전체의 관계에서 어떤 사물의 전체는 그것을 구성하는 부분보다 더 크다는 논리적 관념이나 어떤 사물이 존재하느냐 혹은 존재하지 않느냐는 인식뿐만이 아니라 그런 관념이나 인식과는 다른 어떤 도덕적 관념까지도 포함한다. **도덕적 관념이란 예를 들면 창조주는 선하다, 사회를 해치는 범죄들은 처벌해야 된다, 또는 약속은 지켜야 된다는 도덕적 관념이다.**[192]

191) 원저 p.79. 각주 35. See Karl Gottlieb Bretschneider and Heinrich Ernst Bindseil, eds., *Philippi Melanchthonis Opera Quae Supersunt Omnia*, *CR*, 13:150 and 647. In *CR*, 21:712, Melanchthon calls these elements of knowledge "a natural light in the intellect [*naturalis lux in intellectu*]," "a light of the human faculty [*lux humani ingenii*]," "a divine light ingrafted on the mind [*lumen divinitus insitum mentibus*]."

192) 원저 p.79. 각주 36. Melanchthon writes: "For just as there are in theoretical disciplines, such as mathematics, certain common principles, common concepts, or assumptions, such as that 'the whole is greater than the parts,' so there are in morals certain common principles and first axioms which constitute the ground rules of all human functions. These you will rightly call the laws of nature." *CR*, 21:117. Melanchthon connects these first principles to an inborn awareness of the first principles of the Ten Commandments: "[The term] law of nature signifies natural elements of knowledge concerning morals, that is, practical principles and right axioms and necessary consequences arising from these principles. These elements of knowledge are revealed in their best and most appropriate form in the Decalogue, which is the epitome and summary of the law of nature." Quoted in Stupperich, *Melanchthons Werke*, 3:208.
Melanchthon describes his general theory of the inborn elements of knowledge in greater detail in his *Compendaria Dialectices Ratio* (1520), *CR*, 20:748; and *De Loci Communibus Ratio* (1526), *CR*, 20:695. See also Dilthey, *Weltanschauung*, p. 162. Dilthey describes Melanchthon as "the middle link [*Mittelglieder*] who …… combined the natural knowledge of God and the

방금 예를 든 인간이 태어날 때부터 가지고 있는 도덕적 관념들은, 멜랑히톤의 주장에 의하면, **"인간의 본성 또는 천성과 관련 있는 사실들"**(facts of human nature)**이다**. 또한 이와 같은 인간 천성의 사실은, 이성에 의한 탐구의 목적이 아니라 인간이 이성에 의해서 합리적으로 무언가 탐구할 때의 **전제를 형성하는 것**이다.[193] 이러한 인간의 천성에서 오는 도덕적 관여는 그것을 증명하거나 폐기하기 위해서 인간 이성의 힘을 동원하는 그런 수준을 훨씬 넘어서 있는 것이다. 이 지점이 로마 가톨릭의 스콜라주의 전통의 특징적인 출발점이었다. **스콜라주의 전통은, 인간의 이성은 신의 계시와 일치하는 도덕적 명제를 증명할 수 있다고 가르쳤다.**[194] **멜랑히톤은 이와 관계된 스콜라주의의 독트린을 부인하였다**. 스콜라주의 독트린이라는 것은, 정의에 대해서 부여된 원칙을 보편적으로 받아들인다는 것은 주어진 정의의 원칙의 합리성을 증명하는 것이다라는 내용이다. 그래서 멜랑히톤은 자연법의 카테고리 안에 자동적으로 여러 나라와 민족에 관한 보편적인 법, 즉 만민법(jus gentium)을 포함하지 않았다.[195][196]

멜랑히톤(Melanchthon, /mə'læŋkθən/)**에 따르면, 원죄에 의하여 타락했기에, 인간 이성은, 기본적으로 타고난 도덕적 개념이 이미 존재한다는 것을 증명하는 것이 불가능할 뿐만 아니라, 왜곡 없이**

---

world as revealed in the renewed classics with faithful piety as revealed in the renewed Christendom. In this universal spirit a balance was struck between Humanism and Reformation." Dilthey, *Weltanschauung*, p.162.

193) 원저 p.79. 각주 37. Melanchthon, quoted by Dooyeweerd, *Rechtsphilosophie*, 2:58.

194) 원저 p.79. 각주 38. See Dilthey, *Weltanschauung*, pp.175~176. Cf. Berman, *Law and Revolution*, p.175.

195) 원저 p.79. 각주 39. See *CR*, 16:70~72.

196) 옮긴이 주석: 이 센텐스는 '왜?'라는 이유를 포함하지 않고 있다.

뜻을 파악하고 응용하지 못한다.[197] **스콜라학자들(The scholastics) 역시 인간 이성이 자신의 이기심(혹은 사리사욕, self-interest)에 의하여 왜곡될 수도 있듯이, 반드시 그렇지는 않다고 주장했다. 그러나 멜랑히톤은, 루터가 그랬듯이, 인간 이성은 선천적인 탐욕·권력 지향성 때문에 단순히 타락 가능한 것을 넘어서 타락을 피할 수 없다고 보았다.**[198][199]

인간의 **이성의 한계**에 대해서 멜랑히톤이 강력하게 강조함으로써 자연법에 대한 그에 독트린을 역설적으로 만들었다. 멜랑히톤의 주장은 한편에 있어서는, 자연의 법(The law of nature)[200]은 이성

---

197) 원저 p.79 각주 40. See *CR*, 13:547～555; and 21:116～117 and 399～400. Melanchthon distinguished, however, between theoretical principles (*principia theoretica*), which he defined as the principles and axioms of geometry, arithmetic, physics, dialectics, and other (what we would today call) exact sciences, and practical principles (*principia practica*), which he defined as the principles and norms of ethics, politics, law, and theology, arguing that man's rational knowledge of theoretical principles is far less distorted by sin than is his rational knowledge of practical principles. *CR*, vol. 21, cols. 398～400 and 711～713.

198) 원저 p.79. 각주 41. In his *Annotationes in Evangelium Matthei*, in Stupperich, *Melanchthons Werke*, Melanchthon states that "natural and divine law order man to do that which the power of human nature is incapable of doing …… Nor can the law bring us to those things which satisfy the law …… [for] sin holds us fast." Elsewhere, Melanchthon adduces in support of his view the strong language of Saint Paul in Romans 1:18～20: "For the wrath of God is revealed from heaven against all ungodliness and wickedness of men who by their wickedness suppress the truth. For what can be known about God is plain to them, because God has shown it to them. Ever since the creation of the world his invisible nature, namely his eternal power and deity, has been clearly perceived." *CR*, 21:401～402.

199) 옮긴이 주석: 인간 이성에 대한 태도에서 종교개혁 이전 시대의 스콜라 학자들과 종교개혁이 불가피한 시대의 루터나 멜랑히톤의 관점이 다르다는 것을 주의한다. 즉, 전자는 왜곡될 수 있으나 항상 그렇지는 않다는 것이고, 종교개혁자들의 시대에 있어서는 탐욕과 권력의지 때문에 틀림없이 인간 이성은 부패한다는 것을 강조하고 있다.

200) 원저 p.79. 각주 42. *CR*, vol. 16, col. 23.

이 이해하는 여러 가지 덕에 대한 창조주의 법(The law of God)이다. 멜랑히톤은 다음과 같이 주장했다. “이와 같이 자연 또는 **인간의 자연이 약화된 상태**에서는” “인간의 **이성은 깜깜하게 어두워지고**”, 그래서 이른바 “**자연의 법 또는 본성의 법은 왜곡된다** …… 그리고 틀림없이 오해되게 된다.”[201] 이와 같은 이율배반에 대한 그의 결정 또는 해결책은 **인간 이성이 분별할 수 있으나 동시에 인간 이성이 왜곡할 수 있는 자연법을 어디에다 붙들어 매는 것이다**. 즉, **자연법을 성서에 나타난 법**(Biblical law)**에 종속시키는 것이며** 이때 성서에 나타난 법이란 신앙으로서만 파악될 수 있다고 한다.[202] 성서에 나타난 법은 (이것을 멜랑히톤은 신의 법 또는 신법이라고도 불렀는데) **자연법에 되풀이되서 나타나며 또한 자연법**

201) 원저 p.79. 각주 43. Ibid., col. 24.

202) 원저 p.79. 각주 44. Melanchthon states: “In order more easily to understand natural laws, the best method is to use the Decalogue. It is to the Decalogue that we must accommodate the laws of nature.” *CR*, vol. 21, col. 392. Elsewhere, he states: “Why then did God proclaim the Ten Commandments? …… Answer: There are many important reasons for this open magisterial proclamation, but two are especially important. [First,] in the wake of sin, the light in human reason was not as clear and bright as before …… Against such blindness, God not only proclaimed his law on Mount Sinai but has sustained and upheld it since the time of Adam in his Church …… The second reason is that it is not enough that man know that he is not to kill other innocent men, nor rob others of their wives and goods. One must first of all know God’s nature and know that God earnestly wants us to be like him, and that he is enraged against all sin. Therefore he proclaims his commandments himself, that we may know that they are not only in our minds but are God’s law, that God is the judge and executor against all sin, that our hearts may recognize God’s wrath and tremble before it …… God also proclaims his law because human reason without God’s word soon falls into error and doubt. If God himself had not graciously proclaimed his wisdom, men would fall still further into doubt about God’s nature, right and wrong, order and disorder.” *CR*, vol. 21, cols. 256～257. Cf. Maurer, *Der junge Melanchthon*, 1:288～290; and Bauer, “Melanchthons Rechtslehre,” pp.67～71.

을 비추어준다.[203] 여기에서 **성서에 나타나는 법은 구체적으로 십계명에 요약되어 있는데** 멜랑히톤은 첫 번째 세 계명과 나머지 계명으로 두 부분으로 크게 나누었다.[204][205] 최초의 세 개의 계명들－하나의 창조주를 인정하며 우상숭배를 하지 않으며 신을 모독하지 않으며 안식일을 거룩하게 지키는 것－은 인간이 **창조주와 조화 또는 일치하기 위한 필요성**에 맞추어져 있다. 나머지 일곱 개의 계명－권위의 존중, 생명의 존중, 가족의 보호, 물권의 존중, 진실함의 유지, 질투를 피하는 것, 탐욕을 피하는 것－들은 사람들이 서로 간에 있어서의 **공동체의 유지**를 위해서 필요한 것에 맞춰져

---

203) 원저 p.79. 각주 45. Like Luther, and like the earlier scholastics, Melanchthon distinguished three types of biblical laws-the ceremonial, judicial, and moral laws. Only the moral law (which was summarized in the Decalogue, as well as in the Golden Rule, the Beatitudes, and various injunctions in Paul's letters) remained in effect after Christ. The ceremonial laws (dealing with sacrifices, rites, feasts, and similar matters) and judicial laws (dealing with forms of Old Testament monarchical government, law, and similar matters) were no longer binding. See *CR*, vol. 21, cols 294～296 and 387～392. See also Wilhelm Pauck, ed., *Melanchthon and Bucer* (Philadelphia, 1969), pp.53～57 (translating Melanchthon's treatment of the ceremonial laws in the *Loci Communes*).

204) 원저 p.79. 각주 46. There are at least three traditions for numbering and arranging the Ten Commandments: the Judaic tradition, the Greek Orthodox tradition (also followed by some non-Lutheran Protestant groups), and the tradition established by Saint Augustine, which is followed both in the Roman Catholic Church and by Lutheran theologians. In the Augustinian tradition, which Melanchthon followed, the first three commandments are assigned to the first table of the Decalogue, and the last seven to the second table. (In the Hebrew Bible the commandments are not numbered at all, and there is no punctuation to separate their various parts. See Exodus 20:1～17; Deuteronomy 5:6～21. Indeed, they are called not "commandments" but "words," *d'vorim.*) For a more detailed treatment of the three traditions of numbering, and references for further reading, see Berman and Witte, "Transformation of Western Legal Philosophy," pp.1619～20, n. 114.

205) 옮긴이 주석: 이것은 성 아우구스티누스나 스콜라주의 철학자 또는 초기에 다른 루터주의자들과 같다.

있다.

이와 같이 멜랑히톤은 **루터를 따라서 그때까지의 전통적인 서양의 철학과 법철학을 변용시켰다**. 그 내용은 인간의 **이성이 아니라 성경을 자연법의 기본적 원천이자 요약으로서 만들었다**. 이때 이성이 아니라 성경이라 했을 때 더 구체적으로는 십계명을 지칭하는 것이다. 이전의 로마 가톨릭 저술자들은－특별히 15세기에 있어서는－이전의 로마 가톨릭 저술자들도 십계명을 토론하거나 해석하여 왔다. 그들의 주장은 "오래된 고법(즉 십계명)은 명백하게 자연법에 있어서의 의무들을 나타낸 것이다."[206] 그러나 대부분의 로마 가톨릭 저술가들이 십계명에 의지해온 것은, 자연법을 발전시켜 외부의 시민생활을 위한 것이 아니고, 인간의 내적 정신생활을 위한 도덕적인 생활을 발전시키기 위함이었었다. 따라서 **로마 가톨릭 전통에 있어서 십계명에 대한 대부분의 논의**는, 고백서나 내적인 공간이나 (잘못했을 때의) 회개와 참회의 의식에서 나타날 뿐이다. 법에 대한 서적에서는 나타나지 않았다.[207] 이와 대비해서 멜랑히톤에게 있어서는 **십계명은 자연법의 궁극적인 원천이며 요약**이었고 따라

---

206) 원저 p.79. 각주 47. Thomas Aquinas, *Summa Theologiae*, pt. I-II, qu. 98, art. 5.

207) 원저 p.80. 각주 48. See, for example, Angelus de Clavasio, *Summa Angelica de Casibus Conscientiae* (Venice, 1481), section on "Poenitentia." See also Rudolf Weigand, *Die Naturrechtslehre der Legisten und Dekretisten von Irnerius bis Accursius und von Gratian bis Johannes Teutonicus* (Munich, 1967), pp.220, 438～439 (discussing Huguccio, Laurentius, and Raymond de Penafort on the Ten Commandments). Steven Ozment states, concerning fourteenth- and fifteenth-century Catholic views of the Ten Commandments: "In the late fourteenth and the fifteenth centuries, the Ten Commandments replaced the Seven Deadly Sins as the main guideline for oral catechesis and confession. This was an important shift which enlarged the areas of religious self-scrutiny of and by the laity. At no other time were the Ten Commandments so zealously promoted and carefully expounded." Steven E. Ozment, *The Reformation in the Cities* (New Haven, 1975), p.17.

서 지상의 지배자들이 **실정법을 제정할 때 모델이 되는 것이었다**.

이것은 **신앙과 이성을 조화**시키는 새로운 방식을 나타내주고 있었다. 그때까지의 전통적인 로마 가톨릭 사상의 대비해서, 멜랑히톤의 주장은 인간의 이성은 신의 법이나 자연법을 분별할 수 있는 조건은 단지 **인간 이성이 신앙에 의해서 가이드를 받을 경우**만이다. 동시에 멜랑히톤은 신의 법과 자연법을 양자를 모두 십계명과 같은 것으로 동일시함으로써 신법과 자연법을 융합하였다. 그렇게 함으로써 멜랑히톤은 자연법에 대한 전통적 학습을 조직하였으며, 자연법을 온전히 가지고 왔다. 또한 멜랑히톤은 자연법에 대한 그때까지의 전통적인 학습을 포용할 수 있는 방식으로 성경을 재해석하였다. 멜랑히톤의 십계명에 대한 이론의 기본이 되는 것은 십계명중의 최초의 세 개(후기에는 최초의 네 개로 바뀌었다)로; 한 인격이 **창조주와 직접적인 관계**를 가지는 것에 있었다. 이것을 다른 말로 하면 **하늘에 있는 왕국**에 대한 것이다; 여기에 비해서 십계명 중 남아 있는 일곱 개(후기에는 여섯 개가 되었다)는, 인간의 공동체와 세속의 시민사회와 관계되고, 이것을 통틀어 **지상의 왕국**에 관한 사항이라 할 수 있다. 십계명 중 세 개가 모여 있는 첫 번째 표를 믿음에 의해서 사람들이 받아들일 때에만, 사람들은 이제는 이성에 의해서 윤리법칙을 확실하게 하고 더 나아가서 법을 만들게 되는데; 이때 기초가 되는 것이 십계명의 두 번째 표를 형성하고 있는 일곱 개의 계명을 알고 있는 것이다.[208)]

---

208) 원저 p.80. 각주 49. See Martin Luther, *Large Catechism*, in *Triglot Concordia*, pp.166～215; and Melanchthon, *CR*, vol. 22, col. 220.

2.5 세속 시민사회에 있어서의 자연법의 효용들

멜랑히톤은 다음과 같은 것을 믿었다. 즉, 하늘에 있는 왕국에서의 "신앙과 은혜의 드라마"에서, "법이라는 것은 아무런 유용한 역할을 하지 못한다."[209] (그렇다면 누군가 반문할 것이다) "그렇다면 법이 유용하거나 효용이 있는 것은 무엇에 필요가 있다는 것인가?"[210] 이때 법(law)이라고 할 때 멜랑히톤이 의미한 것은; 십계명의 두 번째 표에 각인되어 있는 자연법과 함께, 그 자연법을 나타내고 있는 실정법 모두를 의미했다. 루터와 마찬가지로, 멜랑히톤의 대답은 자연법이나 실정법 양자 모두가 효용을 가지고 있는데, 이것은 지상의 왕국 안에서이다 – 이것은 기독교도들에게 있어서는 비기독교도들에게 있어서나 마찬가지다.

이와 같이 멜랑히톤은 법의 효용의 문제에서 "세속적, 시민사회의 효용"과 "신학적" 효용 양자 모두를 조직적으로 세련화시켰다. 최초의 효용은 처벌의 두려움에 의해서 사람들을 강제해서; 악을 피하고 선을 행하게 하는 것이다.[211]

멜랑히톤은 다음과 같이 썼다. "이와 같은 (앞에서 설명한) 외면적 도덕성이, 신 앞에 선 어떤 사람을 정당화하지는 못하지만", "외면적 도덕성이라 할지라도 창조주를 즐겁게 할 수 있다."[212] 그 이유는, 여러 신앙을 가지는 사람들로 하여금 함께 평화롭게 살 수

---

209) 원저 p.80. 각주 50. *CR*, vol. 22, col. 153.

210) 원저 p.80. 각주 51. *CR*, vol. 21, col. 716.

211) 원저 p.80. 각주 52. See Clyde L. Manschreck, ed. and trans., *Melanchthon on Christian Doctrine: Loci Communes, 1555* (New York, 1965), p.123; CR, vol. 22, col 250.

212) 원저 p.80. 각주 53. See *CR*, vol. 22, col. 250.

있도록 하기 때문이며; 물론 (하늘나라는 아니지만), 이 땅, 즉 지상의 왕국에서의 일이나 이 지상왕국 자체도, 창조주가 만든 것이기 때문이다.[213] 또한 외면적 도덕성이라는, 법의 세속 시민사회에 있어서의 효용은, 기독교도인 사람들로 하여금, 창조주가 그들에게 불러서 준, 어떤 소명(calling)으로서의 천직을 수행할 수 있게 하며, 또한 자연법과 실정법은 창조주로 하여금 "인간의 세상에서 끊임없이 그 자신에게로 교회를 모으게끔" 허락하는 것이다.[214]

자연법의 두 번째 효용은; 사람들로 하여금 그들이 능력 없음을 자각하게 하는 것이다. 이 무능력은, 사람들의 의지나 이성만으로는, 즉 강제 없이는 사악한 것을 피하고 선행을 할 수 없다는 문제로써 결국 무능하다는 것이다.[215][216] 이와 같이 의지와 이성만에 의한 무능을 자각하는 것이, 인간으로 하여금 창조주의 도움을 찾게 하고, 더 나아가서 창조주의 은혜나 은총을 믿게 되는 전제조건이라고 한다.[217] 법의 효용에 대해서 세 번째로 "교육용, 훈육적인" 효용을 들 수 있다. 이 경우는, 이미 신앙을 가지고 있는 사람들을 교육하는 것인데 이때 "창조주의 말씀과 성령을 통해서 이미

---

213) 원저 p.81. 각주 54. Ibid., col. 151.

214) 원저 p.81. 각주 55. See Manschreck, *Melanchthon*, p.122; *CR*, vol. 22, col. 249.

215) 원저 p.81. 각주 56. See *CR*, vol. 21, cols. 69～70 and 250～251.

216) 옮긴이 주석: 인간의 이와 같은 의지나 이성만에 의한 무능함은; 다른 면에서 큰 능력, 달란트를 가지고 태어난 현저한 인격이, 사악함을 피하는 데 실패하는 경우를 들 수 있다. 즉, 음악의 천재 모차르트는, 그의 활동영역에서 사악한 권력이었던 살리에르를 피할 수 없었다.

217) 원저 p.81. 각주 57. Melanchthon makes clear that not only the divine law (i.e., the Ten Commandments) but also the civil law serves both to make men aware of their depravity and to impel them to grace. Thus, "all punishments through the [Obrigkeit] and others should remind us of God's wrath against our sin, and should warn us to reform and better ourselves." Manschreck, *Melanchthon*, p.56; cf. *CR*, vol. 22, col. 152.

다시 태어난 신자들이 대상이 될 것이다." 이들 또한 자연법을 필요로 하는데, 창조주를 기쁘게 하는 일들이 무엇인가를 알게 하기 위해서이다.[218)]

이 세 번째 효용은, 기독교신자는 구원을 받았으나 아직 완벽하지 않다는 루터의 가르침에서 온 것이다. 즉, 동시에 성자이자 죄인일 수가 있으며, 이것은 하늘나라의 왕국과 동시에 땅 위에 왕국의 시민을 겸하고 있는 경우이다.[219)] 이와 같이 위대한 성자들도 자연법의 가르침을 필요로 한다고 멜랑히톤이 주장했다. "왜냐하면 성자들 또한 그들도 함께, 인간으로서의 약함과 죄를 지고 다니기 때문이다." 비록 그들의 죄가 "헤아림을 받지는 않았으나" 그들은 아직도 부분적으로는 절대자의 의지를 모르고 있으며 따라서 그들의 삶에 대한 갈망을 가지고 있기 때문이다.[220)]

---

218) 원저 p.81. 각주 58. *CR*, vol. 21, col. 250. For Melanchthon's theory of the uses of the law, see Philip Melanchthon, *Epitome Renovatae Ecclesiasticae Doctrinae, CR*, vol. 1, cols. 706~709; Oratio de Legibus, *CR*, vol. 11, col. 66; and Manschreck, *Melanchthon*, pp.122~128. The doctrine of the threefold uses of the law was repeated in later sixteenth-century Lutheran confessions and catechisms, notably *The Formula of Concord*, pt. 6 ("of the Third Use of the Law"), in *Triglot Concordia*, p.805: "The law was given to men for three reasons: first, that thereby outward discipline might be maintained and wild and intractable men may be coerced by certain rules; second that men thereby may be led to the knowledge of their sins; third, that men who have already been reborn …… may on this account have a fixed rule according to which they can and ought to form their whole life." The doctrine also found a prominent place in Calvinist theology. See John Calvin, *Institutes of Christian Religion*, chap. 7.

219) 원저 p.81. 각주 59. See Pauck, *Melanchthon and Bucer*, pp.138~140. Luther sets forth his thesis that man is at once saint and sinner (*simul iustus et peccator*) in LW, 21:205. See also LW, 5:50, where Luther states: "Man has a twofold nature, a spiritual one and a bodily one. According to the spiritual nature, which men refer to as the soul, he is called a spiritual, inner, or new man. Accordng to the bodily nature, which men refer to as the flesh, he is called the carnal, outer, or old man."

이와 같은 **자연법의 교육적 효용**에 대한 강조는; 하늘나라, 즉 **천상의 왕국**을, 비록 완벽한 상호 의존은 아니지만, 상당히 가까운 관계로까지 **지상의 왕국**에 가까이 끌고 온 것이라 할 수 있다. 한편에 있어서 시나이(Sinai) 산에서 개시되었던 법이다. 다른 한편에 있어서는, 창조주에 의해서 모든 **사람의 마음에 심어진 위와 같은 자연법**은, 신자이건 비신자이건 간에 모든 인격들을 인도하여주는 것이며, 이것은 창조주를 기쁘게 하는 방식인 것이다.[221] 자연법은 사람들안에 **권위에 대한 존중**, **사회에 대한 관심**, **올바름과 공평함에 대한 사랑**, **올바른 삶**에 대한 욕구를 심어주었다. 멜랑히톤은 이와 같은 것들을, "시민 공동체로서의" 정치적 공동체가 가지는 의로움(righteousness)의 한 가지 형태로 부르고 있으며, 이러한 의로움(righteousness)들은 종교와도 구분되고, 복음에 의한 의로움과도 구별되지만 그럼에도 불구하고 자연법이 최고할 수 있는 "유용한 해택"이라고 불렀다.[222]

---

220) 원저 p.81. 각주 60. Manschreck, *Melanchthon*, p.127.

221) 원저 p.81. 각주 61. See *CR*, 1:706～708.

222) 원저 p.81. 각주 62. Ibid., at cols. 707～708. Cf. Köhler, *Luther und die Juristen*: "The emphasis on the pedagogical character [of the state and its law] is much stronger in Melanchthon than in Luther. Initially, Melanchthon had maintained Luther's view that the Obrigkeit exists to punish crimes and to maintain peace. Subsequently, however, he modified his position: the *Obrigkeit* should serve not only to preserve external peace and harmony [in society] but also to ensure that persons live properly [within this society]. Instruction (*disciplina*) and a sense of obligation (*pietas*) are the goals which the Obrigkeit must seek to attain through the instrument of the positive law." See also Strauss, *Law, Resistance, and the State*, p.228: "[For Melanchthon,] law is part of a paedagogica politica capable of mending public mores."

2.6 자연법과 실정법과의 관계

위 항목에서와 같이 **자연법의 교육적 역할**을, 성자나 죄인이나 똑같이 그들로 하여금 (공동체에 있어서의 올바르고 의롭게 됨) 이해하게 하는 것은, 자연법과 실정법의 관계에 중요한 연결고리가 된다. 왜냐하면 자연법이 세속 시민사회에 있어서도 효용이 있다는 것에서 그러하다. 그 관계를 간략하게 보면 다음과 같다. 먼저 자연법을 통하여, 창조주는 세속 시민사회를 위한 가이드라인을 정했다. 그래서 세속 시민사회는 어떤 과제를 부담하게 되는 것이고, 그 과제란 창조주가 준 가이드라인에 따라서 시민사회는 자연법의 일반 원칙들을 구체적인 실정법의 규칙으로 변화시킬 과제이다. 이 때 세속 시민사회는 이 과제를 해결함에 있어서 특별히 국가를 통해 행하는 것이다. 이러한 의미에서 **자연법은 국가가 할 바를 "교육하는 것이다**." 동시에 국가는－여기서 멜랑히톤은 '국가'라는 단어를 근대적 의미에서 사용하였다[223]－국가법을 통해서 교육적 기능을 행사하는 것인데 이때의 교육적 기능이라는 것은, 이미 말한 바 대로 하나님이, 자연법을 통해서 국가에 대해서 교육적 기능을 행사하는 것과 비슷한 양상으로 국가의 구성원인 신민에 대해서 교육적 기능을 행사하는 것이다. 루터주의자들에 있어서는, 정치적 공동체의 지배자, 즉 통치자들은, **창조주의 "중재자"**이든가 **"말씀을 전하는 자"**로서 부름을 받은 것이고; 이들 통치자에게 속한 신민들은 창조주에 대한 복종과 똑같은 복종을 통치자에게 바칠 의

223) 원저 p.82, 각주 63. See Werner Elert, "Zur Terminologie der Staatslehre Melanchthons und seiner Schüler," *Zeitschrift für systematischen Theologie 9* (1932), 522～534.

무를 가지는 것이다.224) 멜랑히톤은 루터보다 한걸음 더 나아갔다. 즉, 지상의 왕국에 있어서, 교회와 국가의 통솔에 필요한 "합리적이고 이성적인 실정법"을 만들어서 공포할 이들 공동체의 권한은, 권위 주체(authority)들에게 창조주가 그러한 과제를 주었다고 명백히 밝혔기 때문이다.225) **우선 합리적이고 이성적일 것** 그래서 **정당성**을 가질 것. 이 말은 실정법은 자연법의 일반 원칙 위에 서지 않으면 안 된다. 여기에서 주의할 것은 자연법의 일반 원칙들은 전체적으로 보아서 다음과 같은 것을 요구한다. 즉, 실정법규들은 다음에 기초하여야 한다. 사회적 효용(social utility)과 공통의 선(common good)을 실제적으로 고려할 것.226) 이와 같이 멜랑히톤은 **실정법의 합리성 테스트**227)라는 최초의 기준에, 일반 원칙의 체계로 보여질 수 있는, 자연법의 실정법이 일치하느냐는 것을 덧붙였다. 그의 두 번째 실정법을 테스트하는 기준에는, 즉 **특정한 역사적 광장에서 정치적 · 경제적 · 사회적 필요성에 일치하는가**라는 것을 덧붙였다.

첫 번째 범주의 기준을 상세하게 발전시키는 데 있어서, 멜랑히톤은 다음과 같은 입장에서 출발했다. 즉, 십계명의 첫 번째 돌판

224) 원저 p.82. 각주 64. See *CR*, vol. 11, cols. 69~70, and vol. 21, col. 1011; Manschreck, *Melanchthon*, pp.328~331.

225) 원저 p.82. 각주 65. See *CR*, vol. 21, cols. 611~612: "But I say rational laws, that is, those that follow the natural law which God has created in people. That one should honor virtue and punish vice." See also *CR*, vol. 16, col. 230, where Melanchthon speaks of the "rationes iuris positivi."

226) 옮긴이 주석: 이 대목에서 실정법을 평가하는 기준이 제시되어 있다. 즉, 첫째로 **합리성 테스트**와 정당성 테스트, 두 번째로 사회적 효용성과 공통의 선이라는 테스트이다.

227) 옮긴이 주석: 이 테스트가 이후에 기존 법을 평가하는 현실적 기준이 되어서 제정법 만능주의나 맹목주의를 극복하게 하였다. 또한 위헌법률심사 제도의 기초가 되었다.

과 두 번째 돌판 모두에 대해서, 정치적 지배자의 공적인 역할은 “십계명의 유지자이자 관리인 또는 후견인의 역할”이다.[228] 이와 같이, 정치적 지배자는, 인간과 하나님의 올바른 관계를 최초의 세 계명에 나타난 대로, 실정법에 의해서, 명백히 하고 강제하는 데에 책임이 있다. 그다음에는 나머지 일곱 계명에서 나타난 대로, 사람들 간의 올바른 관계를 명백히 하고 강제하는데; 실정법에 의해서 이를 행하는 것에 책임이 있다는 것이다.

첫 번째 돌판의 수호자로서, 정치적 지배자는 모든 우상 숭배, 신을 모독하는 것, 그리고 안식일을 거룩하게 하라는 것을 지키지 않는 것을 처벌하는 것만이 아니다.[229] 수호자는 더 나아가서 “순수한 독트린을 확립하며” 그리고 바른 예배 의식을 확립하여야 하는데; 그 목적은 “모든 잘못된 독트린을 금지하고”, “계명을 따르지 않는 완강한 사람들을 처벌하며” 그리고 이교도와 이단을 뿌리 뽑는 것이다.[230] 이와 같이 루터주의의 영역과 도시들에서 보고된, 새로운 종교에 기원한 법이 요동치는 것을 막기 위해서 멜랑히톤은 이론적인 기초를 놓았다. 이러한 이론적 기초의 많은 것은, 정통적인 고백과 참회 또한 정통적인 교리와 찬송가와 기도서, 또한 예배식과 교회의식에 관한 포괄적인 개요를 포함하고 있었다. 아욱스부르그(Augsburg)의 종교평화에 대한 조약(1555년) 그리고 다시 베스트팔리아(Westphalia)의 평화조약의 종교규정(1648년)에서 채

228) 원저 p.82. 각주 66. *CR*, vol. 16, col. 87 (“magistratus est custos primae et secundae tabulae legis”). See also *CR*, vol. 22, col. 286: “The worldly Obrigkeit …… should be a voice of the Ten Commandments” within the earthly kingdom.

229) 원저 p.82. 각주 67. See *CR*, vol. 16, cols. 87～88, and vol. 22, cols. 615～617; Manschreck, *Melanchthon*, p.335.

230) 원저 p.82. 각주 68. *CR*, vol. 22, cols. 617～618.

택된 원칙을 *cuius regio eius religio*라고 하는데, 이 원칙은 마침 내 십계명의 첫 번째 돌판에 새겨진 계명들을 명백히 하고 강제 하는 데 있어서 실정법의 역할을 밝힌 멜랑히톤의 이론 위에 서 있다.

십계명의 두 번째 돌판의 수호자로서, 정치적 지도자는 다음과 같은 책임이 있다. 즉 "신이 인간을 함께 묶어놓은 다면적인 관계"를 규율할 책임이 있다는 것이다.231) 그래서 다섯 번째 계명에 기초해서("너희 부모를 공경하라") 다음 사항을 금지하고 처벌하는 의무를 국가의 지배자는 지게 된다. 즉, 부모, 정치적 지배자, 선생들, 고용주들 그리고 그와 같은 권위를 가진 사람들에 대해서, 불복종과 불순종, 존중하지 않고 불경함에 대해서이다.

여섯 번째 계명("살인하지 말라")의 기초 위에서 다음과 같은 사항을 금지하고 처벌할 의무를 지게 된다. 즉, 불법적인 살인, 폭력(violence), 그리고 갑작스러운 습격에 의한 폭행(assault), 구타 그리고 이웃에 대한 혐오에서 나온 행동, 무자비함에서 나온 행동과 같은 다른 이웃에 대한 침해에 대해서이다.

일곱 번째 계명 ("간음하지 말라")에 기초해서 다음의 사항을 금지하고 처벌할 의무를 지게 된다. 정숙하지 못한 행동(unchastity), 정욕에서 나온 행동, 무절제함(incontinence), 매춘(prostitution), 춘화(pornography), 외설 기타 성범죄들에 대해서이다.

여덟 번째 계명("도적질 하지 말라")에 기초해서 다음의 사항을 금지하고 처벌하는 것이 의무로 주어진다. 도둑질(theft), 야간절도(burglary), 타인이 신뢰하여 맡긴 돈을 함부로 유용하는 것, 즉 횡

231) 원저 p.82. 각주 69. *CR*, vol. 22, col. 610.

령(embezzlement), 또한 타인의 재산에 대한 유사한 침해행위, 더 나아가서 자신의 재산을 낭비하거나 유해하게 사용하거나 또는 사치의 목적으로 사용하는 것에 대해서이다.

아홉 번째 계명("거짓증언을 하지 말라")의 기초에서 다음의 사항을 금지하고 처벌하는 의무가 주어진다. 즉, 모든 형태의 부정직, 사기(fraud), 타인의 이름을 해치는 것, 즉 중상(defamation), 명예훼손(slander, calummy), 궤변으로 속이기(sophistry), 거짓으로 겉모양을 꾸미기(false pretenses), 악의를 가지고 속이기 그리고 다른 계명의 위반들이다. 그리고 마침내 열 번째 계명에 기초해서("네 이웃의 집을 탐하지 말라") 타인에 대한 이러저러한 침해적 행위[232]를 할 모든 의도를 금지하거나 처벌하는 것을 의무로 하고 있다.

사회에서의 타인과의 관계에 대한 이들 열거된 많은 측면들은, 이전의 전통으로는 로마 가톨릭교회에 의해서 규율되어 왔었다. 즉, **사람의 내면적인 공간**에 대해서는 **참회에 대한 법**에 의해서 규율되어 왔고 **외부적 행동의 공간**에 대해서는 **캐논법**에 의해서 규율되어 왔었다. 루터주의를 대변하는 멜랑히톤의 법철학은, 정치적 지배자들로 하여금 **위와 같은 항목들을 국가의 영역으로 가져오는 데 대의명분을 제공하였다**. 이와 같이 멜랑히톤이 실정법의 합리성을 위한 두 번째의 기준을 정교하게 발전시키는 데 있어서, 즉 사회적인 유용성과 효용(social utility) 및 공통적인 선(common good)[233]

232) 옮긴이 주석. 출애굽기 20장 1절~20절(개역개정).

233) 원저 p.83. 각주 70. The concept *Gemeinnutz*, or "common good," was a dominant theme of sixteenth-century German law reform. A German scholar has written that for Melanchthon, "the common good becomes the model for the religious and moral education which church and state have to undertake. The state is a teacher of virtue (*paedogogium virtutis*), its policy is directed to facilitating progress (*foelicitatis progressum*), its final goal is eternal

을 실제적인 고려와의 일치를, 멜랑히톤은 전체로서의 십계명에서 끌어왔고 또한 성경 전체의 맥락에서, 신의 뜻에 의해서 국가에 부과한 일반적인 의무를 끌어왔다. 신의 뜻에 의해서 국가에 부과된 일반적인 의무란 교육 및 훈련, 재판 그리고 평화가 하나님의 계명과 땅에 있어서의 합리적인 법과 일치하게끔 유지하는 것이다.[234] 그러나 "교육과 훈련, 재판 그리고 평화"를 유지하는 데 필요한 법질서의 성질을 체계적으로 말하는 것에 이르러서는, 하나님의 계명이나 땅 위의 합리적 법률 어느 것도 체계적으로 포함하고 있지 않았다. 그래서 이와 같이 법질서의 성질에 대해서 체계적으로 서술하기 위한 기초를 놓기 위해서, 멜랑히톤은 형법과 민법 양자에 걸친 일반이론을 발전시켰다.

형사법에서, 멜랑히톤은 범죄를 처벌하는 "네 가지의 매우 중요한 이유들"을 리스트로 제시하였다.

> (1) 신은 현명하고 의로운 존재이고, 그는 그의 선함에서, 이성적인 피조물들을 신 그 자신과 유사하게 창조하였다. 따라서 만약 피조물이 정의로움의 질서 그 자체인 유일신의 거역해서 싸우게 되면, 그는 피조물을 꾸짖고 벌을 가할 것이다. 따라서 처벌의 첫 번째 이유는, 창조주 안에서 의롭고 정의로운 성질을 가지는 신의 질서 그 자체이다. (2) 어떤 사람들을 제어하고 압박해야 될 필요성. 만약 살인자들, 성적으로 문란한 사람들, 강도들 그리고 도둑들이 우리들 존재의 한가운데 그대로 방치되어 남아 있게 되면, 아무도 안전하지 못할 것이다. (3) 예를 들어보기. 어떤 사람들이 처벌되는 경우에, 처벌되지 않는 다른 사람들은 신의 분노를 고려하고 신의 처

---

blessedness …… For Melanchthon the political order (*ordo politicus*) is synonymous with common weal (*salus publica*) …… and history is viewed optimistically as progress." Ludwig Zimmerman, *Der hessissche Territorialstaat im Jahrhundert der Reformation* (Marburg, 1933), pp.384, 386.

234) 원저 p.83. 각주 71. *CR*, vol. 22, col. 615.

벌을 두려워하도록 기억되어지고 회상되어진다. 그러한 결과로 처벌대상이 되는 악의 원천은 감소되게 된다. (4) 신에 의한 심판과 영원한 처벌의 중요성은, 인간은 그들이 절대자에게로 회심하고 돌아가지 않는 한 피할 수 없게 된다. 이 단계에서 신에 의한 처벌은 신 자신이 (지켜야 될) 덕의 어떤 기준을 지탱하고 있다. 신은 의롭고 정의로운 심판자이며 그래서 우리들에게 이생 이후에 절대자에게로 회심하여 돌아가지 않았던 모든 죄인들은 처벌될 것이라는 것을 상기시켜 준다.[235]

위와 같이 루터주의 법학자 멜랑히톤에게 있어서 형사처벌은 다음과 같은 역할을 하게 된다. 즉, 신에 의한 응보의 한 형태로서 (범죄성향의 사람들에게 대한) 특수한 저지의 한 형태로서, (기준을 세움으로서) 모든 인간에게 넘지 못할 경계선을 표시함으로서 일반적인 저지의 역할을 한다. 또한 사후세계의 전능한 자에 의한 완벽한 심판을 상기시킴으로 지상에 있어서의 삶을 어떻게 살아야 하는가에 대한 교육적 역할을 한다.

이제 사법의 원천을, 형사법과 대조해서 설명하는 단계이다. 루터주의 법철학자 멜랑히톤은 (세속 왕국 또는 세속 도시의) 지배권을 가지고 있는 사람의 의무를 명백히 한다. 백성들이 자발적으로 여러 가지 사회관계를 맺는 다양한 타입들을 이들 지배자의 역할을 하는 사람들이 그냥 방관하는 것이 아니라, 자발적인 사회관계, 즉 계약을 위시한 각종 관계에 있어서도 그 형성과 기능을, 우선 잘할 수 있도록 제도화하고 또한 규제하는 것이 필요하다.[236] 멜랑

235) 원저 p.83. 각주 72. Ibid., col. 224.

236) 옮긴이 주석: 이 대목에서 1555년대의 종교개혁 당시의 루터주의 법철학에서 시민들의 자발적인 계약관계 기타 사법관계를 어떻게 보고 있는가가 드러난다. 즉 이후의 사회계약론에서 나타나는 자연상태에 있어서의 자연적 자유에 대한 태도와는 다르다. 즉, 사적 계약에 대해서도 국가나 정부의 조성의무, 규제의무를 당연시하고 있다.

히톤은 시민의 자발적인 사회관계 중에서 특별히 세 가지에 초점을 맞추고 있다: 첫째로 사인에 의한 계약에 의해서 맺어지는 관계들, 두 번째로 가족에 의한 관계들, 세 번째로 눈에 보이는 교회, 즉 이 세상에 있어서 존재하는 교회에 관한 관계들. 이전에는 열거된 세 관계의 각각 하나 그리고 합쳐서 모두가, 적어도 부분적으로는 로마 가톨릭교회의 재판관할권의 복종하고 있어 왔다. (좀 더 자세히 보기로 하자) 로마 가톨릭교회의 캐논법(canon law)은 모든 계약을 규율하였는데[237] 혼인과 가족생활의 대부분의 측면도 사인으로서의 백성들의 개인적 일이었으나 혼인은 반드시 교회가 지정한 승인과 사제의 주제하에 행해져야 되었고 가정생활 역시 규칙적인 신앙고백을 일상적인 일로 하는 사회에서 진행되었기 때문에 가능한 일이었다. 물론 캐논법은 신민들의 계약, 혼인, 가정생활뿐만 아니라 교회자체가 어떻게 움직이며 교회 자체의 재산도 규율하고 있었다.[238] 이제 종교개혁기의 역사에 돌아와서 멜랑히톤의 법철학에 있어서 종전에 로마 가톨릭교회와 캐논법에 의해서 유지됐던 이와 같은 사회적 관계는 이제 프로테스탄트 국가의 재판관할권 안에 들어오게 되고 민사법이라는 정교한 체계에 의해서 규제되게 되었다.

---

237) 옮긴이 주석: 그것의 이유와 방식은, 당사자의 계약에 의한 합의가 성립되려면 당사자가 선서(oaths)나 신앙의 맹세(pledges of faith)를 하는 것이 전제조건이었기 때문이었다.

238) 옮긴이 주석: 그러나 종교적 전통을 폐기한 현대인에게는 다음과 같은 의문이 늘 남는다. 사생활의 가장 기초단위인 가정생활을 교회법, 즉 canon law가 어떻게 규제한다는 것인가. 이것은 이미 설명한 대로 종교생활이 정치나 경제생활보다 더 가까이 있는 사회에서는 모든 사소한 신민들의 일상의 과오와 실수들은 참회와 고백이라는 교회 의식에 의해서 걸러지게 마련이고 아무리 내면적인 사건이라 하더라도 종교생활을 계속 하는 한에 있어서는 표현되어지고, 캐논법에 의해서 참회와 보속의 절차를 밟게 된다는 것이다.

전능하신 창조주는 여러 가지 종류의 계약을 예비하였다라고 멜랑히톤은 썼다. 물건을 사고파는 것은 매매, 빌려주는 것, 즉 임대차 또는 물권의 교환, 그리고 노동과 고용의 관계 그리고 돈을 빌려주는 것, 즉 금전대차와 신용을 확장하는 것 등이다.[239] 전능하신 창조주는 그가 인정하는 공동체의 주도적인 역할을 하는 관료 또는 공복으로 하여금 일반계약법을 만들어서 공포하도록 소명을 주셨다. 그리고 이 일반계약법은 "공평하며, 불평등하지 않으며 그리고 구체적인 사정에 따라서 형평이 작용할 수 있는" 동의를 전제로 하여야 한다. 또한 이 일반계약법은 속임수, 즉 사기, 실수나 착오 그리고 강박에 기초를 한 계약들을 무효로 할 것이며, 또한 이 일반은 양심에 어긋나며, 도덕에 어긋나며 많은 사람들의 선, 즉 공중도덕에 유해한 계약들을 배제할 수 있어야 한다. 루터주의 법철학자 멜랑히톤은 대부분의 경우에 이와 같은 계약법의 일반 원칙을 어떤 카테고리, 즉 범주로 집약되는 형태로 언급하는 데 만족하고 있다. 멜랑히톤은 이와 같은 계약법의 일반 원칙들을 특별한 사례들에 적용했다. 멜랑히톤은 채무자가 지나친 고율의 이자를 물도록 의무지우는 금전대차계약이나 또는 채권자로 하여금 채무를 확보하기 위해서 채무금액을 훨씬 넘는 가치를 가진 물권을 좌우할 수 있는 자격을 주는 계약과 노동과 고용계약 중 일방적인 계약조건으로 고용주로 하여금 하인으로부터 완벽한 직무수행에 대해서만 지급받도록 의무지우는 고용조건이나 또는 구매계약이나 매매계약에 있어서 그 기본이 교환 자체가 평등하지 않은데 베이

239) 원저 p.84. 각주 73. For Melanchthon's discussion of contracts, see *CR*, vol. 16, cols. 128~152, 251~269, 494~508 (*Dissertatio de contractibus*); Manschreck, *Melanchthon*, p.116; and Stupperich, *Melanchthons Werke,* 2:802~803.

스를 두고 있는 계약들을 특별히 비난하였다.240)

공복 또는 지배적인 관료들은(이 경우 행정관료와 사법관료를 포함한다. 요컨대 왕의 관료들이다) 가족관계를 규율하기 위한 룰들을 만들어서 공포하여야 될 의무가 있었다. 그리하여 민법은 양 당사자 사이의, 일부일처주의에 기초한 양성에 의한 혼인을 규정하여야 했으며 (그 결과로) 다음과 같은 "자연스럽지 못한"(unnatural) 관계, 즉 일부다처제 또는 이와 반대되는 일처다부제 또는 동성 간의 결혼을 금지하게끔 했다. 민법은 다음의 사실을 확정하기 위함이었다. 즉, (로미오와 줄리엣의 비극이 일어난 봉건사회와 달리) 하나하나의 혼인은 양 당사자의 자발적인 동의에 의해서 형성되어야 되고, 속임수나 실수나 착오 강압 그리고 강제 또는 협박 때문에 생긴 혼인관계를 무효로 하는 것이었다. 민법은 또한 다음과 같은 창조질서에 맞는 혼인의 기능과 작용을 촉진하기 위해서였다. 즉, 종의 번식과 어린이 양육이라는 혼인의 작용이다. 민법은 또한 모든 형태의 피임, 유산 그리고 영아살해를 금지하는 것을 확실히 했다. 민법은 또한 가부장권의 권위를 보호하게끔 되어 있었다. 아내와 자식들에 대한 가부장권의 권위이다. 민법은 또한 모든 종류의 간음과 가족유기, 간통 그리고 부인과 아동학대를 처벌하게끔 되어 있었다.241)242)

---

240) 옮긴이 주석: 계약의 다양한 형태를 전능하신 창조주가 미리 예비하고 그 계약에 의한 모든 동의는 "공평하며 불평등하지 않아야 하며 구체적 타당성을 지니는 형평성을 가지고 있어야 된다"라는 루터주의 법철학의 명제는 이와 같이 불공정계약에 대한 원천적인 불신으로 표현된다. 그렇다면 한국의 민법 입문에서 배우는 근대 시민사회에 있어서 계약자유의 원리라는 것의 하나의 역사적 형태 그대로 루터주의 법철학에 의한 계약이론은 다른 양상을 띠게 된다. 왜냐하면 한국의 민법이론에 의하면 근대 시민사회에서 발달한 계약 자유이론은 그 근대 시민사회가 현저하게 진행되어서 드디어 엄청난 폐해를 가지고 올 때까지는 당사자의 자유의사만이 강조되었다고 설명하기 때문이다.

멜랑히톤에 의하면, 교회 또한 (종교개혁 이전과 달리) 정치적 공동체의 주권자가 제정한 법에 의해서 규제되어져야 하는 것이었다. 그것은 비단 교리나 교회의식에 있어서 십계명의 첫 번째 돌판에 따라야 하는 것처럼 교회의 내부의 조직과 행정 그리고 외부에 대한 재산관계에 있어서도 그러했다는 것이다. "군주는 절대자의 첫 번째 가는 주교"(*summus episcopus*)라고 멜랑히톤이 썼다.[243] 따라서 교회 내부에 있어서의 회중들의 계층구조를 규정하는 것은 군주의 책임이다. 이때 회중들이란 지역교회를 구성하는 가장 기초적인 신도들의 모임으로부터 도시의 교구로부터 또한 란트나 연방

241) 원저 p.84. 각주 74. For Melanchthon's views of marriage and the family, see *CR*, vol. 16, col. 509; vol. 21, col. 1051; vol. 22, col. 600; vol. 23, col. 667. See also Stupperich, *Melanchthons Werke*, 2:801～802. For a detailed treatment of the Lutheran theory and law of marriage in the sixteenth century, see John Witte, Jr., *From Sacrament to Contract: Marriage, Religion, and Law in the Western Tradition* (Louisville, Ky., 1997), pp.42～73.

242) 옮긴이 주석: 1555년대의 종교개혁기의 루터주의시대에 게르만 가족법의 또 하나의 특징은 부인과 자녀에 대한 강한 가부장권의 보장이다. 물론 이 가부장권은 가족에 대한 유기나 학대를 처벌하는 다른 면과 대칭을 이루고 있기는 하다. 그러나 가족 내에서의 강한 가부장권의 권위를 보호하는 루터주의 방식은 이미 말한바 군주, 상급자, 선생, 직인사회에 있어서의 마이스타 등의 권위를 중심으로 한 16세기 게르만 연방법의 특징을 나타내준다. 더 상세한 예는 보라. 김철, "프로이센 일반 란트법의 특징" 『한국법학의 반성』(한국학술정보, 2009.9). 2008년 금융 위기 이후의 세계의 산업문화에 있어서 게르만 국가 및 북유럽 국가의 제조업의 계속되는 강세는 이미 16세기 종교개혁기의 루터주의 법철학에서 나타난다. 즉, 직인사회에 있어서 마이스타와 도제 간의 강한 관계는 최현대 산업사회의 금전적 이해관계보다도 더 루터주의 법철학에 의한 창조주가 예비한 강하고 훼손될 수 없는 윤리적이며 도덕적 관계로 표현되어 있다. 이것은 다소 시대에 따른 변동은 있지만 게르만 지역의 학문공동체가 중세 이후의 전통에서 볼 때 후진성을 가지고 있음에도 불구하고 높은 정도의 윤리성을 유지할 수 있었던 일단의 이유도 선생의 권위를 일찍부터 국가적 의무로서 인정하여 문화적 전통이 되었다는 데서도 볼 수 있다.

243) 원저 p.84. 각주 75. Quoted by Emil Sehling, *Kirchenrecht* (Leipzig, 1908), pp.36～37. Cf. Philip Melanchthon, *Instruction to Visitors*, ibid., vol. 1, pt. 1, pp.149～152 and 163～165.

의 공해나 시노드(synod)까지; 더욱 구체적으로는 교회모임은 여러 신도들의 구성체의 책임과 절차를 결정하는 것 또는 교구의 순회 공의회의 책임과 절차 그리고 란트나 연방의 시노드의 책임과 절차; 교회 공직자를 지명하는 것[244] 역시 다음과 같은 것들이 교회의 내부에서도 신의 첫 번째 가는 주교로서의 군주의 책임이었다. 교회공직자에게 월급 주는 것, 그들을 감독하는 것 그리고 만약 필요하다면 그들을 처벌하는 것 또한 다음과 같은 사항을 보장하는 것, 즉 지역대학과 학교들은 교회를 운영하는 데 필요한 목회자, 선생들 그리고 행정가들을 길러내도록 보장하는 것 또한 교회건물을 세우거나 유지하는 데 필요한 토지 기타 설비와 영물을 제공하는 것. 신의 첫 번째 가는 주교인 군주는 또한 교회건물을 징발하거나 사용하거나 박탈하는 것을 감독할 수가 있다.[245]

244) 옮긴이 주석: 이때 교회에 봉사하는 공직자라는 것은 다른 문화권에서는 없는 개념으로 종교개혁 이후 게르만 영역에 있어서 신교지역의 성직자는 또한 공직자가 되었다는 것을 알 수 있다. 21세기까지 존재하는 도이치 국가에 있어서 모든 국민이 부담하는 교회세는 종교개혁 직후 교회는 국가교회라는 것을 전제로 해서 형성된 전통이다.

245) 원저 p.85. 각주 76. See *CR*, vol. 16, cols. 241, 469, 570; vol. 22, cols. 227 and 617; and Sehling, Kirchenrecht, vol. 1, pt. 1, p. 149. Melanchthon writes in summary, in *CR*, vol. 22, cols. 617～618: "God-fearing rulers are obliged for the properties of the Church to supply necessary offices, pastors, schools, church buildings, courts, and hospitals. It is not right to allow these properties to be squandered by idolatrous, idle, immoral monks and canons. Also it is not right for rulers to take possession of these properties unless they decree proper assistance for pastors, schools, and courts." For further discussion, see P. Meinhold, *Philip Melanchthon, der Lehrer der Kirche* (Berlin, 1960), pp.40, 94; Hans Liermann, *Deutsches evangelisches Kirchenrecht* (Stuttgart, 1933), pp.150ff.; Richard Nürnberger, *Kirche und weltliche Obrigkeit bei Melanchthon* (Würzburg, 1937); Wilhelm Maurer, "Überden Zusammenhang zwischen Kirchenordnungen und christlicher Erziehung in den Anfängen lutherischer Reformation," in *Die Kirche und ihr Recht: Gesammelte Aufsätze zum evangelischen Kirchenrecht* (Tübingen, 1976), pp.254～278.

지금까지를 총괄하면 루터주의 법철학자 멜랑히톤은, 근세법 실증주의의 스타일로, 정치적 공동체의 주도자인 군주를 실정법을 만들고 또한 강제하는 사람으로 설명하였다.[246] 멜랑히톤의 주장은 그러나 이렇게 만들어진 실정법이라 할지라도 그것의 효력의 한계는 자연법이 기다리고 있다. 그리고 자연법은 군주나 인간이 만드는 것이 아니다. 자연법은 성서에 나타난 바이고 또한 (대단히 중요한 사항은) 인간의 마음에 쓰여져 있다고 했다는 것이다.[247] 주의하여야 할 것은 다음의 이론이다. 종교개혁 이후 새롭게 권위를 가지게 된 세속 군주가 실정법을 만드는 권위를 부여하는 원천은 자연법이었다. 그래서 멜랑히톤의 실정법이론에서 가장 중요한 부분은 이와 같이 만들어진 실정법들은 자연법과 일치하여야 된다는 것이다. 더욱 중요성을 띠는 것은 실정법을 제정한 제정자인 군주 자신도 그가 만든 실정법에 의해서 구속된다는 것이다. 그 이유는 그가 실정법을 만들었다 하더라도 실정법의 궁극적 원천은 자연법이기 때문이다 ─ 멜랑히톤은 정치적 공동체의 주도자였던 공직자들의 의무와 권리뿐만이 아니라 정치적 주도자들의 권위나 그들이 만든 법에 복종해야 되는 신민들의 의무와 권리까지도 설명하였다. 교수생활의 초기에 멜랑히톤은 루터와 마찬가지로 모든 백성, 즉 군주 아래에서의 신민은 정치적 공동체의 권위와 실정법에 대해서

---

246) 옮긴이 주석: 그러나 이 대목에서 동아시아인들이 주의할 것은 다음과 같은 사실이다. 즉 실정법이라 할지라도 효력의 한계는 자연법이 정한다.

247) 옮긴이 주석: 만약 루터주의 법학자 멜랑히톤이 실정법을 개폐하는 힘을 자연법에서 찾고 자연법이 성서에 쓰여져 있다고만 했으면 그 또한 성서해석의 문제로 환원될 것이다. 그러나 이 루터주의 법철학자는 자연법의 텍스트를 성경에서 찾을 뿐만 아니라 자연법의 존재는 인간의 마음에 있다고 했다. 16세기 중반에 루터주의 법철학자에 의해서 주장된 자연법의 소재가 궁극적으로는 인간의 마음에 있다는 이런 주장은 필자가 대학에서 공식적으로 법학 공부를 시작한 이후 공식적인 법교육을 한국에서 받은 기간 중 강의실에서 결코 들은 바가 없다.

복종해야 될 의무를 가지고 저항할 권리는 없다고 가르쳤다. 이 경우에 심지어 이러한 정치적 권위와 그들이 만든 제정법이 일관성이 없고 자의적이며 또한 부패의 징후가 있는 경우에도 그러하다고 했다. 1521년에 멜랑히톤은 다음과 같이 썼다. “만약 군주의 상급 지배체제인 관료와 자문관들이 무엇인가를 명령할 때 독재자들이 하듯이 전후가 맞지 않고 자기 기분대로 하는 방자함으로 할 때는 어떻게 할 것인가.” “백성들은 이러한 상급관료, 즉 한국식으로는 양반에 대해서 사랑으로서 인내하여야 한다. 왜냐하면 군중봉기나 대역 없이는 아무것도 달라지지 않기 때문이다. 이 경우에도 이러한 자의적인 독재에 종속되어 있는 사람들은 만약 그들이 소란이나 격동 없이 할 수 있다면 피해야(escape) 한다.”[248] 이와 같은 절대적 복종을 강조하는 이론의 기초를 어디에서 찾았던가. 멜랑히톤은 바울 사도의 정치권력에 대한 텍스트에서 찾고 있다: “존재하고 있는 권력은 절대자가 부여한 것이다.” 그리고 그 권력에 복종하는 것은 “양심에 의해서 명령되어 지고 있다.” 또한 존재하는 권력에 저항하는 것은 절대자에 저항하는 것이고 절대자의 분노를 유발하는 것이다.[249][250]

게르만 군주들의 권력이 계속해서 증가함에 따라서 이러한 멜랑히톤도 점점 더 관심이 신민들을 부패로부터 보호하고 군주를 독

---

248) 원저 p.85. 각주 77. *CR*, vol. 21, cols. 223～224.

249) 원저 p.85. 각주 78. Romans 13:1～7.

250) 옮긴이 주석: 사도 바울의 이 성경 구절은 1521년, 종교개혁기의 사악한 시대에 루터주의의 법학자가 인용한 그대로 이후에도 20세기와 21세기에 이르기까지도 존재하는 정치권력에 대한 복종을 요구할 때 인용되어 왔다. 그러나 예수시대의 사회 상황과 정교 상황에서 대규모의 박해에 직면했던 사도 바울이 초기 기독교인에게 세속 권력에 저항하지 말 것을 엄중하게 교훈한 구절은 그것의 절대적 의미보다는 맥락에서 해석될 수 있다고 볼 수 있다.

재로부터 제어하는데 옮겨가게 되었다. 그리하여 약 34년 뒤 1555년에 이르러서는 멜랑히톤도 마음을 바꾸어서 독재자에 대한 저항권을 인정하는 사람들의 협력하게 되고 그 기초는 자연법이었다. 그러나 그의 일관성도 있다. "현재 존재하는 정당한 권위를 반대하는 잘 생각된 불복종은 진실되고 합리적인 법에 반대하는 경우에는 죽을죄이다. 이 죄는 완강하게 그 죄 안에 계속 있을 경우에는 절대자가 영원한 저주로서 처벌하게 된다."[251] 그러나 다음과 같은 극단적인 상황은 다르다. 즉, 왕의 관료들이 제정하고 포고한 제정법이 자연법에 어긋나는 경우 특히 십계명에 어긋나는 경우 그것은 인간의 양심에서 구속하는 힘을 잃는다. 이 경우에 자연법에서 확정된 기준으로 작용하는 십계명과 실정법이 어긋나는 경우 실정법은 인간의 양심을 구속하지 못한다는 것은, 로마 가톨릭시대의 법철학과 다르지 않다. 오히려 일치한다. 그럼에도 불구하고 똑같은 원칙이라 하더라도 극단적으로 다른 품고 있는 의미가 나올 수가 있다. 즉, 로마 가톨릭시대에는 동시에 서로 병존하고 공존하는 교회 법정과 세속 법정이 있었고 교회 법정과 세속 법정이 서로 상대방의 입법을 공격하거나 부인할 때는 양쪽 모두다 자연법을 위반했다는 근거를 대곤했었다. 그런데 이제 양금이론으로 대표되는 두 개의 재판권이 서로 겨루는 시대는 가고 종전에 가졌던 교화권력의 재판관할권은 힘을 잃었다. 남아 있는 것은 개신교 국가에 있어서 단일한 세속 법정이 있을 뿐이다. 그래서 이런 세속 국가에 있어서 자연법의 주장은 누가 하는가. 이제는 자연법의 주장은 백성들에게 남겨졌다고 할 수 있다. 이 백성들은 란트라는 영역

251) 원저 p.85. 각주 79. *CR*, vol. 22, col. 613. Cf. Manschreck, *Melanchthon*, p.333.

에 있어서의 의회를 통해서 하든가 또는 황제가 소집하는 의회를 통해서 하든가 개인적으로나 집단적으로 행동하는 것이 남아 있다. 목표는 그들의 직분에서 벗어난 관료들에게 저항하고 자연법의 전제를 무시하고 반역한 실정법에 불복종하는 것이다.

여기에 더해서, 멜랑히톤은 초기부터 제멋대로 하는 자의적인 권력에 대한 제한으로서 공식적으로 발간되고 쓰여진, 즉 공포된 성문법의 중요성을 강조하였다.252) 모든 과거의 위대한 법문화는－이스라엘과 크레타 그리스 로마 문명을 포함하는데－이러한 요구를 만족시켰다고 멜랑히톤은 주장한다. 성문법과 그리고 공식적으로 포고된 법이 더 안정성이 있으며 예측성이 높으며 그리고 더 오래간다는 것이다. 공포된 성문법이 시민들의 인격과 재산을 관료와 경찰이 근거 없이 침해하는 것을 막을 수 있다. 공포된 성문법은, 또한 거꾸로, 권한을 가진 당국을 보호하는데 이때는 정당화될 수 없는 반역이나 관료들이 멋대로 한다든가 자의적이라든가 일관성이 없다든가 라고 근거 없이 주장하는 것을 막을 수 있다. 공포된 제정법은 "군중의 무자비함에 대해서 새로 만든 방어벽"을 제공하며, 질서와 평화를 지키기 위한, 지배자와 백성 사이의 공통적 유대를 제공한다.253)

로마법이, 제멋대로 하는 자의적인 당국의 권위에 대한 제한이 될 수 있다고 간주한 것은 멜랑히톤이었다. 로마법은 치자에 의해

---

252) 원저 p.86. 각주 80. See particularly *CR*, vol. 11, col. 66. For further discussion, see Kisch, *Melanchthons Rechts- und Soziallehre*, p.86; Köhler, *Luther und die Juristen,* p. 103; Albert Haenel, "Melanchthon der Jurist," *Zeitschrift für Savigny Stiftung für Rechtsgeschichte* (hereafter *ZSS*) (Rom. Abt.) 8 (1869), 249～270.

253) 원저 p.86. 각주 81. Quoted by Kisch, *Melanchthons Rechts- und Soziallehre,* p.177. See further discussion in *CR*, vol. 11, cols. 73 and 552.

서 부과된 실정법이었다라고 멜랑히톤은 주장했다: 이와 관련해서 멜랑히톤이 강조한 것은 로마법의 성문법으로서의 성격과 구체적이고 자세한 성격이었다. 로마 가톨릭의 학자들과 마찬가지로, 멜랑히톤은 (로마법의 성문법적인 성격과 구체화된 성격에도 불구하고) 로마법을 "쓰여진 이성"(ratio scripta)이라고 추상적인 성격을 덧붙였는데, 이것은 자연법을 보충한다는 뜻이었다. 이전에 또한 로마법은 이교도의 것이며 기독교의 원천이 아니라는 주장이 있었는데 멜랑히톤은 이 주장에 반대해서 이렇게 말했다. "비록 로마법이 (기독교황제가 아닌) 이방의 치자에 의해서 만들어지고 공포되었지만 로마법은 신을 기쁘게 하고 있다." 또한 "로마법은 인간의 영리함에서부터 유래한 것이 아니라 오히려 신적인 지혜로부터 나온 빛이다." 또한 "이교도들에게 성령(th Holy Spirit)이 눈에 보일 수 있게 나타난 것이다."[254][255] 이와 같이 (종교개혁기의 게르만국

254) 원저 p.86, 각주 82. See *CR*, vol. 11, cols. 921~922.

255) 옮긴이 주석: 동로마의 유스티니아누스(Justiniaus)황제에 의해서 모아지고 체계를 만든 로마법은 한국의 전통적인 법 교육에서 고대 로마문명의 경험과 지혜가 집약된 인간 이성의 금자탑이라고 가르쳐왔다. 그리고 그것의 논리성과 체계성 그리고 정밀성이 특징으로 가르쳐져왔다. 그럼에도 불구하고 동아시아 법학사에서 이러한 로마법은 세속법의 결정판인 고전으로 여겨질 뿐 방금 서술된 대로, 종교 개혁이라는 사악한 시절에, "신적인 이성의 빛"이라고까지는 알려지지 않았다. 더 나아가서 "성령이 이방인들에게 눈에 보일 수 있게 현시된 것"이라는 성경적 의미나 신학적 의미는 애초에 전혀 알려지지 않았다. 동아시아의 개화기부터 일본과 한국에게 설득력을 가지기 시작한 이른바 도이치법의 계수는 정치적으로 1871년 남독일 연맹과 북독일 연맹의 400여 개의 독자적 정치단위를 군대와 관료의 힘으로 통일한 비스마르크의 철혈정책에 의해서 수행되었다는 점에 주목하고, 나폴레옹 이후의 유럽세계를 힘으로서 제패한 비스마르크 제국의 통치력에 매료된 것이 사실이라고 본다. 그러나 종교개혁 이후, 프로이센제국의 1871년 전후까지 게르만 공동체들을 유효하게 결합한 고전 로마법의 존재와 그것이 종교개혁시대의 법철학자에 의해서 "성령의 현시로까지 높여진" 게르만 기초공동체의 사정에 대해서는, 동아시아의 공법이나 사법 역시 서로 넘을 수 없는 간격을 둔 채, 아무런 연결점이 없이 단절되어서 파악되어 왔다. 게르만 사회의 법문화를 결정지은 것은, 적어도 1871년 프로이센의 제2제국이 통일제국으로

가들에 있어서) 로마법이 군주와 군주를 둘러싸고 있는 상층부 관료 및 군대를 포괄적으로 의미하는 상층부 사회인 Obrigkeit를 구속하였다. 로마법은 이와 같이 상층부 사회의 법이었으며 상층부 사회에 의해서 부과된 실증법이었다. 그럼에도 불구하고 (동아시아 인들이 흔히 생각하는 대로 이러한 상층부 사회의 법은 상층부 사회가 그들의 목적을 위해서 제정한 것이 아니고) 그것은 그들 이전의 선조들로부터 유래하였으며 또한 로마법이 고대의 텍스트에 대한 용어 및 주석의 형태로 존재하였기 때문에 로마법은 어떤 정도로는 그들 상층부 사회의 손이 미칠 수 없는 곳에 있었다. 즉, 로마법은 어떤 객관성을 가지고 있었으며 따라서 상층부 사회에 대해서 어떤 제한과 억제력을 행사하였다.[256)]

지금까지 보아온 대로의 루터주의 법철학자 멜랑히톤이 로마법을 크게 칭찬한 것은 내용을 무시하고 행해진 것은 아니었다. 오히려 멜랑히톤은 로마법의 내용을 집중적으로 연구하였으며 따라서 로마법의 긴 발달과정, 즉 유스티니아누스의 텍스트로부터, 이르네리우스의 용어정리를 거쳐서, 바르톨루스의 주석을 거쳐서 또한 멜랑히톤의 동시대인들의 개정까지 온 모든 과정을 알았다.[257)] 멜랑히톤이 로마법에 대해서 같이 연구한 동료와 친구들은 그 시대의 가장 앞선 법학자들을 포함하고 있었다.[258)] 과거에 멜랑히톤은 로

성립될 때까지는, 이와 같은 종교개혁기의 법학과 법철학이 통용되었다고 생각된다.

256) 원저 p.86. 각주 83. See *CR*, vol. 11, cols. 218ff., 357ff., 630ff., and 922ff.

257) 원저 p.86. 각주 84. See particularly Philip Melanchthon, *De Irnerio et Bartolo Iurisconsultis Oratio Recitata a D. Sebaldo Munsero* (1537), in *CR*, vol. 11, col. 350. For further discussion, see Kisch, *Melanchthons Rechts- und Soziallehre*, p.117; and Haenel, “Melanchon der Jurist.”

258) 원저 p.86. 각주 85. For an account of Melanchthon’s connections with numerous leading German jurists, as a teacher, colleague, and/or correspondent, see

마법의 한 과목을 가르친 적이 있었다. 그래서 그는 로마법 안에서 일종의 정치적 질서의 원천을 발견했는데, 그 정치적 질서의 원천이란 한편에 있어서는 "군중이 권력을 장악하는 것"을 방지하면서, 다른 한편에 있어서는 권한을 가진 당국이 부패하는 것을 막는, 즉 "독재에 기울어지지 않도록 시민들을 보호하는" 것을 발견했다.[259) 이러한 과정을 거쳐서 루터주의 법학자 멜랑히톤은 다음과 같은 사상을 발전시켰고 이 사상은 19세기에 이르러서, (우리가 목적법학자라고 알고 있는) 루돌프 폰 예링에 의해서 널리 알려지게 되었다. 즉, "로마법은 …… 어떤 의미에서는, 하나의 철학이다."[260) 루터주의 법학자 멜랑히톤은 17세기에 충분히 이르는 동안의 도이치의 법철학의 내용과 특징을 만드는 데 기여하였다. 16세기에 존재하던 도이치의 주도적인 법학자의 모든 세대를 열거하면 다음과 같다－Johann Oldendorp(ca. 1486～1567), Hieronymous Schuerpf (1481～15543), Johann Apel(1486～1536), Konrad Lagus(ca. 1499～1546), 바실리우스 모너(Basilius Monner, ca. 1501～1566), Melchior Kling(1504～1571), Johannes Schneidewin(1519～1568), Nicolas Vigelius(1529～1600). 이들은 루터주의 법학자 멜랑히톤의 직접적 영향력 안에 들어왔으며, 학생으로서, 동료로서 또는 서신에 의해서 서로 나누는 존재로였다.[261) 이후에 여러 세대의 학생들이 연구

Guido Kisch, "Melanchthon und die Juristen seiner Zeit," in *Mélanges Philippe Meylan* (Lausanne, 1963), 2:135.

259) 원저 p.86. 각주 86. Quoted by Kisch, *Melanchthons Rechts- und Solziallehre,* pp.113ff.

260) 원저 p.86. 각주 87. *CR*, vol. 11, col. 358 ("Romanum ius …… quandam philosophiam esse").

261) 원저 p.87. 각주 88. Köhler, *Luther und die Juristen,* p.125: "Melanchthon in particular was held in the highest regard by jurists both within and without

한 것은 루터주의 법학자 멜랑히톤의 법에 대한 글쓰기, 정치에 대한 글쓰기, 도덕에 대한 글쓰기였으며 이러한 멜랑히톤의 저작들은 17세기 말에까지 출판되어 왔으며 대학에서 교과서로 사용되었다. 루터주의 법철학자 멜랑히톤의 기본적인 법학 전반의 사상, 즉 법철학은 적어도 17세기 말까지 게르만 민족의 법에 대한 연구와 교육을 지배하였다.

2.7 요한 올덴도르프의 법철학

16세기에 발전된 루터주의 법철학을 볼 때 위와 같이 서술한 멜랑히톤은 유일하거나 가장 포괄적인 것은 아니었다. 16세기의 루터주의 법학자와 모랄리스트들은 기본적으로는 멜랑히톤의 통찰을 받아들인 것은 틀림없으나 때로는 (그 시대의 특징대로) 그들은 멜랑히톤이 보여준 근본적인 통찰의 형식과 초점에 대해서는 자주 비판하였다. 즉, 루터주의 법학자와 모랄리스트들은 멜랑히톤의 기본적 통찰을 자기들 방식에 의해서 보충하기도 하고 다른 체계를 만들기도 했다. 아마도 이와 같은 것 중에서 루터주의 법철학을 가장 의미 있게 비판적으로 다시 체계화한 것으로는 요한 올덴도르프를 들 수가 있다.

"당대의 가장 강력한 법적인 존재 중의 한 사람"[262]이며 "모든

Germany. Leading legal scholars recommended strongly his *Elements of Ethical Doctrine* to young students, for nowhere else were the sources of law so clearly set forth. Especially in Wittenberg there was formed under the personal influence of [Melanchthon] a school of jurists who in their lives and in their jurisprudence strongly manifested the new religious movements of the time."

다른 사람을 능가한” 것은 올덴도르프였다고 Roderich von Stintzing이 말했다. 이러한 특징은 “그의 성격의 힘이며 또한 그가 저술가로서 또한 교사로서의 중요성”[263]에서 나왔다. 함부르크에서 1480년대에 태어났으며,[264] 올덴도르프는 1504년부터 1058년까지 로스톡대학(the University of Rostock)에서 법을 공부했으며 1508년부터 1515년까지 7년 동안 볼로냐(Bologna) 대학에서 법학을 공부하였는데, 볼로냐(Bologna)는 당대에 있어서 인본주의 사상(humanist thought)의 주도적인 중심지였다. 1516년에 그는 그라이프스발트(Greifswald)대학에서 로마법과 민사소송법의 교수가 되었다. 교수로서의 초기 시기에, 올덴도르프는 새로운 인본주의(new humanism)

---

262) 원저 p.87. 각주 89. P. Macke, “Das Rechts- und Staatsdenken des Johannes Oldendorp” (Inaugural diss., n.d.; date of oral examination May 25, 1966). Most of the biographical material presented here is derived from Hans-Helmut Dietze, *Johann Oldendorp als Rechtsphilosoph and Protestant* (Königsberg, 1933). See Erik Wolf, *Grosse Rechtsdenker der deutschen Geistesgeschichte,* vol. 3 (Tübingen, 1951), pp.129~132; Sabine Pettke, “Zur Rolle Johann Oldendorps bei der offiziellen Durchfu¨hrung der Reformation in Restock,” *ZSS* (Kan. Abt.) 101 (1984), 339~348. Cf. Otto Wilhelm Krause, *Naturrechtler des sechszehnten Jahrhunderts: Ihre Bedeutung für die Entwicklung eines natürlichen Privatrechts* (Frankfurt am Main, 1982), pp.115~125.

263) 원저 p.87. 각주 90. Stintzing, *Geschichte der Rechtswissenschaft,* p.311. Stintzing called Oldendorp “the most significant of the German jurists of the middle of the sixteenth century.” Ernst Troeltsch described him as the “most influential jurist” (“massgebendster Jurist”) of the age of the Reformation. Ernst Troeltsch, *Die Soziallehren der christlichen Kirchen und Gruppen,* Bd. 1 of *Gesammelte Schriften* (Tübingen, 1912), p.545, n. 253.

264) 원저 p.87. 각주 91. The year of Oldendorp’s birth remains a point of controversy. The date 1480 is accepted by Stintzing (*Geschichte der Rechtswissenschaft,* p. 311). More recently, however, Wieacker (*History of Private Law,* p.283) has given Oldendorp’s birthdate as 1486. Macke, “Rechts- und Staatsdenken des Oldendorp,” has adopted the date 1488. Even later dates have been argued by other historians. Either 1486 or 1488 seems more plausible in light of Oldendorp’s career.

에 깊이 빠져들었다. 즉, 그는 (그 당시나 이후의 서양세계에서 고전이라고 불리우는 것) 플라톤, 아리스토텔레스, 키케로를 주의 깊게 공부하는 학생이었으며 이와 같은 고전인문학과 함께 그와 병행하는 로마법을 면밀히 공부하였다(옮긴이 주석. 한국의 전통적 법학에서 로마법은 주로 민법학자들에 의해서 한국이 개화기때부터 계수했다고 주장되는 이른바 대륙법의 태생적 모체로서 강조되고, 민법해석론에서 근거나 권위로서 사용되는 테크니컬한 측면에서 강조되어 왔다. 한국의 전통법학계에서, 로마법이 법의 영역을 넘어서서 서양고전 – 즉, 플라톤이나 아리스토텔레스나 키케로와 내용적으로 관련이 있다는 가르침은, 불행히도 서양법학을 계수한 100년 이상의 대학 교육에서 기록이 없다. 즉, 로마법은 어디까지나 기술적인 측면만 강조되고 그리스철학과 로마의 인문학과의 어떠한 내용적인 연계성도 언급된 바 없다. 이것은 이른바 서양법을 계수했다고 하는 주장을 그대로 받아들인다 하더라도 기이한 감을 준다. 그 이유는 지금 진행되고 있는 루터주의 법철학이 16세기와 17세기의 서양법학의 주된 맥락 중 하나였고 이러한 루터주의 법철학의 두 개의 큰 기본은 인본주의 사상과 함께 병행한 로마법이지 한국의 관행적인 민법학자들이 주장한 것처럼 오로지 특정민법조항을 해석하는 데 보조 역할을 하는 그런 의미의 로마법이었다면 16세기와 17세기의 종교개혁 이후의 서양법 전통에 있어서 주된 내용을 제공하지는 못했을 것이기 때문이다).

1520년대 초기의 올덴도르프는 드디어 그의 모든 생애를 루터주의에 의한 종교개혁의 대의에 헌신하기로 결심하였다. 따라서 1526년에 법철학자 올덴도르프는 그가 교수생활을 영위하였던 그라이프스발트를 떠나서 로스톡 시 정부의 주요한 공직자(Stadtsyndikus)이며 또한 종교개혁을 지지하는 그 시의 정당의 지도자가 되었다. 이윽고 올덴도르프는 로스톡시의회로 하여금 종교개혁에 단단히 지지하도록 이끄는 데 영향력을 행사하였으며 그 자신이 로스톡 시의 교회의 활동들을 감독하는 데 중요한 역할을 하였으며 (종교개혁 이전의 성당에 의한 청소년교육에 대신해서) 공립학교를 설립하는 데 중요한 역할을 하였다. 그러나 로마 가톨릭 초기의 반대 또한 심해서 1534년에는 로스톡 시를 떠나서 (북해연안 한자동맹의 오래된 자유도시에 속하는) 뤼베크(Lübeck)의 시 자문력의 지위를 받아들였는데 뤼베크는 (북해연안에 위치하는 가장 오래된 자유도시의 하나였으며) 게르만인들의 주요한 상업적 중심지의 하나였다. 뤼베크 자유시에서 또한 루터주의 법학자 올덴도르프는 프로테스탄티즘을 자유시로 가지고 오는 역할을 했고 또다시 반대는 그로 하여금 물러나게 했다. 2년 뒤 1536년에 루터주의 법철학자 올덴도르프는 모데르강 연안의 프랑크푸르트에서 가르치는 역할을 받아들였으며 여기서 그는 이미 지난 세월의 짧은 기간 중에 가르친 적이 있었다. 1539년에 그는 쾰른 대학에서 가르치기도 하고 쾰른 시 정부에서 일하기도 하는 조건으로 초청되었다(여기서 재미나는 일이 벌어졌다). 오래된 로마 가톨릭 도시에 왔던 쾰른의 로마 가톨릭 대주교였던 헤르만 폰 비에드(Hermann von Wied) 추기경은 그 자신이 프로테스탄티즘에 끌리게 되고 그래서 루터주의 법학자 올덴도르프와 친구가 되었다. 올덴도르프는 역시 그에 앞서 루터주의 법철학을 전파했던 멜랑히톤과 쾰른에서 개인적 접촉을 하게 되고 또한 (프랑스 인접지역이었던) 슈트라스부르크의 개혁자 마르틴 부서(Martin Bucer)와 개인적으로 접촉을 하게 되었다. 그러나 2년 뒤에 다시 반대에 부딪혀서 올덴도르프는 쾰른마저 떠났다. 마르부르크(Marburg) 대학의 교수로서 짧은 기간 일한 뒤, 올덴도르프는 헤르만 추기경의 강요로 쾰른에 돌아왔으나 그것도 오래가지 못하고 1543년에, 로마 가톨릭 당국에 의해서 쾰른으로부터 마침내 추방되었다. 그러자 그는 마르부르크로 돌아왔는데, 그 이유는 거기서는 프로테스탄티즘이 굳건히 자리 잡았기 때문이다. 마르부르크에서 1567년 사망할 때까지 24년을 법학교수로서 가르쳤다.

여기서 주의할 것은 올덴도르프가 마르부르크의 교수로서 초청에 응한 것은 다음과 같은 조건이었다(이 대목이 올덴도르프가 종교 개혁가뿐만이 아니라 법학교육의 개혁가로서의 면모를 뚜렷이 보여주는 대목이다). 즉 그는 약 200년 동안 그때까지의 유럽에 있어서의 법학교육과 법학계를 계속 지배해왔던 법학교육의 방식을 거부한 것이다. 즉, 후기 주석학파[post glossators(*mos italicus*)]가 확립했던 순서와 양식에 의해서 시민법대전(Corpus Juris Civilis)의 교과서로 강의해야 되는 그때까지 통용되는 요구를 말한다.[265] 올덴도르프의 마르부르크 대학 초청에 대한 주장은 더 계속된다. 즉, 첫째 "법을 가르치되 특별한 주의와 중점을, 법의 올바른 그때까지의 경위를 함께 가르쳐야 되는 것이고 그리고 무엇보다도 법학에서, **하나님의 말씀이 법과 어떤 관계에 있는지**를 마땅히 가르쳐야 되는 것"[266] 이윽고 마르부르크 대학의 왕립창립자였던

---

265) 옮긴이 주석: 1543년, 즉 도이치 종교개혁이 유럽의 종교적·정치적 지형을 바꾸고 있을 때까지, 즉 1543년 기준으로 이전의 유럽 전체의 법학교육과 법학계를 지배한 것은 후기 주석학파들이었고 이 후기 주석학파들이, 그때까지 거의 신성시되던 로마법 대전을 어떻게 가르치며 어떻게 해석하느냐에 대한 방식을 거의 독점하고 있었고, 그것이 유럽 전역의 지적인 세계와 법학계 그리고 그 영향력이 이르는 모든 세계를 지배하고 있었다고 보여진다. 즉, **종교개혁은 올덴도르프에 이르러서는 법학교육의 방식과 교과서에 대한 개혁으로도 나타났다**고 할 수 있다.

266) 원저 p.87. 각주 92. Macke, "Rechts- und Staatsdenken des Oldendorp," p.9;

Landherr Philip the Magnanimous에 의해서 인정을 받게 되고, 마부르크에서 법학교육의 근본적 개혁에 대해서 소개강연을 하도록 초청을 받았다. 그 강연에서 그때까지 존재하던 법의 전 체계가 하나님의 말씀과의 관계에서, 철학적으로 또한 역사적으로 다시 고려되어졌다.[267] 올덴도르프의 법학 관계 저술은 복합적인 법철학을 제시하고 있다. 그 안에서 중심이 되는 것은 성서적인 신앙과 기독교인의 양심이고, 그러나 그때까지의 서양 전통의 핵심이었던 그리스고전, 스토아주의, 로마고전, 스콜라주의, 인본주의와 다른 요소들이 독창적인 방식에 의해서 재결합되어서 마침내 (종교개혁에 의해서 확립된) 성서에 의한 신앙과 기독교의 양심에 부수하게 되는 것이다.[268] 그래서 후세인들은 다음과 같이 말할 수 있게 된다. 루

Dietze, *Johann Oldendorp*, p.59; and Köhler, *Luther und die Juristen,* p.127.

267) 원저 p.88. 각주 93. See Stintzing, *Geschichte der Rechtswissenschaft*, p.323. Oldendorp's full response to the Landgrave is instructive: "First, Your Eternal Princely Grace, the Praise, the Honor, and the Betterment of this land and the entire German nation－the study of law (which after God's word is the most important pursuit and study) should be organized not only in light of the Word, but in accordance with it in deed; the Word must be its starting point and its guide. And when the true teaching of virtue through written laws and equity is required (as I have seen some do and Philip Melanchthon surely helps in this), [Your Eternal Princely Grace] and other estates will be relieved of much deception and aversion."

268) 원저 p.88. 각주 94. Oldendorp wrote at least fifty-six separate tracts, of which three are in Old German and the rest are in Latin. The German writings are among the earliest. The fullest bibliography of Oldendorp's writings is given in Dietze, *Johann Oldendorp*, pp.18～21. Macke's bibliography ("Rechts- und Staatsdenken des Oldendorp," pp. viii-xi), while not as exhaustive as Dietze's, includes six works not found in Dietze. Two of the German works have been translated into modern German and published in Erik Wolf, *Quellenbuch zur Geschichte der deutschen Rechtswissenschaft* (Frankfurt am Main, 1949). These are *Was billig und recht ist* (1529) (hereafter *Billig und recht*) and *Ratmannenspiegel* (1530). A number of Oldendorp's Latin works have been reprinted as Johann Oldendorp, *Opera*, 2 vols. (Aalen, 1966), including the

터주의 법학자 올덴도르프는 멜랑히톤과 마찬가지로, 루터주의자이자 동시에 인본주의자이다. 이 언어는 르네상스 이후의 서양의 새로운 빛인 인본주의와, 종교개혁의 빛이 되었던 루터주의 양자를 병존시킨 두 사람의 법학자를 이르는 것이다.

올덴도르프의 법철학은 세 부분으로 나누어질 수 있다. 첫째는 신의 법(divine law), 자연법(natural law), 실정법(positive law) 삼자 간의 서로 상호관계: 두 번째로는 공평 또는 형평(equity)에 대한 이론, 세 번째는 정치와 국가에 대한 이론으로 나눌 수가 있다.

2.8 **신의 법**(divine law), **자연법**(natural law), **실정법**(positive law)

올덴도르프의 법리학(法理學, jurisprudence) 또는 법철학은 믿을 수 없게 단순함으로 출발하는데, 우선 도이치어 *Recht*와 라틴어 *ius*에 대한 개념 정의부터 출발한다. 법규범은 전체성을 띄게 된다. 법규범은 일반룰로서 정의되는데, 이것은 어떤 권위 또는 당국에 의해서 공포되는 것이고, 명령하거나, 금지하거나, 허용하거나, 또는 어떤 행위를 처벌하는 것이다. 이와 같이 대문자 L로 시작하는 Law(Recht, ius)는 소문자 l로 시작하는 law(Gesetz, leges)와 일치

Isagoge Iuris Naturalis Gentium et Civilis (1539) (hereafter *Isagoge*) and many of his studies of Roman law. The *Isagoge and the Divinae Tabulae X Praeceptorum* (ca. 1539) are reproduced in edited form in Carl von Kaltenborn, *Die Vorläufer des Hugo Grotius* (Leipzig, 1848), pp.1~25. (Kaltenborn mistakenly identifies the *Divinae Tabulae* as Title 5 of the *Isagoge,* though the two works were written separately.) Subsequent citations of the *Isagoge* are to Kaltenborn's edition. More than twenty of Oldendorp's works are to be found in the Treasure Room, Langdell Library, Harvard Law School.

되게 되는 것은, 근세 법실증주의의 스타일대로이다.[269)]

세속 시민사회의 권위 있는 당국에 의해서 포고되는 laws(leges rei publicae)는 올덴도르프의 이론에 의하면 하나님에 의해서 인간의 마음에 심어지고 양심에 의해서 분별되는 법에 종속되어 있다: 이와 같은 의미의 법을 올덴도르프는 인간 내부의 법 "law inside people, lex in hominibus"이라고 부르고 또한 자연법(natural law, lex naturalis, ius naturale)으로 불렀고 인간 내부의 법이나 자연법은, 그에 의하면, 직접적으로 세속 사회의 정부 권위를 구속하게 된다. 문제는 하나님에 의해서 성경에서 분명하게 나타낸 법(leges Bibliae)은 어떻게 분별되는가. 1543년 이후의 올덴도르프에 의하면 이 법의 분별은 오로지 성도 각각의 양심에 의하는 수밖에 없다.[270)]

---

269) 원저 p.88. 각주 95. Oldendorp wrote: "Ius …… idem est quod lex" (Law …… is the same as a law). "Law [*Recht*], or the laws [*Gesetze*], is [sic] twofold: written and unwritten" ("Recht, oder die Gesetze …… ist zweierlei, geschrieben und ungeschrieben"). Under written law he included the civil law (Roman law) and positive law, and under unwritten law he included custom, the law of nations, and natural law. See also *Isagoge*, p.57, where he put customary law on an equal level with enacted law.

270) 원저 p.88. 각주 96. Conscience, for Oldendorp, is a form of reason. Cf. Krause, *Naturrechtler*, p.118: "*Ratio* and revelation are two independent ways of ascertaining the natural law. Oldendorp, however, saw *ratio* as the first source of natural law. Only when *ratio* fails should man resolve his doubt through the Decalogue, and here again, it is reason that we use to draw conclusions from the divine commandments. Equating the Decalogue with natural law unmistakably separated Oldendorp from the teachings of Melanchthon. Oldendorp tried to show that ratio is a divine spark in a spoiled human nature and that this was the primary source of natural law. Oldendorp, however, was still very far from being a typical rationalist, nor did he believe in the supremacy of reason because in the end …… reason is free [only] so long as it does not contradict divine commandments." Krause also points out that for Oldendorp the Decalogue "built an ideal order and foundation for human coexistence, but contained no concrete rules of law, only very general principles." Krause is wrong, however,

이와 같이 루터주의 법철학자 올덴도르프의 이론에서 신의 법, 자연법, 그리고 인간의 법이라는 세 가지 레벨이 나타났는데 주의 깊게 관찰하면 이 세 가지 법은 이미 12세기에 활약한 위대한 교회법학자 그라티아누스가 체계화시킨 것이고 또한 스콜라학자들이 오랜 시간에 걸쳐서 형성시켰던 로마 가톨릭의 법철학하고 다르지 않다. 그러나 어쨌든 차이는 있을 것이 아닌가. 즉, 로마 가톨릭 법철학자였던 그라티아누스나 토마스 아퀴나스나 다른 이론가들과 대비해서 신의 법(lex divina)의 범위를 축소해서 성경에서 직접 나타난 좁은 의미의 법(leges)으로 한정하였는데 이 말의 실제적인 뜻은 신의 법이란 바로 십계명이라는 뜻이다. 이런 점에서 올덴도르프는 루터와 멜랑히톤을 추종했으며 이들은 이미 초기부터 구약에서 나타난 많은 룰들 중에서 단지 십계명만 기독교를 구속한다고 선언하였었다. 또한 루터와 멜랑히톤과 마찬가지로 그래서 그라티아누스나 아퀴나스와 같지 않게 성서를 초과하는 영원한 법, 즉 영원법(lex aeterna)에 대해서 올덴도르프는 말하지 않았다(로마 가톨릭 법학자들은 lex aeterna를 존재한다고 보고 이것은 성서에 나타난 계명까지도 초과한다는 입장일 것이다).

올덴도르프는 역시 다음의 점에서 로마 가톨릭의 교리에서 떠났다. 즉, 인간 내부의 법(lex in hominibus) 또는 자연법(natural law)의 기원을, 인간의 마음에 원천을 두고 인간 이성에서부터 이끌어내지 않았다. 오히려 인간의 법 또는 자연법을 성경에서부터 끄집어내었다. 올덴도르프에 의하면 자연법이란 성경의 부분, 특히 십계명과 신약 성서의 어떤 곳에서 나오는 것인가. 신약 성서의 어떤

---

in suggesting that Melanchthon did not “equate” the Decalogue with natural law. See the discussion of Melanchthon and natural law earlier in this chapter.

부분은 사랑과 진실됨이라는 일반 도덕 원칙을 확립하는 것이다− 이때 사랑과 진실됨이라는 것은 특히 어떤 공동체의 동료들에 대한 사랑이며, 한 사람의 개인적인 이웃 사람에 대한 사랑이었다. 그리고 (타인이 내게 하기를 원하는 대로 내가 타인에게 행하라는) 황금률(Golden Rule)과 한 사람이 타인 간의 관계에서 진실할 의무를 말한다.[271] 이와 같은 것들은 신이 부여한 것이고, 성서에 나타난 자연법이다; 신이 부여한 각자의 양심을 통해서, 각 인격은 성경 상의 자연법을 분별하고 그것을 지킬 능력을 가지고 있다. 올덴도르프에 있어서, 양심이란 것은, 실로 이성의 한 형태이다; 그럼에도 불구하고 양심은, 보통의 인간 이성도 아니고, 또한 세속 시민사회의 이성(ratio civilis)도 아니다. 오히려 양심은 신의 이성이 인류에게 심은 것이며, 이것을 올덴도르프는 자연적 이성(natural reason, ratio naturalis)이라고 불렀다. 이때 등장하는 것이 자연(nature, natura)이다. **올덴도르프에 의하면 자연이란 신의 창조하는 힘이다.**[272] 실로, 올덴도르프에 있어서 "자연이란, 모든 사물을 창조한 창조주 신 자체이다."[273] 신에 의해서 인간의 양심에, 심어진 자

---

271) 원저 p.89. 각주 97. See Oldendorp, *Isagoge*, p.15: "The divine tables restore and describe law [ius] and the law of nature [lex naturae] with such a sure testimony that there can be no variation [between them]." See also *Divinae Tabulae*, p.17: "Since …… the natural elements of knowledge in persons have been obscured because of original sin, a merciful God has restored and described them on tables of stone so that there would be a sure testimony that these laws of nature are confirmed by the word of God, which he has also inscribed on the souls of men."

272) 옮긴이 주석: 한국인이 친숙한 자연의 개념은, 이와는 다르다. 자연은 모든 인위적인 것, 인공적인 것, 즉 2차적인 것이 만들어지기 이전에, 애초부터 존재하는 1차적인 존재이다. 즉, 원초적 존재로 파악한다.

273) 원저 p.89. 각주 98. Quoted in Macke, "Rechts- und Staatsdenken des Oldendorp," pp.30∼31: "Natura: hoc est, Deus creator omnium." See also *Isagoge*, p.6: "Nature [stands] for God himself, who is the first cause from whom all causes

연법은, "인간 인격의 힘에 의존하는 것이 아니다. …… 신은 자연법을 당신의 마음 안에 이미 써 넣은 것이다."[274] "양심"이란, 올덴도르프에 의하면, "틀릴 수 없는, 즉 오류를 범하지 않는 가이드이다."[275]

"세속 시민사회의 이성"(civil reason, ratio civilis)은 인간 인격의 힘과 능력에 의존하지 않으며, 1차적으로 세속 시민정치의 법이라는 영역에서 움직인다. 그러나 그 세속 시민정치의 법이라는 것도 역시 궁극적으로는 성서에서부터 도출된다. 루터와 루터주의 법철학자 멜랑히톤과 마찬가지로, 올덴도르프는 지상의 왕국(weltliches Regiment, "the secular regime")을 질서 지우는 모든 법들을 추적해서 마침내 훨씬 나중에 다섯 번째의 계명(Fifth Commandment, "그대의 아버지와 그대의 어머니를 공경하라" – 여기에서 중요한 전환은 이 계명이 부모만을 지칭하는 것이 아니라, 지상의 왕국에서, 군주가 양친이라는 함의로 전개된다)에 도달한다.[276] 올덴도르

flow."

274) 원저 p.89. 각주 99. *Billig und recht,* p.57. I have substituted "natural law" for the word "equity" (*Billigkeit*) in the original quotation; Oldendorp uses the two synonymously.

275) 원저 p.89. 각주 100. Quoted in Dietze, *Johann Oldendorp*, p.81.

276) 옮긴이 주석: 1480년부터 1567년까지 함부르크, 볼로냐, 로스토크, 그라이프스발트에서 활약했고, 1520년대부터 루터주의에 의한 개혁에 헌신한 요한 올덴도르프는, 프랑크푸르트 대학, 쾰른 대학, 마르부르크 대학에서 가르쳤고, 주된 과목은 로마법 대전이었고, 그의 주된 공적은 종교개혁과 함께 법학 교육의 개혁을 실행한 것이었다. 그 법학 교육의 개혁은, 그때까지 약 200년 동안 유럽 법교육을 독점한 후기 주석학파의 해석론을 떠난 것이다. 그는 그리스, 로마 고전과 스토아학파, 스콜라학파뿐 아니라 새롭게 등장한 인본주의적 요소를 법학 방법에 더했는데, 여기에 그치지 않고 이 모든 법학 방법론을 성경에 나타난 신앙과 그에 따른 기독교적인 양심에 종속시킨 것이었다. 이 모든 법학 교육상의 개혁에도 불구하고 종교개혁기의 정치적 특징 때문에 그는 그의 성서적 자연법의 원천인 십계명 중 제5계명 부모 공경의 계명을 확장해서 부모가 곧 새롭게 등장한 란트와 공국의 군주와 동일한 것으로 해석하였다. 그 결과는, 대단히 놀라운 비

프는 다시 새롭게 성립한 민족국가라는 정치적 공동체의 법의 원천을 그가 성서적 자연법의 원천이라고 한 십계명에서 도출하는 작업을 계속하였다. 루터주의 법철학자 멜랑히톤도 그러하였으며 보다 더 명백하게 올덴도르프는 모든 형사 관계법의 원천을 성서에 6계명에서 찾았다. ("살인하지 말라") 또한 올덴도르프는 개인재산에 관한, 즉 물권에 관한 법의 원천을 성서의 제8계명에서 찾았다. ("훔치지 말라") 그리고 절차법(the law of procedure)의 연원을 제9계명에서 찾았다. ("거짓 증언을 하지 말라") 올덴도르프는 (이번에는 멜랑히톤과 달리) 가족법의 연원을 십계명에서 찾았다. ("이웃의 것을 탐내지 말라. …… 너의 이웃의 부인을 탐내지 말라") 또한 조세법의 권원을 성서에 나타난 일반적인 명령, 즉 "너의 이웃을 너 자신과 같이 사랑하라."[277] 올덴도르프는 특별한 강조를 제8계명에 두었다("훔치지 말라"). 이 대목에서 올덴도르프는 비단 물권법의 원천으로 뿐만 아니라 계약법의 원천으로 간주했다. 여기에서 올덴도르프는 그의 다른 저작에서와 마찬가지로, 네

교법상의 발견을 가져온다. 즉, 1543년을 기준으로 종교개혁기의 게르만 종교개혁 국가에 있어서 부모 공경의 종교적 가르침은 곧바로 군주 공경과 일치되게 되고, 이것은 마침내 동아시아 유교 문명권에 있어서 군사부 일치라는 동아시아인이 익숙한 전통 윤리에 근접하는 것이다. 이 상사점은 어디에서 오는가? 국가학에서 볼 때 동아시아의 중국을 중심으로 한 국가는 이미 고대에서부터 단일한 권위를 정점으로 하는 그리고 가부장권으로서의 군주권이 사회 윤리와 국가 윤리에 그치지 않고 개인 윤리로서의 가부장을 중심으로 한 부모 공경 윤리와 수직적으로 연결되어 있었다. 종교개혁 이전의 유럽 국가들은 교회권과 세속권이 서로 경쟁 갈등하고 또한 제국과 제국의 구성 국가였던 약 400개 이상의 정치적 공동체가 어느 정도 독립적으로 공존하는 위치에 있었으나 이윽고 종교개혁 이후 각 구성 공동체가 독자적으로 선택권을 가짐에 따라서, 그러나 동아시아 보다는 더 많은 숫자, 약 400개의 정치적 공동체는 흡사 민족을 중심으로 한 단일한 군주 국가와 같은 행세를 하게 되었다.

277) 원저 p.89. 각주 101. *Divinae Tabulae,* pp.15～25. See the further discussion in *Naturrechtler,* pp.118～122.

개의 아리스토텔레스 철학에 있어서의 "원인 또는 대의명분"을 그의 계약법 분석에 적용했다. 계약법의 "유효한 이유"(efficient cause)는 계약법을 "효력이 있게" 하는 것인데, "자연법 또는 신의 법"이다. 여기에서 자연법 또는 신의 법을 올덴도르프는 모든 민족과 나라에 공통한 법인, 고대 로마 제국에서 쓰여지던 명칭으로의, 만민법(jus gentium)과 동일시했다. 올덴도르프에 의하면, 계약법이 존재하게 된 것은 다음과 같은 사실의 결과이다. 즉, 창조주는 인류 모두를 형제로서 창조하였다. 그래서 인류의 자연적 이성을 통해서, 서로가 계약을 체결할 수 있는 기회를 부여했으며, 그 목적은 인류의 상호적인 혜택이며, "다른 당사자를 압박함이 없이"(sine ullo gravamine), 정직하고 공정하게 계약을 체결할 수 있는 기회를 주었다.[278)] 계약법의 "물질적 원인 또는 이유"는 계약법이 엄청난 범위의 인간의 여러 가지의 일들을 공통적인 질서로 묶어내는 방식이다. 올덴도르프가 사용한 개념인 계약의 "형식적 원인 또는 이유"(formal cause)는 계약법이 영위되는 형식 및 형태를 의미하는 것인데, 올덴도르프에 의하면, 사는 것과 파는 것, 즉 매매, 빌려주는 것(leases), 그냥 주는 것, 즉 증여(donation)와 그 밖의 부를 서로 간에 나누는 다른 방식을 포함한다. 이 대목에서 올덴도르프는 다시 (아리스토텔레스의 분류법으로서의) 자유의사 존중(liberality)의

---

278) 옮긴이 주석: 고대 로마 제국에 있어서의 만민법의 개념은 이미 광대한 로마 제국에 혼재하고 있던 여러 인종과 여러 민족을 똑같이 대할 것을 전제로 하고 있었다. 이것은 물론 로마 시민권자에게만 통용되던 시민법과는 범위가 다른 것이었다. 어쨌든 만민 평등주의는 기독교가 서유럽과 유럽 전역에서 지배적인 에토스가 되기 훨씬 이전부터 로마 제국의 판도에서는 "로마의 평화"를 위해서 널리 용인되었었다. 종교개혁기에 올덴도르프는 계약법의 연원을 성경의 일반 원칙인 8계명에서부터 찾고, 더 나아가서 창조주가 모든 인종과 국민을 형제로 창조하였다는 기독교 원리에서 찾고 있다. 만민법의 개념을 자연법으로 이해하고 성서상의 자연법을 구체적인 모세 십계명과 황금률에서 찾은 것이다.

형식을 강조하였으며, 또한 가난한 자를 이용해서 이익을 도모하는 데에 계약 방식을 사용하는 것을 통렬하게 비난하였다.279) 올덴도르프의 계약법을 계속하기로 하자. 아리스토텔레스 철학에 의해서 진행된 계약법의 "마지막 원인", 즉 그것은 목적(end)이자 종착역(finis)은 무엇인가. 올덴도르프에 의하면 계약법의 목적은 계약 당사자의 교환적 또는 등가성(commutative)의 평등을 유지함으로써, 계약 당사자가 서로서로 나누는 것(mutual sharing)의 책임을 실천하는 것이다. 이때 교환적 또는 등가성의 평등이란 무엇인가. 그것은 양 당사자의 부담과 혜택의 평등함을 말하고, 결과적으로 가난한 자를 억압하는 것을 피하며, 상업이 관계된 일들에서의 일관성과 항상성을 유지하는 것을 도와주는 것이다.280)

이와 같이 올덴도르프는 그의 시대에 도이치가 규율되고 있던

279) 옮긴이 주석: 가난한 자(indigent)를 부추겨서 그들에게 불리한 계약을 체결하게 해서 이익을 취하는 것과 거의 마찬가지인 것은, 사정을 잘 모르거나 무지한 자를 부추겨서 계약을 체결하게 하고, 그와 같은 계약 형식에 의해서 이득을 취하는 것의 문제이다. 1543년경에 루터주의 법학자 올덴도르프가 제기한 자유계약 방식의 악용은, 2008년 9월 세계 금융 위기를 초래한 중요 원인의 하나로서, 복잡하고 이해할 수 없는 금융 상품을 고수익이라는 미끼로, 내용을 잘 모르는 금융 소비자에게 팔아넘긴 것을 들 수 있다. 2008년 9월에 그치지 않는다. 2013년 7월 9일 현재, 유로존 위기의 현장인 스페인의 금융계의 최대의 문제는, 역시 계약 자유의 형식으로 내용을 잘 모르는 소시민이나 경제적 약자로 하여금 평생 모은 저축 예금을 은행 직원들이 은행이 주체가 된 위험한 금융 상품으로 인도한 데에 있다. 뉴욕 타임스 보도에 의하면 이러한 경제적 약자인 투자자들의 현황은 그들의 정기 예금 1달러당 88센트를 날리는 결과로 귀착되었다.

280) 원저 p.90. 각주 102. See Oldendorp, *Opera,* 2:286~288. In these pages Oldendorp adopts not only the Aristotelian analysis of "causes" but also the Aristotelian concept of liberality as "the wise disposition of a person's resources, giving to the right people the right amounts and at the right time," and the Aristotelian concept of commutative equality as the equivalence in value of the resources exchanged. On the application of these Aristotelian concepts to contract law by sixteenth-century Spanish jurists, see James Gordley, "Contract Law in the Aristotelian Tradition," in Peter Benson, ed., *The Theory of Contract Law* (Cambridge, 2001), pp.265, 297, and 307.

법들(leges rei publicae)을 신에 의해서 주어진 것으로 보았다. 그러나 그는 역시 당시의 실정법을, 자연법(natural law 또는 lex in hominibus,[281] "law inside people")과 신의 법(divine law, leges Bibliae)의 테스트에 종속시켰고, 실정법이 결함이 있는 예외적인 경우에는, 비록 현재 규율되고 있는 도이치의 법이라도 그것을 배척하고 불복종하는 것이 기독교도의 양심의 의무라고 했다. "왜냐하면 세속 시민법은 필립 멜랑히톤이 말하듯이 자연법에 어긋나고 상반되는 어떤 것도 규정할 수 없다. 만약 시민법이 자연적 이성으로부터 전적으로 떠나버린다면, 그것은 구속력이 없는 것이다."[282] 올덴도르프는 실제로 이러한 예외적인 예들을 발견하고 있다. 예를 들면, 교회가 성직자에게 주는 생활비를 팔아넘기는 것을 허용하는 인간의 법과 이혼을 허용하는 법, 그리고 고리대금을 허용하는 인간의 법을 성서의 법(leges Bibliae)에 직접적으로 충돌한다고 비난했으며, 또한 물권을 악의로 점유하는 것을 허용하는 인간의 법과 가족 구성원의 상속권을 박탈하는 것, 그리고 사법적 판단, 즉 재판을 지연시키는 것, 또한 판사가 심리한 재판 절차의 결과에서 판

281) 옮긴이 주석: 올덴도르프의 법철학을 설명함에 있어서 저자는 그 시대의 자연법을 신에 의해서 인간의 마음에 심어진 법이며, 또한 양심에 의해서 분별되는 법이라고 하고, 이것을 "law inside people"(lex in hominibus)이라고 부르고 있다. 올덴도르프에 있어서 자연법은 "law inside people"(lex in hominibus)과 효력이 동일한 것은 직접 세속 정부와 당국을 구속하기 때문이라고 했다. 신이 인간의 마음에 심어주어서 인간의 양심에 의해서 분별할 수 있는 법을 어떻게 번역할 것인가. "law inside people"(lex in hominibus)은 인간의 마음과 양심과 관계된다는 점에서 "사람들 내면의 법"이라고 할 수도 있고, 그러나 그때까지의 서양법 전통에 있어서의 자연법이 세속 정부의 권위를 직접 구속한다는 효력을 가지고 이러한 내면의 법이 제정법을 개폐한다는 효력을 생각하면, 다소 추상적으로 "인간 본성의 법"이라고 옮기면 자연법의 고대 로마 시대 이후의 개념에 가까이 간다고 할 수 있다.

282) 원저 p.90. 각주 103. *Isagoge*, p.13.

사가 이익을 보는 것, 치자, 즉 지배자가 허용한 특권 같은 것들을 인간 내면의 법(lex in hominibus)과 자연법에 배치된다고 했다. 또한 단순히 진격의 선언만으로 시작하는 전쟁 행위, 노예 제도와 같은 직접적 형태의 노예 상태 같은 것들을 역시 자연법에 위배된다고 했다.[283] 더 일반적으로, 올덴도르프는 주장하기를, 자연법은 소유자가 그의 재산권을 사회적 목적을 위해서 사용할 것을 요구하는데, 예를 들면 타인이 그의 재산권을 사용할 때 소유자에게 아무런 해악을 끼치지 않는 경우에는, 그의 재산권이라 할지라도 타인이 그것을 사용하는 것을 배척하지 못한다고 하였다.[284] 앞으로 보게 될 것과 같이, 올덴도르프는 또한 자연법은 국가에 대해서도 실제적인 의무를 부과한다고 주장했다.

이와 같이 "법이란 법적 규범의 총체이다"라는 명제에서 보여주는, 올덴도르프의 법의 개념에서 나타나는 법실증주의적인 성격은 어느 정도 교정되고 있다. 그것은 성서에 나타난 신에 의한 법규범과 또한 성경에 대한 믿음을 통한, 개인 인격의 양심에서 나타나는 신이 부과한 법규범에 그가 의지함으로 의해서이다.

---

283) 원저 p.90. 각주 104. Ibid., pp.12~13. See also the collection of quotations from other works of Oldendorp in Macke, "Rechts- und Staatsdenken des Oldendorp," pp.49~50. Of slavery, Oldendorp writes: "Although slaves are by all means men, created in the image of God, they are driven into the rank of brute beasts; …… all these [rules] concerning strict servitude were introduced into civil law against natural law. Therefore they are not to be obeyed" (p.50). A similar quotation appears in the *Isagoge,* p.13.

284) 원저 p.90. 각주 105. See *Billig und recht*, pp.60~62. Oldendorp urged citizens "to enhance the common good as the highest ideal. For by serving the common good, you help not only one person but many."

2.9 **형평법**(Equity)

루터나 멜랑히톤도 적절하게 설파하지 못한, 다른 똑같이 치명적인 질문이 올덴도르프에게 남아 있었다. 즉, 법규범에는, 이미 말한 바, 성서에 의한 법이 있고, 또한 자연법과 또한 세속 시민법이 있다. 이 세 종류의 법규범 중에서 어떤 카테고리의 법이 개별적인 사례에 적용된다는 것일까? 올덴도르프는 쓰기를, 법규범이나 법규칙의 성질로서 매우 일반적인 성격이 다음과 같은 사실을 전제로 하고 있다. 법규범이나 법규칙은 상당히 넓은 범위의 다양한 상황에서 적용될 수 있게끔 되어 있는 것이다. 그런데 각개의 케이스는 그것 자체의 특유하고 유니크(unique)한 상황을 가지고 있다. 그럼에도 규칙 자체는, (여러 사례가 가지는) 차이들이 엄청나게 다양한데 이 다양한 차이를 어떻게 고려해야 되는가에 대해서는 아무런 지적이 없다.[285] 올덴도르프가 제기한, 법 적용에 있어서의 이 실제적인 의문에 대해서, 약 2세기 뒤에 비판주의 철학자 임마누엘 칸트가, 그의 다음과 같은 격언에서 명백하게 지적하고 있다. "룰 또는 규칙을 어떻게 적용할 것인가에 대해서는 룰 또는 규칙이 존재하지 않는다."[286]

---

285) 옮긴이 주석: 법규범의 일반성과 실제 사례의 다양성이라는 조건에서 일반성과 구체성 및 특유성을 연결시키는 지시어가 없다는 것은, 한국의 법학도가, 특히 기본법에 있어서 일반 이론부터 출발할 때 만나는 난점이다. 1543년 이후 루터주의 법학자 올덴도르프가 루터나 멜랑히톤의 일반성에 대해서, 묻고 있는 근본적 질문을 한국의 법학 초학자들도 처음부터 느끼고 있는 것이다.

286) 원저 p.91. 각주 106. Immanuel Kant, *Critique of Pure Reason*, trans. Norman Kemp Smith (London, 1929), A/32~B/71, A/34~B74, and discussion in Ken Kress, "Legal Indeterminacy," *California Law Review* 77 (1989), 283, 332~333. This is similar to the position Lon L. Fuller took in his classic debate with H. L. A. Hart, "Positivism and Fidelity to Law: A Reply to Professor

이러한 문제를 멜랑히톤은 스콜라주의 법학자들이 이전에 하던 방식으로 표현했었다. 멜랑히톤은 쓰기를 치자 즉 지배자들은 "자연법의 일반 원칙들을 …… 여러 상황에 맞도록, 양복 재단하듯이 재단할 것을" 요구되고 있다.[287] 멜랑히톤은 말하기를, 유명한 20세기의 아메리카 법학자를 연상케 하는 것인데, 일반 원칙들은 구체적인 사례들을 결정하지 못한다.[288][289] 멜랑히톤은 다음과 같이 썼다. **"만약 일반적으로 올바른 법이, 특별한 개별 사례에서 부정의를 주는 것으로 작용한다면"** 그것은 판사가 법을 "형평에 맞게 그리고 친절과 인정을 가지고" 적용해야 되는 판사의 책임이다. 그리고 그가 할 수 있다면, (일반적으로 올바른 법이) 부정의를 행하는 것을 제거하기 위해서 "형평과 친절을 다해서 법을 적용해야

Hart," *Harvard Law Review* 71 (1958), 630, 669~670. Hart's position was that each rule has "a core of settled meaning," and that it is only in the "penumbral" cases that it becomes unclear how to apply the rule. See H. L. A. Hart, "Positivism and the Separation of Law and Morals," *Harvard Law Review* 71 (1958), 593, 606~608. Fuller contended that rules are not to be applied by cataloguing those situations to which their words clearly refer and those to which they refer less clearly. He proposed instead that in every case they should be applied according to their purposes. Translated into Oldendorp's terms, this means that rules are always to be applied "equitably."

287) 원저 p.91. 각주 107. *CR*, vol. 16, cols. 72~81. See also Melanchthon's discussion of equity (*epiekeia*) in *CR*, vol. 21, col. 1090.

288) 원저 p.91. 각주 108. *CR*, vol. 16, cols. 72~81. The same statement is made by Justice Oliver Wendell Holmes, Jr., in his dissent in *Lochner v. New York*, 198 U.S. 45, 76 (1905) ("General propositions do not decide concrete cases. The decision will depend on a judgment or intuition more subtle than any articular major premise").

289) 옮긴이 주석: 종교개혁 당시의 루터주의 법철학자 멜랑히톤은 이미 일반 원칙과 구체적인 사례와의 관계에 대해서 약 4세기 뒤의 20세기의 아메리카 법학자들을 연상케 하는 문제의식을 표현하고 있다. 끝없이 계속되는 일반 원칙의 나열로 교육되는 한국의 법학 교육이 흔히 대륙 법학의 특징이라고 알려져 왔으나, 실상은 16세기 종교개혁기 때부터 일반 원칙과 구체적인 사례의 결정 간의 관계의 의문이 제기된 것이다.

되는 것이다."[290] 그럼에도 불구하고 "일반적으로 올바른 법"은, 비록 어떤 특별한 사례에서 그 법이 부정의한 결과를 낳는다 할지라도 유지되지 않으면 안 된다. 왜냐하면 "신앙심 깊은 경건한 사람들은 불확실한 상태를 내버려 두어서는 안 되는데", 특히 법이 요구하는 사항에 대해서 그러하기 때문이다.[291] 규칙 즉, 룰과 그것의 적용 사이에 존재하는 넓은 갭을 어떻게 메꿀 것인가?[292] 올덴도르프는 이 두 개념 사이의 넓은 갭을 메꾸기 위해서 전혀 다른 개념을 가져왔는데, (이것이 한국 법학에서는 아주 특수하게 밖에 취급하지 않는) 형평(equity, Billigkeit, aequitas)이다. 올덴도르프에 의하면 형평법, 즉 이퀴티(equity)는 주어진 특별한 사례의 구체적인 상황을 주의 깊게 조사할 것을 요구하는 것이며, 그래서 판사로 하여금 일반적인 룰, 즉 추상적인 규범을, 주어진 구체적인 상황에 적절하게 적용할 수 있게 가능하게 만드는 것이다.[293] 여기

290) 원저 p.91. 각주 109. *CR*, vol. 16, cols. 66~72 and 245~247; Stupperich, *Melanchthons Werke,* vol. 2, pt. 1, p.159; Manschreck, *Melanchthon,* pp.332~333; CR, vol. 11, cols. 218-223. For further discussion of Melanchthon's theory of equity, see his *In Quintum Librum Ethicorum Aristotelis Enarrationes Philippi Melanchthonis*, in *CR*, vol. 11, col. 262. See Kisch, *Melanchthons Recht- und Soziallehre*, pp.168~184.

291) 원저 p.91. 각주 110. Manschreck, *Melanchthon*, p.333.

292) 옮긴이 주석: 이런 물음은 한국 법학에서는 비교적 문제가 되지 않는다. 왜냐하면 한국 법학은 규칙의 의미 내용만 밝히든가 또는 "소송법에서 보여주는 바대로" 적용의 문제는 분리해서 생각하기 때문이다.

293) 원저 p.91. 각주 111. "Equity is the judgment of the soul, sought from true reason, concerning the circumstances of things which pertain to moral character, since [these circumstances] indicate what ought or ought not to be done" ("Aequitas est iudicium animi, ex vera ratione petitum, de circumstantiis rerum, ad honestatem vitae pertinentium, cum indicunt, quid fieri aut non fieri oporteat"). Oldendorp, *De Iure et Aequitate, Forensis Disputatio* (Cologne, 1541), p.13. Justice Joseph Story cited this very language in his *Commentaries on Equity Jurisprudence*. After discussing various rules of equitable interpretation of laws "according to their nature and operation, whether they are remedial, or

서 올덴도르프는 (멜랑히톤에 의해서 대부분 반복되었던) 아리스토텔레스의 생각과 개념을 기초로 건축물을 쌓고 그리고 그것을 초과하였다. 아리스토텔레스의 생각과 개념은 다음과 같다. 어떤 룰의 지나친 일반성이, 그 룰이 하나의 특별한 사례에 적용될 때, 부정의를 가져오는 것으로 작용하는 경우에 그 폐단을 교정하는 것은 이퀴티이다. 이때 주어진 특별한 사례는, 문자적으로는 일반적인 룰 범위에 들어가나 실제 문제에 있어서는 일반적 룰이 그 특별한 사례는 포함하지 않도록 의도된 경우이다.[294] 아리스토텔레스가 선명하게 대비한 것은 형평 또는 형평법이 한쪽에 있고, 다른

---

are penal laws; whether they are restrictive of general right, or in advancement of public justice or policy; whether they are of universal application, or of a private and circumscribed intent," Story cited Grotius and others, adding: "There are yet other senses in which equity is used, which might be brought before the reader. The various senses are elaborately collected by Oldendorpius in his work *De Jure et Aequitate Disputatio;* and he finally offers, what he deems a very exact definition of equity, in its general sense, Aequitas est judicium animi....," quoting in full the Latin passage reproduced here. (Story, however, renders "indicunt" as "incidunt," and inserts immediately thereafter the words "recte discernens.") Joseph Story, *Commentaries on Equity Jurisprudence, As Administered in England and America,* 12th ed., rev. Jairus Ware Perry (Boston, 1877), p.7, n. 2. Story had a copy of Oldendorp's book in his library.

294) 원저 p.91. 각주 112. See Aristotle, Ethics, in *The Ethics of Aristotle: The Nicomachean Ethics*, ed. and trans. J. A. K. Thomson (London, 1953), bk. 5, chap. 12, p.10: "Equity, though just, is not the justice of the law courts but a method of restoring the balance of justice when it has been tilted by the law. The need for such a rectification arises from the circumstance that law can do no more than generalize, and there are cases which cannot be settled by a general statement …… So when a case arises when the law states a general rule, but there is an exception to the rule, it is then right when the lawgiver owing to the generality of the language left a loophole for error to creep in to fill the gap by such a modified statement as the lawgiver himself would make, if he was present at the time, and such an enactment as he would have made, if he had known the special circumstances." See also Aristotle, *The Art of Rhetoric,* trans. John Henry Freese (London, 1926), bk. 1, chap. 12, secs. 13~19.

한쪽에는 엄격법(strict law)이 있는 스펙트럼이었다. 아리스토텔레스가 대비시킨 것은 형평 또는 형평법과 대비되는 모든 법(all law)이 아니었다: 형평 또는 형평법은, (주어진) 룰이 포함하거나 커버할 수 없게끔 되어 있는, 예외적인 사례를 위한 것이다. 스콜라주의 법학자들은 이와 같이 아리스토텔레스가 만든 이퀴티, 즉 형평이라는 컨셉 위에 건축을 하였으나, 그 개념을 채운 것은 새로운 내용으로였다: 즉, 스콜라주의 철학자들은 형평 또는 형평법은 가난한 자와 도움 없는 자들을 보호하며, 신뢰와 신의의 관계를 강제하며 어떤 특별한 타입의 사례들에 있어서 난점으로서 작용하는 특별한 법들로부터 떠나는 것을 의미했다.[295] 그러나 올덴도르프에게 있어서, 모든 법은 엄격법이었다. 왜냐하면 모든 법은 일반성을 띠고 추상적이기 때문이다(general and abstract).[296] 그리하여 법을 적용하는 데에 있어서 모든 경우는 형평에 의해서 규율 받는 것을 필요로 하게 된다. 이와 같이 법과 형평(law and equity, Recht und Billigkeit, ius et aequitas)은 서로 정반대 방향에 서게 되고, 서로 경쟁하며, (어떤 경과를 거쳐서) 단일한 것이 되기도 한다.[297]

---

295) 원저 p.91, 각주 113. See Harold J. Berman, "Medieval English Equity," in *Faith and Order: The Reconciliation of Law and Religion* (Atlanta, 1993), pp.55~82. See also the sources listed in Berman and Witte, "Transformation of Western Legal Philosophy."

296) 원저 p.91. 각주 114. See Oldendorp, *Disputatio* 72: in *De Jure et Aequitate Disputatio* (1541) "The highest law is sometimes simply law, at other times it is the apex of law, inflexible law, general definition, subtlety of words, firm law, strict law, [all of which are contrasted with] equity, the good and equitable, *epieikeia*, or suitability, good faith, natural justice, etc."

297) 원저 p.91. 각주 115. Oldendorp writes: "Natural law and equity are one thing" ("Natürlyk Recht und Billigkeit ist ein Ding"). Quoted by H. Dietze, *Naturrecht in der Gegenwart* (Bonn, 1936), p.71. Cf. Wolf, *Quellenbuch*, p.161. Guido Kisch hails Oldendorp as the first great humanist jurist to transform traditional Aristotelian concepts of equity. See Guido Kisch, *Erasmus*

올덴도르프는 다음과 같이 결론지었다. 형평은 세 가지의 기능을 가지고 있다. 첫째, 양심과 충돌하는 법규범을 일시 정지시켜서 유보하는 것,[298] 둘째, (예를 들면, 과부와 고아, 그리고 노령자와 병자를 구별하여, 혜택을 주는 것에서 볼 수 있는 바대로) 법규범을 향상시키는 것,[299] 그리고 형평의 세 번째 기능은 규범 적용의 모

---

und die Jurisprudenz seiner Zeit: Studien zum humanistischen Rechtsdenken (Basel, 1960), p.228. Kisch's exposition of Oldendorp's theory of equity does not make clear, however, the nature of that transformation. Dietze writes that in Oldendorp, "thesis and antithesis stand over against each other unreconciled: the thesis [that] equity and law are two types of value, the antithesis [that] both are one and the same." See Dietze, *Johann Oldendorp*, pp.88～89. It would be more accurate to say that Oldendorp in fact reconciles these contradictory propositions by stating that law and equity-the rule and the conscientious application of the rule-are two different parts of a single whole, and that if they seem to conflict, it is equity that prevails.

298) 옮긴이 주석: 역자가 "프랑스혁명이 법 제도에 미친 영향"에서 절도의 현행범인 장발장을 방면한 미리엘 신부의 행동에 대해서 법실증주의로는 설명하지 못한다고 하였다. 종교적 덕행에 가기 전에, 지금 이 대목에서 미리엘의 양심과 충돌한 당시의 법규범을 일시 유보한 예라고 해석한다면, 미리엘은 장발장을 구속하는 엄격법에 대해서 형평을 적용한 예라고 해석될 수 있다. "양심과 충돌하는 법규범"의 문제는 동아시아의 전통에서는 순수히 종교적 문제로서 취급되어 왔다. 그러나 1540년대의 루터주의 법학자 올덴도르프는 명백히 인간 양심이 실정법과 충돌하는 경우에, 형평의 문제로서 해결하였다. 한국에서 널리 가르쳐지는, 우선 사법 이론에 있어서도 엄격법은, 항상 법의 원천에서 최우선의 위치에 서고, 자연법이나 정의, 형평 같은 것들은 한꺼번에 몰아서 기타 등등으로 별 중요시하지 않는 잘 적용되지 않는 최하위의 순서로 배치한다. 이것을 당연하게 동아시아인들은 개화기 이후로 서양 법학으로 배워 왔다. 그러나 서양법 전통의 실상은 그렇지 않고, 그와 같은 동아시아적 법규범의 고정된 서열이나 고정된 위치는, 비유로 말하자면 동아시아인들이 관직의 순서를 왕 앞에 서는 위치에 따라서 영구 불멸하게 배치한 것처럼 받아들여져 왔다. 왕 앞의 엄격법과 절대자 앞의 엄격법이 형식은 같을지 몰라도 실지 적용에 있어서는 엄청난 차이가 난다는 것을 우리는 알 수 있다.

299) 옮긴이 주석: 법규범을 향상시킨다는 것은, 구체적으로 법해석과 적용에 있어서, 그리고 가능하다면 규칙의 정립에 있어서 그 내용을, "인간성의 더 큰 방향으로서의 전개"를 목적으로 하는 것이다. 여기서 대조되는 것은 흔히 엄격법의 해석에 대한, 전통 한국 법학에서 확립한 적용 방법이다. "법을 엄하게"라는 법가 사상의 표어는, 법 적용에 예외가 있을 수 없다는 고정관념을 낳게 되었다. 그렇다고 고아나 과부, 노령자, 병자에 대해서 전통 동양 사회 전부가 전혀 고려하지

든 케이스에서, 법해석을 어떻게 할 것인가의 문제이다.[300] 이상의 열거한 형평의 기능 중 첫 번째와 두 번째 것은 형평, 즉 이퀴티(equity)에 대한 로마 가톨릭의 전통적 방식이다. 그것은 올덴도르프가 확인한 바대로 이퀴티를 자연법(natural law)과 동일시하는 것이다. 세 번째의 이퀴티의 기능은 올덴도르프가 이미 말한 두 가지 기능을 그것에다 종속시키고 그것의 하위에 둔 것인데, 그 자신의 독특한 법철학을 반영하고 있다. 즉, 자연법은 인간의 법(human law)과 융합되는 것이며, 이것은 마치 자연법(natural law)이 신의 법(divine law)과 합병 또는 융합되는 것과 마찬가지라는 것이다.[301]

않았다는 것은 아니다. 그러나 치자나 지배자가, 순전히 그의 개인적인 덕성에 의해서, 또는 자비심에 의해서 이러한 사람들을 다소 고려한다는 것은, 국가 제도나 법규범과는 동떨어진 얘기이다. 결과는 같다고 생각하는 것이 한국식의 사고방식이다. 여기서 형평법의 발달과 관계되어서 논하는 것은 어떤 개인의 덕의 발로가 아니고, 법 자체의 고유한 기능으로서, 엄격법과 함께 형평법이라는 제도화한 규범이 존재했다는 것은 매우 다른 일이다. 또한 특히 고아와 과부에 대한 배려는 성경에서 명문으로 발견된다. 따라서 신학으로 족하다고 생각할 수가 있다. 그런데 그 출발은 성경 또는 신학이라 할지라도 기왕에 보아온 것처럼 성경의 가르침이 그냥 종교적 교훈으로 머물러 있는 것이 아니고, ius divina 또는 lex divina처럼 법의 명칭을 가지고, 실정법을 개폐할 수 있는 효력을 인정했다는 것이다. 그러한 경과로 생긴 것이 형평법(equity)이다. 또한 지금까지 한국 법학에 알려진 바로는 대륙법의 발달과 전개와 관계된 문제에 있어서는 적어도 그 해석 기법이나 적용의 논리에 있어서는, 법 고유의 원리 이외의, 예를 들면 어떤 종교적 영향도 논의하지 않고 역사적 영향도 무시하는 것이 관례적인 태도이다. 그것이 과학적이라고 생각되었다. 그러나 이런 태도의 장점과 함께 이런 태도는 지금 논하고 있는 이퀴티(equity)라는 큰 영역을 완전히 무시한 것이 된다. 즉, 형평이라는 번역어는 한국 대륙 법학 특히 민사 법학에서도 확립된 법원칙 중에서는, 가장 미약하고 거의 추상성을 띤 채 정의(justice)와 같은 정도의 모호한 원칙으로 인식되어 왔다. 그러나 지금 형평은 구체성을 띠고 있다. 즉, 막연한 사회적 약자가 아니라 구체적으로 성경에 열거된 과부, 고아, 그리고 문명사회의 통념인 노령자와 병자에 대한 구체적인 혜택을 지시하고 있다.

300) 원저 p.91. 각주 116. See Macke, "Rechts-und Staatsdenken des Oldendorp," pp.63～66.

301) 원저 p.91, 각주 117. Here, too, Oldendorp's concept of natural law is sharply distinguished from that of Aquinas, who speaks of natural law as a middle stage between divine and human law. See Aquinas, *Summa Theologiae,* pt.

한국어로 형평 또는 형평법이라고도 번역되는 이퀴티는, 올덴도르프에 있어서는 실로, 양심의 법(the law of conscience)이었다. 이퀴티는 [신이 부여(God-given)한] 자연스러운 법(natural law), 즉 자연법(ius naturae, lex naturalis)이고, 사람들 내부에 있는 법(the law inside people, lex in hominibus)이다.[302] 이퀴티는 인간 의지의 산물이 아니다. 다른 말로 하면 이퀴티는 인간의 의지에 의존하는 그러한 종류의 이성이 만들어낸 결과도 아니다. 올덴도르프는

II-II, pp.93~95.

302) 옮긴이 주석: 한국의 60년대의 법학 통론에서 논의 없이 박아 놓은 사고방식을 소개한다. 즉, 법의 외면성과 도덕의 내면성이라는 이분법이다. 이 이분법에 의하면, 양심의 법(the law of conscience) 또는 사람들 내부의 법(the law inside people, lex in hominibus)이라는 용어 자체가 설 땅을 박탈하는 것이다. 지금 전개되고 있는 종교개혁기의 루터주의 법철학에서 보여지는 인간의 양심과 내면세계를 포함하고 있는 법개념을 완전히 부정하는 것이다. 법과 도덕의 준별론이라고 일컫는 이러한 이른바 실증 과학적 방식은 많은 논의를 생략하고 결론만을 얘기하면, 법실증주의 철학의 그림자이다. 인간의 양심과 내면의 법을 제외하는 이러한 형식주의적 개념이 한국의 법학도로 하여금 지난날의 어려운 시절에, 마침내는 "인간성과 관계없는 기계적인 법 또는 앙상한 형식 논리를 연결시킨 잔해로서의 법학"을 전개시켰는데, 한국의 신세대 법철학자 중 어떤 사람들이, 이러한 경향에 대한 반작용으로, 서양법 전통에서 명백히 나타나는 자연법과 인간 내부의 법에 회귀하기 보다는 다소는 감상적인 어투로 "인간성에서 출발하는" 또는 "인간으로부터 출발하는" 법철학을 내걸게 된 사유이다. 그러나 이런 경향은, 서양법 전통에 있어서의 인간의 법(human law)은 자연법(natural law)과 융합되기도 하고, 또한 신의 법(divine law)과 융합되기도 했다는 역사를 우회하고 있다고 보여진다. 결론은 어찌해서 한국의 법철학자 중 서구의 법철학을 잘 안다고 자부하는 지식층조차도 이른바 서구 법학이 어떤 역사적 경위에서 동아시아와는 다른 종교적 전통의 영향을 받았는가를 밝히기를 꺼려 하는 것이다. 한국의 종교적 전통이 다르다는 것은 물론 한국 법학의 기본적 전통이다. 그러나 계수했든 수입했든 그냥 배워왔든 간에, 어차피 기본 개념이 서양법 전통에서 나온 것이라면, 우선 그것의 기본적 인식에라도 정직해져야 될 필요가 있지 않았을까. 이렇게 질문해 보는 것은, 유독 90년대 이후의 한국 법학에서 활약한 법학자 중에서, 어떤 원산지에서 온 법학이라는 특정 국가의 문화를 상당한 정도 간판으로 내세웠기 때문이다. 애초에 한국 법학을 좁게 지향하면서 한정된 서술을 한 것이 아니고 법의 원산지를 크게 강조하면서 어떤 특정 국가의 법을 이상적으로 내세우면서 동시에 한국 법학의 나아갈 길을 전개했던 그런 방식이 상당히 통용되었기 때문이다.

인간의 의지에 의존하는 종류의 이성을 세속 사회의 이성(civil reason)이라고 했다.[303] 이퀴티 또는 다른 말로 하면 자연법(natural law)은 신에 의해서 개별 인격으로서의 사람의 양심에 스며들게 한 것이다. 다시 설명하면 인간의 능력(faculty) 중 다음의 능력이다. 즉, "우리들 사람으로 하여금 선(good)을 사악함(evil)으로부터 구별할 수 있게 하고, 올바르고 정의로운 것을 올바르지 않고 부정의한 것으로부터 구별할 수 있게 하는 것으로 통틀어서 인간에게 판단력을 주는 능력이다."[304][305]

---

303) 원저 p.92. 각주 118. Macke, "Rechts- und Staatsdenken des Oldendorp," p.151, rightly charges both Erik Wolf and Franz Wieacker with oversimplifying Oldendorp's conception of natural law (or equity). The same charge can be leveled against Carl von Stachau Kaltenborn, *Die Vorläufer des Hugo Grotius auf dem Gebiete des iusnaturae et gentium Sowie der Politik im Reformationszeitalter* (Leipzig, 1848), pp. 233-236, on whom both Wolf and Wieacker partly rely. Wolf says that natural law for Oldendorp consists of unchangeable principles derived from natural reason, which are above human law; this characterization is derived from Oldendorp's *Billig und Recht*, and does not take into account Oldendorp's other writings. See Wolf, *Quellenbuch,* p. 161. Wieacker, relying on Oldendorp's *Isagoge*, describes natural law as a divine source of legal norms, equivalent to the Decalogue. See Wieacker, *History of Private Law*, pp.283~284. Kaltenborn, also relying on *Isagoge*, describes Oldendorp's natural law as a divine source of legal principles from which the positive law is derived and by which it is tested. In this view, the Decalogue merely aids human reason to understand and apply the natural law. Such a misunderstanding of Oldendorp stems, in part, from Kaltenborn's unwarranted reduction of Oldendorp's *Divinae Tabulae* to a mere title of *Isagoge*. Macke, relying on the totality of Oldendorp's writings, argues convincingly that his complete conception of natural law can be derived only from his concept of nature as God himself, creator of all things (*deus creator omnium*). Natural law, therefore, includes both God-given legal norms (the Decalogue), from which civil legal norms are derived, and principles derived from God-given reason, but it also includes much more, namely, the capacity of conscience, implanted in man by God, to apply norms and principles equitably to concrete circumstances.

304) 원저 p.92. 각주 119. *Isagoge*, pp.6~11; *Billig und recht*, pp.58~67. Oldendorp drew on an earlier scholastic conception of conscience, insofar as he defined it

종교개혁 시대에 루터가 주도적인 신학자였다면 그와 동행했던 주도적인 법철학자 올덴도르프는 인간의 양심에 대해서 더 이전의 스콜라주의가 확립한 개념에서부터 이끌어내었다. 올덴도르프는 양심을 실천적 이성의 하나의 측면으로서 파악하였다. 그리고 그 실천적 이성(practical reason)을 통하여 일반적인 도덕 원칙들(general moral principles)은 구체적인 상황(concrete circumstances)에 적용된다.[306] 양심에 대해서 로마 가톨릭의 주요한 법철학자인 토마스

---

as an aspect of practical reason through which general moral principles are applied to concrete circumstances. Thomas Aquinas had developed the conception of conscience as an act of applying knowledge of good and evil to a particular case. See Eric D'Arcy, *Conscience and Its Right to Freedom* (New York, 1961), p.42; Michael Bertram Crowe, *The Changing Profile of the Natural Law* (The Hague, 1977), pp.136～141. Aquinas, however, had not translated-as Oldendorp did-this moral concept into a legal concept. Moreover, Oldendorp, in contrast to Aquinas, accepted the Lutheran conception of conscience as pertaining to the whole person of man, including his faith, and not simply to his intellectual and moral qualities.

305) 옮긴이 주석: 현대 한국 문화에 있어서 능력 있는 사람이라 할 때 무엇을 능력이라 하는가. 법학과 관련된 맥락에서 능력 있는 사람이란 긍정적으로 말한다면 문제 해결력이 있는 사람이라는 뜻도 될 것이다. 그런데 세속적인 언어의 사용에서 능력 있는 사람이라면 결과적으로 명성이나 높은 자리 또는 부를 성취한 사람을 칭하는 것은 이론의 여지가 없다. 선악을 분별한다든가 정의와 부정의를 분별한다든가 어떤 윤리적 판단을 잘 하는 사람을, 한국 세속 문화에 있어서는 능력 있는 사람이라고 하지 않는다. 그렇다면 지금까지 전개된 이퀴티와 자연법이, 올덴도르프에 의해서 전개된 대로 인간의 어떤 능력과 관계된다는 설명은, 세속 한국 문화나 세속 중국 문화에서는 별 설득력이 없는 것이 된다. 도덕적 능력이 인간의 능력 중 큰 능력이라고 간주하지 않는 방식은, 조심스럽게 얘기한다면, 최현대의 한국 사회의 역사에서는 다음과 같은 능력을 우선시하고, 도덕적 능력은 사회의 전개 과정에서 상위 리스트에 놓지 않아왔기 때문이다. 어떤 능력을 상위 리스트로 보내게 되었는가. 정치적 능력, 경제적 능력 그리고 더욱 최근에 와서는 홍보 또는 광고의 능력이다. 하나만 덧붙인다면, 사람을 끌어 모으는 능력이다. 이 모든 능력은 문명사의 고전적 의미에서는, 도덕적 능력이 뒷받침할 때 가치가 있는 것으로 간주해왔다. 그러나 최현대 한국 사회 변동에서, 한국인들은 다행히 기적적인 물질적 성취를 이루게 되었으나, 인간의 능력 중에서 도덕적 능력은 거의 최하에 두게 되는 그림자를 동반하였다.

306) 옮긴이 주석: 이와 같이 양심은 추상적인 인문학적 개념이 아니다. 우리가 어떤

아퀴나스는 다음의 정의를 발전시킨 바 있다. 양심이란 하나의 행위이고, 그 행위는 선악에 대한 지식(knowledge of good and evil)을 주어진 어떤 특정한 사례에 적용하는 행위이다.[307] 아퀴나스와 올덴도르프는 차이가 있다. 즉, 아퀴나스는 양심이라는 원래는 도덕에 속한 개념을 법개념으로 번역하지 않았고, 올덴도르프는 양심이라는 원래는 도덕에 속한 개념을 법개념으로 옮겨 버렸다. 아퀴나스와 대비한 올덴도르프의 양심에 대한 생각은 양심에 대해서 루터주의가 어떠한 생각을 가지느냐에 따랐다. 루터주의에 의하면 양심은 한 인격의 지식 또는 지성에 대한 성질이나 도덕에 대한 특징만을 의미하는 것이 아니고, 한 인간의 전인적 인격에 관계되는 것이며 그와 같은 전인격적 특질을 가르치는 것이 신앙 또는 믿음(faith)이라고 한다. 이와 같이 루터와 마찬가지로 올덴도르프

도덕 원칙을 일반적으로 받아들이는 첫 번째 단계가 있고, 그다음의 중요한 단계는 실천의 단계다. 즉, 인간인 우리가 구체적인 특수한 상황에 처했을 때, 이미 학습한 도덕 원칙을 어떻게 적용하느냐의 문제는 가장 큰 실천 이성의 문제로 남아 있게 된다. 이 단계를 한국의 법학자들은, 법학의 단계에서도 이론적으로 접근한 흔적이 보이지 않는다. 대체로 한국 법학은 법의 일반 원리 혹은 일반 법 개념을 밝히는 데 거의 모든 세월을 보냈다. 그러다가 판례 연구를 해야 된다고 해서 이제 구체적 상황의 사실 관계를 취급하게 되었다. 일반 법원칙과 구체적 상황에서의 적용을 연결시키는 것은, 한국 전통 법학에서 가르치기를 오로지 법령의 해석 문제라고 한다. 그래서 해석학이 길게 발달되었다. 그러나 1547년 루터주의 법철학자 올덴도르프는, 일반 도덕 원칙을 구체적 상황에 적용할 때 결정적인 역할을 한 것은 실천적인 이성이며 이것을 양심이라 불렀다. 한국의 대부분의 법학자들이 대학 이후에 학습한 법개념의 테크니컬한 분석이나 이른바 논리 분석보다 더 폭넓은 법학을 "서양법 전통"은 가졌다는 것을 외면해 왔다. 인류 문명사를 외면하는 그런 고집스러운 태도가 한국 법학의 어떤 특수성을 형성하게 되었다고 생각된다. 여기에 대한 반론이 있을 수가 있다. 한국 법학도 충분히 넓은 범위의 인류 문명사를 포괄하고 있다고. 그러나 여기에 대한 반론은 갑오경장 이후 또는 한일합방 이후 또는 1920년대의 대학 법학 교육 개시 이후 2013년까지 전개된 한국 법학의 발전이 마침내 로스쿨 입법까지 이어졌으나, 현재 진행되고 있는 대학원 수준의 법학 교육의 내용을 정직하게 있는 그대로 내어 놓을 때 어떤 판단이 가능하겠느냐의 문제이다.

307) 원저 p.92. 각주 120. D'Arcy, *Conscience,* p.42.

에 있어서 원죄가 있는 그래서 죄악과 가까운 사악한 인간(sinful man)의 양심은 신앙에 의해서만 구제될 수 있고, 그것도 신의 은혜(God's grace)에 의해서만 가능하다는 것이다.[308]

누군가 물을 수가 있다: 법규범을 구체적인 사례에 적용하는 어려운 질문에 직면한 개인 인격이, 그의 양심으로부터 형평을 되찾아 가져오기 위해서는 어떻게 하여야 할까. 양심이 개인 인격에게 말한다는 것이, 그 내용이 무엇인지를 어떻게 결정할 것이며, 그의 양심이 말하는 것인지 또는 단순히 그의 (세속적 시민사회의) 이성인이 말하는 것인지 또는 그의 의지가 말하는 것인지 어떻게 안다는 것인가.[309] 여기서 (형평과 양심과의 관계에 대한) 올덴도르프의 대답은 비루터주의에 입각한 독자들을 만족시키지 못할지도 모른다. 올덴도르프에 의하면, "양심에서 나온 결정"(conscience-decision, Gewissensentscheidung)은 개인 인격이 하는 정신적이고 영적인(spiritual) 판단이다. 즉 영혼의 판단(a judgement of soul, iudicium animae)이다. 첫 번째로, 양심에 의거한 결정이라는 것은, 어떤 종류의 법 결정(legal decision, Rechtsentscheidung)과 마찬가지로, 시민사회의 이성(civil reason)에 기초하는데, 시민사회의 이성이라는 것은 인간에 의한 것이고, 법적으로 훈련받은 이성이다. 또한

---

308) 원저 p.92. 각주 121. "Faith redeems, protects and preserves our consciences," Luther wrote in *On the Freedom of the Christian* (1522), quoted by Michael G. Baylor, *Action and Person: Conscience in Late Scholasticism and the Young Luther* (Leiden, 1977), p.247.

309) 옮긴이 주석: 양심에서부터, 엄격법을 대신할 수 있는 형평법 또는 형평의 원칙 또는 단순히 형평을 끄집어낸다는 것의 어려움을 말하고 있다. 흔히 최근 한국의 어떤 신자들이 고백하기를, 기도할 때 어떤 말씀이 들린다고 하는 수가 있다. 이 경우도 '양심이 말한다'라는 범주에 넣을 수도 있으나 말하는 것이 그의 양심인지 혹은 그가 세속 시민사회에서 익힌 세속적 이성이 주체인지 또는 단순히 그의 의욕과 관계된 의지인지 분명치 않을 때가 있다.

이것에 의해서, 관계되는 법의 권위 있는 소재들이 주의 깊게 연구되고, 분석되고, 체계화되는 것이다. 그러나 또한 양심에 의한 결정이라는 것은, 또한 자연적 이성(natural reason)에 근거한 것이다. 자연적 이성이란 신이 부여한 이성을 말하며, 신이 부여한 이성은, 그 자신을 성서의 법에 붙들어 맨 각각의 인격의 영혼에 흘러든 것이다. 올덴도르프에 의하면, "판단, 심판, 또는 재판은 인간이 하고 있는 행위가 올바르고 정의로운가(just) 또는 올바르지 않고 정의롭지 않은가라는 것을 인간의 마음속에서 표시하는 어떤 법의 방정식(formula of law) 없이는, 판단과 심판은 양심에서 이루어질 수 없다고 한다. 따라서 법, 즉 성서의 법(the law of Holy Scripture)은 인격자(person) 안에 존재하는 것이다."[310] 간단히 말하면, 이 단락의 최초의 의문에 대한 대답은 다음과 같다. **무엇이 형평에 맞는가(equitable)를 분별하기 위해서는 개별적인 법학자는, 우선 최대한도로 그의 시민적 이성(civil reason)을 훈련한 다음에, 성경을 연구하여야 하며, 신에게 기도하여야 하며, 그리고 그의 양심을 탐색하여야 한다.**

이와 같이 올덴도르프는 기독교도의 양심을 도덕에 맞는 결정의 마지막 원천으로 믿었던 루터의 신앙 위에 건설하였다. 루터는 일찍이 수도원에 들어갈 때의 서약에 대한 파기와, 보름스에서의 황제 찰스 5세에 대한 반역을 "신을 위하여 그리고 나의 양심에서"라고 정당화하였었다.[311] 루터는 양심과 충돌하거나 맞지 않는 법

310) 원저 p.92. 각주 122. Oldendorp, *Disputatio*, quoted in Dietze, *Johann Oldendorp*, p.173; see also pp.78~89, 126~131; Macke, "Rechts- und Staatsdenken des Oldendorp," pp.67~72. There are striking parallels between Oldendorp's theory of judgment and that developed in the following century in England by the great Puritan Anglican judge Sir Matthew Hale.

들을 비난하고 배척하였다. 루터가 양심을 강조한 것을 올덴도르프는 더 발전시켜서 조직적인 법철학의 구성 요소로까지 전개시켰다.

2.10 정치와 국가

양심에 대한 자연법이, 세속 정치 체제가 만든 실성법들보다 우위에 선다는 이러한 강조는 그러나 올덴도르프를 시민적 불복종(civil disobedience)이라는 폭넓은 독트린으로까지 인도하지는 않았다. 오히려 반대로 루터나 멜랑히톤처럼 올덴도르프가 강조한 것은 다음과 같다. 올덴도르프가 civitas 또는 지상의 체제(weltliches Regiment, the secular regime), 또는 정치적 체제(politien Regiment, the political regime), 또는 공적인 것(res publica), 또는 시민사회의 질서(ordo civilis), 또는 Obrigkeit, 그리고 시민들의 단체(universitas civium, corporation of citizen)라고 부른, 세속 시민사회의 정치 공동체(civil polity)는 신에 의해서 부여된 것이고, 구성원이 되는 신민들의 무조건적인 복종을 요구한다.[312] 그러나 루터와 대조적으로, 그리고 멜랑히톤을 더 세련화시켜서, 올덴도르프는 예외적인 예들을, 실질적으로 리스트를 만들었는데, 그 예외적인 경우에 시민의 양심은, 세속 시민사회(옮긴이 주석: 국가사회를 말함)의 권위

---

311) 원저 p.92. 각주 123. Quoted in Macke, "Rechts- und Staatsdenken des Oldendorp," p.121.

312) 원저 p.93. 각주 124. See Dietze, *Johann Oldendorp*, pp.11~13. In his legal dictionary *Lexicon Juris* (Frankfurt, 1553; Venice, 1555), which was widely used in the sixteenth and seventeenth centuries, Oldendorp defines the civil polity (*civitas*) as "a corporation of citizens brought together so that it may prosper by right of partnership" ("universitatis civium, in hoc collecta, ut iure societatis, vivat optimo").

있는 당국에 복종하지 말 것을 요구할 수도 있다. 여기에 더해서 올덴도르프는 루터와 멜랑히톤을 초과해서 더 나아갔다. 즉, 그는 시민사회(옮긴이 주석: 국가사회를 말함)의 권위 있는 당국의 책임에 대해서 체계적으로 개념을 제공한 것이다. 시민사회의 권위 있는 당국의 책임은, 성서의 법에 집착할 책임이며, 인간 내부의 법(lex in hominibus)에 집착할 책임이며, 시민법(옮긴이 주석: 국가법을 말한다)에 집착할 책임이며, 더 나아가서 시민법에 더해서 만민법 또는 여러 나라의 법(the law of nations)에 집착할 책임이었다. "지배층(magistrates)이 법에 우월하는가 또는 법이 지배층을 구속하는가의 문제는 낡은 질문이다." 그의 대답은 "군주를 둘러싸고 있는 행정 및 사법 관료를 비롯한 지배층(magistrates)은 법에 대해서는 (이를 받드는) 심부름꾼 또는 청지기(minister, servant)이다."[313] 따라서 그에 의하면, "법에 거역해서 나갈 수 있는 힘을 군주가 가졌다고 단언하는 것은 잘못된 것이고 유치한 것이다. 왜냐하면 이러한 큰 권위가 …… 법을 섬기며 봉사한다고 하는 것이 적절한 것이다."[314]

국가권력에 제한을 두는 것에 더해서, 올덴도르프는 국가의 정치·행정조직의 – 임무에 대한 – 일관성 있는 이론을 발전시켰다. 그것은 멜랑히톤의 이론 위에 세워진 것이나 그것을 넘어서는 것이었다. 무엇보다도 그는, **자연법**(the law of nature)**과 성서의 법**(the laws of the Bible)**의 하인으로서**, 국가는, 신의 뜻에 일치하는 법

313) 원저 p.93. 각주 125. Oldendorp, *Lexicon Juris*, p.272: "magistrata …… legum ministri sunt." Cf. *Divinae Tabulae*, p.19; and *Ratmannenspiegel*, pp.73~77.

314) 원저 p.93. 각주 126. Quoted in Macke, "Rechts- und Staatsdenken des Oldendorp," pp.79~80: "Falsum igitur est simpliciter asserere, principem habere potestatem contra ius. Decet enim tantae maiestati, …… servare leges."

을 제정할 입법적 임무를 가지고 있다. 입법에 있어서, 국가기관은 현재와 과거의, 다른 나라의 법들을 비교하여야 한다.[315] 행정적으로 국가 행정조직체(civil polity)의 임무는 다음과 같은 사항을 주의함으로써 진실한 신앙을 지탱하고 유지하도록 하여야 한다. 즉, 충분한 설교자가 있는가, 자격과 수준이 있는가, 충분한 대우를 받는가. 목적은, 설교자들이 불신앙과 전투할 수 있도록－그러나 폭력에 의해서가 아니라 신의 말씀에 의해서; 또한 탐욕, 태만, 의복의 사치, 기타 부도덕한 행위를 처벌하기 위해서, 또한 좋은 학교와 대학을 세우고 유지하기 위해서. 왜냐하면, 그렇게 함으로써, 국가행정조직이 신이 부여한 목적을 성취하도록 양심적이고 성실한 사람들이 훈련될 수 있기 때문이다.[316]

각각의 국가행정조직체(civil polity)가 다른 조직체와 평화를 유지하는 것이 또한 임무이다. 모든 공화국의 국민들은 기독교도의 유기체(Corpus Christianum)를 이루고 있으며, 자연(nature, 즉 절대자)이 요구하는 것을, "서로가 바로 옆에서, 그러나 서로가 투쟁하지 않고"이기 때문이다.[317] 전쟁은 부정당한 공격에 반대한 방위의 경우에만 정당화된다. 올덴도르프에 의하면, 공격당할 때도 어느 국가행정조직체(civil polity) 간의 갈등을 평화롭게 해결하려고 노력해야 하며, 평화 해결이 불가능할 때에도, 임박한 공격자가 그의 마음을 돌릴 기회를 주기 위해서, 방어전 이전에, 사흘을 유예하여야 한다. 더욱, 방위(defence)는, 유일한 목적이 평화를 회복하

315) 원저 p.93. 각주 127. See ibid., p.85.

316) 원저 p.93. 각주 128. See ibid., pp.85～92.

317) 원저 p.93. 각주 129. Oldendorp, *Lexicon Juris.* See also Macke, "Rechts- und Staatsdenken des Oldendorp," p.92.

기 위해서이기 때문에, 필요한 것에 한정되어야 한다.[318)]

올덴도르프는 국가행정조직체의 법적 인격(legal personality)을 강조하였다.[319)] 국가는 한 사람의 인격체처럼 권리와 의무를 가진다. 국가를 국제관계의 관습법(customary laws)에 의해서, 국가 간에서도 구속된다. 또한 국제조약과 협약(international treaties and agreement)은 '합의는 지켜져야 한다'(pacta sunt servanda)는 원칙에 의해서 구속된다. 또한 비슷한 법원칙들에 의해서 그 국민에게 구속된다. 올덴도르프는 국가책임(state responsibility)의 그의 사상을 국가행정조직으로 하여금, 법인격으로서, 국가의 불법행위에 의해서 국민에게 가해진 해악(harm)에 대해서 배상(compensate)을 요구하는 데까지 끌고 나갔다.[320)]

그는 14세기의 위대한 법학자 Bartolus의 견해, 즉 법원(어떤 법원인지는 밝히지 않았다)은 법적 의무를 실행하지 못했거나, 입법

---

318) 원저 p.93. 각주 130. Macke, "Rechts- und Staatsdenken des Oldendorp," pp.92~94.

319) 옮긴이 주석: 올덴도르프의 활약 연대는 1520년대로, 마르틴 루터(Martin Luther)의 종교개혁이 시작된 1517년과 병행한다. 종교개혁기에 이미 권리 의무의 주체로서의 국가의 법인격이 루터와 동행한 법학자에 의해 주장되었다.

320) 옮긴이 주석: 현대 국가배상법체계를 가능케 한 올덴도르프의 국가행정조직의 의무들의 사고는, 그 사상적 연원이 국가의 법인격성(legal personality)을 인정하는 데 있다. civil polity의 법인격성의 인정은, 종교개혁 당시에 게르만 지역 전체에 존재하던 약 400여 개의 독립적이고 자율적인 civil polity에서 유래한다고 보여 진다. 종교개혁이 진행되고 있던 1521년에 게르만 민족의 신성로마제국은, 황제, 7인의 선제후, 50인의 대주교와 주교, 83개의 독립교회 영지, 수도원과 수녀원들, 31명의 세속 군주들, 138인의 백작과 영주들, 그리고 85개의 자유도시-모두 합쳐서 약 400개의, 정치적으로 독자적인 관할권으로 구성되어 있었다(원저 p.36. 각주 9). 1500년대의 도이치는, 유럽에서 가장 큰 나라였으며 약 1,200만 명의 인구를 가지고 있었다(원저 p.32. 각주 1). 도이치는 수백 개의 세속 영주가 지배하는 지역과 교회가 지배하는 지역, 즉 란트로 구성되고, 수십 개의 자유도시가 있었다. 또한 13세기 이후 "신성로마제국"으로 불리우고, 15세기에는 "게르만족의 신성로마제국"으로 불리던 황제령이 있었다. 넓고 느슨한 황제령은 북부 이탈리아(Lombardy), 네덜란드 부르군디 및 스페인과 포르투갈을 포함하고 있었다. 수도, 상설관료, 과세권이 없었다. 1495년까지 전문법원도 없었다.

재판 또는 집행을 하지 못한 res publica에 대해서 형식적 민사적 책임을 과하는 재판관할권을 가져야 된다는 견해를 지지하면서 인용하였다.[321]

피터 마케(Peter Macke)는 법을 통해서 공공 생활을 기독교 화하는데 대한 관심에서 루터보다는 Erasmus에 더 가까웠다.[322] 그러나 올덴도르프의 관심은 직접적으로 루터주의 원칙 위에 기초를 두고 있었다. 올덴도르프가 쓰기를, "법의 목적은 우리가 평화롭게 이 어두운 삶을 통과해서, 그리스도의 영원한 삶으로 인도되는 것이다."[323] 올덴도르프는 법의 "제3의 쓰임새"(the third use)를 강조했는데 – 교육적 기능이었다. 그는 법은, "그리스도에게로 가는 노상에서, 인간의 선생(paedagogus noster ad Christum)이다"라고 했다.[324][325] 이것은 인간의 이성에 대한 어떤 확신을 나타내고 있다. 즉, 인간의 부패와 타락을 강조하는 일방, 올덴도르프는 인간의 타락에도 불구하고, 인간 이성의 불꽃과 섬광(igniculum)은 보존되어 있다는 것이다.[326] 실로 올덴도르프는 그 섬광과 같은 불꽃에서

---

321) 원저 p.94. 각주 131. Ibid., pp.80~82.

322) 원저 p.94. 각주 132. Ibid., p.110.

323) 원저 p.94. 각주 133. Oldendorp, *Lexicon Juris,* p. 249: "Iuris finis est, ut pacifice transigamus hanc vitam umbratilem, ac perducamus ad Christum et aeternam vitam."

324) 원저 p.94. 각주 134. Ibid. See also Macke, "Rechts- und Staatsdenken des Oldendorp," p.13.

325) 옮긴이 주석: law, our teacher in the path to Christ는 법에 대한 역사상의 언급 중 최고 최상의 것일 것이다.

326) 원저 p.94. 각주 135. See, for example, *Isagoge,* pp.9~10: "To be sure, the nature of man has been corrupted through the fall of Adam; so that just sparks remain, by which nevertheless it is possible to recognize the magnificent bounty of divine and natural law" ("ceterum natura hominis ex Adae lapsu adeo corrupta fuit, ut vix igniculi remaneant, ex quibus tam magnifica divini et naturalis iuris bonitas agnosci posset").

부터 거대한 불을 만들어내었는데, 섬광을 양심과 결합시킴으로써 그리고 양심을 성경과 결합시킴으로였다. 이것은 멜랑히톤이 하지 않았던 일이다.

루터주의 혁명가(the Lutheran Reformers)들은, 그들의 신학과 특히 구원에 관한 쌍둥이 교리－즉, 오직 신앙과 만인 사제설(the priesthood of all believers)에 의해서, 로마 가톨릭교회의 캐논법의 성사 체계(sacramental system)와 그래서 로마 가톨릭교회의 전부의 재판관할권을 그 토대에서 침식하였다.

그래서 국가지배층에게, 그들 각각의 주권영역 안에서의, 입법·집행 그리고 재판에 대한 궁극적인 특권을 부여하였다. 그러나 반면에, (교권을 제외한) 국가 지배자들이 제정한 법들은, 이전에 가졌던, 신성한 성격(sanctity)을 이제는 가질 수 없게 되었다. 이전의 상황은 교황권 아래에서 조직된 보편적 성질의 교회와; 세속 왕국 및 봉건영주 그리고 자유도시의 행정조직체라는 복수의 세속 권력사이의, (일종의) 권력 분립 상황에서 양검이론(the two swords theory) 아래에서 성교회가 제정법을 (그 도덕성을) 시인·보증하였었다.[327)]

더욱 루터주의는 로마 가톨릭의 다음의 믿음을 공격하였다. 즉, 이성(reason)은 신앙(faith)과 모순되지 않고 조화될 수 있으며, 신앙에 의해서 계시되는 것을, 이성의 독립적인 힘에 의해서, 증명할 능력이 있다는 로마 가톨릭의 믿음, 실로 자연법(natural law)에 대한 로마 가톨릭 교리의 기반이 되고 있는 것은, 이러한 이성과 계시(revelation)의 종합(synthesis)을 믿는, 가톨릭의 신앙이었다.[328)]

---

327) 원저 p.94. 각주 136. A detailed analysis of the character of the Roman Catholic Church as the first modern state and of the rise of secular states after the Papal Revolution may be found in Berman, *Law and Revolution,* pp.113～115 and 275～276.

비교해서, 루터주의자는 의지(the will)뿐 아니라 이성 그 자체(reason itself)조차도, 생득의 오만과 탐욕과 다른 형태의 자기중심주의(egoism)에 의해서, 부패하였다고 가르친다. 루터주의자들은 인간의 행동과 인간의 법이 판단되어져야 할, 초월적인 도덕법칙들이 존재한다는 것을 의심하지 않았다. 그러나 그들은, 이러한 판단의 기준으로서의 도덕법칙들이 궁극적으로 이성(reason)에서부터 뽑아낼 수 있다고는 믿지 않았다. 그렇다면 단지 편의주의(expediency) 이외의 것으로, 국가법을 정당화할 수 있는 것은 무엇인가? 이미 (종교개혁에 의해서), (12세기 이후 16세기까지 유럽 전역에 보편적 관할권을 가졌던) (세속에 영향 받지 않는) 독립적인 보편교회의 계층질서가 행하는 국가 제정법에 대한 (도덕적) 승인은 없어졌고, 영혼의 구제를 야기하는 적극적인 역할도 없어졌고, 또한 객관적이고 이해관계에 메이지 않는 인간의 이성에 대한 기반도 상실한 상황에서, 무엇이 남아 있는가? (형벌로) 강제되지 않는다면 누구든 제정법을 준수해야 할 이유는 무엇인가? 무엇이 제정법으로 하여금 단지 명령만이 아닌 법으로 만드는 것인가?

위와 같은 근본적인 법 이론적인 질문에 대한 신학의 대답은 루터주의의 두 왕국이론(two kingdoms theory)에 뿌리를 두고 있다. 즉, 신은 지상의 왕국에서도, 비록 보이지는 않으나, 현존(present)하고 있다. 지상의 왕국에 살고 있는 크리스천들은, 비록 부패했지만, 지상의 왕국에서의 신의 일을 수행하도록 요구된다. 크리스천

---

328) 원저 p.94. 각주 137. "The central problem of late medieval intellectual and religious history was the mentality that had given birth to the synthesis of reason and revelation, the presumptuous seductive vision of high medieval theology." Steven Ozment, *The Age of Reform,* 1250~1550 (New Haven, 1980), p.21.

들은 질서를 유지하고 정의(justice)를 행하도록 요구된다. 아무리 이러한 질서와 정의가 불가피하게 결합이 있는 것이라 해도, 질서와 사법 정의(order and justice)는 구원에 이르는 길은 아니다. 그러나 질서와 사법 정의는 신의 현존이 감추어져 있는 형식(forms)일 수 있다. 질서와 사법 정의는 부분적으로 인간의 삶이 살 수 있도록, 신에 의해서 정해진 것이다. 또한 부분적으로는 신앙에로의 길을 지시하기 위해서였다. 비록 질서와 정의 자체가 그 길은 아닐지라도, 비록 이러한 신학적 믿음이 그 자체로 법철학을 구성하지는 않으나, 그럼에도 불구하고 이러한 믿음은 다음과 같은 관행적 견해를 부정하는 것이다. 즉, 루터주의 신학은 순전히 개인의 정신적 생활과 관계있으며, 정치와 법에는 무관심하다는 관행적 견해이다. 여기에 더해서, 이러한 신학적 신조는 다음의 구별을 위한 신학적 기초를 제공하고 있다. 즉, 개별 인격자가 신에게 지는 의무의 구별, 루터주의 신학에 의하면, 위의 두 집합의 의무들은, 성경에, 특히 10계명에 나와 있었다. 루터주의 신학뿐 아니라 또한 철학에서도, 십계명은, 신법 · 자연법 · 인간의 법에 대한 초월적 연원으로서의 캐논법과 교회의 전통을 대체하였다. 국민 관계를 규율하는 법의 부분에 관계해서, 나중 부분의 여섯 개의 계명은, 공법과 사법의 근본적인 원칙들을 권위 있게 표명한 것으로 해석되어졌다. 그 원칙들은 권위에 대한 존중, 가족 관계에 대한 존중, 재산권에 대한 존중, 정치적 사법 정의에 대한 존중, 그리고 타인의 권리에 대한 존중.

그러나 루터주의 법철학은, 비록 루터가 초기에는 그런 유혹을 느꼈지만, 법의 효력이 어디 있느냐의 문제를 오로지 성경에 두는 데에 만족하지 않았다.[329] 성경은 믿음이 있는 자에게 말하고 있으나, 국가의 당국에 속하는 모든 사람들이 신자인 것은 아니다. 신은 국가 당국자나 국가법을 크리스천뿐만 아니라 이교도들에게도 규정하고 있다. 실로 어떤 형태로든 법이 필요한 것은 인간의 타락한 상태 때문이고－1차적으로 죄성이 있는 인간에게 그에게 무엇이 필요한 것인가, 그리고 그러한 필요 사항을 인간이 성취하는 데 얼마나 무력한가를 보여주기 위함이었다. 따라서 성경과 독립적으로 또한 성경 이외의 방식으로, 신은 모든 사람의 양심에 어떤 도덕적 통찰을 심어 놓았다. 그리고 이와 같은 도덕적 통찰은 사실, 십계명에 있어서의 신자에게 계시된 도덕 원칙과 일치하고 있다. 이들 보편적인 도덕적 통찰을 멜랑히톤은, "지식의 요소들"(elements of knowledge) 중에서 분류하였다. 지식의 요소들은 그것 자체가 이성을 형성시키지만, 이성만으로는 증명될 수 없는 것이다. 그럼에도 불구하고, 만약 이성이 신앙에 의해서 지도되고 인도된다면, 비록 이성 자체가 증명할 수는 없더라도 신앙은 직접적으로 양심에 계시되는 것은 이해할 수도 있고 받아들일 수도 있다. 따라서 이성은 말하자면, 신앙에 의해서 구출될 수가 있다. 올덴도르프의 용어로는 양심은 이성의 보다 높은 형태이다－이때 양심이라는 것은 보통 사람의 이성이 아니라 신적인 이성을 말한다.

양심에 대한 루터주의 이론이 신앙을 이성의 옆에 갖다 놓는 것과 같이, 정치적 올바름과 시민 정신의 올바름에 대한 루터주의의 이론은 천상의 왕국을 지상의 왕국 옆에 접촉할 수 있도록 갖다 놓았다. 여기서 멜랑히톤과 올덴도르프 두 사람 모두에 의해서 강조된 "법의 제3의 용도"가 주요한 역할을 한다. 자연법－양심에 알

329) 원저 p.95. 각주 138. See the collection of quotations by Jaroslav Pelikan, *Reformation of Church and Dogma (1300～1700)* (Chicago, 1989), p.20.

려진 도덕적이고 법적인 법칙들과 십계명에서 확인된 법칙을 말하는데－은 믿음이 있는 사람들에게는 가이드로서 역할을 한다. 특히 높은 지위에 있는 믿음이 있는 사람들에게 그러한데, 올바름, 공평, 이타주의, 그리고 평화라는 방법으로 그러하다.

법의 교육적 역할이라는 개념은 루터주의 법철학에서 자연법에서 실정법으로 옮겨지게 된다. 국가 사회의 당국자들을 교육시키는 것이 자연법의 중요한 기능인 것처럼, 멜랑히톤과 올덴도르프는 쓰기를, 국가 사회 당국자들의 실정법의 중요한 기능은 이러한 실정법에 구속되는 일반인들의 도덕적 태도와 정서를 양육하는 것이다. 여기서 멜랑히톤과 올덴도르프는 다양한 분야의 실정법이, 형법과 민법과 교회법과 헌법을 포함하여, 사회 질서와 사회 복지에 이바지할 뿐만 아니라, 사회의 도덕을 향상시키는 데도 이바지한다는 것이다.

서양 법철학의 발전에 있어서 특별한 중요성은, 올덴도르프의 다음과 같은 통찰이다. 즉, 법규칙에 내재한 일반성과 객관성(generality and objectivity)은 둘 다 큰 미덕인 동시에 큰 악덕이다.[330] 똑같이 중요한 것은 다음과 같은 그의 통찰이다. 즉, **법규칙에 있어서의 일반성과 객관성이라는 악덕은 치유될 수 있고, 또한 동시에 미덕은 보존될 수가 있다.** 이것은 특히 법규칙을 특수한 상황에서 주의 깊게 적용할 때 그러하다. 멜랑히톤은 철학자로서 법규범을, 언

330) 옮긴이 주석: 법학 초학자들에게 있어서 법규칙이 가지는 일반성과 객관성을 일반 명제로 나열하는 것이 지금까지 한국 법학의 입문서였다. 법의 일반성과 객관성은 물론 법학의 출발이기는 하나 방금 올덴도르프가 지적한 바대로 이것은 거대한 악덕을 동시에 포함하고 있는 것이다. 왜 그런가? 문명사에서 인문학도들을 절망시킨 법학 서술 방법의 가장 큰 특징은 법규정의 일반성과 객관성만을 강조하고, 구체적 타당성에 대해서는 침묵하는 것이다.

어의 가장 일반적인 의미에 있어서, 이성 및 양심과 화해시키려고 노력했다.[331)]

여기에 비해서 올덴도르프는 법학자로서 법규칙과 법원칙을 특수한 경우에 적용하는 데 대해서 깊이와 넓이를 가지고 탐험하였으며, 일반적인 법규칙과 일반적인 법원칙이, 구체적이고 특수한 케이스에서 불러내어져서 쓰여질 때 생기는 역설을 보여주었다. 올덴도르프는 결론짓기를, 예외적인 사례에 있어서뿐만 아니라 모든 사례들에서 법에 쓰여진 문자를 넘어서서 법의 정신으로 가는 것이 필요하다고 했다 – 필요하다는 것은 비단 해당되는 특별한 사례에서의 공평성(fairness)이라는 관점에서뿐만 아니라 적용된 법규칙들 자체의 궁극적인 일관성이라는 관점에서도 그러하다. 올덴도르프는 발견하기를, 논리적 종합만에 있어서의 궁극적인 일관성뿐만 아니고, 오히려 더 1차적으로 그 법규칙을 적용할 때 원래 의도된 목적의 마지막 일관성이라는 관점에서도 그러하다는 것이다. 이와 같이 올덴도르프는 실지로 작용하고 있는 법 시스템의 온전성과 일관성에 대한 마스터 키로서 양심을 들었다. 이 점은 아마도 루터주의 법사상이 서양 법학에 끼친 가장 중요한 공헌일 것이다. 올덴도르프의 보다 높은 이성(higher reason)으로서의 형평(equity)의 이론은 일반 법규칙을 구체적인 사례에 주의 깊게 적용시킬 때 작용하게 되는 것으로써, 많은 근현대의 서양법 제도에서 반영되어

331) 옮긴이 주석: 한국의 법철학자로서 일반성과 객관성을 가지는 법규범을 언어의 어떤 의미에 있어서도 인간의 이성 및 양심과 화해시키려고 노력했던 법철학자가 있었을 것이다. 어떤 권위적인 번역으로 법철학을 설명하든 간에 법철학의 중요한 목표는, 국가 권위에 의해서 주어지는 법규범과 그것과 관계없이 보통의 시민이나 교양인이 가질 수 있는 이성과 양심을 대비시켜서 서로 화해시키려는 노력이 정상적인 목표가 아니었을까?

있다. 이러한 것들 중에 가장 현저한 것은 사법부의 재량(judicial discretion)과 배심원의 형평(jury equity)이라는 영미의 개념이라고 할 수 있다.[332] 개인 인격의 양심을 사법의 원천으로 작용하는 역할에 대해서 루터주의가 강조한 것은 다음의 것과 균형을 이루지 않으면 안 된다. 루터주의는 똑같은 강조를 국가 사회 당국의 역할에 두었는데 이 역할은 무엇이 올바르며 사법적 정의인가를 규정하는 것과 그것을 집행하는 데에 있어서이다. 또한 이들 국가 사회 당국의 역할은 더 일반적으로, 종교적 예배, 도덕성, 그리고 사회복지(the common weal)를 지도하고 인도하는 데에 있어서의 역할이다. 루터 자신은, 국가－즉, 국가 조직의 상층부를 이루는 Obrigkeit－의 존엄성과 사명(dignity and mission)이라는 그의 개념은 그 시대의 종교사상과 정치사상에 루터가 행한 가장 중요한 공헌 중의 하나였다.[333] 실로 루터주의 종교개혁은 국가 관직을 담당하는 사람들에게, 이전에는 교회 관직을 담당하는 사람들의 관할권에 있었던 여러 기능의 행사에 대해서 마지막 책임을 배분함으로써 근대－근세－세속 국가를 창조한 것이다. 이와 같이 루터주의의 영역에 있어서의 국가 관직자들은, 로마 가톨릭 영역에 있어서, 캐논법 아

332) 원저 p.96. 각주 139. On the Anglo-American concept of jury equity, see the important article by George E. Butler II, "Compensable Liberty: A Historical and Political Model of the Seventh Amendment," *Notre Dame Journal of Law, Ethics, and Public Policy* 1 (1985), 595, 713～720. Butler shows that in the development of trial by jury in England and America, with its sharp distinction between rules of law stated by judges and application of the rules by the jury, the term "jury equity" is applied to the process of decision making in concrete cases. Jury equity is to be distinguished from jury nullification, which developed after courts began to lay down rules in absolute terms instead of provisionally, and thus attempted, in effect, to restrict the jury's ultimate power.

333) 원저 p.97. 각주 140. *WA, 32:390; see also 38:102.*

래에서 운영되던 교회 정부의 공직자들에 의해서 규율되고 있던 여러 가지 사항들에 대한 관할권을 차지하였다. 즉, 사제 및 성직자에 대한 것, 교회 재산에 대한 것, 교육, 빈민구제, 의료, 도덕적 범죄와 종교적 범죄, 혼인과 가족 관계, 유언, 그리고 기타 사항, 세속 국가 주권이라는 정확한 개념은 세속 정부의 Obrigkeit의 확대된 역할과 밀접하게 연결되었다. Obrigkeit는, 라틴어로서 "위에 있는 것", "상위의 것"이라는 superanitas와 같으며, 프랑스어로 번역될 때 souveraineté이며, 영어로 번역될 때 "sovereignty"이다.[334)]

로마 가톨릭 위계에 의해서 행사되던, 세속 권력에 대한 견제를 제거한 것은 실질적으로 군주가 절대적 권력, 즉 법을 초과하는 법 위에 있는 권력을 주장하는 위험을 증가시켰다. 더욱이 루터주의 신학은 군주는 신적인 올바름에 의해서 지배하며, 군주의 신민은, 그 나라의 가부장으로서 군주를 영예롭게 하고 복종하게끔 구속된다는 것을 강조하였다. 그럼에도 불구하고 루터주의 법철학은, 로마 가톨릭 법철학과 마찬가지로, 독재에 대해서 대응할 수 있는 중요한 장치를 포함하고 있었다. 첫째로, 그의 백성에 대한 가부장으로서의 군주의 개념은, 그의 입장에서는 독재와는 반대되는 책임을 의미하고 있었다. 두 번째, 루터주의 법철학은 성문의 공표된 법률의 중요성을 강조하였는데 그 성문법의 기능은 부분적으로는 사악한 지배자를 억제하는 것이었다. 세 번째로, 루터주의 법철학은 로마법의 권위를 이성의 쓰여진 체화(embodiment)로서 선언하였다.

334) 옮긴이 주석: Obrigkeit는 종교개혁기의 게르만 영역에서는 주권자에게 속하는 최상위의 궁정의 자문관 또는 고위 관료를 의미하였다. 그러다가 종교개혁 이후에 각 영역별 독자성이 확립되자 이것은 최상위 관료라는 원래의 뜻이 프랑스어와 영어, 라틴어에서는 최상위라는 뜻으로 강조되고, 마침내 국가 주권을 의미하게 되었다.

비록 여러 영방의 각각의 군주는 로마 제국의 권위를 계승하였다라고 생각되었지만, 그럼에도 불구하고 로마법은 역시 (그 당시에 종교개혁 이후에 성립된 다양한 국가를 초과하는) 초국가적 공통적이며－그런 의미에서－보통의 법(jus commune)으로 간주되었다. 보통법 jus commune의 해석은 고전 텍스트를 모으고 주석을 달며 여러 가지 견해를 종합한 학자풍의 법률가들에게 맡겨져 있었다. 마지막으로 루터주의 법학자들은 독재적인 지배에 대한 일반적인 저항권을 성경과 양심에서 발견하였다. (루터주의 법학에 있어서) 양심은 시민적 불복종과 시민적 복종 모두의 좌석이었다. 실정법이 자연법에 어긋날 때는 양심적인 루터주의 크리스천은 "존재하고 있는 권력"("powers that be")으로서 신에 의해서 지시된 권력에 복종할 의무와 신에 의해서 부과된 올바름과 정의의 감각에 복종할 의무 사이에서 분열된다.

법과 도덕 사이의 긴장을 합리적인 방법에 의해서 해결하는 데에 있어서 루터주의 법철학의 무능력에 대해서 현대 아메리카의 법철학자들은 실망하고 좌절할 수도 있다. 그러나 다음과 같은 사실을 아는 것이 중요하다. 즉, 루터주의 법철학은, 현대 법실증주의와 현대 자연법 이론 양자 모두의 1차적인 원천이며 이것은 철학적인 의미에서도 그렇고 역사적인 의미에서도 그렇다. 법실증주의 이론에 의해서 관찰하면, 루터주의 법철학은 국가 사회의 법을 법 규칙의 시스템 안에 표현된 입법자의 의지로써 규정한다. 이때 입법자의 의지는 강제력을 가진 징벌 또는 제재에 의해서 지탱이 되며, 강제적 집행의 1차적 기능은 사회 질서를 보장하는 것이다. 멜랑히톤은 국가 정치라는 의미의 politics를 국가(state)로 부르기도 하고, 때로는 Obrigkeit라고도 부른다. 이 세 개의 의미가 "공동체 내부의 적법성 있는 질서를 창조하는" 방법이며, "재산, 계약, 상속, 그리고 기타 일들을 규율하는" 법들을 창조하는 방법이라고 했다.[335] 이러한 멜랑히톤의 말은 도이치 법치주의(Rechtsstaat, the law state)를 최초로 언급한 것이 된다.[336] 이러한 법들을 가장 효력 있게 하기 위해서, 법은 공포되어져야 하고, 예측 가능한 것이라야 되며, 일반적으로 적용 가능하고, 무엇보다도 국가 정체의 당국자들이나 그들의 신민 모두를 구속하는 것이어야 된다고 멜랑히톤과 올덴도르프가 강조했다. 어떤 주어진 법이나 이미 행해진 법적 결정 또는 법체계 전체에 대한 다른 주장이 이성과 정의의 표현일 수 있다는 것은 그것이 정당한가 어떤가 평가되기 위해서는 법체계 그 자체 안에서부터는 이루어질 수 없다. 실정법과 실정법을 산출한 특정 법체계의 평가 자체는 그 기초가 법체계 밖에서부터 유래하는 도덕적 기준에 의해서만 행해질 수 있다. 이와 같이 루터주의 법철학은 현대 법실증주의에 중요한 기본적 전제를 수락한 것이다. 즉, 법과 도덕은 각각 서로 뚜렷하게 구분된다. 그리고 존재하는 법은 당연히 있어야 될 법과 혼동되어서는 안 된다. 법과 도덕을 동일시하는 것은 법에 있어서의 불확정성과 불안정성을 가져오는 것이고, 이윽고 무질서를 가져온다. 또한 법과 도덕을 동일

335) 원저 p.98. 각주 141. *CR, vol. 16, col. 436.*

336) 원저 p.98. 각주 142. On the development of the German *Rechtsstaat* theories in the nineteenth and twentieth centuries, see Otto von Gierke, *Johannes Althusius und die Entwicklung der naturrechtlichen Staatstheorien,* 5th ed. (Aalen, 1958), pp.264ff. ("Die Idee der Rechtsstaat"); Herman Dooyeweerd, *De Crisis der humanistischen Staatsleer in het Licht eener calvinistische Kosmologie en Kennistheorie* (Amsterdam, 1931), p.40. On the contributions of Lutheranism to the modern idea of the state, see James D. Tracy, ed., *Luther and the Modern State in Germany* (Kirksville, Mo., 1986); Günther Holstein, *Luther und die deutsche Staatsidee* (Tübingen, 1926).

시하는 것은 도덕적 비난의 객체라기보다도 원천으로서 국가법을 만드는 것이 그래서 부정의를 초래하는 것이다.

이와 같이 루터의 법철학은 토마스 아퀴나스가 행한 법의 개념적 규정을 부정하는 것이다. 토마스 아퀴나스는 법은 공통선을 목적으로 한 이성의 명령이며, 공동체를 염려하는 취지로 만든 것이다.[337] 루터주의 사상에 의하면 이러한 법에 대한 규정은 법과 이성, 양자 모두에게 보증되지 않고 공인되지 않은 존엄성을 부여한 것이다. 이와 같은 법에 대한 개념 정의는 인간의 본성에 대한 지나치게 낙관적인 개념에 기초하고 있으며, 더 나아가서 올바름과 사법의 도구로써의 국가의 역할에 대한 지나치게 낙관적인 개념에 근거하고 있다. 루터주의 법철학에 의하면 법이 그것의 목적과 효과에 있어서 심지어 자의적이라고 할지라도, 합법적으로 주권자에 의해서 공포된 명령은 법이다.

그러나 주의할 것은 자연법 이론에서 보더라도 루터주의 법철학은 많은 것을 이야기하고 있다. 즉, 모든 인격체는 그 개별 인격 내부에서 어떤 도덕적 정서를 가지고 있으며 이 도덕적 정서는 법적인 올바름에 관계된 것이고 이 법적인 올바름이라는 것은 국가 사회의 당국에 대한 존중, 인간 생명에 대한 존중, 재산권에 대한 존중, 그리고 가족의 책임에 대한 존중, 공평한 절차에 대한 존중을 포함하고 있으며, 일반적으로 한 사람과 타인의 권리의 존중에 관한 도덕적 정서를 가지고 있다. 이러한 도덕적 정서 또는 통찰 또는 취향은 부분적으로는 이성에 또는 부분적으로는 의지에 자리 잡고 있고, 그러나 무엇보다 우선적으로 양심에 자리 잡고 있다.

337) 원저 p.98. 각주 143 Thomas Aquinas, *Summa Theologiae,* pts. I-II, qu. 90, art. 4.

따라서 모든 인격체의 양심이 자연법의 원천이다. 자연법이라는 것은 인간의 본성에 원래 존재하던 생각과 행동의 법칙을 말하는 것이다. 이와 같이 루터주의 법철학은 로마 가톨릭에 비교해서 자연법 이론이라는 것은 기본적으로 도덕 이론이고 법 이론이 아닌 것이다. 자연법 이론은 우선적으로 1차적으로 올바름과 정의에 대한 내재적인 감각 이 위에 서는 것이고, 그 올바름의 감각에 이성이 종속되어 있는 것이다. 루터주의 입장에서 본다면, 이성이라는 것은 너무 약하고, 이기주의에 의해서 너무 기울어져 있고, 따라서 올바름과 정의의 감각을 충분히 지속할 수가 없다. 따라서 도덕법의 여러 원칙들의 의미와 그것을 구체적인 케이스에 적용하는 데 대해서 국민들 간에 어떠한 종류의 합리적인 동의도 실패하게끔 되어 있다. 이와 같이 합리적인 동의가 실패하는 경우에는 개별 인격자는 이와 같은 법칙을 적용하는 데 있어서 그들 자신의 개별 양심으로 향하는 수밖에 없다. 자연법에 대한 루터주의 이론이 본질적으로 법이론이라기보다는 도덕 이론이 되는 그 정도에 따라서 루터주의 자연법 이론은 현대 법실증주의와 화해할 수 있다. 그러나 루터주의 자연법 이론은 이미 말한 바대로 구체적인 법규칙을 구체적인 상황에 적용할 때에는 양심에 호소함으로써, 우리가 알고 있는 법실증주의의 파라메터를 초과하고 있다. 재판 또는 집행의 법적 절차에 있어서 광범위한 법규칙을 구체적인 사례에 순수히 합리적인 적용만에서 흘러나오는 모든 종류의 부정의는 단지 각 사례의 고유하고 특수한 상황에 대한 세심성과 민감성에 의해서만 교정될 수 있으며, 이 경우에 각 사례의 특수한 상황은 당사자들의 성격, 그들의 동기, 그리고 다른 대체 가능한 결정이 어떠하느냐를 포함한다. 물론 다른 요인들이 있다. 비슷한 방식으로 입법이라는 법적 절차에 있어서 입법가들이 관심을 가져야 될 것은 일반적 의미에 있어서 정책뿐만 아니라 문제의 법이 필요하게 만든 특별한 상황에 대해서 관심을 가져야 되며, 또한 그 법을 적용할 때 나타나는 특수한 효과 같은 데에 관심을 가져야 한다. 따라서 다음 장에서 우리가 보게 될 바대로 루터주의 법철학은 – 실로 16세기 도이치가 인도되어질 – 새로운 법과학, 즉 대규모의 구분과 체계화, 공・사법의 법규칙에 대한 분류 체계화 작업이 이와 함께 양심에 기초해서 이들 법규칙을 적용할 때 나타나는 형평(equity)이라고 불리우는 유연성(flexibility)과 같이 일어난 것이다.[338]

이와 같이 압축되고 발췌된 형태로 이야기해도 루터주의 법철학은 현대 법사상에 기여할 만한 것을 가지고 있다. 무엇보다도 루터주의 법철학은 서로 상극하는 두 가지 요소를 화해시키는 방식을 제시하고 있다. 서로 상극하는 두 가지 요소라는 것은 법사상에 있어서 "고차법"(higher law)학파이다.[339] 서로 상충하는 다른 입장은 "정치적 현실"(political realities)학파이다. 전자는 평등(equality)과 인격권인 프라이버시를, 어떤 종류의 정치적 공동체도 그 결정으로 침해할 수 있는 관할권을 초과하고 있다고 본다. 후자는 입법자에 의해서 형식적으로 공식적으로 인정되지 않은 어떤 법칙도

338) 옮긴이 주석: 한국 법학에 잘 알려진 도이치 법실증주의의 특징은 법규칙의 분류 및 체계화라는 한 측면이라고 할 수 있다. 개념 법학의 특유한 장점인 상세한 분류법과 체계화는 16세기 루터주의 법실증주의의 한 장점이라고 할 수 있다. 그러나 한국의 법실증주의가 그 원류인 도이치 법실증주의에서 왔다 하더라도 치명적으로 결여하고 있는 것은 양심의 문제 그리고 형평의 문제라는 것을 알게 된다. 양심과 형평의 문제는 한국 법학에서는 도이치와 같이 중요하게 다루지 않는다.

339) 옮긴이 주석: 고차 법 전통의 한국에서의 의미에 대해서는 김철, "버만 법학이 한국에 가지는 의미", 『법과 혁명 Ⅰ-서양법 전통의 형성』 (서울: 한국학술정보, 2013), 부록 참조.

법의 성격을 가진다는 것을 부인하는 것이다. 루터주의는 이러한 상충하는 두 가지 학파의 갈등은, (우리가 통상으로 이해하는 보통의 의미에 있어서의) 이성(reason)의 행사로는 해결될 수 없다고 한다. 루터주의는 고차법 전통과 정치적 현실 학파의 갈등은 실제 문제에 있어서는, 이성이 아니라 양심을 실행함으로써 될 수 있다고 한다. 그러나 양심을 어떻게 실행하느냐는 신학적인 가이드 이외에는 아무런 가이드가 없다. 그래서 신학적인 가이드(theological guide)를 수락할 수 없는 사람들에게 남겨진 것은 어려우나 흥미 있으며, 심지어는 가치 있는 교훈이 남아 있다는 것을 알게 된다.[340)]

---

340) 원저 p.99. 각주 144. Lutheran legal philosophy has sometimes been caricatured by its opponents as based on the twin concepts that the fundamental sinfulness of fallen man renders him incapable of observing natural law and that human law is inherently a reflection not of inborn reason but of the will of the lawmaker. These concepts have been contrasted with those held by Roman Catholic contemporaries of Luther, and especially the sixteenth-century "late scholastic" Spanish jurists, who developed a legal philosophy based on the natural law theory of Thomas Aquinas. Thus in an otherwise distinguished book, James Gordley writes: "Lutherans and Calvinists claimed that the Fall had so debased man that he could neither discover nor do what is good. Princes claimed that the law depended on their will alone. The antidote was Thomism with its confidence in natural reason, and particularly Thomistic ideas of natural law." James Gordley, *The Philosophical Origin of Modern Contract Doctrine* (Oxford, 1991), p.70. As shown in this chapter, however, Lutheran theologians and jurists, despite their diminished optimism concerning human nature, did indeed believe that God plants in the human mind knowledge-*notitiae*-of fundamental moral principles and, further, that God has revealed fundamental legal principles in the Ten Commandments, summarized by Jesus as the commandment to love God and to love one's neighbor as oneself. Although Melanchthon had less confidence than Thomas in the capacity of human reason to understand the fundamental principles of natural law, he at the same time had more confidence in the capacity of human conscience, guided by faith and inspired by grace, to apply those principles equitably. Moreover, although Lutheran jurists were more explicit than Thomists in saying that because of human weakness, and the consequent need for political order, it was necessary sometimes to obey some laws that conflict

with fundamental principles of natural law, Thomas, too, qualified his dictum that a human law that conflicts with the law of nature "is no longer a law"-saying at one point that such a law might "perhaps" be obeyed "in order to avoid scandal or disturbance," though not if it conflicts not only with natural law but also with divine law. See Thomas Aquinas, *Summa Theologiae,* pts. II-II, qu. 96, art. 2.

In fact there were many similarities between the legal philosophy of the Lutherans and that of the Spanish neo-Thomists. As shown earlier, Oldendorp adopted Aristotelian concepts of liberality and commutative justice as "causes" of law, concepts that (as Gordley emphasizes) were fundamental to neo-Thomist legal thought. At the same time, the Spanish neo-Thomists departed from classical Thomism and moved toward Protestantism in their frequent reliance on the Decalogue and other biblical sources of legal (and not only moral) doctrine. Also, both Spanish neo-Thomist and German Lutheran jurists built on the humanism of the late fifteenth and early sixteenth centuries, with its revival of sources from classical antiquity. And both were monarchist, emphasizing the source of both secular and spiritual law in royal legislation, for Spain at that time exalted royal authority over the church despite its nominal subordination to the papacy. Where Lutheran legal philosophy differed most sharply from that of the Spanish neo-Thomists was in its teaching that (1) equity is not merely to be applied, as Aristotle had taught, in the exceptional case in which a strict application of a rule would work injustice, but is embedded in the rules themselves and is therefore to be applied in every application of every rule; (2) that the ultimate source of equity is not reason but conscience; and (3) that the ultimate source of conscience is, again, not reason but a combination of faith and grace.

It may be noted also that in legal science, as distinct from legal philosophy, the Spanish neo-Thomists did not adopt the topical method of the Lutheran jurists, discussed in the next chapter, but continued to organize their materials, as the earlier scholastics had done, around cases *(disputationes),* issues *(questiones),* and arguments *articuli*), leading to resolutions.

제3장
도이치 법과학의 변화

16세기 도이치의 정치적 종교적 봉기는 당시에 불리던 대로의, "방법론"의 변화를 동반하고 그것에 의해서 강화되었다. 방법론이라는 것은 때로는 "학문 또는 과학의 방법론"을 의미하며, 그것에 의해서 법이 분석되고 체계화되는 것을 말한다. 더 구체적으로는 법적 결정과 규칙이 법원칙과 법개념, 그리고 법이론에 어떻게 연결시키느냐의 방법론을 의미한다. 방법론의 변화가 일어난 범위와 중요성을 이해하기 위해서, 다음과 같은 사실을 인식하는 것이 필요하다. 즉, 방법론의 변화라는 것은, 루터주의의 법철학의 사례에서 나타난 바와 마찬가지로, 11세기 후반과 12세기에서 출발한 서양 법과학의 전통의 부정은 전혀 아니었다. 더 이전 시대에 시작되었던 최초의 유럽 대학들에서는, 법은 특유하고 체계화된 지식 체계로서 취급되었으며, 개별적인 법결정, 법규칙, 그리고 제정법들이 객관적으로 연구되고, 일반 원칙, 개념, 그리고 그 체계 전체를 통해 기초적인 이론들의 용어로서 설명되었다.[341] 실로 이것은 유럽의 최초 근세 학문 또는 과학이었는데 – 실로 더 나중에 출현한 자

341) 원저 p.100. 각주 1. See Berman, *Law and Revolution*, pp.123～151.

연과학과는 다르고, 역시 이전에 성당 학교나 다른 배움의 중심에서 추구되었던, 문학이나 미학, 철학, 그리고 신학 연구와는 다른 것이었다. 법과학의 체계적인 성격은 16세기의 도이치 법학자들에 의해서 보존되었으나, 그 당시 불리던 대로의, 더 초기의 오래된 **"스콜라 방식의" 방법은 새로운 "주제별"(topical) 방식[342]에 의해서 변화되었다.**

1세기부터 6세기 동안의 로마 제국에서 번창한 것은, 상당한 정도 사례별(casuistic)[343] 법학 연구 방식이었다. 다음에 11세기와 12세기의 서양의 법과학이 그것과 달라졌다. 그럼에도 불구하고, 원칙적이고 체계적인 서양 법과학이, 11세기 말과 12세기에 처음으로 적용된 것은, 사례별로 정리한 6세기의 로마법에 관한 유스티니아누스의 텍스트가 1차적이었다. 이것은 교황의 혁명의 절정기에, 이탈리아의 도서관에서는 편리하게 입수할 수 있었기 때문이다. 또한 11세기와 12세기의 서양 법과학이 달라지게 된 것은, 부분적으로는 16세기의 법학자들이 그들이 새로 발견한 주제별 방식(topical method)을 시험한 텍스트 때문이기도 하다. 실로 로마법은 그 이전에 해왔던 역할보다도, 16세기에 이르러서 행해진 법개혁에서 더 중요한 역할을 했다.

물론 "로마법"이라는 개념은, 그리고 12표법과 같은 고대의 로마법이나 동로마 제국의 후기 유스티니아누스 로마법과 같은 것들은, 서로 다른 의미를 가지고 있고, 서양법 전통에 대해서는 단지

342) 옮긴이 주석: 일본학자인 미야지마(宮島)는 "과제별(課題別) 정리・분석하는 방법"이라고 번역하고 있다.

343) 옮긴이 주석: 미야지마는 "개별 선례 주의적(個別先例主義的) 방법"으로 번역하고 있다.

거리를 두고 관계되어 있다. 더하여, 서양법 체계에 실질적으로 공헌한 로마법의 어떤 부분들조차도, 특히 유스티니아누스 황제의 지휘 아래에서 수집되었던 복사본 텍스트들은, 보급되는 경과에서 해석의 급격한 변화를 보여주었다. 11세기에서 15세기까지의 로마법 학자들은 대체로 유스티니아누스의 디게스타(Digesta)에 집중하였으며, 처음에는 수천의 흩어져 있는 법규칙과 법결정을 수집하고, 나중에는 그 수집된 부분에 대해서 주석을 다는 데에 집중하였다.[344] 대조적으로, 16세기에서 18세기 초까지의 법학자들은 유스티니아누스의 인스티투테스(Institutes)에 주로 주의를 집중하였으며, 동시에 로마 법개념과 법원칙들, 그리고 법규칙의 연구를, 유럽에 있어서 다양한 공동체의 실정법을 구성하고 있는 다양한 법체계의 개념과 원칙, 규칙과 결합시켰다ㅡ유럽의 다른 공동체라고 하는 것은, 예를 들면, 교회의 캐논법과 황제의 법, 왕의 법, 그리고 군주의 법, 도시법, 상인법, 그리고 봉건법이었다.

이와 같이 로마법은 진화해나가는 법전통에서 전개되는 요소로서 보아져야 한다. 많은 법사가들이 15세기 말과 16세기에 일어난 로마법의 "실천적 계수"(practical reception)라고 계속 불러온 것은, 11세기 말과 15세기에 걸쳐서의 로마법 "이론적 계수"(theoretical

344) 원저 p.101. 각주 2. The Digest was one part of the body of legal writings assembled at the order of Justinian in the early sixth century. Running to some 1,200 pages in a modern English translation, the Digest contains a wide miscellany of passages from the leading jurists of the preceding centuries, chiefly in the form of rules of law probably derived from decisions or arguments in particular cases. Other works that constituted what in the sixteenth century came to be known in the West as the *Corpus Juris Civilis* are the Institutes, intended as an introductory text for students, the Codex, consisting of the imperial legislation of Justinian's predecessors, and the Novellae, the "New Laws," consisting of Justinian's own legal decrees.

reception)라는 것은 보다 더 장기의 역사적 경위의 부분으로서 관찰되어져야 한다. 보다 더 장기의 역사적 경위라는 것은 그 안에서 실천적 요소와 이론적 요소가 항상 같이 존재해왔다. 실로 12세기부터 19세기까지 로마법은 유럽에서 끊임없이 "계수되었으며" 이 때의 의미는 그리스의 철학과 헤브라이의 신학이 끊임없이 계수되었다는 것과 같은 의미이다. **로마법과 그리스 철학 그리고 헤브라이 신학은 각각이 새로운 접근법에 의해서 동화되고, 변화되고, 그리고 새로운 삶과 새로운 역사가 주어졌었다.** 또한 이 세 개의 각각은 반복해서 주된 고전적 텍스트인 – **성경, 플라톤, 그리고 아리스토텔레스, 그리고 유스티니아누스의 법 교과서들**에 대해서 새롭게 접근함으로써 쇄신되었다.

소위 고중세 시대(High Middle Ages)의 로마법은 이론적으로 계수되어지고, 반면 로마법의 실천적 계수(practical reception)는 15세기 말과 16세기 초에야 진행되었다는 것은, 잘못 알려진 것이다. 이와 같은 오해는 다음과 같은 사실을 무시하는 것이다. 즉, 교회 법정에서 적용할 수 있는 캐논법과, 여러 유럽 왕국의 왕의 법정에서 적용할 수 있는 왕의 법은, 여러 로마 법개념과 원칙과 규칙들을 "계수하고" 그리고 실행했다는 오해이다.[345] 다른 입법에서 편입된 것을 제외하고, **유스티니아누스의 텍스트에 포함된 법규칙과 법원칙은 실정법이 아니었다**; 왜냐하면 피사나 두세 개의 이탈리아 도시 국가를 제외하고는, 유스티니아누스 텍스트에 포함된 법

345) 원저 p.101. 각주 3. See Winfried Trusen, *Anfänge des Gelehrten Rechts in Deutschland: Ein Beitrag zur Geschichte der Frührezeption* (Wiesbaden, 1962). Despite the uncontroverted truth of Trusen's thesis, leading legal historians continue to date the "practical reception" of Roman law in Germany from the fifteenth-century.

규칙과 법원칙은 공식적으로 채택되지 않았다. 더 넓은 의미에서, 로마법이 쓰인 것은 캐논법에서나 다른 세속 법체계에서의 틈새를 메우거나 애매모호성을 해결하기 위해서 법의 원천(a source of law)으로 쓰인 것이다. 1495년에 이르러서야 맥시밀리안 황제는 게르만 민족의 소위 신성로마제국의 최초의 그리고 유일한 법원(court)을 설립함에 있어서, 그 법원은 로마법을 적용하며, 그 로마법은 서양의 법학자들에 의해서 수집되고 주석을 단 형태로의 유스티니아누스 텍스트로 이해되었다. 이때 로마법이 담긴 유스티니아누스의 텍스트는, 새롭게 성립한 신성로마제국의 법원에 판사로서 임명된 대학 교수들에 의해서 해석된 것이다.[346] 도이치의 다른 법원과 서양의 다른 곳에서도, 로마법은 이상적인 법으로 간주되고, 그런 뜻에서 "쓰여진 이성"(ratio scripta)으로 간주되었다. 이와 같이 해석되어진 로마법의 원칙과 규칙들은, (로마법이 아니라 현실적이며) 주도적인 실정법이 해석되어지고 보충될 때 통과해야 되는 스크린으로 봉사하였다. 11세기 말과 12세기 그리고 13세기에 처음으로 발전된 법과학은 15세기와 16세기 초에 와서는 공격을 받게 되었다. 공격은 주로 당시에 "인본주의"(humanism)라고 불리던 것에 집착한 학자들의 손에 맡겨져 있었는데, 이 인본주의는 때로는 "새로운 인본주의"(the new humanism)라고도 불리웠다. 첫째, 인본주의자들은 유스티니아누스의 로마법 텍스트의 오래된 것에 대

346) 원저 p.102. 각주 4. The 1495 ordinance specified that at least half the members of the new court, called the Imperial Chamber Court (*Reichskammergericht*), should be learned in the law. The higher princely courts in the German territories followed this example, and by the middle of the sixteenth century, university-educated jurists trained in Roman law and canon law dominated the entire German upper judiciary, with a trickle-down effect on the personnel of lower tribunals as well. See Wieacker, *History of Private Law*, pp.133~135.

한 이전 법학자들의 이해를 공격하였다. 두 번째로, 이전 법학자들이 로마법 텍스트를 모으고 코멘트하는 테크닉을 공격하였다. 인본주의자들의 이 공격의 배후에는 언어와 역사와 철학과 그리고 법 그 자체의 새로운 개념이 존재했다 – 이러한 새로운 개념은 **궁극적으로는 4세기 동안 서양에서 주류로 자리 잡아 온 세계관을 파괴하는 데에 상당한 역할을 했다**. 더 이전 법학자들의 소위 스콜라주의에 대한 공격은 3단계로 진행되었는데, 첫 번째 단계는 자주 언어학적 그리고 역사적 성질을 가지고 있으며, "회의적인" 성격을 갖고 있었다. 두 번째 단계는 "법 원칙에 관한" 것이었고, 세 번째 단계는 "체계에 관한" 것이라고 불릴 만하다. 이 모든 3단계에 걸쳐서 공격은 인본주의(humanism)의 이름으로 행해졌다.[347] 게르만의 혁명이라고 이 책에서 명명한 도이치 종교개혁의 정신을 체화한 것은 세 번째 "체계에 관한 공격" 단계였다.

347) 원저 p.102. 각주 5. The term "humanists" was used in the fourteenth century to refer to university students of grammar, rhetoric, poetry, history, and moral philosophy, as contrasted with the more standard curricula of theology, law, and medicine. In the fifteenth and early sixteenth centuries, the term "humanist" came to be applied to the revival of studies of classical Latin and Greek literature in a number of fields. Widely varying philosophical outlooks could be encompassed within the terms. Thus Petrarch, Erasmus, and Melanchthon could all qualify as humanists. At the same time, it was characteristic of humanism in all of its stages to attack the earlier so-called scholastic orthodoxies of church and state. See Philip P. Wiener, ed., *Dictionary of the History of Ideas,* vol. 2 (New York, 1973), pp.515～523.

3.1 인본주의 또는 인문주의자(humanist) 법과학[348])의 회의적인 단계[349])

14세기 중반부터 일찍이 이탈리아의 인문주의(humanism)의 위대한 선구자인 프란체스코 페트라르카(Francesco Petrarch, 1304~1374)와 조반니 보카치오(Giovanni Boccaccio, 1313~1375)[350])가

---

348) 옮긴이 주석: humanist legal science를 미야지마는 古典古代研究者=法學者로 번역하고 있다.

349) 옮긴이 주석: 르네상스 휴머니즘의 대표자들이 14세기 중반부터 당시의 주도적인 법률가를 공격하기 시작했다. 이 논쟁의 한국 법학에서의 의의는 의외로 어느 쪽이 더 옳았던가는 통상적인 관점이 아니다. 더 큰 맥락은 르네상스 인문주의자들이 **그때까지의 관행적인, 그리고 거의 관례가 되다시피 한 법학 방법을 문제 삼기 시작한 것이다**. 이것은 중세 천년간 변함없이 계속되었던 그래서 **검토되지 못한 채 권위로써 통용되었던 거대한 역사의 집적물에 대한 새로운 물결, 즉 르네상스 인문주의**의 새로운 해석이었다. 이 새로운 해석이 또 한국의 법학자들이 흔히 생각하듯이 어느 점에서 누가 옳고 그른가라는 것은 오히려 큰 문제가 되지 않는다. 보다 큰 맥락은 르네상스 인문주의자들을 움직인 것은 **"진리를 위한 열정"**, 그리고 오랫동안 원전이나 텍스트보다 이후에 집적된 **권위 있는 학설이라든가 권위의 상징이 된 큰 이름 같은 것에 대한 일단의 다른 시각**이었다고 할 수 있다. 한국 법학에서 상당히 오래된 권위에 대한 르네상스 인문주의자들의 재검토에 해당하는 지적 운동이 있었던가? 아주 드물게 산발적으로 개별적으로 법학 내부에서 발견된다. (김철, 『한국 법학의 반성』, 2009.09.) 한국 법학의 외부에서 행해진 재검토 작업은 어떠한가? 간헐적으로 정치학자와 사회학자의 것이 있다. 그중 정치 사상사의 경우에 김홍우 교수의 워크숍과 이종은 교수의 정치철학을 들 수 있다. 또한 김용호 교수의 학회 활동의 일부를 들 수 있다. 사회학적 시각으로는 최대권 교수와 박영신 교수를 들 수 있다. 신학의 입장에서 한국 현대 법학에 대한 재조명은 특히 이국운 교수가 돋보인다.

350) 옮긴이 주석: "Giovanni Boccaccio (Italian: [dʒoˈvanni bokˈkattʃo]; 1313~21 December 1375) was an Italian author and poet, a friend, student, and correspondent of Petrarch, an important Renaissance humanist and the author of a number of notable works including the Decameron, On Famous Women, and his poetry in the Italian vernacular. Boccaccio is particularly notable for his dialogue, of which it has been said that it surpasses in verisimilitude that of virtually all of his contemporaries, since they were medieval writers and often followed formulaic models for character and plot." www.wikipedia.org, *"Giovanni Boccaccio"*.

당시의 법률가들을 공격했는데; 법률가들이 고대 로마에 대해서 무지하며, 또한 로마법의 원천에 대해서 무지하다고 했으며, 법률가들이 사소하고 작은 문제들을 지루하고 장황하게 토론하며, 또한 법률가들의 문체가 야만적이고 우아하지 않으며, 결국 법률가들이 **참다운 학문을 결여하고 있고**, 더 나아가서 법률가들이 **일반적으로 문화적 요소를 결여하고 있다**고 공격했다.[351] 15세기에 이르러서 이러한 비난들은 인문주의 언어학자[352]인 로렌초 발라(Lorenzo Valla, 1407~1457)에 의해서 행해졌다.[353] 라틴어 문법과 고대 로마 웅변 및 수사학의 대가이고, 고전 시대의 라틴어 용례에 대한 저술로써 유명했던 발라는, **추상적인 것에 반대하는 구체적인 것**, 그리고 **애매모호한 것에 반대하는 명료함**을 주장하는 챔피언이었다.[354] 여기에 대해서 도날드 켈리(Donald Kelley)가 쓴 바 있다. "대부분의 인문주의자와 마찬가지로 발라에게 있어서, …… 이해는 어디서부터 진행되는가? (법학 문장의) 이해는 문자 상의 의미에서부터 시

351) 원저 p.102. 각주 6. These and similar charges are quoted in Paul-Émile Viard, *André Alciat,* 1492~1550 (Paris, 1926), p.119, nn. 1~9.

352) 옮긴이 주석: phylolgist를 미야지마는 문헌학자(文獻學者)로 번역하고 있다.

353) 원저 p.102. 각주 7. For an analysis of Valla's influence on legal science, see Donald R. Kelley, *Foundations of Modern Historical Scholarship: Language, Law, and History in the French Renaissance* (New York, 1970), pp.19~52. Cf. Myron P. Gilmore, *Humanists and Jurists: Six Studies in the Renaissance* (Cambridge, Mass., 1963), pp. 3ff.; Quentin Skinner, *The Foundations of Modern Political Thought,* vol. 1 (Cambridge, 1978), pp. 201ff.; Ernst Andersen, *The Renaissance of Legal Science after the Middle Ages: The German Historical School No Bird Phoenix* (The Hague, 1974), pp. 31ff.

354) 옮긴이 주석: 한국에서 해방 이후 또한 최근까지의 교과서 문체나 논문 문체에 대해서, 인문학자로서 언어학의 입장에서 이와 같은 공격이 행해진 바가 있는가? 불행히도 한국의 언어학자가 공식적으로 법률 문장의 추상성과 애매모호성을 거론한 적은 없는 듯하다. 어쨌든 얼마간의 국문학자들이 정부가 주도하는 법률 문장에 대한 국어 표기 및 국어화 작업의 과정에 참여했다는 것은 들려지고 있다. 그 결과는 불행히도 널리 알려지지 않고 있다.

작되고 어떤 비유적인 구조에서는 진행되지 않는다; 인문주의자 언어학의 대가인 발라는 그의 고대 라틴어에 대한 학식을 기초로 해서, 움직일 수 없는 양보하지 않는 어조를 가지고, **언어, 즉 단어와 (그것이 가리키는) 사물 간의 명료한 관계**가 있어야 한다고 주장했다. 즉, 적절하게 말한다면 단어들이라는 것은 사인들이며 (단어의) 의미라는 것은 본질적으로 (단어의) 뜻을 표시하는 역할이다."[355][356] (단어의) 뜻을 표시하는 것 - 즉, 법학 문장에서 어떤 단어에 의해서 어떤 뜻을 표시하는 과정(signification)에서 출발을 어디에서 잡아야 될까? 단어의 의미라는 것은 누군가 함부로 정할 것이 아니고, 그 언어를 학습하고 숙달한 사람들에 의해서 받아들여진 의미에서 출발하여야 할 것이다. 그래서 과거로부터 전승되어 온 단어

---

355) 원저 p.102. 각주 8. Kelley, *Foundations,* p.31. See also Lisa Jardine and Donald R. Kelley, "Lorenzo Valla and the Intellectual Origins of Humanist Dialectic," *Journal of the History of Philosophy* 15 (1977), 143~164.

356) 옮긴이 주석: 약간은 달라졌으나, 한국의 법학사에서 일반적으로 쓰여지는 법학 용어로써의 단어가, 과연 인문주의자 언어학자의 이와 같은 양보할 수 없는 논리에 일치하는가를 다소 반성해야 될 때이다. 왜냐하면, 한국의 요약된 **법학 교과서는 언어학적으로 볼 때 법학 용어의 체계적인 모음**이며, 그러나 그 법학 용어의 기본이 되는 것은 그 용어가 취한 **언어의 엄격한 언어학적 정의**에서 출발하여야 하는 것이다. 즉, 한국의 **대부분의 법학 용어들은 일본어 직역이든가 서구어에서의 번역인데, 이 용어의 원천인 외국어의 언어학적 진의에 일치하는가의 문제가 있다**. 그다음 문제는 한국어로 번역해왔을 때 **한국어가 원래 가졌던 쓰이는대로의 의미에 일치하는가**의 문제가 인문주의자로서의 언어학의 입장에서 제기될 수 있다. 예를 들면, 한국 문화에서 **일반적으로 그렇게 쓰여지지 않는 한국어 단어를, 법률가나 법학자들이 자의적으로 뜻을 부여해서 개념 정의를 하는 경우를 들 수 있다**. 언어학자 로렌초 발라의 견해에 의하면 이러한 단어의 이례적인 용례는 **"양보할 수 없는" 언어학적 오류**라는 것이다. 그렇다면 이런 가능한 오류가 법 교육에서 어떤 효과를 가져오는가? 정상적인 언어학 - 국어학 및 외국어학 - 을 전제로 한 학생마저도, 상당한 정도 **단어 해독에 있어서 벌써 명료한 논리적 과정을 거치지 못하게 되는 것**이다. 그 결과는 무엇인가? **이해보다는 무조건 암기이다.** 흔히 한국 법학 교육에서는 대륙법의 성질이 의례 그러하다고 권위적으로 가르쳐왔다. 그러나 이와 같은 법학 용어의 원래 언어학적 의미와의 괴리는 서양법의 전통에서는 이미 르네상스라고 불리우는 시대의 인문주의자들에 의해서 철저하게 공격당해왔다.

의 의미를 이해하기 위해서는 다음의 사실이 필수적이다. 즉, 그 단어와 용어를 맨 처음에 사용했던, 이미 숙달된 글 쓰는 사람들이 그 단어를 어떻게 썼는가라는 것을 알아야 한다. 마침내 유스티니아누스 황제의 로마법을 이해하기 위해서는, 유스티니아누스가 만든 텍스트에 포함된 단어들이 무엇을 의미하는가를 아는 것이 필요하다 – 의미를 안다는 것은 시점을 기준으로 해야 된다. 즉, 유스티니아누스의 텍스트가 수집 및 편집 자체가 트리보니안(Tribonian)(사망. 545)에 의해서 행해졌던 서기 6세기뿐만 아니라, 몇 세기를 소급해서 원전이 쓰여졌던 시대에 법률가들이 그 단어를 어떻게 썼는가를 아는 것이 필요하다. 이 과정에서 15세기 중반의 발라가 증명한 것은 6세기의 트리보니안 자신이 이미 그가 수집한 텍스트의 원전을 훼손했다는 것이다.[357)]

15세기의 르네상스 시대의 인문주의자인 언어학자 발라(Valla)는, 로마법률가들로서 로마법 대전을 수집한 사람들이나 그 텍스트에 주석을 붙인 사람들 모두를 공격했는데, 그 이유는 그들이 해석하고 있었던 고대 로마법의 텍스트의 의미를 왜곡시켜서, 결과적으로 야만적인 언어로 만들었다고 했다. 그는 비난하기를 스콜라주의자인[358)] 당시 법률가는 "그의 비위를 역겹게 하였다." 그 이유는

357) 원저 p.103. 각주 9. Cf. Kelley, *Foundations*, p. 40. Valla's "anti-Tribonianism" played an important role in the scholarship of sixteenth-century French jurists, including Charles Dumoulin, François Hotman, Jacques Cujas, Pierre Pithou, and others. See Stintzing, *Geschichte der Rechtswissenschaft,* pp.375～381; Julian Franklin, *Jean Bodin and the Sixteenth-Century Revolution in the Methodology of Law and History* (New York, 1963), pp. 36ff.; Andersen, No Bird Phoenix, pp. 103ff.

358) 옮긴이 주석: 이때 스콜라주의라는 것은 르네상스 이후의 인문주의자의 눈에는, 관행적으로 수세기 동안 써 온 방식을 조금도 고치지 않는 상투적인 방식을 습관적으로 지속한다는 뜻이다.

법률가들은, 고전 로마어인 라틴어에다가 훨씬 나중에 형성된 원래는 고트족의 문화라는 뜻인, "고딕" 용어들을 도입하였다. 법률가들은, 로마법과 그 이후의 다른 요소들을 비빔밥 만들 듯이 섞어버렸다. 로마법과 섞인 것은 후기 캐논법에서부터 뽑아낸 부패한 언어였다. 다시 켈리(Kelley)를 인용한다면, 더하여 법률가들은 로마법에 일찌기 아리스토텔레스 도당들이 철학에 대해서 한 것과 똑같은 끔찍한 일을 행했다. 모호한 말과 억지이론으로, 법률가들은 로마법을 상식에서 떼내었을 뿐 아니라, 또한 로마법을 역사적 콘텍스트에서도 분리해버렸다; 법률가들은 원래는 학문 또는 인간의 과학(human science)이었던 법학을 비인간화(dehumanized)시켰다. 그는 이와 같이, 상식에서 멀리 떨어졌으며, 역사적 맥락에서도 멀리 떨어진 용어로 로마법을 해석하는 사람들을, (성경 구약 시대의 팔레스타인의 야만적인 원주민이었던) 블레셋 사람의 무리라고 모욕적으로 규정하였다. 또한 인본주의자 발라는 당시의 잘 나가던 법률가인 바르톨루스(Bartolus)와 아쿠르시우스(Accursius)를 "거위" 떼라고 하고, 이 거위 떼에 대비해서 (훨씬 더 이전의 고전 시대의) 고대의 법학자들을 "백조"로 비유했다. Bartolus와 Accursius 같은 '거위'들의 동료를 고대 법률학(jurisprudence)의 '백조'보다 더 좋아하는 문외한(philistines)들을, 발라는 경멸할 따름이었다.[359][360]

"대주석"(Great Gloss)이라는 뜻의 Magna Glossa 또는 통상 주석[361]이란 뜻의 Glossa Ordinaria는 1250년경에 완성된 당시 로마

359) 원저 p.103. 각주 10. Kelley, *Foundations,* p.41.

360) 옮긴이 주석: 이것의 원어는 기독교 경전 구약에 나오는 블레셋 사람들을 일컫는 것이 맞으나, 소문자로 쓴 것으로 보아서는 해당 단어가 일반명사화된 뜻인 '문외한', '교양 없는 사람'으로 번역하는 것이 바람직하다고 보인다. 이 단어의 유래는 역주로 두는 것이 바람직할 것이다.

법학자 아쿠르시우스(Accursius)의 업적인데, 최초의 서양 세계의 위대한 로마니스트였던 이르네리우스(Irnerius, ca. 1060~1125)의 시대 이후 유스티니아누스 텍스트의 디게스타(Digesta)[362]를 기초로 쓰여진 주석들의 방대한 양의 주석 색인이었다. 이것은 유럽 전역을 통해서 굉장한 성공을 거두고, 상당한 정도 디게스타를 기초로 해서 쓰여진 색인집임에도 불구하고, **그것의 권위가 디게스타 자체의 권위를 능가할 정도였다**. 이와 같은 이유에서 발라(Valla)의 입장에서 볼 때는, 이 주석집은 디게스타 원전의 순수한 점을 가리고 있는 검은 스크린이었다. 앞서 말한 바르톨루스(Bartolus of Sassoferrato, 1314~1357)는 후기 주석학파 중에서 가장 큰 사람인데, 이 사람 역시 방금 말한 아쿠르시우스(Accursius)의 대주석집 위에 건축한 것이다. 후기 주석학파들은 이전의, 즉 초기 주석자들이 기록한 다양한 의견들의 기초가 되고 있는 전제들이 무엇일까 하고 사색을 하였다. 후기 주석학파들은, 로마법 텍스트의 원래의 문자적 의미에 흥미를 가지기보다도 텍스트의 성질이나 텍스트의 개념이나 그 텍스트가 여러 다른 사례에 어떻게 가능하게 적용되는가에 관심을 가졌다.[363] 이러한 후기 주석학파의 태도가, 인문주의적 언어학자인 발라(Valla)를 더 격분시켰다. 발라는 바르톨루스를 "당나귀 같

---

361) 옮긴이 주석: 미야지마는 표준주석서(標準註釋書)로 번역하고 있다.

362) 옮긴이 주석: 한국에서는 일본학자들의 번역에 따라서 학설휘찬이라고 번역해서 통용되고 있다. 그러나 그 내용이 꼭 학설만 모은 것이냐라는 질문을 할 수도 있고, 디게스타의 유럽 통상적인 번역은 영어의 digest, 즉 요약한 것이라는 뜻도 있다.

363) 원저 p.103. 각주 11. Theodor Viehweg, *Topics and Law: A Contribution to Basic Research in Law,* trans. W. Cole Durham (Frankfurt am Main, 1993), pp.61~63; Karl H. Burmeister, *Das Studium des Rechts im Zeitalter des Humanismus im deutschen Rechtsbereich* (Wiesbaden, 1974), pp.241~251; Stintzing, *Geschichte der Rechtswissenschaft,* pp.121~129.

은 바보" 또는 "천치" 또는 "미친 사람"이라고 불렀는데 그 이유는 그가 로마법을 완벽하게 왜곡하였다는 것이다.364) 현대의 우리가 평가할 때 발라가 바르톨루스를 혹평한 것은 전적으로는 정당화할 수 없는 것인데, 그러나 당시 이러한 혹평은 다른 인문주의자들에 의해서 또는 심지어 인문주의적 법학자에 의해서도 인정되었다. 왜냐하면 그 시대는 15세기였고, 이 **15세기에 이루어진, 이전의 전통적인 법학 방법론에 대한 급진적인 공격은, 약 5세기 뒤에 서양법 전통의 줄기 중 가장 원격지인 20세기 아메리카 법학에서 나타났다.**365) 하나는 법현실주의 운동이고, 다른 하나는 비판 법학 운동366)이다.

발라에 의해서 시작된, 로마법에 대한 언어학적이며 역사적인 접근은, (이전까지 지속되었던) 스콜라주의의 법학에 대해서 강력한 부정적인 효과를 가졌으며, 주로 두 가지 경로로 스콜라 법학의 과학적인 성격을 저평가하는 데 도움이 되었다. 첫째로, (그때까지 영위되던 상투적인) **스콜라 법학**367)**은 로마법의 원전에서부터, 그**

---

364) 원저 p.103. 각주 12. Lorenzo Valla, *Contra Bartolum Libellum Cui Titulus de Insigniis et Armis Epistola* (1518), quoted and discussed in Gilmore, *Humanists and Jurists,* pp.31~32, and in Domenico Maffei, *Gli inizi dell'umanesimo giuridico* (Milan, 1956), pp.38~41. These charges against Bartolus, communicated by Valla in a letter to a friend which later became public, caused such an uproar at the University of Pavia that Valla was forced to resign from his chair and flee the city.

365) 옮긴이 주석: 더 정확한 시기는 대공황의 예감이 느껴지던 1920년대 말이다. 1929년부터 2차 세계대전 발발 때까지 진행된 대공황의 전기부터 서양법 전통의 중요한 줄기인 아메리카 법학에 있어서는 이전의 유럽의 서양법 전통을 이어받았던 방식에 대해서 일대 반성과 전기가 일어났다. 상세는 김철, "법현실주의 운동", 『한국 법학의 철학적 기초』(서울: 한국학술정보, 2007).

366) 옮긴이 주석: 비판 법학 운동은 1980년대에 일어난 아메리카 법학의 흐름 중에 하나이다. 참조, 로렌스 레식, 김정오 역, 『코드 사이버 공간의 법』(서울: 나남출판사, 2002).

들의 독창적이며 따라서 (인간에 의해서 창조된 것이 아니고 창조주의 로고스에 의해서 인간의 손에 맡겨졌다는 의미에서) **신성한 성격을 박탈하였다**. 두 번째 죄목은, 따라서 스콜라 법학은 2차적인 법의 원천(secondary legal resources)으로부터 권위를 빼앗은 셈이다. (발라를 비롯한 언어학적 역사적 비판은 말하기를) **그 이전의 법학은, 고대 로마법의 원전이 가지고 있었던, 창조주가 부여한 성격인 신성한 성격**－(이 뜻은 그들의 의미로서는) 중립적이라는 뜻이다－**을 가지고 있었다**. 실제로는 원전 그대로의 고대 로마법 텍스트는 전면적으로 다 그 시대에 받아들여진 것은 아니고, 단지 선택적으로 받아들여졌으며; 예를 들면 각 개의 룰과 구절들은 어떤 경우에는 단순히 간과되었으며, (예를 들면, 원전에서 현저하게 중요한 자리를 차지하고 있던 종교에 관한 부분 같은 것들은) 대부분 적당하지 않은 것으로 취급되었다. **이 모든 사실에도 불구하고, 전체로 볼 때 고대 로마법의 원전은 신의 법**(divine law)**이 인간에게 나타난 것**(reflection)**으로 간주되었다**.[368] 왜 그랬을까? 신의 법이 인간 이성에 나타난 것이라는 것은 어떤 점에서일까? 다음과 같은 추상적인 것들, 즉 정의(justice), 아름다운 덕(virtue), 적법성(legality)뿐만 아니라 이보다 일반적인 법원칙들－즉, 절차에 있어서의 공정성(procedural fairness), 계약에 있어서의 책임

---

367) 옮긴이 주석: 이 법학의 특징을 간명하게 표현하면, 개념을 자꾸 나누어가는 오늘날의 개념 법학과 비슷하다.

368) 원저 p.104. 각주 13. In the fourteenth century, Lucas de Penna stated that "God gave law to humankind by means of the Roman Emperors," and that "we should believe that the Holy Spirit is located in [the Roman statutes]." Quoted in Walter Ullmann, *The Medieval Idea of Law, as Represented by Lucas de Penna: A Study in FourteenthCentury Legal Scholarship* (London, 1946), pp.75～76.

(contractual responsibility), 과실에 기초한 배상책임(liability based on fault)과 같은 **일반 법원칙들은** 로마법 원전 텍스트 자체에 몸을 만들고 있는 **법의 정신 또는 메타 로**(meta-law)**로써 신성한 성격을 가지고 있다고 보여졌다.**[369] 어쨌든 발라와 그의 계승자들은 로마법의 텍스트를 6세기의 문학적 발명품으로만 취급한 감도 있다. 이것은 역사적으로 상대적이며, 또한 여러 방면에 걸쳐서 절충한 성격이기 때문에 일관성이 없어서 전후 모순되는 경우가 있는 것으로 다루었다. 그렇게 함으로써 이들 상대주의자들은, 불가피하게 이후 후대에 있어서 여러 세대의 주석자들과 논평가들이 행한 로마법 텍스트의 해석론이 가지는 권위에 도전하였다. 이와 같이 일단 로마법의 텍스트 그 자체가 단순한 (역사적) 문헌으로 환원되자마자, 이전에는 어떤 종류의 신성한 성격을 가지고 있었던 전통적인 주석과 코멘트들은 텍스트의 애초에 지니고 있던 의미를 왜곡시킨 것으로 보여지게 되었다.

---

369) 옮긴이 주석: 동아시아 법학의 계수를 생각해보자. 또한 한국에서 해방 이후에 영위된 법 교육을 생각해보자. 추상적 언어인 정의(justice)는 빈도수가 높은 용어이나, 이 추상어가 더 구체적으로 일반 법원칙에서 어떻게 체화되는가에 대한 연결점이 없다. 즉, 정의란 고전 로마법 시대에 있어서는 공평이라는 일반 법원칙으로 전개되는 것이고, 공평은 그냥 헛소리가 아니라 절차적으로 공평해야 된다는 것이다. 또한 계약상의 책임이나 과실 책임 같은 것들도, 한국의 전통 법교육에 있어서는 아주 평면적이고 기술적인 용어로 설명될 뿐이지 **이것이 어떤 법 텍스트에서 몸을 만들고 있는**－몸을 만든다, 체화된다는 것은 기독교적 전통에서 온 것이고, 신의 정신이 성육했다는 의미에서 쓰는 말이다. 기독교 의식에서 성체라는 것은 그리스도가 성육해서 그와 같은 성체 성사 시 또는 성찬식에서 쓰는 빵과 포도주로 나타난다는 의미이다. 따라서 정의가 법원칙에 성육되고 그 법원칙은 더 구체적인 공평과 책임으로 나타난다는 의미는, 성체 성사라는 서양 기독교의 의식을 이해하지 않고서는 이해불능이다－것으로는 설명되지 않는다. 동아시아 한자 문명권에서의 정의나 적법성의 설명은 부득불 상위 개념과 하위 개념의 방식으로 개념화시킬 수밖에 없는 사정은 이해가 된다. 그러나 **어떤 방식으로든지 한국의 모든 이른바 실정법의 해석을 위주로 하는 교과서에 있어서도 정의와 공평, 절차적 공평, 책임의 문제는 이제는 기계적 개념 장치만으로는, 문화적으로 설명의 한계가 있다는 것을 받아들여야 한다.**

법적 인본주의가 순수히 언어학적이고 역사적으로 남아 있는 한, 그것의 업적은, 순전히 법적인 견지에서 볼 때에는, 대체로 부정적으로 남아 있게 되었다. 법적 인본주의는 로마법이나 그리스의 것이나 또는 게르만의 것이거나 더 나아가서 캐논법의 텍스트이거나 원전을 여러 번 왜곡시킨 것을 밝혀냈다. 이때 물론 상당히 중요한 위조를 포함하였다.370) 때에 맞춰서 법적 인문주의의 지지자들은 고대법의 텍스트의 상당한 부분을 재생하는 데에 성공하였다. 즉, 15세기 말과 16세기의 프랑스, 이탈리아, 도이치, 스위스, 네덜란드, 스페인과 영국의 법학자들은 로마법의 고대의 원고의 수백 종을 찾아내고, 복원하고, 주석을 달았다.371) 그들은 로마법의 원전인

---

370) 원저 p.104. 각주 14. Andersen, *No Bird Phoenix*, pp.30~121; Hans Erich Troje, *Graeca Leguntur: Die Aneignung des byzantinischen Rechts und die Entstehung eines humanistischen Corpus iuris civilis in der Jurisprudenze des 16. Jahrhunderts* (Cologne, 1971); idem, "Die Literatur des gemeinen Rechts unter dem Einfluss des Humanismus," in Helmut Coing, ed., *Handbuch der Quellen und Literatur der neueren europaischen Privatrechtsgeschichte: Neuere Zeit,* vol. 2 (1500~1800) (Munich, 1977), pt. 1, pp.615, 640~671. The most famous exposure was of the Donation of Constantine, which purported to refer to a grant by Emperor Constantine to Pope Sylvester of exclusive spiritual and substantial temporal authority over Christendom. The document had been regarded by papalists since the ninth century as an important historical basis for expanding papal authority. In 1433 Nicholas of Cusa had offered some evidence that the Donation was a forgery. In 1440 Valla provided conclusive philological proof of the forgery. Valla's proof, though circulated privately, was not published until 1517 and was used by Luther and other reformers in their attack on canon law and papal authority. Cf. Andersen, *No Bird Phoenix,* pp. 31ff.

371) 원저 p.104. 각주 15. Particularly in France, Romanist legal thought remained largely antiquarian in the sixteenth century, thereby contributing to the movement to restore the "Gallic" roots of contemporary French law. For an account of the French jurists' philological reconstruction of ancient legal texts, see particularly Andersen, *No Bird Phoenix*, pp. 33ff.; Coleman Phillipson, "Jacques Cujas," in John MacDonnell and Edward Manson, eds., *Great Jurists of the World* (Boston, 1914), pp.83~108; and Ernst Spangenberg, *Jacob Cujas*

고대 원고에, 중세를 통해 나중에 갖다 붙인 것들을 제거하였고, 또한 법의 원천으로부터 많은 양의 전문 용어를 제거하였다. 그러나 발달의 이 첫 번째 단계에서, 법적 인본주의는 건설적인 해결책을, 당시에 제기된 법적인 문제에 가져오지는 못했다. 그리고 그와 같은 목적을 위해서는, 두 번째 단계가 필요해졌으며, 그 두 번째 단계는 그들이 지금까지 방법론으로 써왔던 고대 로마법의 텍스트에 의한 비평이라는 언어학적 역사적 방법 위에서 이루어지기는 하나 그러나 그것을 넘어서야만 가능한 일이었다.

3.2 **인문학적 법과학의 원칙을 세우는 단계**[372)]

두 번째 단계의 인문주의자 법과학은 1500년대의 첫 번째 10년간에 새로운 세대의 인문주의자 법학자에 의해서 나타나게 되었다. 첫 번째 단계의 인문주의자와 같이, 새로운 학파의 대표자들은, 법

---

und seine Zeitgenossen (Frankfurt am Main, 1967). Cujas is generally considered to have been the most outstanding of the French jurists of the sixteenth century. He did not, however, develop a systematic jurisprudence. His principal contribution consisted rather in searching out, editing, and annotating a large number of ancient manuscripts of Roman law. On the antiquarian accomplishments of the humanist legal scholars, see Kelley, *Foundations,* 151～216; Hans Troje, "Die Literatur des gemeinen Rechts unter dem Einfluss des Humanismus," in Coing, *Handbuch,* vol. 2, pt. 1, pp.615～795; Michael H. Hoeflich, "A Seventeenth-Century Roman Law Bibliography: Jacques Godefroy and His Bibliotheca Iuris Romani," *Law Library Journal* 75 (1983), 514～527. In the seventeenth century they came to be called "the Elegant School." See Peter Stein, "Elegance in Law," *Law Quarterly Review* 77 (1961), 242～256.

372) 옮긴이 주석: The Principled Stage of Humanist Legal Science를 미야지마는 "古典古代研究者=法學者의 일반적 법원칙・법개념 발견의 시도"로 옮기고 있다. 미야지마는 동경대 법학부 바르샤바(Warshawa)대 역사학부를 거쳐 중앙대 법학부 교수이다. 그의 저술은 동유럽사와 동유럽 혁명을 주로 하고 있다.

연구에 있어서 언어학적인 접근을 주창하고 실행하였는데 전부는 아니라 할지라도 그 이전의 법학을 비판하였다. 그 이유는 그 이전의 법학이 거칠고 정밀하지 못하며 유스티니아누스의 텍스트를 해석하는 데에 있어서 느슨하게 전개되었다는 것이다.[373] 그들은 또한 이전에 행해진 텍스트의 역사적 상대성과 어떤 경우에는 16세기에 나타난 법적 문제들에 대해서 이전의 텍스트가 적실성을 잃고 있다는 것을 강조하였다.[374] 두 번째 단계의 법적 인문주의자들은 그들의 선배들을 넘어서서 나아갔는데, 두 가지 점에 있어서 그러했다. 첫 번째, 그들은 전통적으로 행해져 와서 당연시된 분석의 많은 영역들을 제거해 버림으로써, 우선 단순화시켰다. 다음에 그들은 법에 있어서의 개별적인 특수한 룰들을 해석하고 정리하는 데에 있어서 더 넓은 원칙들과 개념들에 의거했다. 이렇게 함으로써 원래 이들의 학파가 가졌던 회의적인 방식으로서의 언어학적 역사적 접근은, 그것이 증대될수록 점차로 더 적극적이고 긍정적인 종합의 방식에 의해서 극복되었다. 또한 이들의 방법을 통해서 법의 특별한 영역들과 특수한 개별적인 법 문제들은 보다 더 포괄적

373) 옮긴이 주석: 1510년대에 로마법학자들이 벌써 새로운 학파를 형성하고, 그 이전의 법학에 대해서 정밀하지 못하다든가 충실하지 못하다든가 맹비난을 하는 학계를 볼 수가 있다. 한국이 1948년 건국 이후 65년이 지났으면서 한국의 실정법학의 텍스트에 대해서, 그리고 그것의 해석론에 대해서, 새로운 세대의 학자들이 학파를 이루고 맹비난하는 사례는 하나의 학파로서는 발견되기 힘들다. 현대에 있어서 65년은 르네상스기에 있어서의 10년에 비할 바가 아니다. 물론 법학자, 소장 법학자의 개별적인 발언은 있기는 하다. 그러나 이것은 개별화된 움직임이지, 어떤 학파를 이루고 어떤 동일한 접근법을 가지고 이전 10년의 법학을 비판하는 예는 없었다고 본다. 그렇다면 과연 한국 법학은 문명사에 나타난 서양법에 있어서의 발전 과정에서 보여주는 단계적인 반성과 쇄신의 과정을 겪지 않아도 충분하다는 말인가?

374) 옮긴이 주석: 즉 시대에 따라서 법적 텍스트에 대한 똑같은 해석은 상당성을 잃고 있다는 것을 지적한 것이다.

인 시점에서 관찰되게 되었는데 이것이 가능한 것은 **법의 일반 원칙**을 사용했기 때문이다.

이와 같이 새롭게 탄생한 원칙에 의거해서 법을 생각하는 스타일은 점차로 전면에 나서게 되고 (비록 초기의 언어학적, 역사적 스타일은 어떤 장소에서는 지속적으로 현저했으며, 또한 주도적이었음에도 불구하고) **원전을 명료하게 하는 첫 번째 단계를 초과하게 되었다. 즉, 텍스트가 아니라 또는 텍스트에 대한 주석이 아니라 법원칙과 법개념이 법을 분석하는 데에 출발점이 되게 되었다.** 동시에 그리고 똑같은 방식으로 개별적이고 특별한 법적 룰이 어떤 개별적이고 특수한 사례에 적용시켰는가에 대한 로마법학자들의 여기저기 산재한 수천의 법적 의견이 담겨 있는 유스티니아누스의 디게스타(Digest, 학설휘찬)에 대한 강조는 점차로 유스티니아누스의 인스티투테스(Institutes, 법학제요)에 대한 강조로 대치되게 되었다. 법학제요는 학생들을 위한 짧은 입문을 위한 교과서였는데, 비록 느슨하게 정의되고 또한 느슨한 방식으로 정리되었지만, 일반 법원칙에 대한 언급을 포함하고 있었다.[375)]

이전까지 영위되어 왔던 전통적인 스콜라주의에 의한 법학에 대한 반란의 두 번째 단계에서 인문주의자 법학자들은 새로운 법교육 방식을 개발했다. 이것은 mos juris docendi gallicus로 불리우

---

375) 옮긴이 주석: 이 단계가 이제 한국 법학 방식으로는 법학통론 단계이다. 그러나 주의할 것은 16세기에 있어서 "법학통론 단계"는 그 이전의 단계를 극복하고 나타났다는 것에 주의해야 한다. 즉, 디게스타라는, 개별적인 사례에 대한 개별적인 법규칙에 대한 수천의 학설에 중점을 두고 나서 비로소 그것을 대종합한 보다 넓은 법원칙의 개요가 나왔다는 것이다. 따라서 법학제요의 구성이 한국에서 써온 법학통론과 닮아 있다 하더라도, 그 역사적 단계는 다른 것이다. 이것을 요약하면 **캐주이스틱 단계를 거쳐서 비로소 느슨한 법원칙과 법개념의 시대가 나타났다는 것이다. 역사적 단계를 주의해야 한다.**

고 법학 교육에 있어서의 갈리아 방식("Gallic", 즉 프랑스)이었다. 이것은 그 이전에 이미 존재하던 이탈리아 방식의 법 교육이었던 mos juris docendi italicus, 즉 이 방식을 시작한 이탈리아의 로마 법학자인 Bartolus de Saxoferrato의 방식이었다. 실로 새로운 "갈리아 방식"은 많은 (그 당시 법학 교육의 중심이었던) 이탈리아 대학에 도입되었으며, 동시에 이전의 "이탈리아 법학 교육 방식"은 (파리 대학 이후에 또한 법학 교육의 양대 산맥이었던) 프랑스 대학에서 계속해서 쓰여지고 있었다.[376] 갈리아 방식은 커리큘럼으로부터 주석을 제외하는 경향이 있었으며, 그렇게 함으로써 실질적으로 더 짧고 단순하게 만들었다. 이 갈리아 방식의 중점은, 법학 인본주의의 첫 번째 단계에서 행해졌던 것처럼 유스티니아누스 텍스트에 대한 언어학적이고 역사적인 측면에 있었으며, 또한 언어 사용에 있어서의 미학적 용법에 중점이 가 있었다. 어쨌든 이 갈리아 방식의 가장 중요한 특징은, 법 선생이 시작할 때, 법원칙들과 법개념으로 출발하며 법선생은 이윽고 이 법원칙과 법개념이 어떻게 특별하고 개별적인 적용으로 나타나는가를 보여주는 것이었다. 이전에 행해져왔던 전통적인 스콜라주의의 법학과 대비해서, 인문주의자의 법원칙과 법개념들은, 그 원칙과 개념을 법학제요에서 가져왔든 혹은 다른 곳에서 가져왔든 로마법 텍스트의 외부에서 오는 것으로 취급되었으며, 스스로 자명한 효력을 갖고 있는 것으로 취급되었다. 이와 같이 갈리아 방식과 법학 인문주의는 일반적으로 그 두 번째 단계에 있어서 새로운 형태의 법적 논리를 대표하게 되는데 그 성질에 있어서 보다 연역적이며 특수하고 개별적인 법

376) 원저 p.105. 각주 16. See Maffei, *Inizi,* p.56.

의 룰들은 자명한 법원칙과 법개념으로부터 나타난다고 보여졌다.[377] 동시에 두 번째 단계의 법학자들은 첫 번째 단계의 인문학적 학자들을 반대하는 데에 있어서, 스콜라주의의 법학자들을 약간은 더 존중하였다. 인본주의 법학자들은 전통적인 스콜라주의 법학자들의 방식을 공격하였으나 동시에 새로운 학파들은, 어떤 특별하고 개별적인 문제에 대한 전통적인 스콜라 학자들의 해결 방식을 받아들이는 것을 주저하지 않았다. 동시에 전부는 아니라 할지라도 많은 법원칙과 법개념들은 인본주의자들에게는 증명할 필요가 없이 자명한 효력을 가지고 있는 것으로 보인 것은, 스콜라주의 전통법학자들이 그들이 신성하다고 여겼던 고대 로마법의 텍스트에서 이미 발견해왔던 그런 법원칙과 법개념과 동일했기 때문이다.

인본주의자 법과학의 두 번째 단계에 나타난 주된 특징은 다음의 업적에서 잘 드러나고 있다. 즉, 도이치의 법학자 Uldaricus Zasius(도이치어로는 Ulrich Zäsi), 그리고 이탈리아 법학자 Andreas Alciatus(이탈리아어로는 Andrea Alciato, 1492～1550) 이들 두 사람은 프랑스 사람 Guillelmus Budaeus(프랑스어로 Cuillaume Budé, 1468～1540)는 르네상스 시대 전체를 통해서 가장 현저했던 인문학자인 에라스무스(1466～1536)에 의해서, 로마법에 대한 "위대한 삼두정치(三頭政治)"라고 불리웠다.[378] 그러나 부다에우스의 저작

377) 원저 p.105. 각주 17. For a discussion of changes in the teaching method and curriculum of the law faculties of the German universities, see Burmeister, *Studium des Rechts,* pp. 17ff., 73ff., 251ff. Cf. also Helmut Coing, "Die juristische Fakultät und ihr Lehrprogram," in Coing, *Handbuch,* vol. 2, pt. 1, pp.30～49, 59～61, and Otto Stobbe, *Geschichte der deutschen Rechtsquellen,* Bd. 1 (Aalen, 1965), pp.9～43.

378) 원저 p.106. 각주 18. See Erasmus, letter to Charles Sucquet, July 2, 1529, in P. S. Allen and H. M. Allen, eds., *Opus Epistolarum Des. Erasmi Roterdami,* 12 vols. (Oxford, 1906-1958), 8:221.

들은, 법학 인본주의의 첫 번째 시대에 속한다; 차지우스와 알키아투스와 달리, 부다에우스의 관심은 로마법의 법적 텍스트를 그것에 존재하는 법원칙의 빛에 의해서 해석하는 것이 아니고, 언어학적이고 역사적인 방식을 써서 로마법의 법적 텍스트의 원래의 의미를 밝혀내며, 원래의 의미가 아니라 원래의 뜻과는 전혀 다른 기형 또는 잘못된 의미를 또한 밝혀내는 데에 있었다. 이렇게 볼 때 부다에우스는, 앞서 간 발라와 마찬가지로, 1차적으로는 법학자라기보다는 고전학자라고 할 수 있는 점도 있다.[379)]

르네상스 시대를 통틀어서 가장 현저한 인문주의자였던 에라스무스의 격찬에도 불구하고, 차지우스는 발라와 부다에우스를 사정없이 공격하였다: 즉, 그 두 사람은 로마법 자문관들의 위대한 업적들을 "도둑질"하는 데에서 뻔뻔스러움을 보였으며, 또한 무지함을 보였으며, 이러한 일들은 "유황불에 의해서나 또는 횃불에 의해서도 속죄할 방식이 없다"라고 했다. 이것이 1518년에 차지우스가 쓴 것이다. 계속해서 그는 다음과 같이 썼다. "그들의 범죄는 아담의 범죄보다 더 나쁘다. 왜냐하면 선과 악의 지시에 관한, 즉 선악과를 그들은 함부로 손 댔을 뿐만 아니라 몇 걸음 더 나아가서 선악과 나무를 뿌리 채 뽑아버렸다."[380)] 그러나 이러한 차지우스도

---

379) 원저 p.106. 각주 19. Budaeus studied Greek, philology, philosophy, theology, and medicine at the University of Paris. He also studied law for a short time at the University of Orléans. For general studies of his life and work, see Louis Delaruelle, *Guillaume Budé: Les origines, les débuts, les idées maîtresses* (Geneva, 1970), and Jean Plattard, *Guillaume Budé et les origines de l'humanisme français* (Paris, 1923).

380) 원저 p.106. 각주 20. *Udalrici Zasii Censura Interpretationis Petri Stellae,* col. 247, quoted in Michael L. Monheit, "Passion and Order in the Formation of Calvin's Sense of Religious Authority" (Ph.D. diss., Princeton University, 1986), p. 46. Zasius's diatribe against Budaeus is discussed at some length in

그가 비난한 발라와 부다에우스와 다음과 같은 믿음을 같이 하고 있었다. 즉, "**원천으로 돌아가자.**"(return to the sources) **그들은 원래 있던 그대로의 텍스트, 즉 원전을 연구하지 않고, 원전에 대한 이후의 주석을 분석하는 것에 대해서 반감을 가지고 있으며, 또한 원래 쓰여진 라틴어 언어를, 이후의 스콜라주의 법학자들이 "오염 및 부패"시켰다고 했다.** 그러나 차지우스 자신은, 이미 그 이전의 인본주의자들이 주장한 것과 마찬가지로 원전 텍스트의 단순성만 주장하기는 너무나 법학자다웠다. 그리고 차지우스는, 초기 인문주의자들이 그랬던 것과 마찬가지로, 텍스트에 나타나는 애매모호함을 확장 해석해서, 일관성이 없는 자기모순에 이르는 경향에 빠지지는 않았다. **법에서 나타나는 지혜**(legal wisdom)**는 모든 독자들에게 명백해지는 방식으로 강조되어야 된다는 요구**는, 텍스트를 다루는 방식을 "**누구든지 그것에 접근하는, 그리고 몰입하는 어느 누구에게도 항상 제공 가능한 상태, 즉 길거리에 서 있는 매춘부처럼" 텍스트를 다뤄야 된다는 것이다.**[381] 차지우스가 보기에, 고대 로마 시대의 법률 자문관들이 쓴 법적 문서들은 복잡하고 어려웠다. 그래서 그 복잡하고 어려운 고대 로마의 법 문서를 해독하고 판독하는 것은 훈련된 법학자들의 학식을 요구했다.

그러나 차지우스는 그가 말한 훈련된 법학자 이상이었다. 처음에 프라이부르크 대학에서 가르쳤고, 그러나 법뿐만 아니라 수사학과 더 나아가서 시학까지도 가르쳤다. 그의 빛나는 강의와 글쓰기는

Roderich von Stintzing, *Ulrich Zasius: Ein Beitrag sur Geschichte der Rechtswissenschaft im Zeitalter der Reformation* (Basel, 1857), pp. 196ff

381) 원저 p.106. 각주 21. See Godehard Fleischer, "Ein europäischer Streit über einer bereicherungsrechtlichen Frage" (Diss., Freiburg im Breisgau, 1966), pp.60~62; and Monheit, "Passion and Order," p.41.

많은 청중을 모았다. 더하여 그는 유럽 전역에 걸쳐서 지도적인 인물들과 엄청난 교신을 주고받았다. 예를 들면 그는 르네상스 시대를 통하여 가장 현저한 인문주의자였던, 그래서 모든 영역에 있어서 지도적이었던 인문주의자 에라스무스와 친구였다. 차지우스는 프라이부르크 황제령 도시 정부의 중요한 위치에서 공직을 맡았다. 그는 역시 잘 알려진 실무가였으며, 구체적인 소송 사건에 있어서 그의 법에 대한 의견은 여러 나라에서 출판되고 배포되었다. 아마도 가장 큰 실무적 업적은 프라이부르크 시 정부를 위해서 포괄적인 입법의 법전화를 기초한 것이고, 이것은 1520년에 채택되었으며, 차지우스가 프라이부르크 시 정부에게 준 입법(Freiburger Stadtrecht)은 다른 도이치 도시 정부의 모델이 되었다.[382]

차지우스의 법학자로서의 위치는 일련의 저술에 의해서 나타났는데, 1508년에 시작된 법의 특별한 분과에 대한 여러 개의 포괄적인 논문과 또한 법적 주제에 대한 것이었다.[383] 스콜라주의 법학자에 대비해서, 차지우스는 **보통 그의 강의를 법원칙에서부터 출발했으며, 권위 있는 문헌이나 학자로부터 출발하지 않았으며,** 그가 공개적으로 강연한 이슈들은 특별한 법적 텍스트에서부터 나오는

382) 원저 p.106. 각주 22. For biographical studies of Zasius, see Steven Rowan, *Ulrich Zasius: A Jurist in the Renaissance* (Frankfurt am Main, 1987); Stintzing, *Geschichte der Rechtswissenschaft,* pp.155~174; Erik Wolf, *Grosse Rechtsdenker der deutschen Geistesgeschichte,* vol. 2 (Tu¨bingen, 1944), pp.55~91; Guido Kisch, *Erasmus und die Jurisprudenz seiner Zeit: Studien zum humanistischen Rechtsdenken* (Basel, 1960), pp.317~343; Hans Winterberg, *Die Schüler von Ulrich Zasius* (Stuttgart, 1961).

383) 원저 p.106. 각주 23. Zasius's writings, including some eight hundred legal opinions (*responsa* and *consilia*), his lectures on the Digest, and many of his letters, are collected in his *Opera Omnia*, 6 vols. (Lyon, 1550). See also Hans Thieme, ed., *Aus den Handschriften Ulrich Zasius* (Freiburg im Breisgau, 1957).

것일 뿐만 아니라 텍스트를 초과하는 일반적인 의문에서부터도 나왔으며, 그 목적을 위해서 그의 법적 텍스트는 하나의 움직일 수 없는 원천으로 보다는 예정들로써 기능하였다. 언어학적 역사적 학파에 대비해서 차지우스의 관심은 텍스트를 비판할 뿐만 아니라, 1차적으로는 일반 법개념과 법원칙을 세련화하고, 텍스트가 예를 들고 있는 특별한 법적 문제의 해결을 위해서 법개념과 법원칙이 어떤 함의를 가졌는가를 보여주는 것이다. **"법적 진실(Rechtswahrheit)은 텍스트 자체 만에서부터, 그리고 이성 만에서부터 창조되는 것이고, 텍스트에 대한 저술을 한 교수들의 권위에서 나오는 것이 아니다."**[384] **"텍스트나 법적 이성(Rechtsvernunft)과 맞지 않는 모든 독트린들을 우리는 부끄럼 없이 그들의 실상을 말해야 된다. 진리에 반역하는 죄악이다."**[385] "법적 진리"(legal truth)나 "법적 이성"(legal reason)에서처럼, 기본적 법원칙에 있어서 그들의 원천에까지 인용해서 법의 텍스트를 해석하여야 된다는 차지우스의 강조점은 법학적 인문주의를, 그 첫 번째 단계에서 그러했던 것처럼, 부정적 태도(negativism)와 회의적 태도에서부터 구출할 수 있게 도왔다.

법적 인문주의의 두 번째 단계를 도입하는 데에서의 비슷한 역할은, 안드레아스 알키아투스(Andreas Alciatus)가 했는데, 차지우스보다 더 젊은 당대인이었고 차지우스가 크게 칭찬하였다. 밀라노의 토박이 알키아투스는 파비아와 볼로냐에서 법을 공부했다. 수년

384) 원저 p.107. 각주 24. Preface to *Intellectus Juris Civilis Singulares* (1532), quoted in Wolf, *Grosse Rechtsdenker,* p.22.

385) 원저 p.107. 각주 25. *Lucubrationes Aliquot Sane Quam Elegantes, Nec Minus Eruditae* (1518), p.69, quoted in Wolf, *Grosse Rechtsdenker*, p.17.

간 밀라노에서 법 실무가로서 지낸 이후에 그는 스물여섯 살의 나이에 프랑스의 아비뇽(Avignon) 대학의 교수로 지명되었다. 4년 뒤에 그는 다시 밀라노로 돌아와서 법 실무가로서 지냈다. 아비뇽 대학에서 1518년에서 1522년까지 그리고 다시 1527년에서 1529년까지 민법을 가르쳤으며, 1522년에서 1527년까지 밀라노에서 실무가로 지냈으며 다시 1529년에서 1533년까지 프랑스에서 부르주(Bourges) 대학에서 가르쳤다. 그 뒤에 이탈리아로 영구히 돌아와서 주로 파비아 대학과 볼로냐 대학에서 가르쳤으며 법 실무가를 겸했으며, 1550년에 서거할 때까지 법학 논문을 썼다.[386] 학생들은 전 유럽에서 그의 강의를 들으려고 몰려들었고, 심지어 프랑스 왕이었던 프란시스 1세를 포함한 저명인사들이 그의 강의실을 방문했다.[387][388]

알키아투스의 언어학자와 역사가로서의 하늘로 받은 능력은 대

386) 옮긴이 주석: 이탈리아 태생이었던 이 법률가는 프랑스 대학의 교수로 있었으며, 이탈리아에서 실무가였으며, 다시 프랑스와 이탈리아의 대학 교수로 지냈었다.

387) 옮긴이 주석: 그의 강의는 그 당시 풍조대로 로마법이었을텐데; 그리고 한국 법학의 분류로서는 이미 그렇게 가르쳐 온 대로, 민법이 주종이었을 텐데; 어째서 프랑스 왕이 민법 강의 시간에 강의실을 방문했을까? 주의할 것은 당시 로마법은 흔히 한국의 우리가 얘기하듯이 민법만을 포함하는 것이 아니었다. 형법과 헌법을 포함하고, 사실상 시민 생활에 관계되는 모든 법을 포괄하고 있었다고 볼 수 있다. 유스티니아누스 법전은 그 당시 수집하고 있던 모든 법을 포함하고 있었다.

388) 원저 p.107, 각주 26. On Alciatus's life and career, see Coleman Phillipson, "Andrea Alciat and His Predecessors," in MacDonnell and Manson, *Great Jurists of the World,* pp.58～82. On his works and their significance, see Roberto Abbondanza, "La vie et les oeuvres d'André Alciat" and "Premières considérations sur la méthodologie d'Alciat," in *Pédagogues et Juristes* (Paris, 1963), pp.93～106, 107～118; Vincenzo Piano-Mortari, "Pensieri di Alciato sulla giurisprudenza," in *Apollinaris: Studia et documenta historiae et juris* 33 (1967), 189～220; Maffei, "André Alciat," in *Inizi*, pp.132～136; Kelley, *Foundations,* pp.87～115.

단하였고, 부분적으로 그와 같은 언어학과 역사학의 천부 능력를 사용해서 – 이 점은 언어학과 역사학에 뿌리를 두고 있었던 인문학자들이나 부다에우스와 마찬가지였는데 – 그때까지 전통적으로 내려오던 유럽에 있어서의 법학자들이 보여준 변칙과, 더 나아가서 유스티니아누스의 텍스트 자체의 변칙과 예외 같은 것을 노출시켰다. 전문인으로의 경력의 매우 이른 시점부터, 그 자신은 북부 인문주의자들 특히 에라스무스에 동정적이었으며 – 이 점은 차지우스도 마찬가지였는데 이러한 에라스무스와의 공감은 그로 하여금 언어학적 역사적 방법을 뛰어넘어서 **고대 로마의 법적 텍스트의 해석을 그가 생각한 저변에 깔린 논리와 정신의 빛에서 해석하려고 하였고,** 그리하여 그 해석을 당대의 필요성에 적합하게 하였다. 알키아투스의 노력은 비단 법에 나타나는 변칙과 이례를 노출시키거나 해결하는 것뿐만 아니라, 그렇게 함으로써 자주 그는 유스티니아누스 황제의 디게스타 자체를 변호하였는데, 이것은 발라(Valla)나 부다에우스(Budaeus) 같은 법적 인문주의의 제1차 단계의 법학자들에 대해서는 반대되는 입장이었다.

차지우스와 마찬가지로 알키아투스는 주도적인 학자와 법 선생일 뿐만 아니라, 또한 주도적인 법 실무가였다. 차지우스와 마찬가지로 그의 저술들은 1차적으로 법률가들의 훈련과 법 문제들의 해결에 방향이 맞춰져 있었다. 차지우스와 마찬가지로 알키아투스는 수백의 법적 의견을 내놓았다 – consilia and responsa. 구체적인 사건들에 있어서인데, 시 정부의 법, 캐논법, 봉건법, 형법, 유언, 계약, 그리고 다른 유형의 법적 문제에 관해서였다.[389] 알키아투스와

389) 원저 p.107. 각주 27. Some eight hundred such *consilia* and *responsa* appear in the 1582 edition of Alciatus's works (*Opera*).

차지우스는 **서른한 살이나 나이 차이가 났지만, 두 사람은 공통점이 있었고** 열렬하게 서로 통신을 주고받았다. 부다에우스와 발라를, 지나치게 언어학에 강조점을 두고 또한 지나치게 역사주의에 강조점을 둔다고 공격한 것은 두 사람이 마찬가지였다.

이 두 사람이 법학 세계에 중요한 공헌을 한 것은, 로마법의 다양한 측면에 대한 논문들이었으며, 그 논문들에서 그들은 수많은 규칙들과 개념들, 그리고 법원칙들이 각개의 장을 형성하도록 하는 아주 상세한 분석을 행했다. 논문에 나타난 주된 관심은, 법적 주제를 원칙에 의한 방법에서 고려하는 것이다－즉, 내적으로 일관성이 있으며, 포괄적이며 종합적인 방식을 원칙이 있는 방식이라고 할 수 있다. 언어(구어와 문서)에서 발생되는 의무에 대한 다양한 책임들(*De Verborum Obligationibus*)은 두 사람에 의해서 쓰여졌는데, 그들과 동 시대인들이 일반 계약법에 대한 포괄적인 취급을 만들게 되었다. 차지우스의 논문집은 742페이지에 달하고 알키아투스의 논문집은 1,020페이지에 달한다.

차지우스와 알키아투스는 그들의 시대에 법과학을 크게 개혁한 사람들로서 환영받았으며, 이러한 특징은 연 이은 여러 세기 동안의 법사학자들에 의해서 생생하게 보존되었다. 그러나 그들의 저술들을 주의 깊게 연구하면, 그들은 새로운 방식의 창건자라기보다는, 전통적인 인물들이라는 것을 알려준다. 한편에 있어서 그들은 유럽의 법적인 생각을, 인본주의적 법과학의 최초의 단계였던 회의적인 시대가 휩쓸고 난 폐허로부터 유럽을 구하는 것을 도왔다－이때 폭풍이 남긴 폐허라는 것은 보카치오나 발라 또는 특히 프랑스에 있어서 16세기의 계승자들의 폭풍을 말한다. 차지우스와 알키아투스는 중요한 교육학적인 개선을 도입하였으며, **각기 다른 법**

분야에 관해서 최초의 포괄적인 논문들을 썼다. 그들은 이전의 전통이 되어왔던 스콜라주의에 의한 법학 공부의 **장황함과 지루함** 및 하나하나의 **사례에만 집착하는 개별화된 방식**의 폐해를 감소시켰다. 그들 이전의 인문주의자였던 선배들과 마찬가지로 이 두 사람은 로마법 원전의 역사적인 상대성을 받아들였으며, 그러나 그럼에도 불구하고 그들이 **자명하다고 간주했던 법원칙과 법개념으로부터 연역만에 의해서 규칙들을 종합하는 방식**을 발견하였다. 이때 그들이 자명하다고 간주했던 원칙과 개념이라는 것은, 사실은 그들 이전의 스콜라주의자 선배들이 로마법 텍스트에 내재되어 있다고 발견하였던 그런 원칙과 개념과 통하는 것이었다.

다른 일방, 차지우스도 또한 알키아투스도, 법과학에 있어서 실질적인 개선을 도입하지는 않았다. 두 사람의 기도는 법 전반을 체계화하거나 또는 내재하는 주제나 목적들을 공식으로써 표시하는 것은 아니었다. 그들의 공헌은 "기술적인 개혁, 가르치는 것과 배우는 것, 그리고 법 지식을 전달하는 테크닉에 있어서의 개선"을 구성하고 있었다.[390] 법적 분석에 있어서나 법적 독트린을 개념화하는 데에 있어서 어떤 근본적인 변화를 가져 온 것은 아니었다.[391] 두 사람의 강점과 약점은 다 함께, 그때까지 소위 스콜라주의 법과학으로 불리우던 것의 기본적 요소를 보존하는 데에 있고,

---

390) 원저 p.108. 각주 28. Hans Erich Troje, "Alciats Methode der Kommentierung des '*Corpus iuris civilis,*'" in August Buck and Otto Herding, eds., *Der Kommentar in der Renaissance* (Boppard, 1985), p.60. Troje's judgment, though cast only on Alciatus, is equally applicable to the writings of Zasius.

391) 원저 p.108. 각주 29. This judgment is ultimately supported by Viard, André Alciat, p.164, and Maffei, "André Alciat," p.132. Piano-Mortari, "Pensieri di Alciato," p.219, goes so far as to say that Alciatus's "ideal" consisted of "avoiding original ideas, of being simply a part of the patrimony conveyed by the legal-philosophical thought of the ancients and the medievals."

단지 스콜라주의 철학이나 스콜라주의 신학의 기초를 사용하지 않았을 따름이다.

3.3 법과학의 체계화 단계

서양 법과학의 변화에 있어서 세 번째 단계는 첫 번째 단계였던 회의주의 시대와, 두 번째 단계였던 법원칙 중심의 인문주의적 법과학을 극복해서 열매를 맺게 하는 데에 필요했다. 1520년대 후반과 1530년대에 시작해서 제3의 단계, 즉 "체계화" 단계의 주도적인 법률가들은 주로 도이치인이며, 주로 프로테스탄트였는데, 기본적 원칙과 개념을 단순히 법의 개별화된 측면이나 부분으로부터 뽑아내는 것이 아니라 법 전체의 몸체로부터 뽑아내는 작업을 했다. 이것은 새로운 법과학으로의 변화 – 기술적인 변화와 논리적인 변화를 포함해서 – 를 완성하였다.

돌이켜보건대, 11세기 후반과 12세기에 기원을 두고 있었던 스콜라주의의 법과학은 (1) 법적 룰을 분류하고 분석했으며, (2) 주로 권위 있는 법학자들의 텍스트와 또한 그들 텍스트에 대한 권위 있는 해석들로부터 1차적으로 추출하였다. (3) 이와 같이 추출된 법적 룰로부터 상호 연관 있는 개념과 원칙들을 추론하였는데, 이 추론은 그때까지의 전통적인 이성의 기준에 일치하여야만 되었다. 스콜라주의 법과학 밑에 존재하고 있던 것은 다음과 같은 믿음이었다. 교회법에 있어서나 로마법에 있어서의 권위 있는 법적 텍스트는 보편적 진실(a universal truth)과 보편적 정의(a universal justice)를 그 속에 담고 있으며, 따라서 권위 있는 법적 텍스트는 출발점으로 간주될 수 있었다. 이러한 출발점에서부터 진리와 정의에로의 새로운 통찰을 수립할 수 있는 **필연적인 추론이 가능하다**고 생각되었다. 어쨌든 동시에 권위 있는 법적 텍스트는, 틈새와 애매모호한 점과 앞뒤가 맞지 않은 전후 모순 관계도 포함하고 있어서 또한 변증법적으로 분석되어져야만 했다. 변증법적 방법이라는 것은 다음과 같다. 처음에 **질문 또는 문제**(problems, quaesitiones)**가 설정**된다. 다음에 **분류와 정의**(definition)가 행해진다. 셋째로, 서로 반대되는 의견이 충분히 진술된다. 넷째, 노출된 상호 갈등은 **조정되고 화해**되어야 된다. 마침내 법적 격언(legal maxims, maximum propositions)이 누구나 알아볼 수 있는 공식으로 제시될 수 있으며, 이 공식은 보편적인 법원칙을 그 속에 담고 있다. 이와 같이 법적 텍스트의 **(로마법 텍스트의) 도전할 수 없는 신성한 성격은**, 먼저 그것에 대한 믿음과 신앙으로서 알게 되는 단계를 지나서, **마침내 이성에 의해서 증명되게 된다**. 성 안셀름(Saint Anselm)의 유명한 공식에서－“Credo ut intelligam”은 “**나는 믿는다. 그래서 나는 알 수 있게 된다**”(I believe and so I may know)의 해석은 라틴어 ut를 어떻게 해석하느냐의 문제인데, 지금까지 자주 쓰여지듯이 “목적”으로써의 ut이 아니라 같은 단어의 다른 뜻인 “결과” 개념으로써 쓰여진 것이다. 그래서 지금까지 Credo ut intelligam은 나는 알기 위해서 믿는다고 번역되어졌다.[392] 차지우스와 알키아투스와 같은 인문주의자로서의 법학자들은 이 방식을 세련화시켰으

392) 옮긴이 주석: 예를 들면, 해롤드 버만과 김철, 『종교와 제도－문명과 역사적 법이론』(서울: 민영사, 1992), 179～180면. 서구의 이원론(二元論) 사상은, 그 최초의 위대한 충격을, 중세신학에서, 구체적으로는 성 안셀름의 유명한 표어에서 찾아볼 수 있다. 성 안셀름은 11세기 말엽에 다음과 같이 고백하였다. “나는 알기 위하여 믿는다”(Credo ut intelligam).

나 근본적으로 변화시키지는 않았다. 즉, 그들은 텍스트에서 발견된 규칙으로부터 출발하였고, 텍스트 안에 내재해 있는 개념들과 원칙들로 진행시켰다.

이에 대비해서 16세기의 30년대, 45년대, 그리고 60년대의 법과 학의 학파들 중 새로운 프로테스탄트 학파들은 우선 1) 법개념과 법원칙을 분류하고 분석하였으며, 2) 이러한 법개념과 법원칙은, 원래의 이성과 양심으로부터 뽑아내었으며, 3) 법개념과 법원칙을 서로 상호관계하고 있는 법적 규칙에 의해서 눈에 띄게 보여주었으며, 4) 이와 같은 서로 상호 관계되는 법적 규칙은 법의 원천의 넓고 다양한 소재에서 발견된 것이다. 최초 두 단계 – 즉 회의적 단계와 법원칙의 단계 – 의 법학적 인문주의 위에 건축된 분석과 종합의 새로운 방법은 거기에 머물지 않고 그 이상으로 진행되었다. 새로운 분석과 종합의 방법은 법적 룰의 전체적 몸체를, 개념과 원칙의 공통적인 프레임 워크 안으로 데려오는 노력과 연결되어 있었다.

(첫 번째 단계와 마찬가지로 계속해서 현저한 양상을 보였으며 어떤 곳에서는 계속 주도적이었던) 두 번째 단계에서, 인문주의 법학은 실로 **기본적 법개념과 원칙들을 법적 추론의 출발점으로 강조하였으며, 또한 기본적 법개념과 법원칙을 법적 룰과 문제에 대한 해결점을 특별하고 구체적인 법문제에 맞게 설명하는 것으로 강조**하였다. 그러나 이와 같은 종합은 단지 부분적이었다; 단지 개별적인 법적 토픽이나 법의 분과가 종합되었을 뿐 토픽이나 분과를 넘어선 전체로써의 법이 종합하는 것은 아니었다. 예를 들면 중요한 **논문은 다음과 같은 개별 토픽이나 분과에 대해서 쓰여졌다. 즉, 합의에 의한 의무**(consensual obligations), 규칙에 대한 해석,

그리고 **다른 종류의 개별적이고 특별한 법적 주제에 대한 논문들**이었다. 실로 두 번째 단계의 인문주의자 법학자의 어떤 사람들은 그 자신들이 다음과 같은 욕구를 표시하였다. 즉, (개별 분과나 토픽 또는 개별 법 주제를 넘어선) 법의 전체 몸체의 체계화에 대한 욕구.393) 차지우스 그 자신을 포함해서 다른 사람들은 법 전체의

393) 원저 p.110. 각주 30. Such jurists included Claudius Cantiuncula (Claude Chansonnette) (ca. 1490~1560), Christophus Hegendorphinus (1500~1540), Matthaeus Gribaldus Mopha (n.d.), Franz Frosch (d. 1540), Sebastian Derrer (d. 1541), Joachim Hopperus (d. 1576), and others. See Burmeister, *Studium des Rechts*, pp. 251 ff., and Troje, "Die Literatur des gemeinen Rechts," pp.718~730. Their primary concern, however, was pedagogic: to restructure, simplify, and abbreviate legal education. Stintzing, *Geschichte der Rechtswissenschaft,* pp.242~260, describes the work of these earlier jurists as the "Methodological and Systematic Experimentation Stage" of German legal science. Likewise Theodore Muther, in *Doctor Johann Apel: Ein Beitrag zur Geschichte des deutschen Jurisprudenz im sechszehnten Jahrhundert* (Königsberg, 1860), pp.7~8, identifies this earlier phase of legal science as the "time of preparation" for the great systematic writings of the latter two-thirds of the sixteenth century Several recent writers have challenged this conclusion and have not distinguished these earlier writings from the later stage. Thus Troje ("Die Literatur," p.734), identifies Hegendorf's *Libri Dialecticae Legalis Quinque* as the "first high point" of the new legal science. Franz Wieacker (*History of Private Law*, pp.162~165) treats the works of Cantiuncula, Derrer, Frosch, Drosaus, Apel, Lagus, and others simply as different expressions of a humanist legal science inspired by a new concern for legal pedagogy and language and a new interest in the Institutes of Justinian. Guido Kisch argues that Cantiuncula was a "pathbreaker" in the development of German legal science, who "dethroned the commentators" and inaugurated a "fresh appreciation for the sources." Guido Kisch, *Claudius Cantiuncula: Ein Basler Jurist und Humanist des 16. Jahrhunderts* (Basel, 1970), pp.57~71. Hans-Peter Ferslev, "Claudius Cantiuncula: Die didaktischen Schriften"(Thesis, Cologne, 1967), contrasts the "philological-historical school of Alciat, Zasius, and Budaeus" with the "dialectical-synthetical school of Cantiuncula, Apel, and Hegendorf," arguing that each of the members of the latter school offered a new synthesis of law: Cantiuncula (and Nicolaus Everardus) on the basis of Ciceronian topics and Hegendorf and Apel on the basis of Melanchthonian dialectics (pp.35~40). While it is true that later writings of some of these jurists, such as Cantiuncula and Hopper, contributed to the development of a full-fledged

체계화에 대한 필요성이 없다고 했다.[394] 사실상 인문주의 자체는 이러한 체계화에 대한 기본을 제공하지 않았다.

강조할 것은 다음의 사실이다. 이전에 영위되었던 스콜라주의 법학자들의 체계적인 법과학을 대신하여 1520년대와 1530년대, 그리고 1540년대에 **새롭고 체계적인 법과학이 출현한 것은 종교 사상의 근본적인 변화가 일어난 것과 관련 있다**. 그래서 인문주의 법학의 세 번째 단계는 무엇 위에 건설되었던가? 당시의 최신 법인문주의와 프로테스탄티즘의 결합 위에 건설되었다.

중요한 긴장이 있었음에도 불구하고 프로테스탄트 종교개혁은, 인문주의와 손을 맞잡고 마침내 인문주의를 변화시키게 된다. 가장 중요한 예는 (이미 설명했던) 인문주의자로서 루터주의에 입각한 개혁가였던 필립 멜랑히톤(Melanchthon, 1497～1560)이었으며, 새

---

systematic legal science, their early writings, which recent authorities cite in support of their propositions, reflect what I have called the second stage of legal science. Christophus Hegendorphinus's *Libri Dialecticae Legalis Quinque* (Paris, 1531; 1549 ed.), for example, which Troje and others have described as the first comprehensive systematization of the law, is, in fact a thirty-two-page compilation of previous opinions about various legal categories and doctrines loosely modeled on the dialectical categories of Rudolph Agricola. See n. 38.

394) 원저 p.110. 각주 31. In response to a letter from Joannes Fichard requesting his opinion of the call for a new systematic genre of legal science, Zasius urged his former student simply to study the Digest itself. “I do not thereby seek to persuade you,” he writes, “that the law has no principles or dividing points. It certainly has them: they are extensive, though not infinite.” But to adopt a method which concentrates on these principles, he warns, is ultimately fruitless. “In conclusion, do not worry about questions of method: the fifty books of the Digest can be both your method and text.” Letter of ca. 1530 in Rieggerus, *Udalrici Zasii, jc Friburg Quondum Celeberrimi, Epistolae ad Viros Aetatis sive Doctissimus* (Ulm, 1774), p.382. Stintzing, *Geschichte der Rechtswissenschaft,* pp. 108ff., discusses similar sentiments in some of Zasius's other writings and correspondence.

로운 법과학에 대한 그의 영향은 지대했다. 덧붙일 것은 이때의 새로운 법과학은 부분적으로는 훨씬 이전의 스콜라주의 그 자체를 끌고 왔다는 것이다. 예를 들어보자. 새로운 법과학을 창조하는 데에 결정적인 역할을 한 도이치의 법학자들 - 즉, 요한 압펠(Johann Apel, 1486~1536), 콘라트 라구스(Konrad Lagus, ca. 1499~1546), 요한 올덴도르프(Johann Oldendorp, ca. 1488~1567), 니콜라스 피겔리우스(Nicolas Vigelius, 1529~1600), 그리고 요하네스 알투지우스(Johannes Althusius, 1557~1638) - 들은 그들의 학문적 빚이 루터와 멜랑히톤뿐만 아니라 훨씬 이전의 스콜라주의 법학자들의 두드러진 사람들에게 있음을 밝혔다. 즉, 스콜라주의 법과학의 가장 기본적인 업적과 성취에 되돌아가지 않고서는, 새로운 법과학에 의해서도, 지속적인 법과학의 변화는 불가능한 것일 뻔했다.

프로테스탄트 신앙은 특별히 루터주의의 형태에서, 법적 인문주의에 하나의 믿음을 더했다 - 이 믿음은 르네상스 인문주의자들이 공격했던 이전의 스콜라주의 신학자들과 법학자들이 같이 공유했던 믿음인데 - 무엇에 대한 믿음인가? **인간의 법이라는 것은 창조주의 창조 질서의 필수적이며 이미 내재하고 있는 부분으로써 나타날 때 비로소 객관성을 가지게 된다는 믿음이다. 루터주의 신학에서는, 창조주가 인간의 법(人法,** human law, lex humana)**을 정했으며, 절대자가 지상의 왕국에서의 모든 것을 제정했으며, 인간의 법은 십계명의 신의 법(神法,** divine law, lex divina)**에 가능한한 가깝게 일치하도록 명령하였다**. 동시에 프로테스탄트들은 로마법의 신성한 성격과 캐논법 텍스트의 신성성 두 개 모두를 부인했으며, 더 나아가서 그러한 텍스트들을 해석하는 그때까지의 전통의 권위를 부인하였다; 그렇게 부인함으로써, 프로테스탄트들은 이전의 로마 가톨릭 스콜라주의자와도 달랐으며, 더 이전의 인문주의자와 하나가 되었다. 그럼에도 불구하고 프로테스탄트들은 로마 가톨릭 스콜라주의자나 이전의 인문주의자 양자로부터 구별되었는데 그것은 다음과 같은 믿음에서 그러했다. 즉, **인간의 법이 마땅히 방향 지어지고 지도되어져야 되는 원칙들은, 무엇보다 먼저, 크리스천의 이성과 양심에서 발견되어져야 한다**. 다른 말로 하면, **창조주에 의해서 크리스천에게 심어진 지식에서 인법의 지도 원칙들이 발견되어져야 한다**. 다른 말로 푼다면, 창조주는 법적인 텍스트에서 그 모습을 나타내는 것은 아니다. 오히려 창조주는 법적인 텍스트에서는 숨겨져 있다; 따라서 법적인 텍스트에 명백히 나타나 있지 않는 숨어 있는 의미를 발견하기 위해서 무엇을 해야 되는가? (이 단계에서 필요한 것은, 흔히 이전의 스콜라주의 법학자들이 생각한 것처럼, 진리는 법학의 텍스트, 즉 룰의 텍스트나 법원칙을 모은 법학의 텍스트 내부에서 찾아질 수 있는 것이 아니다) **필요한 것은 법적인 텍스트를 떠나서 법적인 테스트 외부로부터 진리를 찾아내어서 그것을 법적인 텍스트에 가져다주는 것이다**. 이때 중요한 것은, 신앙심 깊은 법학자들의 이성과 양심에 심어진 개념과 원칙이 된다. 스콜라주의자들은 오랜 세월동안 가르쳐오기를, 법학의 목적은 최대한의 법적 명제를 쌓아올리는 것이었다. 그리고 이 법학적 명제는 어디에서 찾을 수 있는가? 1차적으로 법적인 규칙에 내재하고 있는 것으로 보고, 이 법적인 규칙은 권위 있는 원천으로 간주되는 텍스트에서 발견된다. 그러나 프로테스탄트들은 이러한 목적을 거부하였다. 이전의 스콜라주의자들이 가르친 법학의 목적은, 또한 권위 있는 텍스트에서 발견된 법적인 규칙에 내재하는 법적인 명제의 최대한은, **이성에 의해서 증명하는 것**이었다.

그러나 프로테스탄트들은 이것 또한 부인하였다. 그들에게 있어서 목적은, **법적인 규칙 또는 룰의 유효성 자체를 확립하는 것이었는데,** 그 방법은 그 법적인 규칙이, 공평한 성격을 가지고 있는 기독교인의 양심에 알려진 원칙들로부터 추출되었다는 것을 보여주고 설득하는 것이었다.

이와 같이 볼 때 여기서 문제되는 것은 법이론만이 아니며, 또는 법의 원천[395]에 대한 이론만은 아니었다. **역시 문제가 된 것은 법에 있어서의 권위**(legal authority)**와 법에 있어서의 정당성**(legal legitimacy) **자체의 문제였다**. 이 문장은 다음의 구체적인 예에서 의미가 드러난다. 종교개혁을 시작한 루터는, 교황과 이읏고 황제 양자 모두에게 도전하였는데, 이 도전의 법에 있어서의 의미는 다음과 같다. 즉, 루터는 그가 살고 있던 시대의 정치 세계에서 당시 존재하던, 두 개의 마지막 정점에 서 있는, **그때까지의 법에 있어서의 권위의 보장자들을 부인한 것이다.**[396] 루터가 이와 같이 **처음**

395) 옮긴이 주석: 즉, 한국 법학에서의 용어대로 법원(法源).

396) 옮긴이 주석: 최근 한국사가 인문학의 각광을 받기 시작했다. 조선 전통 사회에서 법의 권위나 법의 정당성의 궁극적인 보장자들은 무엇이었을까? 한편에서는 왕의 권위와 왕의 권위를 보장하는 중국 황제의 권위가 있었고, 다른 한편에 있어서는 (다소라도 성속의 구별이라는 서양사의 이분법을 조선조 사회에 적용할 수 있다면) 조선조의 정신세계를 이끌고 있었던 유교 또는 유학의 지도자일 것이다. 그런데 방금 본문에서 종교개혁자 루터는 당시 그가 살던 사회의 법적 권위와 법적 정당성의 최종 담보자였던 교황과 황제를 다 같이 부인하였다. 만약 전통 조선사회에서, 어떤 근본적인 개혁을 요구하는 입장이 있었다면, (이런 입장은 서양의 종교개혁과 대비한다면) 왕의 권위와 유교와 유학의 권위 모두를 부인하는 입장이 된다. 조선 전통 사회에서, 서양법사에서 나타나는 근본적인 개혁이 없었다는 것은, 이와 같이 **세속적 권위와 정신적 권위 모두를 부인하는 입장은 조선조에서 불가능했다는 것을 알게 된다**. 가장 근본적인 서양법 전통과의 차이는 우선 **유교 문명권에 있어서는, 서양에서 양검이론이 보여주는 세속의 권위와 정신적 권위의 분화 자체가 이루어지지 않았다**. 즉, 논의의 출발에서 유보했던 문제는, 유교 및 한자 문명권에 있어서 법적 권위와 법적 정당성의 최후의 보장자는 황제나 왕 한 사람에게 집중되어 있었다고 보는 것이 서양 문명사가의

에는 교황, 점차로 황제에게 도전함으로써 당시의 많은 지도적인 인문주의자 법률가들로 하여금 그에게 등을 돌리게 만들었다 — 이들 인문주의 법학자들 중에서는, 르네상스 시대의 가장 현저했던 인문주의자 에라스무스가 "위대한 삼두 영웅"이라고 불렀던 차지우스, 알키아투스, 그리고 부다에우스를 포함했다. 에라스무스 자신을 포함해서 이 세 사람 모두가 다른 인문주의자들과 마찬가지로, 종교개혁의 초기에는 루터의 대의명분에 매력을 느끼고 이끌린 적이 있었다. 그러나 이들 인문주의자들은, 루터의 신학이, 당시의 로마 교회를 개혁하는 대로 이끌지 않고 오히려 그것을 없애려고 하는 데에까지 인도하는 것을 알았다. 로마 교회를 폐기하는 것은 이윽고 신성로마제국의 정치적 권위를 폐기하는 것이었으므로, 에라스무스를 비롯한 주도적인 인문주의자 법학자들은 루터에게 등을 돌렸다.[397] 그들에게는 루터가 적법성(legality)의 기초 자체를 공격

일반적인 견해이다(김철, 2009b). 여기에 대해서 전통 조선에 있어서의 넓은 의미의 선비의 역할은, 어떤 경우에는 왕의 권위에 도전하거나 또는 능가할 만큼 정의로움에 가까이 있었다고 주장하는 한국사학자들이 있어 왔다. 받아들인다 하더라도 종교와 법에 대한 세계학계의 보편적 시각은 이른바 **정교 융합체제가 온화하게 나타난 모습으로 파악할 뿐** 조선조 선비가 법적 권위와 법적 정당성의 마지막 보장자가 된 것은 일반적으로 부인될 것이다. 또한 이 문제는 조선조 후기에 나타난 실학파들의 권위에 대한 태도와도 관계있다. 실학파 학자들은 그들의 왕성한 학술활동 때에는, 거의가 벼슬을 그만두었거나 또는 유배 중이어서 말하자면 당시의 주도적인 권력에서부터는 거절당했거나 거리를 두고 있었다. 이러한 거리가 그들로 하여금 전통 종교를 부인하고 서학을 받아들여서, 이전의 전통적 방식을 거부하는 데에까지 나아갔다. 대규모의 천주교 박해가 잇따랐다. 그래서 이들이 서양법 전통의 세계에서 나타난 종교개혁자들처럼 근본적인 태도 변혁(reformation)까지는 가지 못했다는 것이 한계라고 할 수 있다. 한국사에 있어서의 주요한 전통적 가치를 한국사의 특수성이라는 맥락에서 강조할 수는 있다. 그러나 한국사에서의 가치도 이제는 특히 법학의 문제에 있어서 서양법 전통에서 널리 알려진 보편적인 가치(예: 종교개혁 또는 정교 분리)와 대비해서 설명하거나 논할 때가 되지 않았나 생각된다.

397) 옮긴이 주석: 이것이 당시 인문주의자들의 한계라고 보인다.

하는 것처럼 보였고, 통치자나 신민들의 입장에서 법에 대한 충성심에 대해서는 아무런 근거를 마련하지 않는 것으로 보였다.[398)]

그러나 루터는, 로마 교황의 권위와 이윽고 신성로마제국의 황제의 권위에 도전함으로써 다른 인문주의자 법학자들에게 비친 이미지대로의 도덕률 폐기론자(antinomian)라고는 할 수 없었다. **루터가 공격한 것은, 교회와 세속 영역에서의 그 당시에 존재하고 있던 법적 질서였고, 그가 노력한 것은 (당시 존재하고 있던 부패한 법질서가 아닌) 새로운 법질서에 기초를 새로 놓는 것이었다.** 이 새**로운 법질서**는 단순히 **성경에 나타난 성경적 요구에 일치해야 되는 것이었다.** 그래서 다음과 같은 사실은 우연이 아니다. 즉, 많은 숫자의 16세기 프로테스탄트 법학자들은, 루터 자신과 긴밀하게 연계되고 있었는데,[399)] 그들의 깊은 관심은 법의 성질(the nature of

---

398) 옮긴이 주석: 루터의 반권위주의자가 이들에게는 신뢰를 얻지 못했다.

399) 원저 p.111. 각주 32. In addition to Apel, Lagus, and Oldendorp, Luther befriended and corresponded with many other German jurists who were influential in developing the new systematic legal science, including Joachim von Beust (1522~1597), Henning Gode (1450~1521), Kilian Goldstein (1499~1568), Joachim Hopper (d. 1576), Melchior Kling (1504~1571), Basilius Monner (ca. 1501~1566), Christoph Scheurl (1498~1542), Johannes Schneidewin (1519~1568), Hieronymous Schurpf (1481~1554), and Michael Teuber (1522~1597). Also among Luther's friends and associates was a substantial group of Lutheran theologians who helped to draft new imperial, territorial, and urban codes, as well as church ordinances. These included Johannes Brenz (1498~1570), Martin Bucer (1491~1551), Johannes Bugenhagen (1485~1558), Johannes Oecolampadus (1482~1531), and Andreas Osiander (1498~1552). For a general survey of Luther's relations with the jurists of his day, see Karl Köhler, *Luther und die Juristen: Zur Frage nach dem gegenseitgen Verhältniss und der Sittlichkeit* (Gotha, 1873). For biographical and bibliographical information on each of these jurists and theologians, see *Allgemeine Deutsche Biographie,* 56 vols. (Leipzig, 1875~1910).
On Zasius's attitude toward Luther and Lutheranism, see Stintzing, *Geschichte der Rechtswissenschaft,* pp.216~255. On Alciatus's attitude toward Luther and Lutheranism, see Phillipson, "Jacques Cujas," p.72. They were reformers both

law)을 파헤쳐서, 그다음에 법의 성질 중 통일성과 조화성, 그리고 흠이 없으며 온전한 성질의 실마리가 무엇인가를 발견하는 데 있었다. 더 나아가서, 프로테스탄트 법학자들의 깊은 관심은 "방법론"(method)을 확립하는 데에 있었다. 방법론이라고 할 때 그 의미는 과학적으로 상세하게 해설하는 것이며, 또한 체계를 만들어가는 것이었다. 무엇을 상세하게 해석하며, 체계를 만든다는 것인가? 그 때그때마다 핫 이슈가 되는 특별하고 구체적인 법에 있어서의 룰 또는 법적 규칙을 태어나게 하는 것은 더 기본적인 것이다. 법에 있어서의 개념과 원칙들의 기본적인 것이 중요한 것이고 이들을 **과학적 방식에 의해서 체계화하고 상세하게 해설하는 것**을 프로테스탄트 법학자들은 여러 작업에 있어서 중요한 방법으로 쓰고 있다.[400] 이와 같이 보아온 프로테스탄트 법학자들의 관심은 법학에

---

in law and theology, but would not go the whole way.

400) 옮긴이 주석: 현대 한국 법학에 있어서, 법개념과 법원칙을 체계화하고 해설하는 것과 별 차이가 없는 듯하다. 그러나 냉정하게 반성해보면 그 방식이 과연 과학적인가 하는 것은 재론의 여지가 있다. 물론 여기에서 과학적이란 말은 좁은 의미의 자연 과학만을 의미하는 것은 아니어서 최광의로는 학문 자체를 의미하기도 한다. 그러나 이러한 전제에도 불구하고 근대 및 현대 한국 법학에 있어서 체계화나 또는 해설 주석의 방식은, 한국 법학자들이 즐겨 부르는 대로라면, "논리적"(logical) 방식에 치중하고 있다. 논리에 중점을 두는 사고를 일단 받아들일 수도 있다. 즉, 논리는 연역법과 귀납법 둘 다를 포괄한다. 대부분의 한국 법학에 있어서, 2007년 이전에 오로지 강조되는 방식은 연역법이라는 논리였다고 할 수 있다. 귀납적 사고는 법학을 제외한 현대에 있어서의 사회 과학 및 다른 넓은 의미의 학문에서 공통되는 방식인데 한국 근현대 법학에서는 거의 무시되어 왔었다. 따라서 논리적 방식을 이와 같이 상술해보면 16세기 루터주의 법학자들이 **이전의 법적 권위나 법적 정당성을 반박하기 위해서 법학을 다시 수립할 때 "과학적" 주석과 체계화에 주력했던 사정과 대비할 수 있다**. 즉, 그들은 이전의 스콜라주의 법학에서의 **권위와 정당성을 검증하기 위해서, 르네상스 이후 새롭게 나타난 과학 사상을 사용했다고 볼 수 있다**. 약간 거리가 있다고 하나, 조선조 후기의 혁신적인 사상가들이 새로운 학문에 의한 새로운 사회관을 관심에 가질 때, "북학"(박지원)이나 "천주학"(다산 외)에서 전래한 새로운 과학주의를 방법론으로 쓴 것을 상기할 수 있다. **새로운 시대는 새로운 방법론을 요구한다**.

있어서의 문제일 뿐만 아니라 가장 고차적인 의미에 있어서 정치적인 관심이라고도 할 수 있다: 왜냐하면 정당성(legitimacy)이나 권위(authority)는, 법에 의해서 규제를 할 때 늘 문제가 되게 되는데, 법적 규제의 정당성과 권위에 대해서 새롭고 객관적이며 중립적인 기반을 발견하는 것은 실로 법학의 문제일 뿐만 아니라 언어의 가장 정화된 의미에 있어서의 정치적 관심이라 할 수 있다.

3.4 멜랑히톤의 주제별 방식(Melanchthon's Topical Method)[401]

다음과 같은 사실은 전혀 우연히 일어난 일이라고 할 수 없다. 즉, 새로운 그리고 체계적인 법과학이 첫 번째로 성장한 토양은 비텐베르크(Wittenberg) 대학의 정신적이며 지적인 발효 효소이었다. 비텐베르크 대학은 루터가 신학 교수로 재직하고 있던 곳이며, 루터의 신학과 동반했던 루터주의 법학자 필립 멜랑히톤(Philip Melanchthon)이 1518년에 신임 법학 교수로 도착한 곳이다.[402]

앞선 장에서 본대로 멜랑히톤의 최초의 중요 저작인『신학 주제에 관한 자주 있는 주제들』[403](Loci Communes Rerum Theologicarum, Common Topics of Theological Matters)은 1521년에 초간되었다.[404]

---

401) 옮긴이 주석: 미야지마는 "과제별(課題別) 정리・분석하는 방법"이라고 번역하고 있다.

402) 원저 p.111. 각주 33. For an account of Melanchthon's activities at Wittenberg as a law teacher and his relationship with numerous jurists at Wittenberg and beyond, see, inter alia, Guido Kisch, *Melanchthons Rechts- und Soziallehre* (Berlin, 1967), pp. 60ff.; Stintzing, *Geschichte der Rechtswissenschaft,* pp. 287ff. Theodor Muther, *Aus dem Universitäts- und Gelehrtensleben im Zeitalter der Reformation* (Erlangen, 1866), emphasizes Melanchthon's admiration of, and friendship with, Hieronymous Schuerpf.

403) 옮긴이 주석: 미야지마는 신학총론(神學總論)이라고 번역하고 있다.

이 책은 새로운 체계적인 신학의 기초를 놓았다－왜냐하면 루터가 주창했던 **기본적 신학에서의 독트린**405)을 충분히 반영하고 있었으며, 더 나아가서 루터의 신학에 다음과 같은 것을 보태기로 했다. 새로운 것은 분석 방식에 있어서의 "주제별"(topical) 방식. 이 방식은 (신학뿐만 아니라, 그러나 당시 16세기 대학에서 신학이 모든 지식의 줄기였다는 것을 상기하자) 다른 지식의 가지들에도 적용 가능한 것이었다. 즉, (지금 우리의 주제인) 법에 관한 철학뿐만 아니라 더 나아가서 법에 대한 과학의 방법을 포함하고 있다.406) 멜랑히톤의 가르침은 다음과 같다. 어떤 과학이든 학문을 건설하기 위해서, **"모든 과학 또는 학문에 공통되는 주제" 또는 전제론(前提論) 또는 일반 원칙을 다루는 총론**은 연구 조사되고 있는 주제가 되는 일에 다음과 같이 적용될 수가 있다. 이 적용은 일련의 질문

---

404) 원저 p.111. 각주 34. Revisions were published in 1525, 1535, 1544～45, and 1555, with minor changes in the title. On the significance of these changes see Quirinius Breen, "The Terms 'Loci communes' and 'Loci' in Melanchthon," *Church History* 16 (1947), 197, 203～204; Muther, *Aus dem Universitäts- und Gelehrtensleben.*

405) 옮긴이 주석: 미야지마는 loci communes를 공통의 과제(共通の課題)라고 번역하고 있다.

406) 옮긴이 주석: 한국의 근현대 법학에서 법학의 여러 가지들을 **총괄하는 분과**는 오로지 법에 대한 철학, 즉 philosophy of law로 여겨져 왔다. 이것은 이유 있는 것이지만, 그러나 법에 대한 철학은, 철학사 자체의 흐름만으로 파악되어 왔다. 여기서 법에 대한 과학(science of law)이라고 할 때의 의미는 철학과는 다른 의미로서 보다 넓은 의미의 법의 방법론을 의미하고 있는 것으로 이미 르네상스 시대 때부터 발달하기 시작한 포괄적인 의미에 있어서의 과학 사상에서 발견된 방법을 의미한다고 본다. 여기에 대해서 해롤드 버만 지음, 김철 옮기고 정리함, 『법과 혁명 Ⅰ-서양법 전통의 형성 1』(서울: 한국학술정보, 2013). 특히 제4장 유럽 대학에서의 서양 법과학의 원천 중 6절 서양 과학으로서의 법학, 7절 법과학의 방법적인 특징들, 그리고 10절 서양 법과학의 주된 사회적 특징을 볼 것. **17세기 서양 과학이나, 19세기 서양 과학은, 12세기에 이미 서양법 전통의 법학자들에 의해서 처음 개발된 과학적 방법이 없었으면, 불가능했을 것이다.** Joseph Needham은 **근대 과학이 왜 전통 중국이나 인도에서 발달하지 못하고, 단지 유럽에서만 발달했는가의 질문**을 찾으려고 했다.

의 형태로 나타난다. 즉, 1) 현재 조사하려고 하는 일을 어떻게 규정 또는 정의(definition)할 것인가? 2) 일단 규정 또는 정의된 사물(thing)은, 규정된 대로의 용어 또는 개념이라면 그것이 **용어 또는 개념의 아래 위 체계상의 위치**로서 속(genus)[407]과 종(species)[408]으로 어떻게 갈라지는가? 3) 규정 또는 정의된 사물(thing)의 **다양한 원인**들은 무엇인가? 4) 규정되고 정의된 사물(thing)의 다양한 효과는 무엇인가? 5) 규정되고 정의된 사물의 바로 옆에 있는 것은 무엇인가? 6) 주제가 되고 있는 사물의 기원이 되거나 친족 관계에 있는 사물은 무엇인가? 7) 이미 규정되고 정의된 사물에 모순되는 사물은 무엇인가?[409] 멜랑히톤은 다음과 같이 저술한다. 모든 개별적이고 특별한 주제가 되는 일들은, 모든 분과의 "art"(ars)와 마찬가지로, 그것 자체의 "방법"(method, methodus)[410]을 요구한

---

407) 옮긴이 주석: 미야지마는 하위개념(下位概念)이라고 번역하고 있다.

408) 옮긴이 주석: 미야지마는 하위개념(下位概念)의 하위개념(下位概念)이라고 번역하고 있다.

409) 원저 p.111. 각주 35. Melanchthon defines method as "the right way or order of investigation and explication, either of simple questions or of propositions …… that is, Methodus is a habit (*habitus*), which is to say a science (*scientia*) or an art (*ars*), making a pathway by means of certain reasoning (*ratio*)." Melanchthon, *Erotemata Dialectices* (n.d.), p.573.
In 1534, in an early edition of the Erotemata Dialectices, titled *Dialectices Philippi Melanchthonis Libri II*, under the heading *De Demonstrationibus,* p. 112, Melanchthon wrote: "The term Method, of which we have spoken above, should be fitted especially to this way of teaching, [namely,] when we use demonstration, when we give definitions, when we seek causes, when we draw effects and proper functions from the causes, when we show the origins and sources of the arts. For [certain] principles, certain common judgments, are born with us. For God has impressed on our minds certain elements of knowledge (*notitiae*) which are like rules in judging concerning nature and concerning civil customs, of whatever kind they are." This passage from the 1534 *Dialectices* clearly identifies "Method" as a way of demonstrating and judging and not only a way of classifying, investigating, and explicating.

다. 이때의 "방법"은 그것 자신의 "특별한 주제들" 또는 "전제론" 또는 "총론"(special topics, praecipui loci)을 간략하고 질서 있는 방법으로 나타내준다.[411] 이때 **신학에 있어서의 "고유한 전제론 또는 총론"[412]이 간략하고 체계적인 방식으로 신학의 근본적인 독트린을 언급하는 기초를 제공하는 거와 마찬가지로**, 법에 대한 "고유한 전제론 또는 총론"[413]들이 체계적인 법과학의 기초를 제공한다고 멜랑히톤은 보았다.

아리스토텔레스로부터 원천적으로 도출된 비슷한 "공통적인 전제론과 총론"[414]은, 스콜라주의자들에 의해서 새로운 의미가 부여되어 왔었다; 스콜라주의자들의 의미는 다시 15세기의 인문주의자들에 의해서 개정되었었다. 특히 루돌프 아그리콜라(1443~1485)의 *De Inventione Dialecita of 1479*는 멜랑히톤에게 강력한 영향을 주었다. 어쨌든 멜랑히톤 이전에 있어서는, 공통적 주제어(common topics)라는 것은, 단지 조사 중인 자료들에 대한 분류상의 색인으로만 보여졌고, 이 분류상의 색인은 알파벳 순서로 자주 정리되었었다. 더하여 공통된 주제어나 특별한 주제어 어느 것도 신학이나 법학 같은 학문의 분과, 즉 넓은 의미의 "art"에 체계적으로 적용된 적은 없었다.[415]

---

410) 옮긴이 주석: 미야지마는 정리・분석법으로 번역한다.

411) 원저 p.111. 각주 36. Melanchthon, *Erotemata Dialectices,* pp.573~578.

412) 옮긴이 주석: 미야지마는 신학의 고유(固有)의 과제(課題)로 번역하고 있다.

413) 옮긴이 주석: 미야지마는 법학의 고유(固有)의 과제(課題)라고 번역한다.

414) 옮긴이 주석: 미야지마는 과제라고 loci를 번역한다.

415) 원저 p.112, 각주 37. Melanchthon's method developed in the *Loci Communes* of 1521 and in subsequent works must be contrasted with the *loci* method developed in certain legal tracts in the years shortly before, most notably Peter Gammarus, *Legalis Dialectica* (1514); Nicolaus Everardus, *Topicorum Seu de*

영어 topic이란 말의 원형인 loci는 오랫동안 수사학 또는 웅변술의 한 분야(branch)로 생각되어져 왔으며, 따라서 1차적으로는 토론할 때의 하나의 지침(guide)으로 여겨져 왔다. 15세기 말과 16세기 초의 인문주의자들은, 수사학 또는 웅변술부터, 변증법으로 loci를 옮겼다. 15세기와 16세기의 인문주의자들은, 변증법을 문제를 노출시키고 또한 무엇인가 증명하는 과학 또는 학문으로 규정하였다. 그러나 실제 상황에 있어서 멜랑히톤 이전의 인문주의자들은 loci의 사용을 제한적으로 변증법의 **"문제를 노출시키는"** **측면**에 한정하였다. 이것을 그들은 **발견**("finding")**에 해당하는** inventio라고 불렀다. 이 발견의 측면은 원래 loci의 다른 측면이었던 **"무**

Locis Legalium Liber (1516; reprint, 1552); and Claudius Cantiuncula, *Topica Dialectices* (1520), reprinted in *Primum volumen tractatuum ex variis iuris interpretibus collectorum,* 2nd. ed. (Lyon, 1549), pp.253~271. In these tracts the *loci* are treated, in Stintzing's words, as "mnemonic devices …… in which arguments and materials are organized for quick reference." Stintzing, *Geschichte der Rechtswissenschaft,* pp.114~115. Each locus is a subject, such as usury, intestacy, or liberation of slaves, drawn from the Digest, the glosses, the Commentaries, or elsewhere (in the first edition of Everardus's work, there are 131 such *loci*). Under each subject heading, there is a cryptic summary of the discussion of this subject in the Roman law texts and their glosses and commentaries, as well as in the writings of the Greek and Roman philosophers, the Church Fathers, the Christian councils, and the scholastic theologians and canonists. These summaries of traditional teachings, though comprehensive, were largely eclectic and uncritical. There was little attempt made to resolve the tensions or contradictions between certain texts or to purge them of obsolete or impractical teachings. Stintzing concludes that the *loci* method of these jurists provided convenient summaries of traditional teachings but did little to advance legal science. "A scientific advance is evident," writes Stintzing (*Geschichte der Rechtswissenschaft*, pp. 119, 121), "only insofar as [these writers] became aware of the need to reform dialectical loci. But [they] did not achieve this reform but continued down well-worn scholastic paths…… All this work bore little fruit for the development of topical science. These topical writings can be regarded not as the start of a new movement but only as a vestige of the moribund scholastic tradition."

엇인가 증명함"(proof)이라는 측면과 대비되는 것이다. "증거" 측면은 15세기 16세기의 인본주의자들이 다르게 불렀는데, "판단"(judgement)에 속하는 iudicium이라고 불렀다. 이와 같이 topics에 해당하는 라틴어 loci는 다음의 방식을 말한다. 즉, 자료를 **정리**하는 방식이며, 무엇인가 탐색 또는 탐험해서 **"발견"**하는 방식이며, 현재 연구자가 조사 중인 주제(subject) 또는 주제어의 구조를 발견하는 것과 관계있다. 이와 같이 초기 인문주의자에게는 그들이 연구 중인 주제의 구조를 발견하는 것은 과학적인 방법을 구성하는 것이었다. 1520년에 멜랑히톤은 다음과 같이 썼다. "변증법에 의해서 작업을 하는 사람들은 이 단어, 즉 methodus를 채택하였는데, 그 목적은 **사물의 상세한 해설을 할 때 가장 올바른 질서를 위해서였다**." 멜랑히톤 자신은 그 이상으로 나아갔다.

철학에 대한 역사가들은 다음과 같이 말한다. loci방식에 있어서 **무엇인가 상세하게 해설해서 문제를 발견하는 방식**(inventio)을 변화시켜서 훨씬 더 나아가 **무엇인가 진실임을 증명하는**(iudicium) 방법으로 변화시킨 것은, 당시에 이미 저명했던 프랑스의 문법학자이며 논리학자였던, 피터 라무스(Peter Ramus, 1515~1572)이다.[416)]

416) 원저 p.112. 각주 38. See, e.g., Neal W. Gilbert, *Renaissance Concepts of Method* (New York, 1960), pp.127~128, who dismisses Melanchthon's dialectical writings as "superficial doctrine" and his analytical questions as a "mélange." "Melanchthon," Gilbert writes, "still dealt with method in the finding part of dialectic, while Ramus's signal, and most controversial, innovation was the placing of method into judgment." Walter J. Ong, *Ramus, Method, and the Decay of Dialogue: From the Art of Discourse to the Art of Reason* (1958; reprint, Cambridge, Mass., 1983), takes a similar view, arguing that Ramus was the first to make method the key to scientific truth and, further, that Melanchthon did not discuss method at all prior to his Erotemata of 1547. In fact, however, Melanchthon, in his *Dialectices Libri II* (1534), had already identified methodus with right, reason, science, and true knowledge.

비록 라무스는 그가 단언하듯이, 그의 loci 방법은, **증명의 방법일**

Neither Gilbert nor Ong refers to the passages from the earlier work. (Gilbert remarks that "the inaccessibility of earlier editions prevents us from determining whether doctrines of method appear in earlier versions of [the *Erotemata*]"; p.126, n. 13. Ong, in a short essay on Ramism, published in 1973, seems to have modified his position when he writes: "Between the years 1543 and 1547 all three [Ramus, Sturm, and Melanchthon] introduced sections on method into their textbooks on dialectic or logic. (Melanchthon had done a bit with method slightly earlier.)" Walter J. Ong, "Ramism," in Philip Wiener, ed., *Dictionary of the History of Ideas*, vol. 4, *Studies of Selected Pivotal Ideas* (New York, 1973), p.43. In a letter to the author, however, written in 1994, Ong acknowledged that he had overestimated the originality of Ramus and that Melanchthon's much earlier elaboration of the topical method was far more significant. More recently, an important book by Ian Maclean on legal interpretation and legal language in the sixteenth century also attributes advances in the topical method chiefly to Ramus, mentioning Melanchthon only in passing. See Ian Maclean, *Interpretation and Meaning in the Renaissance: The Case of Law* (Cambridge, 1992). Although, following Ong, Maclean associates Ramus's method with Calvinism and Melanchthon's method with Lutheranism, he nevertheless attributes Ramus's method to Freigius (Johan Thomas Frey), without noting that Freigius was Lutheran (pp.42~43). He neglects to point out that the graphs he reproduces from Freigius's book (*Partitiones Juris Utriusque* [Basel, 1571]) were almost identical in style to those being produced by the Lutheran jurists more than a generation earlier.

The position taken in the text, namely, that Melanchthon from an early time placed method in the judgment part of dialectic, and that he was the first to do so, is supported both by Paul Joachimsen, "Loci Communes: Eine Untersuchung zur Geistesgeschichte des Humanismus und der Reformation," in *Luther-Jahrbuch* (1926), 85, and by Ernst Wolf, *Phillipp Melanchthon: Evangelischer Humanismus* (Göttingen, 1961). See also Quirinius, "The Terms '*Loci communes*' and '*Loci*' in Melanchthon," and Adolf Sperl, *Melanchthon zwischen Humanismus und Reformation: Eine Untersuchung über den Wandel des Traditionverständnisses bei Melanchthon und die damit zusammenhängenden Grundfragen seiner Theologie* (Munich, 1959), p.34.

Melanchthon seems to have dropped almost entirely out of late-twentiethcentury German legal historiography. Thus Helmut Coing, in a highly condensed summary of the topical method, whose origin and development he sees as a line from Rudolf Agricola (1444~1485) to Peter Ramus (1515~1572), limits his discussion of Melanchthon's contribution to a single sentence, stating that "the theoretical writings of Melanchthon had the same significance in Lutheran territory as those of Ramus had in Calvinist territory." See Coing,

뿐만 아니라 문제 발견의 방법이라고 했지만, 실제 상황에 있어서 그의 손에서 loci는 거의 순전히 **상세하게 해설해서 문제를 발견하게 하는 후자 측면으로 있었다.**[417] 라무스가 아니라 멜랑히톤이 최초의 사람이었다고 할 만하다. 왜냐하면 "**상세하게 어떤 사물을 해설함으로써 무엇이 문제인가를 밝히는 가장 정확한 질서**"가 동시에 (어떤 논의에 앞서서 미리 존재하는) 명제와 또한 명제에 대한 여러 가지 주장이 유효한가, 아무 효력이 없는가를 결정하는 방식이 동시에 된다고 보여준 사람은 멜랑히톤이었다. 라무스는 지식의 어떤 개별적인 항목을 그들이 속해 있는 특화된 가지로부터 끌어내어서, 지식의 어떤 특수한 항목의 본질적 성질을 밝히고 규정하는 목적으로, 방법론의 총론 부분 또는 일반적 부분, 즉 loci communes에 의거함으로써 위와 같은 일을 했다. 이때 loci communes라는 것은 사물과 용어, 개념의 분류 방식인 속(genus)과 종(species) 또

Handbuch, pp.24~25. Similarly, Hans Hattenhauer, in a comprehensive study of European legal history, notes in a single sentence that Melanchthon and Luther were the source of "binding interpretations of Bible and law for the Lutheran world." See Hans Hattenhauer, *Europäische Rechtsgeschichte* (Heidelberg, 1992), p.367. In his book on the logical legal method of the sixteenth century, Vincenzo Piano Mortari does refer often to Melanchthon's work, but almost always as indistinguishable from that of Agricola and always as that of a humanist, never a Lutheran. See Vincenzo Piano Mortari, *Diritto logica metodo nel secolo* XVI (Naples, 1978). Also Paul Koschaker, in his pathbreaking study of the influence of Roman law on European history, not only fails to mention Melanchthon but also states that legal science itself (*Rechtswissenschaft*) is a nineteenth-century invention of the German historical school, "Made in Germany." See Paul Koschaker, *Europa und das römische Recht* (Munich, 1947), p.210. One can only explain this historiographical blind spot as a repudiation of the religious sources of the Western legal tradition.

417) 원저 p.112. 각주 39. Ramus claimed that his method of classification, which was essentially mathematical in nature, yielded truth, but a careful reading of Ong confirms that in fact Ramus did not prove anything new or important. See Ong, *Ramus*, pp.171~195.

한 causes와 같은 것을 의미한다. 이것들은 기본적인 자명한 이치 또는 공리(公理, axiom)들로서 언어나 철학에만 적용가능할 뿐만 아니라 더 나아가서 신학이나 법학에도 적용 가능한 공리라고 했다. 신학에 적용가능하다는 것을 구체적으로 보기로 하자. 즉, **죄(sin)라는 말, 용어, 또는 개념의 속(genus)에 해당하는 것은 무엇인가? 죄에 해당하는 용어의 종(species)에 해당하는 용어는 무엇인가? 그것들의 원인(causes)은 무엇인가?** 은혜란 무엇인가? 하는 질문들이 **상세한 해설을 요구하는 질문일 뿐만 아니라 역시 진리에 도달하는 방식이라는 것**이고, 이러한 사례에 있어서 진리라는 것은 법과 복음 사이의 진정한 구별에 이르게 되는 것이다. 신학에 있어서의 특수한 방법, 즉 loci는 성경에서부터 나온 것이다; 더욱 구체적으로 멜랑히톤은 죄(sin), 은혜(grace), 그리고 법(law)에 대한 개별적인 loci를 명백히 성 바울로부터 이끌어내었다.[418] 이전

418) 원저 p.113. 각주 40. In the opening passages of the *Loci Communes* of 1521, Melanchthon distinguishes traditional scholastic theological *loci*, which, he wrote, are "incomprehensible," "stupid discussions" that "argue more accurately for certain heresies than they do for the Catholic doctrines." Such expositions, he wrote, do not inspire and form the basis of true "Christian knowledge: to know what the law demands, where you may seek power for doing the law and grace to cover sin, how you may strengthen a quaking spirit against the devil, the flesh, and the world, and how you may console an afflicted conscience. Do the Scholastics teach those things? In his letter to the Romans when he was writing a compendium of Christian doctrine, did Paul philosophize about the mysteries of the Trinity, the mode of incarnation, or active and passive creation? No! But what does he discuss? He takes up the law, sin, grace, [loci] on which the knowledge of Christ exclusively rests. How often Paul states that he wishes for the faithful a rich knowledge of Christ! For he foresaw that when he had left the saving [*loci*], we would turn our minds to disputations that are cold and foreign to Christ. Therefore, we shall draw up some account of those [*loci*] which commend Christ to you, strengthen the conscience, and arouse the mind against Satan." Melanchthon, *Corpus Reformatorum,* 22:83～85, translated in Wilhelm Pauck, *Melanchthon and Bucer* (Philadelphia,

의 장에서 보여준 바와 마찬가지로, 멜랑히톤은 **법에 있어서 기본적인 토픽들을 모세 십계명의 두 번째 석판에서 추출하였다. 놀라운 것은 기본적 주제 또는 기본적 전제론 또는 기본적 총론은 모세 십계명의 가장 단순해보이는 두 번째 석판에서 나왔으며**, 이때의 **법의 분과는 현대 용어로는 헌법, 가족법, 형사법, 선량한 풍속의 침해, 물권법, 사기 그리고 다른 법의 분과를 포괄한다는 것이다.**[419] 멜랑히톤의 제자들이 십계명에 기초해서 법이나 법학을 분류하는 방식을 채택하였고, 더 이상 나아가서 로마법 텍스트를 읽어 들어가서 탐색할 때 다음과 같은 loci의 짝들을 읽어내었다. loci의 짝들은 다음과 같다. 규칙과 형평(rule and equity)이라는 짝, 실체와 절차(substance and procedure)라는 짝, 소유권과 의무(ownership and obligation)라는 짝, 계약과 불법행위(contract and delict)라는 짝, 또한 "공통적인"(common) 또는 일반적인 loci를 뜻하는 loci communes를 적용함으로써 멜랑히톤의 제자들은 법에 있어서의 자료를 명료하고 간략하게 해설하였을 뿐만 아니라 이러한 법적 자료들로부터 새로운 통찰을 체계적으로 끄집어내어서 법적 자료들에게 새로운 의미와 새로운 적용법을 부여하였다. 멜랑히톤과 그의 제자들의 믿음은 다음과 같다. 만약 **지식이, 올바른 "방법" 또는 "방식"에 의해서 제대로 "그 위치를 정하게 한다면"** – 현대어로 옮기면 지식을 올바른 방식에 의해서 들어갈 곳에 꾸러미를 만든다면("package") 그다음에는 쉬울 것이다. 즉, 지식 보따리 밑

1969), pp.20～22.

419) 옮긴이 주석: 여기서 우리는 topics 또는 topical method가 무엇을 의미하는가의 실질를 보게 된다. 즉, 십계명의 두 번째 석판에 새겨진 가장 단순하게 표현된 한 줄 씩의 지상 명제가 바로 topics라는 얘기이다.

에, 지식을 받치고 있는 원칙들의 근거를 확인해서 정당화될 수 있을 것이다.

3.5 요한 압펠(Johann Apel)

멜랑히톤의 "방법론"이 달라져야 된다는 부르짖음에 최초로 응답한 법학자 중에서, 그의 비텐베르크 동료였던 요한 압펠(1486~1536)이 있었다. 압펠은 루터보다 2년 젊었고, 멜랑히톤 보다 12년이나 연상이었다.[420] 뉴렘베르크에 태어나서 16세에 그때 막 새로 설립된 비텐 베르크 대학에 입학하였다. 이 후에 에르푸르트와 라이프치히에서 역시 공부하였다. 여러 art에 집중한 후, 마침내 법학의 최종학위를 받았다. 그가 처음 강의한 곳은 알려지지 않고 있다. 그는 사제는 아니었으나, 당시 교계의 위계질서에 들어가서, 뷔르츠부르크의 콘라두 주교의 부제(canon)와 고문관(councilor)이 되었다. 그는 이전에 독신의 선서를 하였으나, 1523년에 귀족 가문의 수녀와 비밀히 결혼하였다. *Defensio pro Suo Coniugi*라는 팸플릿

420) 원저 p.113. 각주 41. For biographical and bibliographical information on Apel, see Muther, *Aus dem Universitäts- und Gelehrtensleben*; Stintzing, *Geschichte der Rechtswissenschaft,* pp. 270ff.; idem, "Johann Apel," in *Allgemeine Deutsche Biographie;* F. Merzbacher, "Johann Apels dialektische Methode der Rechtswissenschaft," ZSS (Rom. Abt.) 55 (1958), 364ff.; Franz Wieacker, *Humanismus und Rezeption: Eine Studie zu Johannes Apels Dialogus oder Isagoge per Dialogum in IV Libros Institutionum* (1940), reprinted in *Grunder und Bewahrer: Rechtslehrer der neueren deutschen Privatrechtsgeschichte* (Göttingen, 1959), pp.44~104; Gerhard Theuerkauf, *Lex, Speculum Compendium Iuris, Rechtsaufzeichnung und Rechtsbewusstsein in Norddeutschland vom 8. bis 16. Jahrhundert* (Cologne, 1968), pp. 202ff. A comprehensive list of Apel's works is provided in Muther, *Aus dem Universitäts- und Gelehrtensleben,* pp.455~487.

에서 이와 같이 탐욕에서가 아니고, 사랑에서 출발한 결혼은, 하나님이 보실 때에, 정당한 것이고, 황제권이나, 교회의 권위 어디에서도 도전 받지 않는다고 하였다. 결혼과 팸플릿의 이유 때문에, 당시 관할 주교 콘라드는 압펠과 그의 부인을 체포하여 투옥하였다. 그러나 삼 개월 뒤 그 케이스는 유명한 대의(a cause célèbre)가 되고, 그들은 석방되었다. 다음 해에 압펠은 신설 비텐베르크 대학의 법학 교수가 되었다. 루터와 멜랑히톤 양자의 가까운 친구이자 제자가 되었다. 실로 그는 1525년에 루터 자신의 당시에 악명 높았던 결혼식에 참석하였다. 1524년에 압펠은 일 년 임기의 비텐베르크 대학의 학장(rector)로 임명되었다. 그 이후에, 그는 삭소니의 선제후(elector)의 자문관이 되었다. 1529년에 그는 삭손의 최고 법원(Hofgericht)에 임명되었다. 이 기간 동안, 그는 비텐베르크 대학에서, 로마법과 캐논법에 대해서 강의하였다. 1530년에 그는 비텐베르크를 떠나서, 쾨니히스버그에 있는, 프러시아의 알브레히트 대공의 대신이 되었다. 4년 뒤 그는 그의 고향 뉴렘베르그의 시 자문관과 변호인으로 돌아왔다. 1536년에 그는 사거했다. 당대의 많은 주도적인 법학자와 마찬가지로, 압펠은 대학에서의 경력과 판사로서 또한 지역과 시 정부의 자문관으로서 활동적인 실무가로서의 경력을 결합하였지만, 그럼에도 그는 그가 대학 강단에서 가르친 것으로부터 직접 나온 두 개의 중요한 학문적 업적을 생산했다. 그리고 이 두 권의 책이 근대 도이치의 법과학의 기초를 놓았다고 말해진다. 첫 번째 책은 라틴어 제목으로 *Methodica*, 즉 방법론이라는 용어로 시작하는 것인데, 번역하면 『법지식에 변증법적인 이성을 적용하는 방법론』(*The Method of Dialectical Reason Applied to Legal Knowledge*)이 되며, 그 내용은 법의 전체적 몸체를 정리하고 체계화하는 시도였다.[421] 두 번째 책은 『입문서: 적절하게 조직된 법연구에 관한 대화』(*Isagoge: A Dialogue on the Study of Law Properly Instituted*)로써, 법교육에 대한 논문집이었다. 그 내용은 법의 온전한 몸체, 즉 전체를 체계화하는 데에 대한 교육적 필요성이었다.[422][423]

---

421) 원저 p.114. 각주 42. *Methodica Dialectices Ratio ad Iurisprudentiam Accomodata, Authore Iohanne Apello* (Nuremberg, 1535). Apel's epilogue is dated July 31, 1533. See Troje, "Die Literatur des gemeinen Rechts," p.734.

422) 원저 p.114. 각주 43. *Isagoge per Dialogum in Quatuor Libros Institutionum Divi Iustiniani Imperatoris, Autore Ioanne Apello* (Bratislava, 1540).

423) 옮긴이 주석: 근대 도이치의 법과학은 종교개혁을 계기로 달라지게 되었다. 그리고 종교개혁만큼이나 중요한 것은 법학의 방법론과 법교육이 달라졌다는 것을 요약할 수 있다. 근대 도이치 법과학의 기초를 놓은 압펠의 가장 중요한 두 개의 업적이 하나는 방법론이고, 다른 하나는 법교육에 관한 것이라는 사실이 다시 이를 증명하였다. 비록 종교개혁기 1536년이라는 시간적 거리를 두더라도 서양 문화사에서 종교개혁은 도이치 문화권에서만이 문제가 아니고 이후의 근대 문명의 대반전을 준 세계의 사건 중에 하나이므로, 세계사 전반에서 주목해야 한다. 한국인으로서 이해하기 힘든 것은 어째서 근대 세계의 성립에 결정적인 계기가 된 종교개혁이 법학 방법론과 법학 교육론의 일대 혁신을 동반했는지 연결이 되지 않을 것이다. 지금까지 세계사 분야나 법학 분야의 어떤 한국인이나 동아시아의 석학도 **종교개혁과 법과학의 일대 혁신이 도대체 무슨 관계가 있는지**를 그 연계를 읽어내지 못했다. 세계사는 세계사대로, 법학 방법과 법 교육은 세계사의 변화와 아무 관계없는 느슨한 모습으로 멀리 떨어졌다. 한국의 근대 이후의 역사의 전변에서도, 법학 방법이나 법 교육은 변하지 않는 모습을 가져왔다고 할 수 있다(김철, 『한국 법학의 반성』, 한국학술정보, 서울, 2009.09). 이러한 태도는 심지어 사법개혁이라는, 한국의 자유화, 민주화 와중에서의 큰 주제 안에서도, 여전히 개혁의 초점이 무엇인지, 정치적 열기로 외형적인 제도 만들기에 열중한 감이 있다. 한국인들이 가장 오랫동안 계수했거나 학습한, 근대 도이치 법과학이 어떤 계기로 무엇을 변화시켰는가를 정시(正視)해보자. 이전의 약 천년간의 문화적 질서를 변혁시킨 역사상의 종교개혁은, 그 핵심적 내용으로 법학방법론과 법교육론에 있어서의 일대 변화를 내용으로 하고서 비로소, 이후의 제도적인 변화가 온 것이다. 무엇이 먼저인지, 정치적 야심과 경제적 이해관계에 급급했던 개혁기의 한국인들은, 세계사에서 교훈을 읽기를 거부했다. 그 결과는 이른바 사법개혁에 동반한 법학교육개혁이, 중요한 전문성을 가진 외국인이 보기에는 "한국의 로스쿨 중심 법학교육개혁은 실패한 것으로" 간단히 요약된다. (Michael Young, 2013. 방한 때의 인터뷰 기사, 매일경제 신문) 현대 일본법의 역사에 정통하고, 한국법을 다루어 본 적이 있는 세계법학계의 비교법학자가, 일본과 한국의 법학교육개혁을 다 같이 실패라고 판정한 데에는 이유가 있을 것이다. 다른 문화권에서 이

1535년에 초간된 『방법론』(Methodica)은 1530년에 떠나기 직전까지의 수년 동안에 당시 신설 대학이었던 비텐베르크 대학에서 압펠이 실제로 강의한, 강의 내용에 기초를 둔 것이다.[424] 압펠의 방법론도 유스티니아누스의 Institutes에 주의를 집중하는 것을 시작하고 있다. 그러나 압펠의 주요한 업적은 Institutes의 텍스트를 (그때까지 이전의 법학자들이 한 것과 마찬가지로) 요약해서 개요를 말한다든지 말을 바꾸어서 환원해서 설명한다든지 하는 것이 아니었고, 그 대신에 다음과 같은 방식을 취했다. Institutes의 텍스트로부터 그는 우선 수많은 사례들을 끄집어내었는데, 그것은 법규칙에 관한 사례들이었다. 그 법규칙의 구체적인 사례들을 압펠은 분류하고 분석하였는데, 이때 기준이 된 것은 멜랑히톤이 쓴 변증법에 있어서의 loci였다. 이때 loci는 공통의 *loci(loci communes)*와

미 비교법 자료를 상당한 기간 동안 취급한 외국인 학자가 단언하는 내용을 음미하는 노력을 한국의 법학교육계나 법조계에서 별로 보이지 않는다.

424) 옮긴이 주석: 법학자가 그의 중요한 내용을 대학의 강의 코스 내용에서 먼저 시험하고 발표하는 것은, 근대 대학의 시초였던 르네상스 시대의 볼로냐 대학에서의 법학자(해롤드 버만 지음, 김철 옮기고 정리함, 『법과 혁명Ⅰ-서양법 전통의 형성1』, 한국학술정보, 서울, 2013, 제4장 유럽 대학에서의 서양 법과학의 원천)와 마찬가지이다. 실로 강의 내용이 먼저 학생들에게 전달되고, 그것을 기초로 중요한 업적이 출현하는 이 순서를, 한국에 있어서의 법학은 전혀 참조하지 않고 있다. 그 이유는 한국의 법학 강의가 말하자면, 관직시험 합격을 위한 입문 강좌와 같은 것이어서, 그 강의 내용을 그대로 기록하면 한 권의 수험서가 되는 방식으로 한국 법학이 근대 이후 계속 전개되었다는 것을 부인할 수 없을 것이다. 근대 세계사의 새로운 장을 연 종교개혁기의 도이치 법학자들을 보자. **그들의 강의는 새로운 시대에 필요한 새로운 방법론과 새로운 법 교육에 대한 절절한 강의였고,** 그의 학생들이 구 질서나 새로운 질서의 교량 기간에서, 어떻게 기존 질서 안에 유효하게 편입될 수 있는가에 대한 가르침이 아니었다. 거의 모든 한국의 명망가 법학자들의 주요 저작은, 수험생이나 또는 문제 해결에 급한 실무가들에게 변함없는 용어집이 될 수는 있다. 그러나 엄청난 세계사의 도전 앞에선 문화와 문명의 전변기에 있어서는, 새로운 세계로 향한 새로운 사고방식과 새로운 학문의 길잡이가 되는 기회는, 그 법학자가 명망가일수록 기회가 줄어든다. 수험을 위한 변함없는 권위서로 한국의 법서가 수십 년 동안 일관한다는 것은 이제 고칠 수 없는 한국 법문화의 특징 같아 보인다.

특수한 *loci(praecipui loci)*를 포함한다. 이와 같이 압펠은 법적인 규칙(legal rules)을, 다음의 질문에 대답하는 데에 사용함으로써 법규칙을 체계화하였다.[425] 무엇이 법이냐? 법에 있어서의 상위개념과 하위개념, 즉 생물학의 속(genera)에 해당하는 것과 생물학의 종(species)에 해당하는 것은 무엇이냐? 법에 있어서 효력이 있는 이유는 무엇이냐? 법의 효과 또는 효력이라는 것은 무엇이냐? 어떤 개념과 사물이 효과에 관계있는가? 법에 일치하지 않는 것은 무엇인가? 위와 같은 질문들에 대한 대답을 고치는 것은 어떤 상황인가? 어떤 상황이 주어진 질문에 대한 고정된 대답을 변경할 수 있는가?[426] 이러한 질문들의 각각이 주제 또는 topic이다. 이

425) 옮긴이 주석: 즉, 명료한 질문에 대답하기 위해서, 변증법상의 두 개의 loci를 사용했으며, 그 결과로 법규칙을 체계화했다는 것이다. 한국 법학에서 잘 쓰는 일반적인 문장은 "법규칙을 체계화했다"라고 간단하게 서술하고 끝난다. 어떻게(how) 체계화했는지, 더 구체적으로 어떤 문제의식을 가지고 체계화했는지까지는, 한국 법서의 법률 문장은 계속되지 않는다. 이런 법률 문장이 반복해서 쓰여지는 맥락을 흔히 말하듯이 "서양법의 계수"라고 할 수 없다. 오히려 동아시아 한자 문명권에서 만사를 간명하게 요약하기 위한 스타일일 뿐이다. 왜냐하면 지금 종교개혁기의 압펠의 법학방법론에서 보는 대로, 가장 외형적으로 어떤 방법론을 쓸 때에도, 구체적인 목적과 구체적으로 쓰는 방식을 밝혀야 체계화라든지 하는 다소 일반적인 업적이 설명되는 것이다. 한국인이 흔히 똑똑하게도 잘 구별하는 대륙법 전통이나 영미법 전통 모두에 있어서 공통된 것은, 지금 우리가 보고 있는 종교개혁기의 법학 방법론의 변혁이다. 서양법 전통의 연면한 전통 중 하나는, 그 방법론에서 그리스 철학으로부터 계속 이어져 온 변증법적 방법을 쓰는 것인데, 이 변증법적 방법과 논의의 순서를 한국 법학에서는, 명시적으로 얘기하는 전례가 없다. 어떤 한국의 민법 교수나 형법 교수도 논리를 강조하나, 그 논리라는 것은, 다분히 한국인이 동양 문화권에서 한자어의 문맥에서 발견한 것이어서 언어 경제의 장점은 있다. 그러나 서양 문화에서 종교개혁기까지 약 1600년간 발달시켜 온 그들의 사유방식으로서의 변증법으로 동아시아 전통의 논리를 판단하면, 대단히 비약이 심하고 독선적인 논리라고 할 수 있다. 문장에서 나타나는 논리가 실질적으로 동아시아의 문화이면서, 그럼에도 불구하고 독일법을 계수했다고 하고, 대륙법을 평생 공부했다고 하고 내놓는 것은, 이유가 있다. 비교문화적으로 보면, 수험생을 위한 강의 요목을 잘 설명한 것에 지나지 않는다.

426) 원저 p.114. 각주 44. Apel, *Methodica,* fol. 272r. ibid., B. 4; also D. 8. See

topic 하나하나가, (책 전체를 구성하는) 하나하나의 장(章, chapter)의 제목이 되며(heading of a chapter), **이 하나하나의 chapter에서 도표와 사례들은 분석을 자세하게 설명하는 데에 사용된다.**[427] 무엇이 해당하는 사례에 있어서의 법인가? 무엇이 법이라면 그것의 상위개념과 하위개념은 무엇인가? 무엇이 가장 효율적인 이유가 될 수 있는가? 무엇이 그것의 효력인가? 어떤 개념과 사물들이 거기에 관련되어 있는가? 무엇이 그것에 상치되는 것인가? 위와 같은 질문에 대한 대답이 있다 하더라도 그 대답이 변경시킬 수 있는 것은 어떤 상황인가? 하는 질문에 대한 대답들은 새로운 종합으로 결과되고 그 새로운 종합에 있어서는 원래의 (유스티니아누스 법전과 같은 법의) 텍스트에서 발견되지 않고 그럼에도 불구하고 원래 텍스트의 다양한 다른 구절들에서 찾아볼 수 있는 그러한 개념과 원칙들이 언급된다. 그래서 19세기의 위대한 도이치의 법사학자 Roderich Stintzing이 "체계적인 방법을 향해 그들 노력을 집중한 그 시대의 법률가 중에서, 압펠이 가장 오리지널하다"[428]라고

also Stintzing, *Geschichte der Rechtswissenschaft,* pp.289～90.

427) 옮긴이 주석: 이것은 1535년 종교개혁기에 나타난 종교개혁 법학자인 압펠의 『방법론』(Methodica)이라는 책의 내용에 관한 것이다. 현대의 우리들도 익숙한 바대로, 책 전체는 여러 장으로 구성되고 각 장마다 제목이 있는데, 그 제목이 바로 topic이 된다. 기본 구조는 현재와 같아 보이나 각 장의 내용을 주의해보라. 각 장에서 분석을 자세히 설명하는 데에 쓰인 것은, 도표와 사례들이다. 해방 이후 한국에서 주로 읽힌 이른바 베스트셀러 법서의 각 장에서 도표와 사례가 시작 부분에서 구조를 설명하는 교과서가 있는가? 그러고도 독일법을 계수했다고 하고, 대륙법을 계수했다고 하나 독일법과 대륙법은, 1535년 종교개혁기에 벌써 주제별 챕터에서 도표와 사례를 주로 쓰고 있다. 특히 사례부터 출발하는 것은 르네상스에서 시작한 볼로냐의 근대 법학의 중심적 방식과 일치한다. 한국의 법 교과서의 거의 대부분의 출발은 사례에서 하는 경우는 오히려 예외적이다. 거의 선험적이라고 보일 만큼 도그마틱한 개념과 용어가 우선이고, 그 개념과 용어를 설명하기 위해서 부가적으로, 예외적으로 사례를 사용한다. 외관은 비슷하게 보이나, 그 내용의 흐름에 있어서, 방법론에 있어서 크게 차이가 난다.

한 것은 이와 같은 이유이다.

압펠의 『입문서』(*Isagoge*)는 대화의 형식이다. 대화는 세 사람의 대화로써 이루어져 있는데, 첫 번째 사람은 정규적인 법학자(알브리히, Alberich)이며, 두 번째 대화자는 초심자인 법학도(셈프로니우스, Sempronius)이며, 세 번째 사람은 책을 쓴 저자 자신을 대표하는 줄피티우스(Sulpitius)이다. **세 사람 모두가 쓰디쓰게 불평을 하고 있는 대상은 법교육에 대해서이다.** 또한 그 법교육은 유스티니아누스 법전의 디게스타(Digest)를 텍스트로 한 용어집(用語集)을 가지고 하는 법교육이다. 당시의 명망가 법학자였던 아쿠르시우스(Accursius)[429]가 빚은, (독주인) 압생트[430][이 비유는 울리히 폰 후텐(Ulrich von Hutten)의 문구이다]의 비유는, (그것에 집착하는 청년들의) 마음을 무디게 하고, 마침내 망가뜨리게 된다. 초년 법학도가 필수적으로 출석해야 되는 이와 같은 강의에서, 셈프로니우

428) 원저 p.114. 각주 45. Stintzing, *Geschichte der Rechtswissenschaft,* p.289. A similar judgment is offered by Ferslev, “Claudius Cantiuncula,” p.36, who writes that Apel “was the first to carry through logically the rational treatment of the legal material.” See also Muther, *Doctor Johann Apel,* pp.34~35 (“Apel’s dialectical method as a whole is the Melanchthonian method; the juridical examples are his own”), and Wieacker, *Humanismus und Rezeption,* pp.64~67.

429) 옮긴이 주석: Accursius (in Italian Accursio, Accorso or also Accorso di Bagnolo; c. 1182-1263) was an Italian jurist. He is notable for his organization of the glosses, the medieval comments on Justinian’s codification of Roman law, the Corpus Juris Civilis. He was not proficient in the classics, but he was called “the Idol of the Jurisconsults”. http://www.wikipedia.org, “Accursius”.

430) 옮긴이 주석: 압생트는 프랑스 문화권에서 널리 알려진 독주의 대명사이다. 프랑스 문학에서는 주로 고급 포도주를 마실 수 없는 불행한 사람들이 애용하는 술로 나와 있다. 아쿠르시우스는 르네상스 시대에 로마법에 대한 주석을 정리한 사람으로, 공식적으로는 법률자문가의 우상으로 칭송된다. 그러나 로마법 공부가 형식화되고 정신적 내용을 잃어가면서, 지식인이나 인문학자들 중에서 아쿠르시우스의 잘 알려진 주석 방식이 독한 술에 비유된다는 문구가 나오기 시작한 것으로 보인다.

스는 불평한다. “하나하나 단어를, 들을 수는 있다. 그러나 이해에 대해서는 다르다. 만약 내가 러시아에 가 있다면 그랬을 것보다 더 이상으로 그 단어들을 이해할 수는 없다.” 이 초년 법학도는, 이와 같은 단순하고 고된 세월을 5년씩이나 보낸다는 것을 생각만 해도 몸서리치고 있다. (저자를 대표하고 있는 제3자인) 줄피티우스는, 이러한 초년 법학도에게 로마법의 법학제요(Institutes) 강의를 제외하고는 다른 강의는 출석하지 말라고 충고한다. 법학제요는 1년 동안에 배울 수 있기 때문이다. 줄피티우스는 다시 말하기를, “이 작은 책은 법학의 진수를 포함하고 있다.”

이러한 지점까지는 압펠의 입문서(Isagoge)는, 문체에 있어서나 내용에 있어서 인문주의적이다. 그러나 점차로 이들 3자의 대화는, 이 장(제3장 도이치 법과학의 변화 중 첫 번째 항목 인본주의 또는 인문주의자 법과학의 회의적인 단계)의 앞에서 인문주의자 법과학의 두 번째 단계라고 부르는 것을 넘어서서 진행된다. (저자를 대표하는 가상의 인물인) 줄피티우스는, 법학제요(Institutes)의 역할을 다음과 같이 본다. 법규칙을 법 자체의 사상(이성(reason)이 담긴)에서 끄집어내는 역할이다. 법 자체의 생각에서 끄집어 낸 법규칙의 밑에 존재하는, 기본적 법원칙과 법개념은 어디로 환원되는가? 소급하면 **“인간의 자연적인 성격으로, 이미 태생적으로 존재하는, 지식의 요소”**[431]로 환원하게 된다고 한다. (이때 인간성에 내재한 지식의 요소(elements of knowledge that are inborn in human nature)라는 것은 멜랑히톤이 지적한 것이다) 그러나 압펠은 “태어날 때부터 가지고 온, 태생적인 지식 또는 생각들”에 그치지 않고,

431) 원저 p.115. 각주 46. Quoted by Wieacker, *Humanismus und Rezeption,* pp.62～63.

멜랑히톤이 변증법적으로 전개시킨 "방법론"(Methodica)의 나머지까지도 적용하는 데에까지 나아간다. 압펠은 로마법 대전 중 인스티투테스(Institutes)를 전면적으로 다시 순서를 만들고 정리하기를 제안했다. 법학교육의 요구에 따라서 전면적으로 재정리하여야 되며, **법학교육의 요구라는 것은, 무엇보다 학생들이 쉽사리 파악할 수 있도록 하는 것이며**, 요구되는 것은 엄청난 분량으로 존재하는 기술법의 법규칙을 단순화시키고 조직화해야 되겠다는 필요성을 말한다. **다른 한편에 있어서는 학생들의 필요성을 넘어서는 것이다**. 즉, **법규칙을 합리적이며 보다 포괄적인 법원칙의 조합으로부터 추출해야 되겠다는 지적인 욕구에서부터 나온다**. 그러고 나서 압펠은 그의 『입문서』에 그의 이전 작품 『방법론』(Methodica)에서 제시했던 많은 분석들을 더욱더 요점을 되풀이해서 개괄하며 또한 확장하고 있다.

프란츠 비악커(Franz Wieacker)는, 압펠이 로마법을 사용할 때 어떤 표리부동한 이중성을 가지고 쓴다고 공격하였다. 비악커가 쓰기를, 압펠과 그의 서클들은 인스티투테스(Institutes)를 들고 나온 것은, 권위 있는 선례로써의 순수한 원천을 갖고 나오려는 골동품 수집가의 필요성을 만족시키기 위함이었고, 실로 압펠들은 인스티투테스(Institutes)를 근본적으로 새로운 용어로 해석함으로써 그것의 의미를 왜곡시켰다고 비판하였다.[432)]

그러나 압펠의 업적을 판단하는 다른 방법이 있다. **그는 "원천으로 돌아가자**"(back to the sources)**를 행했으나**, (우리가 이미 보아온 바와 같은) 인문주의자 발라의 시대 이후의 인문주의 비판가들

432) 원저 p.115. 각주 47. Ibid.

에 의해서 채택된 언어학적－역사학적(philological-historical) 방식에 의거하지는 않았다. **오히려 그가 의거한 것은, 성서해석학의 방법론이었다.** 이 성서해석학의 방법(hermeneutical method)은, 성경을 해석할 때, 종교개혁의 발단과 진행을 이끈 것으로써, 루터, 멜랑히톤, 그리고 다른 프로테스탄트 신학자들이 쓴 방법이었다. 즉, **16세기 종교개혁기의 프로테스탄트 성서 해석학이 주력한 것은, 성경의 숨어져 있는 의미를 당시의 독자들에게 드러내서 펼쳐주는 것이었다.** 따라서 그것은 옛 것에 무조건 집착하는 골동품 취미와 같은 동기에서 나온 것이 아니고, **현재와 미래를 위해서 성경의 메시지를 새롭게 이해하려는 절박하고도 실천적인 관심에서 나온 것이었다.** 여기에 더해서 더 중요한 것이 있었다. 또한 이것은 성경뿐만 아니라 유스티니아누스 법 모음의 해석에도 마찬가지로 해당될 것이다. 즉, **성경의 정신**(its spirit)**에 따라서 해석되어야 되고, 문자에 집착해서 해석되어서는 안 된다는 것이다.** 이와 같은 해석법은 **성경의 개별적인 부분을 해석할 때에도 성경 전체**(Scripture as a whole)**를 감안하고 참조해서 해석해야 된다는 것을 의미한다. 루터의 성경해석학의 모토는 성경 스스로가 자신의 해석자이다**(Scripture is its own interpreter, *Scriptura sui ipsius interpretes*).[433] 이것이

---

433) 원저 p.115. 각주 48. For an overview of these basic principles of Lutheran theological hermeneutics, see Joachim Beckmann, "Die Bedeutung der reformatorischen Entdeckung des Evangelium für die Auslegung der Heiligen Schrift," *Luther-Jahrbuch* 34 (1963), 20ff.; Edward H. Schroeder, "Is There a Lutheran Hermeneutic?" in Robert W. Bertram, ed., *The Lively Function of the Gospel: Essays in Honor of Richard R. Caemmerer* (St. Louis, 1966), pp.81～98. On the broader significance of Lutheran theological hermeneutics, see Karl Holl, "Luthers Bedeutung für den Fortschritt der Auslegungkunst," in *Gesammelte Aufsatze zur Kirchengeschichte*, 6th ed. (Tübingen, 1932), 1:544ff.; Alfred Voigt, "Die juristische Hermeneutik und ihr Abbild in Melanchthons Universita¨tsreden," in Carl Joseph Hering, ed., *Staat-Recht-Kultur: Festgabe*

의미하는 바는 다음과 같다. **전통은 권위를 잃었다**. 이 말은 물론 모든 전통이 그러하다는 것이 아니다. 이전의 시대에 받아들여졌던 전통적인 해석이 권위를 잃었다는 뜻이다. **신앙과 학식을 가진 어떤 독자도 성경 텍스트에 자유롭게 의미를 부여할 수 있다**. 이와 같은 경위로 이미 이전의 권위 있는 당국에 의해서 확립된 형태와는 아주 다른 성경적 원칙과 개념을 프로테스탄트 신학은 조직화할 수 있었다. 또한 이러한 성경적 원칙과 개념이 이전의 권위 있는 당국에 의해서 수립된 원칙과 개념과 달랐던 것은 말할 필요도 없다. **압펠은 아마도 프로테스탄트 성경해석학을 법에 적용한 최초의 법학자였으며**, 그렇게 함으로써 성경해석학을 원칙들과 개념들이 통합된 조직으로 내놓을 수 있었다. 그리고 그 원칙과 개념들로부터 비로소 여러 가지 법규칙이 논리적으로 이끌어내어지는 것이었다. **압펠은 그의 동료인 신학자들이 신학에서 한 것을 그대로 법학에서 시도한 사람이었다**. 우선 그가 새롭게 종합한 원칙들과 개념들은 그 형태에 있어서 이전에 성경 원전에서 존재하는 것처럼 외관상 보이던 것과는 전혀 달랐으며, 또한 이전에 권위로써 통용되던 성경에 대한 저작들이 수립한 것과도 전혀 달랐다.

압펠의 주된 공적 중의 하나는, 유스티니아누스의 인스티투테스(Institutes)에서 확정적으로 선언한 법에 있어서의 구분(division of law)을 비판함과 동시에 재해석한 것이다. 유스티니아누스 황제가 확정적으로 선언한 구분이라는 것은 법을 인(人, persons), 행위(行爲, actions), 물건(物件, things)으로 구분하는 것을 말한다. 인스티투테스(Institutes)의 저자는 이들 주요한 세 가지 용어를 충분하게

---

für Ernst von Hippel zu seinem 70. Geburtstag (Bonn, 1965), pp. 265ff.

뜻을 정하지 않았으며, 실로 이들 용어에 대해서의 그의 상세한 설명을 내놓지 않았다. 첫 번째로, 압펠이 주장하기를, 인(persons)이라는 범주를 물(things)이라는 범주에 대해서 구분하는 것은 생각만큼 필연적이 아니고, 오히려 부수적이다. 그는 더 나아가서 물건(things, res)을 구분하여 "물건에 있어서의 권리"(right in a thing, jus in re) 또는 물건에 내재(內在)하는 권리[434]와 "물건에 대한 권리"(right to a thing, jus ad rem)로 구분하였다. 더 하위개념으로 들어가서, 압펠은 물건에 있어서의 권리(jus in re)에다가 소유권(ownership, dominium)을 적용시키고, 물건에 대한 권리에 대해서는, 의무("債權 또는 債務")[435](obligation, obligatio)라는 용어를 적용시켰다. 의무(obligation)라는 용어 아래에서 그는 행위(actions)를 포섭시켰다. 물건에 대한 권리(jus ad rem)라는 개념은, 로마법대전의 인스티투테스(Institutes)에서는 발견되어지는 것이 아니고, 12세기의 스콜라주의 법학자에 의해서 발명된 것이며, 그 이후로 유럽 법에 있어서의 근본적이며 축이 되는 개념이 되어 왔었다.[436] 압

434) 옮긴이 주석: 미야지마는 물에 내제하는 권리로 번역하였다(2010: 123).

435) 옮긴이 주석: obligatio를 債權 또는 債務라고 한 것은 미야지마의 번역이다(2010: 123).

436) 원저 p.116. 각주 49. On the development of the concept ius ad rem, see Harry Dondorp, "Ius ad rem als Recht, Einsetzung in ein Amt zu Verlangen," *Tijdschrift voor Rechtsgeschiedenis* 59 (1991), 285~318; Peter Landau, "Zum Ursprung des 'Ius ad Rem' in der Kanonistik," in Stephan Kuttner, ed., Proceedings of the Third International Congress of Medieval Canon Law (1971), 81~102. The term ius ad rem was coined in the twelfth century primarily to describe the legal status of a party who had been invested with a fief or a benefice but had not yet taken physical possession. The party did not have full rights in the property (*ius in re*) but had only a right against the lord of the fief or the ecclesiastical superior to be given actual possession at a future time. The development of the concept *ius ad rem* was part of a broader development of *ius* as a subjective right. Prior thereto, the word *ius*,

펠은 민법을 소유권[437](직접적인 것[438] 또는 간접적으로 혜택을 입는 것[439])과 의무(계약에 의한 것, 계약에 유사한 것에 의한 것[440], 불법행위에 근거한 것, 또는 유사불법행위에 근거한 것[441])[442]

---

in Roman law, referred only to objective right, that is, law. The law, *ius*, imposed duties and obligations, but in classical Roman law there was no word for subjective rights. The twelfth-century canonists used the word *ius* for the first time to designate the law-based claim of one to whom a duty is owed, reflecting "a zone of human autonomy" and "a neutral sphere of personal choice." See Brian Tierney, *The Idea of Natural Rights: Studies on Natural Rights, Natural Law, and Church Law, 1150~1625* (Atlanta, 1997), pp. 66~67. In the thirteenth century the new understanding of subjective right was integrated into the whole body of the canon law. See Charles J. Reid, Jr., "The Canonistic Contribution to the Western Rights Tradition: An Historical Inquiry," *Boston College Law Review* 33 (1991), 37~92; and Charles J. Reid, Jr., "Thirteenth-Century Canon Law and Rights: The Word Ius and Its Range of Subjective Meanings," *Studia Canonica* 30 (1996), 295~342

437) 옮긴이 주석: ownership을 미야지마는 물권(物權)으로 번역하였다.

438) 옮긴이 주석: 미야지마는 직접적 소유권(直接的 所有權)이라고 번역하였다.

439) 옮긴이 주석: 미야지마는 간접적 용익권(間接的 用益權)이라고 번역하였다.

440) 옮긴이 주석: 미야지마는 의사계약(疑似契約)이라고 번역했다.

441) 옮긴이 주석: 미야지마는 의사불법행위(疑似不法行爲)라고 번역했다.

442) 원저 p.116. 각주 50. In making this division Apel acknowledges, early in the Isagoge, his indebtedness to a manuscript he discovered in Ko¨nigsberg, which he mistakenly regarded as an early edition of Justinian's Institutes but which, in the eighteenth century, was identified as an early edition of the twelfth-century *Brachylogus Juris Civilis*, a product of the glossators. Several editions of the *Brachylogus* after 1551 included Apel's *Isagoge* as an appendix. See Stintzing, *Geschichte der Rechtswissenschaft,* pp.292~293; and Theuerkauf, *Lex*, p.195. The scholastic jurists did not, however, make the division between dominium and obligatio the basis for a synthesis of legal doctrine. Indeed, the *Brachylogus* simply includes *dominium* and *obligatio* in a list of several dozen legal topics, largely drawn from and arranged in accordance with Justinian's Institutes, and provides only a rudimentary taxonomy of law. It makes no attempt to define the relations among the legal topics, and offers only cryptic definitions and illustrations-frequently less than one hundred words-of each topic. A 1557 edition of the *Brachylogus*, published in Lyon, occupies but 123 pages, with fewer than two hundred words per page. Such a work stands in sharp contrast to the writings of Apel, both in organization and in comprehensiveness.

로 구분하였으며, 이러한 구분은 21세기에 이르기까지 그것이 계속해서 존재했을 정도로 근대 서양 법과학의 기본 용어로 확립되었다. 압펠에 의하면 두 개의 가장 근본적인 상위개념인 소유권(ownership)[443]과 의무(obligation)에, 민법에 있어서의 다른 모든 것들이 다음과 같이 연관이 되어 있다. 소유권과 의무가 개념의 위계 상으로 속(genera)에 속하고, 그 하위개념인 종(species)이 존재한다. 따라서 소유권과 의무 아래에 1) 두 개 개념의 하위개념으로써의 종들(species)이 2) 유효한 이유(effective cause), 3) 효력(effect), 4) 연고가 있는 인척(affine), 5) 반대의 것(contrary), 6) 정황 또는 구체적인 상황(circumstances). 이와 같이 보면, 인(persons)은 소유권과 의무의 정황, 상황 또는 구체적인 상태(circumstances)로 취급되어져야만 하고, 소송행위(actions)라는 것은 소유권과 의무의 효과 또는 효력(effects)으로 취급되어져야 한다. 압펠에게서 특징적인 것은, 그는 다음과 같은 방법으로 설명하려 했다는 것이다. 그림과 도표를 만드는 것, 차트를 만들어서 도시하는 방법을 넓게 썼으며, 이런 방법들은 이전에도 실제로는 쓰여져 왔는데, 주로 개별적으로 특화된 주제를 상세하게 설명할 때만 쓰여져 왔으나 압펠은 이 방법을 민법 전 체계를 함께 포괄하는 방식으로 사용했다. 그 도시에 대해서는 다음 그림을 보라.

443) 옮긴이 주석: 미야지마는 물권(物權)으로 번역하였다.

Figure 1. Apel's chart

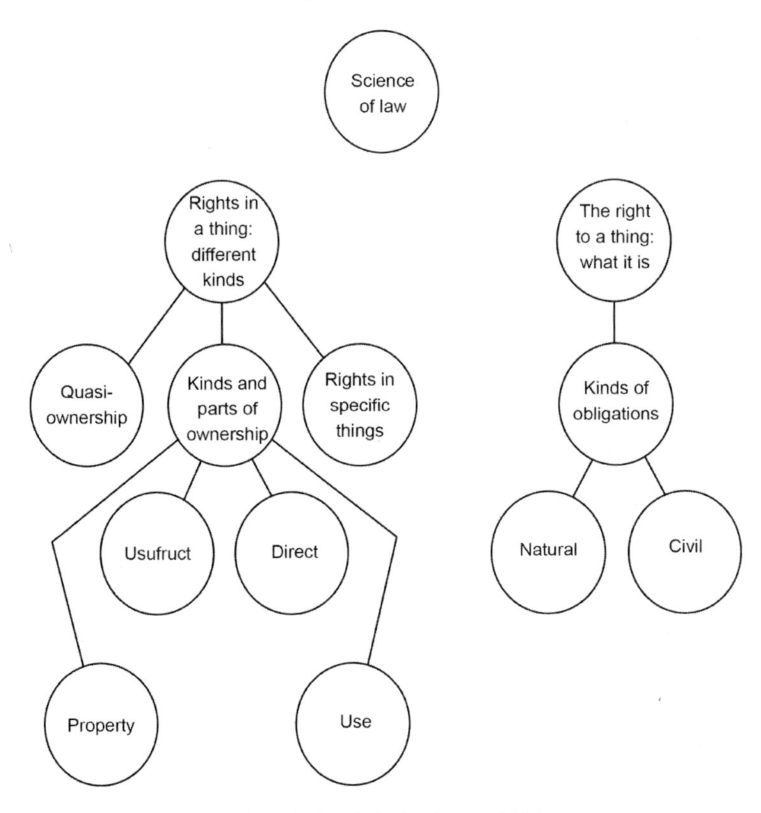

Johan Apel, Methodica(Lyon, 1549)

압펠은 "시민법"(civil law)이라는 용어를 1차적으로 재산, 계약, 불법행위, 그리고 개인적인 사람들 사이의 관계를 주로 규율하는 법의 분과를 지칭하는 것으로서 사용한 최초의 서양법학자였다. 그러나 **로마인들이 시민법(jus civile)이라고 했을 때는, 원래는 로마 시민들을 규율하는 모든 법으로 이해되고 있었고, 16세기에 와서 "사법"(private law)이라고 불리게 된 것 뿐만 아니라, 역시 헌법,**

행정법, 형사법, 교회법, 그리고 공법(public law)**의 다른 분과를 포함하는 것으로 원래 되어 있었다.**[444)][445)] 교황의 혁명 이후에, **혼인법이나 형사법**과 같은 법의 분과는 캐논법과 로마법이라는 당시의 두 개의 주된 시스템 내부에서 분리된 하위 시스템으로 보여지게 되었다.[446)] 공법과 사법을 뚜렷하게 구분하고, 시민법을 (비록 배타적은 아닐지라도) 주로 사법으로 취급하는 것은 16세기와 그 이후

---

444) 원저 p.116. 각주 51. In his *Methodica,* Apel stated that in terms of both its material cause (that is, its subject matter) and its formal cause (that is, its form), law (*ius*) is divided into public law and private law, and private law, in turn, into written law and unwritten law. In terms of its efficient cause (that is, its source), Apel divided law into natural law, law of nations, and civil (i.e., Roman) law. Thus unwritten private law was derived from natural law and written private law from civil law. Although this classification did not exclude the derivation of public law partly from civil law, Apel's analysis of civil law tended to focus primarily on its private law aspects.

445) 옮긴이 주석: 한국에서 로마 제국 시대의 로마법을 논하는 사람들은 주로 민법을 위주로 한 사법학자들이 인용하였기 때문에, 그리고 그들이 주로 물권법과 채권법의 연원을 설명할 때 로마법을 인용하는 데에 그쳤기 때문에, 또한 더 큰 이유는 한국에서 『로마법 · 서양법제사』라는 책 명칭으로 로마법 전반이 아니라 로마 사법(private law)을 다루었고, 서양법제사 전반이 아니라 서양법 전통의 긴 흐름 중에서 주로 19세기의 도이치법 중에서 또한 사법의 역사만을 한정적으로 다루어 왔다. 이런 관행으로 인해서 모든 법학도와 다른 분야의 학도들도 로마법=로마 사법, 서양법제사=도이치 19세기 사법이라는 기이한 등식을 그리게 된 것이 지금까지의 실정이다. 학계에서도 해방 이후 로마법을 강의한 주된 학자들(현승종, 조규창, 황적인, 최병조 교수)은 로마법이라 했으나 그 내용은 주로 사법이었으며, 서양법제사로 강의한 교수분들(황적인, 최병조 교수)도 사법사만을 취급해왔다. 따라서 1945년 이후 만을 이야기하더라도 약 70년간 고전 로마 시대 이후 서양 근대에 이르는 최소 1600년 내지 1800년간의 서양법제사의 연구를 주로 사법을 연구하는 것으로써 인식해 왔다. 놀라운 일이 아닐 수 없다. 왜냐하면 공법의 영역에 있어서는 서양법제사라는 과목을 설정할 수도 없었으며, 또한 공법학자가 로마법을 취급하는 예가 없었기 때문이다. 이것은 순전히 동아시아 및 한국의 상황이지 실제 역사의 현장인 1600년 내지 1800년 이상의 서양법 전통의 광대한 현장에서는 전혀 아니었다는 얘기다.

446) 옮긴이 주석: 다른 말로 표현하면 형법은 11세기의 교황의 혁명 이전에는 캐논법과 로마법이라는 당시의 두 개의 주된 시스템 안에 같이 존재하고 있었다는 것이다. 혼인법도 또한 같다.

의 세기들에 와서야 비로소 서양 법사상의 특징이 되었다.[447] 16세기에 많은 게르만 영역과 도시들에서 분리된 형법전과 행정법의 입법이 행해졌다. 이때 공행정작용은 주로 경찰작용(Polizeiordnungen[448])을 포함한다. 그러나 압펠의 논문집으로부터 시작해서 "시민법"을 개괄하는 위대한 16세기의 도이치 논문들은 공법을 전형적으로 "인격에 대한 법"(the law of persons[449]) – 특히 왕의 인격에 대해서 – 을 다루었으며, 자주 형사법을 간과했으며, 1차적으로 (그러나 다시 한번 강조할 것은 오로지 전속적으로 아니게) 소유권과 민사 의무 및 상속, 가족법, 그리고 사법의 다른 연관된 분야에 집중하였다. 동시에 민사 실체법은 민사 절차로부터 분리되는 것으로 분석되어졌다.

용어와 개념의 정의(定義, definition)를 강조하는 것과 법원칙을 상위개념인 genus와 하위개념인 species로 자세하게 분류하는 것은 민사법 자체의 전체 구조 내부에서도 뚜렷한 개념적인 구별로 나아갔다. 이러한 구분의 한 가지는 계약을 소유권의 취득에서부터 분리하는 것이다. 압펠에 의하면, 계약은 의무의 원인(原因, causa) 또는 사유(cause)가 되고, 의무(또는 채권)라는 것은 어떤 재산"에

447) 원저 p.116. 각주 52. On the divisions between public law and private law in Roman law and earlier canon law, see Hans Mullejans, *Publicus und Privatus im römischen Recht und im alteren kanonischen Recht unter besonderer Berücksichtigung der Unterscheidung Ius publicum und Ius privatum* (Munich, 1961). Mullejans concludes from his careful study of the sources that the Roman lawyers and the early ecclesiastical lawyers "made no clear distinction" between a "*ius publicum*, that is, a law pertinent to the affairs of the state or of the ecclesiastical domain" and "a ius privatum, that is a law governing the private affairs of persons" (pp.1~3, 187~188).

448) 옮긴이 주석: Polizeiordnungen을 미야지마는 공법(公法)으로 옮겼다.

449) 옮긴이 주석: the law of persons를 미야지마는 복수형의 개인(persons)은 국왕을 의미한다고 하고, law of persons를 국왕의 법률로 옮겼다.

대한"(to) 권리이며, 어떤 재산"에 내재(內在)하는"[450](in) 권리는 아니었다. 소유권은 재산"에 내재하는" 권리인데, 여러 가지 방식으로 취득될 수 있고, 점유나 상속뿐만 아니라 역시 계약에 의해서도 할 수 있다; 그럼에도 불구하고, 소유권 취득으로 결과하는 계약, 예를 들어서 매매 계약(contract of sales)은 소유권에 대한 가장 근접한 원인(proximate cause)이라고는 말해지지 않고, 단지 멀리 떨어진 원인(remote cause)이라고 말해질 뿐이다. **매매계약은 개인적 행위의 "근접한 원인"이며, 개인적 행위란 의무(obligation)이다. 그래서 매매계약은 팔린 물건의 인도 및 이행에 대한 권리가 일어나게 한다. 그러나 이때 문제되는 것은 (비록 상징적이지만) 이행(delivery) 자체이고 이행에 대한 권리는 아니다. 이행에 대한 권리라는 것은 소유권의 근접한 원인이며－취득의 형태이다.**[451]

이와 같은 분석은 19세기 때까지는 정통적인 것으로 견지되었다－도이치에서뿐만 아니라 서양 전역에 걸쳐서 그러했다. 미국에서조차도 이와 같은 분석은 전적으로 포기되지 않아왔다. 물건 판 사람에 의해서 인도되어진 물품(예를 들어서 운반자에게 한 인도)에 있

---

450) 옮긴이 주석: 이것은 미야지마의 번역이다.

451) 원저 p.117. 각주 53. Apel, *Methodica*, fol. 27sr. Johann Oldendorp adopted these distinctions in his *Lexicon juris civilis* (1547). See Stintzing, *Geschichte der Rechtswissenschaft*, p.296. Apel's systematization is sharply criticized by Wieacker, *Humanismus und Rezeption,* pp.84～86. To Wieacker, Apel's system was based on he "illusion" that the law could be reformed with "sterile mechanical dialectics." Wieacker adds, "A new systematization of law could have been obtained only on the basis of a new form of community and society and thus also a newly directed fundamental idea of justice." Contrary to Wieacker, I contend that it was precisely the "new form of community and society" introduced by the Protestant Reformation and also the "newly directed fundamental idea of justice" associated with Protestantism that are reflected in Apel's "new systematization of law."

어서 산 사람의 물권과 역시 아직도 물건 판 사람의 점유에 놓여 있는 물품의 인도에 대한 물건 산 사람의 계약상 권리에 대한 구별이 아직도 행해졌다; 앞의 사례에 있어서(판 사람이 예를 들어서 운반인에게 물품을 인도했을 경우) 그 물품들은 산 사람의 물품이며, 산 사람은 제3자로부터 그 물품을 회복할 수가 있다. 거기에 비해서 후자의 사례에 있어서, 즉 판 사람이 아직도 물건을 점유하고 있는 경우에 그 물품을 인도하라는 산 사람의 계약상 권리의 경우에는 산 사람은 정상적으로는 인도하지 않음에 대해서 손해배상을 받을 수 있을 따름이다. 토지에 대해서는 물품과 대조적으로, 계약에 의한 권리와 물권 사이의 차이는 여전히 날카롭게 잔존하고 있었다. 토지소유권을 변동시키는 계약은 토지의 양도와는 다르다.

압펠의 법과학에 대한 열쇠는 민사법의 논리적 일관성에 대한 그의 개념이었다. 비커가 논한 대로, 압펠과 그의 학파는, "권위 있는 출처들을 해체 또는 파괴하는 것 자체가 법을 발견하는 새로운 기초로 이끌지는 않는다"라는 것을 인지하고 있었다. "mos italicus의 빈틈없고 면밀한 하위분류"를 포기하고 나서, 압펠학파는 "특별한 규칙과 결정을 더 큰 범위의 연관 범위로부터 뽑아내는" 가능성을 발견하였다.[452)]

압펠의 『방법론』(Methodica)은 일련의 긴 업적들 중의 첫 번째 것으로 보이며, 이러한 연속적인 저작들은 비슷하게 제목을 가지고 있었으며, 그 내용에서는 대부분은 도이치인이었고,[453)] 거의 대부

452) 원저 p.118. 각주 54. Wieacker, *Humanismus und Rezeption*, p.69.

453) 원저 p.118. 각주 55. Among other important sixteenth- and seventeenth-century works by German and Dutch authors exemplifying the new systematic method of law are the following (arranged alphabetically according to author and dated according to the date of the first available published edition): Johannes

분들은 프로테스탄트였는데[454] 이들 16세기 법학자들이 법의 전

Althusius (ca. 1556~1638), *Iurisprudentiae Romanae Methodicae Digestae Libri Duo* (1586); idem., *Dicaeologicae Libri Tres, Totum et Universum Ius, Quo Utimur, Methodice Complectentes* (1618); Benedict Carpzov (1595~1666), *Practicae Novae Imperialis Saxonicae Rerum Criminalium* (1703); Balthasar Clammer (d. 1578), Compendium Iuris (1591); Hermann Conring (1606~1681), *Opera Iuridica Historica, Politica et Philosophica* (1648); Christoph Ehem (1528~1592), *De Principiis Iuris Libri Septem* (1556); Gerhard Feltmann (1637~1696), *Institutiones Juris Novissimi* (1671); idem, *De Jure in Re et ad Rem* (1672); Johann Thomas Freigius (1543~1583), *Methodica Actionum Iuris Repetitio ad Ordinem Iurisconsulti Triboniani Instituta* (1569); idem, *Partitiones Juris Utriusque* (1571); Ludwig von Freudenstein Gremp (1509~1583), *Codicis Justinianei Methodica Tractatio* (1593); Hugo Grotius (1583~1645), *De Iure Belli ac Pacis Libri Tres* (1646); Johann Gottlieb Heineccius (1681~1741), *Elementa Juris Civilis Secundum Ordinem Pandectarum* (1731); Joachim Hopperus (1523~ca. 1580), *De Iuris Arte Libri Tres* (1553); Joannes Kahl (d. ca. 1552), *Jurisprudentiae Romanae Synopsis Methodica* (1595); Melchior Kling (1504~1571), *Das gantze Sechsisch Landrecht mit Text und Gloss in eine richtige Ordnung gebracht* (1572); Samuel Pufendorf (1632~1694), *De Officio Hominis et Civis Juxta Legem Naturalem Libri Duo* (1673); Mattaeus Stephani (1576~1646), *Exegesis Iuris Civilis, Quotimur, ad Methodum Institutionum Justiniani Imperatoris Concinnata et Secundum Tria Iuris Objecta, Tribus Partibus Comprehensa* (1617); idem, *Tractatus Methodus de Arte Juris et Eius Principiis* (1631); Samuel Stryk (1640~1710), *Institutiones Juris Civilis cum Notis* (1703); idem, *Specimen Usus Moderni Pandectarum* (1708); Christoph Sturtz (ca. 1555~1603), *Methodus Logica Universi Iuris Civilis in Quatuor Institutionum, Quinquaginta Pandectarum et Novem Libros Codicis, Iusta Ratione Continuationis Omnium Titulorum Anima-adversa et Proposita* (1591); Nicolaus Vigelius (1529~1600), *Methodus Iuris Controversi* (1579); idem, *Methodus Juris Pontifici* (1577); idem, *Methodus Observatium Camerae Imperialis* (ca. 1579); idem, *Methodus Universi Iuris Civilis Absolutissima* (1561); idem, *Partitiones Iuris Civilis: Digestorum Suorum Rationem et Ordinem Breviter Demonstrates* (1571); idem, *Praefatio Apologetica: Methodus Duplex Commentariorum Tiraquelli* (1586); Hermann Vultejus (1555~1634), *Iurisprudentiae Romanae Justiniano Compositae Libri Duo* (1590).

454) 원저 p.118. 각주 56. Of the later sixteenth-century German and Dutch jurists Udo Wolter writes that "by far the greatest number were Protestant." Udo Wolter, *Ius Canonicum in Iure Civili: Studien zur Rechtsquellenlehre in der neueren Privatrechtsgeschichte* (Cologne, 1975), p.59. Of the authors listed in n. 55, apparently only Hopper and Freigius remained loyal to the Roman

분야에 걸친 종합화를 단순히 제기하였을 뿐만 아니라 실제로 그 종합을 제시하였다. 16세기가 진행되는 동안에 이러한 전 분야에 걸친 종합 명제는 점점 더 포괄적이고 점점 더 상세해져갔다.

3.6 종교개혁 시대의 법학자 콘라드 라구스(Konrad Lagus)

압펠의 저작은 8년 뒤에 발행된, 그보다도 젊은 동료였던 콘라드 라구스(1499~1546)의 『방법론』(Methodica)보다 상당한 정도 덜 포괄적이고, 덜 자세하다. 라구스는, 루터나 압펠과 같은 비텐베르크(Wittenberg) 대학에서 1522년에서 1540년까지 가르쳤다.[455] 압펠처럼, 라구스도 인문학부(the faculty of arts)에서 가르치고, 나중에 법학으로 왔다. 1529년에 문학 석사학위를 받은 뒤, 11년 뒤인 1540년에 라구스는 법학의 최종 학위를 받았다. 그 이전에, 그는 철학적 주제와 동시에 기술적인 법적 주제에 대해서 똑같이 강의도 하고 저술도 했으며, 이러한 철학과 법학의 양 분야에 걸치는 것은, 신학에서도 마찬가지였다. 즉, 철학과 신학 양 분야에서 강의와 저술을 했는데, 구체적으로는 변증법 또는 수사학과 신학의 양 분야에 동시에 강의도 하고, 저술도 한 것과 마찬가지였다. 라구스

Catholic Church.

455) 원저 p.118. 각주 57. For biographical and bibliographical information on Konrad Lagus, see Theodor Muther, *Zur Geschichte der Rechtswissenschaft und der Universitaten in Deutschland* (Jena, 1876), pp. 299ff.; idem, "Lagus, Konrad," in *Allgemeine Deutsche Biographie*; Stintzing, *Geschichte der Rechtswissenschaft*, pp. 296ff.; Theuerkauf, *Lex*, pp. 183ff.; Hans Erich Troje, "Wissenschaftlichkeit und System in der Jurisprudenz des 16. Jahrhundert," in Jürgen Blühdorn and Joachim Ritter, eds., *Philosophie und Rechtswissenschaft: Zum Problem ihrer Beziehungen im 19. Jahrhundert* (Frankfurt am Main, 1969), pp. 76ff.

는 역시 정부에 대해서도 활발한 역할을 했는데, 1539년에 츠비카우(Zwickau)라는 도시의 시 개혁에 참여하였으며, 마침내 1540년에는 비텐베르크를 떠나서, 당시 프로테스탄트 도시였던 단치히의 지방행정장관이 되기도 했다. 압펠과 마찬가지로, 라구스도 루터와 루터의 법철학적인 조력자 멜랑히톤의 믿음을 굳게 공유하고 있었다. 따라서 법과학을 구조화하려고 노력했으며, 이것은 멜랑히톤이 기본적 주제와 개념을 praecipui loci에 따라서 신학을 구조로 짜보려는 것과 같았다. 이와 같은 동기에서 라구스는 다음과 같이 썼다. "우리가 상위개념인 속(genera) 개념을 먼저 이해하고, 그것을 통해서 하위개념인 종(species) 개념에 대한 지식의 핵심들에 도달한다는 것은, 억지로 하는 것이 아니라 **이미 존재하는 자연적 질서**(natural order)**가 그것을 요구하기 때문이다.**"[456] 또한 멜랑히톤이나 압펠이나 또한 이미 우리가 본 인문주의자 법학자들에게 공통적인 케이스로써, 보편적으로 통용되는 법원칙과 법개념(general legal principle and concept)에 대한 탐구는, 라구스로 하여금 유스티니아누스 대전 중 인스티투테스(Institutes)로 인도하게 되는데, 라구스는 말하기를, 인스티투테스가 "법 질서의 구조"(the structure of legal order)를 제공하였다라고 했다.[457] 그럼에도 불구하고 압펠과 마찬가지로 라구스는 인스티투테스에서 이미 주어진 "구조"

---

456) 원저 p.118. 각주 58. Konrad Lagus, *Protestatio Adversus Improbam Suorum Commentariorum de Doctrina Iuris Editionem ab Egenolpho Factam* (Danzig, 1544), A.4v. Cf. Theuerkauf, *Lex*, p.201, n. 74; and Troje, "Wissenschaftlichkeit und System in der Jurisprudenz des 16. Jahrhundert," p.76. Troje properly relates this insight to the thought of Melanchthon: "Konrad Lagus …… sought to write a juridical pendant to Melanchthon's Loci communes theologici. His methodological obsevations and excursions are very clearly inspired by Melanchthon."

457) 원저 p.118. 각주 59. Lagus, *Protestatio*, A.4v.

를 그대로 답습하지는 않았다. 그 대신 법학제요에 나타난 법규칙과 법개념을 사용하여, 그 자신의 『방법론』(Methodica)을 건축하는 블록으로 사용했다. 그 자신의 『방법론』은 1536년에서 1540년 사이에 쓰여지고, 초간된 것은 1543년이었다. 830페이지의 책이었으며 압펠의 『방법론』보다는 여섯 배나 더 길었으며, 그 긴 내용은 로마법과 캐논법에서 뽑아낸 기본적 법원칙을 서술하는 데에 바쳐져 있었다.[458] 라구스의 『방법론』에서, **라구스는 체계적 방법으로, 법에 대한 과학과 법에 대한 인문학이 공존할 수 있는, 주된 부분을 출발시키려고 시도했다.**[459] 출판사는 책의 광고에서 쓰기를; "이전 400년 동안의 어느 누구도, "방법론"의 개요(compendium,이것은 그 당시의 방법론을 뜻하는 Methodica와 혼용해서 쓰고 있었던 용어였다)를 모든 법학 계를 통틀어서 쓰지 못했다"라고 했다.[460] 저자인 라구스 자신도 비슷한 주장을 했는데, 그의 앞선 예로, 13세기의 캐논법과 로마법에 대한 Hostiensis와 Azo의 저작인 『방법론 개요』(*summae*)를 각각 호의적으로 참고로 제시했으나, 13세기의 이 두 사람도 법 자료를 취급할 때, 당시의 권위가 되는 텍스트에서 나타난 순서대로 정리했을 뿐이지, 텍스트 자체에 스며들어 있는 기본적 원칙에 따라서 정리한 것은 아니라고 했다.[461] 라구스가

458) 원저 p.119. 각주 60. Lagus's *Juris Utriusque Methodica Traditio* was reprinted frequently throughout Europe: in Frankfurt (1543, 1552, 1565), in Paris (1545), in Lyon (1544, 1546, 1562, 1566, 1592), in Louvain (1550, 1552, 1565), and in Basel (1553).

459) 원저 p.119. 각주 61. Lagus, *Juris Utriusque Methodica Traditio*, B.lv.

460) 원저 p.119. 각주 62. Theuerkauf, *Lex,* p.206; see also Gilbert, *Renaissance Concepts*, p. 112 and sources cited therein.

461) 원저 p.119. 각주 63. Lagus, *Methodica,* B. I. "All the so-called *loci ordinarii* of the law," he wrote, "were never brought together [by the scholastic jurists] into an ordered relationship. Through the structuring of this relationship a

언급하기를, 그 자신의 목적은 **학생들에게 법의 전면에 걸친 그림, 즉 부분이 아니라 전경을 나타내는 그림을 보여주고자 하는 것**이고, 상위개념인 제네라(genera)로부터, 학생들의 생각이 이윽고 하위개념(species)으로 나가게 되며, 그렇게 해서 학생들은 하위개념으로부터 개개의 특별한 법적 규칙과 결정을 정당한 과정을 거쳐서 알게 된다고 했다.462)

라구스는, 압펠의 생각이었던 시민법(civil law)의 전체성과 통일성, 그리고 그 시민법이 소유권과 의무로 나누어진다는 것을 추종하면서도, 그의 동료였던 압펠을 언급하지는 않았다. 또한 라구스는, 역시 그의 동료였던 멜랑히톤도 언급하지 않았다. 실제로 그는 압펠과 마찬가지로 멜랑히톤의 개념과 방식을 채택하였는데, 멜랑히톤의 개념이라는 것은, 근본적 진실에 대한 원래 있으며 내재적이며 또한 본래 가지고 있는 지식이라는 생각이며, 멜랑히톤의 방법은, 주제에 의한 방법(topical method)이었다.463)

---

student may readily see what the connection is [between *loci*] and how they reveal, to a certain extent, a compendium of all legal knowledge. One can find some progress towards this in the socalled *Summae*, particularly those of Azo and Hostiensis. But the summists did not attempt to divide the whole body of the law into distinct principal members. They were only concerned to describe dialectically (or dogmatically) the content of specific titles in given ordinances that they found in the Justinian Code or the Decretals. They were far more concerned with the individual titles than with a methodum juris."

462) 원저 p.119. 각주 64. Lagus, *Methodica*, B.lv. Cf. Theuerkauf, *Lex*, p. 201, n. 73. Stintzing writes: "Lagus's Methodica ……is indeed the oldest comprehensive compendium of the law." Stintzing, *Geschichte der Rechtswissenschaft,* p.300

463) 원저 p.119. 각주 65. Theuerkauf, *Lex*, p. 206, states that "it may be supposed" that Lagus "had learned of Apel's attempts to apply dialectics to jurisprudence," and that "perhaps" Lagus was familiar with the 1535 edition of Apel's *Methodica* and the 1540 edition of his *Isagoge,* but that any influences "cannot be proved." He then states specifically that the fact that Lagus made a fundamental division of the civil law into ownership and obligation "must not

라구스의 법과학은 많은 점에서 압펠과 비슷했지만, 그럼에도 새로운 진척을 이루었다. 비단 더 길고 더 포괄적이었을 뿐만 아니라, 철학적으로도 훨씬 더 풍부했다. Methodica에서, 압펠은 (loci의 방법인) 변증법적으로 추론하는 것의 원칙을 발전시켰으며, 이

---

be traced back to Apel's influence but can much rather rest immediately on the Institutes of Justinian." A similar interpretation was offered earlier by Otto von Gierke, who wrote: "Lagus, to be sure, was the first to carry through the idea of a systematic legal textbook, but he retained the essential order of the Institutes." Otto von Gierke, *Johannes Althusius und die Entwicklung der naturrechtlichen Staatstheorien,* vol. 5 (Aalen, Scientia Verlag, 1958), p.38. These conclusions are unfounded. In fact, the Institutes of Justinian gives no basis for Lagus's-and Apel's-division of civil law into two fundamental parts, the one constituting *dominium* (or *res*) and the other *obligatio*. On the contrary, the Institutes proposes, but does not follow, a classification into persons, things, and actions, which Apel rejected and Lagus criticized and transformed. The Institutes defines *dominium* as ownership *in re* but does not distinguish it from rights *ad rem*. For further discussion of the separation of the law of ownership from the law of obligations, see Chapter 5.

In accounting for the important similarities in the writings of the two men, one must start with the fact that for many years they were colleagues at the University of Wittenberg, teaching very similar subjects, and that they were both ardent followers of Luther and Melanchthon. It was usual at that time for authors not to cite the works of other contemporary authors. Lagus's dependence on his Wittenberg colleagues as well as his advance beyond them, is explained incisively by Muther, *Aus dem Universitäts- und Gelehrtenleben*, pp.308～309. "While Apel placed all his emphasis on the dogmatic dialectical treatment of individual legal data and only later advanced to a systematic treatment of these data, Lagus had from the beginning placed foremost emphasis on the system. Until that time, one had always sharply separated the sources of Roman and canon law and lectured separately on the contents of these texts. It was Lagus who first undertook to combine these sources and bodies of law into a whole and to depict dogmatically in a systematic compendium a Roman law modified by canon law. I believe I do not err when I point to Melanchthon as the model whom Lagus sought to emulate in this regard. In 1521 this praeceptor of Germany first published his *Loci Communes*, a systematic summary of theology which can be regarded as the first compendium of Protestant dogma. The great success which this book achieved, the important influence which it had on the study of theology, stirred other disciplines, particularly jurisprudence, to seek to imitate it."

변증법적 추론의 방식을, 법원칙들을 체계화하는 기초로 사용했다. 이때의 변증법적 추론의 방법은 일반적인 것에서부터 출발해서 더 특수한 하위개념으로 진행시키는 것이다. 그렇지만 압펠은 그의 방법론에서 법의 목적에 관한 철학적인 질문을 논하지는 않았다. 그가 관심을 가진 것은, 법원칙과 법규칙을 체계화하는 것이었고, 이때 체계화는 법원칙을 구체적인 개개의 사례에 적용할 때 동기가 되는 정의와 형평 같은 것과는 독립적으로 하는 것이었다. 여기에 대비해서 **라구스는 그의 저술을 두 부분으로 분리했는데, 그중 하나를 철학적인 것이라고 불렀고, 다른 부분은 역사적인 것이라고 불렀다**. 철학적 부분은 1544년의 발행판에서 단지 58페이지에 불과한데, 법의 일반적 성질을 다루고 있으며, 그 책의 방법을 보여주고 있다. 역사적인 부분은 830페이지 중에서 766페이지나 차지하는 상당한 분량인데 법 구조의 전체에 대해서 상세한 분석을 하고 있다.

특별한 관심을 끄는 것은, 라구스의 법에 대한 체계화이고, 이것은 철학적 부분에 있으며, 아리스토텔레스가 일찍이 네 종류의 "원인"(causes), 즉 "유효한 원인"(efficient causes), "주제가 되는 일에 의한 원인"(material causes), "형식적 원인"(formal causes), 그리고 "최종의, 또는 궁극적 원인"(final causes)이라고 분석한 것에 일치시키는 것이다. 이러한 분석은 그 이전의 오랫동안 스콜라주의 신학자들이나 법률학자들이나 철학자들에게 친숙해져 온 것이다. 그러나 그것은 그 분석이 상세하게 설명한 지식의 여러 분과를 조직화하는 기초로 쓰여진 일은 없었다. 압펠 역시 멜랑히톤을 따라서, 아리스토텔레스가 분석한 네 가지의 원인을 접근 방법으로 사용했으나, 이 경우에도 법을 체계화하는 가장 주요한 기초로 쓴 것은 아니었다.[464] 라구스가 압펠의 "원인에 대한" 법에 대한 분석을 더 멀리 진행시켰다. 그는 법을 분류하기를, 첫 번째로 법의 유효한 원인에 따라서 분류했는데, 그것은 다시 말하자면, 개개의 특별한 타입의 법질서의 특별한 원천이나 입법례에 따라서 한 것이었다. 이와 같이 그는 **"자연에 대한 지각이나 이성의 판단"**(the sense of nature or the judgement of reason)**이 원천이 되는 자연법을 먼저 확인하고**, 이것을 시민법(civil law)으로부터 구분하였다. **시민법의 원천은, "사람들의 동의"**(the consent of the people)**이며, 이 사람들의 동의는 제정법이나 관습에 반영되어 있는 것이다**. 라구스는 더 나아가서, 제정법과 관습법을 더 세분해서, 황제가 만든 법, 교회가 만든 법, 개별 시정부가 만든 법, 특별한 입법자가 공포한 법 – 플래토(praetor), 즉 사법관이 공포한 법, 황제가 공포한 법(Caesarian law) 및 기타로 세분하였다.

라구스가 두 번째로 법을 분류한 것은, 주제가 되는 일에 의한 원인(material cause)에 따라 한 것이었다. 개개의 특별한 유형의 법이 구성되어 있는, 주제가 되는 일들을 말한다. material causes에 의한 법의 분류를, 처음에는 우선 신의 법, 그리고 인간의 법으로 나누었는데, 신법은 성당이나 묘지와 같은 신성한 일들과 사제의 직과 같은 것과 관계되며, 인간의 법은, 세속적인 일들(negotia civilia)에 관계된다. material cause에 의하면, **인간의 법은 다음과 같이 구성된다. 군사법, 봉건법, 그리고 종교적 의식과 전통(라구스는 종교적 의식과 전통을 신의 법에서 구별했다)**, **또한 시민법으로 구성되는데, 이때 시민법**(civil law)**이라는 것은, 공법과 사법으로**

464) 원저 p.120. 각주 66. This "causal" analysis is drawn from Lagus, *Methodica* (Lyon, 1544), pp.9～12, 24～26.

구분되며, 각각은 그것의 분과를 가지고 있다.

라구스가 법을 분류할 때 세 번째 기준은 형식적 원인(formal causes)이고, 이때 법이 취하는 형태를 이야기하면, 이 형태에 의한 분류에 따라서 그는 엄격법(strict law)과 형평(equity)으로 분류하였다. 형평을 다시 쓰여진 형평과 쓰여지지 않은, 즉 자연적 형평으로 나누었다.

라구스의 네 번째 분류는, 법이 봉사하는 목적에 따른 것으로써, 목적 원인(final causes)이라 할 만하다. 이 네 번째 방식에 따라서 그는 법을 다음과 같이 분류했다. 우선 주로 공적인 일에 관계되는 법(public matters, res publicae), 그리고 주로 사적인 일, 즉 계약과 상해와 같은 경우를 말한다. 이와 같이, 라구스에 의하면, 공법(public law)와 사법(private law)의 구분은 법의 목적에 기초를 둔 것이다. 그러나 라구스는 덧붙이기를, **공익**(public interests)**의 보호는 개인의 복지**(utility of individuals, utilitatem singulorum)**에 봉사하며, 그리고 개인의 보호는 궁극적으로 공공복지**(public welfare) **에 봉사하게 된다.** "모든 법의 가장 높은 목적은, 많은 사람의, 즉 공공의 복지(public welfare, salus publica)이다."

라구스는 법에 대한 "그 원인에 따른 분석(causal analysis)에 대한 도입부에서 다음과 같이 결론을 내린다. 공공복리와 개인의 복지를 합하여 이 모든 것은, 개별적인 법 하나하나의 목적이 되는 원인이며, 이 목적이 되는 원인 때문에, 법들은 존재하게 되는 것이고, 이런 원인들이 사라지게 된다면, 이들 법의 구속력(binding force, obligatio)은 역시 박탈된다." 라구스가 아리스토텔레스의 범주와 멜랑히톤이 만든 범주를, 즉 인과관계에 대한 범주를 법에 적용한 것은, 철학적으로 중요한 함의를 가지고 있었다. 어떤 사람은 그 안에서 법실증주의와 자연법 이론 양자의 요소를 발견하고 있다. **법실증주의의 요소라고 하는 것은, 입법가의 유효한 원인(efficient cause)이라는 라구스의 생각에서이고, 자연법 이론이라고 할 때에는 특별히 라구스가 말한 바, 어떤 법이 공통의 선에 봉사하기를 그칠 때 법은 구속력을 잃는다는 생각에서 그러하다**. 똑같이 중요한 것은, 라구스 방식이 법의 체계화에 대해서 기술적인 함의를 가진다는 데서이다. 그의 학술 저서의 역사적 부분의 전부가 아리스토텔레스의 네 가지 원인(four Aristotelian causes)으로부터 뽑아낸 분류법을 위주로 정리되어 있다. 이것은 라구스가 만든 도표로부터 명백하다. 이 도표는 법이 구성되고 있는 주제가 되는 일만을 취급하고 있는데, 이 주제가 되는 일에 관한 것을 원인으로 할 때 material causes가 된다. 라구스의 계승자들은, 라구스가 도표를 만드는 방식을 확장해서, "법 전체"(the whole law)를 포함하는 데에까지 나아가고, 법 전체의 원천, 즉 법원과 법 전체의 형식과 법 전체의 목적과 그리고 "법 전체"(the whole law, universum)의 주제가 되는 일을 포함하는 데에까지 나아갔다. 라구스 저술의 역사적 부분은 다음과 같이 구분된다. (1) 사람에 대한 법(law of persons), (2) 물권의 취득, 변동, 그리고 상실의 방식, (3) 동의(agreements)와 의무, (4) 소송과 변론(actions and pleadings), (5) 판단 또는 심판, (6) 특권과 법이 주는 혜택[privileges and legal grants(benefices)], (7) 법에 대한 이론과 법에 대한 "원인"(causes)은 철학적 부분에 나와 있는데, 이것은 다시 역사적 부분에서 법원칙과 법개념, 그리고 이 법원칙과 법개념이 개별적인 규칙으로 분해되는 것에 대한 분석에서 깊이 새겨져 있다. 이와 같은 분류 방식에 대해서 라구스는 다음과 같이 썼다. "이와 같은 6개의 분류법은 법의 모든 형식과 형태를 포용할 수 있는 능력이 있다."[465)]

라구스 저술의 두 번째 부분을 이루는 여섯 개의 챕터 각각에서 일반적인 주제는 다시 하위개념인 종으로 분해되고, 법의 개별적 형식인 각 개의 종(species)은 한 개나 또는 더 이상의 타이틀에서 취급된다. 첫 번째 챕터인 "사람(persons)에 대한 법에 관해서"는 가족법의 어떤 측면을 다루고 있는데, (즉 가족 구성원의 권리와 의무이다) 다음의 사람에 관한 법은 헌법의 어떤 측면들을 다루고 있다. 황제, 군주, 그리고 공적인 직책의 능력과 책임에 대해서 다루고 있다. 두 번째 챕터인 "물건의 취득, 양도, 상실의 방식에 대해서"는 물권법과 승계에 관한 법, 그리고 혼인으로 취급하는 물권을 다루고 있다. 세 번째 챕터인 "동의와 의무에 관해서"는 계약에 의한 책임, 불법행위에 의한 책임, 기타 형태에 의한 민법상 책임을 다룰 뿐만 아니라 형법도 다루고 있다. 혼인과 이혼 또한 이 장에서 포함되고 있다. 네 번째 챕터인 "소송과 변론에 관해서"는 민사 및 형사 절차를 포함하고 있다. 다섯 번째 챕터인 "재판에 관하여"는 법원의 구성을 다루고 있다. 여섯 번째 챕터인 "특권과 수혜"는 부분적으로 헌법을 다루고, 부분적으로는 의무에 관한 법을 다루고 있다. 상위개념에서 하위개념으로 잘게 쪼개어 나가는 것은, 체계적으로 가장 작은 항목까지 진행된다. 게르하르트 토이어카우프가 말한 바대로, 라구스의 사고의 경로는 굳건한 플랜에 의해서 결정되는데 개인적 디테일까지 내려오게 된다.[466)] 여기서 말한 라구스의 굳건한 플랜(plan)은 압펠이 법에 포함된 규칙의 총체를 체계적으로 정리하겠다는 생각을 결실화한 것이다. 이 플랜은

---

465) 원저 p.122. 각주 67. Ibid., p.68.

466) 원저 p.122. 각주 68. See Theuerkauf, *Lex*, p.201.

새로운 두 개의 방법론적인 원칙을 가지고 있다. 첫 번째로, 라구스는 멜랑히톤의 원칙 위에 서서, 법에 대한 주제가 되는 일을 조직했는데, 이때 기준이 된 것은, 모든 학문에 공통된 일반적인 토픽(loci communes)이었다. 이때 모든 학문에 공통되는 일반적 토픽이라는 것은, 아리스토텔레스의 네 가지 원인(Aristotelian four causes)을 포함한다; 이전에는 주제어에 의한 방식(topical method)을 사용하는 법학자들은, 토픽을 중심으로 해서 법의 주제가 되는 일들을 조직했으며, "통상적인 주제들"(the usual topics, loci ordinaria)이라고 불리우는 질서에 따라서, 권위 있는 법적인 텍스트 자신에서 나타난 질서를 말한다. 그리하여 결과는 똑같은 일반적 주제가 여러 장소에서 토론되고, 때로는 일관성이 없는 경우도 있었다.

두 번째로 라구스는 로마법에서 발견되는 원천과 캐논법에서 발견되는 원천을 결합시켰다; 그 이전에는 이 두 가지 소재는 각각 분리되어서 분석되어졌으며, 로마법 강의에서 읽혀지는 로마법 텍스트는 로마니스트(Romanist)에 의해서 쓰여지고, 캐논법 강좌에서 읽혀지는 캐논법 텍스트는 (실제로는 로마법에서 발견된 개념과 규칙 위에서 쓰여졌다 하더라도) 오로지 교회법주의자에 의해서 쓰여졌다.[467] 이런 의미에서 **로마 법체계와 캐논 법체계 양자에서부터 뽑아낸 개념과 규칙에 대한 개요를 제시하려고 작업한 사람은, 라구스가 처음이었다.**[468] (압펠의 경우는 대부분 로마법의 종합에 그

467) 원저 p.122. 각주 69. The canonists had to know some Roman law; the great twelfth-century canonist Hostiensis wrote a treatise on Roman law. The Romanists, by contrast, usually ignored canon law, although the great thirteenth-century jurist Baldus was both a Romanist and a canonist and wrote extensively on each law. The two subjects were taught separately, and books were written on the differences between them. See nn. 70 and 71.

468) 원저 p.122. 각주 70. Cf. Muther, *Aus dem Universitäts- und Gelehrtenleben.*

의 논술을 한정했다.) 라구스의 Methodica 저서에서 토론된 일반적 주제(general topic)의 각각 항목에서, 라구스는 그 자신의 토론이 기초하고 있는 가장 중요한 로마법에서의 소스와 가장 중요한 캐논법에 있어서의 소스를 열거하였다.469)

라구스는 그가 쓴 이와 같은 방법이 새롭다는 것을 의식하였고, 또한 전통주의자(traditionalist)들의 입장에서, 거기에 대해서 반대하는 데에도 관심을 가지고 있었다. 라구스가 얼마나 그의 강의를 소중하게 생각했던지, 그의 학생들이 자신의 허가 없이 강의 노트를 돌려보는 것을 금지했으며, 그의 강의록인 *Methodica*를 책으로 출간하는 것을 거절했는데, 그 근거는 아직도 완성되지 않았다는 것이었다. 실로 1538년에 라구스는 아직 사강사(lecturer, Privatdozent)였으며, 아직도 교수는 아니었는데, 따라서 그 자신은 삭소니의 선제후가, 불충분하게 훈련된, 법학 강사들이 법학텍스트에 대한 전통

On the separation of Roman law and canon law in legal education and in legal literature prior to the sixteenth century, see Wolter, *Ius Canonicum*, pp.1～52. Wolter (pp.50～51) writes: "The glossators occupied themselves only superficially with the canon law. Only on specific questions of marriage law and the law of interest was the primary value of canon law acknowledged." The commentators, such as Bartolus and Baldus, he continues, building on their comparative studies of canon law and Roman law, made increasing use of certain canon law concepts and prescriptions in the areas of marriage and family law, protection of property interests, and bona fide contracts. They also used concepts of canonical equity to mitigate against the rigor of the law in individual cases. "But the overlap of canon law and civil law," even among the commentators, Wolter concludes, "consisted only in the adoption of individual statutory prescriptions of the *Corpus Juris Canonici* and remained thereby only sporadic."

469) 원저 p.122. 각주 71. A similar method was used by Oldendorp in his important work *Collatio Iuris Civilis et Iuris Canonici* (A Collation of Civil Law and Canon Law); for an excellent example of this "bringing together" of the Roman law and canon law, see Lagus's discussion "De Obligationibus Quae ex Quasi Contractu Oriuntur," in *Methodica,* pp.364～367.

적인 주석을 전파시키는 데에 대해서 검열하기 위해서 공포한 명령의 대상이 되고 있었다. 라구스가 1540년에 왜 비텐베르크를 떠났는지 정확히 알려지지 않는데 이때 나이가 41세였으며, 그러나 3년 뒤에 프랑크푸르트 암마인에서 그의 『방법론』이 인쇄되었을 때 그의 동의가 없었기 때문에, 그는 격렬하게 항의하였으며, 심지어는 때가 되지 않은 출간에 대한 그의 반대를 나타내기 위한 팸플릿으로 Protestatio를 발행하여서 그의 저서의 목적과 그 방법을 밝히려고 노력했다.

실로 라구스의 *Compendium of Civil Law*(프랑크푸르트의 출판사가 새로 이름을 붙였다)는 대성공이었다. 1543년과 1592년 사이에, 적어도 이 책의 여덟 번의 판이 거듭되어서 출판되었다. 1571년의 바젤(Basel)판은 1581년에 새로 인쇄되었는데 제목 페이지에 "법률가들뿐만 아니고, 지혜에 목마른 일반인들에게도 권한다"라고 쓰고 있다. Theurkauf가 지적하듯이 라구스(Lagus)의 *Compendium* 책이 절판된 것은 1580년 말과 1590년대에 비슷한 체계적인 법에 대한 설명이 발행되고 나서 이후였다.[470] 그때까지는 압펠(Apel)에 의해서 시작된 체계적 방법과 라구스에 의해서 완성된 그 방법이 도이치의 주도적인 법과학으로써 굳건하게 확립되고 있었다.

일단 법의 체계화에 관한 "주제별"(topical) 방법이 도입되자마자, 로마법과 캐논법뿐만 아니라 다양한 다른 타입의 법들, 즉 영역, 영방 또는 지역법이었던 란트법(Landrecht), 그리고 자유도시의 법이었던 도시법(Stadtrecht), 제국의 법(Reichsrecht)과 같은 것들도 이제 공통의 초점이 주어지게 되었다. 이 단계에서 라구스(Lagus)

470) 원저 p.123. 각주 72. Theuerkauf, *Lex,* p.208. Lagus's *Methodica* was last published in 1592.

는 다시 한번 앞선 계측자가 되었다. 그의 대표작이었던 *Compendium*은 시민법에 관해서였고, 그 책은 1차적으로는 로마법과 캐논법에 바쳐지고 있었으나 그렇다고 해서 배타적으로 로마법과 캐논법에 관한 것만은 아니었다. 이러한 그의 잘 알려진 업적에 더하여, 라구스는 삭손(Saxon)법에 대한 개설서를 썼다. 그는 삭소니(Saxony) 공국의 법을 체계적으로 분석했는데, 두 개의 큰 부분으로 시작되었고, 두 개의 큰 부분은 작센슈피겔(Sachsenspiegel)과 마그데부르크의 법(the Magdeburg Law)이었다. 작센슈피겔은[삭손(Saxons)족의 거울이라는 뜻이다], 1220년경에 쓰여졌는데 도이치어로 된 최초의 주요한 법서였다. 이 법서는 첫 번째는 삭소니의 관습법을 다루고 있었고, 두 번째는 도이치 황제의 왕의 법(관습법과 제정법을 포함함)이었으며, 삭소니 공국과 다른 곳에서 적용 가능한 것이었다. 작센슈피겔에는, 규칙과 원칙들의 몸체가 상세하게 나와 있으나, 개념에 의한 분석은 거의 없었고, 구체적인 그림도 별로 없었다. 삭손의 법학자였던 Eike von Repgau에 의해서 개인적으로 쓰여지긴 했으나, 작센슈피겔은 일반적으로 권위 있는 것으로 취급되었으며, 학식 있는 법학자들이 주석을 달았으며, 여러 세기에 걸쳐서 당시 도이치에서 통용되고 있던 도시법, 지방법, 또는 황제의 법을 보충하는 데 쓰일 수 있는 보조적인(subsidiary) 법 자체로 여겨지고 있었다. 1534년에 이르러서 삭소니 공국의 최고법원(Supreme Court of Saxony)은 삭소니 공국의 주권자였던 삭소니 선제후에게, 작센슈피겔은 여러 부분에서 시대에 뒤떨어지고 구식이 되어서 못쓰게 되었으므로 개정되어야 한다고 권고하였다. 1540년경에 쓰여진 라구스의 개설서는, 이러한 상황에서, 작센슈피겔의 개정을 위한 이론적 기반으로 쓸 수 있게끔 의도되어진 것이었다.

라구스는 로마법과 캐논법의 개설서를 쓸 때 그러했던 것처럼, 삭손법의 개설서도 두 개의 주된 부분으로 나누었다. 즉 철학적 부분과 역사적 부분이다.[471] 각 개의 부분 안에서 라구스는 다소간, 그가 시민법 개설서와 같이 동일한 주제에 의한 분석을 따르고 있다: 철학적 부분은 연속적으로 다음의 주제를 다루고 있다. 즉 법의 원천(the sources of law), 법의 분과(the divisions of law), 법의 적용 가능성(the applicability of law), 그리고 법의 해석(the interpretation of law). 여기에 반해서 책의 많은 부분을 차지하고 있는 역사적 장에서는 연속적으로 다음의 주제를 다루고 있다. 인(人)에 대한 법(the law of persons), 물권(property), 채무(obligations), 소송(actions) 그리고 소송절차(pleadings) 그리고 재판(judgement).

라구스의 시민법 개설서와 삭손법 개설서에 공통적으로, 라구스는 첫째로, 분류의 기초를 세 부분으로 이루어져서 3중이 되는 법의 원천들에 두었다. 즉, 신이 부여한 이성(God-given reason) 안에서의 모든 인간이 정한 법, 즉 인정법(human law)－요약하면 천부 이성에 의한 인정법이 첫째 법의 원천이고, 두 번째는 공적인 권위(public authority)의 의지가 두 번째 법의 원천이며, 관습이 세 번째 법의 원천이다. 이들 개념은 특수한 역사적 공동체의 단일하고 유일한 법에 관계되어서 쓰여질 때에는 훨씬 더 특수한 성격을

471) 옮긴이 주석: 종교개혁기에 루터와 동행한 라구스의 저서 구조를, 한국의 법학도가 보고 있다. 서양법 제도가 한국에 소개되고, 학습되고, 계수되어서 적용된 이래, 한국의 법서는 그 어떤 대표적인 법학자가 개설서를 썼던 간에 서양법 전통의 중요한 법학자인 라구스가 한 바와 같이 철학적 부분과 역사적 부분으로 크게 대별한 적이 없다. 더 근본적으로 얘기하면 한국의 법서가 철학적 부분과 역사적 부분이라는 명칭을 가진 적은 거의 없는 것 같다. 애초부터 법에 대한 어떤 종류의 설명이나 개설도 철학적 부분과 역사적 부분으로 구분된다는 것 자체를 부인한 듯하다. 그러면서도 걸핏하면 대륙법을 계수했다 하고, 또한 독일법을 계수했다고 해왔다.

띠게 된다. 어떤 특별한 역사적 공동체의 단일한 법과 관계될 때라는 뜻은, 예를 들면 삭소니 공국의 부족 또는 민족을 얘기하는 것이다. 이러한 특수성과 비교되는 상황은 유스티니아누스의 텍스트나 교황의 칙령에 관계되는 맥락이며, 보다 보편성을 띠게 되는 것이다. 첫째로, 라구스는 로마법과 캐논법을 삭소니 공국에서의 보충적인 법으로 취급했다. 즉 삭소니 공국법이라는 지역 또는 영역, 또는 영방법에 틈새가 있을 때 이 틈새를 메울 때에만 적용 가능하다는 것이다. 지방법 또는 영역법은 최고의 위치에서도 충돌의 경우에는 황제의 법에 양보하지 않는다; 심지어 황제의 제정법(Reichspolizeiordnungen)도 삭소니 공국에서는 필수적으로 구속력을 가지지 않는다. 두 번째로, 라구스는 지역법, 즉 영방법을 그 지역 영방의 상급 관료 계층(high magistracy)인 Obrigkeit가 포고한 법으로 본다. 작센슈피겔에서 요약된 관습법조차도 라구스에 의하면 그 효력은 Obrigkeit의 명백한 동의에 매여 있으며, 충돌의 경우에는 성문법에 양보하게 되어 있었다.[472] 비슷한 양상으로 마그데부르크법(Magdeburg law)은, 마그데부르크 시의 법의 형태로 또는 수많은 마그데부르크 시의 딸격인 도시(daughter cities)의 법의 형태로 존재하지만, 라구스에 의해서는 삭소니 공국에 걸쳐서 적용 가능한 것으로 취급된다. 그러나 이 도시법 역시 충돌의 경우에는 지역 영방법에 양보하게끔 되어 있었다. 짧게 말하면 삭손의 영방법은, 공국의 법(the law of the principality)이며, 란트의 법(Landrecht)

472) 원저 p.124. 각주 73. Konrad Lagus, *Compendium Juris Civilis et Saxonici: In grundlicher ordentlicherausszug/begriff und einhalt des Keys- und Sachsischen Rechten* (first published in Magdeburg in 1597 and again in 1603). Unlike the *Sachsenspiegel,* Lagus's compendium treated only the *Landrecht,* not the *Lehnrecht.* See Theuerkauf, *Lex,* pp.281, 284～287, 290～291.

으로 삭소니에 있어서는 모든 종류의 인정법에 우월했다. 삭손 인정법은 단지 신의 법(divine law, 십계명)과 자연법에만 양보하는 것이다. **신의 법과 자연법은 하나로 취급되고 있었으며, 신법과 자연법 모두가 절대자인 창조주가 모든 인격에 심어준 선천적인 이성과 동일시되었다**. 그래서 삭손법을 합리화할 때 라구스는 삭손법을 역시 국가화(Nationalized)한 것이다.

3.7 법의 체계화에 잇따른 발전(The Subsequent Development of Legal Systematization)

압펠과 라구스에 의해서, 1520년대 말과 1530년대에 비텐베르크에서 시작된 법의 체계화의 "방법"(method)과, 그 방법이 반영하고 있는 새로운 법과학은 16세기를 관통하여 17세기까지 주로 도이치에서 또한 유럽의 다른 나라에서 다양한 방법으로 더욱 전개되었다. 16세기의 후반부의 가장 뚜렷한 도이치의 법학에서의 "방법론자"(methodists)들 중에는, Nicolas Vigelius와 Johann Althusius가 있었다.

Vigelius는 마르부르크에서 올덴도르프의 학생이었으며, 1560년에서 1594년까지는 마르부르크에서 가르쳤다.[473] 1561년에 출판된 저서『모든 민법의 방법』(Methodus Universi Iuris Civilis, Method of the Entire Civil Law)에서, 비겔리우스는 법의 "종류"(kinds, genera)를

473) 원저 p.124. 각주 74. For biographical and bibliographical information on Vigelius, see Stintzing, *Geschichte der Rechtswissenschaft,* pp.424～440; A. London Fell, *Origins of Legislative Sovereignty and the Legislative State,* vol. 2 (Cambridge, Mass., 1983), pp.111～113; idem, "Nicolaus Vigelius," in *Allgemeine Deutsche Biographie,* 39:693.

공법(public law)과 사법(private law)으로 분류하였다－이 구별은, 이미 지적한대로, 16세기에 와서 비로소 법의 분석에 기본이 된 것이다. 비겔리우스의 업적을 이루는 25권의 책(25 books) 중에서 최초의 3책에서, 공법이 취급되고 있다; 사법과 사권(private right)을 취득하는 방식들이 다음 21책을 차지하고 있으며; 마지막 1책이 다른 카테고리에 맞지 않는 기타 그룹의 주제(topics)을 다루고 있다.[474] 법과학 일반의 점에서 보면, 비겔리우스는 라구스와 같이, 로마법 텍스트들이 과해왔던 논의의 제목(agenda)으로부터 자신을 완전히 해방시켰다. "모든 민법"은 로마법 그것만이 아니었고, 법 그 자체였으며, 말하자면 도이치의 제국, 공국들과 자치시들(municipalities)에서 통용되고 있는 법 전체였다.

비겔리우스는, 스콜라 법학자들이 로마법 텍스트로부터 개발해 내었던 개념들과 원칙들을 사용하였다. 그러나 법인문주의(legal humanism)의 첫 단계 시절의 법학자들과 같이, 그는 스콜라 법학자들이 이미 했던 것보다 훨씬 더 비판적으로 로마법 텍스트를 검토하였다. 여기에 더하여, 법인문주의(legal humanism)의 두 번째 단계의 법학자와 같이, 비겔리우스는, 법의 개별 분과의 체계화에서의－(인스티투테스, Institutes)에서－발전된 것과 같은 기본적 원칙의 중요성을 강조하였다.

---

474) 원저 p.125. 각주 75. Vigelius produced other "methodical" treatises during his long life. See Stintzing, *Geschichte der Rechtswissenschaft,* pp.428～440. His *Digesta,* published between 1568 and 1571 in Basel, is a massive seven-volume work, of which the first volume is devoted to public law. He begins it with a chapter on "definitions and divisions" of law, in which he analyzes law in terms of the four Aristotelian causes in a manner similar to that of Lagus. He also produced a systematic commentary on the *Carolina* in German and in Latin; this was the first systematic treatise on German criminal law. See Chapter 6.

그러나 비겔리우스의 업적에서 가장 인상적이고 중요한 것은, 아벨과 라구스의 경우와 같이 법 전체를 정리하려는 그의 노력이었는데 – 일반(general)에서 특수(specific)로 나아가는 것이며 – 법 전체를 처음에는 공법과 사법으로, 공법은 입법부, 행정부, 그리고 사법부의 행동으로 더 분류하고, 사법을 사람에 관한 법(가족법, 주인과 하인, 후견인(guardianship)을 포함한다), 물권법(the law of property), 상속법(the law of inheritance), 그리고 신탁(trust)과 증여(gift), 그리고 계약, 불법행위(unjust enrichment)로 더 분류된다. 또한 각 분과의 특수한 규칙들을 체계화하는 것과 같이한다. 이러한 분류는, 오늘에 이르기까지, 서양 법과학의 기본적 "주제들"로 남아 있다. 라구스와 마찬가지로, 비겔리우스도, 그의 법학방법론의 시각적으로 분명히 보여질 수 있는 도표를 제시하였다. 비겔리우스의 도표는, 1581년판에서, 인쇄된 8페이지에 해당하는 삽입부를 차지하고 있는데, 어떤 중요한 점에서 라구스의 것과 다르다. 비겔리우스의 『방법론』은 신법과 자연법은 제외하고, 오로지 실정법(positive law)에 초점을 맞추고 있다. 그의 책은 계약, 불법행위, 부당이득을, 채무에 관한 사법으로 취급하기보다, (개인적) 권리를 취득하는 방식으로, 소유에 관한 사법과 병행하며, 분류하고 있어서, 사권(private rights)을 취급하는 데 있어서 더 포괄적이다. 비겔리우스의 도표는 그의 전 논문집에 대한 차례를 보여주는 것이다. 비교해서 라구스의 다이어그램은 단지 그의 책의 한 섹션을 도표화한 것이다. 그러나 두 사람의 체계화의 방법은 본질적으로 비슷하다. 비겔리우스의 체계화 작업이 더 세련되고 폭이 있다; 라구스의 것은 더 독창적이고 힘이 있다.

이러한 비겔리우스의 방법을 더 철저하게 만든 것이 알투지우스였다. 알투지우스는 도이치의 칼뱅파로, 법학뿐만 아니라 정치학의 분야에서도 활약한 인물이었다.[475] 1586년에 바젤 대학에서 법학 박사를 취득하고, 같은 해 『로마법』(Jurisprudentia Romana)을 출간했다. 1603년에 전면적으로 개정하여 『법학의 논리』(Dicaelogica)라고 제목을 바꾸어 출간했다. 1718세기에 몇 번이나 증쇄된 이 책의 내용은 라구스나 비겔리우스의 전통을 계승한 것이었다. 즉 알투지우스도 법령을 우선 공법・사법으로 나누고, 다음에 사법을 소유권・채권으로 나눈 뒤, 채권을 계약・불법행위・부당이득으로 나누고, 일반적인 법원칙・법개렴으로부터 개별적인 사안에 적용해야 할 법령에 이르는 방법을 채용한 것이다.[476]

압펠・라구스・비겔리우스가 16세기의 도이치에서 시작한 새로운 법학은 그 후 2세기 이상에 걸쳐 유럽 전역에 (가톨릭교회를 포함하여) 보급되었다. 이 새로운 법학은 스콜라 학자들의 법학과도, 고전 고대 연구자의 법락과도 달랐다. 멜랑히톤이 시작한 "주제별 분류법"(topical method)을 사용하여 법령을 체계화함과 동시에, 유럽에서 시행되고 있던 모든 법률, 즉 로마법뿐만 아니라, 왕의 법・도시법・봉건법・상인법을 정리 및 분석하였고, 그 결과 16~18세기에 보통법(jus commune)이 탄생한 것이다. 또한 유럽의 법학자는 유럽에서 통용되는 법학자 신분(Juristenstand)을 형성하여 출신국에 한정되지 않고 법률가로서 활약하였다.[477]

---

475) 원저 p.125. 각주 76. For biographical and bibliographical information on Althusius, see Stintzing, *Geschichte der Rechtswissenschaft,* pp.468~477; idem, "Althusius, Johann," in *Allgemeine Deutsche Biographie;* von Gierke, *Johannes Althusius.*

476) 원저 p.126. 각주 77. See von Gierke, *Johannes Althusius,* pp.37~49; Stintzing, *Geschichte der Rechtswissenschaft,* pp.468~477.

477) 원저 p.126. 각주 78. The following sixteenth- and seventeenth-century authors

이와 같이 새롭게 등장한 보통법은 유럽 최초의 보통법으로 교회법과 달리, 세속 국가가 공식적으로 인정한 보통법이었다. 또한 두 번째 보통법인 로마법학자가 주석한 유스티니아누스법전과도 달리 로마법에 내용이 한정된 것이 아니었다. 또한 교회법과 로마법을 함께 모아놓은 것과도 달랐다. 20세기의 법제사가는 흔히 "로마법・교회법의 계승"이라고 말하지만, 로마법과 교회법을 함께 모아놓은 법체계는 실제로 존재하지 않았다. 새로운 법학은 보통법이라고 부르던 로마법과 교회법에서부터 각각 별개의 법원칙・법개념을 내재하고 있었다(로마법과 교회법을 총칭하는 경우는 "두 개의 법"(utrumque)이라고 불렀다).[478] 또한 새로운 법학은 왕의 법・봉건법・상인법・도시법으로부터도 영향을 받았는데, 이 4개의 법은 로마법이나 교회법과는 구별되었다.[479] 보통법이 등장하기

---

from Spain, France, and England are among those who contributed important works to the European jus commune: Diego de Covarruvias y Leyva, *Variarum ex Iure Pontificio Regio, et Caesario Resolutionum Libri Tres* (1545); Francisco Suarez (1548～1617), *Jurisprudentiae Romanae a Justiniano Compositae Libri II* (1590); Hugues Donellus (1527～1591), *Commentariarum Juris Civilis* (1576); Sir Arthur Duck (1580～1648), *De Usu et Authoritate Juris Civilis Romanorum in Dominiis Principum Christianorum* (1653).

478) 원저 p.126. 각주 79. Utrumque jus is usually translated "both laws." Other possible translations are "each law" and "one and the other law." To this day European legal scholars may receive the degree J.U.D., standing for *juris utriusque doctor,* "doctor of both laws," meaning doctor of both Roman law and canon law.

479) 원저 p.126. 각주 80. A typical example is the work of the Spanish Roman Catholic jurist Covarruvias, cited n. 78, which, on the one hand, states in its table of contents that the *ius commune* consists of general principles drawn from canon and Roman law, but which on the other hand devotes the third of its three main parts *(libri)* to royal and feudal law as part of the *ius commune.* Similarly, the sixteenth-century English Romanist legal scholar Sir Arthur Duck included the *Libri Feudorum,* a twelfthcentury digest of feudal law, as a category within the *jus commune.* See Peter Stein, "A Seventeenth-Century English View of the European *Jus Commune,*" pp.719～720.

전의 유럽에서는 법률서를 정리하는 경우 하나의 나라에서 시행되고 있던 복수의 법제도를 논하는 것을 하나의 분야로 정리하는 방법을 채용하지 않았지만,[480] 그 경우에도 로마법과 교회법만은 유럽의 보통법으로서 특별하게 다루어졌다. 그것은 새로운 자연법(jus naturale)이었다.[481]

---

480) 원저 p.126. 각주 81. Martin Lipen, the eighteenth-century bibliographer, created a category for this literature titled *Differentiae Juris.* See Martin Lipen, *Bibliotheca Realis Juridica* (Hildesheim, 1746). Under Lipen's general heading "Differentiae inter Jus Canonicum et Civile," there are twenty-one titles, the oldest dated 1535, the most recent dated 1746. A list of dozens of books written from the twelfth to the early sixteenth centuries concerning differences between Roman and canon law, and a report of their tables of contents, is given in Jean Portemer, *Recherches sur les "Differentiae juris civilis et canonici" au temps du droit classique de l'Église* (Paris, 1946). There seems to be a sharp contrast between the earlier *differentiae* literature and the later, arising from the fact that the earlier literature was directed to two separate jurisdictions, the ecclesiastical and the secular, while the later was directed to a single secular jurisdiction in which the earlier canon law still survived. It is this combining of the two species under a single genus that has led modern historians to speak of the sixteenth-century European *jus commune* as being based on "Roman-canon" law. The emergence of the later sixteenth-century *differentiae iuris* literature occurred against the backdrop of what Luigi Moccia has identified as the first stage of the emergence of the discipline of comparative law. The purpose of comparative law during this phase, Moccia states, was to provide "a way of searching for concordances among state legal systems." See Luigi Moccia, "Historical Overview on the Origins and Attitudes of Comparative Law," in Bruno de Witte and Caroline Forder, eds., *The Common Law of Europe and the Future of Legal Education* (Cambridge, Mass., 1992), p.613.

481) 원저 p.126. 각주 82. Thus Johann Oldendorp, in defining *jus commune,* states that it "represents the natural law [*pro iure naturali*]" (*Lexicon Juris* [1546], p. 250). Oldendorp himself wrote a book titled *Collatio Juris Civilis et Canonici, Maximum Afferens Boni et Aequicognillinem* (Cologne, 1541), in which he emphasized not the "differences" but the "collation," that is, the common features of the two systems. See Heinz Mohnhaupt, "Die Diffentienliteratur als Ausdrsuck eines methodischen Prinzips fru¨her Rechtsvergleichung," in Bernard Durand and Laurent Mayali, eds., *Exceptiones Iuris: Studies in Honour of Andre' Gouron* (Berkeley, 2000), pp.439~458. Mohnhaupt emphasizes (p.450) the role of Oldendorp in using the comparison of Roman and canon law "not

3.8 새로운 법과학의 정치적 함의와 철학적 함의

법의 새로운 종류의 체계화에 대한 요구가, 처음에는 고대 로마법 텍스트의 신성한 성격에 대한 확신을 상실함에서부터, 그리고 그 로마법 텍스트에 대한 그때까지의 용어집과 주석집의 권위를 상실함으로부터 왔다. 그러나 이러한 요구 자체는 (결과적으로) 법인본주의의 최초 두 단계－즉, 발라(Valla)와 부다에우스(Budaeus)의 회의적 단계와 차지우스와 알키아투스의 원칙론적인 단계－를 산출하였을 따름이다. **원칙론적인 단계**는 그 이전의 오래된 스콜라주의의 법과학을 구출하였는데, 그것은 회의적인 시대의 철학적이고 역사적인 통찰을 더함으로써 행해진 것이었다; 실로 고대 로마법 텍스트의 신성성으로의 복귀가 아니라, 권위로의 복귀가 있었으며, 이때에도 그때까지의 인습적인 용어집 교과서와 주석집 교과서의 권위에의 회귀가 아니라, 그것들이 존중할 만하다는 의미에서의 존중으로의 회귀였다. 그렇다 해도 이 법인본주의의 두 번째 단계인 원칙적인 단계는 프로테스탄티즘과 지역주의(territorialism)에 의해서 이미 변형된 게르만들의 정치적 요구나 철학적 요구 양자를 만족시키는 데에 필요한 정도와 종류의 객관성을 법과학에 가져다주는 데에는 충분하지 않았다.

16세기 루터주의 법학자들에 의해서 발전된 새로운 법과학은 프로테스탄트 군주들의 대의(cause)에 봉사하였는데, 군주들의 영역

---

only for the exposure of the differences between [them] but also to elaborate what they have in common." Oldendorp did not write a "scientific *Methodica*" of law, similar to those of Apel, Lagus, and Vigelius, which built on Melanchthon's *praecipui juris loci,* but he did write in 1541 a philosophical *Loci Iuris Communes,* building on Melanchthon's universal topics.

내부에서 (필요한) 법질서에 정당성과 (법의) 유효성을 부여함으로였다. 그 이전에 계속되어 왔던 스콜라주의의 법과학은, 정당성과 법의 효율성을 부여하여 왔다; 이 법과학이 정당성과 효율성을 부여한 것은, 기독교국의 법질서에게였고, 이 기독교국(Christendom)은 단일하고 통일성이 있는, 교계의 위계구조와 세속적인 정치적 공동체의 복수성 양자에 의해서, 공동으로 지배되었다. 동전을 뒤집어서 생각한다면, (프로테스탄티즘 이전의) 법과학은 정치적 운동으로 관찰된 프로테스탄티즘의 대의에 적절하게 기여하지 못할 뻔했다. (그 이유는 다음과 같다) 새로운 인본주의에 의해서 조절되기는 했으나 조절 이후에도, 종교개혁 이전의 법과학의 전제가 되는 것은, 교권과 세속 권력이 가지는 재판관할권의 다양성이었으며, 이때 교권과 세속 권력은 각각 그들 자신의 권위의 원천이 되는 법적 텍스트를 가지고 있었다. 스콜라주의 방법의 목적은 텍스트에서 발견된, 개별적이고 따라서 특별한 룰과 결정에서부터 원칙들을 뽑아내어 건조하는 것이었다. 예를 들면, 형식을 갖추지 않은 동의(informal agreement, *nudum pactum*)의 구속력을 인정한 것은 교회가 쓰는 캐논법이었으며,[482] 이때 주의할 것은 형식을 갖추지 않은 동의의 구속력은 로마법은 인정하지 않았다는 것이다. 노예제도를 봉건법은 인정하였으나, 반면에 (자유 도시의 법이었던) 도시법은 노예 제도를 인정하지 않았다. 상인법은 교환을 위한 증서(bills of exchange)를 강제력 있게 통용시켰는데, 이때 증서의 사용을 명기하는, 기본이 되는 별도의 계약과 관계없이 그러했으나,

482) 옮긴이 주석: 캐논법 텍스트에서 발견된 개별적인 규칙과 결정례들에서부터 스콜라주의자들이 형식을 갖추지 않은 동의도 구속력을 가진다는 법원칙을 건축하였다는 뜻이다.

왕의 법은 그러하지 않았다. 이와 같은 불일치와 모순은, 다른 많은 예들이 있는데, 일종의 "연방주의적인"(federal) 성격의 기독교 왕국 안에서는 통용되고 관용되었다. 이러한 연방적인 성격을 가지고 있는 기독교 왕국에서는 서로 경쟁하는 재판관할권이, 서로 다르면서 그 성격이 다양한 법적인 텍스트에 의존하고 있었다. 그러나 일단 통일된 군주의 법질서나 또는 통일된 왕의 법질서에서는 그렇게 쉽게 관용되거나 통용될 수가 없었다. 왜냐하면 일단 통일된 군주의 법질서라는 것은, 그 영역 내에서 교회와 국가 양자 모두를 통치하는 법질서였기 때문이다. 이러한 통일된 법질서가 바로 종교개혁에 의해서 도입되었던 것이다.

새로운 법과학과 이전의 법과학과의 가장 충격적인 차이점은 로마법과 교회법을 같이 모은 것이다 – 그것보다 더하여 로마법과 캐논법과 함께 도시법, 봉건법, 그리고 상인법도 같이 모아버린 것이다. **흔히 16세기 도이치에 있어서의 로마법의 계수**(the Reception of Roman Law)**라고 사학자들이 불러왔던 것은 (그 내용을 성찰하면) 사실은 로마법뿐만 아니고, 로마법을 포함하여 (위에서 열거한) 모든 다양한 종류의 법을, 하나의 또는 각각의 정치적 공동체 안에서 통일시키려는 운동이었다.**

순전히 정치적인 각도에서 관찰한다면, 모든 재판관할권을 통일한다는 것은, 세속적인 재판관할권과 교계의 재판관할권을 모두 군주와 군주에 봉사하는 집단, 즉 Obrigkeit의 통제 아래에서 통일한다는 것으로 다음과 같은 성격의 법과학에 의해서 더 잘 수행될 것이었다. 그 법과학은 다양한 관할권을 가진 그 재판관할권에게 권위 있는 원천이 되어 주었던 법적 텍스트에 포함된 규칙들과 결정례를 확인하고 체계화하려는 노력에서 출발했던 (이전의 스콜라주의에 의한) 법과학이라기보다도, 총체적인 법질서를 기초지우고 있는 법원칙을 확인하고 체계화려는 의도에 의해서 출발된 법과학이라고 할 수 있다. 그래서 새로운 법과학은 군주에 의한 정치적 대의에 봉사하였다.

비슷하게 루터주의 법학자들의 법에 대한 분석은 자연히 모든 법에 대한 분석이 되며 다음과 같은 조건에서 구별하게 되었다. 누가 법을 만드는가? 즉, 입법자가 누구인가의 물음은 그 법의 유효성에 대한 이유 및 대의가 된다. 다음에 어떤 목적에 법이 봉사하는가라는 물음은 법의 마지막 목적에 대한 대의가 된다. 그래서 입법자가 누구이며, 입법 목적이 무엇이냐라는 조건에서 루터주의 법학자들이 법을 분석하기 시작할 때 이것은 중요한 정치적 함의를 가지고 있었던 것이다.[483] 루터주의 법학자는 법의 성격 중 입법이라는 성격을 강조하였으며, 입법적 성격을 강조하여 법 제정자의 뜻과 의지에 법의 원천이 있다는 것을 강조하고 있다. 이들의 법분석은 다음과 같은 양자를 구별하는 것과 같이 나아갔다. 법규칙, 즉 룰 자체와 법규칙, 즉 룰의 적용을 구별하는 것. 이때 정치적 권위에 의해서 만들어지는, (즉 제정되는) 규칙은, 양심에 비춰지는 이성과 형평(reason and equity)에 의해서 처음에는 의도되어지고, 또한 교정되어질 것을 기대하는 것이지만, 점차로 분리되어서 추상적 존재로서 주어지게 되었다.

프로테스탄트 군주들 영역에서의 새로운 법과학과 새로운 법질서 사이의 명백한 연결과 동반하여, 더 명백한 연계가 존재하였다. 법학자의 정치적 역할이 돌출되고 격상(exaltation)한 것이다. 종교

483) 옮긴이 주석: 이제 이들에게 중요한 것은 입법자, 주권자의 문제와 법의 목적의 문제가 되었다.

개혁 이전의 유럽에서도 또한 법학자들은 중요한 역할을 하여 왔는데, 즉 교황, 황제, 그리고 왕에 대한 조언과 자문을 하는 역할이었다. 법학자들은 또한 어떤 판결을 결정하기 이전에, 재판관에 의해서도 때때로 문의를 받아왔다. 그러나 이전의 어떤 시기에서도, 법학자들이 16세기의 도이치에서의 프로테스탄트 군주 영역에서와 같은 광범위한 영역에서, 그렇게 체계적이고 조직적으로 궁정의 자문관이나 법원의 판사로 선발된 적은 없었다. 물론 이것은 부분적으로는 순전히 정치적 요인에 의해서이고, 또한 부분적으로는 새로운 법과학의 성격 때문이기도 하였다. 새로운 법과학의 특징은, 지식의 성질로써는 복잡하고 얽혀 있어서 그것을 명백히 말하고 적용하기 위해서는 전문적인 소양을 필요로 하였다.

새로운 도이치 법과학의 정치적 함의는 그것의 철학적 함의와 긴밀하게 연결되어 있었다. 실로 이제는 군주가 최고의 입법가가 되었다. 그럼에도 불구하고 군주가 만든 법은 그것 자체가 내부에 짜 넣은 요구를 가지고 있었다. 제정법은 군주보다 더 고차적인 대의 또는 취지에 봉사하는 것이었다. 보다 더 고차적인 대의 또는 취지라는 것은, 법과학 자체에 이미 체화되어 있었는데, 왜냐하면 **법과학은 모든 법을 신법(성서의 십계명)과 인간의 법**(human law) **으로 나누고, 인간의 법은 다시 자연법과 실정법으로 나누게 된다. 이때 자연법이라는 것은 신에 의해서 인간의 마음에 심어진 이성과 양심을 의미하는 것이다. 마지막으로 법과학에 의하면 제정법은 다시 공법과 사법으로 나누어진다**. 실로 군주는 공법에 대한 유효한 원인(efficient cause)이었는데, 이 철학적인 용어는 위에서 설명한 대로 누가 법을 만드느냐, 입법자에 대한 진술이다. 그러나 신의 법과 자연법, 그리고 – 실행에 있어서(in practice) – 사법의 넓은 영역들은 군주의 권능을 벗어나 있었다. 지금까지의 논의에 더해서 더욱 중요한 것이 있었다. (공법이든 사법이든) **모든 법은 형평에 맞게**(equitably) **적용, 실시되어야 된다는 것이다. '형평에 맞게'라는 것은 창조주인 신이 인간에게 준 양심에 의하여, 즉 양심에 맞게 적용되어야 된다는 것이다.** 따라서 (이 마지막 적용에 있어서의 형평을 강조하는 것 때문에) 루터주의 법학자들의 법과학은 마키아벨리의 성격을 가지고 있다고 이름 지어질 수가 없었으며, 장 보댕(Jean Bodin)의 군주 주권에 의해서 변호되고 있는 절대주의 왕국과 같은 것을 지지하는 것도 아니었다. 특별한 중요성을 지니는 것은 새로운 도이치 법과학이 변증법이라고 불리웠던 철학의 분기에 대해서 가지는 함의이며 이때 변증법이라는 것은 특별히 증거에 대해서의 과학적 방법과 관련된 변증법의 가지를 얘기하는 것이다.[484] 이러한 증명을 위한 변증법의 철학에서 주된 존재는 멜랑히톤이었으며, 멜랑히톤은 당시의 법학자들에게 지식의 모든 가지는 정리되어져야 하며, 그 정리는 그 지식 자신의 특별한 자리(praecipui loci, "special places")에 의해서 정리되어져야 되는 것이고, 흔히 주제라고 불리우는 것은 그 지식의 특별한 자리를 가리키는 것이었다. 다음에 여러 가지 다른 분야의 지식들에 공통된 어떤 일반적인 주제를 사용할 때에는 (이때는 어떤 지식의 특별한 자리가 아니라 공통적인 자리를 의미하게 된다. loci commune, "common places") 지식의 항목들을 각 지식이 위치하고 있는 특별한 가지들로부터 끄집어내어서, (그들의 공통적인 가상의 자리) 즉, 그들이 가지는 본질로서의 성질을 끄집어내는 것이 가능하다. 이것은 자연 과학의

484) 옮긴이 주석: 증명의 과학적 방식을 위한 변증법이었다는 것이다.

발전에서, 앞으로 나아가는 거대한 행보였는데, **이때 방법이라는 것은 비단 "아리스토텔레스에 의한" 경험주의뿐만 아니라 "플라톤에 의한" 방식, 즉 점차로 수학적이며 개념주의적인 방식에 있어서의 발전을 의미한다.**

압펠, 라구스, 그리고 비겔리우스가 16세기 도이치의 대학에서 새로운 법과학을 창조하도록 도운 다수의 도이치 프로테스탄트 법학자들의 최초의 사람들이었다. 병행하는 운동이 비록 비슷하지는 않았지만, 유럽의 다른 나라에서 나중에 일어났고, 로마 가톨릭 법률가와 프로테스탄트 법률가들이 참가하였다. 비록 도이치에서 시작되었지만 이것은 유럽적인 현상이었고, 다른 어디에서도 법을 발전시키는 데에 법학 교수들이 이러한 중요한 실질적인 역할을 한 적이 없었다.

프랑스의 경우는 도이치의 경험에 비스듬히 빛을 비추어준다. 부다에우스(Budé)를 따라서 뛰어난 프랑스 헌법학자들 - 쿠자시우스(Cujas), 호트마누스(Hotman), 그리고 다른 사람들 - 은 **법적인 분석을 희생해서라도 언어와 역사를 강조하기를 계속했다.**[485] 법으로부터 후기에 만들어진 해석론과 용어집을 제거하기 위해서 고대 로마법의 텍스트를 탐색해갔는데, 그러다 그들은 마침내 그 로마법 텍스트를 살아 있는 법으로 받아들이는 것을 부인하게 되며, 부인과 함께 (그들 지역의 고유한, 즉 로마 시대에 골(Gallic) 지방이라고 불리었던 프랑스 지역의) 골 지방(Gallic)의 법제도로 돌아가게 되었다. 점차로 일단의 프랑스 법학 교수들은 또는 적어도 당시에

485) 원저 p.129. 각주 83. For discussion of the sixteenth-century French contribution to legal science, see Kelley, *Foundations,* pp.53~148; Andersen, *No Bird Phoenix*, pp.112~122; Phillipson, "Jacques Cujas"; and Coing, *Handbuch,* pp.56~58, 238~242, 756~759, 786~787, 902~926.

가장 알려졌던 프랑스의 법학 교수들의 많은 숫자가 (이와 같은 과정에서) 법에서부터 거리를 두게 되고, 그들 자신은 **역사와 신학에 몰두하게 되었다** – 역사와 신학이라는 큰 주제는 당시에 프랑스의 국민적 정치와 긴밀하게 연결되어 있었다. 코라지우스(Corasius)와 보댕(Bodin)과 같은 프랑스 법학자들은 이전에는 법의 백과사전 같은 데에 관심이 있었으나, 그로부터 전회해서, 그 대신에 절대 왕권의 정치적 이론들을 발전시켰다. 이 이론들에 의하면 지배자 또는 치자(the ruler)는 법의 "유효한 원인"(efficient cause)이며, 따라서 법의 구속에서부터도 면제되는 것이었다. 16세기의 가장 현저한 프랑스 법학자 세 사람, 즉 두아레누스(Duaren), 돈넬루스(Doneau), 그리고 두 물렝(Du Moulin)은 멜랑히톤의 주제별 방식에 의해서, 유스티니아누스의 텍스트에서 발견된 엄청나게 많은 양의 법규칙을 조직하고 분석하였다. 그들 중에 한 사람인 두아레누스는 프로테스탄티즘에 동정적이었고, 나머지 두 사람, 즉 돈넬루스와 두 물렝은 프로테스탄티즘으로의 개심을 하였는데, 이들 둘은 도이치의 루터주의 대학으로 도망쳐서 쓰고 가르치기를 계속하였다.

16세기 유럽의 법사상이 회의적인 단계에서 원칙적인 단계로, 또한 체계화의 단계로 옮아가는 데에 있어서 무엇이 가장 중요했는가를 이해하기 위해서는, 비교하는 비교법의 방식이 유용하다. **무엇과 비교하는가? 시대는 달라도 유용한 비교가 있다**. **20세기와 21세기의 미국 법사상의 발전과정과 비교하는 것이다**. **"법현실주의"**(legal realism)**는 미국 로스쿨에서 1920년대 말부터 1930년대와 1940년대에 전면에 출현했는데**[486] **이것은 15세기 말과 16세기**

486) 옮긴이 주석: "제롬 프랑크(Jerome Frank), 언더힐 무어(Underhill Moore), 칼 르웰린(Karl Lewellyn)과 무엇보다도 윌리엄 더글라스(William Douglass)가 참가

초의 인본주의가 나타난 것과 비교해볼 수 있으며, 이러한 시대에 따라서 나타난 **법현실주의는 그 당시 통용되고 있던 법규칙의 몸체 자체의 유효성을 공격하였는데**, 이것은 부분적으로는 언어학적인 입장에서, 부분적으로는 역사적인 입장에서 공격한 것이다. **법규칙의 텍스트들은 해부되었는데, 그 목적은 법규칙 자체가 그것을 적용한 결정과 판례들에서 왜곡되었다는 것을 보여주기 위한 것이었다**. 1950년대 말부터 1970년대에 걸쳐서 미합중국에서는 새로운 법학파가 나타나서, "법 절차"(legal process)를 강조하였으며, 이 법 절차라는 것은 법현실주의 학파의 통찰 위에 세워진 것이고, 그러나 법의 형식적 측면을 구출하려는 노력이었다. 그 방법은 법 절차를 일반 원칙의 맥락 안에다가 위치 지우는 것이고, 이때 일반 원칙이라는 것은 법적인 해결을 요구하고 있는 문제들의 특별한

한 다극적인 지식인의 운동이었다. 공통점은 법이 실제로 사회에서 운영되는 대로 연구한다는 것이 목적이었으며, 그 목적 아래에서 무엇을 해야 되는가에 대해서 넓은 시야를 가지게 되었다. 예를 들면 규제나 통제의 연구에는 학습이론을 동원하였다. 인디언의 사회적 통제를 연구하기 위해서 전설과 신화를 채집하여서 법적으로 분석하였다. 근대주의를 떠나서 사람들의 행동을 통제하거나 예측하기 위해서 무의식적 심리학적 원형을 채집하기 위해서 원시법을 분석하였다." (김철, 『경제 위기 때의 법학』(서울: 한국학술정보, 2009.03), 222면) "무엇이 이들로 하여금 관례적이며 인습적인 법학방법론을 초과하여 다른 학문의 방법을 적용하기 시작하게 하였는가? 딜레탕트 취미나 현학적인 동기였던가? 때는 세계적으로 대공황 전기였고 세계 정치 경제 사저는 전체주의 세력이 신흥 세력으로 부상하고 있었다. 1930년대까지 그들의 각성은 이전의 존경하던 선배들이 행한 법학 연구방법이 이제는 부적절해졌다고 느낀 것이다. 당시 경제 사회의 강한 필요성에 따라서 법학도로 하여금 그다지 취급하지 않았던 사회적 사실을 다루는 분야에 접하도록 했다. 암도 사회적 사실에 대한 어떤 과학이 법학의 내용에 도움이 되는지 미리 알 수도 증명할 수도 없었다. 그러나 현실의 강한 필요성이 그들로 하여금 '무엇이든 도움이 된다면' 해볼 만한 용기를 주었다. 이것이 이들로 하여금 법에 대한 사회과학적 분석, 즉 가장 넓은 의미에 있어서의 경제분석이 발달한 초기 사정이다."(김철, 위의 책, 222~223면) "칼 르웰린이나 더글라스 같은 사람들의 법현실주의에는 제도경제학과 공통되는 것이 있었다고 한다. …… 제도경제학은 1920년대에 시작되었으며, 주로 정부의 관여를 신봉하고, 동시에 가격이론과 신고전파 이론에 대척되는 입장에 있었다."(김철, 위의 책, 226면)

타입에 관계되는 것이었다. (르네상스 이후의 종교개혁기 법학에서 보여주는) 차지우스와 알키아투스에 의해서 대표되는 법인본주의의 두 번째 단계인 "원칙적인" 단계의 케이스에서 보여주는 바대로 "절차로서의 법"(law as a process)이라는 개념을 변호한 아메리카의 법학자들은 얼마 동안은 규칙에 대한 질적인 존중을 회복하는 데에 성공하였으며, 법의 각각의 분야를 종합하는 데에도 성공하였다. 그러나 이런 사람들은 그들 방법에 의해서 전체로서의 법체제의 일관성과 성실성이라는 똑같은 느낌을 줄 수는 없었다. 또한 이전에 존재해왔으나, 현실주의자들이 니힐리스틱하게 공격하기 이전에 있어 왔던, 객관적 현실의 법체계가 뿌리를 박고 있다는 똑같은 느낌은 줄 수가 없었다. 21세기의 시작 무렵에, 아메리카 법 전체를 체계화할 수 있는 아무런 객관적인 베이스가 없는 것처럼 보이게 되었고, 또한 일반적으로 공유할 수 있는 믿음 역시 존재하지 않는 것으로 보이게 되었다. 이때 믿음이라는 것은, 지식에 있어서 인간이 태어날 때부터 가지고 있는 인간의 고유한 요소들을 말하며, 이 요소들이 근본적인 원칙들을 구성하고 있다는 것이다. 또한 이 근본적인 원칙으로부터 모든 법적인 제도들은 합리적으로 뽑아낼 수 있다는 것이다. 마찬가지로 적어도 법학자들 사이에 있어서는 **일반적으로 또는 보편적으로 공유하고 있는 믿음이라는 것이 없게 보였다. 무엇에 대한 믿음인가? 개인 인격의 양심의 능력에 대한 믿음이었고, 양심의 능력이라는 것은 실제 사례에서 이성적인 동정을 기초로 해서 올바르고 공정한 결과에 도달할 수 있는 능력을 말한다.** 이와 같은 역사적 경험을 잘 안다면 도이치 프로테스탄티즘이 행한 엄청난 성취를 우리들이 정당하게 평가하는 것을 도와줄 수가 있다. 도이치 프로테스탄티즘의 성취라는 것은, 이전에 존재했던 법인본주의의 불충분함을 극복하는 데에서 보여준 성취이며, 또한 새롭고 체계적인 법과학을 창조하도록 고양시킨 성취를 말한다.

제4장
도이치혁명과 형사법의 개혁

16세기 동안 도이치 형법은 절차적 측면이나 실체법적인 측면에서 실질적인 변혁을 겪었다.[487] 이와 같은 변혁의 한 가지 이유는 15세기 말과 16세기 초의 게르만 민족의 사회질서를 특징지은 광범위한 폭력을 통제할 필요성이었다. 엄청난 숫자의 떠돌이들－방랑자, 범법자들, 집시, 제멋대로인 순례자들, 도망 다니는 수도승과 수녀들, 전직 학생들, 거지들, 그리고 기타는 도로를 메웠고, 그 결과로 범법자의 온상이며 동시에 희생자의 온상을 만들었다. 도둑 기사들에 의해서 지휘되는 무장 강도들이 여행자를 공격하고, 국경 지대를 약탈하였다.[488] 이전에 존재하던 형사법 시스템은 지방 공

---

487) 원저 p.131. 각주 1. See John H. Langbein, *Prosecuting Crime in the Renaissance: England, Germany, France* (Cambridge, Mass., 1974) pp.129～209; Eberhard Schmidt, *Einführung in die Geschichte der deutschen Strafrechtspflege* (Göttingen, 1965); Robert von Hippel, *Deutsches Strafrecht,* Bd. 1 (Berlin, 1925), pp.159～220.

488) 원저 p.131. 각주 2. “The problem of poverty and vagrancy had reached an acuteness probably never before encountered.” Thorsten Sellin, *Pioneering and Penology: The Amsterdam Houses of Correction in the Sixteenth and Seventeenth Centuries* (1942), p.8, quoted in John H. Langbein, *Torture and the Law of Proof: Europe and England in the Ancien Régime* (Chicago, 1977), p.33. See Robert Jütte, *Poverty and Deviance, in Early Modern Europe*

동체의 제도가 안정적이라는 전제 위에 기초하고 있었는데, 이제 와서는 거의 전문적인 또는 프로페셔널 성격의 범죄들, 광범위하며 기동성 있는 범죄들을 유효하게 다루는 데에 부적절하였다. 더하여서 교회 법정이 이전에는 민사 재판권뿐만 아니라 매우 광범위한 형사 재판권까지도 갖고 있었는데, 점차로 이러한 재판관할권의 실질적인 부분을 상실하고, 새롭게 흥기하고 있는 군주의 법원과 도시 법원에게 재판관할권을 내어주게 되었다. 이들 법원조차도 형사 사례의 증가와 다양성을 다룰 수 있을 정도로 적합하지 않았다. 그와 같이 극성은 아니었지만 비슷한 문제들이 잉글랜드나 프랑스, 또는 유럽의 다른 나라들에게 존재하였다.

그럼에도 불구하고, 형사법의 모든 시스템을 변화시킨다는 것은 쉽지가 않고, 변화의 필요성이 있다는 것 자체가 왜 변화가 일어나는가에 대한 충분한 설명이 되지를 못했다. 실제로 실질적인 변화가 일어나기 시작하는 데도 수십 년과 수세대 동안 그 필요성 자체가 이미 계속되어 존재하였다. 더하여서, 구 형사 시스템에 대해서 불만이라는 것이 왜 어떤 종류의 변화가 일어나고, 다른 종류의 변화는 일어나지 않는가를 설명하지도 못했다.

수세기 동안 도이치에서는 촌락 수준에서, 도시 수준에서, 그리고 더 큰 영역의 수준에서, **재판**(adjudication)**의 시스템이 존재하여 왔었다. 재판은 형사 사례에 있어서나, 민사 사례 양자에 걸쳐서 존재하였고, 심판부는 저명한, 그러나 전문가가 아닌 일반인들에 의해서 구성되었으며 이들은** Schöffen(assessors),[489]**은 7명에서**

(Cambridge, 1994), pp.143～157.

489) 옮긴이 주석: 최초의 의미는 평가하거나 조사해서 정하는 사람이며, 더 나아가서 배석 판사를 뜻하기도 한다.

12명이었으며, Richter(director)라고 불리우는 관리와 같이 했다. 도이치어의 Richter가 지금 와서는 판사(judge)를 의미한다. **그러나 16세기 이전에는 (전문가가 아닌 일반인인) Schöffen이 판사였고, 도이치어로 Urteiler였다**(Urteil은 판단, 심판을 의미하며, 판단을 행하는 사람이라는 뜻이다). Richter가 재판 절차를 중심적으로 주재하고 감독하였다. 이러한 Richter와 Schöffen이 있는 체제가 도이치의 세속법의 발달의 기본이 되었다. **12세기부터 15세기에 있어서**, 지방 법정이나 도시 법원이나 또는 봉건 영주의 영역 법정이나 또는 황제의 법원에서 마찬가지였다. **법의 주된 원천은 관습(custom)이었으며, 일반 시민들로 구성된** Schöffen은 지방 커뮤니티, 도시, 또는 봉건 영역에 있는 (비록 대학에서 훈련 받지 않았지만) 교육 받고 교양 있으며, 책임 있는 사람들로서, 통용되는 관습을 잘 알고 있었으며, 또는 현저하지 않을 경우에는 **통용되는 관습을 찾아내는 능력이 있었다**. 관습법의 실체적인 부분이 표현되게 되고, 또한 계량되게 되었다는 것은 곧 쓰여진 저술들, 예를 들면 작센슈피겔(Sachsenspiegel) 같은 것이며, 또는 다른 형태의 도시법의 모음들, 또는 군주의 조례들의 형태로써 표현되었다는 사실은 관습법의 성격을 얼마간 변화시켰으나, 전적으로 변화시킨 것은 아니었다; 관습법이, 문자로 텍스트화된 것의 전제가 되는 것은 거기에 포함된 법이라는 것은 관습법과 통합된 형태로써 존재하는 것이며, **해석될 때에는 아마추어로서 구성된 재판정에 의해서** (그들이 잘 아는) **관습의 빛 아래서 되는 것이고**, 이때 아마추어라는 것은 공식적인 직위인 Richter의 지시 아래에서 심판석에 앉는 파트타임 Schöffen이라는 뜻이다.[490)]

12세기 이전의 Schöffen들이 구성하는 법정에서 벌어지는 형사 사건에 적용 가능한 절차는, 더 오래된 12세기의 부족법 시대의 형사 절차 방식 중의 어떤 것을 그대로 가지고 있었다. **부족법 시대의 방식에서는 형사 사건**이라는 것은 희생자나 희생자의 친척 또는 친구의 고발에 의해서 시작되게 되고, (가해자로서) 고발된 자는 선서의 기초에서 무죄로 되거나 유죄로 되었는데, 이때 선서(oath)[491]라는 것은 선서를 기초로 한 증언을 의미하는 것으로, 피의자나 그를 고발한 자에 의한 것이기도 하고, 또한 제3자인 타인이 주장하는 선서에 기초한 증언이기도 하였다.[492] 피의자는 그가 종교적 절차에서 그를 고발한 범죄로부터 그를 빼낼 수 있을 만큼 엄숙한 종교적 선서에 기반으로 하는 증언을 할 수 있으면 무죄로 석방되는 것이고, 또한 그의 종교적 선서 이후에 하는 증언이 이른바 증언을 도와주는 사람들(oath helpers, compurgators[493]))이다.

490) 원저 p.132. 각주 3. See Berman, *Law and Revolution,* pp.371~380, 503~510.

491) 옮긴이 주석: 게르만 부족법 시대는 객관적인 증거가 아니라 선서에 의해서만 증언의 진실성을 믿는 방식을 기초로 하였는데, 11세기~12세기 초까지 계속되었다(법과 혁명: 2013, p.150). 교회에서 하는 선서와 서약을 깨뜨리는 것은 중죄에 해당했다(법과 혁명: 2013, p.312).

492) 옮긴이 주석: 특징은 피해자나 피해자 측의 고발 이외에 달리 공익을 담당하는 기소자가 없었다는 것이 부족법 시대의 특징이었다. 그 이유는 아마 부족이라는 것은 하나의 생활 공동체였다는 데에 있을 것 같다. 해롤드 버만 지음, 김철 옮기고 정리함, 『법과 혁명Ⅰ-서양법 전통의 형성1』(서울: 한국학술정보, 2013), 151~178면. 특히 2.8 친족 복수, 164면을 참조할 것. 현실적으로 피해자 단독이 아니라 많은 경우에 피해자의 친족들이 형사 사건의 시작과 전개를 주도하였다고 볼 수 있다. 왜냐하면 부족법이나 친족법 시대의 피해자 개인이라는 것은 근대 이후의 개인주의 시대와 전혀 달라서 그가 속하는 친족 집단의 일원으로서만 인식되기 때문이다.

493) 옮긴이 주석: compurgator란 부족법 형사 절차에서 피의자는 일정한 수의 친구나 이웃의 종교적 선서를 전제로 한 증언에 의해서 무죄가 되도록 도와주는 사람이라는 뜻이다. 면책을 위한 선서와 증언을 하는 사람 정도로 번역이 된다. 이때 비기독교 문명권에서는 주의해야 할 일이 있다. 게르만 부족법 시대의 재판은 종교 재판이며, 세속 법정과는 달라서, 종교적 의식이 전제가 되고 있었다. 피의자나 피의자를 도와주는 증인들이 선서를 한다는 것은 현대 세속 법정에서

만약 피의자가 유죄로 판명된다면, 그는 배상금을 지불하도록 요구되는데 이 배상금은 (일종의 화해를 위한) 화해금(composition)에 해당하는 것이므로, (범죄의) 희생자나 또는 희생자의 친척들에게 지급된다.[494] **12세기 이전의 심판정은 전문가들의 법원이 아니고, 그냥 지방민들(해당 부족민들이 모이는) 회의 정도의 성격**을 가진다. 화해금과 배상금과 같은 이와 같은 낡은 시스템은 ‒ 결투나 전투에 의해서 승자에게는 무죄를 추정하는 재판이나, 또는 가혹한 시련을 주어서 생존하는 자에게는 무죄를 추정하는 시련 재판의 고대 방식과 같이 ‒ 재판을 인간에 의한 심판으로 보지 않고, 초월적인 존재인 신의 심판에 호소한다는 재판의 개념에 근거하고 있다. 다른 한편에 있어서는 이러한 재판이 이루어지는 사회적 맥락인 부족법 및 친족법 시대의 특징인데, 많은 경우에 **폭력이나 살인의 희생자에 대해서는**, 그를 대신해서 그가 속하는 친족 집단이 복수하는 **복수의 관행[495]을 되도록 완화해서 배상금 또는 화해금으**

선서한다는 것과는 성격이 다르다. 종교 법정에서 선서한다는 것은 만약 선서가 가짜로 드러나면 증언자 자신이 무겁게 처벌되는 것을 전제로 한다. 그 근거는 중세 자연법의 실질적 원천이었던 성경의 모세의 법 중 ‘거짓말하지 말라’라는 계율이다. 따라서 “선서로서 면책이 된다”라는 서양어는 현대어로 옮기면 종교적 선서를 엄정하게 하고 나서 (하나님이 보는 면전에서) 범죄 사실에 대한 증언을 한다는 것이 된다. 똑같은 종교적 선서의 정신은 서양법 전통의 여러 나라에서 공적인 증언의 성질에서 나타난다. 예를 들면, 이들 나라에서는 아직도 공적인 증언을 할 때 자연법의 원천인 성서에 손을 얹고 선서하는 모습을 보게 된다. 이런 전통에서는 공식적인 자리에 있어서의 위증은 무겁게 취급된다.

494) 옮긴이 주석: 이러한 게르만 부족법의 범죄에 대해서 현대인들이 느끼는 것은, 공익 차원의 처벌이 없다는 것이다. 부족법 시대는 아직도 정부나 국가 개념이 확립되지 않았을 때이고, 범죄조차도 부족 내부의 화해를 위한 배상금 지급으로 끝난다는 것을 알 수 있다.

495) 옮긴이 주석: 사건의 당사자로서의 개인보다도 그 개인이 속하고 있는 친족 집단과 친족 집단의 가지를 강조하는 집단주의적 방식은 게르만 부족법 시대 때만은 아니다. 대체로 게르만 부족법의 연대는 크게는 12세기 교황의 혁명 이전이고, 그 시초는 5~6세기 원시 게르만족이 기독교화해서 일단 종교적 재판으로

로 화해를 유도하는 절차의 일부로 볼 수가 있다. 이러한 경우에 드러나는 것은 형사 사건과 민사 사건 사이의 중요한 차이점이 별로 없어 보인다는 것이다.[496)]

12**세기에, 교황의 혁명의 와중에서**, 유럽의 다른 곳에서와 같이, 게르만 지역에 있어서도, 부족 및 친족 시스템이라는 것이 변화하였다. 심각한 범죄(중범죄, felony)는 덜 심각한 범죄(경범죄, misdemeanor), 불법행위(delict)로부터 명료하게 구분되었으며, 중범죄에 대한 처벌은 말하자면 사형 또는 수족 절단(mutilation)이 법원에 의해서 부과되는데, 이러한 법 집행이 (부족법 시대에 있어왔던) 당사자나 그들의 친족에 의한 협상에 의해서 전투나 분쟁을 조정하는 것에 대체하였다.[497)] 종교의식으로서의 선서에 의한 절차는 물론 계속되었지만, 부족법 시대에 무죄를 증명하는 양식으로서, 초월자의 신성한 판단을 예상하는, 시련에 의한 재판이라든지 **결투 또는 전투에 의한 재판의 방식은 12세기 교황의 혁명의 와중에서 비로소 교회에 의해서 폐지되었으며**, 실질적으로 제거되었다. 여기에 덧붙여서 선서에 의한 증언 절차 그것 자체부터 변화하였다. 이전에 무죄를 증명하는 마법적이며 기계적 양식에 있어서는 무죄와 유죄의 테스트는, 정해진 종교적 선서를 "실수 없이"(without slip or trip) 행해야 되는 것인데 비해서, 더 합리적인 방식은 법정을 구성하는

심판이 변화할 때라고 할 수 있다. 세계의 다른 역사와 지리에서도 시간대는 다르나 개인보다도 그가 속하는 친족 집단이 당사자가 되는 관행과 관습법의 시대는 오래 계속되었다.

496) 원저 p.132. 각주 4. Ibid., pp.57～58. See also Robert Bartlett, *Trial by Fire and Water: The Medieval Judicial Ordeal* (Oxford, 1986), and the sources cited therein.

497) 옮긴이 주석: 교황의 혁명이 진행되던 12세기에 와서야 비로소 당사자에 의한 해결 방식에 대체하여 중범에 대한 엄격한 처벌이 시행되었다는 것을 알 수 있다.

교양 있고 책임 있는 Schöffen들이, 어느 당사자가 선서에 의한 증거를 제출하여야 하느냐를 결정하였으며, 또한 제출된 증거가 충분한가를 결정하였다. 만약 적절한 증인의 증거가 제출된다면, 무죄를 위한 종교적인 선서로서의 증언(Purgative oaths)은 봉쇄되었다.

더하여 12세기와 13세기에 세속 군주에게 속한 당국과 도시 정부의 당국은, 가장 심각한 범죄행위의 책임 있는 사람들을 기소하는 데에 initiative를 가지기 시작했다. 그리고 이러한 사례들에서 법을 다루는 관리들이 재판에 미리 앞서서 피의자를 심문하였다. 많은 게르만의 영주 영역에서, 도시들에서 그리고 성읍들에서 악명 높은 형사범들을 소추하기 위해서 공적인 관리, 즉 검사들이 지명되었다. 교회 법정에서 최초로 발전되었던 당사자와 증인들에 대한 심문 체계의 어떤 요소들은, 현대 학자들이 잘못 명명하기를, "로마－캐논" 또는 "로마식－교회법식"으로 부르는데, (그러나 이것은 고전 로마법 시대나 후기 고전 시대의 로마법의 체계에 서술된 형사 절차로부터는 완전히 다르다) 세속 군주의 법정에 또한 점차로 침투하였다.[498] 형사절차의 **고대 게르만 식의 고소인 중심의 모델**(accusatorial)의 요소들은, 이 모델에서는 재판은 고소자와 고소된 자 사이의 콘테스트였으며, 결과는 **초월자인 신의 심판으로 간주되었으나,** 이러한 초기 게르만의 고소인 중심의 모델은 11세기 후기의 교회법주의자들의 **심문자 중심의 모델**(inquisitorial)과 결합하였

---

498) 원저 p.133. 각주 5. Although John Langbein follows Schmidt and others in terming this system "Roman-canon Inquisitionsprozess," he nevertheless acknowledges that it was "considerably more canon than Roman in its sources" and that "the notoriously ill-defined Justinian sources could not and did not sustain the extensive medieval elaboration." See Langbein, *Prosecuting Crime*, pp.129, 138. In fact, hardly any of the Roman law of procedure, whether criminal procedure or civil procedure, survived in the West.

다. 심문자 모델에서는 재판은 소추된 자와 증인들을 법원에 의해서 심문하는 것이며, 그 결과는 **이성과 양심에 기반을 둔 사람에 의한 심판**으로 간주되었다. 15세기가 경과하는 동안, 고소자 중심 모델의 요소가, 그 이전보다는 훨씬 높은 정도로 공식적이고 관공서에 의한 통제에 매이게 되었다. 동시에 심문자 중심 모델의 요소들은 상당한 정도로 덜 정교했으며, 덜 체계화되었는데, 이러한 요소들이 정교해지고 체계화된 것은 도이치혁명의 영향 아래에 있던 16세기에 와서이다. 더하여 16세기 이전의 시대를 통하여서, 완화된 고소자 중심 모델의 절차가 비신체적 범죄의 사례들에서 그것의 생명력을 보존하고 있었다.[499)]

심문자 중심 모델의 절차에서 중요한 요소는 고문의 방법이었는

---

499) 원저 p.133. 각주 6. There is considerable disagreement among scholars concerning the time when the inquisitorial procedure was introduced into German practice. Some say the fifteenth century, some say the fourteenth, some say the thirteenth or twelfth. One source of confusion is the fact that there was no German national state in those centuries but rather, on the one hand, a Holy Roman Empire of the German Nation, which had very limited criminal jurisdiction, and, on the other hand, a large number of German "lands" (*Länder*), each of which had its own system of courts. Another source of confusion is the almost universal practice among nineteenth- and twentieth-century medievalists of treating the canon law of the Roman Catholic Church as foreign law-indeed, foreign not only to Germany but to all other countries of Western Christendom as well. Cf. Schmidt, *Einführung*, pp.28~29. Thus Langbein writes that inquisitorial procedure "did not harden in Germany until the sixteenth century"-apparently meaning by "Germany" the empire and at that point overlooking both the law of the church in Germany and the law of the German territories. Langbein does not deny that in both the empire and the territories, church courts were applying inquisitorial procedure from the twelfth century on, and that these German church courts were staffed by German canon lawyers. The inquisitorial procedure which they applied was gradually adopted, with modifications, in the various German territorial courts from at least the thirteenth century. See Udo Wolter, *Ius Canonicum in Iure Civili* (Cologne, 1975), pp.8~9.

데 – 어떤 타입의 사례들에서 – 기소된 사람으로부터 고백을 이끌어 내기 위함이었다. 역사학자들은 고문의 도입을 설명하기를, 1215년 제4차 라테란 공의회(the Fourth Lateran Council)에 의해서 이전에 있어왔던 시련 재판을 없앤 결과로써 얘기한다. 시련 재판을 증명의 방법으로 쓰는 것을 대치하는 것은, (시련 재판이 근거하고 있었던) 초월자인 신에 의한 심판이라는 방식에 비교할 만한 일종의 확실성을 성취하기 위해서였다. 이러한 확실성은 당시에 불리는 대로 "충분한 증거"(full proof)에서 발견될 수 있었는데, 이것은 범죄의 본질적인 요인들에 대한 두 사람의 탄핵될 수 없는 증인들에 의한 증거이든가 또는 공개된 재판정에서의 재판에서 피고인이 자발적으로 고백하는 방식에 의한 증명이었기 때문이다.[500] 만족할 만한 증거가 주어지지 않고, 이른바 반 정도의 증거(half proof) – 예를 들어서 강력한 주위 사정에 의한 증거(circumstantial evidence)가 있으나, 단지 한 사람의 증인만이 있을 때 – 는 요구되는 확실성을 충족하기 위해서는 자백이 필요했다. 다음과 같이 생각되었다. 즉, 순전히 상황에 의한 증거(circumstantial evidence)에 기초

500) 원저 p.133. 각주 7. Cf. U.S. Constitution, art. 3, sec. 3: "No Person shall be convicted of Treason unless on the Testimony of two Witnesses to the same overt act, or on Confession in open Court." The two-witness rule was a creation of the canonists and Romanists, utilizing both Roman law and scriptural authority as sources. Perhaps the fact that it was a product of their own conscious deliberation contributed to their willingness to carve out exceptions to it. See Richard Fraher, "Ut nullus describatur reus prius quam convincatur: Presumption of Innocence in Medieval Canon Law," in Stephan Kuttner and Kenneth Pennington, eds., *Proceedings of the Sixth International Congress of Medieval Canon Law* (Vatican City, 1985), p.494. Cf. H. van Vliet, *No Single Testimony: A Study on the Adaptation of the Law of Deuteronomy 19:15 into the New Testament* (Utrecht, 1956) (exploring the scriptural origins of the two-witness rule).

를 둔 유죄 확정을 허용하는 것은 판사가, 상황에 있어서의 다양한 요인들에 의해서, 그 요인들의 판사의 주관적인 평가로 결정할 수 있는 재량을 주는 것이라고 생각되었다.

이 설명은 비록 광범위하게 받아들여졌지만,[501] 많은 의문들을 남겨둔다. 첫째로, 완벽한 증거는 사형에 해당하지 않는 범죄(non-capital offense)의 사례들에서는 요구되지 않았는데, 예를 들면 폭행과 구타(assault and battery), 위조(forgery), 사소한 절도(petty stealing), 고리대(usury), 공공장소에서의 싸움(brawling), 만취(drunkeness), 또는 신성 모독(blasphemy) 같은 죄들이다. 예를 들어서 만약 한 사람이 비교적 소액의 금전을 훔쳤다고 기소되었을 때는, 형벌은 벌금이거나 또는 칼 씌우기(pillory) 또는 물속에 머리를 박기(ducking in water), 태형(flogging) 또는 추방(banishment)일 경우에, 그는 도난당한 돈을 소지하고 있다는 것만을 기초로 그것을 훔칠 동기가 존재한다고 선고될 수 있으며, 알리바이나 은밀한 행태나 다른 상황적인 증거 없이도 동기가 추정되었다. 또한 증인이 두 사람이 되지 않을 경우에도 피고인의 이후의 말이나 다른

501) 원저 p.133. 각주 8. See Langbein, *Torture and the Law of Proof.* Writing of the reaction to the abolition of ordeals, Langbein states (p.7): "The Roman-canon law of proof solved the problem of how to make the judgment of men palatable. That judgment was to rest on certainty. It was to rest upon standards of proof so high that no one would be concerned that God was no longer being asked to resolve the doubts." This view has been challenged by Richard Fraher, "Conviction According to Conscience: The Medieval Jurists' Debate Concerning Judicial Discretion and the Law of Proof," *Law and History Review* 7 (1989), 23~88; and by Mirjan Damaska, "The Death of Legal Torture," *Yale Law Journal* 87 (1978), 860~884 (reviewing Langbein). Damaska argues that Langbein exaggerates the rigidity in this new system of proofs (pp.865~866). Cf. Walter Ullmann, "Reflections on Medieval Torture," *Juridical Review* 56 (1944), 123~137 (outlining the rules and principles that guided the application of torture in the thirteenth through fifteenth centuries).

직접적인 증거에 대해서 증인들의 증언이 없어도 되었다. 그다음에 의문이 생기는데, 만약 두 사람의 증인 또는 자백에 의한 완벽한 증거 없이 사형에 해당하지 않는 사례들(경범죄들)에서 실제적인 확실성에 도달할 수 있다면, 중죄에 해당하는 사례에서 이와 같은 증거가 요구되는 이유는 무엇인가?

두 번째로, 비록 자백이 "증거의 여왕"(the queen of proofs)이라고 불리웠지만, 항상 고문에 의해서 야기된 자백의 유효성에 대해서 의구심이 있어 왔다. 부분적으로 그와 같은 이유로, 자백은 공개 재판에서 자발적으로 되풀이되는 것이 요구되었다. 그러나 심지어 공개 재판에서 반복된 자백이라 할지라도, 다음과 같은 사실에서 볼 때에는 의심의 여지가 있었다. 즉, 공개 재판에서 그가 미리 한 자백을 번복한 피고인은, 다시 재개된 심문과 새로운 고문에 놓여지게 되고, 이 과정을 통해서 다시 공개 재판에서 자백을 되풀이할 것을 강요되기 때문이다. 그다음에 다음과 같은 의문이 생겼는데, 만약 강요된 자백이 증거 가치가 애매모호한 증거 가치를 가진 것으로 인식될 때는, 왜 강제된 자백을 주장하게 될까? 세 번째로, 어떤 특권을 가진 계층은, 고문에 의한 수사로부터 면제되었는데, 이 경우 예외는 반역(treason)이나 이단(heresy)의 사례였다. 이러한 특권 계층은 귀족, 고급 관료, 성직자, 의사, 그리고 법학 전문가뿐만 아니라 12세 혹은 14세 이하의 아동, 임산부, 그리고 고문이 사망의 위험성을 가져올만한 취약한 사람들이었다.[502] 만약 자백이 증거의 여왕이라면 왜 의사와 법학 교수들의 기소에서는 자백이 주장되어지지 않는가?

---

502) 원저 p.134. 각주 9. On those immune from torture, see Langbein, *Torture and the Law of Proof,* p.13.

네 번째로, 다른 상황에 의해서 확실시되는 자백이라 할지라도－예를 들면, 공범의 체포에까지 이르는 자백일 경우에－그것 자체는, 확실한 상황보다 피고의 유죄에 대한 더 나은 증명은 아니었다. 공개 재판정에서의 자백의 반복은 자백의 증거로서의 가치에 대해서 별로 더해주는 것이 없었다. 다음과 같은 의문이 다시 생기는데, 이전에 행해졌던 자백과 그리고 결과로써 나타나는 확증을 증거로써 제출하는 것은 왜 충분하지 아니한가?

이와 같이 "로마－캐논"(Roman-canon) 시스템은 고문 없이는 "작동할 수 없다"(unworkable)는, 어떤 주도적인 아메리카 학자의 언급은 어떤 계층의 사람들에 의해서 범해진 중죄의 사례만 제한되지 않으면 안 된다.[503] 그리고 심지어 그러한 때에도 (두 사람의 증인이 없는 경우의) 한 사람의 자백을 요구하는 것은 순전히 확실성을 요구하는 것만을 기본으로 해서는 설명될 수 없다.

여기서 다시 로마법과 캐논법을 구별하는 것이 중요하다. 그리고 로마법에 대해서도 동로마 황제 유스티니아누스의 책에 담긴 로마법과, 11세기부터 15세기에 있어서 서양에 있어서의 로마법학자들에 의해서 (타이틀은 "로마법"이지만) 어쨌든 가르쳐지고 쓰여진 로마니스트들의 법(Romanist Law)과 구별해야 한다.[504] 여기서 훨씬 더 나아가서 방금 설명한 로마니스트들이 가르치고 저술한 로마니스트 법과, 훨씬 이후에 세속 지배자와 세속 법정에서 사용하던 실정법이 때로는 로마니스트들의 법과학을 끌어와서 따라서 종

---

503) 원저 p.134. 각주 10. Ibid., p.7.

504) 옮긴이 주석: 한국에서 로마법이라고 가르쳐온 것은 로마니스트 법학자들이 쓰고 가르친 법이라는 것을 비로소 알게 된다. 로마니스트들은 유스티니아누스의 로마법 시대보다는 무려 5세기나 6세기 이후에 로마 아닌 다른 서양에서 활약한 사람들이다.

종 "로마법"이라고 불리우던 것과 구별해야 한다. 유죄 확정을 위해서 두 사람의 증인이 필요한 규칙(the two witness rule)과 자백, 그리고 고문에 관해서는 유스티니아누스 황제의 텍스트에서는 여기저기 산재한 언급들만 있고, 그중 어떤 것도 유스티니아누스 시대나 (또는 이전의 로마 시절에는) 훨씬 나중에 서유럽의 로마니스트 법학자들이 해석한 것과 같은 것을 의미하지 않았다. 왜냐하면 **서기 1100년 이후에 발달한 형사 절차에 관한 서유럽 법은 더 이전의 고대 로마법과는 전혀 달랐다**. 더하여 로마니스트 법학이 고도로 발달되었던 이탈리아에 있어서, 13세기부터 14세기의 많은 도시국가들은 형사 절차에 대한 그들 자신의 룰들을 제정하였고, 특별히 완벽한 증거와 고문에 대한 규칙을 제정하였다. 이와 같은 도시 국가의 제정법은 종종 1년의 임기로 선출된 시장(podestà)에게, 심지어 중죄의 경우에도 완벽한 요건 충족을 면제하였으며, 시장에게 절반 정도의 증거의 요구 사항을 대치할 수 있는 재량을 주었다.[505] 이러한 제정법을 인용하며 그것을 기초로 하여, 그 시대에 쓰여진 형사법에 대한 주도적인 로마니스트 저술들의 저자들은 다음과 같이 언급하였다. 판사들은 두 사람의 증인을 요구하는 규칙을 옆으로 밀고, 증거의 전체성 또는 총합성을 기초로 해서 기소하거나 방면할 수 있도록 그들의 개인 인격적인 판단(arbitrium 즉 의지)을 적용할 수 있다고 했다. 14세기 이탈리아의 위대한 법

505) 원저 p.135. 각주 11. See Fraher, "Conviction According to Conscience," pp.37~38. Under the system of "legal proofs" or "statutory proofs," one eyewitness would constitute a half proof, as would evidence of admissions of guilt made to others before arrest, and taken together these two half proofs would add up to a full proof. Testimony of a witness rather than an eyewitness might constitute quarter proof. See J. P. Levy, *La hiérarchie des preuves dans le droit savant du moyen age* (Paris, 1939).

학자인 Bartolus of Sassoferrato는 다음과 같이 썼다. 완벽한 증거라는 것은 반드시 자백이나 두 사람의 증인을 요구하는 것이 아니고, "판사가 그의 앞에 놓여진 증거를 기초로 해서 지금 쟁송 사항에 관해서 믿음(faith)과 신용(credit)으로 인도될 때 생기는 것이다." 또한 판사는, 증인들이 그러한 것처럼 직접적인 오관의 경험을 통하거나 또는 이성에 의해서 논증하거나(reasoning) 또는 공식적으로 표현한 방식에 의해서 확실성을 얻을 수 있다고 했다.[506)]

이와 대비해서 같은 시대의 교회법주의자(canonist)들은 판사의 재판상에 있어서의 재량에 대해서 약간 덜 여지를 주었다. 그래서 두 사람의 증인 또는 자백, 그래서 고문의 가능성에서 나오는 완벽한 증거(full proof)라는 경직된 규칙을 그대로 가지고 있었는데, 이것은 어떤 타입의 사례들에 대해서 그러했으며, 예를 들면 두세

506) 원저 p.135. 각주 12. See Fraher, "Conviction According to Conscience," p.52. Laura Stern makes much the same observation concerning fifteenth-century Florence: "Most crimes had a set amount of proof which was required to condemn ……[T]his would seem to limit the discretion of the judge and make his decisions automatic, again tending to give justice a formulaic character. However, judgments did not function like this in practice. If a litigation was contested, the proof was weighed by all the judges and the rector. In practice, there was a great deal of inexactitude concerning the quality of proof and the ways different qualities of proof could be combined. In the trials of many crimes, the judge was given a great deal of discretion, even in the proof stage." See Laura Ikins Stern, *The Criminal Law System of Medieval and Renaissance Florence* (Baltimore, 1994), pp.31～32. Cf. Walter Ullmann, "Medieval Principles of Evidence," *Law Quarterly Review* 62 (1946), 82～83 ("The conception of the judge as a seeker after truth entailed that strict and binding rules of evidence were out of the question …… [The judge] was at complete liberty in sifting and evaluating the evidence. In other words, the jurists would not allow this freedom to determine the relative value of conflicting evidence to be restricted by a straitjacket of fixed and rigid rules. Truth, they thought, is obtainable in many a way, and the discovery of truth would certainly not be furthered by forcing the judge to observe certain classes or rules of evidence."

사람에게만 알려진 심각한 범죄의 사례(pene occultum), 즉 "거의 비밀인 범죄"에 대해서 그러했다.[507] 물론 이들 비밀스러운 심각한 범죄 중에서 이단(heresy)이 가장 현저한 것이었고, 이단의 사례에 있어서는, 단 한 사람, 즉 피고의 자백이 가장 바람직한 것처럼 보였다.

어떤 타입의 중범죄 사례에 있어서, 피고인의 자백을 꼭 필요로 하는 것은 확실성에 대한 요구에서 1차적으로 생긴 것은 아니고, 처형에 앞서서 기소된 피고인의 회개를 유인해야 되겠다는 필요성에서부터 생긴 것이었다. 회개가 필요한 것은 피고인이 (종교상의 교리에 의하면) 영원한 저주(eternal damnation)로부터 구원받는 것을 목적으로 하는 것이었다. 이러한 견해는 다음과 같은 사실로써 지지된다. 즉, 이단으로 기소된 사람들의 사례들에 있어서, 필요하다면 강제에 의해서라도 받아내야 된다는 요구로서의 자백의 요구는, 교회 법정에서 13세기에 유래했다는 것이다. 첫째로, 이단으로 기소된 사람의 마음의 상태를 재판 당시에 증명한다는 것은, 기소된 사람 자신의 증언을 제외하고는 거의 불가능했다. 왜냐하면 이단으로 기소된 사람은 재판 이전에 항상 그의 마음을 바꿀 수 있고, 따라서 이단임을 중지할 수 있기 때문이다. 두 번째로, 이단자의 영혼을 위해서, 그가 악마를 토해내고(disavow the devil), 교회

---

507) 원저 p.135. 각주 13. Thus the fourteenth-century canonist William Durantis defined pene occultum crime: "It is said 'almost,' that is quasi secret, because since a few know it, perhaps two or three, or even five, it can thus nevertheless be proven." William Durantis, *Speculum Iudicialis,* pars iii, rubric, Quid sit occultum? (Lyon, 1574). See Fraher, "Conviction According to Conscience," pp.48～51 (discussing the views of canonists Durantis, Hostiensis, and Johannes Andreae on the distinction between pene occultum crimes and "manifest" or "notorious" offenses).

영역으로 돌아온다는 것은 필요하다고 간주되었다. 유죄 확정 이전에 이단임을 그만둔다는 사실은 물론 그를 중죄의 처벌로부터 면제하는 것이며, 그가 이전에 이단적인 언급을 뱉어내었거나 또는 이단적 행위를 수행하였던 범죄에 대한 속죄 보상으로 가능하다는 얘기다. 그러나 그 범죄에 대한 확정을 얻기 위해서는, 법정은 자백을 꼭 필요로 한 것은 아니었다. 실제로, 법정은 다른 증거에 의해서 확신을 가질 수 있다는 바로 그 이유 때문이었다. 기소된 자가 이단을 범했으며, 그 이단 범죄가 그에게 자백과 회개를 원하고 있다는 다른 증거에 의해서였다. 그럼에도 불구하고 다음과 같은 변칙이 남아 있었다. 즉, 두 사람의 증인이 있다면 자백은 필요하지 않다. 14세기와 15세기의 게르만 영역에 있어서 교회 법정에서의 규문주의 모델에 의한 절차의 많은 특징들은, 어떤 타입의 사례들에 있어서 완벽한 증거를 요구하는 것을 포함해서, 사형으로써 처벌될 수 있는 세속적 범죄들의 사례들에서 게르만의 세속 법정으로 이전되었다. 이들 중범에 속하는 범죄 중에 전형적인 것은 반역죄가 있었으며, 여러 가지 형태의 살인, 강간, 약탈, 강도, 폭동, 위조(counterfeit) 및 변조(forgery), 신성모독(blasphemy), 그리고 반자연적인 성적인 행태(unnatural sexual behavior). 기소된 사람의 영혼을 영원한 저주로부터 구출하기 위한 똑같은 소망에서 나온 동기 뿐만 아니라 더 강력한 것은 형사적 요소를 사정없이 억압하기 위한 감지된 필요성에 의해서 동기가 되어서, 교회 법정에서의 판사와 마찬가지로, 세속 법정의 재판장, 즉 Richter는 신체적으로 가하는 고문을 자백을 이끌어내는 방식으로 하는 야만적인 관행에 호소하였으며, 그와 같이 강제된 자백은 다른 증거들과 함께 비전문가로서, 재판장을 보조하고 있는 판사 역할의 Schöffen에게 제출되었다.

이러한 관행은 대로에서 행해지는 범죄의 문제가 점차로 심각해짐에 따라서 15세기 말경에 특별히 널리 퍼져지게 되었다. 농촌 근교의(Landschaediche) 소위 약탈자들은 그들의 나쁜 평판(ill repute, Leumund)을 근거로 재판에 회부되었으며, 그다음에는 고문에 의해서 자백하도록 유도되었다. 널리 알려지고 악명 높은 형사범들을 기소하는 절차는 더 이전의 게르만 부족법(Germanic law)의 규칙에 근거하였는데, 폭력 범죄를 범한 행위로 체포된 사람은 그를 체포한 자에 의해서 살해될 수 있었으며, 체포한 사람은 그 범죄의 희생자와 그의 친족들에게부터 보상을 받을 수 있었는데 선서를 도와주는 사람, 즉 보조 선서자들(oath helpers)의 도움을 받아서, 죽은 사람의 가족 구성원에 대해서 집행 가능했던, "사자에 대한 청구권"(complaint against the dead man)을 발생시킴으로써 가능했다. 12세기와 그 이후의 입법은 농촌 근교(Landschaedliche)의 약탈자들에게 연장되었는데, 악명(Leumund)을 근거로 해서, 범행현장에서 체포된 범법자에게 적용가능한 법과 이러한 사람들을 고소자의 선서된 증언을 기초로 해서 기소할 수 있는 방식으로 발전된 절차를 입법화한 것이다. 실제 효과에 있어서 증명이 꼭 필요한 모든 것은, **기소된 사람은 사회적으로 위험하다**는 것이었다. 말할 필요도 없이 자백을 이끌어내는 데에 고문을 사용함이 없이도 이 절차는 심각한 오용의 여지가 있었다. 즉, **점증하는 숫자의 무고한 사람들이 유죄 확정을 받고 처형되었다**. 한 종류나 또는 다른 종류의 선서에 의한 증언에 의해서 증거를 취하는 대체적인 방식에 의해서 피고인의 무죄 선고로 결과하는 경향이 있었다.

형사 절차에 관한 법뿐만 아니라 세속 법정에서의 중죄에 적용할 수 있는 실체법에 있어서도 중대한 결함이 존재했다 – 이러한 사정은 도이치뿐만 아니라 유럽의 다른 부분에서도 그러했다. 책임을 일으키는 타입의 침해 행위는 명료하게 정의되지 않았다. 여러 다른 정도의 살인이 명백하게 구별되지 않았으며, 완화하거나 악화시키는 상황의 처벌 가능성에 대해서 명백하게 설명된 단계도 없었다. 동시에 범죄행위를 범하려고 하다가 성공하지 못한 시도는 그것 자체로, 일반적 문제로서, 범죄로 간주되었다. 공동 범죄에 있어서의 공모가 다른 사람에 의해서 실행되었을 때는 일반적으로 처벌받지 않았다.

15세기에 폭력적 범죄가 증가함에 따라서, 봉건 영역과 도시 정부의 당국은 법 집행을 더 가혹하게 조치함으로써 여기에 대처했다. 그러나 형사 절차법이나 실체법 양자에 걸친 부적합성 때문에, 이들 조처들은 죄 있는 자를 유죄 선고하는 데에 있어서나, 결백한 자를 방면하는 데 양자에 있어서 자주 효과적이지 못했다. 1497년에서 1498년까지 열린 프라이부르크의 제국 의회(the Imperial Diet of Freiburg)에서 결의하였다: "군주와 황제령의 도시들, 그리고 다른 당국에 대해서, 불만이 황제의 법원에 소송으로 제기되었는데, 그 내용은 이들 권위 있는 당국들이, 무고한 사람들이 사형 언도를 받아서 불법적으로 처형되도록 허락했으며, 또한 이 경우에 충분한 이유도 없었다. …… 따라서 제국 내에서 전반적인 개혁이 필요하고 형사 사건에 있어서의 절차 진행의 양식을 질서지우는 것이 필요하다."[508)]

20세기의 마지막 수십 년 동안과 21세기의 초에 이르는 동안,

508) 원저 p.137. 각주 14. Quoted in Harold J. Berman, "Law and Belief in Three Revolutions," *Valparaiso Law Review* 18 (1984), 581～582, n. 13.

서양의 많은 나라에서 폭력적 범죄가 엄청나게 증가한 것을 감안한다면, 우리는 15세기 말과 16세기 초에 도이치를 뒤덮었던 갈등의 통절함을 음미할 수 있을 것이다. 이때 **갈등이라는 것은 "범죄 통제 모델"**(crime control model)**에 집착하는 사람들과 형사 절차의 적정 절차 모델**(due process model)**에 집착하는 사람들 사이의 갈등을 말한다.**[509)][510)] **법철학과 법과학 양자에 있어서 근본적인 변화 없이는 필요한 개혁은 일어날 수 없었다.** 법철학에서는 새로운 도덕적 모티브(행동의 동기)가 필요했는데, 그 목적은 정의(justice)와 효용(utility)을 결합하며, 전통(tradition)과 쇄신(innovation)을 결합하며, 일반 시민의 법 의식(popular legal consciousness)과 전문적인 법학자의 식견(professional legal scholarship)을 결합하는 것이었다. 법과학에서 새로운 방법의 형사법의 체계화와 합리화가 요구되었다. 그 목적은 이전에 존재해왔던 세속법과 교회법에서 쓰던 법개념을 혼합한 것에서 단편적으로 변화해왔던 낡은 방법을 초과

---

509) 원저 p.137. 각주 15. See Herbert L. Packer, "Two Models of the Criminal Process," *University of Pennsylvania Law Review* 113 (1964), 1~68. This conflict had important parallels in earlier canonist and Romanist literature. The thirteenth-century canonist Hostiensis argued that the "public interest" permitted the ecclesiastical courts to dispense with a number of procedural formalities for the sake of controlling crime, while Pope Innocent IV, writing privately as a canonist and not in his capacity as pope, argued that "due process" safeguards ought nevertheless to be observed. Richard Fraher has argued that eventually the "public interest" model of Hostiensis became the prevailing philosophy of criminal prosecution in both civilian and canonist circles. See Richard Fraher, "The Theoretical Justification for the New Criminal Law of the High Middle Ages: 'Rei Publicae Interest, Ne Crimina Remaneant Impunita,'" *University of Illinois Law Review* (1984), 581~589.

510) 옮긴이 주석: 이때 형사 절차에 있어서 범죄 통제 모델을 중요시하는 경우에는 범죄율을 낮추는 것이 주안점이며, 적정 절차 모델에 주의하는 경우는 형사 피의자의 적절한 재판에 중점을 두기 마련이다. 전자는 나라 전체의 형사 정책의 문제가 되고, 후자는 형사 피의자의 권리에 관한 문제가 된다.

하는 것이었다. 요약하면 이 책의 앞선 장들에서 이미 분석한 바와 같은, 법철학과 법과학의 근본적인 변화에, 도이치 형사법의 근본적인 변화가 달려 있었다.[511]

이때 역시 필요한 것은 비단 그 철학과 그 과학을 공유할 뿐만 아니라 더 나아가서 충분한 헌신과, 상상력과, 지식과 그리고 실행에 옮길 수 있는 능력을 가진 사람들일 것이다. 그 목적은 무엇인가? 무엇을 하기 위한 헌신과 상상력과 지식과 실제적 능력인가? **정의와 효용, 전통과 쇄신, 일반인의 법의식과 전문적인 법학자의 경륜을 형사법의 유효한 시스템으로 번역해낼 수 있는 것이 목적이다.**

4.1 슈바르첸베르크(Schwarzenberg)와 밤베르겐시스(Bambergensis)와 카롤리나(Carolina)

시대가 요청하는 적절한 능력을 가진 한 사람은 요한 폰 슈바르첸베르크(Johann Schwarzenberg)였다. 그는 "종교개혁기의 가장 위

---

511) 옮긴이 주석: 한국 법의 어떤 부분에 근본적인 변화가 필요한 경우에 한국 법조인들은 어떤 즉각적인 사고를 할까? 법학계와 법조계를 포함해서 만약 앙케이트를 통한 필드 스터디를 한다면, (이 방식은 한국의 사회과학자들도 즐겨 쓰는 방법인데) 무엇이 가장 긴요하다는 결과가 나올까? 필자가 아직 이런 사회 조사의 결과를 직접 접할 수 없는 것은 필자의 책임이기는 하지만, 필자의 경험으로는 아마도 랭킹 1위의 대답은 법조문과 관련 명령 규칙을 뜯어고치는 것, 즉 개정 내지 폐기하거나 새로 제정법을 마련하는 것이라고 나올 것이다. 여기에 비해서 이 대상으로 하는 역사에서의 태도는 어떤가? 도이치 형사법의 근본적인 변화가 매인 것은 법철학과 법과학의 근본적인 변화라는 대답이다. 이런 대답은 한국의 법조계와 법학계에서는 나오기가 힘들다. 왜 그럴까? 한국 문화는 긴절한 법의 변화가 법과학과 법철학의 변화와 관계있다고 사고할 수 없는 이유가 무엇일까? 지금 우리가 진행시키고 있는 서양법 전통의 역사에서는 법의 변화는 당연히 법과학과 법철학의 변화의 함수이다. 한국 개화기 이후의 법의 변화가 왜 법과학과 법철학의 함수가 되지 못했을까? 오히려 입법자의 의지와 결단의 함수라고 누구나 생각하고 있다. 이것은 엄청난 차이가 아닐 수 없다.

대한 도이치 법사상가이며 입법가"로 불리웠다.512)

슈바르첸베르크는 1463년 또는 1465년에 태어났다. 그의 아버지는 브란덴부르크의 감독 교회파 군주령 정부에 봉직한 기사였으며, 한동안은 역시 브란덴부르크 군주의 고등법원(Hofgericht)에서 봉직하였다. 아들은 군사 학교에서 교육 받고, 맥시밀리안 황제의 측근 또는 수행원 중의 기사로 봉직한 뒤에, 당시 황제령의 도시였던 뷔르츠부르크(Würzburg)에서 먼저 통치자의 관료로 들어갔다가, 다음에는 삭소니 공국으로, 마침내 감독 교회파의 군주령인 밤베르크(Bamberg)의 공직으로 들어갔다. 1500년대 초에 밤베르크에서 그는 군주이자 추기경의 수석 관료(Hofmeister)였으며, 역시 밤베르크의 법원장(erster Justizbeamter)이었으며, 나중에는 브란덴부르크 군주 고등법원의 법원장이었다. 여기에 더하여 그는 아버지로부터 유산으로 받은 봉건 지역의 지방 법원의 판사로 봉직하였다. 그는 보름스(Worms)에서 열린 1521년의 제국 의회(Reichstag)에 의원이었으며, 1522년에서 1524년 사이에 제국 통치 카운슬(Reichsregiment)에서 지도적인 역할을 하였다.

슈바르첸베르크의 양육과 초기 경력에서, 그가 앞으로 최초의 근대 형법전의 주된 저자가 되리라고 암시하는 아무런 알려진 점이 없다. 그는 공식적으로 법학 교육을 받은 적도 없고, 또한 법학 교육 이외의 다른 대학 교육을 받은 적도 없다; 실로 (그 당시의 지

512) 원저 p.137. 각주 16. See Erik Wolf, *Grosse Rechtsdenker der deutschen Geistesgeschichte,* 4th ed. (Tübingen, 1963), p.102, reprinted in Friedrich-Christian Schroeder, ed., *Die Carolina: Die peinliche Gerichtsordnung Kaiser Karls V von 1532* (Darmstadt, 1986), pp.120~184. See also Stintzing, *Geschichte der Rechtswissenschaft,* pp.612~617; Hippell, *Deutsches Strafrecht*, pp.196~199; Langbein, *Prosecuting Crime*, pp.163~165.

배층의 상황을 고려하면 극히 파격적으로) 그는 심지어 라틴어를 알지도 못했다. 그가 나중에 성취한 것들로부터 다음과 같은 사실이 명백해진다. 즉, 그의 업적을 보건대 그는 공식 교육이 없음에도 불구하고 매우 잘 교육 받았으며, 비록 당시의 교양층과 달리 라틴어를 읽지 못했지만 도이치 번역으로써 키케로와 다른 고전들을 읽었으며, 도이치어를 뛰어나게 잘 구사하였으며, 큰 지적인 능력과 헌신, 그리고 깊이 종교적인 인격이었으며, 문학 및 시적인 천부의 자질을 실질적으로 가지고 있었으며, 법학자였으며, 제1급의 판사였으며, 나중에는 입법가까지 겸하게 되었다. 그는 루터의 지속적인 추종자가 되었으며, 1520년대 초에 루터와 가까운 개인적 접촉을 가지게 되었다.

슈바르첸베르크가 40대 초였던 1507년에 – 물론 다른 사람의 도움을 받아서 – 513) 중범죄를 다루는 실체법과 절차에 대한 법전을 밤베르크를 위해서 만들어내었는데, 거의 즉시로 도이칠란트 전역을 통해서 명성을 얻게 되었다. **밤베르크 중범죄 법원법**(Bambergische Halsgerichtsordnung, Bambergensis)이라고 불리우는데 이 법전은 1516년에 거의 같은 입법이 **브란덴부르크에서 행해진 모델이 되었으며**, 나중에 여러 다른 도이치의 군주 영역들에서 비슷한 입법이 행해지는 모델이 되었다. 1521년에 보름스의 제국 의회(Reichstag)는 중범죄를 다루는 제국법전을 채택하기로 투표하고, 당시 황제였던 샤를르 5세(Charles Ⅴ)는 당시 제국 의회의 참가자였던 슈바르첸베르크로 하여금 그가 이미 밤베르크 법전에서 만든 것을 다시

513) 원저 p.138. 각주 17. See Otto Stobbe, *Geschichte der deutschen Rechtsquellen,* Bd. 2 (Aalen, 1965), pp.242～243. Schwarzenberg headed a group of experts, but Wolf states that we do not know who they were and what they contributed. See Wolf, *Grosse Rechtsdenker*, pp.115～118.

작업하는 위원회에 배치하였다.[514) 그러나 제국 의회에서의 법률 초안은 1523년, 1524년 그리고 1529년과 1530년에 제출되었으나, 연달아서 거부되었다. 마침내 기초자였던 슈바르첸베르크가 죽고 난 4년 뒤에 축약해서 카롤리나(Carolina)라고 불리우는 제국 카롤리나 형사법의 근본구조가 공포되었는데, 대부분 밤베르크 형법전[515)]을 문자 그대로 본받은 것이었다.[516)] 우리는 기초자 슈바르첸

514) 원저 p.138. 각주 18. After the establishment in 1495 of the first professional imperial court, the Reichskammergericht, it was felt immediately that additional legislation was needed to define its criminal jurisdiction and the procedure by which it was to operate in criminal cases. See Stintzing, *Geschichte der Rechtswissenschaft,* pp. 622ff. At the *Reichstag* at Freiburg in 1497~1498, it was recommended that there be prepared "a common Reformation and Statute [*Ordnung*] as to how one should proceed in criminal matters." At the Augsburg *Reichstag* of 1500 this recommendation was raised to a decision to be executed by the *Reichsregiment* with the advice and help of the *Kammergericht.* But the matter was dropped and only taken up again at the Mainz *Reichstag* of 1517, when the estates adopted a memorial (*Denkschrift*) to the emperor in which existing evils were depicted. Still nothing happened. In January 1521 the *Reichstag* at Worms appointed a committee to draft a statute on capital crimes, which it promptly did, and in April 1521 the estates transmitted the draft to the *Reichsregiment* for consideration and revision. The *Reichsregiment* then appointed a committee, headed by Schwarzenberg, to prepare the legislation. By then the Bambergensis had received very wide circulation, having been printed as a handbook, and it was adopted as the working draft by the committee. It went through a number of subsequent drafts before final adoption in 1532. See nn. 23 and 24.

515) 원저 p.138. 각주 19. "Roughly a fifth of the Bambergensis articles did not find their way into the Carolina; and a handful of Carolina articles have no Bambergensis counterparts. The Carolina not infrequently revises a Bambergensis provision. However, in the perspective of the whole work, the revisions are minor. The Carolina is effectively a version of the Bambergensis." Langbein, *Prosecuting Crime*, p.163, n. 96. Cf. Stintzing, *Geschichte der Rechtswissenschaft,* p.629.

516) 원저 p.138. 각주 20. See Heinrich Zoepfl, ed., *Die Peinliche Gerichtsordnung Kaiser Karls V neben der Bamberger und der Brandenburger Halsgerichtsordnung,* 3rd synoptic ed. (Leipzig, 1883), in which the Bambergensis, the 1521 and 1529 drafts of the Carolina, and the final 1532 version are placed side by side

베르크의 개인적 자질과 그가 주도한 도이치 형법의 개혁관의 관계로 돌아가기로 하는데 특히 그의 개인적 자질은 한편에 있어서는 그의 깊은 종교적 확신을 포함한다. 그러나 처음에 밤베르크 법전과 카롤리나 법전의 내용과 의미를 보기로 하자.

슈바르첸베르크의 제정법은 밤베르크의 군주이자 추기경에 의해서 공포되었는데 서양에서는 그러한 종류로써는 최초의 것이었고, 아마도 세계사에서도 최초의 것이었는데 최초의 체계적이며 포괄적인 법전화이며, 언어의 온전한 의미에 있어서, 사형으로 처벌할 수 있는 범죄에 관한 법의 분과에 대해서는 최초의 것이었다. 26개의 중범죄는 신성 모독에서부터 위증(perjury)과 강도와 살인에 걸치고 있었다. 실로 이전의 300년 동안에 형법과 형사 절차를 포함한 특별한 법의 분과에 대해서 학식 있는 로마니스트와 캐노니스트 법학자에 의해서 쓰여진 체계적인 학문적 저술이 있기는 있었다.[517] 그래서 추측할 수 있는 것은 슈바르첸베르크와 그의 조수들

---

in parallel columns, with footnote references to minor variations in the Brandenburg version of the Bambergensis. These are all in the original Old German, there apparently being no modern German translation. There have been subsequent translations into French, Latin, Polish, Low German, and Russian (1967). Langbein, *Prosecuting Crime*, p.140. Langbein notes that Peter the Great is said to have studied the Carolina in preparing a code of military law, and that substantive provisions of the Carolina were cited by German courts as late as the 1870s.

517) 원저 p.138. 각주 21. Azo, in about 1210, wrote glosses on the criminal law provisions of Justinian's Codex; other Romanists who wrote summaries of the criminal law included William Durantis and Albert Gandinus, whose *Tractatus de Maleficiis,* published in 1299, greatly influenced fourteenth- and fifteenth-century criminal law. These and other authors are listed in Wolf, *Gross Rechtsdenker,* p.105. Wolf, like many others who write on the history of criminal law in this period, lists Romanists but omits canonists, who in fact were even more influential at the time. This omission is corrected by Fraher, "Conviction According to Conscience," who discusses, among other thirteenth- to fifteenth-

이 이러한 이미 있었던 학술서에 포함된 개념과 정의 위에서 작업했을 것이다. 이 경우에 그들이 인용은 하지 않았다 하더라도, 그럼에도 불구하고, 이들 이미 있었던 학술 서적들은, 때때로 재판부에 의해서 권위의 원천으로 취급되긴 했지만, 입법은 아니었다; 이들 학술 서적은 그 스타일이나 효력에 있어서 포괄적인 제정법이 아니었다는 것이다. 제정법이라는 것은, 말할 필요도 없이 주권을 가진 권위의 입법권에 의해서 공포된 것을 말한다. 가장 가까운 도이치에 있어서의 비슷한 것은, 15세기의 25년 동안에 있었던 차라리 원시적인 학술 서적이었는데, Klagspiegel이라고 불리웠다. 중범죄에 관한 여러 개의 제정법이 황제에 의해서 포고되고, 또한 게르만의 군주 영역을 지배하는 군주들에 의해서 포고되었는데, 밤베르크 법이 공포되기 수년 전에 일어났다.[518] 13세기, 14세기, 15세기에 일어난 북이탈리아의 도시 국가들의 다수는 많은 유형의 범죄를 규정하고 각각의 범죄에 적용할 수 있는 처벌을 명시한 세련된 제정법(statuti)을 이미 입법하였었다. 그리고 이러한 **북이탈리아 도시 국가의 13세기 이후의 제정법이 모두 합쳐서**, 밤베르크 법이나 나중에 카롤리나(Calorina)법에 중요한 원천을 제공하였다고 추측된다.[519] 그러나 밤베르크 이전에는 일반 원칙과 특별한 규칙을 통

century canonists who wrote influential works on criminal law, Tancred, Johannes Andrae, and Angelinus Aretinus.

518) 원저 p.139. 각주 22. For German *Halsgerichtsordnungen*, prior to 1507, see Stobbe, *Geschichte der deutschen Rechtsquellen,* Bd. 2, pp.237～241. These earlier statutory enactments are much more primitive than the Bambergensis. The Nuremberg *Halsgerichtsordnung* of 1481, for instance, briefly lists only a few crimes, such as theft and murder. Ibid., p.240.

519) 원저 p.139. 각주 23. See Georg Dahm, *Untersuchungen zur Verfassungs- und Strafrechtsgeschichte der italienischen Stadt im Mittelalter* (Hamburg, 1941), pp.42～56; and Carlo Calisse, *A History of Italian Law* (Boston, 1928), pp.173～

할해서 완전한 시스템으로써 만들어서 법의 전체적인 분과로써 발전시킨 포괄적인 제정법이 제정되지는 않았다.

밤베르크와 카롤리나 사이의 권위의 원천의 차이에 대해서 한마디가 필요하다. 카롤리나 법은 제국 챔버(Chamber) 법원(Reichskammergericht)이라고 불리는, 유일한 황제의 법원에 의해서 적용될 것이었다. 유일한 황제의 법원이라 하나 그것의 형사 재판관할권은, 다른 영역 군주들이나 또는 황제가 설치하지 않은 법원의 재판관할권과 비교하면 훨씬 좁았다. 카롤리나 법은 역시 봉건 영역에 있어서의 입법 모델로서 기능하게 되어 있었다; 그러나 봉건 영역 입법은 "단서 조항"(savings clause)을 포함하고 있었는데, 그 단서 조항은 각 군주 영역에 있어서 강행 조항이 아니라 선택적이라는 것을 밝히고 있었다. 실제로는 두 셋의 군주 영역이 카롤리나를 채택하였으나, 다른 영역들은 때때로 그것으로부터 차용하였고, 어떤 영역은 단순히 카롤리나 법을 무시하곤 했다. 중요한 것은 카롤리나 법의 마지막 절에서, 공포자인 황제가 (강행 법규로써 공포한 것이 아니라) 선제후(electoral princes)와 다른 군주들, 그리고 봉건 영역들의 주도권을 인정하였는데, 주도권은 이미 있던 제국법을 개혁하는 데에 있어서의 경우였다. 황제는 말하기를, "우리들은 이 은혜로운 법의 모음을 통해서 그것들로부터 전통적이며

179. The Library of Congress holds the texts of the statuti of over forty Italian city-states in its collection. These include large cities, such as Turin, Bologna, Cremona, Viterbo, and Trent, and many smaller municipalities, such as Apricale, Aviano, Celle, Fondi, and others. The city of Florence also produced a major codification of the law. See Josef Kohler and G. degli Azzi, *Das florentiner Strafrecht des XIV. Jahrhunderts mit einem Anhang über den Strafprozess der italienischen Statuten* (Mannheim, 1909). See also the discussion later in this chapter.

적법하며 형평이 있는 관습들의 어떤 것도 취하려고 의도하지 않았다."[520] 이와 같이 카롤리나 법은 그 효력에 있어서는 그것을 채택한 두세 개의 군주 영역에 있어서 보조적인 법으로 밖에 될 수 없었다. 그럼에도 불구하고 카롤리나 법은 게르만 여러 모든 영역에 있어서의 입법과 재판에 있어서의 실지에 상당한 영향을 미쳤다. 특별히 카롤리나 법은 도이치 전역을 통해서 형사 케이스의 결정에 있어서 중요한 역할을 하여 온 대학의 법 교수들에 의해서 연구되고 적용되었다. 이들 대학 교수들은 역시 법의 기초에 있어서도 중요한 역할을 하였다. 여러 군주 영역들이 부분적으로 밤베르크나 카롤리나 법에 대한 반응으로, 그들 자신의 포괄적인 형사 제정법을 입법함에 따라서 도이칠란트 전역을 통해서－도이치의 법사학자 라인하르트 마우라하(Reinhart Maurach)가 말한 바대로－공통의 도이치 형사법 또는 도이치 형사 보통법(common German criminal law)이 발달하였다.[521] **카롤리나 법은 1870년(즉 비스마르크 헌법 제정 직전까지) 도이치 제국 법원의 형법으로서 유지하였다.**

밤베르겐시스(Bambergensis)와 카롤리나(Carolina) 형법은 개혁의 정신으로 침투되어 있었는데, 개혁의 정신은 시대의 정신이었다. 이와 같은 맥락에서 슈바르첸베르크는 그 자신이 주된 기초자였던, 1503년에 밤베르크의 법원 개혁 위에서 쌓아올렸을 뿐만 아

---

520) 원저 p.139. 각주 24. Gerhard Schmidt, "Sinn und Bedeutung der Constitution Criminalis Carolina als Ordnung des materiellen und prozessualen Rechts," ZSS (Germ. Abt.) 83 (1966), 239, 252～253.

521) 원저 p.139. 각주 25. Reinhart Maurach, *Deutsches Strafrecht,* 4th ed. (Karlsruhe, 1971), p.47. Maurach lists territorial codifications in Hesse (1535), Kurpfalz (1582), Hamburg (1603), and Bavaria (1616), adding that "all these laws are connected but nevertheless constituted *das gemeine deutsche Strafrecht.*"

니라 뉘른베르크와 보름스, 그리고 프랑크푸르트와 다른 곳에서의 도시법의 개혁 위에 쌓아올렸다.[522] 개혁을 주도하는 지도적인 원칙은 밤베르크 법 자체의 텍스트에서 요약된 바대로 "정의(justice)와 공동선"(common good, Gerechtigkeit und Gemeinnutz)[523]은 초월적인 도덕적 차원을 가지고 있었다.[524] 공동선은 실천적이며 실제적인 역사적 차원을 가지고 있었다.

정의와 공동선이라는 이들 두 가지 목표의 서로 상보하는 성격은, 슈바르첸베르크가 법원칙을 결합시킨 것에 반영되고 있다. 법원칙들은 교회법과 로마법 주의자의 법과학에서 발견된 것이며, 약간 덜한 정도로 이탈리아의 도시법들에서 발견될 수 있었다. 또한 게르만의 관습에 기원한 형사 실체법과 일반인들이 참가하는 데서 특징지울 수 있는 게르만의 형사 절차와도 관계 있다. 슈바르첸베르크의 제정법은 (비전문가며 일반인들 출신이면서 재판정에 심판관으로 참여하는) Schöffen을 지배하기로 되어 있었다; 그래서 법은 (법률 전문가가 아닌 일반인 출신의) **그들에게 이해 가능하지 않으면 안 되었다. 따라서 그 목적을 위해서 슈바르첸베르크는 그 법을 기초할 때 명료하고 강력한 도이치어로 썼다**. 이후 300년 뒤에, 1814**년에 위대한 법률학자 프리드리히 칼 폰 사비니**(Friedrich

522) 원저 p.139. 각주 26. See Emil Brunnenmeister, *Die Quellen der Bambergensis: Ein Beitrag zur Geschichte des Deutschen Strafrechts* (Leipzig, 1879).

523) 원저 p.140. 각주 27. Wolf, *Grosse Rechtsdenker,* p.109. Cf. Constitutio Criminalis Carolina (hereafter CCC), art. 104.

524) 옮긴이 주석: 도덕적 차원에 초월이라는 수식어가 붙은 것은, 서양법 전통에서 정의는 인간에 의한 정의보다 초월자에 의한 정의를 높은 가치로 여겨왔기 때문이다. 비교 문화적으로 얘기하면, 비서양법 전통 문화에 있어서 도덕적 차원은 초월적 성격을 띨 수는 있으나; 서양법 전통의 문화에서처럼 세속 전부와 병행하거나 때로는 세속 정부의 권위를 실질적으로 능가한 교회 정부가 없었던 까닭에 인문학적으로는 강조될 수 있으나, 실제적인 의미는 약하다 할 수 있다.

Karl von Savigny)는 다음과 같이 말했다. **표현의 강력함**과 힘에 있어서 카롤리나 법과 견줄 수 있는 어떤 18세기나 19세기 초의 도이치의 입법도 알지 못한다.[525]

형법을 법전화하는 목적은 (비전문가로써 재판에 주역으로 참가하는) Schöffen들을 학식 있는 법학자로 만드는 것이 아니다. 법전화의 목적은 또한 외국법을 수입하는 것도 아니었다. 법전화의 목적은 당시까지 존재하던 도이치의 세속법을 개혁하는 것이었고, 그와 같은 맥락에서, 그때까지 발달한 법과학의 혜택을 게르만의 세속법에 부여하는 것이다. 법과학의 발전은 도이치와 다른 서양법 전통 지역에서 일어났는데 처음에는 교회 법원에서, 그다음에는 대학의 법학자들이 만든 학술적 문헌에서 발달한 것이었다.

밤베르크 법전과 더 나중의 카롤리나 법전은－“정의와 공동선”에 봉사하기 위해서－중범죄에 적용 가능한 절차법과 실체법을 개혁하는 것과 관련이 있었다. 이때 중범죄라는 것은 15세기에 도이치의 세속 법원에서 이미 발달되어 왔던 규문주의적 모델에 근거한 절차를 가동시키는 그러한 종류의 범죄를 말한다. 이러한 중범죄는－카롤리나 법전에 열거되어 있는 순서대로 본다면－신성 모독(blasphemy), 위증(perjury), 선서에 의해서 인정된 사실, 즉 서약 또는 서약서(sworn recognizance), 마법 쓰기(sorcery), 형사적인 명예훼손(criminal libel), 위조품 만들기(counterfeiting), 법정 문서의 위조와 변조(falsification), 무게와 (도량형의) 눈금을 위조 및 변조하는 것, 영역을 나타내는 도로 표지(boundary signs)를 악의로 훼

---

525) 원저 p.140. 각주 28. Friedrich Karl von Savigny, *Of the Vocation of Our Age for Legislation and Jurisprudence*, trans. Abraham Hayward (New York, 1975), pp.68～69.

손하기, 변호사가 고객에 대한 의무를 교란하는 것(violation by attorneys of their duties to clients), 부자연스러운(unnatural) 성적 행위, 근친상간, 여자의 납치, 강간, 간음, 이중 결혼 또는 중혼(bigamy), 부인과 아동을 성적인 범죄를 위해서 인신매매하는 것, 뚜쟁이질 하기(pimp), 반역(treason), 방화(arson), 강도, 하층민 또는 민중을 선동하는 것(agitation of populace), 사악하게 법 바깥에서 살기(wickedly living outside of law), 불화와 반목(feuding)[526](구체적인 종류에 대해서는 한 조문씩 할당되어 있다), 마침내 살인죄(살인죄에 대해서는 28개 조가 배당되고 있다), 그리고 절도(절도에 대해서는 25개 조문이 할애되고 있다)이다.

기초자인 슈바르첸베르크와 그의 협력자들이 이러한 범죄 유형을 만든 것은 아니었다; **대부분의 이들 범죄는 이미 앞선 수백 년 동안 유럽의 게르만 인들과 다른 민족들의 관습법** 형태로 존재해 온 것을 다시 확인하고 이름을 붙이고 처벌할 수 있게끔 한 그러한 침해행위였다.[527] 또한 슈바르첸베르크나 기초자를 도운 어떤

---

526) 옮긴이 주석: 이때 feuding의 구체적인 상황은 물론 그 종류에 따라서 조문 하나가 설정되어 있다. 그러나 중세 게르만 관습법을 떠올리면 씨족공동체 간의 feud가 종종 서로 다른 집단의 구성원에 대한 복수와 재복수로 연결되는 경우를 생각할 수 있다.

527) 옮긴이 주석: 물론 나폴레옹 형법전 이후 근대 시민 혁명 이후의 형법은 죄형법정주의에 의해서, 그 목적은 주로 함부로 처벌하지 못하게 하기 위해서 입법에 의해서 범죄의 종류를 열거하게 되었다. 그러나 이와 같은 근대 형법 원칙의 이전에 이미 발달한 종교개혁의 영향을 받은 대표적인 카롤리나 형법전을 예를 들어 보자. 여기에 규정된 범죄의 유형은, 방금 서술된 문장대로 이미 법전화 이전, 수세기에 걸쳐서 게르만 민족과 다른 유럽 민족들 사이에서 관습적으로 발전해 왔던 것들을 그 존재와 명칭, 처벌을 명시적으로 밝힌 것에 지나지 않는다. 한국의 법학도들이 오로지 집중하는 바 대로의, "입법자의 입법 의도에 의한 입법 목적이라는" 어구는, 근대 시민 혁명 이후에 틀린 말은 아니나, 좀 더 역사적 근원을 소급하면 입법자가 입법을 행할 때에도 – 카롤리나 형법전도 역시 대규모 입법의 예이다 – 그 입법의 기초가 되는 소재는 이미 수백 년 동안 자생적으로 발달해 온 관습법에 근거를 두고 있는 것이다.

동료들도 이들 범죄자들에게 적용할 수 있는 끔찍한 처벌을 발명한 것은 아니었다. 바퀴에 매달아서 처형하기(execution on the wheel), 도검으로 처형하기(execution by sword), 목매달아 죽이기(death by hanging), 땅바닥에 질질 끌어서 죽이기(death by being dragged), 내장을 빼서 죽이기(drawn), 그리고 (국가적 반역자들에게는) 사지를 찢어서 죽이기, 불에 태워죽이기(death by fire, 방화범들에게), 물에 빠뜨려 죽이기(death by drowning, 유아 또는 영아 살해범에 대한), 그리고 유사한 것들이었다. 완화시키는 사정이 있거나, 중요하지 않은 범죄인에게는 손을 절단함으로써 불구로 만들기, 매질 또는 태형, 추방(banishment) 기타 등이다. 카롤리나 법전에 열거된 이와 같은 처벌은, 오늘날과 비교해서는, **서기 1500년에 가학적인 잔혹성**이 훨씬 더 침투적이고 또한 개인적이었던 당시의 서양 문화에 있어서 전통적인 형사 제재였다.[528]

중요한 것은 그 이전에 이미 존재하고 있었던 형법의 자의성(arbitrariness)과 불확실성을 실질적으로 감소시킨 것이, 밤베르크 법전과 카롤리나 법전의 덕분이라는 것이다. 형사 절차의 영역에서 두 법전은 증거를 평가하는 합리적인 시스템을 도입하였다. 고문의 사용에 대한 제한을 두었으며, 단지 유죄한 자만이 처벌될 수 있는 확률을 실질적으로 증가시켰다. 형사 실체법의 영역에서 여러 가지 종류의 범죄의 요소(elements)에 대해서 명백히 정의하는 것을 확

528) 원저 p.141. 각주 29. Carlo Calisse, for instance, has stated, regarding criminal punishments in Italy of the fourteenth and fifteenth centuries: "The penalty aimed both to punish the criminal and, by inspiring terror, to prevent repetition and imitation. Such a system produced very cruel penalties. There was death, made terrible in many ways: mutilation, blinding, torture, flogging, exposing in cages, unspeakable prisons-all with a view to instill fear." See Calisse, *History of Italian Law*, p.175.

립하였다. 또한 고의(intent) 또는 과실(negligence)에 기초한 유죄의 기준(criteria of guilt)을 확립하였으며, 불법행위자의 죄의 정도에 따라서 처벌이 비례하는 원칙을 확립하였으며, 다른 (형사) 정의의 기본적 원칙을 확립하였다.

밤베르크 법전과 카롤리나 법전 양자에 담긴 주된 변화는 다음과 같은 것들이다:

(1) (게르만 부족 시대에 주된 방식이었던) 개인에 의한 구제 방식, 예를 들면 wergeld[529]와 같은 자력 구제는, 친족 복수(blood feud)[530]의 경우에 마침내 없애든가 심각하게 억제하였다.

(2) 친족 또는 인접 지인에 의해서 선서하고 증거해서 그것으로 재판의 유효한 증거능력을 인정하는 방식(proof by oath-helping)은 최종적으로 제거되었다.

(3) 비록 개인이 사적으로 형사적 고소를 하는 것은 어떤 타입의 사례들에 있어서는 허용되었지만,[531] 다음과 같은 요건에 의해서 심각하게 제한되었다. **고소인(complainant)은 재판 절차의 비용에 대한 담보를 제공하여야 하고**, 만약 그 사례가 공개 재판으로 진행되지 않고, 유죄 판결로 가지 않는 경우에 고소된 자, 즉 **피고**

529) 옮긴이 주석: wergeld에 대해서는『법과 혁명 Ⅰ』(2013). 피고의 행동이 죽음을 야기시켰다면 죽은 사람의 친족에게 지불되어야 될 가격을 wer 또는 wergeld라 불렀다(법과 혁명: 2013, p.158). 배상(고 게르만어로 bot)과 배상금(wer)은 이와 같이 가계의 보호(mund)에 연결되어 있었다. 왕의 가계 연대 배상은 50실링이며 평민의 가계 연대 배상은 6실링이었다. 제2장 서양법 전통의 배경; 부족법 2.7 게르만인의 배상 pp.163~164.

530) 옮긴이 주석: 부족법 시대의 친족복수에 대해서는『법과 혁명 Ⅰ』(2013), pp.164~168.

531) 원저 p.141. 각주 30. CCC, art. 6. See August Schoetensack, *Der Strafprozess der Carolina* (Leipzig, 1904), pp.96~97.

에게 가해지는 모욕과 손해에 대한 담보를 제공하여야 된다.532) 만약 사인으로서의 고소인(complainant)이 그와 같은 담보를 제공할 수 없음에도 불구하고 기소하기를 원할 때에는, 그는 고소된 자와 같이 재판이 진행되고 유죄 판결이 날 때까지 감옥에 있어야 한다.533) 이러한 규정들은 대부분의 중대한 범죄의 사례들에서 개인적으로 고소하는 것을 감소시키는 실제적 효과를 가졌었다.

(4) 이에 비해서 공식적으로 기소하는 자－즉, 오늘날에 있어서의 정부를 대표하는 검사의 역할－는 대부분의 사례에 있어서, 재판을 주재하는 사법 관료인 Richter(즉, 오늘날에 있어서 재판장)에 의해서 지명되었다. 이때 공식적인 기소인은 원고(complainant, Ankläger)로 행동하고, 기소를 시작하고 수행하는 역할을 하게 되었다. 동시에 원고의 권능에 대한 제한도 배려하여 설정하였다. 형사절차는 하나의 심문(inquest 또는 규문 inquisition)의 형태를 취하게끔 되었으며, 그것은 즉 공식적인 조사와 심리(investigation)였으며, 판사들이 조사의 목적으로 심문하며, 증거를 수집하는 방식이었다. 심판부의 구성자－재판장에 해당되는 Richter와 재판장을 보조해서 심판의 역할에 일반인으로서 동석하는 Schöffen－는 기소된 자와 증인들을 심문하였다.534)

532) 원저 p.141. 각주 31. CCC, arts. 12～15.

533) 원저 p.141. 각주 32. CCC, art. 12.

534) 옮긴이 주석: 심판부의 구성이 현대와 다르다는 것을 알 수 있다. 즉, 상식적으로 현대 대륙법계의 심판부는 중범죄인 경우에 재판장과 판사들에 의해서 구성되는 합의부가 맡게 되어 있다. 특히 다른 점은, 밤베르크와 카롤리나 법전에 있어서의 형사 재판의 심판부의 재판장의 역할을 하는 Richter는 사법 관료이나, 배석 판사의 역할을 하는 Schöffen은 비전문가이며, 일반 시민들이라는 것이다. 일반 시민들의 역할이 큰 것은, 전술한대로, 카롤리나 법전을 기초할 당시부터, 법전 기초자는 이러한 일반인 출신의 Schöffen 둘이 법전 내용을 잘 이해하기 하도록 위해서, 명료하고 강한 의미를 가지는 도이치어를 썼으며, 이러한 카롤리

(5) 악평(Leumund)만으로 기소할 수 있는 제도는 폐지되었다.

(6) 증거에도 고도의 확실성을 요구하게 되었다. 어떠한 범죄에 대하여도 "신뢰할 수 있는 증거"(redliche Anzeigung)를 요구하게 되었고,[535] "신뢰할 수 있는 증거"가 있는 경우, 용의자를 고문하여 자백을 받을 수 있는 것이 인정되었다(그것도 사형에 해당하는 범죄로 제한되었다). 또한 고문을 하기 전에 용의자는 범죄를 의심받게 한 증거에 대하여 반증을 할 수 있는 기회가 주어졌다.[536]

나 법전은, 1870년까지 도이치 제국 법원의 실정 형법이었다는 것이다. 한국의 형법이 그 조문의 표현에서, "명료하고 강력한 효과를 지니는 한국어"를, 전문가가 아닌 일반 시민 출신의 배석 판사를 위해서, 일부러 구사한 적이 있었던가? 이 물음은 흔히 **"대륙법계의 직권주의 법정"에 대한 한국인들의 인식이, 역사적 발전에 대한 정확한 인식을 결하고 있다는 것을 알게 된다. 즉, 1870년 이전에 이미, 도이치 제국 법원의, 형사 합의부 재판부는 배석 판사 역할을 하는 일반 시민들이 참가하고 있었다.**

535) 원저 p.141. 각주 33. Langbein, in *Prosecuting Crime,* translates *redliche Anzeigung* as "legally sufficient indication" and characterizes it as "something close to the Anglo-American law's idea of probable cause" (p.161). It should be noted, however, that in non-capital cases, "legally sufficient indication" was enough not only to accuse but also to convict. In capital cases, however, a distinction was made between "sufficient indication" to justify examination under torture and "sufficient proof " to justify conviction without torture.

536) 원저 p.141. 각주 34. Thus Article 23 provides that "every sufficient indication upon which it is sought to examine under torture shall be proven with two good witnesses, as described below in several articles concerning sufficient proof." Article 25 then lists eight "matters which raise suspicion" and thus may justify investigation, although Article 27 cautions that "none of these matters of suspicion alone suffices as legally sufficient indication upon which basis torture may be employed." Article 27 goes on to state that when two or more of eight previously listed matters of suspicion are present, the person responsible for conducting torture "shall determine whether the aforementioned …… matters of suspicion really constitute sufficient indication" for "examination under torture." Articles 29-32 then establish general principles to guide the investigators as to when torture may licitly be employed. Articles 45~47 establish rules for the proper conduct of examinations under torture, while Article 33 provides special rules where an allegation of murder is being investigated. The translations of the Carolina used herein are drawn, for the

"신뢰할 수 있는 증거가 존재하는 것이 증명되지 않는 한, 조사는 이루어지지 않는다. 또한 설령 고문에 의하여 자백을 얻었더라도 그것만으로 유죄가 되지는 않는다. 그럼에도 불구하고 만약 왕의 상급관료(Obrigkeit)나 판사들 누구라도 이와 같은 방식으로 진행하는 경우에는, 그들은 불법적 방식으로 고문당한 사람에 대해서 적절한 배상을 할 것으로 구속된다. …… 고문당한 자의 부상 또는 상해, 고통, 비용, 그리고 손해에 대해서이다."[537] 이와 같이 고문이 허용되는 것은, 단지 중죄로 기소된 사람으로부터 그의 범죄가 다른 증거에 의해서 충분히 제시되었을 경우에만 고백을 얻어내기 위할 때에 한했다. 여기에 더하여 카롤리나 형법은 얘기하기를, 만약 "충분한 증거가 있음에도 불구하고"(after sufficient proof, nach genugsamer beweisung) 고발당한 자가 자백하지 않으려고 할 때 – 추측컨대, 고문으로 인한 조사에 있어서 – "그는 그럼에도 불구하고 고문 없이 더 이상 수사하지 않고도 증명된 범죄로 기소될 수 있을 것이다."[538] 이와 같이 "전면적인 증거"(full proof)는 중범죄인 경우에 개정된 도이치 형사법 아래에서는 바람직한 것이었으나, 그렇다고 필수적인 것은 아니었다.

여기에 대해서 이미 부상이 있는 사람은 고문에 붙이지 않았으며, 병에 걸린 사람이 고문에 의해서 악화되는 것이 용인되지 않았다.[539]

(7) 기소에 요구되는 특별한 종류의 증거는 다양한 형태의 범죄

---

most part, from Langbein, *Prosecuting Crime,* pp.266～308.

537) 원저 p.142. 각주 35. CCC, art. 20.

538) 원저 p.142. 각주 36. CCC, art. 69.

539) 원저 p.142. 각주 37. CCC, art. 59.

를 위해서 자세하게 특정화되었다. 예를 들면, 은밀하게 비밀리에 하는 살인(clandestine murder)을 위해서는, 피의자는 "피가 묻은 옷을 입거나 무기를 가지고 있는 모습으로 보여야 했고, 수상한 태도로 행동하여야 하며, 또한 살인의 희생자의 재산을 취하였거나, 팔았거나, 주어버리거나, 또는 아직도 소지하고 있을 것이 요구되었다. 또한 피의자가 이와 같은 의심을 믿을 만한 제시나 증거로 방어하지 않는 한"이었다.[540] 비밀리에 하는 독살(secret poisoning)은 "피의자가 독극물을 사거나 다른 방식으로 취급하였으며, 또한 피의자가 독살된 사람과 이전에 싸웠으며, 또는 독살당한 사람의 사망으로부터 금전적 수입이나 이득을 예측할 수 있었을 경우 또는 그렇지 않다면 피의자가 해당 독극물을 다른 비범죄적인 목적으로 사용하기 위하여 필요했거나 또는 사용하였다는 신빙성 있는 예시를 내보이지 않는 한, 그 범죄가 고의적이라고 믿게 되어 있다."[541] 절도죄에 대해서 필요사항, 도난당한 물건이 피의자와 함께 있는 것이 발견될 것, 또는 전부 또는 부분적으로 도난당한 물건이 피의자에 의해서 소지되든가 팔리든가 분산시키든가 또는 낭비되었을 경우, 그리고 피의자가 그가 팔아버린 사람의 이름을 대기를 거절하거나, 그가 해당 물건을 공급한 상대방의 이름을 대기를 거절할 때 …… 피의자가 다음의 사실을 확고하게 증명하지 못할 때, 즉 "그가 해당 물건을 속이지 않는 비범죄적 방식으로 선의에 의해서 소지하고 있을 때", "더하여 특별히 규모가 큰 절도가 일어나고 …… (피의자가) 범죄와 관계없는 경우에 그의 쓸 수 있는 재력 안에서, 소비할 수 있는 것보다 더 그의 씀씀이가 크다는

540) 원저 p.142. 각주 38. Bambergensis, art. 33.

541) 원저 p.142. 각주 39. CCC, art. 37.

것이 발견될 때, 그리고 피의자가, 제시된 수상한 부를 취득한 다른 선량한 근거를 보여주지 못할 때, 그리고 피의자가 그 범죄가 믿어질 만한 그러한 종류의 인격일 때는 그에게 불리하게 범죄를 법적으로 충분히 제시할 만한 것이 존재한다고 보게 된다."[542] 그러나 반역죄(the crime of treason)에 대해서는 반역 행위의 증거에 덧붙일 것은 다음으로 충분했다. "피의자가, 그가 함께 반역행위를 했다고 의심받고 있는 사람들과, 은밀히 비밀리에, 비일상적으로, 그리고 교활하게 행동하고 있는 것이 인지되었을 때, 그리고 피의자 스스로가 그 사람들(같이 행동한 사람)을 두려워하는 것처럼 가장할 때, 그리고 피의자가 그러한 범죄가 믿기는 종류의 사람일 때."[543]

(8) 증인의 증언(witness testimony)은 "법에 따라서"(according to law) 그리고 성실하게(diligently), 취해져야 한다. 증언의 청취자는 증언 채택의 권능이 있는, (재판장의 역할을 하는) Richter와 (배석판사의 역할을 하는 일반 시민 출신인) 두 사람의 다른 사람들이다. 법원의 서기는 증언을 기록하며, 그 기록은 "다음의 사항에 특별한 주의를 하여야 하는데, 증인이 일관성이 없게 보인다든가, 그의 증언에 있어서 왔다 갔다 하지 않는지에 대해서이다. 또한 법원 서기가 재판 절차 중의 증인의 처신과 거동을 관찰하는 대로 기록하여야 한다." 피의자는 그 자신의 무죄를 증명하기 위해서 증인의 증언을 요청할 권리를 가졌다. 증인들은 "그들 자신의 진실하게 알고 있는 것으로부터 증언할 것이 의무이고, 그들이 알고 있는 바에 대한 상세한 근거를 법정에서 선언하도록" 요청되었다. 그리고 전문증거(hearsay evidence)는 부적절한(inadequate) 것

542) 원저 p.142. 각주 40. CCC, art. 43.

543) 원저 p.142. 각주 41. CCC, art. 52.

으로 간주되게 되어 있었다.[544]

(9) 유죄가 입증되지 아니하는 한 피의자는 석방되게끔 하는 것이 일반적이었다. 특별한 조항 하나가 자기 방어를 증명하거나 타인을 방어하는 데 필요한 부담을 피의자에게 전가했다.[545]

(10) Richter와 Schöffen은 어려운 사안에 관하여 "학식이 있는 자"(rechtsverstendigen)(대학이라든가 상급 법원에 있는 전문가)에게 조언을 구할(seek advice) 수 있도록 반복하여 지시했다. 카롤리나 형법전의 범죄 내용을 정의한 77개의 조문 중, 42개의 조문이 조언을 구하도록 하고 있다.[546] 또한 실체법 조항의 서문이 된 제105조에는, 유죄인 것은 명백하고 과할 형벌이 판명되지 않는, 비정상적인 이해불능 사안에 관하여는 Richter나 판사(Urteiler)는 "학식이 있는 자"에게 "조언을 구하여야 한다"(shall seek advice)고 하고 있고, 마지막 제219조에는 "이 법전에서 여러 곳에 조언을 구하도록 하는 것에서 알 수 있듯이, 모든 형사법원은, 절차・심의 진행 방식・판결 등에서 **의문이 있는 경우에는 상급 법원이나 …… 또는 가까운 대학이나 도시 또는 자유도시 등 학식이 있는 자가 있는 곳에서 조언을 구해야 한다**"고 **하였다**.

또한 도량형(度量衡) 사기에 대하여 규정한 제113조에서는, 특히 제219조에서 언급한 도량형 사기를 반복한 경우에는 사형에 처

---

544) 원저 p.143. 각주 42. CCC, arts. 71, 74, 65. Cf. art. 67: "When a crime is proved with at least two or three credible good witnesses, who testify from a true knowledge, then there shall be process and judgment of penal law according to the nature of the case."

545) 원저 p.143. 각주 43. CCC, arts. 41, 137. Cf. Schoetensack, *Strafprozess der Carolina,* p.79, discussing the orality of the process.

546) 원저 p.143. 각주 44. See Langbein, *Prosecuting Crime,* p.172.

할 것인가 아닌가에 대한 조언을 구하도록 되어 있다. 또한 살인 사건에서 목격자가 없는 경우라든가 정당방위에 해당하는 것이 증명할 수 없는 경우 등 살인 사건의 여러 케이스에 대한 사안을 든 제142조에서는 "미묘한 케이스에서, 초보가 판단이 어려운 경우에는" 전문가에게 조언을 구하도록 하고 있다.[547)]

이와 같이 카롤리나 형법전은 일반인인 Schöffen이 이해하기 힘든 사안이 있거나, 이해할 수 있어도 새로운 형법이 요구하는 책임이라든가, 증거에 대응할 수 없는 것이 있어 Schöffen에 대하여는 걱정하던 것을 알 수 있다.[548)] 반대로 법률의 전문가(대학교수나 상급법원의 판사)는 신뢰하여 1심 법원의 판결을 판례에 따라 평가하는 것을 요구하고 있다. 예를 들어 헤센에서는 1540년에 제정된 형법에서 사형을 선고한 지방법원의 사안은 모두 상급 법원에 재정을 하여야 했다. 또한 **작센에서는 17세기 초에 중범죄는 모두 상급법원이나 대학의 법학부에 서류를 송부하는 것을 의무로 하였다**. 지방법원이 판결을 내리는 것은 경범죄뿐이었다.[549)]

547) 원저 p.143. 각주 45. Quoted and discussed ibid., p.172.

548) 원저 p.143. 각주 46. Langbein (ibid., pp.172~174) contends that these provisions show the draftsman's "astounding distrust of the competence of the courts for which he was legislating," and that they also work against the goal of narrowing the arbitrariness of criminal law, in effect authorizing definitions of crimes beyond the statute, "contrary to the modern principle of strict construction *(nulla poena sine lege)*." He goes on to say, however, that "what reconciles such discretion with the commitment to a criminal law of rules is the effort to have the discretion be rule-guided and professionally administered." The discretion provided for is not, he indicates, "discretion to proceed by fiat."

549) 원저 p.143. 각주 47. See Langbein, *Torture and the Law of Proof,* p.57, summarizing Adolf Friedrich Stölzel, *Die Entwicklung des gelehrten Richtertums in deutschen Territorien: Einerechtsgeschichtliche Untersuchung mit vorzugswieser Berücksichtigung der Verhältnisse im Gebiet des ehemaligen Kurfürstentums*

실체법에 있어서도 도이치의 형법전은 전면적인 개정이 필요했다. “고발형(accusatory) 또는 당사자주의(adversarial)”의 재판이었던 때에는, 관습법(보통 성문화되어 있지 않다)에 의한 재판이 행해졌다. 무엇이 범죄인가는 지역공동체가 “알고 있는” 것에 의하여 결정되었다. 그러나 15세기가 되어 심문형의 재판이 교회법원에 함께 도입되기 시작하면서, 관습법에 의한 세속의 관리가 자의적으로 하는 것이 아니라, 범죄의 정의나 유죄·무죄의 판단의 근거를 명확하게 하는 것이 요구되었다.

그러한 요구에 응한 것이 슈바르첸베르크였다. 그가 실체법의 분야에 공헌한 것을 몇 가지로 들면 다음과 같다.

(1) 전부 219개인 카롤리나 형법전 중 처음의 105개 조는 범죄와 형벌을 정의한 형법총론이다. 예를 들어 제19조에서 “범죄의 증거”(Anzeigung)를 정의하고, 제20조에서 “법적으로 범죄의 증거가 충분한 근거가 되지 않는 한 누구도 취조로 고문을 받지 않는다”고 하고, 이어서 제21조에서 “범죄의 증거가 있다고 판단되는 근거를 증명하는 방법”이 열거되어 있다.[550)]

Hessen, Bd. 1 (Stuttgart, 1872), pp.349, 355ff.

550) 원저 p.144. 각주 48. The Carolina goes a long way toward distinguishing between a general and a special part, although such a division is not complete. Thus Articles 106~136 deal with the punishments inflicted for various types of crime. Article 137 concerns “undisputed killings which occur in circumstances such that the punishment is excused,” and is followed by treatments of self-defense (arts. 138~145), accidental deaths (145~146), and those who kill in fights and brawls (147). Articles 149~150 then address the “several sorts of homicide, which may also be subject to exculpation.” Similarly, theft is divided into clandestine and public theft (arts. 156~157); first, second, and third offenses (158~161); aggravating circumstances (162); and circumstances that mitigate or excuse the theft, such as youthfulness or hunger (see art. 163,

(2) 카롤리나 형법전에서 든 범죄는 그 대부분이 공을 들여 정의된 것으로,[551] 그것은 도이치 세속법에서는 처음이었다.[552] 정당방위, 공범, 미수의 의미도 정의되었고, 고의와 인과관계의 유무가 중시되었다. 또한 어떤 경우에 무죄가 되는가도 정의되었다.

(3) 범죄에 따라서 결정된 형벌이 적용되었고(단, 항상 적용되었던 것은 아니다), 범죄의 종류라든가, 범인이 지는 책임의 정도에 따라 적용하는 형벌을 정하였다. 예를 들어 환형(轘刑, execution by the wheel)의 경우 "고의에 의한 살인"(Mord)을 적용하고, 참수형은 "고의에 의하지 아니한 살인"(Totschlag)을 적용하였다. 이렇게 범인이 지는 책임의 정도에 따라 형벌을 과한 것은 범죄와 형벌 간에는 균형이 필요하다는 오래된 생각이 그 배경이 되었다. 또한 균형론에 따라 정상 참작이 실현되어 중죄(capital offense)가 경범죄(misdemeanor)로 바뀌면, 형벌은 추방형・태형이나 민사벌(civil penalties)이라 불리는 벌금형으로 바뀌어 피의자에게 고문이 행해질 사안이 크게 감소하였다.[553]

---

on youthfulness, and 165, on "genuine distress of hunger").

551) 원저 p.144. 각주 49. Exceptions are the crimes of arson (art. 125) and robbery (art. 126), for which only the penalties are prescribed. It is possible that Schwarzenberg and his colleagues assumed that in such cases the definitions of the old law should be applicable.

552) 원저 p.144. 각주 50. Three limited exceptions include definitions of some crimes in the Tyrolean territorial criminal procedure ordinance of 1499, the Radolfzell ordinance of 1506 (which, together with the Tyrolean law, made up the Maximilianischen Halsgerichtsordnungen), and the Wormser Reformation of 1498. See Eberhardt Schmidt, ed., *Die Maximilianischen Halsgerichtsordnungen für Tirol* (1400) *und Radolfzell* (1506) *als Zeugnisse mittelalterlicher Strafrechtspflege* (Bleckede/ Elbe, 1949). The Wormser Reformation is unavailable in modern editions.

553) 원저 p.144. 각주 51. Thus Article 127 of the Carolina, repeating Article 152 of the Bambergensis, provides that "one who makes an evil uprising of the

(4) 형사책임을 묻는 것은 고의나 과실에 의한 경우로 한정되었다(과실의 경우 적용은 한정적). "죄가 되는 행위를 한 의도"(Schuld, mens rea)가 아니면 형사책임을 물을 수 없게 되었다. 정당한 이유가 있어 분노를 누르지 못하고 범죄를 저지른 것과, 고의에 의한 범죄는 구별되었다. 카롤리나 형법전 제150조에는 "분노"(provoke anger)가 원인으로 살인을 한 경우에도 살의가 없으면 형벌을 과하지 않았다. 또한 166조에서는 굶주림으로 본인·가족을 위하여 먹을 것을 훔친 경우에도 죄가 되지 않았다.

(5) 카롤리나 형법전에서는(밤베르크 형사재판령과 같이) 범인의 의지에 반하여 범죄가 미수로 끝난 경우, 피해의 유무에 관계없이 형사책임을 묻고 있는데(제178조), 이것은 전통적인 도이치 세속법과 다른 판단으로 교회법의 생각에 따른 것이다. 이러한 생각의 변화는 중요한 것으로 12세기까지 도이치에 있었던 "피해에 대한 보상"(compensation)이라는 생각이 없어지고, 국왕·영주가 "형벌로써 벌금을 과하는"(retribution for harm) 것이라는 새로운 생각이 12세기 이후 등장한 것을 나타낸다. 슈바르첸베르크는 교회법이 채용하고 있던 "종교적인 죄"(sin)에 대한 책임을 묻는 생각을 채용한 것이다. 그것은 "보복"(vengeance)을 위한 것이 아닌, "죄가 되는 행위"(sinful offense)에 대하여 벌로써 금전적인 부담을 강제하는 것이다. 원래 형사책임의 발생이 "비난하여야 할 죄"(Schuld)가 원인이라면, "비난하여야 할 죄"를 벌해야 하기 때문에 범죄가 성공했는가 여부는 관계가 없었다.

---

common people against the high magistracy [*Oberkeit*]" shall be beheaded or flogged or banished. References to civil penalties may be found in Articles 138, 158, and 167 of the Carolina. See also Schoetensack, *Strafprozess der Carolina,* pp.37, 38.

(6) 동시에 슈바르첸베르크는 범죄에 의한 피해가 없다면 책임을 묻지 않았다. 예를 들어 마술(sorcery)은 실제로 "상해 또는 피해"(infury or disadvantage)가 없는 한 범죄가 되지 않았다.[554] 마녀사냥이 한창이었던 시대에 밤베르크 형사재판령과 카롤리나 형법전은 실제로 존재하는 피해가 증명되지 않는 한 마녀의 죄를 물을 수 없게 하였다. 도이치 법제사가 볼프(Erik Wolf)에 의하면, 이러한 생각은 슈바르첸베르크가 판사를 한 때의 경험에서 온 것이라고 한다. "마법과 같은 미신에 기초한 행위는 영혼이 병들었기 때문에 일어나는 것으로, 실제 피해가 발생하지 않은 것을 슈바르첸베르크는 잘 알고 있었다. 실제 피해의 증거가 없는 한 화형에 처할 수 없다고 생각했다."[555]

(7) "범죄에 대한 책임능력"(capacity to commit a crime)에 관하여 밤베르크 형사재판령과 카롤리나 형법전은 "미성년 · 정신질환이 원인으로 이해능력이 없는" 경우 형사책임을 묻지 않았다. 또한 이 문제에 관하여는 대학이나 도시 등의 전문가에게 조언을 구하여야 하고, "그 조언에 기초하여 피해자의 취급 · 형벌을 결정하여야 한다"[556]고 하였다.

(8) 정당방위가 살인의 구실로 된 경우를 두려워한 밤베르크 형사재판령과 카롤리나 형법전은, 정당방위에 엄격한 조건을 붙였다. 우선 정당방위였던 것의 입증책임을 피해자에게 지웠다. "적절한 방법으로"(füglich) 그 장소를 벗어나는 것이 불가능하고, 살인 이외에 자신을 지킬 방법이 없었던 것을 증명하여야 한다. 또한 먼저

554) 원저 p.145. 각주 52. CCC, art. 109.

555) 원저 p.145. 각주 53. Wolf, *Grosse Rechtsdenker,* p.149.

556) 원저 p.145. 각주 54. CCC, art. 140.

정당방위에 해당한 행위를 한 경우에도 그러한 정당방위는 일정한 한계를 넘어서는 아니 된다. 랑바인(John Langbein)에 의하면 카롤리나 형법전 제140조의 "정당방위의 정의는 카롤리나 형법전 중에서도 특히 시대를 앞선 것이었다."[557]

4.2 슈바르첸베르크의 형법개혁의 도이치혁명에 대한 관계

슈바르첸베르크가 밤베르크 형사재판령을 쓴 것이 루터의 가톨릭교회 비판보다 10년 빠른 것을 생각하면, 슈바르첸베르크의 형법개혁은 종교개혁과 무관한 것으로 생각할 수 있다. 또한 1532년, 즉 루터가 활동을 시작하고부터 15년 후에 제정된 카롤리나 형법전이 밤베르크 형사재판령을 모델로 한 것이고, 더욱이 루터의 오랜 적이었던 황제 카를 5세가 공포한 것이라고 생각하면, 슈바르첸베르크의 형법개혁이 종교개혁과 무관하다고 생각할 수 있다. 분명 종교개혁이 없었어도 카롤리나 형법전은 공포되었을 것이다. 그 전신이었던 밤베르크 형사재판령도 종교개혁 이전에 공포되었기 때문이다.

그러나 슈바르첸베르크는 열렬한 루터파의 지지자로, 새로운 신학을 제창한 루터와 교류하고 있었고, 밤베르크 주교(제후)에 의하여 1524년, 루터파 지지자라는 이유로 밤베르크 주교령에서 추방되었다. 그때 슈바르첸베르크는 브란덴부르크 제후국(루터파)에 있던 자신의 영지로 돌아간 같은 해 루터파를 지지한다는 것을 이유로 제국통치법원에서도 사직당했다. 카롤리나 형법전의 편찬위원을

557) 원저 p.146. 각주 55. See Langbein, *Prosecuting Crime,* p.171.

한 때에는 그 입장을 이용하여 루터파나 루터파의 지지자를 보호하였고, 1522년에는 루터를 발트부르크 성에 보호하여 프리드리히 현명왕에 대하여 보름스 칙령이 적용되는 것을 저지하였다. 또한 다음 해에는 루터파의 목사들에게 보름스 칙령이 적용되는 것도 저지하였다. 슈바르첸베르크는 카롤리나 형법전이 공포되기 전에 죽었는데(1528년), 그의 후임은 역시 열렬한 루터파 지지자였던 작센 선제후국 재상인 바이어(Christian Baier)였다.[558)]

도이치의 형법개혁이 종교개혁 이전에 시작된 것이나, 프로테스탄트만 아니라 가톨릭 교도도 형법개혁을 지지했던 것에서부터, 대부분의 역사가들은 이 두 가지 개혁 간에는 관계가 없다고 생각한 듯하다.[559)] 슈바르첸베르크의 위업도 인문주의(humanism)와 로마법의 계수 양자 모두의 운동이 루터주의에 본질적으로 역행한다고 보통 제시되고 있다. 밤베르크 형사재판령도 카롤리나 형법전도, 유럽의 보통법(jus commune)의 일부로만 생각했고, 그것이 16세기 초에 도이치에서 새로운 형법전으로 등장했다는 것은 놀라운 현상

---

558) 원저 p.146. 각주 56. See Stintzing, *Geschichte der Rechtswissenschaft,* pp.623~624, 628, 267. Eleven years after Schwarzenberg's death, Luther wrote that to achieve certain results, "one would have to summon from all lands people who were thoroughly learned in Holy Scripture …… including some from the secular estate …… who would also be understanding and upright, as if Hans van Schwarzenberg still lived, whom one knew to trust." *WA,* pp.50, 622, 11~16 (*Von den Konzilien und Kirchen,* 1539).

559) 원저 p.147. 각주 57. Thus Langbein's impressive study of the Carolina ignores entirely its relation to the Reformation. Neither the names of Melanchthon and Luther nor the analytical category "Reformation" appear in his index. Langbein sees the story entirely as the sixteenth-century triumph of an *Inquisitionsprozess* that began to develop as early as the thirteenth century in the courts of the canon law. See Langbein, *Prosecuting Crime,* pp.154~155. In this respect he follows the traditional course of German legal historiography of the late nineteenth and twentieth centuries.

이라고 생각했다.

그러나 밤베르크 형사재판령이 루터의 종교개혁보다 먼저 만들어졌다고 하여 양자 간의 관계가 없다고는 할 수 없다["나중의 것은 먼저의 것의 영향을 받을 것이다"(post hoc ergo propter hoc)]. 요한 폰 슈바르첸베르크의 전기가 그것을 증명하고 있다. 그리고 많은 도이치의 프로테스탄트 영방이 밤베르크 형사재판령과 매우 유사한 내용의 형법전을 제정하고 있었고, 도이치의 프로테스탄트 법학자가 형법전을 기초하는 때에는 카롤리나 형법전을 참고하고 있었고, 슈바르첸베르크를 시작으로 형법개혁과 루터가 시작한 종교개혁 간에는 밀접한 관계가 있다는 것을 알 수 있다. 도이치에 등장한 새로운 형법은 "종교개혁의 정신의 성취"라고 말하는 학자도 있다.[560] 19세기의 도이치 법제사가 슈틴트찡(Roderich von Stintzing)에 의하면, "종교개혁이 어떻게 카롤리나 형법전에 영향을 미쳤는가 구체적으로 개별적인 사안을 지적하는 것은 어렵지만, 종교개혁이 전체적으로 영향을 미친 사실은 부정할 수 없다"고 하였다.[561] 또한 20세기의 법제사가 볼프(Erik Wolf)에 의하면, 슈바르첸베르크의 종교적 신념은 많은 점에서 루터의 신학과 닮았고, 그것이 밤베르크 형사재판령에 (따라서 카롤리나 형법전에도) 반영되었다고 한다. 단, 볼프는 시대정신(Zeitgeist)이 반영된 것이라고 할 뿐, 그 이상은 자세하게 설명하고 있지 않다.[562]

---

560) 원저 p.147. 각주 58. Carl Gu¨terbock, *Die Entstehungsgeschichte der Carolina auf Grund archivalischer Forschungen* (Würzburg, 1872), p.207.

561) 원저 p.147. 각주 59. See Stintzing, *Geschichte der Rechtswissenschaft,* p.628.

562) 원저 p.147. 각주 60. Wolf writes: "Little of the theological studies and religious struggles that filled Schwarzenberg's life come to expression in the Bambergensis. …… Its [concept of] justice could not yet be that of the Reformation. One can only call Schwarzenberg 'a legal thinker of the

볼프가 지적하듯이, 밤베르크 형사재판령은 후에 루터나 루터파 신학자가 제창한 교의를 반영한 내용이 되었다. 또한 새롭게 등장한 형법은 다음의 2가지 점에서 도이치혁명과 (따라서 루터의 신학과) 밀접한 관련이 있다. 즉, 하나의 법원칙 · 법개념으로부터 과제의 정리 · 분석을 시작하여 지식의 체계를 쌓아올린 멜랑히톤의 방법을 채택하였고, 또한 영방 군주와 관리에게 법제정권을 인정한 것에서 영방 내의 복수의 법제정을 하나로 모으는 방법을 채택하였다. 즉, **슈바르첸베르크의 형법개혁은 도이치혁명이 실현한 3개의 혁명(종교혁명 · 과학혁명 · 정치혁명)과 밀접한 관련이 있다**.

4.2.1 종교적 측면

밤베르크 형사재판령을 기초한 때 슈바르첸베르크는 아직 가톨릭 신자였다는 점, 그리고 슈바르첸베르크가 초안에 관여한 카롤리나 형법전은 가톨릭파 황제 카를 5세가 공포한 점, 그리고 도이치의 영방에서 가톨릭파였는데도 슈바르첸베르크가 기초한 새로운 형법전의 영향을 받았다는 점, 이렇게 일견 모순되어 보이나, 원래 **종교개혁이 로마 가톨릭 자체의 산물**이라고 할 수 있다. **루터는 위클리프(John Wyclif), 후스(Jan Hus)와 같이 원래 가톨릭 신자였다**. 그가 처음에 의도한 것은 가톨릭교회의 신학과 교회론의 **부분적인 개정으로, 그것을 전면적으로 부정한 것은 아니었다**. 슈바르첸베르크의 경우도 그러했다. 그가 의도한 것은 **가톨릭교회가 쌓아올린**

Reformation' insofar as [the Bambergensis] gives evidence of the basic spiritual mood [*geistige Grundstimmung*] of the time." Erik Wolf, "Johann Freiherr von Schwarzenberg," in Schroeder, *Die Carolina,* p.151.

법제도 안에서 부분적으로 개정하는 것으로, 그것을 전면적으로 바꾸려고 했던 것은 아니었다. 그러나 결과적으로 루터는 가톨릭교회의 교의와 교회론을 변화시켰으며, 멜랑히톤이 제창한 새로운 방법론은 스콜라 철학의 방법론을 대체하여 영방 군주의 법제정권이 영방 내의 복수의 법제도를 하나의 법제도로 모은 것과 같이, 슈바르첸베르크의 새로운 형법전은 오래된 형법의 존재를 바꾸게 되었다.

밤베르크 형사재판령・카롤리나 형법전은 루터의 법사상을 반영하였다. 즉, 성서에 나와 있는 도덕적 벌(sin)이나, 시민법 모두를 포괄한 **벌(crime)은 1차적으로 지상의 왕국만을 위한 신의 뜻을 위한 도구이고, 로마 가톨릭 교리와는 반대로 법이 작용하는 것은 천상의 왕국에 있어서의 구원에 이르는 길은 아니라고 했다**. 가톨릭교회의 교의는 연옥이라는 것을 전제로 하고 있다. 지상의 왕국에서 죄(sin, crime)의 무거움에 해당하는 벌을 받지 않더라도 사후에 연옥에서 지상의 왕국에서 마저 받지 못한 벌을 받으면 된다고 생각했다. 또한 지상의 왕국에서 선행을 하면 그만큼 연옥에서 받을 벌을 가볍게 해준다고 생각했다. 즉, 가톨릭교회의 교의에서는, 교회법원이 "교회법에서 정한 범죄"(crime)에 과하는 벌과 참회로 고백하는 "종교적인 죄"(sin)에 신부가 과하는 벌은 하나로 묶여 있었다. 그런데 루터는 연옥의 존재도 참회의 제도도 인정하지 않았다. 천상의 왕국에 가는 것은 신앙만으로 가능했기 때문이다.

슈바르첸베르크는 이 루터의 생각을 지지하고 있었다. 천상의 왕국에 가는 것은 신앙(즉, 예수 그리스도가 십자가형으로 죽은 것에 의하여 아담이 범한 원죄를 갚은 것이라고 믿는 것)만으로 가능했고, 성서의 계율에 따라 훌륭한 삶을 살았다고 하여 천상의 왕국에 가는 것은 아니었다고 그는 생각했다. 볼프(Erik Wolf)가 지적하듯이, "이것은 2~3년 후에 루터가 새로운 신학으로써 제창한 생각 그 자체였다." 또한 루터파의 법학자들은 아리스토텔레스를 평가하지 않았는데(스콜라 학자는 평가했다), 슈바르첸베르크도 아리스토텔레스를 평가하지 않았다. 그가 의지한 것은 키케로였다.[563)]

그러나 만약 계율을 지키고 법령을 지켜도 천상의 왕국에 갈 수 없다면, 계율이나 법령은 무엇을 위하여 있는 것인가? 이 의문에 대하여 루터는 제2장에서 보았듯이, 3개의 답을 준비했다. 죄가 무엇인가를 인간에게 가르치는 신학적 효용・형벌로 위하하여 죄를 피하게 하는 정치적 효용・신이 가르치는 올바른 행위란 무엇인가를 인간에게 가르치는 교육적 효용이 그것이다. 슈바르첸베르크도 형법의 효용으로 이 3개를 들고 있는데, 그가 특히 중시한 것은 교육적 목적이었다. 밤베르크 형사재판령의 서문에서 슈바르첸베르크는 그것이 법령임과 동시에 "삶의 방식을 설명한 교과서"(Lehrbuch)라고 쓰고 있다. 즉, 제국의 법령과 좋은 관습에 따라 사는 방법을 가르치는 것이다. 또한 법령이 잘못되어 이해할 수 없는 경우가 없도록 잘 알 수 있는 방법이 연구되었다. **법령 곳곳에 짧은 시문을 넣은 목판화를 삽입하는 등 법령의 의미나 그 종교적 근거를 잘 알 수 있도록 하였다.** 예를 들어 밤베르크 형사재판령의 책 첫머리에 무지개에 앉은 예수 그리스도를 그렸고, "최후의 심판은 그대가 세상에서 어떻게 살았느냐에 따라서 내려진다"(Das Urteil dort wird dir gefällt/ wie du gelebt hast in der Welt)라고 시문이 경고하고 있다.

---

563) 원저 p.148. 각주 61. See Wolf, "Johann Freiherr von Schwarzenberg," pp.131~132, 135.

또한 슈바르첸베르크의 형법개혁의 세속적 성격에는 종교와의 관련성이 명백해진다. 슈바르첸베르크도 루터와 같이, 절대자가 숨어 있는 지상의 왕국에서, 인간이 할 수 있는 일은 한정되어 있다는 것을 인정했다. 그가 목표로 한 것은, 도이치의 관습 형법을 고치는 것으로, 그것을 완전히 다른 것으로 교체하는 것이 아니었다. 이미 본 바 대로, 밤베르크 형사재판령·카롤리나 형법전은 고문에 제약을 가하기는 하나 폐지하지는 않고 있다. 영아 살해에 적용되는 생매장형은 폐지되었지만, 그것을 대체하여 물에 빠뜨려 익사시키는 형벌을 과하고 있다. 또한 마술은 구체적인 피해의 발생이 증명되지 않는 한 문제가 되지 않았지만, 그것이 범죄로 취급되는 것이 없어지지는 않았다. 피의자가 재판을 받는 동안 수감되었는데, "감옥은 수감만을 목적으로 건설된 것으로, 피의자를 괴롭히는 것이 목적이 아니다"라고 했다.[564)]

미성년자(단 연령이 몇 세인지는 언급하지 않고 있다)·정신병자·병약자는 형벌의 대상이 되어야 되는가, 아니면 치료의 대상이 되어야 하는가를 전문가에게 조언을 구하여야 하고, 피의자의 병의 상태가 악화될 가능성이 있는 경우, 고문은 할 수 없었다. 볼프는 이러한 생각이 "에라스무스파의 온정주의에서 비롯된 것이 아니라 **이웃을 사랑하라(특히 병자·병약한 자·정신병자)는 기독교의 가르침에서 온 것이다"라고 하고 있다.**[565)]

또한 밤베르크 형사재판령·카롤리나 형법전의 3개의 효용(uses)이라는 생각은 세속법이 지배자의 정치적 의지의 반영으로, 가톨릭 교회가 말하듯이 인간이 원래 가지고 있는 이성(reason)의 산물은

564) 원저 p.149. 각주 62. CCC, art. 11.

565) 원저 p.149. 각주 63. Wolf, "Johann Freiherr von Schwarzenberg," p.146.

아니라는 생각에서 나온 것이었다. 16세기의 도이치에서는 (잉글랜드・프랑스・네덜란드에서도), 지배자의 제정법(Ordnungen)(밤베르크 형사재판령・카롤리나 형법전이 대표적인 것)이 중요한 역할을 하였는데, 그것은 루터의 두 왕국 이론과 밀접한 관련이 있다.

슈바르첸베르크는 교회법의 생각을 이어 받았다(고의나 과실이 없으면 범죄가 되지 않는다고 생각했고, 전문(傳聞)을 증거로 하는 것은 신중하게, 정당방위의 입증책임은 피의자에게 있었다). 그러나 그에게는 교회법학자와 같이 도덕적인 행위를 장려하기 위하여 법제도를 만든다는 발상은 없었다. 그가 하고자 했던 것은 기존의 도이치 관습법을 개선하여 "정의와 공공선"(justice and the common weal)을 실현하는 것이었다. 지배자와 그 관리들, 그중에서도 법률전문가(those learned in the law)는, 너무나 가열(苛烈)한 형벌은 피하면서 동시에 질서유지를 실현한다는 2가지 대립되는 목적을 실현하는 것을 기대하고 있었다. 그들의 의지(will)와 이성이 법제정과 법집행의 핵심이었다. 권위 있다고 여겨지는 법문헌에 반영되었다는 가톨릭교회의 양심(자연법)을 부인하고, 신자 개인에게야말로 양심(자연법)이 존재한다고 한 루터의 법사상은 슈바르첸베르크의 법사상과 같다.

4.2.2 과학혁명과의 관련

이상과 같이 밤베르크 형사재판령・카롤리나 형법전에는 루터의 신학과 공통점이 많은데, 후에 멜랑히톤을 시작으로 한 루터파의 법학자들이 채택한 새로운 방법론과도 공통점이 많다. 특정 분야의 법령(예를 들어 형법)을 성문화한다는 발상 자체가 도이치혁명의 고유한 것이었다. 루터가 도이치어로 번역한 성서와 같이, 누구나 읽고 이해할 수 있는 쉬운 도이치어로 쓰여진 교수들의 법이었으나, 가끔은 루터의 성경과 같이, 학자들의 전문적인 해석을 요구하는 수도 있었다. 이미 지적한 바와 같이, 카롤리나 형법전에서 개개의 범죄를 정의한 77개 조 중, 42개 조는 처리가 곤란한 사안에 대하여 "학식이 있는 자"(rechtsverstendigen)에게 조언을 구하도록 규정하고 있다. 누구나 이해할 수 있는 쉬운 도이치어로 쓰여진 법령이라도, 성서와 같이, 올바르게 해석하여 구체적인 사안에 양심적으로 적용하기 위하여는 전문적인 지식이 요구되기 때문이다.

슈바르첸베르크의 형법전에는 멜랑히톤의 주제별 방법론이 채택되어 있었다. 법전을 우선 둘로 나누어, 처음은 모든 범죄에 적용되는 일반적인 법원칙에 대하여 서술했고, 그다음은 개별 범죄에 그 법원칙을 적용하는 것이었다. 이 총론과 각론으로 나누어 형법을 서술하는 방법은 그 후 유럽 전역에 보급되었다. 또한 여기서 이끌어낸 법원칙이 형법의 내용을 구체적으로 구성하게 되었다[멜랑히톤이 "고유의 과제"(praecipui loci)라고 부른 것이다]. 슈틴찡(Roderich Stintzing)의 말을 빌리면, 슈바르첸베르크는 미수(attempt)·정당방위·형의 가산이라는 기본적인 형법의 범주를 "처음으로 정의"하였다.[566] 16세기의 루터파 법학자 비겔리우스(Nicolaus Vogelius)도(이미 멜랑히톤의 방법론을 사용하여 도이치의 모든 법령을 체계적으로 분류하였다) 카롤리나 형법전에 기초하면서 도이치의 형법을 멜랑히톤의 방법론에 의하여 정리·분석하였다. 이것은 도이치

566) 원저 p.151. 각주 64. Stintzing, *Geschichte der Rechtswissenschaft,* pp.620～621.

형법과 절차법을 체계적으로 논한 최초의 논문이었다.

밤베르크 형사재판령・카롤리나 형법전은 한편으론 체계적인 일관성을 엄격하게 지키면서도, 다른 한편으로는 개별의 사안에 법령을 적용할 때에는 모순되는 점이 있다는 것도 잊지 않은 멜랑히톤의 방법론에 충실하였는데, 이것은 루터의 양심의 역할에 대한 개념과 일치하는 것이었다.

또한 밤베르크 형사재판령・카롤리나 형법전에서는 입법적 수준에서 개념화를 새로운 단계로 전개하고 있는데, 이것 역시 루터파 법학자가 채용하고 있던 방법이었다. 교회법학자・로마법학자가 논문으로 쓰고, 교회법원이 채용하고 있던 독트린이, 일반 공중이 사용할 수 있는 구체적인 개념 정의와 법원칙의 포괄적인 조합으로 나타나고, 검사와 법원이 적용할 수 있게 한 것이다. 랑바인(John Lanbein)에 의하면, "카롤리나 형법전에서 거의 모든 범죄의 정의는 개념화에 있어서의 전진을 보여주고 있었다."[567] 또한 형사책임의 일반적 룰도 체계적이고 상세한 방법으로 대부분 개진되었다. 예를 들어 카롤리나 형법전의 제140조에서 정당방위는 다음과 같이 정의되었다.

"위험한 무기로 도전 또는 공격한 때, 공격당한 자가 신체・생명・명예에 대한 위험이나 상해 없이 피하는 방법을 발견할 수 없을 때는, 적법한 반격을 통해서 그의 신체와 생명을 구하는 것은 처벌받지 아니한다. 또한 반격에 의하여 상대를 살해하거나, 반격을 위하여 선제공격을 하여도 죄를 묻지 않는다. 이 법령은 모든 기존의 성문법이나 관습법에 모순되더라도 적용된다."

---

567) 원저 p.151. 각주 65. See Langbein, *Prosecuting Crime,* p.168.

물론 이 정의에도 문제는 있다. 그러나 정당방위(self-help)의 정의는 마지막 문장에서 보는 것과 같이 종래의 도이치 형법을 크게 변경한 것이다. 다른 조문에서도 문제는 있지만,[568] 카롤리나 형법전은 정의의 포괄성·설득력·명쾌함의 3가지 면에서 탁월하다는 평가를 받는다.

볼프(Erik Wolf)도 슈바르첸베르크가 채용하고 있던 방법에 대하여 다음과 같이 쓰고 있다. "범죄의 기본적 유형화와 정의(Typisierung)를 최초로 한 것은 슈바르첸베르크이다. 비밀리에 또는 공개적으로 훔치기·통화위조·영아 살해·낙태 등과 같은 범죄에 대해서 정밀하게 서술한 것은 법의 이해에 있어서 중요한 공헌을 한 것이다. …… 정당방위·미수의 정의에 필수적인 상황들을 그가 열거한 것은 오늘날 아직도 유효하며, 이후에 이 개념의 발전에 기본이 된 모든 관점을 다 포함하고 있다. 공범의 형태를 그가 기술한 것은 무엇이 필수적이며 본질적인 것인가에 대한 확실한 감각을 보여주고 있다."[569] 볼프는 암묵적으로 슈바르첸베르크의 방법과 전통적인 스콜라 철학의 방법 및 초기의 인문주의 방법 사이의 내재적인 대조를 명백하게 하였고, 슈바르첸베르크는 멜랑히톤이 철학과 신학에서, 나중에 정의 및 강조하고, 웅변적으로 보여주었던 주제별 방식을 형법에 적용하였다.

여기서 밤베르크 형사재판령·카롤리나 형법전의 방법론의 참신성과 혁명적 성격이 강조되나, 방법론의 견지에 따라서 또는 학문의 관점에 따라서 이전의 관행적인 학풍에서부터는 뚜렷하게 길이

568) 원저 p.151. 각주 66. See ibid., pp.171～172. See also Wolf, *Grosse Rechtsdenker,* pp.126～127.

569) 원저 p.152. 각주 67. Wolf, "Johann Freiherr von Schwarzenberg," pp.150～151.

갈라진다. 슈바르첸베르크는 14～15세기에 도이치와 다른 곳에서 이미 축적되어 있던 교회법의 지식과 경험을 도이치 형법에 단지 적용했을 뿐이라는 주장도 있다. 그리고 15세기 말～16세기 초의 도이치에서 로마－캐논법(Romano-canon law) 기원의 보통법(jus commune)을 일반적으로 계수한 것 중에서 본질적인 부분이라고 강조하는 사람도 있다. 또는 이탈리아 도시국가의 입법(statuti)과 이탈리아 법학자들의 영향을 중시하는 사람도 있다. 슈바르첸베르크가 다른 외국 법체계를 잘 몰랐다든가, 심지어 라틴어를 읽지 못했다는 것은 다소 놀라운 것이지만, 라틴어를 읽을 수 있는 동료에게 조언을 받았다고 추측할 수 있다. 밤베르크 형사재판령·카롤리나 형법전에는 교회법으로부터의 강한 영향을 반영하고 있고, 각지의 대학에서 가르쳤던 로마법의 용어나 이탈리아의 법학 논문에서 쓰여진 용어·개념이 밤베르크 형사재판령과 카롤리나 형법전에서도 사용되었다. 또한 이탈리아 도시국가의 형사재정법이나 개념이 쓰인 것도 사실이다. (단, 이것의 숫자는 적다) 그러나 전반적으로 무시된 것은 로마법과 이탈리아 제정법의 영향의 중요성이고, 이 대목에서 강조된 것은 도이치 입법의 유니크한 성격인데, 전반적으로 입법에 의한 체계화를 한 최초의 특징이며, 최초의 근세 법전화이며 독립된 형법전이며, 또한 법의 특정 영역에 있어서의 개혁이었다. 그것을 이해하기 위하여는 영향을 미친 과거의 법령을 확인하는 것만으로는 충분하지 못하고, 동 시대에 일어난 변화를 확인할 필요가 있다.

이미 본 바와 같이 **도이치인에게 있어서 로마법도 교회법도 더 이상 "외국의"(foreign) 법률은 아니었다. 기독교 자체와 마찬가지로, 로마법과 교회법 양자는 이미 완전히 유럽화되어 있는 상태였**

다. 밤베르크 주교령에서 관리를 하던 슈바르첸베르크는 교회재판에 대하여 잘 알고 있었을 것이다. 교회법으로부터 영향이 지적되는데, 교회재판의 방식을 세속법에 채용한 것은 오히려 그의 참신함이라고 평가할 만하다. 16세기의 로마법(더 정확하게는 로마법학자가 만든 법과학)에 대해서는, 그 성격이 이탈이아인・스페인인(그리고 잉글랜드인)에게 있어서 익숙했던 것과 같이, 도이치인에게 있어서도 익숙한 것이었다. 왜냐하면 16세기 로마법은 유럽 각지(잉글랜드를 포함해서)의 대학에서 가르쳤고, 유럽 각지의 교회법원・세속 법원에서 보충적 법이었기 때문이다. 분명히 유스티니아누스 법전의 조문이 서양의 다양한 법체계에서의 형법에 용어례를 제외하고는 공헌한 바가 거의 없다. 비이악커(Franz Wieacker)에 의하면, "로마법에는 앞뒤 조리가 통하는 잘 발달된 형법의 개념 체계가 로마법의 원천 자체에서는 발견되기 않고, 형법의 일반원칙은 공식화되지 않았다."[570] 그러나 14~15세기의 로마법학자[예를 들어 이탈리아의 간디누스(Albertus Gandinus)・바르톨루스(Bartolus de Saxoferrato)・발두스(Baldus de Ubaldis)]는 로마법의 용어를 사용하여 (교회법에 의거하면서) 형법에 관한 중요한 논문을 썼고, 그들의 생각은 슈바르첸베르크는 밤베르크 형사재판령・카롤리나 형법전에 이용되었다.

이탈리아 법 특히 이탈리아 도시국가의 제정 형법(statuti)이 16세기 도이치의 형사 입법에 미친 영향과 더 나아가서 캐논법과 로마법주의자들의 법과학의 영향을 강조하는 것이 전통적 법학이었다. 이탈리아 도시국가의 법령은 범죄를 열거하고 명시해서 그것에

---

570) 원저 p.153. 각주 68. Wieacker, *History of Private Law,* p.100.

과하는 형벌을 들고 있는데, 슈바르첸베르크는 여기서 영향을 받았을 가능성을 부정할 수 없다. 그러나 그러한 유사점보다 더 중요한 것은 차이점이다. 이탈리아 도시국가의 법령에는 슈바르첸베르크의 형법전에서 보여지는 총론 부분이 없고, 있다고 해도 그것은 소송절차에 한정되어 있었으며, 그것도 간단하고 표면적인 것에 지나지 않았다.[571] 법령에서 열거한 범죄도 간단하게 정의되어 있을 뿐으로, 슈바르첸베르크와 같이 특별한 타입을 구성하는 마음의 상태를 체계적으로 제시하는 경우는 드물었다. 또한 제정형법의 적용가능성을 제한하는 면책 또는 정당화에 대해서나 도이치인들이 구성요건(Tatbestand)이라고 부르는 범죄를 구성하는 총체적 요소를 이루고 있는 다른 상황들도 드물었다. 이것은 양자를 포괄성과 깊이에서 거대한 차이를 알 수가 있게 된다.[572]

---

571) 원저 p.153. 각주 69. An analysis of the "general parts" of a few *statuti* demonstrates the large differences between these documents and the Carolina. The Italian "general parts" consist largely of exhortations and declarations of general purposes. Thus the third rubric of the *statuta* for Cremona, its "general part," consists of a single long paragraph admonishing the residents of the city to keep the peace. It states that one of the purposes of law is to keep the city in strength and vigor and that the peace of the ruler is promulgated and ordained in order to defend and conserve the people in their rights. See Gino Solazzi, ed., *Statuta et ordinamenta Communis Cremonae* (Milan, 1952), p. 11. Book 3 of the *statuta* of Teramo (1440) (including the town of Assisi), also a "general part," opens with a declaration of the authority by which the judge proceeds in criminal cases. Paragraph 1 declares that the judge exercises the power he has in order that the people might live honestly and the public interest in criminal prosecution be preserved. See Francesco Savini, ed., *Statuti del Commune di Teramo del* 1440 (Florence, 1889), p.104. The *proemium* of the *statuti* of Celle (1414) begins by invoking the Blessed Virgin, the angels, the apostles, and the saints to provide guidance to the city and then admonishes all concerned to obey the law. See Maddalena Cerisola, ed., *Gli statuti di Celle* (Bordighere, 1971), pp.23～24.

572) 원저 p.153. 각주 70. This analysis is confirmed by an examination of the *statuti* of nineteen northern Italian cities held by the Library of Congress in

또한 도이치의 형법개혁은 그 후에 이어진 프랑스·잉글랜드의 형법개혁과도 실제 내용에서 달랐다. 예를 들어 프랑스에서 1539년에 제정된 "비렐·코르레 왕령"(Ordonnance de Villers-Cotterêts)은, 프랑스 형법의 불합리한 점을 개선했지만, 랑바인(John Langbein)이 지적한 바와 같이, 그것은 법 전문가를 위한 것으로, 대체로 결함을 부분적으로 보충하거나 틈새를 메우는 것이었으며, 많은 부분은 손

Washington, D.C. Although these *statuti* widely in character, it may be said that generally their similarities to the Bambergensis and Carolina in procedure are more frequent than their similarities in substantive law. Thus some of these *statuti* place limitations on private prosecution through imposition of heavy fines on accusers who fail to prove their cases; cf. *Statuta et ordinamenta Communis Cremonae* (1389), pp.39～40 (imposing fines on unsuccessful accusers), and *Statuti di Aviano del* 1403 (requiring accuser to post security). Also some of these *statuti* contain restrictions on torture similar to those of the Bambergensis and Carolina. Thus the *Statuta Castra Serrae* (1473) requires "legitime probata inditia et sufficientia" (lawfully proved and sufficient indicia) before subjecting an accused person to torture. Even with reference to procedure, however, these *statuti* are quite skimpy with respect to such matters as the examination of witnesses, and none go so far as to distinguish hearsay from direct evidence.

With respect also to substantive law, the Bambergensis and Carolina are far more comprehensive and sophisticated than the nineteen *statuti* under consideration. For example, although the *statuti* sometimes make mention of complicity and attempt, they do not define those terms, and they omit entirely general concepts such as necessary defense. They do speak of intent, usually identified as *irato animo* (with aroused mind) or *scienter* (knowingly), as an element of particular crimes, and they also occasionally provide for the reduction of punishment in the event of a spontaneous confession of wrongdoing (see *Statuti del Commune di Teramo del* 1440, pp.131～132). Nothing is said, however, in the *statuti* under consideration about such matters as the exoneration of an accused person on the ground of an infirmity that causes lack of understanding. Although there are occasional references to appeals to higher courts, no procedure is provided for referring difficult cases to learned jurists-probably because the Italian judges themselves were supposed to be learned jurists, who sat without the presence of laymen and who were presumably familiar with the scholarly literature on criminal law written by Romanist and canonist jurists.

대지 못했다. 또한 1554년에 제정된 잉글랜드의 보석법(bail statute)이나 수감법(committal statute)도 수사와 기소의 절차적 흠결을 고치는 데 주된 목적이 있었고, 본격적인 형법전의 특징은 없었다.573)

밤베르크 형사재판령과 카롤리나 형법전은 도이치법이었고, 캐논법도 아니요, 로마법도 아니요, 이탈리아 도시법도 아니었다. 분명 교회법・로마법・이탈리아 도시국가의 법령으로부터 영향을 받았지만 그것은 당연한 것이었다. 흥미로운 것은 거기서 특정한 것을 계수하고(receive) 선택하였다는 것이다. 그것을 도이치 자신의 생각으로 결합하여 전체를 변화시키고 최초로 근세 형법전을 만든 것이다.

4.2.3 **정치적 측면**

16세기의 초기 수십 년 동안의 도이치 형법의 개혁은 루터의 교회 개혁에 의한 당시의 종교적 변화와 한편에서는 강력히 연결되었을 뿐만 아니라, 다른 한편에서는 법철학과 법학방법론의 변화와도 관계있었다. 그뿐만 아니다. 도이치 형법의 개혁은 그 시대의 정치적 변화, 즉 국가의 혁명적 개혁과도 관계있었다. 이미 본 바와 같이, 15~16세기 초 동안 로마 교회, 황제와 비교해서 정치권력의 증가를 확보했으며, 다른 한편에 있어서는 그들의 신민에 대해서 정치권력을 증가시켰다. 그럼에도 불구하고 1517년 이전에는

---

573) 원저 p.154. 각주 71. See Langbein, *Prosecuting Crime,* pp.222 and 248~249 on the French ordinance and pp.130~131 and 204ff. on the Marian statutes. The central points of his book are surely valid, namely, that there were certain common features in the substantial statutory reforms of criminal law that took place in major European countries in the sixteenth century, and that at the same time those reforms necessarily differed in some important respects because of differences in the preexisting national legal systems.

각 영방 내부의 재판관할권의 다양성은 도이치나 유럽의 다른 지역에 있어서나, 정치생활의 선재하는 특징을 이루고 있었다. 또한 15세기 말~16세기 초에는 황제와 교황의 연계가 강화되어 루터가 가톨릭교회의 재판권을 부인하면 황제의 재판권에도 영향을 미치게 되어, 결과적으로 영방 군주의 지배권이 강화되게 되었다. 또한 도이치 기사 계급이 루터의 종교개혁에 반대하는 황제의 명분과 연합해서 루터주의는 봉건 재판권에 대한 군주의 권위의 우위와 연합하도록 하였다. 이것도 이미 본 것이지만, 루터의 신학은 영방의 군주를 그들 조국의 가부장(Landesvater)으로 인정하여(십계의 5번째 계율, "양친을 공경하라"가 근거가 되었다) 국민에게 충성을 의무로 하였다. 이러한 모든 요인들이 합쳐져서 군주가 그의 영역에 있어서 모든 것에 우월한 재판관할권의 최고우위성이라는 개념과 이론을 형성하는 데 이바지하였다.

밤베르크 형사재판령은 밤베르크의 주교령은 당시 대규모 도이치 정치 단위의 하나였던 군주와 그 군주를 둘러싼 고위관리층(Obrigkeit)에게, 영역의 경계선 내부의 모든 중요한 범죄에 대한 재판관할권을 부여하였다. 다른 영방 군주도 마찬가지로 비슷한 형사입법을 행하였다. 또한 황제의 법이었던 카롤리나 형법전은, 제국에서 유일한 황제의 법원인 제국최고법원(Reichskammergericht)에서 재판되는 매우 한정된 종류의 재판례에서만 직접적으로 적용 가능했다. 그러한 한정적인 형법전이라도 제정한 것은 영방 군주와 함께 황제도 형법전을 가지고 싶었기 때문이다. 엥겔스(Friedrich Engels)가 150년 후에 쓰고 있듯이 "황제는 점점 영방 군주와 닮아갔다."[574)]

---

574) 원저 p.155. 각주 72. Friedrich Engels, *Der Deutsche Bauernkrieg* (1850), in Karl Marx and Friedrick Engels, *Werke,* Bd. 7 (Berlin, 1969), pp.327, 332.

제5장
도이치 사법과 경제법의 변용

헌법 및 형법과 같이해서, 16세기에 도이치 사법과 경제법에서 실체적인 변화가 일어났는데, 특히 계약에 관한 법, 물권에 관한 법, 그리고 신용거래에 관한 법에서 그러했다.575) 이러한 변화들은 부

575) 원저 p.156. 각주 1. The term "civil law" is used here in its contemporary sense, embracing chiefly the law of property, contract, tort, business associations, commercial transacations, and related fields, and not in the original Roman meaning of *jus civile*, "the law of [Roman] citizens," as contrasted with *jus gentium*, "the law of [all] peoples." In the period from the eleventh through the fifteenth centuries, Europeans called the entire body of Roman law *jus civile*. Large parts of that law, however, including Roman civil and criminal procedure, most of Roman substantive criminal law, Roman family law, Roman law relating to sacred rites, and Roman constitutional and administrative law, were largely ignored by the European Romanists. Sixteenth-century legal treatises, for the first time, made a sharp distinction between *jus publicum* and *jus privatum*, and what today is called civil law was classified largely under the heading of *jus privatum*. Continental European jurists, in contrast to English and American, still strongly emphasize the classification of law into "public law" and "private law." Thus what is treated in this chapter as civil law is often characterized by German legal historians as private law, although, as will be shown, much of it was heavily regulated by public authorities. The peculiar use of the term "civil law system" by contemporary Anglo-American legal scholars to characterize continental European legal systems, and to distinguish them from the Anglo-American "common law" system, is here rejected as wholly unhistorical. The term "economic law" is used here to identify those aspects of civil law that relate most closely to trade, investment,

분적으로는, 로마법과 캐논법 독트린을 재해석한 16세기 도이치 법학자들에 의한 사법에 관한 학문적 집필에서 나타났으며 부분적으로는 경제관계를 규율하는 관습법의 몸통을 더 세련화시키고 개선시킨 16세기의 도시법과 (봉건 영주의) 영역 입법에서 나타났다. 학자들의 사법과 제정법 및 관습 사법에서의 변화를 고려하는 것이 필요하다. 그 목적은 도이치혁명의 정치적, 사회경제적, 그리고 종교적 측면과의 관계를 확정하는 것이다.

5.1 계약(Contract)

5.1.1 학자들의 법(jus commune, 유럽 보통 법)

계약에 관한 통일적이고 체계화한 법이 16세기에, 도이치 법학자들을 포함하여 전 유럽의 법학자들의 저술에서 처음으로 유럽에 나타났다. 실로 도이치뿐만 아니라 유럽의 다른 곳에서도 마찬가지로 이전 수백 년에 있어서는 많은 합의의 형태가 법적으로 구속력을 가지며, 강제되는 것으로 간주되었는데, 이것은 당시에 존재하던 다양하며 서로 공존하는 재판관할권 중 하나 또는 그 이상의 곳에서 그렇게 간주되었다. 계약에 대한 법은 복수로 존재하였다 - 여러 계약에 대한 법이 존재하였다. 실로 계약에 대한 여러 개의 다른 종류의 법이 있었는데: (당시의 재판관할권 및 법원의 다양성에 따라서) 왕의 법에 의한 계약, 교회 법정에서 인정하는 계약, 봉건법원에서의 계약, 자유도시법에 의한 계약, 그리고 상인법에

---

and finance and to economic development generally.

의한 계약이다. (이미 1권에서 본 것과 같이) 11세기 후반과 12세기에 있어서의 로마법 연구의 부흥과 근세 캐논법의 출현 이전에도, 서양 사회의 부족 사회 사람들과 왕의 가계에 있어서의 법들도 어떤 타입의 동의나 약속에는 법적으로 구속력 있는 성질을 인정하고 있었다. 어떤 타입의 약속인가? (종교적 방식의) 선서가 (객관성 있게) 행해지고, (종교 의식이라는 공시성 있는 방식에 의한) 종교 의식에 쓰이는 목적물이 교환되는 그러한 약속이다. 비슷한 형태로 고전 로마법(classical Roman law) 또는 후기 고전 로마법(post-classical Roman law)에 있어서 다양한 타입의 약속들이 구속력을 가지는 계약으로 인정되기 위해서는, 특별한 형식(form)와 공식(formula)으로 "옷을 입을 때"(clothed)이다.[576] 만약에 이 형식과 공식이라는 옷을 입지 않는다면, 그 약속은 "나체의"(naked) 약속이 된다. (예를 들면) 유스티니아누스 황제의 로마법에서, "나체의 약속 또는 합의"(naked agreement, *nudum pactum*)는 소송 가능성이 없었다; 즉, 로마법에 있어서의 형식을 갖춘 콘트락투스(contractus)가 될 수 없었다. 여기에 더하여 로마법은 효력을 가져서 강제할 수 있는 형식을 갖춘 계약의 타입의 이름을 부여했다. 금전임대차의 계약(contracts of loan), 질권 계약(contracts of pledge), 매매 계약(contracts of sale), 임대차 계약(contracts of rent), 대리 계약(contracts of partnership) 그 밖에 다양한 것들이다. 그러나 로마법은 명명 전의 계약(innominate)의 클래스들에게도 여지를 남겨 놓고 있었다. 이런 계약들은 "조건을 밝히고 명기함으로써"(stipulations) 체결되는 합의인데, 이때 관계 당사자는 어떤 물건을

576) 옮긴이 주석: 개인 간의 구두 약속 기타가 구속력을 가지기 위한 조건으로 어떤 형식을 갖춘 "옷을 입는다"라고 설명하고 있다.

교부하거나 어떤 행동을 꼭 할 것, 즉 작위를 할 것을 의무로 하는 약속을 세밀하게 공식화하는 약속들을 서로 교환함으로써 성립되는 것이다. 효력을 가지고 강제할 수 있기 위해서는 어떤 계약도 이와 같은 타입 중의 하나에 들어맞아야 한다. 종류를 확정해서 열거된 계약(nominate contracts)과 그렇지 아니하고 계약 당시에 조건을 명기함으로써 하는 합의인 거명되지 않은 계약(innominate contracts)은 모두 채무를 발생시킨다. 이 의무는, 땅, 물건 또는 서비스의 교환 또는 급부를 반 정도 마쳤을 때부터 발생한다. 일반적으로 로마법이나 12세기 이전의 게르만족의 (부족법 시대의) 관습법 아래에서, 단순히 약속을 교환하는 것은 의무 즉 계약에 의한 채무를 발생시키지 않는다. 계약에 기한 의무가 출현하는 것은 합의 당사자의 한쪽이 적어도 그의 구두 약속을 실행하기 시작하고 나서부터이다.

게르만 부족 시대의 관습법과 또한 (11세기, 12세기 르네상스 초기에) 재발견된 고전 로마법 양자에 모두 선명하게 대비되는 것으로, 12세기 교회법주의자들, 즉 canonist들은 다음과 같이 단언했다. 즉, 다양한 타입의 합의에서 오는 법적인 구속력은 어디에 의존하는가? 합의의 종교적 엄숙성(solemnity)이었을까? 또는 합의의 옷, 즉 형식(form)이었을까? 또는 부분적으로 합의한 사람들의 부분적인 이행(performance)이었을까? 여기에 대한 게르만 관습법과 부흥 로마법과 법언, 아마도 이상의 것을 인정했을 것이다. 그러나 12세기 교회법주의자들은 달랐다. 이들은 합의의 구속력의 궁극성은, (캐노니스트들의 법의 원천에 대한 확신과 관계있게) 합의한 당사자의 의도와 의사(intention)에 있었다.[577] 중요한 것은 약속과 계약을 하는 당사자들의 의사에 따른 동의였으며, 계약을 계약으로 만들어서 계약 상태로 들어가는 것도 이와 같은 당사자들의 합의와 동의인 것이다. 더욱이 (로마법의 형식주의나 게르만법의 단체주의에서와는 달리) 그들의 합의와 동의는 "일부러 옷을 입힐 필요"(clothed)가 없었다; 즉, 캐논법에 있어서 나체의 계약(nudum pactum)도 효력이 있어서 강제할 수 있었다. (실로 캐논법에 있어서 의사주의라고 할 만하다) 이 원칙을 신학적 전제 위에 서는데, 이 신학적 전제라는 것은 신·구약 통틀어서 존재하는 많은 성경 텍스트에 의해서 지탱된다. 신·구약을 통해서 보여지는 성경의 텍스트는 약속을 지키지 않는 것은 죄라는 것이다(Failure to perform a promise is a sin). 이 법원칙은 역시 자연법의 철학적 개념에 의해서 지탱되는데, 자연법의 철학적 개념은 교부들(church fathers)의 저술로부터, 또한 교회법의 형평 법원칙에서부터 끄집어내어진다. 교회법주의자, 즉 캐노니스트(canonist)들에게는, 계약의 유효성이라는 것은 마지막에 가서는 합의하고 계약을 한 당사자들의 선량한 믿음(good faith, *bona fides*)에 의존하게 되며, 이 유효성은 또한 이른바 신앙의 서약(pledge of faith)을 포함함으로써 공고하게 되며, 또한 이러한 계약을 깨뜨리는 것은 신뢰, 즉 신앙을 깨뜨

577) 옮긴이 주석: 서양법의 세계에 게르만 단체법의 요소와 고전 로마법의 요소를 강조하는 것은 동아시아의 법학자도 충분히 강조하였다. 즉, 한국 대륙법 민법학자들이 초학자들을 가르칠 때 게르만적 요소를 강조하면 단체적 요소 또한 로마법을 강조하면 의례히 형식적 요소였다. 그 결과는 민법에 있어서도 형식적 요소와 단체적 요소를 특징으로 하고, 다른 요소는 보이지 않는다. 서양법 전통에 있어서의 두드러지게 나타나는 현상은 교회법이라는 동아시아 전통에서는 결여하고 있는 요소이다. 본문에서처럼 로마니스트들이 형식, 즉 의상을 중요시했다면 캐노니스트들은 궁극적 법의 효력은 옷이 아니라 마음이다. 즉, 당사자의 의도 또는 의사 자체를 중요시한 것이 문화적인 특징으로 드러난다. 쉽게 말해보자. 약속을 하는 하등 특별하지 않은 평균인에게서 어떤 계약의 궁극적 효력을 형식성, 단체성, 그리고 그 약속을 한 사람의 의도(intention) 중 어떤 것을 강조하는 태도는 인간에 대한 기본적인 이해와 관계되지 않을까?

리는 것(breach of faith, *fidei laesio*)이 된다.[578)]

(이상의 본 것과 같이) 어떤 합의의 구속력의 기반은 마지막에 가서는 합의한 양 당사자의 동의(consent)에 있고, 그 합의를 행할 때 그들이 서로 공유하는 마음의 상태에 있었다는 것을 의미하는 것이고, 이러한 캐논법의 원칙은 모든 계약에 대해서 적용 가능한 어떤 공통적인 법원칙을 발전시키는 것을 필요하고 가능하게 만들었다. (합의에 의한 계약에 있어서의) 청약(offer)과 수락(acceptance)은 명백히 상호적인 동의(mutual consent)여야 했으며, 상호적 동의란 마음과 마음이 만나는 것이다. 계약은 정당성이 있는 목적(*causa*)을 가져야만 했다. 즉, 속임수 또는 사기(fraud), 강요 또는 강박(duress)이나 착각을 일으킨 가정을 기초로 한, 즉 착오에 의한 계약은 무효였다. 계약 당사자의 일방에게 억압적인(oppressive) 계약(*laesio enormis*) 역시 무효였다. 그러나 교회법주의자들은 이와 같은 원칙과 다른 기본적 원칙과 룰들을, 모든 타입의 합의에 적용 가능한, 따로 분리된 포괄적인 계약법의 분기로 가져가려는 시도를 하지 않았다. (이와 같은 법원칙은 비교적 좁은 영역에 적용했다.) 즉, 교회법주의자들이 쓴 간명한 합의에 관한 논문(treatises on agreements, *tractatus de pactis*)은 통상 주로 혼인 또는 다른 성사에 관한 법에 계약법의 원칙을 적용하는 것에 관계되고 있었다. 또한 이러한 계약법의 원칙은 교회 재산에 관한 거래에 있어서 관할

---

578) 옮긴이 주석: 이 시대까지의 서양법 문화에 있어서, faith는 신뢰와 신앙을 동시에 의미하고 있다. 즉, 세상사에 있어서의 신뢰는 궁극적으로 그 원천이 종교적 신앙과 같다는 것을 의미하는 것이다. 이것은 현실적인 측면이 있었다. 왜냐하면, 종교적 선서를 전제로 하고 행해진 계약을 깨는 것은 비단 세상사의 신뢰뿐 아니라 종교적 신앙을 깨는 것이 되기 때문에 분쟁의 경우에 (인간의 정신적 영역을 관장하는) 교회의 법원에 법적 관할권을 주게 하는 것이다.

주교들이 계약행위를 할 때의 권한에 적용하였으며, 캐논법에 의해서 규율되는 다른 계약 사항에 주로 적용을 했다.[579)]

16세기에 이르러서 이전에 존재했던 모든 다양한 교회와 세속의 재판관할권을, 특히 프로테스탄트 지역에 있어서 그 지역을 관할하는 군주들에게 복속하게 함으로써 16세기 도이치 인들은 민법을 통일하고 체계화하여서 드디어 (이전과는 달리) 이론적으로는 모든 재판관할권에서 적용 가능한 계약법의 분리된 영역을 창조하였다. 이 계약법의 분기를 도이치 인들은 불법행위에 관한 법(tort law, delict)과 함께 불공정한 부의 획득, 즉 부당 이득 (준 계약, quasi-contract)과 함께 의무, 즉 채무에 관한 법 또는 현대인의 언어로는 채권, 채무에 관한 법으로 분류했다. 도이치 인들은 계약법의 초석을 캐노니스트들이 계약 또는 합의에 있어서의 충실성과 성실성(fidelity) – 계약에 있어서의 충실성을 도이치어로는 Vertragstreue, 즉 계약의 진실[580)]이라고 했으며 – 이것과 함께 청약과 수락에 대한 교회법주의자들의 독트린의 요소인 정당한 목적(causa), 억압적인 계약(laesio enormis),[581)] 그리고 사기 강박 또는 착오에 기한 무효의 법리를 초석으로 간주했다. 16세기에 있어서 유럽의 학자들이 관련한 보통법(jus commune)에 도입된 다른 캐논 법원칙들은 약속에 있어

579) 원저 p.157. 각주 2. An important early example is the treatise of Hostiensis in the late-thirteenthcentury *De Pactis,* “Concerning Agreements.” Hostiensis includes the making of truces and the making of peace, the settlement of litigation for the purpose of avoiding judgment, and also commercial transactions. See *Summa Domini Henrici cardinalis Hostiensis* (1537; reprint, Aalen, 1962).

580) 옮긴이 주석: 일본어판 번역자 미야지마는 선의에 의한 계약이라고 옮겼다(宮島, 2010: 167).

581) 옮긴이 주석: 일본어판 번역자 미야지마는 우위의 입장을 이용할 경우라고 하고 있다(宮島, 2010: 167).

서의 구속, 즉 성질을 포함하고 있었다. 이때 약속은 선물을 할 때, 즉 증여할 때 그리고 계약의 수혜자로서의 제3자의 보호, 그리고 계약 아래에서 파생되는 권리들을 배당할 권리, 그리고 대리인이, 대리권을 수여한 원래 계약 당사자를 구속할 계약을 체결할 수 있는 권리, 그리고 매매에 의해서 이미 팔린 물건들은 팔릴 당시에 그 물건의 목적 또는 용도에 맞아야 된다는 파는 사람의 보증이라는 것을 포함하고 있었다.[582)]

비록 유스티니아누스의 로마법 텍스트에는 명백하게 밝혀지지 아니한 개념이지만, 계약의 일반적 개념을 지탱할 수 있도록 될 수 있는 것들이 유스티니아누스 법전에도 많이 존재하였다. 예를 들면, 다음과 같은 것이다. 사법상 채무(civil obligation)를 계약(contract), 불법행위(delict), 부당이득과 같은 준 계약(quasi-contract) 그리고 다른 준 계약과 같이 4분법으로 분류한 것은 유스티니아누스의 인스티투테스(Institutes)의 처음부터 나타나는 것인데, 이러한 4분법은 비록 더 오래된 로마법 자체에 있어서 그러한 용어를 쓰는 것이 법의 분과를 분리하는 데에까지 이르지는 않고, 단지 다양한 법적 텍스트를 소개할 때 매우 편리한 방법이 되었었지만, 법을 혁신하려는 사람들에 의해서는 새로운 계기가 되었다. 또한 이름 붙여진 계약(tractatus nominati)과 이름 붙이지 않은 계약을 분류한 로마법의 룰을 16세기 도이치혁명 이후의 법 개혁가들은 차용하였으나, 이제는 모든 계약에 적용 가능한 일반 룰의 몸체로써 나아가게 되었다.

전부는 아니더라도 16세기에 계약에 관한 도이치법을 체계화한

---

582) 원저 p.158. 각주 3. See Klaus-Peter Nanz, *Die Entstehung des allgemeinen Vertragsbegriffs, im 16. bis 18. Jahrhundert* (Munich, 1985), pp.104ff.

지도적인 법학자들은 대부분이 캐논법에서 나타난 궁극적으로 계약은 당사자의 합의와 동의에 기초를 둔다는 입장(consensualist position)[583]에서 출발하였는데, 이들은 대부분이 루터주의자였다.[584] 프로테스탄트의 게르만 영역들에서의 계약법의 새로운 과학은 이른바 "계수된"(received) 로마법이 유명한 도이치 법사학자들에 의해서 강조된 것보다도 훨씬 더 무겁게 초기 교회법에서부터 영감을 끌어낸 것이다. 이것은 때때로 놀랄만한 일이었다.[585] 어쨌든 다음과 같은 사실에서 현대의 법제사가들에 의해서 어떤 시도도 행해지지 않았다. 즉, 계약법에 대한 프로테스탄트 개혁가들의 법철학과 법리학을 그들의 종교적 확신 사이에 연결점을 끌어내는 시도가 행해지지 않았다.

5.1.2 **제정법과 관습법**(Statutory and Customary Law)

(게르만의 통일 이전의 영역을 중심으로 하는) 분방의 포괄적인 제정법은 "정책에 기한 법령"(policy ordinances, Polizeiordnungen), 또는 분방의 법령(territorial ordinances, Landesordnungen)이라고 불리는데, 15세기에 게르만 군주들과 자유도시 및 도시의 의회에 의해서 자주 제정되었다. 그러나 16세기에는 이와 같은 분방의 법

583) 옮긴이 주석: 일본어판 번역자 미야지마는 당사자주의라고 옮겼다(宮島, 2010: 168).

584) 원저 p.158. 각주 4. Ibid.

585) 원저 p.158. 각주 5. Coing notes that the various contract doctrines of the sixteenth-century jus commune were "foreign to ancient Roman law," implying that they were new, without indicating that many of them had existed for centuries in the canon law of the church. Helmut Coing, *Europäisches Privatrecht*, Bd. 1, *Älteres Gemeines Recht (1500 bis 1800)* (Munich, 1985), p.412.

으로서의 명령이 처음으로 대규모로 공포되기에 이르렀다.[586] 1500년과 1600년의 100년 사이에 적어도 한 개의 게르만 군주국에서 450개가 넘는 이러한 제정법이 공포되었다. (1년에 4.5개의 법률의 효력을 가지는 명령이 공포되었다는 것이다)[587] 이러한 입법은 게르만 사람들의 경제적 생활의 대부분의 측면을 규율하였던 그때까지 유효하고 지배적이었던 관습법을 체계화하고 알맞게 조절했다.

16세기의 학식 있는 도이치 법률가들은 사법에 관한 권위 있는 논문을 썼는데, 그들 자신이 부분적으로는 다음과 같은 실패에 책임이 있다. 이때 실패라는 것은 현대 법제사가들이 16세기의 사법에 있어서의 일반 원칙에 대한 분석과 지역 분방과 도시의 제정법, 그리고 계약, 물권, 기타 사법 관계에 대한 관습적인 규제에 대한 분석을 결합하는 데에서의 실패를 말한다. 예를 들면, 도이치 도시 콘스탄스(Constance)에 있어서 16세기 초에는 수십 개의 교역 및 다른 경제 행위를 규율하는 법령들이 제정되었다; 그러나 위대한 16세기의 법률가였던 울리히 차지우스(Ulrich Zasius)는 콘스탄스 시 출신이고, 최초의 법학 실무 훈련을 콘스탄스 시립 법원에서 받았으며, 그 자신이 1520년에 제정된 몹시 중요한 프라이부르크 시법(Freiburg City Law)을 기초하였음에도 불구하고, (기이하게도) 그의 학문적 업적에서는 이러한 법령을 공식적으로 논의하는 것을 별로 할 가치가 없다고 무시하였다. 1510년과 1548년 사이에 콘스

586) 원저 p.158. 각주 6. See Gustaf Klemens Schmelzeisen, *Polizeiordnungen und Privatrecht* (Münster, 1955). Schmelzeisen is exceptional in analyzing the effect of territorial German policy ordinances, which regulated customary property and contract relations, on doctrines of private law.

587) 원저 p.158. 각주 7. See Matthias Weber, *Die Schlesischen Polizei- und Landesordnungen der frühen neuzeit* (Cologne, 1996), p.222.

탄스 시에서 입법된 약 200개의 법령의 타이틀을 20세기에 와서 모으고 정리한 공동 편집자들의 언급에 의하면, 다음과 같은 구절이 있다. "로마법의 체계 안에서는 중세 시대의 어떤 게르만 도시의 발달된 경제법도 설 자리가 없었으며, 차지우스 같은 사람조차도 따라서, 중세의 게르만 도시법을 과학적인 연구를 할 가치가 없는 것으로 경멸적으로 간주할 따름이었다."[588] 그럼에도 불구하고 1차적으로 주로 실무가들을 위해서 쓰여진 것으로, 상당한 분량의 16세기 게르만의 법 문헌은 수백 개의 차이점을 열거하고 있다. 그 차이점은 로마 법체계를 중심으로 한 "교양과 학식의 세계의 세련된 법"(learned laws)과 하나하나의 개별적인 군주국의 영역법과의 차이였다.

보충적인 법(subsidiary law)으로써, 고전 로마법과 캐논법은 ‒ 이것이 말하자면 "학문 세계의 법"(learned laws)이었는데, 이 두 개의 법은 여러 다양한 군주국의 제정법과 또한 지역 또는 분방의 지방적인 관습법 양자에 모두 존재하는 틈새를 메우고 애매모호함을 해결하는 목적으로 도이치의 여러 법정들이 사용하였다. 그러나 한편에 있어서는 제정법 또는 관습법과 다른 한편에 있어서는 (로마법과 캐논법에 유래를 둔 유럽의) 공통법 또는 보통법(jus commune) 사이의 대립과 모순이 있는 경우에 전자가 우세하게끔 되어 있었다. (제정법 또는 관습법과) 명백한 모순이 없는 경우에, 보통법(jus commune)이 일반 원칙을 제공하였으며, 그 일반 원칙에 의해서 제정법과 관습법 모두가 학문 세계의 법학자에 의해서 해석되어지게 되며, 이들은 점차로 군주의 법원, 도시의 법원, 그리고 지방 법

588) 원저 p.159. 각주 8. Otto Feger and Peter Ruster, *Das Konstanzer Wirtschafts- und Gewerberecht zur Zeit der Reformation* (Constance, 1961), pp.55～56.

원에 앉게 되고 더 나아가서 대학의 법학부에도 자리를 차지해서, 이러한 여러 법원에 의해서 그들에게 요청되는 구체적인 사례를 결정하였다. 또한 보통법(jus commune)의 일반 법원칙은 자주 군주나 도시 정부가 입법을 할 때 적용되었다. 그럼에도 불구하고, 16세기에 있어서, 도이치의 사법을 변화시키는 데에 주도적인 역할을 한 것은 보통법, 즉 jus commune가 아니고, 제정법과 관습법에 있어서의 쇄신(innovation)이었다.

주로 보통법(jus commune)를 구별한 것은 – 특히 계약, 물권과 또 다른 사법의 영역에 있어서 – 는 그것의 학문적인 성격이었으며, 학문적인 성격이라는 것은 체계적인 성격이었다. 제정법과 관습법은 체계화가 덜 되었으며, 일반 법원칙으로 표현되는 정도가 약했다; 당시의 제정법과 관습법은 확산되어서 중심이 없었으며, 당시 실제로 존재하는 경제 사회 상황에 더 많이 구속되고 있었다. 16세기의 위대한 프로테스탄트 법학자인 마테우스 베젠벡(Mattheus Wesenbeck)의 계약법에 관한 글에서 예를 들면, 계약에 의한 의무, 즉 채권 채무의 성질을 논한 것을 발견할 수 있는데, 계약이 어떻게 형성되며, 계약의 유효성과 무효성의 원천이 무엇이며, 또한 계약법의 비슷한 일반적 특징에 대해서 논한 것을 볼 수 있다. 또한 계약의 다양한 형태를 논한 것을 볼 수 있다. 그러나 이러한 16세기의 프로테스탄트 법학자의 저술에서 그 당시까지 무수하게 존재했던, 다양한 타입의 교역에 있어서의 하나하나의 계약 관행을 지배하는 관습적이며 제정법에 기한 규율들에 대해서 분석하는 것을 찾아보기는 힘들다. 똑같은 진실이 19세기와 20세기의 주요한 역사적 문헌에서도 나타나는데, 19세기와 20세기에 쓰여진 것으로써, 16세기의 게르만법을 대상으로 하는 것이다. 19세기와 20세기의 도이치 법제사가들조차도 16세기 게르만법에 대해서 저술할 때 로마법의 영향이 미친 계약법의 형성, 계약의 효력 및 무효, 계약법의 일반 성질, 계약의 형태, 같은 학자풍의 논의에만 중점을 두고, 계약의 관행이라든지 여러 형태의 교역에서 실제로 일어나는 관습법과 제정법에 의한 규율에 대해서는 별 주목하지 않고 있다는 것이다.[589] 한편에 있어서 jus commune에 관한 논문에 팸플릿에서 나타난 계약에 관한 일반적인 법과 다른 한편에 있어서는 각 영역에 있어서의 법과 자유도시의 제정법에 나타난 개별적이고 특수한 형태의 계약에 관한 법과 또한 관습법 간에 있어서 나타나는 차이는 충격적으로 보일 만큼 잘 나타난 것이 보존되어 있다. 또한 제정법과 관습법의 형식적 요구가 실로 증가한 것이 나타나고 있다. 보통법, 즉 jus commune에서는 Wesenbeck과 다른 이들이 언급한 것처럼, 옷을 입지 않은, 즉 형식을 갖추지 않은 계약(*nudum pactum*)도 계약의 구속력을 구성할 수 있었다. 그러나 1555년의 뷔르템베르크 란트 법령(Landesordnung of 1555)과 같은 포괄적인 영역의 제정법에 따른다면, 재산권 거래에 관한 계약은 양 당사자의 참석으로 지방 법원의 등기 기록소 또는 등기소(registry)에 기록되어져야만 했다; 그때까지는 이러한 물권 계약은 작용하지 않는 것으로 여겨지고, 양 당사자 누구도 자유롭게 철회할 수 있었다.[590] 비슷

589) 옮긴이 주석: 똑같은 논의는 한국 법학 교육에서도 보여진다. 즉, 한국 사법학에서 계약법이나 채권법을 논할 때 16세기의 학자풍의 논의에 그치고, 실제로 16세기의 관습법과 수많은 제정법이 구체적인 모습으로 수많은 군주국, 분방, 그리고 자유도시에서 어떤 식으로 규율되었는지에 대한 것에 대해서는 거의 언급하지 않는다. 아마도 본문에서 19세기와 20세기의 도이치 법제사가들의 학풍을 그대로 답습한 것이 아닌가 생각된다. 한국의 법학 초학자들이 - 학부 교육이든 로스쿨 교육이든 마찬가지라고 보는데 - 대륙 사법의 전반적 파악에 가장 힘드는 것은 바로 이런 사정에서 온다고 볼 수 있다고 처음으로 밝혀진다.

590) 원저 p.160. 각주 9. See Württemberg *Landesordnung* II (3) (1).

하게 직업을 약속하는 약속 어음이나 환어음에 관한 관습법은 이 시대에 있어서 교역과 금융에 있어서 결정적인 역할을 하게 되는데, 높은 정도의 형식주의(formalism)에 의해서 특징 지어진다.

사법을 다루는 포괄적인 영역 제정법과 도시 제정법으로써 16세기에 다른 도이치법과 같이, 뷔르템베르크(Württemberg) 제정법은 실로 jus commune를 따르고 있다. 이것은 여러 다른 형태의 계약에 관한 일반적인 룰을 발전시키는 데에 있어서 그러하다. 뷔르템베르크 제정법 제2부는 "계약과 거래에 관해서"인데, 빌려주는 계약 즉 대여계약(contract of loan, Leihe)으로 시작하고 있다. 대여계약을 로마니스트 용어로써 세 개의 유형으로 정의한다: (1) 금전 또는 물건을 소비 목적으로 대여하는 것, 이것은 돌려받는 경우에 같은 가치를 가지는 것을 돌려 받는 소비 대차(mutuum)이다. (2) 사용 목적으로 물품을 빌려주는 것, 이것은 돌려받는 경우에는 똑같은 물품으로 돌려받는 사용 대차(commodatuum)이다. (3) 땅을 빌려주는 것, 토지의 임대를 locatio라 한다. 뷔르템베르크 제정법의 잇따른 섹션은 맡기는 것, 즉 임치(deposit), 사는 것과 파는 것, 즉 매매, 가옥과 다른 재산에 대한 대여, 선물, 즉 증여, 질권, 담보 같은 것을 다루고 있다. 비록 뷔르템베르크 제정법에서의 거래 종류에 대한 일반적 정의와 당시의 로마니스트와 교회법 법률학자 간의 일반적 개념 정의 사이에는 실질적인 차이는 없었지만, 구체적인 경우에 있어서 중요한 여러 변용의 형태들이 있었다. 그리고 더하여 뷔르템베르크 법에서의 여러 모든 타입의 계약법은 거의 모두가 어떤 형식적 제약에 한편에서는 매여 있었고, 다른 한편에 있어서는 어떤 실질적인 제약이 있었다. 여기에 더하여 토지 소유권의 영향 미치는 모든 거래들은 법원의 등기부(Gerichtsbuch)에 등재되기 이전에 법원에 의해서 허가를 받아야 되었다. 이와 같은 모습으로 이미 지적한 바대로, "형식을 갖추지 않은, 즉 옷을 입지 않은, 벌거벗은 동의"를 강제할 수 있다는 교회법의 독트린은 여러 종류의 계약에 있어서는 적용할 수 없게 되었다. 비슷하게 로마법에서 특별히 "이름 붙인" 계약과 다른 계약들(이른바 이름 붙이지 않은 계약들)은, 그것이 적용가능하기 위해서 몇 개의 예정된 단계를 거칠 것을 필요로 하게 되었다는 로마법 독트린은, 16세기 유럽의 상업을 특징적으로 나타내는 넓고 다양한 새로운 타입의 거래에는 적용할 수 없게 되었다.

신용거래에 적용 가능한 법은 한편에 있어서 로마법을 중심으로 한 "학자법"과 다른 한편에 있어서는 16세기 도이치에 있어서의 관습법과 제정법 사이의 관계를 선명하게 나타내주고 있다. 12세기에서 15세기까지의 로마니스트들은 유스티니아누스 법전의 텍스트에서 다양한 룰들을 발견했는데, 이 룰들은 여러 다양한 형태의 토지, 물품, 금전의 양도에 적용 가능했으며, 이 경우에 임대차, 저당, 그리고 금전대차를 포함하고 있었다. 유스티니아누스 황제 시대와는 전혀 다른 경제상황과 전적으로 다른 문화에서 그러면서도 유스티니아누스 법전을 적용할 때에도 전혀 다른 법적 추론의 방법을 적용하면서 유럽의 주석가들은 고전시대와 후기 고전시대의 로마법 텍스트에 새로운 의미를 부여할 수밖에 없었다. 동시에 로마 가톨릭 신학자들이 새로운 도덕적 고려를 도입하였는데, (성경에 기초한) 이러한 도덕적 고려 중에서 두 개의 중요한 것은 첫째, 지나친 고율의 이자를 금지하는 것과,[591] 또한 재산은 불공정한 가

591) 원저 p.161. 각주 10. In Roman law, *Codex,* bk. 4, title 32, established the rules for taking interest on a loan. The term regularly used to describe such

격으로는 양도되지 못한다.[592] 이들 도덕적 원칙들은 교회의 내부적 포럼, 즉 고해성사에서 강제될 수도 있었으며, 또한 외부적 포럼인 교회 법원에서도 강조될 수 있었다. 이러한 두 가지 성서에 기한 도덕 원칙은 부채 소송과 같은 사법 소송이나 또한 형사 소송에서 다 같이 세속 법원에서도 때때로 적용될 수 있었다.[593]

정당한 가격과 고리채 금지에 대한 로마 가톨릭교회의 도덕적 법적 원칙들은 16세기 유럽의 도덕 철학자들과 법학자들에 의해서 계승되었고, 로마 가톨릭이나 프로테스탄트를 가리지 않았다; 20세

---

interest was usura, meaning "that which will be gained by use." There was no general prohibition of excessive interest, although Roman emperors from time to time did establish maximum limits on the amount that might be charged. See Adolf Berger, *Encyclopedic Dictionary of Roman Law* (Philadelphia, 1953), pp.753～754. The Latin verb *interesse*, which meant "to have an interest in," did not designate interest due on a loan but rather signified the appropriate measure of damages when a contract had been broken. Thus in *Digesta* 13.4.2.8, the verb *interesse* referred to damages due when one who agreed to pay a fixed sum at Ephesus paid at Carthage instead. The late-twelfth century Romanist Azo was apparently the first to use *interesse* as a noun, although his usage still conveyed the traditional Roman meaning of a measure of damages. See John T. Noonan, Jr., *The Scholastic Analysis of Usury* (Cambridge, Mass., 1957), p.106. In the mid- or late thirteenth century, however, canonists used the term *interesse* to signify the lawful amount due a lender as compensation for his labor, his risk, or his potential loss of future profits, as distinct from amounts exceeding such compensation, to which the term *usura* then came to be confined. (pp.112～115).

592) 원저 p.161. 각주 11. See Raymond de Roover, "The Concept of the Just Price : Theory and Practice," *Journal of Economic History* 18 (1958), 418～434; John W. Baldwin, *The Medieval Theories of the Just Price: Romanists, Canonists, and Theologians in the Twelfth and Thirteenth Centuries* (Philadelphia, 1959); Joel Kaye, *Economy and Nature in the Fourteenth Century: Money, Market Exchange, and the Emergence of Scientific Thought* (Cambridge, 1998), pp.87～101.

593) 원저 p.161. 각주 12. See Terence P. McLaughlin, "The Teaching of the Canonists on Usury, Part II," *Mediaeval Studies* 2 (1940), 21, n. 204 (referring to secular statutes providing for the punishment of usurers).

기의 역사가들과 사회이론가들이 흔히 주장하는 것과 정반대의 것은, 정당한 가격과 고리채 금지 독트린에 관한 점에 있어서 루터주의와 칼뱅주의의 도덕철학은 결론 부분에 있어서 14세기와 15세기의 주도적인 로마 가톨릭 신학자들과 다르지 않았으며 또한 (프로테스탄트혁명 이후의) 교회가 아닌 세속 영역의 프로테스탄트 법학자들이 밝힌 기본적 법원칙은 근본적으로는 교회법주의자들에 의해서 천명된 법원칙과 로마 가톨릭교회 법원에서 강제된 법원칙과 다르지 않았다.[594]

여기에 더해서 16세기에서나 그 이전의 시대에 있어서 – 다시금 흔히 생각하는 것과는 정반대로 – 어떤 시대에 있어서도 정당한 가격과 고리채 금지라는 (현대의 우리가 보기에는) 두 가지 쌍둥이 독트린이 실제 함의에 있어서 반자본주의라고 간주되지 않았다.[595] 정당한 가격의 독트린이라는 것은 16세기에 있어서, 12세기부터 15세기에 이르는 시대와 마찬가지로 다음과 같이 일반적으로 이해

---

594) 옮긴이 주석: 한국 현대에 있어서의 신·구교 간의 차이가 정당한 가격과 고리채 금지에 대한 성경에 근거한 도덕적 원칙에서 어떤 차이가 있는가? 두 개의 도덕 원칙이 둘 다 신·구약 성경에 근거하고 있는 점에서는 교리상의 차이가 있을 수가 없다. 왜냐하면 구교나 신교나 기본적인 경전은 같기 때문이다. 그런데 한국 문화에서 신·구교의 차이를 과장하는 버릇이 있어 왔다. 이것은 주로 지금 논의되는 대로의 근본적인 도덕 법칙에 의해서가 아니라, 다른 – 예를 들어 조직 규범이나 또는 집단을 이루는 집단주의 문화 때문이 아닌가 그런 생각이 든다. 법학자의 입장에서 볼 때, 법문화에 영향을 미치는 근본 교리와 경전에 있어서의 원천을 생각한다면, 신·구교의 차이를 과장하는 입장은 한국 문화의 특수한 측면이라고 생각된다.

595) 원저 p.161. 각주 13. 3. The widely held Weberian theory that the doctrines of usury and just price were anti-capitalist in their nature and consequences (see n. 21) has been effectively refuted by John T. Gilchrist and John F. McGovern, among others. See John T. Gilchrist, *The Church and Economic Activity in the Middle Ages* (New York, 1969), pp. 274ff.; and John F. McGovern, "The Rise of New Economic Attitudes in Canon and Civil Law, a.d. 1200-1550," *Jurist* 32 (1972), 44~55.

되었다. 즉, 시장에서 공평하게 합의되고 동의된 가격이라는 것은 속임수나 사기 없이 결정되면 되는 것이었다. 단지 하나의 중요한 단서 조항이 붙어 있었는데, 식품이나 다른 생활필수품의 경우에는 가난한 사람들이 그것을 부담할 수 있을 만큼 충분히 낮아야 된다는 것이었다.[596] 비슷하게 고리대금 금지라는 것은 16세기나 또는 그 이전의 시대에 있어서 오늘날의 일반적으로 이해되는 것과 거의 일반적으로 이해되고 있었다. 돈을 빌려준 사람, 즉 채권자가 그의 근로와 그의 경비와 그가 부담하는 위험을 커버할 수 있기 위해서 정당하게 요구할 수 있는 그 정도의 대가를 초과하는 비율로써 법에서 정의된(신학이나 도덕 철학에서는 비록 늘 규정하고 있지는 않으나) 과다한 이자율을 의미하는 것으로 이해되고 있었다.[597] 이와 같이 두 가지 독트린은 불공정한 경쟁을 피하고 또한 양심의 정도에 어긋나는 것도 피하는 탄력적인 룰로써 룰을 구성하게 되었으며－이것이 성공적인 시장 경제의 기본적 원칙이 되었다.

실로 특정한 금전의 단순한 비상업적인 대차나 이자 없이 반환되는 것으로 생각되어졌다. 어떤 더해지는 금액이나 또는 실로 빌

596) 원저 p.161. 각주 14. See de Roover, "Concept of the Just Price," pp.427～428.

597) 원저 p.161. 각주 15. Although a contrary view is often expressed, it is not supported by the evidence. See also Kaye, *Economy and Nature*, pp.80～88. Jurists made particular use of two doctrines drawn from the law of damages-"out-of-pocket" expenses (*damnum emergens*) and "expectancy damages" (lucrum cessans)-to fashion rules for the charging of lawful interest on a loan. See Noonan, *Scholastic Analysis of Usury*, pp.118～128 and 249～256. Richard Helmholz has shown that in England the charging of excessive interest was rarely prosecuted in the church courts but was to be confessed in the internal forum of the church and, if it constituted the sin of greed, subjected to penance. See Richard H. Helmholz, "Usury and the Medieval English Church Courts," *Speculum* 61 (1984), reprinted in Helmholz's *Canon Law and the Law of England* (London, 1987), pp.323～339.

린 돈을 초과하는 어떤 혜택도 고리대금으로 비난되어졌다. 역시 어떤 신학자들은 어떤 특정한 금액의 금전을 빌려주는 데 어떤 종류의 이자를 지급하는 것을 심지어는 상업적 거래에 있어서도 통렬히 비난했다.[598] 그러나 교회 법률가들은 적법한 이자를 적법하지 않은 이자로부터 구별하는 데에 있어서 실제로 이의가 없었다. 상업적으로 돈을 빌려주는 것에 대해서 부과된 이자는 고리대금으로 불리지 않았고, 만약 조건이 합리적이며 법에 의해서 금지되지 않는 한 불법적으로 간주되지 않았다. 교회 공식조직원 자신들은－교황청을 포함해서－그들에게 주어진 금전대출에 대해서 이자를 지불했으며, 그들 자신이 다른 사람에게 행한 금전대차에 대해서 이자를 부과했다.[599] 14세기에 이르러서 상업을 위주로 하는 성읍

598) 원저 p.162. 각주 16. This view was supported by references to Aristotle's theory that money, being a measure of the value of goods, was essentially unproductive ("sterile" or "barren"), and therefore for a lender to value it differently at different times is to distort its character. Thomas Aquinas argued that although the purchasing power of money may change, such change is not due to the fault of the borrower, and hence the lender may not take advantage of it. See Noonan, *Scholastic Analysis of Usury*, p.56. This view, though followed by successive generations of moral philosophers, conflicted sharply with the economic and legal realities of the period. Writing about the commercial revolution of the eleventh and twelfth centuries, Robert Lopez stresses that "unstinting credit was [its] great lubricant." See Robert Lopez, *The Commercial Revolution of the Middle Ages, 950～1350* (Cambridge, 1976), p.72. A useful account of commercial banking practices in the twelfth and thirteenth centuries is found in N. J. G. Pounds, *An Economic History of Medieval England,* 2nd ed. (London, 1994), chap. 9 ("The Commercial Revolution,"), pp.407～442.

599) 원저 p.162. 각주 17. See Robert B. Ekelund, Jr., et al., *Sacred Trust: The Medieval Church as an Economic Firm* (Oxford, 1996), p.118. In loaning money at interest, the papacy often cloaked the true amount of the interest by assessing fees (*servitia*) for the services rendered. Ibid., p.119. The church also sponsored the creation of monti di pietà, charitable funds which had as their purpose the lending of "money to the poor at the lowest possible interest to alleviate immediate distress." See Geoffrey Parker, "The Emergence of

이나 시정부에 대한 장기 신용은 5%에서 15%에 이르는 이자율로 행해졌고, 왕이나 군주들에게 빌려주는 돈의 이자는, 더 위험했기 때문에, 연간 40% 내지 50%가 될 수도 있었다. 어떤 연구에 의하면 성읍의 소비자에 대한 금전대출은 연간 15% 내지 50%에 이르는 이자율로 행해졌다고 한다.[600] 많은 도시들은 상한가를 정했다: 예를 들면 13세기의 제노아에서, 최고 이자율은 15%로 고정되었고, 취리히에서 어떤 때의 이자율은 43.3%였으며, 프랑스에서는 전 영역에 걸쳐서 어떤 때에 20%로 고정되어 있었다.[601] 물론 이자율은 채무자가 제공하는 담보에 의존하였다. 여기에 대해서 상업적 채무에 있어서 매년 해야 되는 지불과 물품에 대한 미래의 계약 아래에서 지불하는 것, 그리고 환어음의 할인 또는 다른 형태의 시장 거래는 모두 15세기에 이르러서 점점 더 널리 퍼지게 되었는데, 고리대금에 대한 (앞에서 설명했던 내용의) 법에는 구속되지 않았다. 그러나 그 조건은 시장에서의 이자율이 야만적으로 교란되지 않는 것이 조건이었다.

널리 알려진 막스 베버의 사회 이론과는 정반대로, 루터주의와 칼뱅주의를 포함한 프로테스탄트 윤리는 (이상에서 살펴본 정당한 가격과 고리채 금지라는) 문제에서는 로마 가톨릭과 본질적으로 같았다.[602][603] 그래서 루터가 1524년에 상업과 고리 대금에 대한 논

Modern Finance in Europe, 1500~1700," in Carlo M. Cipolla, ed., *The Fontana Economic History of Europe*, vol. 3 *The Sixteenth and Seventeenth Centuries* (Glasgow, 1974), p.534.

600) 원저 p.162. 각주 18. Carlo M. Cipolla, *Money, Prices, and Civilization in the Mediterranean World: Fifth to Seventeenth Century* (Princeton, 1956), pp.63~65.

601) 원저 p.162. 각주 19. Ibid., p.65. The Zürich rate is cited in Karl Marx, *Capital*, vol. 3, chap. 36. See Karl Marx, *On Religion*, ed. Saul K. Padover and The Karl Marx Library, vol. 5 (New York, 1964), p.135.

문에서, 강한 어조로 정도가 넘는 지나친 물품 가격이나 이자율을 비난하면서도 어떤 조건에서 물품 매매나 또는 신용을 공여함으로써 이득을 보는 것이 도덕적으로 정당한가에 대한 여러 조건들을 세련화시켰다. 루터는 탐욕은 비난했다. 그러나 동시에 정상적으로 이윤을 만드는 상업 활동을 옹호하였다. 즉, "한 상인이 그 자신이 그때까지 쓴 경비를 보전하고 그때까지 그가 감당한 어려움과 그

602) 원저 p.162. 각주 20. Max Weber explained the Roman Catholic Church's attack on usury, in which he included all interest charges, as a "conscious protest" against the impersonal character of the emerging market economy. "What [was] involved," Weber wrote, "[was] a struggle in principle between ethical rationalization and the process of rationalization in the domain of economics." See Max Weber, *Economy and Society: An Outline of Interpretive Sociology*, ed. Guenther Roth and Claus Wittich, vol. 2 (New York, 1968), pp.584~585. This struggle changed, according to Weber, with the rise of capitalism and the spread of the Protestant ethic in the sixteenth century. Benjamin Nelson, starting expressly from Weber's analysis, argued that the Roman Catholic ethic, which, he stated, forbade usury in relations between Christians but permitted it to be practiced in relations between Christians and Jews, was replaced in the sixteenth and seventeenth centuries by a Calvinist ethic, which, according to Nelson, permitted usury within the Christian brotherhood. See Benjamin Nelson, *The Idea of Usury: From Tribal Otherhood to Universal Brotherhood,* 2nd ed. enl. (Chicago, 1969). Nelson's analysis, like Weber's, is flawed owing to his belief that the distinction between excessive and lawful interest was "post-medieval" in origin" (p.17, n. 34). In fact, Jewish moneylenders were also prohibited by a decree of the Fourth Lateran Council of 1215 to "extort oppressive and excessive interest charges [usurarias] from Christians." See *Decrees of the Ecumenical Councils*, ed. Norman P. Tanner, S. J., vol. 1 (London, 1990), p.265, Concilium Lateranense IV, 1215, 67, *De usuris Iudaeorum.* On Calvin's views, see n. 23. Similar misunderstandings of the history of usury both before and after the Protestant Reformation continue to inform contemporary treatments of the subject. See Edward L. Glaeser and Jose Scheinkman, "Neither a Borrower nor a Lender Be: An Economic Analysis of Interest Restrictions and Usury Laws," *Journal of Law and Economics* 41 (1998), 25~26.

603) 옮긴이 주석: 널리 알려진 사회학 이론에 의하면, 막스 베버가 프로테스탄트 윤리와 자본주의 정신에서 제시한 것은 프로테스탄트 윤리가 자본주의 정신의 주요한 핵심을 제공했다는 내용이다. 여기에 물론 로마 가톨릭은 포함되지 않았다.

의 근로와 그가 감당해야 되었던 위험을 보상할 이윤을 취하는 것은 공평하고 정당한 것이다." 루터는 말하기를 물품은 그것들이 보통의 시장에서 사고파는 가격 또는 일반적으로 어떤 곳에서 사고파는 가격으로 정해져야 하고-이런 방법으로 만들어진 어떤 이윤도 나는 정직하고 적당하다고 간주한다.[604] 루터가 계속 쓴 것은 다음과 같다. 그러나 가격을 밀어 올리려는 목적으로 생산품들을 독점하거나 축적하는 것은 부적절할 뿐만 아니라 법으로써 금지되어야 한다. 비슷하게 고리대금을 비난하면서도 루터는 금전대출에 대한 합당하고 합리적인 이자율은 옹호하였다. 그 이자율은 정상적으로는 5%라고 루터는 말했으며, 비록 특별한 경우에서는 6 내지 7%까지 올라갈 수도 있다고 했다. 다시 한번 그는 이러한 이자율의 기초를 돈을 빌려준 사람의 근로에 대한 정당한 돌려줌이라고 생각하는 것뿐만 아니라 돈을 빌려준 기간 동안 그 돈을 쓰지 못하는 것과 빌려간 사람이 갚지 않을 경우의 위험성 위에 이와 같은 이유를 말한 것이다. 대출자의 위험성은 일종의 일인데 그것을 대출자는 감당하여야 하고, 법은 대출자로 하여금 정당한 이윤을 허용해야 된다. 이러한 루터의 이론은 그 내용에 있어서 주도적인 로마 가톨릭 신학자들이나 도덕 철학자들의 이론과 다르지 않았다.[605] 또한 이러한 루터의 이론은 칼뱅주의자 이론과 그 결과에

604) 원저 p.162. 각주 21. *LW* 45:248.

605) 원저 p.163. 각주 22. See William J. Wright, *Capitalism, the State, and the Lutheran Reformation: Sixteenth-Century Hesse* (Athens, Ohio, 1988), pp.17~21. Lutheran doctrine, like the Roman Catholic, made an exception in the case of noncommercial loans, such as loans to relatives or friends. Thus Melanchthon distinguished between a loan that is required by a duty (*officiosa mutuatio*), such as family interest, and a loan that is made for some other reason (*non officiosa mutuatio*), such as money put to an "economic use," as when kings borrow from citizens. The former type, he wrote, is the subject of the

있어서 다르지 않았다.[606)]

도이치와 유럽의 다른 지역에서 이전 시대와 비교해서 16세기의 신학자들과 입법가들과 루터가 발견한 것은 한편에 있어서 경제 상황이 전혀 달라졌다는 것이고, 다른 한편에서는 정치적이고 법적인 상황이 전혀 달라졌다는 것이다.

경제적으로 신용거래는 그 범위와 중요성에서 엄청나게 증가하고 있었다. 대토지 소유자로부터 몇 필지의 땅을 농민이 임대하거나 구매하는 것이 이전 봉건 제도에 있어서의 토지 소유관계를 대치하고 있었으며, 이러한 토지 임대와 토지 구매는 보통 부분적으로는 신용 거래에 의해서 행해지고 있었다. 농민 토지 소유자들이 또한 곡식을 심거나 추수된 곡식을 다음 추수 때까지 넘기는 것을 가능하게 하기 위해서 돈을 빌렸다. 이와 같은 신용 또는 금융은 보통은 근저당으로 담보되어졌다. 더하여 군주들은 16세기에 대규모의 군사 작전을 행했는데, 용병을 쓰고 있었고, 용병은 보통 엄청난 액수의 금전 지출이 필요했다. 이 필요한 돈을 군주들은 높은 이자를 지급하고 은행가들로부터 담보 있는 대출로 충당하였다.

더하여 물가가 몹시 올랐는데, 16세기 처음 50년 동안 도이치에서 50%로 계산되었다.[607)] 이러한 물가는 인구의 실질적인 증가와

scriptural text "lend freely, expecting nothing in return." In an *officiosa mutuatio*, Melanchthon permitted the taking of interest on the basis of actual loss or loss of profits (*damnum emergens or lucrum cessans*), but such loss, he wrote, must be significant (*insigne*). See Philip Melanchthon, *Dissertatio de Contractibus,* CR, vol. 16, cols. 505~506.

606) 원저 p.163. 각주 23. See Noonan, *Scholastic Analysis of Usury*, pp.365~367, and W. Fred Graham, *The Constructive Revolutionary: John Calvin and His Socio-Economic Impact* (Richmond, Va., 1971), pp.90~94.

607) 원저 p.163. 각주 24. Hans Liermann, *Deutsches evangelisches Kirchenrecht* (Stuttgart, 1933), p.254 (estimated rise in prices of 50 percent in Germany in

같이 했는데, 1500년에서 1600년 100년 사이에 대체로 1,200만에서 1,500만으로 증가하여 도이치의 25% 이상의 증가를 계산하였다.[608] 물가 등기는 신용 금융에 대해서 수요가 증가하는 데에 기여하였고, 또한 (대출금에 대한) 반환 때의 반환 불능(default)의 위험성을 증가시켰다.[609] 마지막으로 스페인의 멕시코 정복(1519~1521)과 페루 정복(1532)의 결과로 금과 은이 유입되고, 고가의 비단과 다른 외제 물품의 수입이 증가됨에 따라서 이자율을 높이는 경향을 가져왔다.

실로 이 시대는 유럽 전역에 있어서 지역이든 장거리이든 간에 상업과 금융 활동이 거대하게 팽창하는 시대였다. 그러나 많은 경제 사가들이 지금까지 그러해 온 것처럼, 그리고 사회사가들이 널리 받아들여 온 것처럼, 15세기 말과 16세기에 "자본주의"(capitalism)가 처음으로 대두했다는 것은 다음과 같은 사실을 무시하는 것을 지적한다. 즉, 이전의 300년 이상의 기간 동안, 이미 범유럽적인 시장이 있어 왔다. 이 시장은 많은 생산품과 또한 이 물건의 개인적인 제조와 유통에 필요한 상업적 제도를 위한 시장이었다. 이윤을 남기고 팔기 위해서 제조 또는 생산하는 것, 가격 경쟁, 신용 금융 거래를 통한 사적인 자금 조달, 집중되는 자본의 축적, 그리고 보통 자본주의의 단어 뜻에 요목으로 적히는 많은 특징들은 이미 12세기, 13세기, 그리고 14세기에 다 존재했었다. 14세기 중반에서 15세기 후반에 이르는 기간은 대침체 또는 공황(depression)

---

the first half of the sixteenth century).

608) 원저 p.163. 각주 25. See "Population in Europe, 1500~1700" in Cipolla, *Fontana Economic History of Europe*, p.15 (estimated 25 percent growth in population from 12 to 15 million).

609) 원저 p.163. 각주 26. See Wright, *Capitalism,* pp.30~32.

의 기간이었으며, 그 원인은 부분적으로는 흑사병에 의한 크게 가속화된 대규모의 인구 저하와 부분적으로는 영국과 프랑스 간의 소위 백년 전쟁과 같은 재난적인 전쟁 때문이었다. 그러나 이것은 실질적인 경제 성장의 기간에 의해서 구속되었는데, 이 경제 성장은 새로운 경제적 요인들에 의해서 촉진되었다. (페르난드 브라우델(Fernand Braudel)이 적절하게 이름 붙인 바대로) "길고 긴 16세기"는 1400년대 말부터 1600년대의 초까지를 지칭하는데,[610] 그 시절에 실로 두 번째의 상업 혁명이라고 불리우는 것이 일어났으나, 이 두 번째의 상업 혁명은 그 이전의, 즉 서기 1000년대 말부터 1200년대 초까지 계속된 장기 12세기의 상업 혁명 기간 동안 대두했던 구조 위에 세워진 것이었다.[611]

정치적으로 또는 법적으로 불공정한 가격과 고리채라는 두 가지 서로 붙어 있는 제약들에 반대하는 투쟁은 더 이전 시대에서 교회가 교회 자신의 책임이라고 밝힌 바가 있었는데, 주로 종교의식에 있어서의 고해와 참회, 보속이라는 종교의식상의 제재를 통해서 강제되었었는데, 이 시대에 와서는 특별히 프로테스탄트 영역들에서는 주로 군주들의 책임이 되어서 이제는 교회가 아닌 세속의 입법과 그리고 역시 교회권이 아닌 세속 정부의 사법적 제재와 행정적 제재를 통해서 강제되게 되었다. 이와 같이 해서 헤세(Hesse)의 군주인 필립과 그의 아들 윌리엄 4세(William Ⅳ) 둘 다 모두 신실

610) 원저 p.163. 각주 27. See Fernand Braudel, *The Wheels of Commerce*, trans. Siân Reynolds, vol. 2 of *Civilization and Capitalism, Fifteenth to Eighteenth Centuries* (New York, 1982), pp.232～249.

611) 원저 p.163. 각주 28. On the first commercial revolution, see Robert S. Lopez, *The Commercial Revolution of the Middle Ages, 950～1350* (Englewood Cliffs, N.J., 1971); on the development of commercial law in the twelfth and thirteenth centuries, see Berman, *Law and Revolution*, pp.333～356.

한 루터주의 개혁가였는데, 루터의 주장을 입법화했다. 루터의 주장이라는 것은 비단 가격과 적절한 이자율에 대한 규제를 위한 것일 뿐 역시 남아도는 때에는 곡식을 공공용으로 창고에서 저장하는 일을 위한 규제도 입법화했었다. 이것의 목적은 미래의 부족에 대비함이고, 또한 금전대차를 위한 담보를 항목 하나하나 공적인 등기부에 기재하는 것이 있는데 이 목적은 금전 채권자와 채무자를 파산의 경우에 양자 모두 보호하기 위한 것이다.[612] 뷔르템베르크의 군주 울리히(Ulrich of Württemberg)는 역시 신실한 루터교인이었는데, 그의 영역에서 비슷한 법들을 소개하였다.[613]

이 시대는 경제사가들이 중상주의(mercantilist)라고 이름붙인 시대였으며, 부분적으로는 국가(the state)가, 즉 정치적 권위체가 경제적 활동을 집중적으로 통제한 시대였다.[614] 어떤 타입의 매매에 대해서는 세금이 부과되었다. 물품을 수출하기 위해서 제조하는 데에는 인센티브가 주어졌는데 이때의 목적은 다시 한번 부분적으로는 조세를 통해서 돈을 거두어 세입을 증가시키는 것이었다. 외제 물품을 구매하는 데에 제약이 가해졌다. 독점적으로 교역하는 관행을 막기 위해서 시장 규제(market regulation)가 도입되었다. 곡물과 양모 제조의 독점은 금지되었다. 농민과 방직자들을 유해한 금융 및 신용 계약에 대해서 보호하기 위해서 규칙들이 제정되었다. 무엇보다도 지난날의 봉건시대의 군사 역무를 대치하는 용병과 같

612) 원저 p.164. 각주 29. See Wright, *Capitalism*, p.3. See also Ludwig Zimmermann, *Der ökonomische Staat Landgraf Wilhelms IV: Der hessische Territorialstaat im Jahrhundert der Reformation* (Marburg, 1933), pp.389~393.

613) 원저 p.164. 각주 30. See Wright, *Capitalism*, pp.3~5.

614) 원저 p.164. 각주 31. See, e.g., Eli Heckscher, *Mercantilism*, vol. 1 (London, 1955), pp.19~30.

이 전쟁의 특징적인 양상에 있어서 급격한 변화는 공공 부채의 팽창을 촉진하였는데, 이 공공 부채는 대규모로 금전대차를 행하는 기업들로부터 큰 금액을 빌리는 것으로부터 생겼다.[615][616] 담보가 붙은 신용거래가 이전 시대에는 1차적으로 주로 물품의 구입과 매매와 연결되어 있어서 현재 물품 인도하고 미래에 지불하는 것을 가능하게 했는 데 비해서, 대규모의 신용 공여, 즉 금융은 금전과 물품 사이에 관계를 역전시켰다: 돈을 빌려준 사람을 물품에 대한 권리는 이제 와서 그가 빌려준 돈을 반환할 때 생길 수 있는 지불불능에 대비해서 신용을 제공한 자에게 담보를 주는 것으로 기능하게 되었다. 이와 같이 거대한 신용 및 금융가(houses)는 광산이나 다른 원천에서 거대한 재산권 확보를 가능하게 하였다. 이때 광산이나 다른 원천들은 주로 전쟁에서 패배한 황제들과 군주들이 파산할 경우에 그 권리를 금융회사들이 취득하는 것이었다.[617] "학자들의 법"－주로 고전로마법을 중심으로 학문화한 법(learned laws) 이것은 유럽 전역의 공통적인 법으로 통용되어서 보통법, 즉 jus commune라고 불리웠는데－은 방금 위에서 말한 이와 같은 금전대출과 담보를 통해서 일어나는 일들이 어떻게 효력을 가지는가

---

615) 원저 p.164. 각주 32. See Immanuel Wallerstein, *The Modern World System: Capitalist Agriculture and the Origins of the European World Economy in the Sixteenth Century* (San Diego, 1974), pp.137～143.

616) 옮긴이 주석: 전쟁을 위해서 공적 부채를 대규모의 금융 회사로부터 차용하는 게르만 영역에서의 이후의 관행은 영역 군주나 황제 권을 넘나드는 대규모 금융가를 가능하게 했으니, 대표적인 것이 로스차일드가이다.

617) 원저 p.164. 각주 33. See Richard Ehrenberg, *Capital and Finance in the Age of the Renaissance: A Study of the Fuggers and Their Connections,* trans. H. M. Lucas (London, 1928), pp.79～86; cf. Paul Kennedy, *The Rise and Fall of the Great Powers: Economic Change and Military Conflict from 1500 to 2000* (New York, 1988), pp.54～55.

에 대해서 잘 알지 못했든가 말할 것이 없었다. 왜냐하면 이러한 일들은 각 영역의 입법이나 변화하고 있는 관습법을 통해서 이루어졌기 때문이다.

16세기에 있어서 도이치의 계약법 또는 채권 채무에 관한 법은 변용하였는데, 비단 각 영역의 입법에만 의해서 그런 것이 아니고, 역시 관습법의 변화에 의해서 이루어진 것이다. 각 군주의 영역 상의 입법은 물품의 가격, 이자율, 또는 교역과 관계된 다른 사항을 규율하는 입법을 말하며, 관습법상의 변화라는 것은 신용 또는 금융 거래를 규율하는 관습법을 말한다. 특별히 중요성을 띠는 것은 한편에 있어서 새로운 금융과 상인들의 관행이 연결되는 발전의 모습이었으며, 다른 한편에 있어서는 영역을 지배하는 군주들을 실질적으로 팽창하고 있는 군사적이며 경제적인 활동에 대해서 자금을 빌려주거나 하는 것과 관계된다. 또 다른 면은 (영역 지배자가 아니라) 사인들의 국경을 넘는 금전상의 거래가 실질적으로 팽창한 것과 관계있다. 정부 차원에 있어서나 상업적 차원에 있어서의 활동을 사적인 기구가 자금을 빌려주는 것, 즉 금융 행위를 유효하게 해온 주요한 법적인 도구는 교환증서(bills of exchange), 이것들은 12세기와 13세기에 있어서 상업이 극적으로 팽창한 이래로 줄곧 훨씬 작은 규모로는 이미 알려져 있었고 또한 계속 사용되어 왔던 것이다. 그러나 이 약속 어음은 16세기의 제2차 상업혁명과 함께 새로운 의미를 획득하게 되었다.

미래의 지급을 약속하는 약속 어음(Promissory notes)은 주로 멀리 떨어진 장소에서 물품에 대한 대가 지급을 위해서 쓰여지게 되었다. 먼 거리를 여행하면서 상업에 종사했던 상인들이 점차로 정주하게 되면서부터 그들은 다른 도시에 있는 통신원들이나 또는 지사들의 네트워크를 통해서 운영을 했는데 상인들은 그들의 고객을 대리해서 외국 구매자들로부터, 쓰여진 약속을 받거나, 외국 구매자들에게 보내곤 했다; 쓰여진 약속이란, 미래의 어떤 정해진 시간에 어떤 금액을 지불하겠다는 약속이다. 적어도 14세기 이래로 이러한 미래의 지급을 약속하는 약속 어음은 때때로 지급을 받는 자(payee) 또는 소지자(bearer) 또는 지급을 받는 자 또는 지정인(order)으로 향해지고 이렇게 함으로써 배서(endorsement)함으로써 하는 양도를 허용했다.[618] 어떤 때 소지자(bearer) 또는 지정인(order)의 어음이 유통할 수 있는 양도성(negotiability)이라는 근대적 속성을 취득하는가의 문제는 역사가들 사이의 논쟁거리이다. 여기의 논쟁거리는 배서된 어음을 정당한 경로에 따라서 소지하고 있는 사람(indorsee)이 어음을 원래 만든 사람에게 가능한 소위 개인적 방어(예를 들면 사기의 방어)에서부터 자유롭게 (양도 이전의) 원래의 지급 받을 사람에 대항해서 그 도구를 쓸 수 있는가 또한 문제이다. 이러한 상업적 거래는 거의 전적으로 불문의 관습법에 의해서 지배되었다. 더하여 이러한 상업적 거래는 그 시대의 학식이 있는 법률가의 저작에서는 거의 취급하지 않았다. 16세기의 유럽에 있어서 국제 교역의 극적인 팽창과 함께 그리고 신용 또는 금융거래에 관한 관습법의 거의 동시에 일어난 합리화와 체계화와 함께 다음의 구별이 생긴 것으로 짐작할 수 있다. 한편에 있어서는 양도할 수 없는 미래 지급의 약속 어음의 양수인(assignee)의 권리와 다른 한편에 있어서는 양도할 수 있는 약속 어음의 양수인 또는 관계인의 권리에 대한 구별을 말한다. 이때 양도할 수 없는 약속

618) 원저 p.165. 각주 34. See Raymond de Roover, *L'évolution de la lettre de change, XIVe-XVIIIe siècles* (Paris, 1953), pp.23~42.

어음(nonnegotiable promissory note)의 양수인(assignee)은 어음 작성자(maker)가 원래의 지급받는 사람(original payee)과 대항해서 할 수 있는 개인적 방어에 어음이 속하며 또한 연속해서 배서 양도받은 사람(subsequent indorsees)이 배서한 사람(indorser)에 대항해서 할 수 있는 개인적 방어에 복종 속한다고 경우 간주하는 사람의 권리이며, 다른 한편에 있어서는 양도할 수 없는 약속 어음을 그러한 어음 작성자가 원래의 지급 받는 사람에 대한 방어나 연속배서 받은 사람이 배서자에게 방어할 수 있는 그런 이유로부터 자유롭다고 간주하는 배서자의 권리와의 구별이다.[619]

외국에서 지불 가능한 미래 지급을 약속하는 약속 어음은 교환(exchange)의 문서(letters)라고 불리웠는데, 이때 문서를 뜻하는 letters를 증서를 뜻하는 bills로 써서 bills of exchange라 해도 마찬가지이다. 이때 주의할 것이 있다. 교환이라는 "exchange"라는 단어는 특별히 서로 다른 통화들(currencies)의 교환을 가리키는 것이다. 영어 단어의 "bill"은 그 유래가 라틴어 bulla에서 어원을 가지고 있으며, bulla의 의미는 영어의 letter라는 뜻으로 서류라는 의미이다. 상인들이 그들의 물품을 사거나 팔기 위해서 전 유럽을 통하여 이 장소에서 저 장소에서 여행하거나 또한 상인들이 똑같은 목적을 위해서 국제적인 시장(international fair)에서 모두 집결했을 때 상인들은 각 주권 영역이나 자유 도시들의 통치자에 의해서 발행된 금속으로 만든 가지각색의 다양한 통화들을 환전상을 통해서든가 혹은 그들 자신이 교환할 수가 있었다 ‒ 이때 금속 통화는 보

619) 옮긴이 주석: 일본어 번역자는 다음과 같이 번역하였다. "양도 할 수 없는 약속어음(지정인(振出人)은 이유를 들어서 수취인에게 지급을 거절할 수 있고, 양도인도 피양도인에게 똑같이 지급을 거부할 수 있다)과 양도 할 수 있는 약속어음을 구별할 필요가 생겼다고 할 수 있다"(宮島, 2010: 175).

통은 구리와 은, 또는 금과 귀금속으로 만들어지는데 적어도 이론적으로는 금속의 무게에 따라서 만들어졌다.620) 물론 공식적으로 인쇄된 종이 화폐는 없었다. 그 유일한 이유가 될 수 있는 것은, 종이 화폐를 제조할 수 있는 인쇄기기가 존재하지 않았다. 14세기와 15세기에 이르러 상인들이 (돌아다니지 않고) 더 정착하는 경향이 있었을 때 외국 돈으로 지불하는 것이 원거리에서는 점차로 발생하였다. 왜냐하면 금속으로 만든 많은 양의 동전을 장거리 운반한다는 것은 전적으로 비실용적이 되었기 때문이다. 그 문제는 어떤 식으로 해결되었는가? 상인 은행가와 은행가들의 고객들 간의 교환에 대한 계약을 통해서 해결되었다. 이러한 계약은 네 사람의 당사자를 포함하였다: (1) 첫 번째로 그 지방에 쓰이는 통화를 가지고 있는 사람 – 전형적으로 그 지방의 대리인이며 이 대리인은, 그 지방의 수입 상인에게 외국 원산의 물건을 이미 판 외국인 수입업자의 대리인이다. 이러한 그 지역대리인이 수입자가 지불한 물품 구입 가격을 누구에게 건네주는가? (2) 지방의 은행가에게 건네준다. 그 은행가는 그 지방의 통화를 취하고 그 대신 편지 또는 증서를 발행한다. 누구에게? (3) 수출업자가 사업을 벌이는 장소에 소재하는, 그와 연결되어 있는 연락망의 은행가에게 편지를 보낸다. 그 편지 내용은 수출업자 지역의 은행가로 하여금 상당한 금액을 그 지역의 통화로써 지불해주기를 지시하는 편지이다. 누구에게 상당한 금액을 지불하라고 하는가? (4) 수출업자(the exporter).

16세기에 일어난 것은 다음과 같은 일들이다. 물품의 매매와 연

---

620) 원저 p.165. 각주 35. A summary of units of account used in sixteenth-century Europe is found in Marie-Thérèse Boyer-Xambeu, *Private Money and Public Currencies: The Sixteenth-Century Challenge*, trans. Azizeh Azadi (Armonk, N.Y., 1994), p.107; cf. Cipolla, *Money, Prices, and Civilization,* pp.42～43.

결된 통화 교환에 관한 계약을 담고 있는 이러한 편지들은 가끔 양도, 융통할 수 있는 상업적 문서로 변용되었으며, 그렇게 함으로써 비단 지불의 방법으로뿐만 아니라 신용(credit) 및 금융의 방법으로 변용되었다. 이것은 다음과 같이 발전되었다. 기초가 되는 매매거래가 존재하든 안 하든 간에, 외국 통화로 교환하기를 원하는 사람은 그 지역의 은행가(the drawer, 어음발행인)로 하여금 외국에 소재하는 은행(the drawee, 환어음 지급인)에서 이러한 (외국 통화 교환을 위한) 도구를 일으키게 유인할 수가 있다. 이때 그 자신의 편의를 위해서든 혹은 그에게 돈을 빌려준 대출자(as payee, 어음수표의 수취인)의 편의를 위해서든지 만약 (편지 또는 증서에) "또는 소지인"(or bearer)이나 "또는 지정인"(or order)이 덧붙여 쓰여지고, 만약 어음 지급인(drawee)이 (그 편지 또는 증서의) 초안(draft)의 문면에 받아들임(accepted)이라고 쓰면 그 도구는 배서에 의해서 양도 융통할 수 있게 되며, 배서받은 사람(indorsee)은 증서 초안의 금액을 지급 받을 권리를 가지는데, 이때 지급은 어음 수취인(payee)에 의해서 행해지는 것이다. 또한 다른 경우는 만약에 어음 수취인(payee)이 파산하거나 지급 불능상태에 빠진다면 지급은 어음 지급인(drawee)에 의해서 행해지거나 또 다른 경우에 만약 어음 지급인(drawee)이 파산한다면 어음 발행인에게 지급하게 된다. 지불 기일은 증서 초안의 문면에 언급되어 있다. 초기의 외국 통화 교환 계약에 있어서 어음 발행인(the drawer)이 [그 당시에는 취하는 자, 맡는 자(taker)라고 불리웠다] 미리 앞서서 그 지역의 통화로 당사자[그 당시에는 건네주는 자, 배달자(the deliverer)라고 불리웠다]에 의해서 지불받았을 때에는 그리고 이러한 미리 지역 통화로 지불하는 당사자는 그 통화가 교환되기를 원하는 사람이었다. 여기에 비해서 16세기의 통화교환 증서(bill of exchange)는 적절하게 이름 붙인 것인데, 어음 발행인(the drawer)이 마지막의 채무자(ultimate debtor)와 지급자(payee)가 되거나 또는 마지막 피배서인(indorsee)이 최후의 채권자(ultimate creditor)가 된다. 그러는 일방, (bill of exchange라는) 그 도구 자체는 중간에 게재하는 중간당사자들(intermediate parties) 사이에 융통될 수가 있다. 유럽 어디에도 공식적으로 통용되는 종이 화폐가 존재하지 않았고, 대부분의 국경을 넘는 상업에서의 채권 채무는 존재하지 않는 유령 화폐(ghost money)상의 금액으로 표현되었는데, 영국의 파운드(pounds), 프랑스의 리브르(livres), 네덜란드의 길드(guilders) 기타를 단위로 하는 금액이 쓰였으나, 이러한 파운드, 리브르, 길드들은 거기에 상응하는 물질적인 동가 물을 가지지 않았다.[621] 비교적 소액의 지방에서 통용되는 지불은 정상적으로 동전으로 지급되거나 또는 물물교환으로 결제되는 상황에서 지역을 넘는 동시를 넘는 국제적인 유럽의 화폐가 된 것은 (위와 같이 설명한) 통화 교환에 관한 증서(bill of exchange)였다.

이와 같은 실상은 당시의 권위 있으며 학계에서 통용되던 로마법 위주의 법적 논의에서는 나타나지 않았고, 19세기와 20세기까지 전적으로 경제사학자들의 발언에 맡겨져 있었다.[622] 그런데 지금 우리에게 중요한 것은 이러한 실상의 역사가 또한 경제사학에

621) 원저 p.166. 각주 36. See Cipolla, *Money, Prices, and Civilization,* p.38.

622) 원저 p.166. 각주 37. A leading European economic historian wrote in 1977 that legal historians have shown "no interest" in sixteenth- and seventeenth-century economic history. See Slicher von Bath, "Agriculture in the Vital Revolution," in *The Cambridge Economic History of Europe,* vol. 5, *The Economic Organization of Early Modern Europe* (Cambridge, 1977), p.42. This situation hardly changed in the following decades.

있어서의 알려진 사실이 또한 법학이나 법학의 역사에게 치명적이라는 것이다. 왜냐하면 위의 스토리는 16세기에 있어서 계약법 또는 채권 채무법의 1차적인 원천은, 즉 법원은 상인들과 금융업자들의 관습법이었다는 것을 밝혀주기 때문이다. 그러니까 다음과 같이 말할 수 있다. 16세기에 권위를 가지고 있었던 로마니스트나 캐노니스트들과 같은 법학자들이 황송하게도 교환증서(bills of exchange)의 출현에 관해서 논하셨지만, 그들이 항상 의지하던 로마법이나 캐논법 어디에서도 그들이 의지할 만한 것을 발견하지 못했던 것이다.

5.2 물권(재산법)

5.2.1 **학자법**(The Scholarly law, jus commune)

계약법(contract)의 경우에, 16세기 이전에는 각 나라에서 공존했던 다양한 재판관할권 – 교회 법원, 왕의 법원(황제와 왕), 봉건법, 도시법, 상인법 그리고 지방의 법 – 이 대부분의 영방(principalities)에서, 군주의 재판관할권과 군주의 입법권에 종속하게 되었던, 16세기에, 도이치와 다른 유럽의 법학자들의 학문적 저작에 일반 물권법(general law of property)이 새롭게 출현하였다. 특히 프로테스탄트 영방(principalities)에서는, 여러 타입의 물권에 대한 교회 법원의 재판관할권이 폐지되든가 – 또는 잉글랜드처럼 – 왕의 규율에 메이게 되었는데, 이런 사정 아래에서, 소유권에 대한 일반 개념(general concept of ownership)이 새롭게 강조되었다.

비록 16세기 이전에는, 다양한 기존의 재판관할권의 하나하나가, 물권에 관한 그 자신의 법의 몸체를 가지고 있었기는 하지만, 서로 다른 재판관할권 사이에도, 법개념들이 겹치는 것이 있었다. 그 모든 재판관할권들에서, 라틴어 dominium은, 토지나 동산의 권리만을 의미하는 것이 아니고, 사람에 대한 영주권(領主權), 즉 Herrschaft를 의미하고 있었다. 어떤 재판관할권에서도, 물권법은 계약상 의무나 다른 의무에 관한 법, 즉 계약법이나 채권법과 명백히 구별되지 않고 있었다. 따라서 봉건법에 있어서 토지는, 언어의 근현대적 의미에서, "소유"되는 것이 아니라, 어떤 형태의 tenure로, "보유"되고 있었다. 그 의미는, 점유권(possession), 사용권, 처분권은, 토지 보유자(land holder)의 상급자에 대한 의무, 그리고 종속된 자에 대한 특권과 봉건적 쇠사슬에 연결되어 있었다. 군주들은 최고의 상급 영주(supreme overlords)로서, 왕의 가계(royal household)에 속하는 토지와 물건에 대해서, 최고의 지배권(supreme dominium)을 가지고 있었다. 그러나 그들 재산의 많은 것들은, 종속된 토지 보유자들이 바친 봉건 조세와 역무 service뿐만 아니라, 여러 영지의 대표자로 구성된 회의(assembly)가 승인한 세금으로 구성되어 있었다. 이와 같이 왕의 개인적 재산은, 왕의 봉건 재산과 왕의 정치적 재산(political property) 양자와 뒤섞여 있었다. 여기에 더하여, 왕의 가계와 봉건 가계 양자 모두에 속하는 토지와 물건의 지배권(dominium)은 근현대적 의미에서의 통일적인 소유권이 아니었고, 대신 분할된 소유권이었으며, 서로 다른 당사자 사이에 자주 나누어질 수 있는 다양한 점유권, 처분권, 수익권을 동반하는 분할된 소유권이었다. 봉건 관계의 연쇄(chain) 속의 가신이나 다른 구성원은, 역무와 다른 의무를 바치게 되어 있는 상급자의 허락 없이는 토지를 떠날 수 없었다.

프로테스탄트 개혁(혁명) 이전의 로마 가톨릭교회는, 도이치를 포함한 서유럽 전역의 4분의 1 내지 3분의 1에 달하는 토지를 보유(hold)[623]하고 있었는데, 순전히 교회의 목적만을 위해서 쓰여지는, 토지와 물건에 대해서 배타적인 지배권(dominium)을 가지고 있었다. 그럼에도 그러한 경우에도 다양한 교회 재판관할권은, 점유(possession), 사용 수익, 처분권을 행사할 때는, 교회법(canon law)이 이미 확립해놓은, 주의 깊게 규정된 목적과 절차 안에서만 토지와 물건에 대해서 행사할 수 있었다. 이러한 권리의 행사는 교회라는 단체의 위계구조에 의해서 엄격하게 통제되었다.

더욱이 교회가 가진 물권에는 서로 다른 타입이 존재하였다. 예를 들면, 프란시스코(Franciscans) 교단은 토지나 동산에 대한 지배권(dominium)을 전혀 가질 수 없도록, 그들 교단 질서의 룰이 정하고 있었다. 즉, 프란시스코 교단은 아무것도 소유(own)할 수 없었다.[624]

그들이 그들의 정신적・신앙적 의무와 물질적 필요성을 채우기 위해서 필요로 한 토지와 물건들은, (교단 내부가 아닌) 다른 사람들에 의해서 프란시스코 수도사들을 위해서 신탁 재산(trust)으로 보유되어 지는 것으로 표명된다. 신탁재산의 수혜자(beneficiaries)로써 프란시스코 수도사들은, 토지와 물건에 관한 권리(a right to the land and goods, jus ad rem)를 가지고 있다고 표명되었다. 그

623) 옮긴이 주석: 소유(own)와는 다르다. 어떻게 다른가? 직전의 문단에서 나온다.

624) 옮긴이 주석: "무소유"는 흔히 선불교의 생활 지침으로 여겨져 왔다. 여기서 개인적 생활의 측면이 아니라, 교단 자체의 룰로써, 제도적 질서로 나타난 "무소유"의 예가 나온다.

러나 이 권리는 토지와 물건 자체의 권리(a right in them, jus in re)는 아니었다.[625)]

이 구절의 역사적 원형은 다음과 같다. 봉건법(feudal law)에서, 가신 및 봉신(封臣)이 보유하는, 상급 영주(superior lords)와 토지에 대한 권리는, 토지의 권리(right in land)와 구별되는, 토지에 관한(right to the land) 권리로 불리웠다. 이 차이에 대한 설명은 다음과 같다. 봉건법에서의 토지 소작인, 차지인(借地人) 또는 거주자들뿐 아니라, 프란시스코 수도사들 사이의, 재산에 대한 전면적이고 온전한 권리(full right of property)의 결여는, 13세기에 와서, 수익권만 가지는 지배권(dominium utile) 또는 수익권만 있는 소유권(beneficial ownership)이라는 법적 개념을 창조하는 계기가 되었다. 이 개념은 "직접적인 소유권"(direct ownership)과 뚜렷하게 대비되는, 점유권(right of possession)과 사용권만을 포함하고 처분권을 포함하지 않는다. 이 경우에 사용권(dominium)을 가진 자는, 직접적 지배권(dominium directum) – 우리가 잘 아는 전면적 지배의 소유권을 뜻함 – 을 가진 자의 수혜자(beneficiary)의 권리를 가질 뿐이다.[626)]

교회 법학자(canonist)들은 토지와 물건을 점유(possession)하고 있는 자를 물리적 간섭과 침입에 대해서 보호하는 룰을 이미 발전시키고 있었다.[627)] 이때 – 침해자가, 점유에 대한 더 우월한 권리

625) 옮긴이 주석: 한국 현대인들이 토지와 물권에 대한 권리라고 할 때의 통상의 뜻은, jus in re, a right in them의 뜻이다.

626) 원저 p.168. 각주 38. See Ernst Meynial, "Notes sur la formation de la théorie du domaine divise (domaine direct et domaine utile) du XIIe au XIVe siècles dans les romanistes," in *Mélanges Fitting,* vol. 2 (Montpellier, 1908), pp.409~461. Cf. Berman, *Law and Revolution,* p.239.

627) 옮긴이 주석: 서양법 발전에 있어서의 교회법학자(canonist)들의 공헌에 대해서

(superior right)를 가지고 있는 경우도 포함된다. 심지어 토지 한 필지를 적법하게 소유(possess)하고 있는 자도, 폭력에 의해서 소작인 · 차지인 · 거주인을 폭력으로 내쫓을 권리가 없었다. 이것은 본질적으로 자구행위(self-help)를 금지하는 룰이다. 점유권에 대한 분쟁은 법원에서 해결되어야 하고, 적법절차(due process of law)에 의해야 한다.[628] **더욱이 소유**(possession)**는 사실의 상태**(factual condition)**로 규정되지 않고, 로마법에서처럼, 법에서의 상태**(legal condition), **즉 점유할 권리**(a right to occupy)**로 규정하였다**. 즉, 사람은 심지어 그가 긴 순례여행 중이거나 십자군 참전으로 수년간 해당 토지에 부재중이더라도, 토지의 점유권(possessory right in land)을 가질 수 있었고－라틴어로는 saisina, 영어로는 "seisin", 도이치어로는 Gewere라고 했다.

이러한 교회법의 독트린들은 원래 주교직을 둘러싼 분쟁을 평화적으로 해결하기 위한 제도로, 그것이 프랑스와 잉글랜드의 세속 토지법에서 병행 유사점을 발견할 수 있었다.[629] 더욱이 도이치 세속법에서 교회법에서 발전된 이들 독트린들은 명백하게 천명되지는 않았으나 도이치 교회법에서는 이미 적용되어 왔었다. 그러나 16세기에 도이치 세속법은 "seisin", 즉 도이치어로는 Gewere의 개념을, 다음의 여러 권리를 보유하는 데 적용하였다. 여러 권리라는 것은 토지나 물건에 대한 점유권만이 아니라, 세금과 봉건적 의무(duties)를 받을 권리 · 물건을 인도받을 권리 · 역무(services)를 받

는, 필자는 1965～1982년 사이에 한국에서의 법학 강의나 어떤 학회에서도 들은 바가 없다.

628) 원저 p.168. 각주 39. See Berman, *Law and Revolution,* pp.242～245.

629) 원저 p.168. 각주 40. Ibid., pp.453～457 (England), 475～476 (France).

을 권리·이자의 권리, 그리고 점점 더 넓고 다양한 다른 권리들을 보유할 권리에 적용하게 되었다.[630] 도이치의 로마법학자들은 점유권(possessory right, Besitzrecht)을 새롭게 체계화된 물권법(Sachenrecht)의 부분으로 발전시켰다.[631] 이때 도이치 로마법학자들은 법의 원천을 로마 가톨릭 캐논법에 소급하지 않고, 유스티니아누스 법전의 텍스트에서 발견되는 멀리 떨어진 유사개념(analogies)에까지 소급하였다. 법원의 재판 이외에 그 권리가 박탈되지 않는다는 권위 있는 출전으로써 도이치 로마법학자들은 고대 로마법의 두 개의 명령, 부동산 보전명령(interdictum uti possidetis), 동산 보전명령(interdictum utrubi)을 인용하고 있다. 앞의 것은 하나의 사례에서 모든 이해당사자에게 발해진 정무관 또는 사법관(praetors)[632]의 명령이다. 이 명령은 재판이 완전히 끝날 때까지 부동산에 관계된 기존의 점유 상태를 변화시키지 않고 현존 상태로 두라는 것이다. 두 번째 명령인 동산 보전명령은 동산에 대해서 적용할 수 있는 비슷한 명령이다.[633]

또한 16세기의 도이치에서는 완전한 소유권과 용익물권의 차이가 강조되었다. 16세기에 신용거래가 점점 넓게 커져감에 따라서 용익물권(beneficial ownership)의 개념이 특별히 중요하게 되었다.

---

630) 원저 p.168. 각주 41. Hugo Kress, *Besitz und Recht: Eine civilrechtliche Abhandlung* (Nuremberg, 1909), p.10.

631) 원저 p.168. 각주 42. Helmut Coing, *Privatrechtsgeschichte, Handbuch der Quellen und Literatur der neueren-europäischen* (Munich, 1973), pp.277ff.

632) 옮긴이 주석: 정무관으로 번역되고 있으나 그 실지 중요성은 사법작용에서 드러나므로, 오히려 사법관으로 옮기는 것이 타당할 듯하다.

633) 원저 p.168. 각주 43. See Kress, *Besitz und Recht,* pp. 9-10. Cf. Coing, *Privatrechtsgeschichte,* pp.272, 277ff. Coing (p.272) notes in passing the influence of the canon law remedy for dispossession of land and goods (the *actio spolii*).

봉건제를 지지하던 영주·신하의 관계와 영주·농민의 관계가 쇠퇴함에 따라서, 그리고 임대인과 임차인의 권리가 널리 이를 대체함에 따라서, 로마법학자가 영구소작계약(emphyteusis) 또는 저당소작계약(hypotheca)라고 부르는 임대인·임차인의 관계가 중요해졌기 때문이다. 영구소작계약은 임차인이 장기간 토지를 이용하는 대가로써 물품·노동력·금전을 매년(annual) 지불하는 것을 의미하고, 저당소작계약은 토지의 구매자가 토지의 소유권을 판매자가 갖고 있는 상태에서 토지를 이용하여 수익을 올리고, 토지의 대가를 지불하는 형태로 임대료를 지불하는 것을 의미한다.[634)][635)] 15세기 말과 16세기 초의 도이치의 경제적·사회적 변화는, 유럽과 다른 곳에서와 같이, 점차로 재산에 대한 법과학과 물권법 철학[636)]을 다시 사고할 것을 요구하였다 – 그것은 물권법의 이론과 방법론 둘 다에서였다. 도이치나 다른 유럽의 군주가 통치하는 공국과 왕국들의 각각에서 주로 통용되고 있던 물권법의 다양한 개념들을 조화시킬 필요가 있었다. 이 물권법은 당시에 존재하던 법체계들, 즉 교회법, 왕의 법, 봉건법, 도시법, 그리고 상인법에 반영되어 있었다. 또한 봉건 제도에서의 관계와 장원을 기초로 한 농업 체제가 쇠퇴함에 따라서 재산권을 다시 규정하고 재산권을 보다 안전하게

---

634) 원저 p.169. 각주 44. See *Bernhard Walthers Privatrechtliche Traktats aus dem 16. Jahrhundert,* ed. Max Rintelen (Leipzig, 1937), p.1.

635) 옮긴이 주석: 이 두 한자어 번역은 미야지마의 번역이다. 영어에서는 단지 lease와 pledge로 표현하고 있다. 미야지마, p.178.

636) 옮긴이 주석: 물권 법철학(philosophy of the law of property)이란 용어는 한국 법학교육계에서는 생소하다. 물권법에 법철학이 관계된다는 조금의 암시나 징조도, 민법 교육에서 잘 나타나지 않는 오랜 인습 때문이다. 민법과 법철학을 동시에 가르친 법학 교수님이 있기는 했으나(이항녕 교수) 그분의 법철학은 민법상의 물권법의 서양문명에서의 철학을 논하는 것은 아니었다.

만들 필요성이 생겼으며, 이 필요성이 물권의 개념을 다른 타입의 법 관계로부터 분리하는 데 관여하게 되었다 – 무엇보다도 소유권을 영주권으로부터 분리하며 또한 어떤 타입의 사례들에 있어서는 소유자의 점유권, 사용권, 그리고 처분권을 같이 연결시킬 필요가 있었다. 마침내 이러한 사정이 재산권을, 계약관계에서나 또는 다른 의무에서 생기는 권리로부터 구별하기까지 이르렀다.

물권법의 이론과 방법에 있어서 이와 같은 근본적인 변화는, 1520년대 말과 1530년대 초에 루터주의 법학자였던 요한 압펠(Johann Apel)에 의해서 비텐베르크(Wittenberg)와 뉴렘베르크(Nuremberg)의 강의에서 체계적으로 제시되었다. 또한 1535년과 1540년에 법학과 법교육에 대한 두 가지 주된 저술에서 각각 간행되었다.[637] 물권법에 대한 그의 개정은 그의 젊은 동료이며 fellow였던 루터주의자 콘라드 라구스(Konrad Lagus)와 또한 위대한 프랑스 프로테스탄트 법학자였던 후고 돈넬루스(Hugo Donellus)에 의해서 발전되었다.

압펠(Apel)은 초기 로마법주의자들이 시민법을 분석한 것을 극복하였다. 로마법주의자들의 분석은 유스티니아누스의 Institutes에서 전개시킨 틀을 쫓아서 물건에 관한 법(de rebus)과 소송 절차에 관한 법(de actionibus)을 구별하였다. 로마 법학용어로써 res는 보통 영어의 thing으로 번역되는데, 매우 넓은 뜻을 가지고 있었다. res는 토지와 물건뿐만 아니라 금전 채무(money debts)와 다른 자산(assets)도 포함하고 있었다. 로마 법률용어로써 actio는, 이와 대

637) 원저 p.169. 각주 45. See Johan Apel, *Methodica Dialectics Ratio ad Iurisprudenti Accommodate, Authore Johanne Apello* (Nuremberg, 1535); Johan Apel, *Isagoge per Dialogum in Quattuor Labors Institutum divi Iustiniani Imperatoris, Autore Johanne Appel* (Bratislava, 1540).

조적으로 절차에 의한 구제라는 한정된 뜻을 가지고 있었다. 또한 obligatio(obligation)라는 로마어는 때때로 물(res)에 대해서 쓰이기도 하고, 때로는 소송(actio)에 대해서 쓰이기도 했다. 이러한 원래의 로마 시대의 의미가 고전 시대나 후기 고전 시대의 로마 법학자에 의해서는 체계적으로 상세하게 설명되지 않았다. 11세기 말에서 15세기의 주석학파(glossators)와 후기 주석학파(post-glossators)가 비로소 두 가지 로마법상의 용어를 체계적으로 규정했고 이론을 수립했다. 그럼에도 불구하고 주석학파와 후기 주석학파의 11세기와 15세기에 걸친 이론도 물건에 대한 법(a law of things)과 채무에 관한 법(a law of obligation)을 명백하게 구별하지 않았는데, 지배권에 해당하는 dominium은 물건에 대한 법의 한 부분이었다. 분명히 구별하지 않았다는 것은 예를 들면 로마법에서 빚(dept)은 사고팔 수 있었는데, 그것은 빚이 로마법 용어로 물건(res)으로도 취급되고, 또한 채권(obligatio)으로도 취급되었기 때문이다.

그의 동료였던 멜랑히톤의 주제별 방식을 사용해서, 압펠은 근본적으로 이와 같은 용어 사용법을 바꾸었다. 즉, 오늘날까지 지속되고 있는 기본적 구분으로써 물권에 대한 법(law of property)과 채권에 관한 법(law of obligation)의 구별이다. 압펠은 물권법을 토지와 물건의 권리로 한정하였는데 그는 주장하기를 토지나 물건의 소유권은 계약상의 채권이나 또는 다른 채권으로부터 구별되어야 한다. 물론 계약상 채권과 다른 채권을 통해서 소유권은 획득되기는 한다. 압펠은 쓰기를, 채권은 "개인적"(personal) 소송의 원인이 된다. 특히 손해를 배상하라는 청구에서 그러하다. 한편 소유권은 "물건과 관계된" 그래서 "진짜의"(영어 real은 res에서 유래한 것이다) 소송, 즉 토지와 물건의 소유권에 기한 청구, 처분권에 기한 청구, 그리고 사용권에 기한 청구의 원인이 된다. 물건의 소유권(ownership rights in thing, jus in re)은 압펠에게 있어서 온전한 소유권(full ownership, dominium directum)일 뿐만 아니라 수익을 받는 권리(beneficial ownership, dominium utile)를 포함하였다. 역시 토지, 물건의 소유권과 토지 물건의 과실(fruit)을 향유할 권리를 포함하였다. 이와 같은 수익을 받는 권리(beneficial ownership)는 이전에는, (물건에 대한 직접적 권리가 아니라) 물건에 관한 권리(a right to a thing, jus ad rem)로 분류되었는데 이것은 소유권(ownership right)이 아니라, 계약이나 또는 다른 채권에 기초한 것이었다. 압펠의 분석을 기초로 해서 라구스가 더 발전시켰는데 물건에 대한 직접적인 소유권, 즉 full ownership을 의미하는 dominium directum은 (원래 중세법에서 가지고 있었던 뜻인) 영주권(Herrschaft, lordship)의 의미를 상실하게 되었다. 그리고 도이치어에서 자신의 것이라는 뜻인 Eigentum과 같은 의미의 라틴어 proprietas와 동의어가 되었다. 동시에 온전한 전적인 소유권(full ownership)보다 덜한 재산권(proprietary right), 즉 임차인(lessee)의 권리나 저당 잡은 사람(pledgee)의 권리 같은 것이, 채권법(the law of obligation)으로 보다는, 다른 이유에 의한 토지나 물건의 재산권(property right in land or goods of another, jus in re aliena)으로 분류되기에 이르렀다.[638]

---

638) 원저 p.170. 각주 46. In his first major work, published in 1536, Apel wrote that there are two species of property rights *(jura in re),* as distinct from rights arising from contract and other obligations *(iura ad rem),* namely, *proprietas,* or full ownership, and *ius in re specificum,* the latter term referring to the *ususfructus,* that is, the right of use and benefit, of a thing that is owned by another. See also Apel, *Methodica,* leaf 274 rb-277 rb. In his later work, the *Isagoge,* published posthumously in 1540, Apel repeats the

압펠이 민법을 소유에 관한 법과 채권에 관한 법으로 구분한 것은 당시에는 논쟁거리였으나, 도이치와 다른 나라에서 주조가 되기에 이르렀다.[639] 오늘날에 와서도 유럽의 민법전은 토지와 물건의

---

substance of this analysis with a slightly different terminology, substituting "*dominium* and its affines" for *ius in re,* and *obligatio* for *ius ad rem.* See Stintzing, *Geschichte der Rechtswissenschaft,* p.295. Stintzing notes that "in both writings, Apel warned expressly against interchanging and mixing contract and the methods by which ownership is acquired." Cf. Theodor Muther, *Doctor Johann Apel: Ein Beitrag* (Königsberg, 1861), pp.54ff.

639) 원저 p.170. 각주 47. The distinction between the two forms of *dominium,* direct and beneficial, did not, however, survive the dogmatism of late-nineteenth-century Romanist jurisprudence, which held that ownership was absolute and unitary or else it was not ownership. Thus the terminology of *dominium utile* was rejected. This development, too, had been anticipated by another leading sixteenth-century jurist, Hugo Donellus (1527~1599), who was undoubtedly familiar with Apel's work. French by birth and upbringing (his name in French was Hugues Doneau), Donellus for many years taught and wrote at Bourges, the great sixteenth-century French center of legal scholarship. He was, however, like some other leading French jurists, a Protestant, who felt personally threatened after the Saint Bartholemew's Day massacres of 1572 and thereafter accepted invitations to teach in Germany, where he remained until his death. See A. P. Th. Eyessell, *Doneau: Sa vie et ses ouvrages* (Geneva, 1970). For the term *dominium utile,* Donellus substituted the phrase *jura in re aliena* (rights in the property of another). See Robert Feenstra, "*Dominium* and *ius in re aliena:* The Origins of a Civil Law Distinction," in Peter Birks, ed., *New Perspectives in the Roman Law of Property: Essays for Barry Nicholas* (Oxford, 1989), pp.111~122. Feenstra discusses Apel's earlier analysis, noting that the concept of divided ownership, espoused by Apel but rejected by Donellus, corresponded to the realities of the time. In fact, Donellus's *jus in re aliena* is essentially Apel's *usufructus.* Nevertheless, Apel has been more or less forgotten by most modern writers. Cf. Peter Stein, "Donellus and the Origin of the Modern Civil Law," in *Mélanges Felix Wubbe: offerts par ses collègues et ses amig à l'occasion de son soixantedixiè me anniversaire* (Fribourg, 1993), pp.439~452. Stein attributes to Donellus the origin of the distinction between the law of property and the law of obligations and designates him "the founder of the modern civil law" (p.452). Even Feenstra, who recognizes that Apel's works preceded by a generation that of Donellus, and were widely circulated in France and other countries, refers to Apel as one of "some rather obscure German jurists of the sixteenth century."

소유와, 계약, 불법행위, 또는 다른 부정당한 치부에 의해서 발생하는 채권 채무를 날카롭게 구별하고 있다. 또한 잉글랜드의 보통법은 아메리카와 다른 곳에서 계수되었는데, 비록 보통은 일반적 채권법(general law of obligation)에 대해서 말하고 있지 않지만 그럼에도 불구하고 물건에 대한 법(the law of property)을, 계약법(contract law), 불법행위법(tort law), 그리고 부정당한 치부, 즉 배상법(restitution)을 구별하고 있다. 오늘날에도 서양의 어디서나, 압펠의 이론적 틀대로, 예를 들어서 토지를 파는 단순한 계약에서의 채권 채무는 그것 자체가 어떤 형태의 양도(conveyance) 없이는, 정상적으로, 대세적으로 효력을 주장할 수 있는 토지 소유권의 이전의 원인이 되지 않으며, 단지 파는 사람에게 계약 위반을 이유로 구제 및 배상을 구할 수 있는 권리를 발생하게 할 뿐이다. 비슷하게 임대인과 임차인의 상호에 있어서의 계약에 기한 채권 채무 관계는, 대세적 효력에 있어서는 차지인과 임대인의 물권과는 구별된다. 잉글랜드 법과 그것의 자손들은 유럽 대륙에 있어서의 개념인 "real" 계약에 저항하였는데 "real"이란 "property"이며 property 계약에 저항한 것이다. 그러나 잉글랜드 법과 그 후손들은 신탁법(the law of trust)과 양도법(the law of conveyancing)을 통해서 유럽 대륙법과 비슷한 결과에 도달하였다.

5.2.2 제정법과 관습법

근세 및 근대의 재산법과 물권법의 개념들, 원칙들, 그리고 규칙들은 16세기 유럽에서 처음에는 압펠에 의해서, 그리고 나중에는 다른 사람들에 의해서, 새로운 유럽의 보통법(jus commune)의 연구에 의해서 시작되었는데 이것은 당시의 경제 및 사회적 변화에 대한 학자들의 응수였다. 그리고 당시의 경제 사회 변화는 관습법과 제정법에 의한 규정의 변화에 의해서 법적으로 유효하게 되었다. 계약법의 사례에서, 그리고 재산법과 함께 보통법(jus commune)의 저자들은 새로운 입법을 기초하는 데 기여했으며, 특히 기초 과정에서 조직화하는 데 기여했다. 그러나 그뿐만 아니고, 재산법의 영역은 계약법의 영역에서와 같이 관습의 변화와 공국의 제정법과 도시 제정법에서의 변화 양자에 의해서 만들어진 실정법은 중요한 면에서 학자들의 문헌에서 분석되고 서술된 법과는 달랐다. 특히 소유권에 관한 학자들의 법은 단지 아주 부분적으로만 봉건법의 tenure가 다양한 형태의 자율적인 소유권에 의해서 점차로 대치된 것을 반영했을 뿐이다. 로마법학자들의 개념으로 임차(lease, *emphyteusis*)와 저당 및 담보(pledge, *hypotheca*)는 당시 출현한 광범위하고 다양한 관습적인 토지 보유권을 충분히 포용할 수 없었다. 그리고 군주와 자유 도시의 법과 행정은 관습적 토지 보유권을 규제하는 것이 요청되었다. 가장 특징적으로 압펠보다 더 젊은 당대의 요한 올덴도르프(Johann Oldendorp)는 모든 다른 종류의 관습적인 임차권과 임대 계약을 단 하나의 로마법적인 개념 *emphyteusis*로 분류하였고, 이것은 토지에 대한 전적인 권리(*jus*)와 또한 (온전한 권리는 아니나) 혜택을 받는 소유권(beneficial ownership, *dominium utile*) 양자를, 소유자로부터 임차인 또는 차지인(tenant)에게 이전 및 양도하는 것이었다. 이러한 이전 및 양도는, “우리들의 농부들”(our farmers, *nostros rusticos*) 사이에서 전형적이었으며, 새로운 땅을 경작하게 하는 데 특히 그러했다.[640] 비슷한 양상으로, 압펠(Apel)과 올덴도르프(Oldendorp)와 같은 법학자는 모든 다른 종류의 관습상으로 보장된, 토지 양도를 동반하는, 신용 거래(customary secured credit transactions)를 로마법상의 계약인 *hyotheca*의 형태로 분류하였다. 그러나 실제 문제에 있어서 이러한 비슷한 유개념에 속하는 종류의 다양함과 숫자는 법학자들이 만든 개념에 있어서의 경계선을 훨씬 초과하였다.

보통법(jus commune)에 관한 16세기의 법학 논문들에서 크게 실종된 것은, 관습법에 의해서나 또는 (종교개혁에 의해서 생긴) 공국의 입법(territorial legislation)에 의해서 생긴 변화된 사법 관계(civil law relations)에 대한 구체적이고 자세한 규제에 대한 분석이었다. 이러한 갭은 부분적으로는 다른 종류의 16세기 법 문헌에 의해서 메워졌는데, 이들 법 문헌은 1차적으로는 법 실무가들을 위해서 쓰여졌으며, 보통법(jus commune)과, 하나하나 특별한 공국의 법 사이의 차이를 열거하고 요약한 것이었다. 예를 들면, 이러한 책 중의 하나는 보통법(jus commune)과 삭소니(Saxsony)의 선제후의 법 사이의 차이점을 343개나 열거하고 요약하고 있다. 또한 1572년 기준으로 삭소니에 있어서의 군주에 의한 입법으로써 강제력을 가진 160개를 간략하게 요약하고 있다.[641] “차

640) 원저 p.171. 각주 48. See Johann Oldendorp, *Actionum Forensium Progymnasmata,* in *Opera,* 2 vols. (Aalen, 1966), 2:588～589.

641) 원저 p.171. 각주 49. Christopher Zobel, *Differentiae Iuris Civilis et Saxonici*

이"(differences)에 대한 이들 핸드북의 저자들은, 공국의 실정법과 보통법(jus commune)이 갈등할 때는 전자가 우선한다고 강조하고 있다. 이런 점에 비교해서 근대 이후의 법사학자들은 공국의 법과 보통법과의 이들 차이를 체계적으로 분석하지 않았을 뿐만 아니라, 대부분에 있어서 그들의 주의를 학자들이 만든 학자법상의 보통법(jus commune)에 관심의 초점을 맞추어왔다. 단지 그들은 관습법과 입법에 대해서는 지나가는 정도의 참고를 했을 뿐이다. 대단히 흥미로운 것은 이들 근대 법사가들과 비교할 때, 근대 이후에 경제사학자나 사회사학자들은 전혀 다른 방향의 경향을 보여주었다는 것이다. 그들은 그들의 주위의 초점을 재산 관계의 경제적, 사회적 변화에 맞추면서, (이를 위해서 또는 이에 동반하여) 특별한 공국이나 자유도시의 관습법과 입법을 분석하였다. 경제사학자와 사회사학자들은, (법사학자와 달리) 보통법(jus commune)에 대해서는

(Leipzig, 1598). Zobel reproduced 70 "differences" originally listed by Ludwig Fachs and 273 "differences" originally listed by Benedict Reinhard, adding his own commentary, partly in German, partly in Latin. Reinhard's work, which appeared in handwritten form as early as 1549, was later combined with an apparently still earlier work of Fachs, and the combined works were published in 1567 and later republished in 1573 and 1582. The Fachs-Reinhard *differentiae,* written in Latin, were translated into German and published in 1586, 1595, and 1598, with comments and additions, by Georg Schwarzkopff under the title *Ludovici Fachsi et Benedicti Reinharti Differentiae Iuris Civilis et Saxonici.* The eighteenth-century bibliographer Martin Lipen, in *Bibliotheca Realis Juridica* (Leipzig, 1746), listed approximately fifty titles of such *Differentiae Juris,* in addition to twenty-one titles of *Differentiae inter Jus Canonicum et Civile* and five titles of *Differentiae Juris Hebraica.* Among the most important of the sixteenth-century books on differences was that of Bernhard Walther (see Chapter 3), written in German, which analyzes the differences between the *jus commune* and the territorial laws of lower Austria under fifteen headings, including servitudes, administrative prerogatives, preemptive rights or relatives, intestate succession, family relationships, bail and other forms of security, wills, and feudal estates.

단지 지나치는 정도의 참고를 했을 뿐이다.[642)]

재산법 또는 물권법에서 새로운 학자법이었던 보통법(jus commune)이나 또는 공국의 입법(territorial legislation) 양자 모두가 당시에 일어나고 있던 거대한 변화에 대한 응수였다. 거대한 변화는 물권 보유자들의 관습상의 상호관계에서 일어났는데, 이들 물권 보유자(property holders)는 토지를 가진 귀족(landed nobility)과 농민들뿐만 아니라, 제조업자들과 상인들까지도 포함하고 있었다. 그러나 거대한 변화에 대한 법학자들의 응수는, 당시의 입법가들의 응수와는 전혀 달랐다. 즉, 학식이 많은 법학자들은 새로운 물권 관계에, 이미 이전부터 존재하고 있었던 개념들을 적용하였다. 개념뿐만 아니라 이미 존재하고 있었던 로마법과 교회법의 원칙과 규칙들을 적용하였다. 학자들의 용어 사용법과 주된 용어는, 주로 봉건관계(영주와 봉신, lord-vassal)와 장원관계(영주와 농민, lord-peasant)가 압도적이었던, 그러한 시대의 법학으로부터 뽑아낸 것이다. 그러나 15세기 말과 16세기에 이르러서, 봉건법(feudal law)과 장원법(manorial law)은 서서히 중요성을 잃어가고 있었다. 봉건관계와 장원관계의 주역이었던 기사 계급은 경제적으로나 정치적으로 급격하게 쇠퇴하고 있었다. 그리고 농민들은 점진적으로 상급 영주에

642) 옮긴이 주석: 근대 이후의 법사학자와 경제사학자 및 사회사학자들의 법에 대한 관심이 그 중점이 다른 데에 주목한다. 즉, 법사학자들이 특수한 관습법이나 제정법에 주의하지 않고 당시 유럽의 학자들이 보편적으로 연구한 성과인 jus commune에 초점을 두고 경제사학자들은 경제적 변화를 알기 위해서 오히려 개별 공국이나 개별 도시의 관습법 및 입법에 초점을 맞춘 것이다. 한국의 도이치법 연구가들의 경향은 어떠한가. 연대는 물론 훨씬 이후의 19세기의 도이치 법학을 취급함에 있어서도 한국의 법학자들은 도이치 법학자들의 경향과 같이 jus commune에 주된 관심을 두고 실지로 경제 사회적 변화에 더 큰 영향을 미쳤을지도 모를 관습법이나 도시법, 또는 군주법에는 주의를 기울이지 않았던 경향의 단초는 여기에 있다고 할 수 있다.

대한 인격적이고 경제적인 봉사의 보다 더 가혹한 의무와 부담으로부터 점차로 해방되고 있었다. 기사 계급과 농민 계급은 비교적 자율적인 소유권(autonomous proprietorship)이라는 조건으로 토지를 취득할 수 있게 되었다. 토지 사용에 대한 군주의 규제와 토지 보유자에 대한 군주의 세금은 귀족 계급에 의한 규제와 세금을 보충하거나 자주 대치하였다. 돈과 신용(money and credit)은, 비단 산업 생산이나 상업에서뿐만 아니라, 농업 관계에 있어서도 더 결정적인 역할을 하기에 이르렀다. 이러한 변화가 유효하게 된 주된 법적 발달은, 한편에 있어서는, 새로운 형태의 계약에 의한 거래와 물권 거래와 같이, 관습법상에 있어서의 발전에 의한 것이었고, 다른 한편에 있어서는 공국과 자유도시의 입법상의 발전에 의한 것이었다. 학자들이 주류인 법률가들은 이러한 발전을 로마법상의 법 용어로 번역하였고, 또한 이러한 발전을 종합하고 "과학화"(scientificized)하였다. 그러나 유효하고 실행되기 위해서는 새로운 법제도는 새로운 용어를 필요로 했다－즉, 새로운 용어 사용법과 새로운 문장 구성법(syntax)이었다. 이러한 새로운 용어와 그 사용법은 주로 언어의 관용적인 어법과 또한 법령에서부터 나왔다. 도이치 사법에 대한 대표적인 20세기의 역사학자의 언어에서 보건대, 16세기의 학식이 많은 법학자들은 당시에 그들이 발견한 법적인 상황(legal situation)을 바꾸지 않았다. 그 대신에 16세기 고명한 법학자들의 임무는, 학문상의 법을 사용해서, 기존의 관계를 그대로 견지하고 학문상의 법을 보통법(jus commune)으로 종합 및 통합하는 것이었다.[643]

643) 원저 p.172. 각주 50. Coing, *Privatrechtsgeschichte,* p.366.

16세기 학문적인 법학자들의 이와 같은 보통법으로의 종합과 통합에 있어서의 장단점의 예는, 뷔르템베르크(Württemberg)법에서 찾아볼 수 있다. 즉, 돈과 물건의 대여 또는 융자(loan, Leihe)의 계약에 대한 뷔르템베르크(Württemberg)의 제정법 조항에서 찾아볼 수 있다. 여기에 대한 인용은 이미 한 적이 있다. 이 제정법은 로마법에 대한 탁월한 학자의 도움을 받아서 기초된 것이고, 계약에 대한 첫 번째 문단에서 이미 존재하고 있는 신용 관계(credit relationship)의 크게 다양한 타입을 그대로 유지(lay hold of)해서 종합 및 통합(integrate)하려는 시도를 하고 있다. 이때 그들 노력의 소재가 되는 다양한 형태의 신용 관계는 관습법의 형태로 뷔르템베르크에서 이미 이전에 발전하고 있었던 것이며, 그것들은 나중에 만들어진 제정법의 조항에서 더 구체적이고 세밀한 규제로 나타났을 뿐이다. 물론 당시의 법학 논문(treatises)들은, *mutuum, commodatum,* 그리고 *locatio*의 계약들을 학자풍이고 현학적인 방식으로 분석을 하고 있었고, 이들의 분석은 보충적인 법(subsidiary law)으로 쓰여서 관습과 입법에 있어서의 틈새나 애매모호함을 메우거나 해결하는 데 쓰여지고 있었다. 그러나 당시에 일어나고 있었던 법적인 변용에 있어서 1차적이고 중요한 역할을 한 것은 뒤쪽의 두 개 법의 원천이었다. 예를 들어서 대여(lease, *locatio*) 계약에 관한 보통법(jus commune)과 공국의 법(territorial law) 사이의 결정적인 차이점 중의 하나는 어떤 형태의 차지인(leaseholder)의 자유였는데, 이 자유는 공국법(territorial law) 아래에서 토지에 관한 그들의 권리들을, 토지 대여자[즉 임대인(lessor)]의 허락 없이 양도할 수 있는 자유였다. 이와 비교해서 보통법(jus commune)은 봉건 제도와 법의 원칙을 그대로 유지하였다. 어떤 원칙인가? 즉,

상급 영주가 나누어준 봉토 또는 영지(fief)를 보유하고 있는 자는 영지의 권리를 영주의 허락 없이 양도할 수 없다는 원칙이다. 그러나 공국의 법(territorial law) 역시 임대인의 허락 없이 차지된 땅을 양도하는 경우에 재산의 가치가 불리하게 영향 받아서는 안 된다는 것을 예비하고 있었다. 이와 같이 보통법은 재산의 가치를 규정하는 데 인용될 수가 있었다.

16세기에 있어서 재산권의 양도를 위하여 쓰인 법적 장치 중에 가장 광범위하게 쓰인 것은, 도이치나 유럽의 다른 곳에서도 같았는데, 고전 로마법에서나 후기 고전 로마법에서는 전혀 비슷한 예를 찾아볼 수 없는 것이었다. 도이치에 있어서 이와 같은 법적 장치는 도이치어로 Rentenkauf 또는 Zinskauf라고 불리웠는데, 그 의미를 문자적으로 풀면 "주기적이고 규칙적인 지불에 대한 권리를 사는 것" 또는 "연금 또는 연간 배당권(annuity)을 사는 것"을 의미하고 있다. 여기에 대한 라틴어는 *census*이고, 이 라틴어로부터 도이치어 Zins가 유래했으며, 이 도이치어는 점차적으로 "이자"(interest)를 의미하게 되었다. census와 Zins에 해당하는 프랑스어는 rente이며, 이탈리아어는 rendita 또는 reddita이며, 스페인어는 cense이다. 이와 같은 유니크한 법제도가 언제 유래했는가? 12세기와 13세기로부터 유래했다고 보여진다. (옮긴이 주석: 12세기와 13세기는 교황의 혁명 이후에 전 유럽에 보편적인 질서로써의 교회법이 통용되던 시대였다) 12세기와 13세기에 교회에 대한, grant가 행해졌는데, 이때 토지의 소출 및 생산물을 해마다 (소작인 또는 농민 또는 봉신이 상급 영주에게) 바칠 때, 이를 받는 토지 보유자가 이 권리를 교회에게 주는 것이다. 이때 토지의 소출물이라는 것은 전형적으로 과실, 포도주, 또는 곡물이었으며, 때에 따라서는 가

축이나 토지와 연계된, 동산 및 가재이기도 했다. 해마다 바치는 이와 같은 납부에 대한 권리는 때로는 기한 없이 종신 또는 영속적인 성격이었는데, 교회에게 이 권리를 바치는 사람(the grantor)에 관계될 뿐만 아니라, 해당되는 토지를 장래에 빌리는 차지인 또는 소작인(tenants)에게도 관계하고 있었다. 이것은, 이 권리를 받는 사람(grantee) – 즉 교회 – 에게는 토지에 대한 재산권(a property right in the land)을 창설하는 것이고, 이 권리를 주는 사람(grantor)의 개인적인 의무(personal obligation)만은 아니었다. 의무의 불이행(default)의 경우에, 권리를 받은 사람(grantee)은 채무(obligation)를 확보하기 위해서, 토지를 점유(take possession of the land)할 수 있었다. 동시에 이러한 교회에 대한 토지 소출권의 양여(grant)는 봉건 제도의 제약을 벗어났다. 즉, 이러한 교회에 대한 소출권의 양여는 봉건적 철쇄 내부에 있어서의 상급 영주의 동의를 필요로 하지 않았다. 실로 그 기원에 있어서 라틴어 census에 해당하는 것은, 주로 도시의 토지에 적용할 수 있었고, 도시 토지는 토지 보유자(landholder)에게, 비 도시에 있어서 보다 처분에 있어서 더 큰 권리(greater rights of disposal)를 토지 보유자에게 주는 조건의 보유권으로 유지되고 있었다.

15세기와 16세기에서, 연간 소작물 납부에 대한 권리를 사는 것은 유럽 전역에 매우 넓게 퍼져 있었으며, 자주 물건보다도 돈의 형태로 연간 바치는 것으로 구성되어 있었다. 더하여 이러한 연간 바쳐지는 물건 또는 금전에 대한 권리(annuity)를 사고파는 것이 토지 자체의 사고파는 것과 관계되는 것이 흔해지게 되었다. 즉, 토지를 사는 사람(buyer of the land)이, 상당한 가격을 지불하는데 이 상당한 가격은 도이치어로는 Kapital로 불리우는데, 이것은 토지를 사는데, 할부금의 가장 중요한 첫 번째 지불금(a down payment) 조로 지불하게 된다. 이와 같이 Rentenkauf 또는 census는, 현대의 부동산 저당 제도(real estate mortgage)를 닮게 되었는데, 그 내용은 부동산을 살 때 일으킨 신용은 연부(annual installment)에 의해서 지불되게 되고, 토지나 건물의 부동산의 이익에 의해서 담보되게 된다. 그러나 그것의 형태는 연간 바쳐지는 물건 또는 금전에 대한 권리(annuity)를 사고파는 것으로써는, 보통의 담보나 저당 있는 대출과 차이가 나는 법적인 경유와 효과를 가지고 있다. 돈을 빌려주어서 채권자가 된 사람은, 채무 불이행에 대비해서, 토지에 대한 재산적 이익을 압류 또는 유치할 수 있는 권리에 의해서 보장을 받는다. 만약에 돈을 빌리거나 채무자가 연간 해야 될 지급을 못하게 되는 경우에 채권자는 재판상 명령을 획득할 권리를 가진다. 이 재판상 명령은 채무를 만족시키기 위해서, 해당 토지에 대해서 재판상 매매(judicial sale)를 실행할 수 있는 명령이다.

더하여서 훨씬 많은 다른 타입의 census가 쓰여지게 되었다. 그래서 할부 지급(a down payment, Kapital)을 위해서는 토지는 (1) 팔거나 또는 (2) 임대하거나, (3) 토지의 산물을 해마다 납부하는 방식이거나 동시에 또는 선택적으로 (4) 금전을 해마다 지급하거나, (5) 연중 특별히 정한 기간 동안에 하거나, (6) 또는 토지를 산 사람이나 또는 빌린 사람의 종신 기간 동안 하거나, (7) 영구히 하거나, (8) 또는 동시에 또는 선택적으로 하거나, (9) 연간 바쳐지는 물건 또는 금전에 대한 권리(annuity)자가 토지를 되사는 권능 없이 하는 경우, 이때 토지를 되산다는 것은 연간 과실 지급이나 금전 지급을 한 번 이상 하지 않는 경우의 일이다. 연간 과실 지급이나 연간 금전 지급의 불이행은 토지 구매자(purchaser)나 임차인

(lessee)이나 또는 그들의 상속인(heirs)에 의해서 행해지는 것이다. (10) 할부 지급(a down payment, Kapital)은 해마다 바쳐지는 과실 또는 금전의 수령권자에게 그 이전에 지불된 금액을 되돌려주는 것에 의해서도 할 수 있다. 또는 (11) 기타의 방법. 더하여서 산 사람이나 차지인은, 연간 바쳐지는 물건 또는 금전에 대한 권리(annuity)에 지불하기 위한 채무의 양도와 함께 토지를 팔거나 임차하거나 또는 재임차 또는 전차(sublet)할 권리를 (12) 가질 수도 있고, (13) 가질 수 없을 수도 있다.

농민의 봉건적 토지 소작권(tenures)이, 16세기 도이치에서, 개인적인 토지 보유권(landholdings)으로, 모습을 바꾸어 변화한 것은, 위 단락에서 열거한 것과 같은, 다양한 형태의 토지 매매 도는 임대차를 주된 방법으로 이루어졌으며, 이들 매매 또는 임대차는 downpayment와 매년 바치는 토지 사용료에 더한 것에 대한 대차였다. 봉건적 농민소작권에서, 개인의 토지 보유권으로서의 이 변화는, 도이치, 프랑스, 이탈리아, 스페인 등 유럽의 다른 나라들에서 일어났다. 잉글랜드 법은 다른 길을 택했다.[644] 비록 로마법학자들은, 위에서 열거한 다양한 형태의 census에 특별한 명칭을 부쳤으나, 이들은 전적으로 유럽 관습법의 산물이었으며, 16세기에 와서, 도이치 종교개혁 이후의, 각 영역의 입법에 의해서 완화 수정된 것이다. 예를 들면 도이치의 프로테스탄트 영역에 있어서 소

644) 원저 페이지 p.174. 각주 51. The English equivalent of the Latin *census* and French *rente* and German *Zins* was the mortgage, which came to be attached to the lease of land for a term of years and eventually to copyhold tenure. See Charles Montgomery Gray, *Copyhold, Equity, and the Common Law* (Cambridge, Mass., 1963); R. W. Turner, *The Equity of Redemption* (Cambridge, Mass., 1931); Charles J. Reid, "The Seventeenth-Century Revolution in English Land Law," *Cleveland State Law Review* 43 (1995), 221ff.

작료(Annuity)를 지불할 수 있는 횟수를, 입법이 엄격하게 제한하였으며, 또한 최초의 down payment인 Kapital과 매년 내는 Zins의 비율을 엄격하게 제한하였다. 이러한, 새로운 입법에 의한 제한은, 부분적으로는, 마틴 루터가, 이러한 소작료의 억압적인 조건에 반대해서 강경한 공격을 행한데 대한 반응으로 실현된 것이다. 루터의 공격은 특별히 소작료 수령자(annuitant)가 연간 소작료를 받지 못할 때, 토지를 재점유(repossess)하는 권리에 반대한 것이다.[645)]

다양한 도이치 영역에서, Rentenkauf는, 토지나 건물의 재산권이 양도되는 방식인, 여러 종류의 매매(sale) 교환(exchange) 그리고 다른 거래 방식과 같이, 법정(count)으로 가져오는 것이 법원의 승인을 받아서 요구되었다. 매매 및 계약의 양 당사자가 출석하여야 하고, 매매 및 계약 조건은, "법원의 기록부"(Gerichtsbuch) 또는 "토지기록부"(Grundbuch)에, 문서가 진짜임을 보증하는 압인을 찍어서, 등기되었다.[646)] 등기되기 전에는, 거래는 완료되지 아니한 것으로 간주되었으며, 따라서 양 당사자는 철회할 수 있었다.

더욱이 그 거래가 당사자 누구에게 억압적이거나 그렇지 않으면 법 규범을 위반하였으면, 법원(the court)은 승인을 철회하였다.

(종교개혁 후의) 영역들의 제정법들은 (소작료를 지급하는) 연간 지불액은 금전으로 해야 하고, 물건으로 아니며, 일반적으로 기간이 한정되어 있었다(예를 들면 10년 이상은 안 된다). 금액 또한

---

645) 원저 페이지 p.174. 각주 52. See *Martin Luther: Works,* trans. H. E. Jacobs, 6 vols. (Philadelphia, 1915-1932), 4:96～97; Benjamin Nelson, *The Idea of Usury* (Chicago, 1969), p.33.

646) 원저 페이지 p.174. 각주 53. In Württemberg, for a *Rentenkauf* transaction involving a purchase price above a certain amount, the permission not of the court but of the prince's chancery was required. See Robert von Hippel, *Deutsches strafrecht* (Berlin, 1925), Bd. 1.

총 지불액의 5~6%로 한정되었다. 채권자가 해당 토지에 강제 집행을 실행할 권리는 채무자가 소작권(execution)을 도로 사는 권리(Wiedekeauf)에 자주 메이게 되었다. 이 권리는, 지불해야 될 잔액(remaining balance)을 다시 지불하고, 해당 토지가 빚에 대한 담보(security)로 안고 있는 부담으로부터 해방시킬 수 있는 권리이다.

이 권리는 잉글랜드의 담보법(English law of mortgages)에게는 저당변제의 형평법(equity of redemption)으로 불리게 되었다.

5.3 비즈니스의 조직(Business Associations)

16세기에 유럽을 통하여 생산과 상업은 극적으로 팽창하였고, 재산법(물권법)과 계약법에서의 상응하는 변화와 함께, 그 성격이 변화하였으나, 상사 회사에 대한 법적인 형식은, 비교할 만한 변화를 겪지 않았다. 조합(partnership)계약은, 재정 또는 다른 자원을 모으는 기본적 방법으로 남아 있었으며, 대리인의 사용은 자주 가족 구성원이었는데, 기업의 원거리 거래를 수행하는 주된 방법으로 계속되었다. 은행법(banking)은, 그 규모와 활동 영역에서 엄청나게 증가했으나, 대체로 가족이나 다른 조합의 형태를 계속하여 남아 있었다.

생산(production)은, 주로 수공업자의 동업조합(craft guilds)을 통해서 계속 수행되었으며, 동업조합원들이 가졌던 하나님이 부여한, 작업에 대한 소명(godly work calling)은 루터주의에 의해서 지탱되었다. 수공업자나 다른 생산자들에게, 그들이 물건(상품)을 생산하기 전에, 그들에게 생산비를 미리 제공하는 방식이 중간상인 또는 중계인(middle man)들에 의해서 굉장한 증가를 보였지만, 특히 국경을 넘는 장사에서는 전통적인 상인들의 시장들이, 은행가들이 주요한 역할을 하는 유럽일부의 도시 증권거래소(bourses)로 확대되었다. 이러한 발전은 어떤 경제사학자들에 의해서 자본주의의 탄생(the birth of capitalism)으로 특징화되어왔다.[647)]

그러나 결여된 것은 자본주의 기업의 주된 제도적 메커니즘인 주식회사(joint-stock company)였으며, 아직 나타나지 않은 것은 자유로운 시장(free market)이었다.[648)]

이 시대는, 언어의 엄격한 의미에서의 자본주의(capitalism)가 아니고, 중상주의(mercantilism)였다. 중상주의의 본질(essence)은, Eli Hecksher가 고전적 업적에서 말한 것처럼, 국가(the state)가 모든

---

647) 원저 p.175. 각주 54. See William J. Wright, *Germany: A New Social and Economic History* (London, 1996), p.181: "Capitalism emerged during the 'long sixteenth century' (1450~1610)." Wright recognizes the importance of partnership as a means of pooling capital and engaging in economic activity, and notes (p.183) that Hanseatic shipping "came to be dominated by partnerships." He also emphasizes the use of long-distance agents, including family members as plenipotentiaries and factors as agents who received a percentage or salary (p.184). Of bourses, Wright notes (p.186) that they were frequent gatherings of merchants of different nationalities in order to do business without exhibiting, delivering, or paying for goods at the same time. What was new in bourses of the fifteenth and sixteenth centuries, Wright states, as contrasted with merchant fairs of the twelfth to fourteenth centuries, was the performance of banking services, and this, he states, was very important for capitalist developments. Yet apart from the performance of banking services at bourses, all of these factors were present in European commerce in earlier centuries.

648) 원저 p.175. 각주 55. Wright relies on a work of Bruno Kuske in asserting that "the idea of the jointstock company" was in existence in the sixteenth century (ibid.). The work of Kuske that he cites, however, contains little about joint-stock companies, and it seems that Wright mistook for joint-stock companies profit-sharing arrangements among lenders who put up risk capital for joint ventures.

경제적 사건의 중심에 서는 것이다.[649)]

16세기에 와서 "국가"의 증가된 권력은 군주와 그의 상급 관료층(high magistracy), 왕과 그의 귀족층(nobility)은, 로마 가톨릭교회의 쇠퇴와 연결되었으며, 프로테스탄트국가에 있어서는, 로마 가톨릭 국교회의 폐지와 연결되어 있었다. 특히 프로테스탄트 국가들에 있어서는 새로운 종교적 믿음과 신조들이, 사법과 경제법의 발달에 강력한 영향을 가졌는데, 특별히 물권법과 계약법에서 그러했으며 신용거래(credit transactions)를 포함하고 있었다. 그러나 조합, 대리, 주식회사를 포함한 상업 조직에 대한 법에 관한 프로테스탄트들의 주요한 영향은, 다음의 100년 동안, 잉글랜드에서 처음으로 나온 것으로 보인다.

---

649) 원저 p.175. 각주 56. Heckscher is quoted in Wright, *Capitalism, the State, and the Lutheran Reformation,* p.3. In this work Wright emphasizes the strong economic role played by the princes of Hesse as "architects of a mercantilist state," and also the important influence of their Lutheran faith in their attempt to protect the needs of the poor against economically progressive interests, even to the detriment of their own needs as rulers. Among many other similar measures, peasants were given preemptive rights to buy food and wool at market prices before entrepreneurs could buy up those products and later sell them at exorbitant prices, and peasants and weavers were protected against oppressive credit arrangements and foreclosures. At the same time, importation of foreign cloth was restricted, trade was taxed as a major source of revenue, and other controls were placed on market transactions.

제6장
도이치 사회법의 변용

삶의 영역에 있어서 세속적 영역과 성스러운 영역들의 변증법적인 반대와 서로 상호작용하는 것은, 기독교 사상에 깊은 뿌리를 가지고 있다. 예수는 그에게 도전하는 사람들을 다음과 같이 물리쳤다. 즉, "가이사에게 속한 것은 가이사에게, 하나님에게 속한 것은 하나님에게 돌려라."(마태복음 22:21); 그리고 제자들에게 이렇게 말씀하셨다. "육체에서 태어난 것은 육체이고, 성령(the Spirit)으로 태어난 것은 성령이다."(요한복음 3:6) "성령으로 태어나지 않고서는, 사람은 하나님의 나라에 들어갈 수가 없다."(요한복음 3:5) 이에 대비해서 성 바울은, "하나님의 법"(the law of God)을 즐거워하는 "내부의 사람"(inward man)과 "성령 또는 정신의 법"(the law of spirit)에 반대해서 전쟁을 벌이는 "육체에 거하며 거기에 속하는 사람들"의 법은, 성령의 법과 다른 "육의 사람들"을 대비하였다.(로마서 7:5~7, 22~23) "육의 영역에 마음이 가 있는 것은 죽음이오, 성령에 마음이 가 있는 것은 생명과 평화이다."(로마서 8:6) 성 바울은 하나님이 그리스도를 따르는 자에게 심어준 "정신적인 선물 또는 성령의 은사"(spiritual gift)로서, 다음과 같은 것을 들었다. 지혜(wisdom)의 은사(gift), 지식의 은사, 신앙의 은사, 치유의 은사, 기적의 은사, 그리고 예언의 은사를 열거하였다(고린도전서 12:1~7). 그리스도를 따르는 사람으로서, 정신과 성령에 마음이 가 있으며, 내면으로 향한 그리스도의 사람들은 **물질주의(materialism)에 대항해서 싸우는데**, 이 물질주의는 그가 세상에 태어난, 시간이 제한된 세계이며, **구원되지 못한 시대의 물질주의(materialism)이다**.

4세기 이후에 성 아우구스티누스는 이 개념을 그가 살고 있는 사회에 적용했다. 아우구스티누스는 현재적이나 임시적인 "지상의 도시 또는 세속 도시"의 죄 많고 실로 악마적인 성격과 "신의 도시"(city of god)의 영원함과 순수함을 뚜렷이 구별하였다. 아우구스티누스에게 있어서는 교회나 세속 제국 모두 "사악한 시대"(an evil age, in hoc maligno saeculo)에 살고 있었다. 이 사악한 시대에는, 그가 사제이든 비성직자이든 간에, **진정한 기독교인은 실로 소외된 이방인으로 살게 된다**. 피터 브라운의 설명은 다음과 같다. "아우구스티누스에게 있어서, 이 세속(saeculum)은 근본적으로 사악한 것이다. 세속은 죄와 관계있는 존재이다. …… 세속은, 리듬이나 운율 또는 이유 없이 그저 부침할 따름이다."[650] 여기에 대비해서 볼 때, **하나님의 도시에서는 기독교인의 정신성 또는 영성은, 성 아우구스티누스에게 있어서는, 창조주의 원래 준 선물**(vestiges)**을 통해서 실현된다. 창조주는 인간의 기억과 상상력, 그리고 인간의 이성과 이해력, 그리고 인간의 갈망과 사랑 안에 그의 선물을 심었다**.[651]

650) 원저 p.176. 각주 1. See Peter Brown, "St. Augustine," in Beryl Smalley, ed., *Trends in Medieval Political Thought* (Oxford, 1965), p.11.

세속 세계의 정신세계에 대한 관계에 대한 전혀 다른 개념과 생각은 11세기 말과 12세기 초의 교황의 혁명에서 나타났다. 즉, 그때 서양 교회는 황제의 지배권, 왕권의 지배, 그리고 봉건 제후의 지배로부터의 자유와 교회 자체의 초국가적이고 초 영역적인 단체로서의 법적 동일성을 확립하였다. 이제 (세속 정치의 영역과 구별되는) 성스러운 영역 또는 정신적 영역이 눈에 보이며 위기의 질서를 가지고 있는 로마 가톨릭교회와 동일시되기에 이르렀다; 로마 가톨릭교회의 사제가 처음으로 "spirituals"(*spirituales*, Geistliche)라고 불리우고, 새롭게 통일된 서양의 교회 질서는, 교황권 아래에서 "정신세계의 또는 영적인 세계의 검"(spiritual sword)을 가지고 있다고 말해졌다. 이것은 부족집단과 봉건사회와 도시를 지배하는 황제와 왕과 같은 성직자 아닌 지배자가 "이 세상에 속하며 따라서 세속적인 검"(secular sword)을 가지는 것과 대조된다.[652] 그레고리오 7세 교황은 다음과 같이 주장한다. "지상의 왕과 군주들은 정신 또는 영혼에 속하는 그들보다도, 그들 자신의 이익을 우선한다." 여기에 비해서 사제직은 "하나님의 것을 육체에 속한 것들에 우위

651) 원저 p.176. 각주 2. *The Confessions of St. Augustine*, trans. E. B. Pusey (New York, 1907), pp.317~318; Saint Augustine, *The Trinity*, ed. Roy Deferrari, trans. Stephen McKenna (Washington, D.C., 1963), pp.271~289, 308~309. Cf. Leonardo Boff, *Trinity and Society*, trans. Paul Burns (Maryknoll, N.Y., 1988), p.56; Harold J. Berman, "Law and Logos," *De Paul Law Review* 44 (1994), 149~150.

652) 원저 p.177. 각주 3. See Berman, *Law and Revolution,* pp.92~93, 581~582. Although priests generally were called "spirituals," the priesthood itself was divided between "secular" clergy, incardinated in particular dioceses and subject to the discipline of the local bishop, and "regular" clergy, who were members of religious orders and subject to the orders' rules (*regulae*). In addition, the name "spirituals" was appropriated by the radical wing of the Franciscan movement in the late thirteenth and fourteenth centuries.

에 둔다."[653] 그러나 교황에 속하는 위계질서는 이미 아우구스티누스가 그러했던 것처럼, 세속 도시에 있어서조차도 정신적이며 영적인 전진의 가능성을 단념하지 않는다. 오히려, 11세기 말과 12세기 초에 새롭게 독립하고 조직되었으며, 중심점을 가지게 된 교회는 세속 세계(*saeculum*)에 대해서 큰 희망을 가진다. 이것은 교회가, 이제, 교회의 공직뿐만 아니라 세속 지배자들의 공직상의 직무의 많은 것을 차지하게 된 정신적 세계의 사제들의 지도와 보호를 받아들이는 한도에서 그러했다.

로마의 교회는 최초의 근대 서양법 체계를 창조하였는데, 이것이 캐논법이며, 이 캐논법을 "정신세계 또는 영적인 세계에 속하며, 세속 세계와 구별되는 법"(spiritual law, *jus spirituale*, geistliches Recht)이라고 불렀다. 이것은 또한 동시에 공존하는 왕의 법, 봉건법, 도시법, 상인법, 그리고 지역법을 모두 합하여 "현세의 법" 또는 "세속법"(secular law, jus temporale, jus saeculare, weltliches Recht)이라고 불렀다. "정신세계의 법 또는 영적인 세계에 속하는 법"은 교회 당국에 의해서 공포되고 시행되는데, 여러 성사들이나 성찬식, 그리고 기독교 교리에 대한 권위 있는 선언, 사제들의 교육과 훈련, 교회 재산, 그리고 교황이나 감독이나 사제들의 권위 일반과 같은 순수히 교회의 일들뿐만 아니라, 사제가 아닌 사람들에 대한 일에 대한 법조차 포함하였다. 즉, 혼인, 교육, 성직자가 아닌 일반인들이 행한 어떤 타입의 범죄들, 그리고 가난한 자의 구제뿐만 아니라 많은 재산, 계약, 그리고 다른 민사 분쟁(성직자가 아닌 사람들 사이의 민사적 분쟁이라도 당사자가 자발적으로 교회

---

653) 원저 p.177. 각주 4. Pope Gregory VII to Bishop Hermann of Metz, March 1081, quoted in ibid., p.110.

의 심판이나 중재에 가져간 경우)의 일들을 포함하였다.654) 그러나 왕의 법, 봉건법, 도시법, 그리고 영역의 세속법은, 이에 비해서 (교회법에 비해서) 상당한 정도 덜 체계적이었으며, **더 형식에 얽매이고** 따라서 그 범위가 더 제약되어 있었다. "정신세계 또는 영적인 세계의 법이라는 것의 spiritual law"는 교회 법주의자들에 의해서 다음과 같은 근거로 정당화되었다. 즉, 교회법은 그것의 법적인 원천을 교회의 입법적, 행정적, 사법적 권한에서 가질 뿐만 아니라, 다시 교회법 주의자들은, 정신세계의 법은 신의 법(divine law)과 자연법(natural law)에 의해서 더 직접적으로 가이드를 받기 때문에 세속법보다도 더 높은 위치에 있는 고차원의 법(higher law)이다.655)

16세기 도이치에 있어서 루터주의 종교개혁의 영향 아래에서 이전에 쓰던 세속법의 세속이라는 말과 정신세계의 법에서처럼 "정신세계"라는 말은 다른 의미를 획득하였다. 루터의 "두 왕국 이론"(two kingdoms doctrine)은, 세속 왕국 내부에서의 눈에 보이는 제도 교회, 즉 ecclesia manifesta을 존재하게 하였다. 비슷하게 루터주의에 있어서 삼 신분 이론(three estates doctrine)은 사제 계급

---

654) 원저 p.177. 각주 5. Although canon law as a whole was called *jus spirituale,* a division was made between those aspects of the canon law that dealt with strictly secular matters, called *jus temporale,* and other temporal matters which were connected to spiritual causes, called jus annexum spiritualibus. For example, the law of patronage, which dealt with the power of laymen to present candidates for ecclesiastical office, was said to be "not spiritual but annexed to the spiritual." Hostiensis, *Commentaria*, x.1.6.28.

655) 원저 p.177. 각주 6. Thus the great fourteenth-century Italian jurist Baldus, who was both a Romanist and a canonist, wrote that in cases of conflict involving spiritual or mixed causes, canon law should be preferred since it is connected to divine law. See Giuseppe Ermini, "Ius Commune e Utrumque Ius," *Acta Congressus Iuridica Internationalis* 2 (1935), 522, n. 32.

을, Obrigkeit라고 불리던 고위 관직 및 가문(family)과 함께, 높은 신분으로 특징화했다. 루터는 이것을 경제와 정치 공동체의 기초로 보았다.[656] 로마 가톨릭 용어에서, 정신세계와 영적인 세계에 속하는 사람들로 불리우던 사제들(spirituals, Geistliche)은, 이제 프로테스탄트 용어로 교회의 공직자(kirchliche Beamten)가 되어버렸고, 인간의 연약함과 죄악으로 구성된 지상의 왕국의 일부가 되어버렸다. 눈에 보이지 않는 교회의 신앙심 깊은 구성원들, 즉 모든 신자 중에서 정신세계와 영적인 세계의 사제 계급들만이, 신앙과 은혜가 있는 천상의 왕국에 살 수 있었다.

그러나 루터주의의 세속 왕국은 성 아우구스티누스의 지상의 왕국, 즉 civitas diaboli와는 참으로 달랐다. 루터주의가 거기에 반대하였으나 그 원천에 있어서는 그것에 의하여 양육되고 성장한 로마 가톨릭과 마찬가지로, 루터의 신학은 아우구스티누스의 신학보다는, 세속법에 대해서 훨씬 낙관적이었다. 한편에 있어서, 루터에게 있어서는, 캐논법뿐만 아니라 십계명과 같은 신법에 속하나 실정적인 법조차도 포함하는 모든 법이 세상과 관계있으며(secular, wetlich), 또한(영육의 구분에서 나타난 것에서) 육과 관계가 있었다(leiblich).

오직 하나님이 깨우친 신앙과 사랑과 은혜만이, "법"(law)이라는 단어의 특별한 의미에 있어서, 정신과 영혼에 관한 법(spiritual law, geistliches Recht)이라고 불리울 자격이 있었으며 – 정신과 영혼에 관한 법은 룰이 없으며, 또한 강제적인 제재가 없다는 의미에

---

656) 원저 p.177. 각주 7. Luther stated that marriage is "the source of the economy and the polity and the seed-bed of the Church." Quoted in Johannes Heckel, *Lex Charitatis: Eine juristische Untersuchung über das Recht in der Theologie Martin Luthers* (Munich, 1953), pp.101～102.

서 다른 종류의 법과 전혀 다르다는 것이다.657) 십계명에서의 도덕법조차도 구원의 방법으로 의도된 것이 아니고, 단지 죄 많은 인간의 행위를 처벌하거나 저해하거나 교정하기 위해서 하나님에 의해서 의도된 것이다. 그래서 비록 하나님에 의해서 십계명은 주어진 것이지만, 십계명 자체는 "정신과 영혼에 관한"(of the spirit) 것은 아니었으며, 따라서 십계명 자체는 그리스도 인을 하나님과 일치시키는 대로 데려가지는 못한다; 그 전적인 목적이 올바름을 행하는 것인 복음적 교회(Evangelical Church)는, 루터의 견해로는 법적인 의미의 단위가 아니고, 따라서 법체계를 창조하거나 시행하는 일과는 관계없었다. (이러한 맥락에서) 법에 의해서 다스리는 것과 실로 교회를 법에 의해서 규율하는 것은, 전적으로 (교회 당국이 아니라) 세속적인 정치적 권위가 있는 당국의 과제였는데, 정치적 권위는 군주의 상부조직(Obrigkeit)에 속한다. 그러나 프로테스탄트 군주가 복음을 위주로 하는 기독교 교사들에 의해서 교육되고 복음의 설교에 의해서 감화받기 때문에, 지상의 왕국에서의 종교적 활동을 규제하는 법을 입법하거나 시행하는 임무를 맡아서 교회를 도울 수 있다. 이런 의미에서 교회 당국이 아닌 세속 군주에 의한 종교법이 가능하게 된다. 이와 같은 세속 당국에 의한 종교법은 교회권이 아닌 지상의 군주에 의해서 공포되고 또한 왕권에 속하는

657) 원저 p.178. 각주 8. Cf. Christoph Strohm, "Ius divinum und ius humanum: Reformatorische Begründung des Kirchenrechts," in Gerhard Rau, Hans-Richard Reuter, and Klaus Schlaich, eds., *Das Recht der Kirche,* Bd. 2, *Zur Geschichte des Kirchenrechts* (Guterslöh, 1994), p.145. Strohm states that the law of the invisible church ("the church as a creature of the word and the spiritual community of love") is "Law sui generis" and that its uniqueness "lies above all in the fact that in its obligatory character it can be really known and recognized by those to whom faith has awarded the promise of salvation" (p.145, n.108). See also Heckel, *Lex Charitatis.*

세속 법원을 포함한 군주의 정부를 구성하는 상부 조직(Obrigkeit)에 의해서 강제되기 때문에 "존재하는 권력"(powers that be)의 주요한 과업이었다. (이런 의미에서) "존재하는 권력", 즉 현존하는 권력은 사도 바울에 의해서 그리고 자주 루터에 의해서 인용되는 바대로 "하나님으로부터 유래하는 것이다"(ordained by God).[658] (종교개혁기의) 루터와 그의 추종자들에게 **(교회법이 아닌 지상의 정부의) 세속법이라는 것은,** 어느 것 자체가 종교적이라거나 정신 또는 영적인 세계와는 관계없음에도 불구하고 **"인간의 정신 또는 영혼을 위한 효용**"(spiritual uses)**을 가지고 있었다**.[659] 지상에 존재하는 눈에 보이는 그 자체를 포함하여, 다른 지상의 세속 제도들이 인간의 정신과 영혼을 위한 효용을 가지고 있는 것처럼, 세속 정부의 법도 하나님의 뜻의 발현(manifestation of divine will)이며, 따라서 이러한 **세속 정부의 법은 가능한 최대한도로 십계명에 명백한 하나님의 법에 일치하여야 되는 것**이었다. 그래서 **백성들로 하여금 그들이 죄 많은 것을 항상 의식하게 하고 회개가 필요하다는 것** 또한 늘 의식하게 만들어야 되는 것이었다. (이와 같이) 루

658) 옮긴이 주석: 다음의 성경 구절은 최근의 한국 성도들에게 가끔 착각을 일으키게 한다. 옛 한국어 성경에서 사도 바울의 말씀으로 알려진 구절, "권세는 하늘이 주신 것이다"라는 구절은 방금 설명한 종교개혁 당시의 인간관과 특히 교회와 프로테스탄트 영역의 군주 간의 관계를 전제로 한 것이다. 그와 같은 구체적 역사에서의 맥락 없이 "권세는 하나님이 주신 것이다"라고 절대 명제로 읽혔기 때문에 한국 개신교의 역사에서 특히 20세기에 들어와서조차도 모든 정치권력에 순응하라고 하는 것처럼 잘못되게 전달되어 왔다. 어떤 경우에도 20세기에는 종교개혁기의 기독교 군주도 존재하지 않았다.

659) 원저 p.178. 각주 9. See D. Gerhard Ebeling, "Zur Lehre vom triplex usus legis in der reformatorischen Theologie," in *Wort und Glaube*, Bd. 1 (Tübingen, 1960), pp.50~68; John Witte, Jr., and Thomas C. Arthur, "The Three Uses of the Law: A Protestant Source of the Purposes of Criminal Punishment?" *Journal of Law and Religion* 10 (1993~94), 433~465.

터주의자들은 법의 도덕성과 합리성을 부인하지 않았고, 오히려 법의 정신 및 영혼지향성과, 그것의 신성성, 즉 비세속성(Geistlichkeit)을 받아들였다.

루터주의 도이치에 있어서 정신·영혼의 세계와 세속의 세계의 변증법적인 상호작용관계는 수백 개의 새로운 법에서 잘 나타나고 있다. 이러한 수백 개의 신법은 16세기 당시의 게르만의 루터주의 군주들과 도시 의회들에 의해서 공포된 것으로 "정신·영혼에 관한" 책임과 권리들을 포함하고 있었다. 물론 이때 "정신·영혼"(spiritual)이라는 말은 루터가 쓴 말도 아니고, 또한 현대의 도이치 어법과도 의미 내용이 다르다. 루터주의 군주와 도시 정부 의회가 공포한 새로운 입법은 항상 언제나 Ordnungen(영어의 ordinance로 불렸는데(도이치어와 영어의 어간이 되는 ord라는 것은 질서를 의미하고 영어의 order와 같은 의미이다) 도이치어 Ordnungen은 따라서 질서를 만든다는 뜻이고, 영어의 ordering이라는 뜻이다.[660] Ordnungen

660) 옮긴이 주석: 한국 공법학자들은 영어의 ordinances와 같은 도이치어 Ordnungen을 번역할 때 20세기나 21세기의 의회 입법의 체계를 전제로 해서 번역하려는 경향이 있다. 즉, 중앙 정부와 지방 정부라는 현대 한국에서의 구조를 전제로 하기도 하고, 또는 연방 정부와 주 정부라는 현대 도이치의 구조를 전제로 하기도 한다. 그러나 이 모든 전제는 **16세기 종교혁명 이후의 기독교 군주와 루터주의자 백성들에게서 처음 쓰여진 Ordnungen의 의미와는 의미 구조가 다르다.** Ordnungen 또는 ordinances를 그 역사적 맥락에 주의하지 않고 일률적으로 지방자치단체의 조례라고 번역하는 것은 16세기 도이치에서는 의미가 없는 것이다. 왜냐하면 본 기본법하에 있어서의 연방정부와 연방의회, 란트정부와 란트의회라는 구조가 없을 때이다. 또한 1871년 비스마르크 헌법에서 보여지는 연방정부와 연방의회라는 존재하지 않았을 때이다. 존재한 것은 약 400개의 거의 독립적인 군주령과 황제령, 자유도시, 제후령, 기타이고, 여기에 무슨 중앙정부라는 개념이 있을 수 없고, 자치정부라는 개념이 있을 수 없다. 한국어로 번역을 어떻게 하든 이것은 한국법의 세계가 아니다. 그러나 정확하지는 않아도 비슷한 한국어의 명칭을 찾아낸다면 어떻게 될까? 군주 입법이든 자유시 의회의 입법이든 그 효력은 법률의 효력을 가졌기 때문에 법률이라 해도 무방할 것이다. 법령이라 할 때는 법률과 명령을 함께 붙여서 얘기하는 명칭이고, 명령은 물론 법률과 같은 효력을 가지는 행정명령도 있을 수 있으나 일반적으로 명령은 법률을 시행하기 위

의 각각은, 질서를 의미하는 도이치어 단수형 Ordnung을 부여하는 포괄적인 규제의 조합이었다. 따라서 복수 Ordnungen은 법의 모든 분야에 미치는 여러 활동과 여러 관계들의 폭넓은 범위에 주어진 것이다. 여기서 정신적이며 영적인 영역에 관한 것이라고 불리우는 법률들은 - 비록 당시 루터주의자들은, 그 법들을 정신적인 영역(geistlich)에 관한 것이라고 부르지 않았을 것이지만 - 일찍이 로마 교회(Church of Rome), 즉 가톨릭 세계의 중심이었던 로마 주교가 입법한 정신적 영역과 영혼의 영역의 법이라고 불려왔던 것들에 의해서 상당히 오랫동안 규율되어 왔던 일들에 대해서 재판관할권을 세속 권위에 의한 재판관할권으로 옮겨갔다.

새로운 정신적 · 영적 영역에 관한 법률들(Ordnungen)은 교회가 아닌 세속 당국에 의해서 포고되고, 다양한 이름으로 불려지게 되었다 - 여기에 대해서는 이 책의 이전의 장들에서 주의한 바 있다. 다양한 이름들은 예를 들면, 일반 교회 법률(Kirchenordnungen)을 포함한다. 이것들은 실제로 모든 정신적 · 영적 영역에 관한 문제

한 시행령으로 이해된다. Ordnungen과 ordinance를 법령이라고 해도 크게 빗나가는 것은 아니나 그 효력만 본다면 그냥 법률이라 해도 근사하다고 생각된다. 한국의 지방자치법을 다루는 학회에서 도이치법이나 EU법을 연구하는 학자들이 많은 것은 좋은 일이다. 그런데 한국의 자치행정법 또는 지방행정법, 지방재정법 학자들의 1차적이고 궁극적인 관심은 한국의 지방자치단체와 지방행정기구이다. 어떤 주어진 문제는 한국 내의 2013년 현재의 한국의 중앙 정부 및 지방자치단체와의 관계에서 발생하는 법 문제이다. 그럼에도 불구하고 선례라든가 모범이 될 만한 입법들이 없기 때문에 하는 수 없이 비교법적 사교를 하지 않을 수 없다. 도이치나 다른 EU국을 비교법의 모델로 삼을 때 그러나 동아시아 법학자들이 자주 범하는 착각이 있다. 우선 한국, 중국, 일본을 막론하고 동아시아 국가들은 도이치와 유럽과 같은 16세기에 있어서의 수백의 다양한 정치적 공동체가 서로 공존하는 역사적 경험을 한 적이 없다. 무엇보다 가장 큰 전제는 도이치에 있어서의 란트와 연방 정부의 관계는 그 기본적 성질에 있어서 동아시아의 중앙 집권적 정부에 있어서의 중앙 정부와 지방자치단체의 관계와는 다르다. 단적으로 말하면 도이치에서의 란트는 1871년 이전에는 전부 독립된 국가였다고 보면 된다.

들을 관장하며, 또한 더 특별한 혼인에 대한 법률들(Eheordnungen), 학교 법률들(Schulordnungen), 훈육에 관한 법률들(Zuchtordnungen), 그리고 가난한 사람들의 법률들, 즉 빈민법(poor laws, Armenordnungen) 등이다.[661][662] 이러한 법들은 보통 지도적인 프로테스탄트 신학자가 기초하였고, 어떤 경우에는 루터[663] 자신이나 루터의 파트너였던 필립 멜랑히톤[664]이 기초했으며, 또한 루터나 멜랑히톤처럼 대학에서 원래 법학 공부를 했던 루터의 가까운 친구 요한 부겐하겐(Johann Bugenhagen)이다. 이와 같이 루터, 멜랑히톤, 부겐하겐과 같이 신학과 법학을 동시에 공부한 사람들이 만든 법률들은, 기독교 신앙과 가장 밀접하게 연결되어 있다고 간주되던 일들에 관해

---

661) 원저 p.179. 각주 10. These specific types of Ordnungen were sometimes incorporated into large "policy ordinances" (*Polizeiordnungen*). See Gustav K. Schmelzeisen, *Polizeiordnung und Privatrecht* (Münster, 1955).

662) 옮긴이 주석: 여기서 우리는 교회 영역 내부의 법률, 혼인에 관한 법률, 그리고 학교에 관한 법률, 그리고 훈육에 관한 것과 빈민에 관한 법은 원래 로마를 중심으로 하는 전 유럽에 걸친 가톨릭교회가 관장하고 있었고, 또한 정신적 영역 또는 영혼의 영역이라고 생각해서 spiritual law 또는 geistlicheordnungen이라고 이름 붙인 것을 알게 된다. 특히 혼인, 교육, 빈민은 종교개혁 이전에는 교회법의 영역이라는 것을 알게 된다.

663) 옮긴이 주석: 루터는 (그 당시의 대학 규칙대로) 철학, 신학, 그리고 교회법이라는 선수과목을 택했다(이 세 과목이 법학전공이 선수과목임을 알 수 있다). 4년 뒤인 1505년에 마이스타의 학위를 받은 뒤 루터는 (당시의 법학 전공자들이 잘 하듯이) 시민법(civil law)을 전공하는 전문 독토르(Doktor) 과정에 등록하였다. 그러나 곧 대학을 떠나서, 같은 도시인 에르푸르트의 아우구스티누스(Augustinus) 수도원에서, (세속법이 아닌) 교회법을 계속 공부하였다. 1510년에, 그가 선택하고 소속하고 있었던 아우구스티누스 수도원 간에 어떤 교회법상의 분쟁이 일어났는데 그 분쟁에서 에르푸르트에 소재한 아우구스티누스 수도원을 대표하기 위해서 로마 법정에 대리인으로 섰다. 1511년에 새로 창설된 비텐베르크 대학의 신학교수가 되었다.

664) 옮긴이 주석: 1518년에 21살의 나이로, 멜랑히톤은 비텐베르크(Wittenberg) 대학으로 초빙되어, 그리스어에 대한 최초의 교수로서 봉사하였다. 그는 교수로서 그리스어와 레토릭을 가르치면서 신학을 공부하였고, 1519년 초에 신학의 학사학위를 받았다. 곧 그는 신학에 있어서 재능 있는 교수가 되었다.

서 신학적 원칙과 법학적 원칙을 결합하고 있었다.

위에서 설명한 정신적 영역 또는 영적 영역에 속한다고 생각되었던 법률들의 다양한 형태들은 네 가지 측면에서 혁명적이었다. 첫 번째로, 이 법률들의 공포는 그전처럼 교회의 계층 구조에 의해서 행해진 것이 아니고 (자유시나 독립시의 경우에는) 시 정부의 의회에 의해서나 또는 세속 군주, 즉 왕의 권위－이전과 달리 이제 복음 교회의 으뜸가는 공복이라는 그의 권한에서－ 아래에서 행동하는 상부 지배 관료들(Obrigkeit)의 대표 회의에 의해서 공포되었다. 두 번째로, 이들 법률에 대한 위반은, 세속 권위와 세속 법원에 의해서 가해지는 행정적 제재나 형사법적 제재에 매이게 되었다. 세 번째로, 이들 법률들은 프로테스탄트 신학을 포함하고 있었고, 또한 실제로 행하고 있었는데 이 프로테스탄트 신학은 중요한 측면에서 이전의 로마 가톨릭 신학과 달랐다. 그리고 네 번째로, 이들 법률들은 (종교개혁 이후에 게르만 영역에서 일어난) 새로운 법과학을 반영하고 있었는데, 이 법과학은 이전에 공존하면서 분리된 체계였던 캐논법과 로마법을 결합하였으며, 또한 이미 이전에 계속해서 공존하였으나 분리된 체계였던 왕의 법, 도시법, 그리고 봉건법을 기초로 한 것이었다. 이들 법률들은 또한 특별한 법의 분과를 포괄적이며 전면적으로 덮고 있다는 점에서 새로운 법과학을 반영하고 있었다.[665)]

665) 원저 p.179. 각주 11. See Harold Berman and Charles J. Reid, Jr., "Roman Law in Europe and the Jus Commune," *Syracuse Journal of International Law and Commerce* 20 (1995), pp.1～30.

6.1 세속법의 비세속화 또는 정신화(The Spiritualization of Secular Law)

16세기에 프로테스탄트 게르만 나라들에서, 다섯 개의 정신적 영역의 일들에 대한 주된 타입이, 세속 당국에 의해서 공포된 법률로 규제되었다. 이들 법률들은 다음 사항을 규율하였다. (1) 교회 전례 또는 성찬식(Church liturgy), (2) 혼인, (3) 취학과 학교 교육, (4) 도덕적 교화와 훈련(moral discipline), (5) 빈자의 구제(poor relief), 이들 다섯 개의 정신적 영역에 관한 법 각각은, 이미 이전에 존재하였던 로마 가톨릭 캐논법과 어떤 요소는 계속성을 유지하면서 어떤 요소는 급격한 변화를 포함하게 되었다.

6.1.1 교회 전례(典禮) 또는 성찬식(Church liturgy)

지도적인 루터주의 신학자들[666]에 의해서 구성되고, 주요한 루터주의 영역들과 도시들[667]의 대부분의 세속 지배자에 의해서 16세기에 공포된 교회 법률들(Kirchenordnungen)은, 교회의 통치 구조를 규제하는 것에 더해서, 역시 교회 전례를 규제하였다. 이때 전례는 3가지의 남아 있는 성찬식을 포함하는데, 즉 (최후의 만찬을

666) 원저 p.179. 각주 12. The theologians included Luther, Melanchthon, Johannes Bugenhagen, Antonius Corvinus, Kaspar Cruciger, and many others. See Anneliese Sprengler Ruppenthal, "Kirchenordung, evangelische," in *Theologische Realenzyklopädie*, Bd. 18 (Berlin, 1989), pp.679~681.

667) 원저 p.179. 각주 13. Church, marriage, disciplinary, and other ordinances promulgated in Calvinist cities and principalities are not included in the present discussion.

상기시키는) 성찬식[eucharist, Abendmahl, 도이치어로 주의 만찬(Lord's Supper)이라는 뜻이다]과 세례 의식(baptism) 그리고 고백과 죄로부터의 면제 의식(confession and absolution from sins), 그리고 또한 예배 의식(worship service)과 설교(sermons)이다.[668] 열거한 모든 항목에 있어서 새로운 루터주의 의식은, 이미 존재하였고, 루터주의가 대치했던 로마 가톨릭의 전례와 의식에 있어서 중요한 쇄신을 포함하고 있었다.[669]

가장 중요한 쇄신은, 교회의 공식 용어로 쓰여 졌던 라틴어를 게르만인들의 자기 말로 대신한 것이다. 루터 자신이 십계명, 주기도문, 사도신경, 그리고 세례 의식과 예배 의식의 다른 부분들을 도이치어로 번역하였다. 이때 관계되는 쇄신들의 강한 중점이, 예배에 참여하는 회중들이 여러 성사를 거행하고 참여하는 데에 주어졌다. 이것은 회중들이 하는 기도,[670] 그리고 중요한 일은 루터주의 교회에서 만든 찬송가를 같이 부르는 것이었다.[671]

---

668) 원저 p.180. 각주 14. See Sprengler-Ruppenthal, "Kirchenordnung," pp.670~707 and sources cited therein. Private confession and absolution from sins was retained by the Augsburg Confession of 1530. It eventually ceased to be obligatory.

669) 원저 p.180. 각주 15. The chief Lutheran modifications in the liturgy of the Roman Catholic Church are reviewed by Timothy George, *Theology of the Reformers* (Nashville, 1988), pp.92~95 and 145~158.

670) 원저 p.180. 각주 16. See Hans J. Hillerbrand, ed., *The Oxford Encyclopedia of the Reformation,* vol. 2 (1996), pp.439~441 ("Protestant Liturgy").

671) 옮긴이 주석: 역자는 『법과 혁명 Ⅰ-서양법 전통의 형성 1』(서울: 한국학술정보, 2013)의 1장 프롤로그에서 "법의 성장 및 발전과 음악의 성장 및 발전 사이에 비슷한 점을 찾아서 비교해보는 것은 유용할 것이다. 즉, 가톨릭 시대인 11세기와 12세기부터 시작해서 당시에 주류를 이루었던 그레고리안 성가에서 주로 나타나는 단성적 음악은 시간이 갈수록 점차로 복합적인 소리가 나는 스타일로 대치되어 갔다. …… **16세기에 독일 개신교회의 합창의 발달은 대단히 큰 발전이었고**, 이탈리아와 영국의 마드리갈이나 다른 형태의 음악과 함께 **이미 말한 독일 개신교회의 합창은 오페라가 나타나는 기초를 제공했다**"고 썼다(같은 책, p.29).

성찬식의 거행에서, 회중들이 참여하는 것을 강조하는 루터주의 방식은, 성찬식의 성질에 대한 교회사적이며 신학적인 변화를 반영하고 있고, 더하여 중요한 사회적 함의를 가지고 있다. 로마 가톨릭 식은 교회 회중들에게 빵만 나눠주는 것인데 이때 빵은 그리스도의 몸을 나타내는 것이었다. 로마 가톨릭식은 그리스도의 피를 나타내는 포도주는 회중에게는 주지 않고 사제에게만 남겨주는 방식이었다. 또한 로마 가톨릭의 사제가 "이것이 나의 몸이다"(라틴어로 "Hoc est corpus meum")라고 하는데, 이 엄숙한 언어가 종교개혁 당시의 개혁가들이 유머러스하게 비슷한 발음으로 "hocus pocus"[672]라고 하였다. 이와 같이 **로마 가톨릭에서의 전례는 사제에 의해서 완성되는 것으로, 사제 자신이 의식을 혼자서 거행하기도 하였으며**, 이 경우에는 신자나 회중의 존재 없이도 가능했다. 실로 사제가 아닌 일반인은 연중 고백성사와 보속을 받고 난 이후에, 성 주간(Holy week)에 매년 성체(eucharist)를 받아 모시는 것만으로 족했다. 이에 대비하여 루터주의의 주장은 다음과 같다. 빵과 포도주를 매주 성찬식에 집합적으로 참여하게끔 되어 있는 신자인 회중이 받아먹을 때 성찬식은 완성된다는 것이다. 이 변화는 군주의 법에 구체화되었는데, 모든 신자들이 사제가 될 수 있다는, 즉 만인 사제설의 루터주의 원칙을 나타내고 있는 것이다. 루터는 다음과 같이 썼다. "이 성찬식의 중요성과 효과는 모든 성도들의 우애 또는 형제됨이다. 따라서 그리스도와 모든 성도들이 하나의 공동체이며 몸체이며, 하나하나의 시민은 다른 도시 또는 도시 전

672) 옮긴이 주석: If you describe something as hocus-pocus, you disapprove of it because you think it is false and intended to trick or deceive people(*Collins Cobuild Advanced Learner's English Dictionary*).

체의 구성원이 되는 것이다."[673] 또한 루터는 다음과 같이 썼다. **"무엇인가 필요하거나 결핍 상태에 있는 사람은 기쁘게 제단의 성찬식으로 가서 공동체의 한가운데 그의 근심을 내려놓고 그래서 (전례 의식에 참가한 회중의) 모든 사람들로부터 도움과 원조를 구하고 찾는 것이다.**"[674]

이와 같이 루터주의 사상에서 성찬식이라는 의식은, 그 **공동체에 있어서의 구성원이라는 기존 상태의 효과를 발휘하게 하는 사회적 측면을 가지고 있다.** 카트 린드버그가 다음과 같이 썼다. "**무엇이 부족하거나 필요하거나 결핍하고 있는 사람은, 루터에 의하면, 구성원 전부로부터 도움을 구하여야 되며, 이것은 흡사 시민 한 사람이 어떤 권위 있는 당국이나 동료 시민들에게 원조를 구하는 거와 같다**"는 것이다.[675] 루터는 가난한 사람 구제에 대한 그의 신학을 이와 같은 성찬식의 이론을 기초로 하였다. 또한 시 당국이 굶주린 자를 먹이거나 병든 자를 돌보아야할 책임과 함께 **무엇인가 필요로 하고 결핍된 자를 위해서 "기도하고 근로하며 심지어 싸우기까지 해야 된다"라는 책임을 포함하고 있다.** 루터는 또 다음과 같이 썼다. "지난 시절에 있어서 이 성찬식은 다음과 같은 목적으로 유용하게 쓰였으며, 사람들은 이와 같은 형제애를 잘 이해할 수 있도록 가르쳐줬다. 그래서 사람들은 교회 안에서 음식이나 필요한 물건들을 모으기도 했으며 거기서 필요한 사람에게 나누어주기도 했다."[676]

---

673) 원저 p.180. 각주 17. *LW* 35:501.

674) 원저 p.180. 각주 18. *LW* 35:53～54.

675) 원저 p.180. 각주 19. Carter Lindberg, *The European Reformations* (Oxford, 1996), p.116.

676) 원저 p.180. 각주 20. Ibid., pp.116, 117.

세례 의식에 관해서는 로마 가톨릭 의식을 루터주의자가 변화시킨 가장 주요한 것은 우선 세례 의식에 쓰이는 언어를 도이치어로 번역한 것이고, 그 번역이 루터에게는 신학적인 의미가 있었다. 루터주의 신학이나 로마 가톨릭 신학 양자 모두가 유아 세례를 지지했으며, 양 교회 모두가 교회를 떠난 뒤에 신앙으로 돌아온 사람들에게 다시 세례를 주는 것(re-baptism)을 반대하였다. 양 교회 모두가, 비상한 상황에 있어서는, 교회 영역 바깥에서 사제가 아닌 일반인들에 의해서 세례 의식과 같은 교회 의식을 혼자서 거행하는 것을 허용하였다. 그리고 유아 세례의 통상적인 사례에서 교회 안의 성직자에 의해서 세례식이 서행되는 점에서 **로마 가톨릭교회와 루터주의 의식은 둘 다 모두 일반 평신자로 이루어지는 회중들이 참여하는 것과 세례 받은 유아를 그리스도인으로 양육하는 데에 대한 책임을 신자들의 회중 모두가 받아들이는 것을 예비하였다**. 그러나 루터 교회에 있어서 유아 세례는 세례식이 이와 같은 평신도의 회중으로서의 책임을 강조하는 것으로 차이가 난다. 이와 같은 세례 의식의 언어를 도이치어로 번역하면서 쓴 에세이에서 루터는 (라틴어가 아니라 평신도인 회중들이 일상 쓰는 그대로의) 도이치어로 여러 기도문들을 옮겼는데, 루터가 설명하기를, 그 이유는, 세례식에 참여하는 **회중의 전체로서의 단체로서의 신앙이 유아를 악마의 덫과 유혹으로부터 보호하는 데에 필요하다고 했다**.[677] 전승된 악마의 액막이로부터 세례 의식을 방위하는 것은, 실로 로마 가톨릭 때부터 물려받은 것이지만 "모든 기독교인의 진지함으로, 나는 세례식을 집전하는 사람들, 아동을 데리고 있는 사람들,

677) 원저 p.181. 각주 21. Luther, "The Order of Baptism," *LW* 53:95～103.

또는 세례식에 참여해서 증인이 된 모든 사람들에게 요청하노니, 악마에 반대하는 편에 서서 어린아이로부터 악마를 몰아내도록 할 것을 요청한다." "세례 이후에, 세례 받은 유아들에 대한 우리들의 관심이, 너무나 냉정하고 부주의해져서, 그리고 어린이들을 위해서 아무런 열정 없이 세례식에 참여했기 때문에, 세례 이후에 사람들이 그렇게 나빠진 것이 아닌가라고 의심한다."[678][679] 또한 관련되는 것은 여러 교회 전례의식을 일상 쓰이는 도이치어로 옮긴 것은 새로운 형태의 일반 평신도 회중의 기도를 도입한 것인데, 이것을 여러 사람이 찬송가 부르기(hymnody)라고 한다. 즉, 16세기 로마 가톨릭 예배에서는 평신도의 회중들이 찬송을 하는 경우는 별로 없었고, 찬송가는 주로 라틴어의 단조로운 성가였다; 교회 음악으로써 정착된 것은 대부분 그 의도가 오로지 독창자나 사제에 의해서 사제가 부르도록 하든가 또는 성가대에 의해서 부르도록 하는 것이었고, 일반 신자인 회중이 부르도록 하는 목적은 전혀 아니었다.[680] 또한 평신도로 이루어지는 회중의 누구도 악보를 읽을 수 있는 사람이 드물었기 때문이기도 하다. 그러나 루터는 그때까지의 음악 전통 중에서 **교회 음악 전통뿐만 아니라 르네상스의 후마니스트 음악 전통 양자 모두에서 훈련을 받아 익숙했을 뿐만 아니라** 아름다운 테너 목소리를 가지고 있어서 대중 합창에서도

---

678) 원저 p.181. 각주 22. Quoted in John Tonkin, "Luther's Understanding of Baptism: A Systematic Approach," *Lutheran Theological Journal* 11 (1977), 101～102.

679) 옮긴이 주석: 루터가 강조하는 것은 세례식의 문제라기보다 세례 이후에 성직자나 아동의 후견인이나 세례식에 참여한 회중들 모두의 양육 과정에서의 책임을 강조하고 있다는 것이다.

680) 원저 p.181. 각주 23. See Paul Nettl, *Luther and Music*, trans. Frida Best and Ralph Wood (Philadelphia, 1948), p.82.

노래 부른 적이 있으며, 16세기 당시의 성악 전문가들의 조합인 Meistersingers guild의 열성적인 멤버였다. **음악은 창조주의 선물이라고 루터는 믿었으며, 음악은 가장 고차적인 신앙의 표현 중의 하나라고 믿었다**; 루터는 사람의 귀를 "그리스도인의 기관(organs of the Christian man)으로 칭했으며 우리들 눈에 나타나는 시각에서의 기적은 우리가 귀로써 파악하는 기적보다 훨씬 덜한 것이다" 라고 했다.[681]

1520년대 초에 시작하고 다음 수십 년 동안 계속해서, 루터는 수십 개의 도이치어 찬송가를 썼으며, 보통 당시의 민요에서부터 채취한 음악을 사용했으며, 성서의 텍스트로부터 끌어낸 단순하나 강력한 언어를 썼다. 루터는 1524년에 간행된 최초의 도이치어 찬송집에 포함된 여덟 개의 찬송가 중 네 개를 기고하고 서문을 썼다.[682] 루터는 또한 다른 프로테스탄트 찬송가집에도 서문을 썼는데, 그의 살아 있는 동안 약 100개가 출판되었다.[683] 1525년에 간행된 "음악 미사"(Sona Mass, Lied Messe)로 불리운 "도이치 미사

681) 원저 p.181. 각주 24. See Johannes Riedel, *The Lutheran Chorale: Its Basic Traditions* (Minneapolis, 1967), pp.35~38. Luther intended that his hymns, through reliance on traditional German folk melodies and strong, simple vernacular language, would reinforce popular belief in Evangelical theology. Music, Luther said, "makes people milder and more gentle, more civil and more sensible" (p.36). A leading interpreter of the Lutheran Reformation has written that "music was the audible symbol of a church struggling against too much clarity and too much visibility." Eugen Rosenstock-Huessy, *Out of Revolution: The Autobiography of Western Man* (1938; reprint, Providence, 1993), p.423.

682) 원저 p.181. 각주 25. This hymnal was called Achtliederbuch (Eight Song Book). See Frank C. Senn, "Liturgy," in Hillerbrand, *Oxford Encyclopedia of the Reformation*, 2:441.

683) 원저 p.181. 각주 26. Ulrich Leupold, ed., *Liturgy and Hymns,* in Helmut T. Lehmann, ed., *Luther's Works,* vol. 53 (Philadelphia, 1965), p.194.

와 예배"(Deutsche Messe und Gottesdienst)에서, 루터는 미사의 여러 부분에서 쓰여질 평신자인 회중의 찬송가를 보충했는데, 이것은 로마 가톨릭 의식에서는 사제나 독창자 혼자에 의해서만 또는 교회 찬양대에 의해서만 불리워지던 것이었다. 여기에 더하여 로마 가톨릭에서 찬양이 붙은 미사는 보통은 성 주간(Holy Week) 동안 연 1회 거행되는 데에 비해서, 루터주의 전례 의식은 평신도의 회중들이 찬송가를 부르기 때문에 매 일요일에 거행되었다. 이와 같이 니케아에서 확정된 사도 신경도 매주 사제나 주창자에 의해서 암송될 뿐이거나 노래 형식으로는 1년에 한 번 찬양대에 의해서 합창되어지도록 하는 로마 가톨릭 관습에 대비해서, 매주 회중들에 의해서 노래 부르게 했다; 비슷하게 성찬 의식도 로마 가톨릭 성찬 의식에서는 1년에 한 번만 평신도인 회중에 의해서 거행되는 것이 정상적이었는데, 루터주의 미사(Lutheran Mass)에 있어서는 매주 거행되어질 뿐만 아니고, 매주 거행할 때는, 그 전에 최후의 만찬을 기념하는 성찬식(the Lord's Supper)에 대한 루터주의 신학을 확인하기 위해서, 매주 평신도인 회중이 찬송을 불렀다.[684)]

1524년에 루터는 한 친구에게 편지를 써서 그가 의도하는 것은 "하나님의 말씀이 사람들이 찬송할 동안 울려 퍼지도록 하기 위해서, 도이치 사람들을 위해서 도이치어로 된 노래들을 작곡하는 것이며 …… 쓰이는 단어들은 가능한 한 단순하게 할 것이며, 그러나 동시에 순수하고 적합하여야 할 것이다; 주의할 것은 의미는 명

684) 원저 p.182. 각주 27. In addition to the Creed and the Sanctus, other parts of the Mass for which Luther introduced congregational hymns were the Introit, the Gradual, and the Agnus Dei. See Robin Leaver, "Theological Consistency, Liturgical Integrity, and Musical Hermeneutics in Luther's Liturgical Reforms," *Lutheran Quarterly* 9, n.s. (1995), 117～138.

료하고, 가능한 한 시편에 가까이 갈 것이다."[685] 루터는 또한 강조하기를 음악은 선율이 아름다워야 하며, 그 목적은 찬송가는 "가장 넓게 퍼져 나가야 된다."[686] 그는 또한 쓰기를, "가사와 음율 모두, 또한 액센트와 멜로디와 제스처까지 포함해서, 모국어와 모국어의 음성에서 와야 되며, 그렇지 않으면 찬송가라는 것은 원숭이의 경우 같이 모사에 지나지 않을 것이다."[687]

실로 루터와 그의 추종자들의 찬송가들은, 그 시절에 있어서의 교회 음악과 세속 음악 모두의 소리와 리듬을 급격히 변화시켰다. 당시에 팽배하고 있던 로마 가톨릭교회의 음악에 대비해서, 루터의 찬송가는 다음(多音) 또는 다성(多聲) 음악이라기보다도 단 하나의 목소리에서의 멜로디를 강조했으며, 당시 지배적인 세속 음악에 대비해서, 루터의 찬송가는 길이, 넓이, 부피, 둘레가 모두 같은 리듬을 강조하였다. 즉, 모든 음표는 동일한 길이를 가져서 신앙의 선포로써의 가사의 특징을 강조하고 있었다. 현대의 음악 학자의 말에 의하면 루터의 찬송가는 "멜로디가 진행하면서 강조하는 것은 가사의 중요성이다."[688]

오래된 게르만 전승에 의하면, 루터는 "로마 가톨릭교회에서 나온 수많은 찬송을 불렀다."[689] 그의 가장 잘 알려진 찬송가로, "**내 주는 강한 성이요**"(A Mighty Fortress Is Our God, Ein feste Burg ist unser Gott)는 "**도이치 프로테스탄트 운동의 함성이며 슬로건**"

685) 원저 p.182. 각주 28. Letter to Georg Spalatin, quoted in James F. Lambert, *Luther's Hymns* (Philadelphia, 1917), p.15.

686) 원저 p.182. 각주 29. *LW* 53:225.

687) 원저 p.182. 각주 30. Quoted in Nettl, *Luther and Music*, p.75.

688) 원저 p.182. 각주 31. Leupold, *Liturgy and Hymns,* p.225.

689) 원저 p.182. 각주 32. See Rosenstock-Huessy, *Out of Revolution,* p.417.

(battle cry)**이라고 불려졌다.**[690] 루터의 찬송가 중 다른 것으로 "주는 하늘에서 굽어보시고"(Look Down, O Lord, from Heaven, Ach Gott vom Himmel Sieh Darein)는 **어떤 군주의 왕궁의 앞마당에서 400명의 사람들이 기립해서 불렀는데, 상황은 그 군주가 평신도들이 사랑하는 루터주의 목사를 재임명하는 것을 거절하는 데에 대해서 항의하는 것이었다.**[691][692]

정치적이며, 법적인 관점에서 볼 때, 프로테스탄트 교회 의식의 쇄신의 다른 측면과 마찬가지로, 새로운 개혁 교회의 찬송가 만들기와 부르기의 주된 의미는 다음과 같다. 즉, 종교개혁 이후의 프로테스탄트 지역에 속하는 영방들에 있어서 교회 의식과 전례에 대한 규제가, 교황청 아래에서의 로마 가톨릭교회로부터 프로테스탄트 군주에 속하는 상부 관료 계층(Obrigkeit)으로 넘어갔다. **그런데 군주의 상부 관료 계층은 당시에 주도적인 프로테스탄트 신학자들의 주된 감화 아래에서 행동하였다.** 두 번째로, 다른 교회에 있어서의 쇄신과 마찬가지로 새로운 찬송가 만들기와 부르기는 평신도들로써 구성되는 다수의 회중들에게 이전되었다. 이때 회중들은 (이전의 보편적 가톨릭 영향 아래에서의 기독교인과 다르게)

---

690) 옮긴이 주석: 요한 세바스티안 바흐가 곡을 붙인 것이다.

691) 원저 p.182. 각주 33. Lambert, *Luther's Hymns*, pp.441~50; Nettl, *Luther and Music*, p.53.

692) 옮긴이 주석: 절대 권력자에 항의할 때 합창으로써 정서와 내용을 전달하는, 노래하는 혁명의 구체적인 예는, 동유럽 러시아혁명(1989) 이후의 동유럽에서 나타났다. 1989년 가을 동 베를린 장벽이 무너지고, 그때까지 지구 상의 법제도를 반분하고 있었던 사회주의 국가군이 무너진 것은 여러 가지 정치 경제적 법학적 요인만 지적되어 왔다. 그러나 한국의 법학자들이 특히 무시하는 것은 방금의 예에서 보는 바대로, 권력자에게 항의할 때, 루터 시대에 집합적인 신앙을 찬송가의 합창으로 표현하는, 종교적 전통이다. 이러한 강한 종교적 전통이, 동베를린 장벽을 와해시킨 작은 불씨로써의 동독의 최소 규모의 종교적 전통이 아닐 수 없다.

"도이치 백성들"로 인식되어졌다. 그때까지 정신적이며 영적인 힘과 권력은 오로지 (로마 가톨릭 주도하의) 사제들에게만 주어지고 있었다. 로마 가톨릭 캐논법에서 사제들은 "정신적이며 영적인 사람들"(the spirituals)이었고, 사제 계급이 아닌 모든 비신자들로 구성되는 회중이 세속 영역을 구성하고 있었다. 로마 가톨릭교회의 예배에서 **고위 귀족에서부터 하층 계급에 속하는 회중들은 상대적으로 수동적인 역할을 했으며, 사제들에게 화답하는 방식으로 드물게 발언할 뿐이었다**. 흔히 종교개혁이라고 불리 우고 이 책에서 게르만인들의 혁명이라고 부르는 사건이 **일반 회중들을 정신적이며 영적인 면에서 지위를 촉진하였다**; 즉, 게르만인들의 혁명은 교회 전례를 거행하는 데에 있어서 신부가 아닌 일반인들에게 사제와 같은 역할을 부여하였다.[693] 게르만인들의 혁명은 세속 음악을 또한 영적이며 교회에 속하는 음악으로 변화시켰다. 무엇보다도 위대한 프로테스탄트의 찬송가를 다수의 회중들이 같이 부른다는 것은, 모든 진실한 신자는 신부이며 사제라는 루터주의의 독트린에 대한 유효한 상징이 되었다.

다른 근본적인 루터주의의 교회 의식에 있어서의 큰 쇄신은 성직자, 즉 목회자의 설교의 중요성이 증가했다는 것이다: 말씀(the Word)을 목회자가 설교하는 것이 처음으로 교회 의식에 있어서 중심적인 부분이 되었고, 성직자는 그의 양심에 따라서 그의 청중을 가르치고 정신적으로 고양할 수 있는 새로운 자유와 새로운 책임을 부여 받았다. 이때 목회자는 그 이전과는 달리, 계층적으로 이미 확립된 도그마와 교회 계층에 의한 규제로부터 상대적으로

---

693) 옮긴이 주석: 만인 사제설에서 나온 것이다.

자유롭게 되었다.

로마 가톨릭 의식에 있어서도 물론 성직자의 설교는 행해졌으나 의식에 있어서 중심적인 역할을 하지 못했다. 신부들은 이미 주어진 패턴을 따라서 보통은 성경 구절을 상징적으로 해석하는 데에 기초를 두고 있었다. 여기에 대비해서 루터주의 교회에 있어서의 설교는, 목회자의 영적으로 고양시키는 설교를 들음으로써 평신도 회중으로 하여금 구원으로 이르게 하는 것을 돕는다는, 그러한 구원과 구제를 베푸는 효과에 의도가 있었다. 루터주의 신학에 대한 지도적인 현대 학도의 말에 의하면, “설교는 예배 의식(Mass)의 가장 좋은 부분이며 가장 필요한 부분이다. 루터는 설교에 거의 성스러운 의식이라는 성질을 부여했으며, 예배 의식의 중심적 초점으로 만들었다. …… 프로테스탄트 예배 의식은, 목회자가 선 강단과 펼쳐진 성경, 그리고 회중을 대면하고 서 있는 설교자를 중심으로 하고 있다. …… 설교하는 직책이라는 것은 그렇게도 중요해서 금지령 아래에 있던 교회의 구성원조차도 설교하는 직책이 주는 혜택으로부터 제외될 수는 없었다: ‘하나님의 말씀은 누구에 의해서도 누구도 들을 수 있게끔 자유롭게 유지되어야 된다.’”694)

종교개혁 이후의 루터주의 교회에서의 설교는 **성경에 있어서의 구절을 평신도인 회중을 위해서 다시 살아나게 만드는 것이라고 생각되어졌는데,** 이때 성경의 구절은 그 **구절이 인용되어 말해질 당시의 상황과 맥락 안에서 그 말씀의 의미를 해석하는 것을 통해서 이루어진다고 생각되었다.** 루터가 쓰기를, 설교자의 과제는 성경 – 즉, 성경에 쓰여진 “말씀”(the Word) – 을 **백성들의 언어로서**

---

694) 원저 p.183. 각주 34. George, *Theology of the Reformers*, p.91, citing *LW* 39:22, *WA* 6:75.

설명하는 것이었다. 설교의 내용은 신학에서 나온 것이었으나, 설교자는 그 내용을 모든 평신도에게 이해할 수 있도록 만들어야 하는 것이었다. "내가 설교할 때 포메라누스 박사나 요나스 박사나 필립 박사에게 설교하는 것이 아니다"라고 루터는 말했다. **"내 설교는 그런 사람들이 아니라 보다 작은 사람들인 한스와 엘리자베스**[695]**에게 하는 것이다."**[696] 설교의 역할과 특징에 대한 루터의 독트린에 내재하고 있는 것은 설교의 자유에 대한 원칙이다 ‒ 이 원칙은 1525년에 농민 전쟁 당시에 루터가, 농민 공동체가 군주와 귀족들에서 독립해서, 목회자를 선택할 권리를 옹호할 때 명백히 한 것이다. 목회자 선택에 있어서 지배자들이 개입해서 안 될 뿐만 아니라, "실로 어떤 지배자도, 누구든지 자신이 원하는 대로 가르치거나 믿는 것을 방해해서는 안 된다. 설사 그것이 복음이 아니라 거짓말이라 할지라도 방해해서는 안 된다. 지배자는 폭동이나 반란을 가르치는 것을 막는 것으로 족하다."[697] 비록 나중에 루터는 이와 같은 자기 언급을 심하게 제한적으로 축소했지만[698] 그럼에도

---

695) 옮긴이 주석: 한스라는 이름은 도이치 농민 남자 이름으로 가장 흔한 이름이다. 예를 들면, 도이치 전통 민화를 채집한 그림 형제의 동화집에는 한스가 자주 나온다. 엘리자베스는 한국인들이 아는대로 영국식 이름이다. 이 영국식 이름의 독일형은 리자베타라고 기억된다. 리자베타는 도이치 작가 토마스 만의 작품(토니오 크뢰거)에 나오는 도이치 여자 이름이다.

696) 원저 p.183. 각주 35. Quoted in George, *Theology of the Reformers*, p.92. The references were to Johann Bugenhagen, Justus Jonas, and Philip Melanchthon, respectively. (Jonas, who taught law at the University of Erfurt, graduated from Wittenberg in 1514 and was an early member of Luther's circle).

697) 원저 p.183. 각주 36. Luther, "A Reply to the Twelve Articles," *LW* 4:223.

698) 원저 p.183. 각주 37. As late as 1527, Luther spoke out against official persecutions of Anabaptists, stating: "It is not right, and I am deeply troubled that poor people are so pitifully put to death, burned, and cruelly slain. Let everyone believe what he likes. If he is wrong, he will have punishment enough in hellfire. Unless there is sedition one should oppose them with

불구하고, 상당한 정도의 **설교의 자유는 도이치에 있어서 종교개혁 이후의 루터주의 교회의 헌법적 원칙으로 유지하게 되었다.**[699][700]

도이치 영방의 할거하고 있는 여러 군주들에 의해 공포되긴 했지만, 종교개혁 이후의 새로운 교회법(church ordinance)은, 신학적 권위에 의지하고 그 권위에서 도움을 받고 있었다. 즉, 왕보다 더 높고 고차적인 법은 다음과 같은 것이다. 성서와 "하나님의 말씀"의 권위, 그리고 "우리 주 예수 그리스도의 명령과 법"[701] 여기에서 주의할 것은, 당시에 광범위하게 채택된 교회 법률들의 하나, 즉 1542**년의 칼렌버그-괴팅거 교회법**은 다음과 같이 명백히 언명하고 있었다는 것이다. **그리스도에 복종함으로써, 현존하는 군주가 만든, 협소한 제정법으로부터**(von Gesetz) **자유로워지는 것이, 크리스천의 넓은 법**(Recht)**이다.**[702][703] 인간이 법을 만들 때, 얼마나

Scripture and God's word. With fire you will accomplish nothing." Quoted in Roland Bainton, *The Travail of Religious Liberty* (New York, 1958), p.61. In 1536, however, he endorsed a memorandum recommending the death penalty for Anabaptists (p.64). See also Nikolaus Paulus, *Luther und die Gewissensfreiheit* (Munich, 1905).

699) 원저 p.183. 각주 38. See Ulrich Nembach, *Predigt des Evangeliums: Luther als Prediger, Pädagoge und Rhetor* (Münster, 1972), pp.25~59.

700) 옮긴이 주석: 한국의 공법학도가 **종교의 자유**라는 제목으로 파악하는 내용은 물론 역사적 전개를 토대로 하고 있다. 그럼에도 종교의 자유와 종교개혁 간의 관계에 대해서는 언급이 많지 않다. 또한 종교의 자유 중에서 설교의 자유가 언제 어떻게 어떤 상황에서 확립되게 되었는지에 대해서 별로 언급이 없다. 이것은 한국 공법학의 주제 전반이 좋게 얘기하면 이론적이고, 개념적이며 실상을 얘기하면 한국이 원산지가 아닌 자유의 연원에 대해서 충분한 공부와 연구를 선행하지 않은 것이라고 할 수 있다.

701) 원저 p.184. 각주 39. Quoted in Annaliese Sprengler-Ruppenthal, "Das kanonische Recht in Kirchenordnungen des 16. Jahrhunderts," in Richard H. Helmholz, ed., *Canon Law in Protestant Lands* (Berlin, 1992), p.49. See also idem, "Bugenhagen und das protestantische Kirchenrecht," in ZSS 88 (kan. Abt.) (1971), 205~207.

702) 원저 p.184. 각주 40. See the Calenberg-Göttinger *Kirchenordnung* of 1542, in

어떤 정도로 어떤 기준점에 부착되어 있으며, 매어져 있는가는 기준점은 의외로 종교개혁 전후의 이 시대에 있어서 명백하게 표현되어 있었다. 즉, 인간의 법보다 고차적인 신의 법(divine law)이며, 또한 동시에 "은혜와 은총에 관한 신의 법"(divine law of grace)이어서 이 법은 (세속법과 달리) 강제에 의해서 운영되지 않으며, 이 신의 법만이 신앙에 따라서 사는 사람들을 "정당화"해서, 하나님이 보시기에, "정당한 것"이 되는 것이다.[704)705)]

Emil Sehling, ed., *Die evangelischen Kirchenordnungen des XVI Jahrhunkerts,* Bd. 6, vol. 2 (Aachen, 1955), p.732, discussed in Sprengler-Ruppenthal, "Das kanonische Recht," p.50.

703) 옮긴이 주석: Calenberg-Göttinger Kirchenordnung of 1542에서, 16세기 복음주의 교회법의 성질이 나타난다. 여기서 군주가 만든 실정법을 Gesetz라 하고, 크리스천의 그리스도의 뜻에 따른 법을 Recht라고 우선 구별한다. 그리고 명백히 Recht를 상위에 두고 Gesetz를 하위에 둔다. 현대 한국의 공법학도들이 법 소재의 하나의 항목으로 보는 실정법은 Gesetz이며, 종교개혁 이후의 도이치 전통의 교회법에 있어서는 Recht라고 볼 수 없다. Recht가 참다운 의미의 올바른 법이라는 구별은 이미 16세기 도이치에서 관용적으로 쓰여졌다고 볼 수 있다. 따라서 종교개혁 이후의 군주 주권 시대의 이른바 개별 국가 주권의 강화 시대에도, 실정법을 유일한 법의 원천으로 보는 법실증주의가 유일하게 통용되지 않은 것은, 그 시대의 정치·경제·문화와 법을 보다 넓게 규정한 종교 문화 때문이다. 이 점에서 동아시아 개화기 시대에 이른바 도이치법을 수입할 때에도, 동아시아 국가의 그때까지 종교 문화의 특징 때문에 보다 넓은 법문화는 제외하고, 좁은 의미의 제정법 문화에 주목할 수밖에 없었다고 본다. 이러한 경위가 동아시아 개화기 이후에 주로 제정법 만능주의가 맹위를 떨치게 된 이유 중에 하나라고 볼 수 있다. 종교개혁기의 도이치에 있어서 Gesetz와 Recht의 구별에서 보는 바대로, 기독교의 정신과 윤리는 이미 법개념 내부에 들어가서, Recht라는 법은 종교 문화를 포함하고 있어서, 세속의 지배자가 좌우할 수 있는 성질이 아니었다. 동아시아 개화기 이후의 역사에서, 그때그때의 주도적인 법제정자가 좌우할 수 없는, 어떤 확립된 문화적 내용이 있었던가를 연구해야 될 필요가 있다.

704) 원저 p.184. 각주 41. Sehling, *Kirchenordnungen,* pp.91~92.

705) 옮긴이 주석: 동아시아의 법학도들은 서양법 전통에서의 중세 이후의 "신의 법"(divine law)에 대해서 난색을 표한다. 한마디로 개념적으로 정의할 수 없다는 것이다. 또한 "은혜의 법"도 마찬가지이다. 논리적으로 정의할 수 없는 것은 말할 필요도 없다. 개념으로 정리하기도 힘들다. 동아시아 법학도들이 개항 이후로 배운 서양법은 논리적으로 정리되어서 개념화되지 않는 법은 존재하지 않는 것이다. 그러나 종교개혁 전후의 도이치 교회와 법문화에서 "신의 법"과 은혜의 법

6.1.2 **혼인법**(Marriage)

새로운 루터주의 혼인법은 때때로 더 일반적인 성격을 가진 교회 법률(Kirchenordnung)과 때로는 개별적이고 특수성을 띠고 있는 각 영방의 혼인에 관한 법(Eheordnungen)에 포함되어 있었다. 이들 법률들에서, 혼인에 관한 루터주의 신학이 혼인법에 대한 체계적인 서술과 함께 개진되어 있었고, 그 내용은 동의의 필요성, 혼례식의 규칙들, 혼인의 장애 요인(옮긴이 주석: 혈연관계, 연령, 부족 같은 요인을 말한다), 그리고 배우자, 쌍방의 의무, 이혼, 그리고 관련된 사항들을 포함하고 있었다.[706]

로마 가톨릭의 혼인에 대한 캐논법과 마찬가지로, 루터주의의 혼인법은 다음과 같이 선언했다. 일부일처제의 혼인은 하나님에 의해서 설정된 것이며, 양 배우자의 평생의 결합으로 의도되는 것이며, 또한 가족의 기초로써 의도된 것이다. 그럼에도 불구하고, 루터주의에서의 혼인은 성사(sacrament)는 아니었다. 그 이유는 세례식 및 성찬식과는 다르게, 천상의 왕국에 있어서의 신적인 은총과 신적인 구성원이라는 유효한 상징으로써 의도된 것은 아니었다. 루터

은 역사적으로 실재하는 것이었고, 그 역사적 실재가 군주가 정립하는 입법인 제정법보다 훨씬 더 영향력이 있었다는 것은 동아시아인들이 이해하든 말든 간에 역사적 사실이다. 우리가 이해 못한다고 해서 그러한 역사적 사실이 존재하지 않은 것은 아니다.

706) 원저 p.184. 각주 42. See generally John Witte, Jr., *From Sacrament to Contract: Marriage, Religion, and Law in the West* (Louisville, Ky., 1997), chap. 2; Hartwig Dieterich, *Das Protestantische Eherecht in Deutschland bis zur Mitte des 17. Jahrhunderts* (Munich, 1970). See also John Witte, Jr., "The Transformation of Marriage Law in the Lutheran Reformation," in John Witte, Jr., and Frank S. Alexander, eds., *The Weightier Matters of the Law: Essays on Law and Religion-A Tribute to Harold J. Berman* (Atlanta, Ga., 1988), pp.57~98.

의 말에 의하면, 혼인이라는 것은 본질적으로 "외부를 향한 신체적 이며 그리고 세속적인 예배장소"이기 때문이다.[707] 만약에 인간의 죄 많음으로 인해서, 한 배우자가 혼인 때의 양 배우자의 성실성을 배신한다면－이것은 간통이나 유기의 경우인데－그 혼인은－로마 가톨릭 혼인법과 달리 루터주의 혼인법에 있어서는－해소될 수 있었다. 그러나 동시에 로마 가톨릭의 혼인의 개념이 혼인을 사제들의 독신주의보다는 더 낮은 레벨의 영성으로 위치지운 데에 비해서 루터주의의 혼인의 개념은 혼인을 성스러운 소명(sacred calling)의 수준에까지 고양시켰는데, 이것은 혼인 제도는 하나님에 의해서 가족의 기초로써 만들어진 것이며, 가족이라는 것은 세 개의 성스러운 제도화된 신분 중의 하나이기 때문이었다.

버만의 제자인 존 위테(John Witte)가 보여준 대로, 혼인과 가족에 대한 루터주의 신학은, 새로운 혼인의 법적 개념으로 인도하였다. 이것은 이전처럼 배우자 간의 개인적 결합일 뿐 만 아니라, 또한 사회적 결합을 포함하며, 그 사회적 결합 안에서 배우자의 양친과 교회의 회중과 모든 공동체가 관여되는 사회적 결합이기 때문이었다. 초기 로마 가톨릭의 캐논법과 달리, 유효한 혼인으로 들어가기 위해서는, 공식적인 의식과 양친의 동의가 요구되었다. 또한 두 사람의 선량하고 명예로운 증인이 혼례식에 참석하는 것이 요구되었으며, 혼례식은 교회 의식에 의해서 성화되어야 되고, 또한 교회 등기부에 배우자와 증인, 그리고 다른 사람들의 서명으로 기록되어져야 한다. 혼례식에서 성직자가 쌍방의 책임에 관해서 신랑

707) 원저 p.184. 각주 43. See Witte, "Transformation of Marriage Law," p.70; see also pp.76～94 (analyzing some of the chief reforms of the marriage law found in the *Eheordnungen*). See also Dieterich, *Das Protestantische Eherecht*, passim.

신부를 교훈하여야 하며, 만약 양 당사자가 그들의 책임을 깨뜨리면 그들은 교회에 의해서 훈육되거나 극단적인 경우에는 파문된다는 것을 미리 가르치도록 되어 있었다. 루터주의 혼인법의 이러한 조항들은 그때까지 미리 존재하고 있었던 로마 가톨릭 캐논법과 날카롭게 대비되었는데, 로마 가톨릭교회법에 의하면, 공식적 의식이 아닌 비밀리에 하는 결혼의 유효성도 인정하였으며, 또한 비공식적인 혼인도 인정하였었다. 비밀 결혼이나 비공식적인 혼인에서 한 쌍의 당사자는 혼례식 없이도 배우자로 같이 살 수가 있었다.

루터의 혼인의 "이 세상적인" 성격에 대한 강력한 견해는, 그로 하여금 세속 정치 권위가 혼인의 조건에 대해서 입법할 수 있는 배타적인 권능을 변호했을 뿐만 아니라 역시 (이전과 달리) 세속 법원이 혼인에 관한 분쟁을 심판할 배타적인 재판관할권도 변호하였다. 멜랑히톤을 포함하는 다른 루터주의 개혁가들은 좀 덜 극단적인 입장을 변호하였는데, 혼인에 관한 소송의 심판을, 종교 법원(consistories)이라고 불리우는 프로테스탄트 교회 법정들에 맡기는 입장이었다. 이 문제에 대해서 (당시에 거의 독립적으로 존재하고 있었던 수많은) 각기 다른 지역 영방과 각기 다른 도시들은 각기 다른 방향으로 나아갔다. 이와 같은 차이들이 감소된 것은 다음과 같은 사실에 의해서이다. 즉, 어떤 영방과 도시에서는, 성직자 즉 목회자가 혼인에 관한 사례에 있어서는, 세속 법원에 심판자로써 앉도록 하였으며, 다른 곳에서는 혼인에 관한 사례에서 혼인 법정에 법률가와 신학자들이 같이 앉도록 했다. 17세기와 18세기 초의 경과에서, 혼인에 관한 분쟁에 대한 재판관할은 (로마 가톨릭 시대에 혼인이 오로지 정신적이며 영적인 문제로써 교회법에 속했는 데에 반해서) 정신과 세속적인 것이 혼합된 소인으로 보여지게 되었으며, 재판관할권은 **성직자와 성직자 아닌 사람이 구성하는** 혼인에 관한 법정인, 종교 법원(consistories)에 집중되게 되었다.[708]

6.1.3 **학교법들**(School Laws)

교회 법률과 혼인 법률과 마찬가지로 많은 숫자의 학교 법률들(Schulordnungen)은, 16세기 루터주의 영방과 도시들에서 세속 권위에 의해서 공포되고, 한편에서는 신학적 천명에 의해서, 다른 편에 있어서는 개별적이고 특수한 법의 분과를 체계적으로 서술함으로써, 형태를 취하게 되었다.[709] 또한 **교회법과 혼인법과 마찬가지로, 루터주의 학교법 역시 부분적으로는 이미 존재하고 있던 캐논법 위에서 시작하였다.** 루터주의 학교법은 또한 일반인들의 학교의 경험에서 출발할 수밖에 없었는데, 14세기부터 16세기까지 유럽의 다양한 지역 특히 이탈리아에서 그때까지 교육의 사항에서 실질적으로 로마 가톨릭교회가 독점하던 것을 깨뜨린 경험이 있었다.[710] 더 이전의 교회 학교와 비교회 학교는 **새로운 루터주의 시스템이 보편**

---

708) 원저 p.185. 각주 44. See Dieterich, *Das Protestantische Eherecht*, pp.147~166, 177~180.

709) 원저 p.185. 각주 45. This section draws in part on John Witte, Jr., "The Civic Seminary: Sources of Modern Public Education in the Lutheran Reformation of Germany," *Journal of Law and Religion* 12 (1996), 173~223.

710) 원저 p.185. 각주 46. For Italy, see Paul F. Grendler, *Schooling in Renaissance Italy: Literacy and Learning, 1300~1600* (Baltimore, 1989); idem, *Books and Schools in the Italian Renaissance* (Brookfield, Vt., 1995). Some two dozen German cities (chiefly of the Hanseatic League) had established both Latin and vernacular schools to train officials and businessmen; also some large craft and merchant guilds maintained their own schools, and there were in addition some private boarding and day schools run by one or more lay teachers. See Witte, "Civic Seminary," pp.182~183.

적인 공립 교육을 지향했기 때문에 똑같은 목적이라 할 수 없었다.

루터와 그의 추종자들은 그들의 교육 개혁을 (그들 신학의 기초였던) 두 왕국 이론에서 출발하였고, 더 특별하게는 복음과 기독교 신앙의 지식을 전파하고 또한 그리스도인들이 역시 천상의 왕국에 살 수 있게끔 준비하는 지상의 왕국에서의 과업의 성취라는 점에서, 교육은 "그 중요성에서 단지 교회 다음으로 중요한 것이다"라고 루터가 말했다.[711] 더하여 루터주의 개혁가들은 교육을 지상의 왕국 그 자체의 유지에 있어서 필수적인 것으로 간주했다. 루터가 말한 바대로 "**(극단적인 비유를 든다면) 영혼도 없으며 천국도 없고 지옥도 없다 할지라도, 여기 지상의 것들을 위해서는, 학교가 있는 것이 여전히 필수적이다.**" 그리고 특별히 "유능하며, 학식이 있으며, 현명하며, 영예를 존중하며, 그리고 잘 교육 받은 시민들을 많이" 길러내기 위해서는 필요하다.[712] 멜랑히톤이 쓴 바대로, **"학식이 좋을수록, 도덕이 좋아지고, 도덕이 좋아지면 더 좋은 공동체를 가져온다."**[713]

로마 가톨릭은, 교육을 정신적이며 영적인 삶을 사는 데에의 준비로써 그 중요성에 대한 믿음을 루터주의 믿음과 공유하고 있었다. 그러나 주요한 차이점은 루터주의 신앙에 있었는데 첫째로, 모든 사람들은 교육받아야 된다. 그리고 두 번째로 보편적인 공립 교육을 확보하는 것은 1차적으로 교회 당국의 책임이 아니라, 정치적

---

711) 원저 p.185. 각주 47. See ibid., p.186. In asserting the importance of education, Luther was following Jesus' last instruction to the apostles, "Go ye therefore and teach all nations, baptizing them in the name of the Father, and of the Son, and of the Holy Ghost: teaching them to observe all that I have commanded you" (Sermon on the Mount 28:18～20).

712) 원저 p.186. 각주 48. Quoted in Witte, "Civic Seminary," p.187.

713) 원저 p.186. 각주 49. Quoted ibid., p.188.

권위인 상부 지배층(the Obrigkeit)의 책임이다. 이러한 두 가지 서로 결합된 믿음은 다음과 같은 루터주의 신학 개념 위에 기초하였다. 즉, **비단 신부나 성직자에게 내려지는 하나님의 부르심인 소명(calling)만이 성스러운 것이 아니라, 모든 종류의 (직업적) 소명 역시 신성하다**; 그리고 더 나아가서 신학적으로 삼위일체를 이루는 세 가지 중요한 신분(three estates), 즉 가족, 성직자, 그리고 정치적 권위(Obrigkeit)들의 파트너십이 역시 필요한데, 이것은 사람들로 하여금 하나님의 왕국에서 살 수 있는 믿음에 대한 준비에 대해 책임이 있다는 것이다.[714] 루터와 그의 파트너들－특히 멜랑히톤과 부겐하겐－은 공립학교를 위한 세련되고 자세한 교과 과정을 만들었다. 이러한 커리큘럼은 그 커리큘럼 안에 육화된 신학의 언급과 함께 **1523년에서 1600년 사이에 다양한 게르만 인들의 도시와 영방에서 채택했던 100개 이상의 학교 법 중 많은 곳에서 구체화되어 있다**. 라틴어 학교와 (라틴어로 고전을 가르치는 고전 학교가 아니라) 그 나라 말을 가르치는 학교들 양자 모두 설립되어져야 되었다. 루터와 멜랑히톤 교육안을 받아들인 도시와 영방들에서, **라틴어 학교의 학생들**은 첫 번째 단계에서부터 출발하여, 라틴어 문법과 다양한 기도문들을 읽는 것을 가르쳤다; 두 번째 단계에서는 그들은 더 나아간 라틴어 문법을 고전시대와 인문주의 시대의 다양한 저자들에서 배우게 되어 있었는데 이때 잠언과 복음서, 그리고 주기도문, 그리고 십계명, 사도신경으로부터의 종교적 교훈

---

714) 원저 p.186. 각주 50. This set of concepts found expression as early as 1520 in Luther's revolutionary *Appeal to the Ruling Class of German Nationality as to the Amelioration of the State of Christendom,* in which he advocated compulsory universal public schooling as a Christian responsibility of the local civil magistrate. See Witte, "Civic Seminary," pp.191～192.

과 더하여 테렌스[715]의 구절들, 플라우투스[716]의 구절들, 에라스무스[717]의 구절들, 그리고 이솝 우화(이솝 우화를 특히 루터는 그 자신이 도이치어로 번역했다)를 들 수 있다; 세 번째 단계에서 라틴어 학교의 고학년 학생들은 오비디우스(Ovid)와 키케로, 그리고 비르길리우스(Virgil)의 저작을 연구했으며, 변증법과 수사학, 그리고 시학을 공부하게 되어 있었다. 라틴어 학교의 지금까지 예를 든 세 개의 단계(현대식으로는 3학년)에 걸쳐서 음악, 수학, 과학, 그리고 역사가 가르쳐지고, 이것은 시간이 허락되는 대로 그러했다. 이후에 루터주의자 인문학자들은 심지어 더 세련된 라틴어 학교 교과과정을 개발했는데, 저학년 학생들을 최대 10개 학급으로 나누고, 이 10개 학급의 각각에 맞는 종교에서 나온 텍스트와 인문주의에

---

715) 옮긴이 주석: Publius Terentius Afer (195/185～159 BC), better known in English as Terence, was a playwright of the Roman Republic, of North African descent. His comedies were performed for the first time around 170～160 BC. Terentius Lucanus, a Roman senator, brought Terence to Rome as a slave, educated him and later on, impressed by his abilities, freed him. Terence apparently died young, probably in Greece or on his way back to Rome. All of the six plays Terence wrote have survived. One famous quotation by Terence reads: "Homo sum, humani nihil a me alienum puto", or "I am a human being, I consider nothing that is human alien to me." This appeared in his play Heauton Timorumenos. http://www.wikipedia.org, "Terence."

716) 옮긴이 주석: Titus Maccius Plautus (/ˈplɔːtəs/; c. 254～184 BC), commonly known as "Plautus", was a Roman playwright of the Old Latin period. His comedies are the earliest surviving intact works in Latin literature. He wrote Palliata comoedia, the genre devised by the innovator of Latin literature, Livius Andronicus. The word Plautine /ˈplɔːtaɪn/ refers to both Plautus's own works and works similar to or influenced by his. http://www.wikipedia.org, "Plautus."

717) 옮긴이 주석: Desiderius Erasmus Roterodamus (27 October[1] 1466～12 July 1536), known as Erasmus of Rotterdam, or simply Erasmus, was a Dutch Renaissance humanist, Catholic priest, social critic, teacher, and theologian. http://www.wikipedia.org, "Erasmus."

서 나온 텍스트와 연습들을 배합해서 가르쳤다.[718)]

라틴어를 가르치는 고전 학교 아닌 **그 지역 언어로 가르치는 학교**를 위해서는 부겐하겐은 덜 복잡하고 더 실용적인 커리큘럼을 고안하였다. 학생들이 배우는 것은 읽기, 쓰기, 그리고 대수였는데 이때 교과서는 무엇이든지 입수할 수 있는 가능한 것이 되었다. **비고전학교의 일반 학생**들은 십계명과 주기도문과 사도신경을 암송해야 되었으며, 시편을 읽고 찬송가를 부르며, 성경에 나타난 역사를 공부해야 되었다. 그 이후에 이 고전학교 아닌 보통 학교의 학생들은 농업, 상업, 가계를 위한 임무 기타와 같은 실용적 기술을 배우게끔 되어 있었다. 가르침은 1차적으로 도이치어로 하게 되어 있었는데, 물론 (당시에 수백 개로 나누어져 있었던 독립적인 단위에 따라서) 지방의 방언에 의하게 되어 있었다. 이때도 특별한 능력과 관심을 가진 학생들은 역시 그리스어나 라틴어, 그리고 헤브라이어를 공부할 수 있었다.[719)720)]

---

718) 원저 p.186. 각주 51. See Gerald Strauss, *Luther's House of Learning: Indoctrination of the Young in the German Reformation* (Baltimore, 1978), pp.194~198.

719) 원저 p.186. 각주 52. Ibid.

720) 옮긴이 주석: 여기에서 동아시아인인 우리는 16세기 이후 서유럽에서의 청소년 교육을 알 수 있다. 교양 계층을 위해서는 고전 어학교가 있었고, 일반 청소년을 위해서는 보편적인 라틴어와 관계없이 각 지역에 따른 지역어로 가르친 것이 큰 차이이다. 후자는 생활인으로서의 실용교육과 함께, 그러나 십계명, 주기도문, 사도신경, 시편과 성경의 역사가 필수가 되어 있었다. 고전어인 라틴어 이외에 그리스어와 헤브라이어는 특별히 지식 기반의 교양 계층과 전문가를 위한 언어로 써 가르쳐졌다. 동아시아인들은 16세기 이후의 서유럽의 교육에 대해서 국경을 넘는 보편적 언어(라틴어, 그리스어, 헤브라이어)가 지식 기반의 시민들을 위해서 필수 코스이며, 일반 시민들을 위해서는 실용적인 종교 교육이 강조되었음을 알 수 있다. 훨씬 후대의 프랑스에서 스탕달의 적과 흑에 나타난 청소년 교육은 이 소설의 주인공 줄리앙 소렐이 인정받는 이유가 라틴어를 능통하게 하는 대목에서 알 수 있다. 즉, 서양 근대에 이르기까지 서양 각국은 자국어의 존재에도 불구하고 보편적 학문어인 라틴어를 지식 기반의 계층을 위해서 필수로 과했다는 것을 알 수 있다. 이 사정은 1770년대에 아메리카 독립혁명 이전의 식민지

이러한 커리큘럼을 체화하고 있는 다양한 학교 법률들은, 중요한 점에서 로마 가톨릭 캐논법에서의 학교 관계법과 다르다. 루터주의 영방에서 학교들은 중심에 서 있는 교회의 컨트롤에 매여 있지 않았다. 학교 선생님들은 교회 당국에 의해서 고용되는 것이 아니라, 각 지역의 도시나 혹은 촌락의 당국에 의해서 고용되었다. **새로운 공립학교는 종교적 오리엔테이션에 있어서 루터주의였다**. 따라서 성경이 공부에 중심적 대상이 되었다. 모든 아동들이 공교육에 참가하도록 초대되어졌다. 실상은 **아동 중에 많은 경우－아마도 대부분의 평민 출신의 아동들은－학교 교육에 나갈 수가 없었을 것이다**. 왜냐하면 그들 양친들이 아동들을 일로써부터 제외해서 학교에 보낼 수가 없었을 때문이기도 하고, 또한 학부모들이 그들에게 돌아오는 수업료를 지불할 수 없었기 때문이기도 하였다; 그러나 루터주의 학교 법의 많은 경우에 궁핍한 학생들을 위해서는 학비의 지원을 제공하였다.721)

교육 행정을, 교황이나 교권에 의한 입법 아래에서 움직여왔던 로마 가톨릭 사제 위주에서부터, 각 영방이나 자유도시의 입법 아래에서 운영되는, 각각의 영역에 속하는 정치적 책임자와 성직자 아닌 교사들에게 이전함으로써, 이 변화는 교육의 세속화 과정으로써 보통 표현되어진다. 그러나 보다 근본적인 의미에서 오히려 이

아메리카에 있어서도 비슷하게 보인다. 벤자민 프랭클린은 당시 라틴어 학교에서 2년 만에 퇴학했는데 그래서 당시의 교양 있는 지배 계층의 교육에서는 소외되었다. 그럼에도 불구하고 그는 10대와 20대, 30대에 걸쳐서 주로 점심시간을 이용해서 유럽 각국어 특히 프랑스어를 연습했으며, 마침내 라틴어에도 능통하게 되고, 독립 후 초대 프랑스 대사를 지냈으며 유럽 각국의 왕과 마났을 때 능통한 의사소통을 할 수 있었다고 전해진다.

721) 원저 p.186. 각주 53. See William J. Wright, "The Impact of the Reformation on Hessian Education," *Church History* 44 (1975), 183, stating that "the scholarship system was …… a Lutheran idea."

러한 교육 행정의 이전은 세속 당국의 역할을, 비세속화 내지 영성화와 같은 이전의 중앙 교회가 행했던 일과 같은 성질로 옮아가는 경위의 부분이라고도 할 수 있다. 이것은 특별히 각 영방의 군주의 비세속화 과정에서 볼 수 있는데 영방 군주는 프로테스탄티즘하에서는 궁극적인 공교육 입법의 원천이 되었기 때문이다. "그의 나라의 아버지 또는 가부장으로서", 군주는 그의 신민의 정신적이며 영적인 교육을 위해서 책임이 있었다. 비슷하게 교육의 기회를 일반 공중 전부에게 확장하는 것은, 이전에 대체로 성직을 준비하는 선택된 계층에게 교육 기회가 주어졌던 것과 대비해서, 보통은 비세속화 과정이라고 보여질 수 있다. 그러나 이것 역시 전혀 다른 측면에서 보면 전혀 다르게 보일 수가 있다. 즉, 보다 근본적인 의미에서 본다면, 이전의 성직자와 성직자 아닌 일반인들을 엄격히 구별했을 때의 성직자에만 독점되었던 정신적 역할과 영적 역할을 이제는 성직자 아닌 일반인에게도 개방했다는 의미에서 일반인의 정신화, 영성화의 과정이라고도 할 만하다. 해롤드 버만의 가장 가깝던 제자이며 에모리 대학의 법과 종교 센터의 책임자인 존 위테(John Witte)의 말에 의하면, 모든 그리스도인의 일반적 소명은, 이전의 가톨릭 세계에서의 성직자의 특별한 소명을 대치하는 것을 교육의 존재 의의(raison d'être)로 만드는 것이었다.

6.1.4 **도덕 규율**(Moral Discipline)

독립적으로 공포되기도 했지만 대개는 교회 법률에 담겨 있었던 도덕을 집행하기 위한 규율법률(*Zuchtordnungen*)은 세속 권력인 루터주의 시의회와 왕들이 제정했다. 예배, 결혼, 학교교육에서와 마찬가지로 도덕에서도, 루터주의적 세속 권위체가 로마 가톨릭 교황 체계를 대신해 권위의 궁극적 원천이자 새롭게 제정된 정신적 법률의 궁극적 집행자로 자리 잡았다. 그러나 여기에서도, 법률 구상에 대한 영감을 주고 법률 초안을 작성하고 세속 권위체에 입법을 권했던 이들은 대개는 법률 훈련을 받은 루터주의 신학자들이었다.

루터주의 규율 법률이 금한 행위의 종류는 대부분 로마 가톨릭 교회법이 금한 것과 같았다. 위테(Witte)가 썼듯이,

> 새 안식일 법은 모든 형태의 불필요한 노동과 적절치 못한 여가를 일요일과 축일에 금지했다. 그리고 경건한 마음으로 예배에 참석할 것을 요구했다. 새로운 정신적 법은 신을 모독하는 발언, 불경한 행위, 상스러운 힘으로 사람들을 홀리는 행위, 마술, 연금술, 거짓 맹세 등을 금지했다. 새로운 **사치 금지법은 과시적 의상을 입는 행위, 낭비하는 생활, 사치스러운 연회나 장례를 금했다.** 새로운 섹슈얼리티법은 근친상간, 중혼, 일부다처제, 동성애, 매춘과 같은 "부자연스러운" 성관계를, 또 자위, 수간, 남색, 외설물, 노출증 등와 같은 "품위 없는" 성적 행위를 금지했다. 새로운 오락법은 만취, 떠들썩한 축하연, 격렬한 춤, 도박, 그리고 운이나 마술 등이 개입된 게임들을 엄격히 규제했다. 어떤 것이 비도덕적인 행위이고, 또 그런 행위가 얼마나 불경한 것인지에 대한 세속법의 인식은, 교회법에서 크게 벗어나지 않았다.

무엇이 그러한 행위들을 악한 것으로 만드는지에 대해서는 루터주의 신학도 로마 가톨릭 신학과 크게 다르지 않았다. 그것들은 하느님이 금한 것이고, 따라서 그런 행위를 하게 되면 죄인이 하느님으로부터 멀어지기 때문이다. 그러나 그런 행위를 어떻게 다루어야 할지에 대해서는 교회와 세속 당국의 입장이 첨예하게 갈렸다. 로마 가톨릭교회법에서 죄인은 자신의 죄를 적어도 연 1회 사제에게 고백하고, 고해성사 규정에 따라 참회해 면제선언을 받아야 했다.

이 절차를 완수함으로써 죄인은 지옥형을 피하고, 일시적인 형벌인 연옥형을 받는 죄로 자신의 죄를 경감할 수 있었다. 고백하고 참회해야 한다는 요구에 응하지 않는 것 자체도 지옥에 이르는 죄였다. 그러나 루터 신학은 고해성사를 비난했다. 회개하는 신자와 하느님 사이에 성직자가 부당하게 개입하는 것이라 여겼기 때문이다. 루터주의 신학에 따르면 교회가 죄인을 규율해야 하는 것은 맞다. 그러나 그것은 단지 세속 왕국에서의 죄를 처벌하고 막기 위한 것이지 하느님과의 궁극적인 합일을 위한 방편은 아니었다. 아우크스부르크 신앙고백변증에서도 언급되어 있듯이, "(그것은) 천국을 위한 것이 아니다." '변증'은, 로마 가톨릭이 "속죄를 교회가 사람들을 규율하는 수단이 아닌 하느님을 기쁘게 하는 방편이라고 가정하는 것은 미신일 뿐"이라고 공격했다.[722)]

더욱이 로마 가톨릭교회법은 도덕 규율의 집행영역을 구분했다. 하나는 고해에서 사제가 판결권한을 가지고 있는 "내적 법정"이고, 다른 하나는 주교나 대주교, 교황이 판결하는 교회 법정인 "외적 법정"이다. 외적 법적은 교회 범죄 수준으로까지 볼 수 있는 죄를 처벌하기 위해 소집되었다. 그것은 성직자에 의한 살인, (사제건 평신도이건) 교회자산을 훔치는 행위, 이단, 마술 등 보다 엄격한 제재를 요하는 죄들로, 경우에 따라서는 수도원 장기/무기구금에 처해지고 이단과 같은 극단적인 경우나 마술과 같이 세속법하에서도 사형죄에 속하는 교회 관련 범죄는 세속권력에게 이관되어 교수형, 심지어는 화형에 처해졌다.

루터주의 규율 법률은 도덕적 위법에 대해 꽤나 다른 처벌체제

722) 원저 p.188. 각주 54. See Apology of the Augsburg Confession, in *Concordia Triglotta* (1921), art. 6, p.287.

를 확립했다. 무엇보다 루터주의에서 속죄는 그 성격이 로마 가톨릭에서와는 달랐다. 매주 토요일 저녁예배에는 개별 신자들이 목사에게 회개하는 일반적인 참회식도 포함되었다. 그러나 여기에서는 자기 죄의 세목들을 하나하나 열거할 필요가 없었다. 대신 참회자는 일반적인 말로 십계의 각 항목에 비추어 어떤 것을 위반했는지 고백하면 되었다. 여기에 대해 목사는 그러한 계명들이 무엇을 뜻하는지, 또 어떻게 하면 계명들을 더 잘 따를 수 있는지에 대해 설명해주었을 것이다. 속죄를 요구하기는 했겠으나 구원을 위해서는 아니었다. 구원은 오직 죄인 자신의 믿음과 하느님의 은총을 통해서만, 이를 통한 하느님과의 영적 합일을 통해서만 성취될 수 있었다.[723] 도덕 규율 위반에 대해 교회에서 부과한 가장 가혹한 제재는 위반자를 성찬식에서 제외하는 "가벼운 처벌(small ban)"이었다. 또 그런 제재를 받았다고 하더라도 죄인은 교회 예배에는 여전히 참석할 수 있었고 하느님의 말씀을 전하는 설교를 들을 수 있었다. 규율 법률의 핵심은 "교회를 통한 규율", 즉 교구 공동체 내에서의 정의와 화해였다.

둘째로 루터주의 신학은 주교 관할지역 내 종교 법정이나 여타 교회 위원회가 갖는 권한을 엄격하게 제한했다. 실은 가벼운 도덕적 위반에 대해서는 심리할 수도, 또 채찍으로 치고 칼을 씌우는 것과 같은 일부 신체형이나 가벼운 벌금을 부과할 수도 있었다. 그러나 로마 가톨릭교회 법정과는 달리 루터주의 법원은 공식적인 실제법과 절차법 체계하에서 작동하는 정식법원체계의 일부가 아니었다.[724] 그에 따라 (도덕적) 죄와 (법적) 범죄 간에는 뚜렷한 경

---

723) 원저 p.189. 각주 55. See David W. Myers, "*Poor Sinning Folk*"*: Confession and Conscience in CounterReformation Germany* (Ithaca, N.Y., 1996), pp.63~76.

계가 그어졌고, 민사·형사적 위반이 되기도 하는 이들 도덕적 위반에 대한 처벌은 오직 세속 법정의 소관이었다. 이는 실로 이전의 교회 법정이 가졌던 형사재판관할권뿐만 아니라 로마 가톨릭 내부 법정이 누렸던 권한의 일부도 세속 법정으로 이전되었음을 뜻하는 것이다. 사실 그들의 라이벌이었던 칼뱅주의자들만큼이나 16세기 루터주의자들도 도덕적 위반에 대한 처벌에 열성스러울 수 있었다.

6.1.5 **빈민법**(Poor Laws)

16세기 이전의 로마 가톨릭교회는, 캐논법을 통하여 서유럽의 모든 백성들의 교회의식, 혼인관계, 교육관계, 그리고 도덕적 생활을 규율하였을 뿐만 아니라 **빈곤한 사람들**이나 또는 다른 물질적이나 신체적으로 **결핍한 사람들을 돌보는 데에 있어서 주요한 역할을 하였다**. 기독교는 그것의 모든 형태에 있어서, 기독교가 연원을 둔 유다주의와 마찬가지로, 아득한 초기에서부터 **모든 신자들이 가난한 자와 병든 자, 그리고 집 없는 자, 과부와 고아들, 또는 다른 결핍이 있는 사람들을 돌보는 의무를 강조하였다**. 12세기와 그 이후에 있어서, 교회는 다양한 교회에 있어서의 여러 제도를 통해서 이와 같은 의무를 다하였다.[725] 가톨릭의 캐논법은 교구 사제로 하여금 (또는 만약 교구 사제가 궐위중일 때 주민 중에서 선출되는 대목 또는 대리자로 하여금) 교회 예산의 상당한 부분(교구 주

724) 원저 p.189. 각주 56. See Werner Heun, "Konsistorium," in *Theologische Realenzyklopädie,* Bd. 19 (Berlin, 1990), pp.483~488.

725) 원저 p.189. 각주 57. See Brian Tierney, *Medieval Poor Law: A Sketch of Canonical Theory and Its Application in England* (Berkeley, 1959).

교에 의해서 결정되는 금액)을 가난한 자와 집 없는 자, 병든 자, 그리고 구호가 필요한 다른 사람들을 돌보는 데에 배당되도록 했다. 더하여 수도원들은, 결핍된 자에게 음식과 쉼터, 의복과 의료를 제공하였다. 마침내 성직자가 아닌 사람들－여기에는 왕과 군주들, 봉건 영주들, 그리고 부유한 상인들과 함께 전문 직업인들의 모임인 길드와 또한 시 당국들이 다 포함 된다－이 교회 부속된 "병원들"에게 기부하였다. 이때 병자에게 의료를 제공하는 기관을 포함할 뿐만 아니라, 나병 환자들의 집단 거주지와 노약자를 위한 거주지와 순례자와 여행자를 위한 안식처 또한 고아를 위한 보호처를 포함하며, 임산부를 위한 입원 병원 및 다른 타입의 자선 기구들을 포함하였다.[726] **16세기 초에 이르러, 로마 가톨릭 캐논법은 모든 교회의 수입 중 적어도 4분의 1은 가난한 자에게 돌리도록 요구하였다.**[727]

그러나 자선 행위에 자금을 주고 실시하며 규제하는 일차적 의무를 흔히 "정신적이며 영적인 존재들"이라고 불리던 사제와 수도원에서부터 세속 정부로 이전시킨 것은, 흔히 종교개혁이라고 불리우나, 그 바른 명칭은 도이치혁명이라고 이 책에서 부르고 있는 것이다. 이 움직임은 갑자기 일어난 것은 아니었다. 이전 세기, 즉 15세기와 더 거슬러 올라가서 15세기 이전의 50년 동안 이러한 자

726) 원저 p.190. 각주 58. Ibid., pp.84～86. The word "hospital," derived from the Latin *hospites*, meaning "guests," referred to various types of places where people went for succor.

727) 옮긴이 주석: 16세기 초의 서유럽에서 아직도 중세 이후의 보편적 기구로 작용하고 있던 로마 가톨릭교회법은 막대한 부를 가지고 있었던 전 유럽에 걸친 교회 수입의 4분의 1을 빈자에게 돌리도록 요구하고 있었다고 한다. 실로 이 경우는 성서의 가난한 자 및 약자에 대한 구절을 제도화하고 있었다고 할 수 있다. 따라서 16세기에 이르기까지의 중세 교회의 성격을 잘 나타내주고 있다고 볼 수 있다.

선 행위의 세속 정부의 이전의 움직임이 계속 있어 왔다. 즉, 빈민 구제의 새로운 방식을 발견해야 된다는 필요성이 고양된 것은 빈곤과 집 없는 상태(homelessness)의 증가와, 그리고 부분적으로는 흑사병으로부터 결과되는 질병의 엄청난 증가에 의해서였다. 또한 15세기에서 빈민 구제에 관한 로마 가톨릭 신학의 경향은, 이윽고 그리고 나중에 루터주의 신학에 의해서 발전된 방향으로 움직여 가는 방향이었다. 그럼에도 불구하고 빈민구제에 관한 신학과 빈민 구제법은 게르만 영방들에 있어서 근본적인 변화를 겪게 되는데 이것은 도이치혁명의 영향에서였다.[728)]

728) 원저 p.190. 각주 59. This analysis draws on data presented in Robert Jütte's important book *Poverty and Deviance in Early Modern Europe* (Cambridge, 1994) and Bronislaw Geremek's masterly work *Poverty: A History,* trans. Agnieszka Kolakowska (Cambridge, Mass, 1994). It differs substantially, however, with Jütte's view that there was no substantial shift from Roman Catholic to Protestant policies of poor relief, and that such shift as did take place was not due to changes in religious beliefs. Thus Jütte states (p.105): "Today historians see little or no religious influence, either of Catholicism or Protestantism, in the development of the characteristic features of sixteenth-century poor relief organization." In supporting this view, which is widely shared by other contemporary historians, though not by their predecessors, Jütte points to several examples of Roman Catholic precursors of Lutheran policies and methods of poor relief as well as to several examples of Roman Catholic adoption of such policies and methods during and after the Lutheran Reformation. He states (p.108): "We have shown that the Reformation created neither the communal nor the governmental system of poor relief, since both had their counterparts in Catholic countries." Yet immediately after that statement he adds: "But there can be no doubt that the discussion of Luther's principles of relief and their effects in the sixteenth century shaped the centralized poor relief system not only in Germany but elsewhere in Europe. The Reformation paved the way for the development of a new social policy which favoured secular systems of poor relief." And in the conclusion of his book (esp. pp.194, 198), Jütte emphasizes strongly the influence of Lutheran theological concepts and of parallel changes in Roman Catholic theology in the development of new systems of poor relief.
Likewise, Natalie Zemon Davis, in her otherwise excellent account of the

빈민 구제에 대한 루터주의 신학은 그 이전의 로마 가톨릭 신학

---

system of poor relief introduced in 1534 in the predominantly Roman Catholic city of Lyon, discounts the specific influence of preexisting German Protestant models. She attributes the establishment of a common chest in Lyon, effectuating the centralization of charitable activities in the secular municipal authorities, primarily to the "urban crisis, brought about by a conjuncture of older problems of poverty with population growth and economic expansion." Such welfare reform, she states, took place in Protestant and Catholic cities as well as cities of mixed religious composition, and "rested on values and insights common to both groups." Natalie Zemon Davis, "Poor Relief, Humanism, and Heresy: The Case of Lyon," Studies in *Medieval and Renaissance History* 5 (1968), 267. She grants that "Protestant and Catholic religious sensibility and doctrine found their own paths to justify the elimination of begging and the establishment of centralized organizations to provide relief and rehabilitation," but adds that for Catholics in Lyon, and perhaps in other Catholic cities, "the path was ordinarily opened …… by Christian humanists following an Erasmian program of reform" (p.268). Only touched on, in Davis's account, is the role of the substantial Protestant population in Lyon in pressing for the reform, and the substantial opposition of Roman Catholic authorities to the reduction or elimination of the Roman Catholic charitable endowments. As for humanism, both Davis and Jütte emphasize the role played by the writings on poor relief of the great Roman Catholic humanist Juan Luis Vives, Spanish exile and friend of Erasmus. But Vives, like Erasmus, was a Roman Catholic reformer, some of whose books were put on the papal Index. Like the Lyon preacher and humanist Jean de Vauzelles, a principal Roman Catholic leader of the Lyonnais reform of poor relief, Vives was a friend of Protestants; indeed he was considered by the Lutheran historian Andreas Osiander to be a secret admirer of Luther. See Carolos G. Norena, *Juan Luis Vives* (The Hague, 1970), p.3; Jütte, Poverty and Deviance, p.117. Davis is certainly right in saying that Roman Catholics and Lutheran Protestants shared many common values, but the substitution of secular for ecclesiastical control of poor relief came to Lyon only after a bitter struggle with Roman Catholic ecclesiastical authorities, whereas a decade before it had come to Nuremberg and other German cities at the initiative of Lutheran ecclesiastical authorities. Jütte, Davis, and other contemporary historians who discount the impact of Lutheranism on poor relief in German territories fail to make the proper connections between Lutheran theology and Lutheran politics. They make no connection, for example, between Luther's theology and his advocacy of the establishment by town councils of a common chest for poor relief. Luther himself, however, and his colleagues such as Johann Bugenhagen, saw the common chest as a manifestation of the theological doctrine of the priesthood of all believers. Nor do they take into account the relation between the

과 세 가지 측면에서 달랐다: 첫째로, 루터주의 신학은 **더 큰 강조점을 모든 공동체의 책임에다 두었다**. 이때 모든 공동체라는 것은 **군주로부터 아래로 농민에 이르기까지 결핍된 자를 돕는 책임**을 말하며 이때 (이전의 시대에 줄곧 이 문제에 대해서 거의 중점이 두어져 왔던) 가톨릭교회 당국의 책임에 대해서는 덜 강조하게 되었다; 두 번째로 빈민 구제에 대한 루터 신학은 각 지역의 각각의 정치적 권위를 가진 당국에 일차적인 도덕적 책임을 부과했는데, 이 책임은 빈민 구제를 제도로써 확립하고, 규제하며, 또한 실시할 책임을 말한다; 세 번째로 달라진 점은 루터주의 신학은 게으름, 나태에 동반하는 욕심의 죄에 대해서 덜 관용하게 되었는데, 다양한 형태의 빈곤, 즉 구걸과 정처 없이 유랑하며 살기(vagrancy)와 같은 것들이 게으름과 나태의 죄와 동일시되고 있었다.

많은 빈민법(Armenordnungen)은 1520년대부터 계속해서 도이치 대부분의 곳에 걸쳐서 시 정부의 위원회에 의해서 채택되었는데, 이러한 빈민법을 기초하는 데에 선제적인 역할을 한 것은 주로 루터주의자들이며, 법학에서 훈련받은 신학자들이었다. 1517년의 95개조에서 가난한 자와 결핍된 자를 무시하는 데에 반대해서 항의문을 쓴 다음,[729] 1520년에 발표된 "게르만 국가들의 귀족들에게 보

Lutheran doctrine of secular callings and the Lutheran repudiation of charitable support of able-bodied mendicants.

That there were occasional examples of the establishment of systems of poor relief by royal authorities and local town councils in Catholic countries before, during, and after the Reformation hardly affects these conclusions. The Protestant Reformation, and the accompanying expansion of the powers of the secular authorities, had been increasingly foreshadowed in the preceding century.

729) 원저 p.190. 각주 60. Thesis 43 states: "Christians are to be taught that one who gives to the poor or lends to the needy does a better deed than one who

내는 연설"에서,[730] 루터는 이미 1520년대 초에서 시 당국들이 이러한 기독교도의 의무를 성취하는 실제적인 방법에 대한 제안을 하기 시작했다. 1522년에 그의 동료인 개혁가 안드레아스 칼슈타트(Andreas Karlstadt)의 도움을 받아서 그는 비텐베르크 시 당국을 위해서 법률을 기초하였다. 이 법률은 한편에 있어서는 구걸하는 것을 불법화하고 다른 한편에 있어서는 빈민 구제를 위한 전면적이고 포괄적인 프로그램을 제도화하였다. 칼슈타트 시의 "그리스도교도들에서는 거지가 없을지어다"라는 팸플릿은 법률 채택을 확보하는 데 도구로 쓰였으며, 법률은 시 당국으로 하여금 개별적인 자선 기관들의 그때까지 존재하던 **기부행위를 대신할 수 있는 공통적인 금고**(common chest, gemeiner Kasten)를 만들 것을 요구하였다.[731]

특정 지역 내에서 수행되던 온갖 자선활동의 자금원이었던 공통의 금고(common chest, gemeiner Kasten)는 처음에는 재정의 대부분을 수도원 및 여타 전(前) 로마 가톨릭기관을 해산시켜 얻은 자원으로부터 충당했다. 유사한 법률이 1522년 뉘른베르크에서 채택되었다. 1523년에도 루터는 라이스니히 "공동의 품 법률"의 주된 초안자였다. 여기에는 모든 시민이 귀족, 상인, 농민 등 자신의 지

buys indulgences." See Kurt Aland, ed., *Martin Luther's Ninety-five Theses: With the Pertinent Documents from the History of the Reformation* (St. Louis, 1967), p.54. See also Carter Lindberg, "Reformation Initiatives for Social Welfare: Luther's Influence at Leisnig," *Annual of the Society of Christian Ethics* (1987), 86.

730) 원저 p.190. 각주 61. Lindberg, "Reformation Initiatives," p.87.

731) 원저 p.190. 각주 62. See Carter Lindberg, "'There Shall be No Beggars among Christians': Karlstadt, Luther, and the Origins of Protestant Poor Relief," *Church History* 46 (1977), 322~323.

위에 비례해 기여할 것을, 또 그와 같은 '공동체의 품'이 감당할 분배비용을 부담할 것을 요구하는 내용이 담겨 있다.[732] 상당한 저항에도 불구하고 라이스니히 법률은 1529년에 마침내 채택되었다. 1522년과 1530년 사이에 25개 이상의 게르만 시가, 루터주의로 개종하는 것과 동시에 루터의 제안, 특히 루터식의 '공동의 금고' (common chest, gemeiner Kasten) 기관을 핵심으로 담은 빈민법을 채택했다.[733]

16세기에 게르만 전역의 시에서 설립된 공동체 금고(common chest, gemeiner Kasten)는, 로마 가톨릭 유럽에서의 전통적인 자선기부와는 책임의 범위와 운영방식 모두에서 달랐다. 그에 따라 라이스니히 빈곤법은, 공동의 품의 관리자로 하여금 교구내시와 마을의 빈곤실태를 정확히 조사하여 도움을 받을 자격이 있는 사람들의 명단을 작성하고 그들의 상황을 매주 살필 것을 명시했다.[734] 라이스니히 빈곤법은 또한 다음과 같이 규정하고 있다.

> "우리 교구에 속하는 시와 마을의 가난하고 방치된 고아들은, 적절한 때에, 그들이 일을 해 자립할 수 있을 때까지 공동체 품 관리자의 지시에 따라 물질적 필요와 훈련을 제공받을 것이다. 그런 고아들이나 빈곤한 부모의

---

732) 원저 p.191, 각주 63. Luther expressed the desire "that every noble, townsman, and peasant living in the parish shall according to his ability and means, remit in taxes for himself, his wife, and his children, a certain sum of money to the chest·each year, in order that the total amount can be arrived at and procured which the deliberations and decisions of the general assembly …… have determined to be necessary and sufficient." *LW* 45:190. See also Lindberg, "Reformation Initiatives," p.92.

733) 원저 p.191. 각주 64. See Jütte, *Poverty and Deviance,* p.107.

734) 원저 p.191. 각주 65. See Harold J. Grimm, "Luther's Contribution to Sixteenth-Century Organization of Poor Relief," *Archives for Reformation History* 61 (1970), 228.

자녀들 가운데, **교육의 가능성이 있거나 문예에 소질을 보이는 어린 남자 아이가 있다면**[735] **관리자는 그들을 지원해 주어야 한다.** …… 방치된 고아나 또 그와 비슷한 처지에 놓인 가난한 부모의 여자아이들에게는 그들이 결혼할 수 있도록 **"공동의 금고"(common chest, gemeiner Kasten) 관리자가 신부지참금을 줄 수 있다.** 우리 교구와 의회민 가운데 어쩔 수 없는 사정으로 가난해지고 친척의 도움을 기대하지 못하는 사람들 …… 그리고 질병이나 고령으로 인해 일을 할 수 없는 사람들이거나 너무도 가난해 정말로 고통받고 있는 이들은 매주 일요일, 그리고 상황에 따라서는 다른 때에 10명의 감독관의 지시에 따라 구호금과 물품을 받을 수 있다. …… 따라서 우리 교구에서는 가난한 그 어떤 사람도 공개적으로 소리 높여 외칠 필요가, 애통해할 필요가, 생필품을 구걸할 필요가 없다.[736]

라이스니히 법률이 도입한 기구는, 연례 모임을 갖고 10명의 관리자를 (두 명은 귀족에서 두 명은 시의원에서 세 명은 도시민들에서 나머지 세 명은 농민들에서) 선출하는 시의회가 이끌었다. 전체 의회는 1년에 세 차례 시청에서 열렸고, 그 자리에서 의원들은 관리자들의 보고를 듣고 향후 계획을 논의했다.[737]

다른 신학들이 초안한 다른 빈민법도 기본적인 측면들에서는 라이스니히 모델과 유사한 패턴을 따르고 있다.[738] **사실상 루터주의와 칼뱅주의를 아우르는 16세기의 모든 프로테스탄트 지역에서, 또 나중에는 일부 로마 가톨릭 지역에서도, '공동체금고'**(common

735) 옮긴이 주석: Eckermann, 『Göthe와의 대화』.

736) 원저 p.191. 각주 66. See Lindberg, "Reformation Initiatives," p.93.

737) 원저 p.191. 각주 67. See Grimm, "Luther's Contribution," p.227.

738) 원저 p.191. 각주 68. This was the case in Wittenberg and Nuremberg. Ibid., pp.226 and 229 (discussing Wittenberg) and pp.229~231 (discussing Nuremberg). But most did not include, as Leisnig did, aid to pastors, artisans, merchants, or others. Cf. Frank Peter Lane, "Poverty and Poor Relief in the German Church Orders of Johann Bugenhagen, 1485~1558" (Ph.D. diss., Ohio State University, 1973), pp.177~178 (comparing Leisnig's arrangements with those of Braunschweig, Lübeck, Hamburg, and Hildesheim, among other places).

chest, gemeiner Kasten)**가 설립되었다**. 이 같은 연결에서 특히 흥미로운 지점은, 덴마크 왕국을 포함해 게르만 북부의 8개 주요 도시와 여러 지역들에서의 종교개혁을 조직한, 루터의 목사이자 대학 동료이자 영적 조언자였던 요한 부겐하겐(Johann Bugenhagen)의 영향력이다.[739] 그의 글과 그가 8개 도시에서 초안한 빈민법에서 그는 신학적, 사회적, 정치적 원칙의 조합에 기초한 빈민구제 이론을 발전시켰다. 그의 빈민 구제 신학은 루터의 것과 마찬가지로 "'여러분이 서로 사랑을 나누면 모든 사람들이 그것을 보고 여러분이 내 제자들이라는 것을 알게 될 것'(요한복음 13장 35절)이라고 예수가 말한 것처럼 우리 이웃의 어려움을 나누라"[740]는 그리스도의 명령에 기초하고 있었다. 부겐하겐이 쓰기를, (그와 같은 명령에) 우리가 순종해야 하는 이유는 하느님의 은총을 받기 위해서가 아니라 그리스도인이 되기 위해서이다. 부겐하겐은 쓰기를, "우리 이웃에 대한 봉사"는 "그 이웃을 위해 …… 마음에서 자연스럽게 우러나오는 것"이어야지 구원받고자 하는 마음으로 해서는 안

---

739) 원저 p.192, 각주 69. "During …… thirty-seven years Bugenhagen served as the pastor of the city church of Wittenberg (1522~1558) as well as Luther's confessor and spiritual adviser; a university professor at Wittenberg and adviser to the northeastern European reformers; organizer of the reform in Braunschweig, Hamburg, Lübeck, Schleswig-Holstein, Denmark, Pomerania, Hildesheim, and Braunschweig-Wolfenbüttel as well as providing a Low German translation of the Old and New Testaments for northern Germany; a renowned commentator on the Psalms and a harmonizer of the four gospels. Bugenhagen presided over and blessed the marriage of Luther and Catherine von Bora and preached the eulogy at Luther's funeral. He also crowned the king and queen of Denmark, consecrated the first evangelical bishops, refounded the University of Copenhagen, and refused two bishoprics twice." Lane, "Poverty and Poor Relief," pp.1~2.

740) 원저 p.192, 각주 70. This is the language of the introduction to the Braunschweig Church Ordinance of 1528, which Bugenhagen drafted. Ibid., p.141.

된다.[741)]

부겐하겐 이론에서 이 같은 신학적 측면과 결합된 빈민 구제의 사회적 측면은, 루터에서와 마찬가지로, 부분적으로는 구걸 방지 기능－오늘날의 용어로 말하자면 '복지'(welfare)에서 '노동'(workfare)로의 강조점 이동－과 관계있었다. "프란시스코 수도회의 '존재 이유'이자 수도자의 이상이었던 '신성한 빈곤'은 부겐하겐의 신학적 이해에서는 있을 곳이 없었다."[742)] 모든 빈민이 아닌, "자격 있는 빈민"만이 새로운 빈민법의 대상이었다. 그의 글에서, 또 그가 초안한 교회 법률에서 부겐하겐이 강조하기를, "공동체 금고"의 지원을 받을 수 있는 빈민은 "나태와 음주에 시간을 허비하는 것이 아니라 부지런히 일하고 칭찬받을 만한 똑바른 생활을 하지만 자신의 잘못과는 무관하게 고통을 초래하는 불운에 시달리는 하우스 빈민과 장인, 노동자들이다. 또한 일을 함으로써 …… 스스로를 구제할 수 없는 …… 이들이다. 그런 사람들은 신을 모독하는 이가 아니라 올바른, 칭찬받을만한 삶을 살아가는 이들임에 틀림없다."[743)]

신학적, 사회적 기초에 더해 16세기 루터주의 빈민법은 정치적 원칙, 즉 영토를 가진 시민 정체가, 보다 구체적으로는 영토 내 자치당국과 타운십이 기독교 사회를 유지하는 영적 업무를 맡는다는 원칙에도 기초해 있었다. 부겐하겐은 빈민법이, "공동체금고" 설립과 더불어, 지역과 시의회에 채택되어야 하고, 시민들에 의해 집행

741) 원저 p.192, 각주 71. Ibid., p.146. Ernst Wolf notes, "The spirit of faith, God's love, and the reliance on Holy Scripture: these three things are the basis of Bugenhagen's church orders." See Ernst Wolf, "Johannes Bugenhagen," in Wilhelm Schmidt, ed., *Gestalten der Reformation* (Wupperthal-Barmen, 1967), p.62.

742) 원저 p.192. 각주 72. See Lane, "Poverty and Poor Relief," p.160.

743) 원저 p.192. 각주 73. Ibid., pp.155～156.

되어야 한다고 주장했다. 마을 사람들, 즉 게르만 시민(the German burgher)은 "기독교 시민을 가장 훌륭하게 표현한 말"이 되었다.[744] 부겐하겐이 초안한 빈민법은, 덴마크의 왕과 포메라니아 군주에게 제시되고 채택되었다. 그러나 법률은 시의회와 시민위원회, 그리고 지역공동체 일반에게 최종 집행 권한을 부여했다. 실제로 브라운슈바이크(Braunschweig) 시가 채택한 부겐하겐의 법률에서 영토 내 각 대교구는 "공동의 금고"를 독자적으로 설립·운영했다.

6.2 세속법과 비세속법(교회관할법)의 상호작용관계 (The Interaction of Secular and Spiritual Law)

현대 도이치에서 "영적"(spiritual, *geistlich*)이란 단어의 의미는, 영어에서 "성직자" 또는 "사제"와 관련된 것, 즉 제도권 교회와 관련된 일을 대개는 지칭하는 것으로 한정되어 있는 것 같다. 반면 이와 가까운 도이치어 단어 *geistig*는, 대부분의 맥락에서 "정신적인"(mental), "지적인"(intellectual), "배운"(learned)과 같은 의미로 쓰인다. *Geistige Arbeit*는 영어로는 "정신적 업무"로, *geistliche Arbeit*는 "교회의 업무"로 번역된다. 영독사전은 "정신적-영적 가치"(spiritual value)나 "정신적-영적 관계"(spiritual relationship) 또는 "정신적-영적 삶"(spiritual life)이라는 영어 표현을 적절하게 옮겨놓지 못하고 있다. 하물며 루터가, 하늘의 왕국에서의 관계, 특히 신의 은총에 의해 고취된 믿음과 사랑의 관계를 주관하는, 신성한 영적 법

744) 원저 p.192. 각주 74. Ibid., pp.174～175 (discussing H. Nobbe, "Die Regelung der Armenpflege im 16. Jahrhundert nach den evangelische Kirchenordnungen Deutschlands," *Zeitschrift für Kirchengeschichte* 10 [1889], 574).

(divine spiritual law)에 대해 말했을 때, 그가 의미했던 바를 현대 도이치어로 설명하기는 더욱 힘들 것이다. 루터에게 "정신" 또는 "영"(spirit, *Geist*)이란 용어는 성령(the Holy Spirit, *der heilige Geist*)과 불가분하게 연결되어 있는 말이었다. 어떤 것－예컨대 법－이 도덕적 특성이나 종교적 특성을 담고 있다는 사실만으로는 그것을 "영적"(spiritual, *geistlich*)이라 말할 수 없었다. 그가 말하는 '영적'(*geistlich*)이라는 단어를 오늘날의 용어로 옮기자면 '신성한'(holy, *heilig*)이 적절할 것이다. 그리고 영어에서의 spiritual이라는 표현, 즉 넓은 의미에서 한 사람의 깊은 신념과 성심(誠心), 강한 개인적 애착과 깊은 내적 몰입을 지칭하는 말에 대응하는 도이치어는 아마도 슈피리튀엘(*spirituell*)이 될 것이다. 이렇게 정리하는 것이 맞다면, 루터주의의 교회법, 혼인법, 학교법, 도덕법, 빈민법은 **정신적 법 또는 영적 법**(*spirituelles Recht*)으로 불리는 것이 적절할 것이다.

'세속적'(secular, *weltlich*)이라는 용어의 의미 또한, 종교적 특성을 갖지도 않고, 성스럽고 영적인 특성도 갖지 않는다고 간주된 정치적, 경제적, 사회적 제도 및 이론과 연결되면서, 20세기에 들어와서 근본적으로 바뀌었다. 이미 1918년에 막스 베버는 "세계의 탈주술화"(disenchantment)에 대해 말했다. 그는 이것을 합리주의와 개인 인격주의, 관료법(bureaucratic law)에 의해 생산되는 "근대"의 최종 산물로 봤다.[745] 1906년에 그의 친구이자 동료였던 프로테스탄트 신학자 에른스트 트렐치(Ernst Troeltsch)는 사회 세속

745) 원저 p.193, 각주 75. See Max Weber, "Science as a Vocation," in *From Max Weber: Essays in Sociology*, ed. and trans. Hans H. Gerth and C. Wright Mills (New York, 1958), pp.138～139. See also Anthony T. Kronman, *Max Weber* (Stanford, Calif., 1983), pp.166～170.

화의 역사적 기원을 프로테스탄트 종교개혁에서 찾았다. 그에 따르면 종교개혁은, 궁극적으로는 종교 자체를 세속화시킬, 종교적 개인주의를 도입했다.[746] 이들 초기 예언은, 지난 한 세기에 걸쳐 말 그대로 수십 권의 책과 수백 편의 논문들에서 세속화(secularization)가 근대 사회에 미친 영향을 다룬 일군의 법학자, 사회학자, 신학자, 역사학자, 철학자, 정치학자 등에 의하여 계속해서 조명되고 있다.[747][748]

한스 블루멘베르크(Hans Blumenberg)가 썼듯이, 세속화 개념 그 자체가 세속화되었다.[749] 더 이상 신은 숨어 있는 존재(*absconditus*)가 아니다. 루터처럼 우리도 국가기구가 공표하는 법을 세속법으로

---

746) 원저 p.193, 각주 76. Ernst Troeltsch, *Die Bedeutung des Protestantismus für die Entstehung der modernen Welt* (1911). Troeltsch the theologian and Weber the sociologist were close friends. Troeltsch's book was an expanded version of a 1906 lecture at a large conference on German history. The lectureship was offered first to Weber but he declined. See Hermann Lübbe, *Säkularisierung: Geschichte eines ideenpolitischen Begriffs,* vol. 2 (Freiburg, 1975), p.74, n.2.

747) 원저 p.193. 각주 77. A bibliography in Heinz-Horst Schrey, ed., Säkularisierung (Darmstadt, 1981), contains 368 titles! Two important books on secularization in the sixteenth century in Germany and England, respectively, are Irene Crusius, ed., *Zur säkularisierung geistlicher Institutionen im 16. und im 18./19. Jahrhundert* (Göttingen, 1996), and C. John Sommerville, *The Secularization of Early Modern England: From Religious Culture to Religious Faith* (New York, 1992). The present chapter is the first attempt, so far as I know, to identify as "spiritual" certain branches of law that are directly inspired by what Sommerville refers to as religious faith, whether or not they are promulgated by ecclesiastical authorities.

748) 옮긴이 주석: 막스 베버의 탄생 150주년을 기념해서 한국에서 출간된 학제적 연구의 성과는 한국사회이론학회 · 한국인문사회과학회 엮음, 『다시 읽는 막스 베버－탄생 150주년 기념, 베버의 삶과 학문 연구』(*Max Weber-The 150th Anniversary of the Birth: Studies on Max Weber's Life and Work*)(서울: 문예출판사, 2015)가 있다. 특히 김철, "<프로테스탄티즘의 윤리와 자본주의 정신>과 해롤드 버만", pp.213～246.

749) 원저 p.193, 각주 78. Hans Blumenberg, *The Legitimacy of the Modern Age*, trans Robert M. Wallace (Cambridge, Mass., 1983), pp.10～11.

정의한다. 왜냐하면 부분적으로는 세속 국가가 그것을 공표하기 때문이며, 또 부분적으로는 그 법을 따를 때 영혼을 구할 수 있다고도 믿지 않기 때문이다. 그러나 우리는 두 가지 점에서 루터주의 사상과 결별했다. 첫째, 우리는 국가법(the law of the state)이, 신학적으로 결정되고 신학적으로 만들어진 교회법과 혼인법, 학교법, 도덕법, 빈민법을 채택함으로써, 명시적으로 "정신적-영적 선물"(spiritual gifts)을 발전시키는 기능을 한다는 것을 부정함으로써이다. 둘째, 그와 같은 본질적으로 정신적-영적인 활동들에 대한 규제에 있어서, 종교적 권위체가 세속 국가를 명시적으로 지도하는 기능을 한다는 것을 부정함으로써이다. 우리는 점차 한편으로는 사회적 삶의 정신적-영적 측면들을 사사화(私事化, privatized)해왔고, 또 다른 한편으로는 세속적 측면들을 정치화(politicized)해왔다.

이러한 경향은 전통적인 역사서술 방식에 지대한 – 그리고 때로는 나쁜 – 영향을 끼쳤다. 역사가들은, 루터의 시기인 16세기를, 루터의 추종자들 스스로가 그랬던 것처럼, "근대"(Modern Age)의 시작으로 자리매김한다. 그러나 그들은 그 용어에 완전히 새로운 의미를 부여했다. 역사학자들은, 루터주의 신학자들이 성서에 기초한 새로운 신앙의 시대를 지칭하는 말로 "근대성"(modernity)을 사용했던 것과는 달리, 그것을 세속주의(secularism)의 등장을 지칭하는 용어로 쓴다. 그 세속주의도 **신이 현존하는 루터나 멜랑히톤, 부겐하겐(Bugenhagen)의 세속주의가 아니라**, 정치적·경제적·사회적 권력의 우위와 동일시되는 세속주의, 합리성과 실용주의의 이름으로 전통과 권위로부터의 자유를 칭송하는 세속주의를 뜻한다.

"근대성"을 세속주의를 뜻하는 용어로 사용하게 되면서, 현대 역사학자들은 이 장에서 논의한 루터주의 법이 가지는 정신적-영적 측면의 중요성을 과소평가해왔다. 이들 다섯 종류의 법 가운데 두 종류에 관한 최근 연구를 살펴봄으로써 이 점을 분명히 제시해보겠다. 그 두 법은 도덕 규율에 관한 법과 빈민법이다.

"근대 초기"(early modern) 역사 서술에서, 선두적인 학파는 도덕 규율에 관한 16세기 루터주의 법들을 정치적 절대주의(political absolutism)의 수단으로 특징짓는다. 그들에 따르면 막 등장하던 절대 군주국들은, 도덕 규율에 관한 법들을 통해 백성을 통제하고, 그들을 정치적 권위에 복종시켜서, 그럼으로써 질서를 유지하고 국가 권력을 강화하고자 했다. 근대 국가 등장의 핵심 요소로서의 사회적 규율(social disciplining, *Sozialdisziplinierung*)의 새로운 "패러다임"이 되어서, 막스 베버의 "형식적 합리성"(formal rationality)의 "패러다임"을 완성시켰다고 한다.[750)]

새로운 "학파"가 등장할 때면 종종 그렇듯이, 그에 도전하여 완전히 틀렸다고 말하지는 않고 새로운 차원을 덧붙이는 반대파도 등장했다. 이들은 사회적 규율(social disciplining)은 루터주의 도덕 법들이 갖는 여러 목적과 결과 가운데 하나일 뿐이라고 주장했다. 심지어 더 중요한, 또 다른 목적은 "교파화 과정(confessionalization, *Konfessionalisierung*)", 즉 기존 종교 교파에 대한 국가 통제의 강화였다.[751)]

---

750) 원저 p.194, 각주 79. See Gerhard Oestreich, "Strukturprobleme des europäischen Absolutismus," in *Geist und Gestalt des frühmodernen Staates: Ausgewählte Aufsätze* (Berlin, 1969), pp.179~197. See also Winfried Schulze, "Gerhard Oestreichs Begriff 'Sozialdiszplinierung' in der frühen Neuzeit," *Zeitschrift für historische Forschung* 14 (1987), 265~302 (critically reviewing Oestreich's thesis).

751) 원저 p.194. 각주 80. See Michael Stolleis, "'Konfessionalisierung' oder 'Säkularisierung' bei der Entstehung des frühmodernen Staates," *Jus Commune* 20 (1990), 1~23; and Heinz Schilling, "Die Kirchenzucht im frühzeitlichen

양자 모두는 “초기 근대” 게르만사(史)가 절대 군주제의 등장으로 특징지어진다는 견해를 당연시한다. 그러나 규율 법령이 정립되는 과정에 대한 연구가 분명하게 보여주듯이 **루터파 군주와 시의회**(city councils)**는, 입법과정에서 법령을 초안한 루터주의 신학자들과 권력을 동등하게 공유했다.** 실제로 **게르만혁명은, 예배와 혼인, 학교, 도덕적 규율, 빈민 구제에 관한 관할권을 로마 가톨릭교회로부터 루터파 군주들에게로 이관시켰다.** 그럼에도 불구하고 세속 통치자들은 그러한 권한을 행사하는 것에 관한 한, 루터도 포함되는, 신학 교수들에게 의지했다.

더욱이 법 자체가 분명하게 보여주고 있듯이, 루터파 군주들과 시의원들은, 스스로도 자신들이 입법한 법으로부터 “면책되지” 않는다는 점에서 “절대적”이지 않았다. **실제로 루터파 군주들은 그들이 만든 법은 신의 법**(divine law) **아래에 있다고 믿었고, 시민들은 심지어 성경이 가르치는 것처럼, 입법자의 법이 신성한 법과 모순된다고 자신의 기독교적 양심이 말할 때에는 세속법을 따르지 않아도 될 불복종의 자유도 보유하고 있었다.** 이러한 믿음은, 게르만 정체가 영역별 국가의 특성을 띄고 있다는 것에 의해 실질적인 효과를 발휘했다. **많은 군주국들이 존재했기에 시민들은 자신의 양심에 따라 동일한 언어와 문화와 역사적 배경을 가진 인근의 다른 게르만 군주국으로 이주하는 것이 가능했다.**

비슷하게 “근대 초기” 게르만을 다루는 현대 역사가들은, 루터주의 빈민법이, 근로장(workhouses)을 통해 거지와 부랑자들을 값싼

Europa in interkonfessionell vergleichender und interdisziplinärer Perspektive-eine Zwischenbilanz,” in Heinz Schilling, ed., *Kirchenzucht und Sozialdisziplinierung im frühneuzeitlichen Europa* (Berlin, 1994), pp.11～40.

노동력으로 전환시킴으로써, 군주의 정치권력 강화뿐만 아니라 통치계급의 경제 권력을 강화하는 데에도 봉사했다고 강조한다.[752] 여기에서도 이러한 정치적, 경제적, 사회적 분석이 놓치고 있는 것은, 종교적-영적 측면이다. 최저생활수준에서 유용한 노동을 하는 사람들이, 일하지 않고 다른 이들의 자선－또는 자산－에 의지해 살아가는 사람들보다는, 국가의 정치권력과 지배계급의 경제 권력에 기여한 것은 의심의 여지가 없는 사실이다. 그러나 이 문제에는 종교적-영적인 측면도 있다. 즉, 신이 보시기에 또 그들의 동료들이 보기에, 거지나 부랑자와 일하는 사람 중 어떤 사람이 더 나은 사람인가 하는 것이다. 루터주의 신학이 뚜렷이 반대한 탁발행위(종교적 구걸)에 로마 가톨릭교회 신학은 신성함을 부여했다.[753]

루터주의 교회 신학이 루터파 국가의 정치권력을 적극적으로 지지하는 경향을 보였다는 사실을 근거로, **현대 "세속주의론자"들은 루터파 국가가 자신의 정치권력을 강화하는 데에 루터주의 교회를 이용했다는 결론을 내렸다**. 이 또한, 매우 일반적으로 말하면, 사실이다. **그러나 루터주의 교회가 자신의 영적 사명을 위해 루터파 국가를 이용했다는 것 또한 사실이다. 루터주의 신학은 국가의 주된 기능이 교육적 역할을 수행하는 교회를 지원하는 데에 있다고 가르쳤다**. 그 역할은 복음 전파나 성사(sacrament)를 통해서만이 아니라 사회적 가르침을 통해서도 실현되는 것이었다.[754] 루터는 이

---

752) 원저 p.195. 각주 81. See Robert Jütte, *Obrigkeitliche Armenfürsorge in deutschen Reichsstädten der frühen Neuzeit: Städtisches Armenwesen in Frankfurt am Main und Köln* (Cologne, 1994).

753) 원저 p.195. 각주 82. On the Roman Catholic theology of mendicancy, see Michel Mollat, *The Poor in the Middle Ages: An Essay in Social History*, trans. Arthur Goldhammer (New Haven, 1986), pp.119～134.

754) 원저 p.195. 각주 83. See Wolfgang Huber, *Kirche und Öffentlichkeit* (Stuttgart,

점을 극적으로 제시했다. 그가 말하길, **신은 악과 악마를 물리치시기 위해 세속 판사들의 집무실에도 계신다.**[755)]

루터주의 법령에 담겨 있는 종교적－영적 법과 세속법 간의 상호작용으로부터, 우리는 루터파 군주국 내에서 교회와 국가는 단일한 질서의 두 얼굴, 또는 두 측면으로 간주되었음을 알게 되었을 것이다. 이것은 유럽을 아우르는 로마 가톨릭교회가 여러 세속 왕국들과 **봉건 영토**, 자유 도시와 상호작용하던 초기 시절의 "두 개의 검"(two swords)과는 다르다. 또한 18세기 후기와 그 이후 계속해서, 민주주의 이론에서 제시되고 있는 것과는 달리, 교회와 국가는 엄격하게 분리되어 있지 않았다. 그러나 적어도 게르만에서의 정체는 체자로파피즘(Caesaro-papism)은 커녕 절대 군주제도 아니었다. 로젠스토크－휘시(Rosenstock-Huessy)의 표현을 빌리면 **모든 공복**(public servant)**들은 "가르치는 교회**(teaching church)**와 배우는 정부**(listening government)**라는 두 개의 관할권을, 관통했다.**"[756)]

현대 사회 이론가들은 세속화 이론－더 정확히 말해 두 개의 이론들－을 발전시켜왔다. 하나는 16세기 이래 **정치학은 중세신학의 세속화 버전이라는 것이다.**[757)] 다른 하나는 세속적 근대성은, 신학

1973), pp. 58-59. The ultimate goal of such collaboration of church and state, Huber writes, is "die Verkirchligung der Öffentlichkeit"-"the churchification of the public."

755) 원저 p.195. 각주 84. See Heckel, *Lex Charitatis*, p. 45. Cf. the church ordinance of the principality of Lüneberg: "The first and greatest concern of the prince must be that God's Word be preached purely and rightly." "Radtslach to nodtroft der kloster der förstendoms Lüneborch, Gades wort unde ceremonien belangen," in Emil Sehling, ed., *Die evangelischen Kirchenordnungen des XVI Jahrhunderts*, Bd. 6, vol. 1 (1955), p.586.

756) 원저 p.195. 각주 85. Rosenstock-Huessy, *Out of Revolution,* p.369.

757) 원저 p.196. 각주 86. Karl Löwith, *Meaning in History: The Theological Implications of the Philosophy of History* (Chicago, 1949), published in

과는 전적으로 독립적인 자신만의 세계관을 가지고 있다는 이론이 다.[758] 세 번째 세속화 이론은, 16세기 게르만 종교적-영적 법령(spiritual ordinances), 즉 세속적인 것과 영적인 것과의 상호작용에 대한 연구로부터 나왔다. 교황 혁명에 의해 시작된 제1차 근대 시기(the First Modern Age)(옮긴이 주석: 1150년 기준)에서 한 형태를 취했던 그러한 상호작용은 프로테스탄트 개혁에 의해 시작된 두 번째 근대(the Second Modern Age)로 오면서 변형되었다. 그리고 그러한 상호작용은 교회 자체에 관한, 결혼과 가족에 관한, 공공 교육과 도덕, 빈민구제에 관한 입법에 루터주의 신학이 미친 광범위한 영향력에 의해 게르만에서 효과적으로 상징되었다.

마지막으로 그러한 사안들에 종교적-영적 목적이 있다는 인식, 또 그러한 사안들을 규제하는 법률은, 입법 주체가 "국가"였는지 "교회"였는지 와는 무관하게, 종교적-영적인 법이라는 인식은 "근대"와 "포스트 근대" 서구 사회에 세속주의가 어떤 영향을 미쳤는지에 관한 광범위한 논쟁뿐만 아니라, 진행 중인 서구 문명의 역사에서 법과 종교가 어떤 식으로 상호작용하는지에 관한, 범위는 보다 좁지만 중요도는 결코 적지 않은, 논의에도 중요한 관점을 더했다.

가장 넓은 의미에서, 사실상 우리의 모든 법이 종교적-영적 측면을 가지고 있다고 말할 수 있을지 모른다. 사실상 우리의 모든 법

German under the title *Weltgeschichte und Heilsgeschichte: die theologischen Vorraussetzungen der Geschichtsphilosophie*, 2 vols. (Stuttgart, 1953).

758) 원저 p.196. 각주 87. See Blumenberg, *Legitimacy of the Modern Age*, orig. *Die Legitimität der Neuzeit (erweiterte und überarbeitete Neuausgabe)* (Frankfurt, 1966). See also idem, *Säkularisierung und Selbstbehauptung* (Frankfurt am Main, 1974). Cf. Robert M. Wallace, "Progress, Secularization, and Modernity: The Löwith-Blumenberg Debate," *New German Critique* 22 (1981), 63~79.

은 올바른 행위의 증진을 목표로 하고 있다. 사실상 모든 법이 도덕적 측면을 가지고 있다. 사실상 모든 법은, 적어도 사람들 간에 올바른 관계를 조성하려는 목적을 지닌다고 주장된다. 그러나 어떤 법은 다른 법보다 훨씬－그 차이가, 정도의 차이를 넘어 종류의 차이로 이어질 만큼－종교적이고 영적이다. 따라서 결혼을 규제하는 법은 예컨대 상업상 동업자 관계를 규제하는 법과는 그 종류에서 다르다. 왜냐하면 결혼은, 회사 조직의 형태에 비해 인간 삶의 궁극적 가치, 또는 삶의 궁극적 목적과 보다 밀접하게 관련되어 있기 때문이다. 기실 회사조직법은 경제적 관점이나 공리주의적 관점, 전통적인 서구 용어에서 물질적·세속적 관점으로 지칭되는 시각에서 볼 때 더없이 중요하다. 그러나 결혼, 또는 자녀 부양에 대한 부모의 권리와 의무를 규정하는 법은, 인간의 심리에, 인간의 마음에, 인간의 영혼에 훨씬 심대한 영향을 끼친다. 학교 법과, 특정한 유형의 충격적인 비도덕적 행위를 규제하는 법, 지독한 가난 속에서 살아가는 사람들에게 도움을 주는 법에 대해서도 같은 식으로 말할 수 있다. 이들 법은, 우리가 다른 사람들과의 관계에서, 또한 인간으로서의 본질과 목적에서 가장 신성한 것으로 여기는 어떤 것을 건드린다. 그것은 합리적으로 계산하는 우리들 머리뿐만 아니라 우리네 마음의 정열도 건드린다.

다른 여러 신앙체계에서도 마찬가지지만, 유대교, 기독교, 이슬람교와 같은 유일신교에서, 인간의 정신과 영혼은 마음과 밀접하게 관련되어 있다. 다윗 왕은 이렇게 말한다. “저에게 정결한 마음과 올바른 영혼을 심어주옵소서.”(시편 51:10) 선지자 에스겔은 그러한 청원을 모든 사람들로 확장한다. “새 마음을 너희에게 줄 것이며 새 영혼을 너희 안에 심어둘 것이다. …… 너희 안에 내 영혼을 둘 것이다. 그리하여 너희는 나의 법규를, 나의 판결을 쫓아 그렇게 행할 것이다."(에스겔서 36:26~28)

특히 20세기, 그리고 21세기로 접어들 무렵의 학자들은, 서양에서의 법의 역사적 발전이 한편으로는 토크빌이 "마음의 습속"(habits of the heart)이라고 불렀던, 아브라함 링컨이 첫 번째[759] 취임사에서 "우리 본성에 깃든 보다 선량한 천사"(the better angels of our nature)라고 불렀던 것과 다른 한편으로는, 실용적인, 양화할 수 있는, 공리주의적인 것 간의 변증법적인 상호작용의 산물임을 간과해왔다. 다시 말해 그것은 사회적 삶의 신성한 측면과 속된 측면 간의, 도덕적인 측면과 정치적인 측면 간의, 영적인 측면과 세속적인 측면 간의 상호작용이었다. 우리가 살펴봤듯이 16세기 루터주의 개혁자들, 또 그 전의 로마 가톨릭교도들에게 물질적인 것과 정신적인 것, 몸과 영혼, 한시적인 것과 영원한 것 – 즉, 세속적인 것과 영적인 것 – 은 변증법적 긴장 속에 있었다.

그때까지 성직자가, 로마 가톨릭교회의 교회법하에서 교회의 전례를 규제하기 위해, 혼인관계를 규정하고 보호하기 위해, 학교를 설립하고 운영하기 위해, 비도덕적 행위를 규정하고 처벌하기 위해, 또 가난하고 도움이 필요한 자들을 부조하기 위해 행사하던 책임이, 16세기에 게르만의 지역 정부로 이전된 것은, 어떤 의미에서는 "세속화" 과정이었다. 다시 말해 교회의 기능이 이제는 평신도 권위체의 역할이 된 것이다. 그러나 그러한 일들을 관리한 법은 보다 깊은 의미에서는 여전히 종교적-영적 법으로 남아 있었다. 세속 당국의 법 – 이런 의미에서의 세속법 – 은 탈세속화되었다. 그러한

759) 옮긴이 주석: 원문은 "Second Inaugural Address"이나 첫 번째 취임사로 보인다.

세속법의 탈세속화 과정은 그 새로운 법률을 주창하고 초안한 새로운 종교적-영적 권위체, 즉 주요 프로테스탄트 개혁가들의 참여로 인해 촉진되었다.

오늘날의 많은 사람들에게 "종교적-영적"이라는 단어는 결혼, 교육, 도덕, 빈민구제와 밀접하게 연관된 함의를 갖지 않는다. 물론 국가 교회를 가진 강력한 군주제는 사실상 서양에서 사라졌다. 그러나 16세기 게르만혁명이 게르만법에 미친 영향은 역사학자나 철학자들에게만이 아니라 가족, 교육, 사회복지와 관련된 현대법에 관심을 가진 사람들에게도 기억될 만한 가치가 있다. 그것들은 우리의 세속 당국이, 그러한 측면에서는 16세기 게르만의 루터파 세속 당국을 따라, 진지하게 마음에 담아두어야 할 사안이다.

■ 옮기고 주석 붙인 이 후기(전편)

이 책의 구조

1.1 이 책은 해롤드 버만, 『법과 혁명 Ⅱ – 그리스도교가 서양법 전통에 미친 영향』(하버드 대학교 출판부, 2003)의 총론 부분 및 게르만혁명(종교개혁)과 게르만법의 변화(16세기)를 다룬 부분까지 한국어로 옮기고, 한국 법문화에만 익숙해왔던 한국어 독자들을 위해서, 주석을 붙인 것이다. 이 책의 후편 부분은 같은 책에 수록된, 잉글랜드혁명과 잉글랜드법의 변용을 다루고 있다. 쉽게 말하면 이 책의 총론 부분은 근대 시민혁명 전부 및 1917년의 러시아혁명에 대한 일반 이론이고, 전편은 1517년 게르만의 종교개혁이 유럽의 법에 미친 영향이며, 후편은 1648년 이후의 영국 청교도혁명이 미친 영향이다. 후편의 부록에서는, 해롤드 버만이 각론으로 직접 다루지 못했던 1776년의 아메리카 독립혁명, 1789년의 프랑스 대혁명, 그리고 1989년 베를린 장벽붕괴를 정점으로 하는 동유럽 러시아혁명 전후를 다루고 있다.

동서의 가교 역할

1.2 "해롤드 버만이 한국 법학에 가지는 의미"에 대해서는『법과 혁명』연작 시리즈 중 최초로 한국에서 출간된『법과 혁명 Ⅰ - 서양법 전통의 형성 Ⅰ』의 제5장에서 필자가 따로 논문을 써서 한국의 독자에게 설명하고 있다. 또한 "해롤드 버만의 생애와 학문"에 대하여는 후(後)편에서 그의 생애에 초점을 맞추어 설명하고 있다. 어쨌든 시리즈 전체로 볼 때는 두 번째의 분권으로 나오는 이 전(前)편에서 따로 버만의 생애와 학문을 본격적으로 소개하지 못하는 것을 유감으로 생각한다.

버만은 제1차 세계대전이 끝난 1918년에 태어나서, 세계 대공황과 전체주의 세력의 대두, 그리고 제2차 세계대전을 유럽 전선의 참전 용사로서 겪었고, 전후 세계질서의 형성에 학자로서 참가하였으며, 잇따른 냉전시대에 당시 냉전의 두 주역이었던 미국과 소비에트 연방의 긴장과 갈등에도 불구하고, 학자로서 하버드 대학과 모스크바 대학을 잇는 가교로서 활동하였다. 한국 법학자나 사회과학자의 상상을 넘는 그의 **동서의 가교 역할**은, 냉전의 절정기였던 1955년 이후 1991년에 소비에트 연방이 해체되기 이전의 어려운 시절에도, 하버드 대학과 모스크바 법과대학을 베이스로 해서, 50회 이상의 연구 프로젝트를 수행하였다. 그의 사후인 2008년에 간행된 에모리 로스쿨(Emory Law School)의 로 리뷰에 의하면, 미·소 간의 경쟁이 치열했던 1982년에 모스크바 법과대학의 한 학생(Boris Ossipian)은 당시 방문학자로 체재하고 있던 버만의 강의에 매료되어서 당시 공산당원이었던 학장의 경고를 받고, KGB의 감시를 받고 있었다고 한다. 그의 사후 추모사를 쓴 어떤 교수는 **그를 뉴잉글랜드의 중심인 케임브리지와 미국 남부 문명의 중심지 아틀란타를 남북으로 연결시키고, 한편으로는 모스크바와 다른 한편으로는 중국을 연결시킨 거의 유일무이한 사람으로 쓰고 있다.** 옮긴이가 확인한 바로는 모스크바와 중국뿐만이 아니다. 그는 서유럽과 (Die Zeit를 통해서); 동유럽을 (헝가리의 부다페스트의 중앙유럽 대학을 거점으로) 연결시켰고, 마침내는 일본[도쿄 주오(中央)대학 비교법 연구소를 통해서]을 연결시킨 사람이다. 옮긴이의 서문에서 쓴 바대로, 냉전 체제를 종식시킨 1989년의 동유럽 러시아 혁명 이후, 구 공산주의가 몰락한 중동부 유럽 및 구 소비에트 연방 국가의 광대한 영역에서, 또한 사회주의 체제를 유지하면서도 1978년 이후 개혁 개방을 통해서 세계 시장에 등장해서 마침내 미국에 이은 경제 대국이 된 개방 이후의 중국에서도, 공산주의 이후의 질서를 어디서 찾을 것인가 하는 의문에 대해서, 비정치적이며 국가를 초월한 해답을 제시한 사람이 해롤드 버만이었다고 한다.

약 40개국 이상의 나라에서 1,000번 이상의 공개강좌

1.3 그의 생애를 통해서 버만 교수는 약 40개국 이상의 나라에서 1,000번 이상의 공개강좌를 행했고, 서거하기 한 해 전인 2006년 중국 5대 도시를 순방하였을 때, 수천 명의 중국학자들이 경청하였다고 한다. 일본에서는『법과 혁명 Ⅰ, Ⅱ』가 이미 일본어로 완간되어 있다. 한국은 어떠한가? 이 책의 후편 끝에 붙은 "해롤드 버만의 생애와 학문" 마지막 부분에 "해롤드 버만과 옮긴이의 학

문적 관계"에서 나타나는 것처럼, 전 세계적인 영향 특히 1989년 이후 동서를 넘는 그의 영향에도 불구하고, 한국에서는 1989년, 1992년, 그리고 2013년에 옮긴이가 버만의 논문과 대표작을 소개하기 이전까지는 그의 이름을 주로 인용한 어떤 논문 또는 저작도 2015년 12월 현재 쉽게 검색할 수 없었다. 심지어 이 책의 후기를 쓰는 이 순간까지도 옮긴이와 옮긴이의 학문적 활동 영역에 드는 소규모의 학자들을 제외하면, 노벨상 수상자를 훨씬 능가하는(물론 법학은 노벨상 분야에 포함되지 않는다) 20세기와 21세기에 걸친, 그의 학문적 업적에도 불구하고 한국에는 잘 알려지지 않았다라고 할 수 있다(故 강구진 교수가 버만의 강의를 들은 듯도 한데 확실한 근거를 찾을 수 없었다).

비교 법사학계의 마르셀 프루스트(Marcel Proust)

1.4 유럽 대륙에서 독일 통일 이후, *Die Zeit*(1991.8.30)의 서평에서 『법과 혁명』을 "신기원을 긋는 책"으로 보도하였다. 1993년에 도이치의 어떤 학자는 버만을 법의 역사에 관한 한 마르셀 프루스트(Marcel Proust)라고 썼다. 마르셀 프루스트는 프랑스 작가로, 『잃어버린 시간을 찾아서』의 저자로, 문학사에서 잘 알려져 있다. 1995년에 도이치의 *Neue Juristische Wochenschrift*에서 어떤 독일 법학자는 법과 혁명을 "그 해의 책"의 리스트에 올리고, 도이치 학자들이 읽기를 권했다. 한국에서는, 소수의 법학자들이 일본어역과 중국어역을 개인적으로 구입해서 읽은 것이 90년대 이후의 사례이고, 물론 원서 그대로 어떤 대학원에서 교재로 사용한 예를

『법과 혁명 Ⅰ』의 한국어판에 밝혔다.

만남과 그의 제자들

1.5 해롤드 버만과, 옮기고 주석 붙인 이의 만남은 1990년에 당시 미국 비교법학회 회장이었던 만년의 존 해저드(John Hazard)와 콜럼비아 대학에서 공동강의를 하고 있었던 랭들 에드워즈(Randle Edwards)의 권유로 오랫동안 업적으로만 보아왔던 버만 교수를 1991년 6월 13일 하바드 법과대학 로스코 파운드홀에서 처음으로 만났다. 이후의 사정은 『법과 혁명 Ⅰ』 옮긴이 후기에 상세하게 기술해 놓았다.

1.6 버만의 업적의 후계자들에 의한 종합적 정리는 1996년 출간된 *The Integrative Jurisprudence of Harold J. Berman*(Boulder: Westview Press, 1996)으로 처음 나타나고, 2008년 *Emory Law Journal* vol.57(2008) 전부가 그의 학문적 영향을 받은 전 세계의 후계자들에 의해서 추모사로 채워지고 있다.

앞 책에 기고한 다섯 사람은 버만의 다섯 개 전공 영역의 하나하나를 대표하는 제자들인데, 러시아법, 법사학, 국제거래, 법철학, 법과 종교의 다섯 분야의 학생들을 대표하는 학자들이다. 뒤 책의 기고자들은 역시 러시아법, 법과 종교, 법사학, 비교법과 국제사법, 미국법의 각 과목에 대한 옛 학생들의 대표자이다. 국적별로는 아메리카 대학들은 물론이고, 런던 대학, 드레스덴 대학, 모스크바 대학이 배경이다.

참고로 옮기고 주석 단 사람(김철 교수)의 영역을 버만 표준으로 분류해보면, 러시아 소비에트법, 비교법, 법철학, 법사학, 법과 종교가 될 것이다. 법교육이 추가 된다.

1.7 그에게 영향을 받은 사람들(법과 종교 영역에서만 수천 명이 된다고 에드워드 맥글린 개프니(Edward McGlynn Gaffney, Jr.)가 추도사에서 밝히고 있다) 중에서 특히 그가『법과 혁명 Ⅱ』의 Acknowledgments에서 그의 최후의 대표작의 연구 조력자로서 들고 있는 사람은 존 위테(John Witte, Jr.)와 찰스 레이드(Charles J. Reid, Jr.)의 두 사람이다. 위테는 하버드 로스쿨 시대에 버만의 조교(research assistant)였다가, 버만이 에모리로 옮겨간 이후 상임 연구원(research associate)였다가, 이후 에모리 로스쿨의 석학 교수 및 법과 종교 센터의 연구소장이 되었다. 위테의 주저는 *Law and Protestantism*으로, 그의 스승과 연구 영역이 겹치나, 취급 연대가 다소 다른 듯하다. 2015년 5월에 위테 교수의 원저가 한국어로『권리와 자유의 역사』라는 제목으로 출간되고, 옮긴이가 그 책의 서평을 월드 뷰(김철,『권리와 자유의 역사』 서평, “기독교 전통이 법과 권리의 형성에 미친 영향”)에 쓴 적이 있다. 위테 교수는 2015년 5월 한동대학교의 초청으로 방한하여서 해롤드 버만 연구 모임의 회원들과 만났으며, 연세대학교 및 법사학회, 그리고 그리스도교 관계 단체에서 강연하였다. 개인적 증언에 의하면 위테 교수는 해롤드 버만이 89세로 타계한 2007년 직전까지 마지막에는 버만 교수가 구술하는 내용을 바로 옆에서 받아쓰는 작업까지 계속하였다고 한다.

감사의 말씀

1.8 먼저 고인이 된 Harold Berman 교수께 감사한다. 또한 『법과 혁명』의 그의 조수이자 동역자였던 존 위테(John Witte, Jr.)에게도 감사한다. 위테 교수는 2015년 5월에 방한하였다. 고인이 된 Harold Berman의 전속비서였던 Ms. Knack(Emory Law School)에게 팩스, 편지, D.H.L.을 통한 교신과 수많은 Berman 교수의 논문 별쇄본들, 저서들을 보내준 것에 감사한다.

1.9 2013년 5월부터 시작된 『법과 혁명 Ⅱ』 독회 모임에 참석, 발표, 토론해 준 여러분들에게 감사한다. 특히 다음의 발표자에게 감사한다. 표시된 달은 『법과 혁명 Ⅱ』 중에서 전편에 해당하는 독회일이다.

2013년 5월 김용훈 교수, 2013년 6월 강기홍 교수, 2013년 7월 김대인 교수, 2013년 9월 유은정 교수, 2013년 11월 우재욱 변호사, 2013년 12월 박우경 선생, 2014년 1월 이상직 선생, 2015년 2월 김정우 박사. 독해 모임은 원서를 사용해서 발표자가 발표를 위한 요약 드래프트를 마련한 케이스도 있고, 옮긴이가 드래프트를 미리 마련한 케이스도 있으나, 모든 경우 발표 및 토론 후 옮긴이가 종합적으로 검토하여 원고를 마련하였다. 이 과정에서 특별히 수고한 황지혜 박사와 독립적으로 드래프트를 마련해서 발표해 준 박우경, 이상직 선생에게 감사한다. 연구 모임에 장소를 제공한 김종철 변호사에게 감사한다. 교정을 도와준 정세종 군에게 감사한다.

1.10 이 책은 물론『법과 혁명 Ⅱ』의 전편이다. 그러나 이미 설명한 것처럼 법과 혁명 Ⅰ과 Ⅱ의 전후편은 세계사의 연대기적으로 진행되고 있어서 끊을 수도 있지만 실상은 연속되어 있다. 따라서 이 전편의 후기에서도 2012년부터 시작된 이 연작의 출간을 위해서 약 4년 이상 동안 옮긴이를 격려하고 직접 간접으로 도와준 여러분들에게 감사하지 않을 수 없다. 옮긴이가 소속한 학회뿐 아니라 특히 인격적으로 개인적으로 옮긴이를 도와주고 격려한 여러 분야의 이해자들에게 이 자리에서 다시 한번 깊은 감사를 드린다. 하빈・예빈과 찬우・시우가 이 책을 읽기 바란다.

1.12 한국학술정보(주)의 기획 담당인 이아연 선생은 세심하게 원고를 검토하고 여러 가지 배려를 해주었다. 출판부 차장 송대호 선생은 학술서 출판에 이해를 보여주었다.『법과 혁명 Ⅰ』과『법과 혁명 Ⅱ』의 전편에 대한 출판을 맡아주신 한국학술정보(주)의 채종준 대표이사에게 처음으로 인사를 하고, 이아연 선생과 송대호 선생에게 감사의 뜻을 표한다. 또한 디자인 담당의 이효은 선생에게도 감사의 뜻을 표한다. 숙명여자대학교 법과대학 사무실의 여러 조교들; 조현지, 장경진, 최지연, 차현미 선생들께 고맙다고 인사한다.

2016년 1월

옮기고 주석 붙인 김철

색인

(A)

Agricola, Rudolph 348
American law 6 See 아메리카혁명(American Revolution); 법철학, 아메리카의(Legal philosophy, American)
Anglo–Calvinism 21, 47, 85. See also 영국 국교회주의(Anglicanism); 칼뱅주의(Calvinism); 청교도주의(Puritanism)
Anti–semitism 146
Aristocracy 43
Augsburg, Peace of 156, 157, 158, 185
Augustine, Saint 240, 540
Azo 387, 388, 442, 494

(B)

Bailyn, Bernard 55
Becker, Carl 55
Bellomo, Manlio 74
Blickle, Peter 168
Bucer, Martin 133, 269, 353
Bude', Guillaume 336 See 부다에우스(Budaeus, Guillelmus)
Bushell's Case 44 See also 배심 재판(Jury trial)
Butler, George E. 306

(C)

Calisse, Carlo 443, 449
Chardin, Teilhard de 11
Charlemagne 105
Civil disobedience 198, 295, 308. See also 법치국가(Rechtsstaat)
Coing, Helmut 211, 330, 335, 361, 487, 517
Constantine, Emperor 330
Corporation law 535, See 비즈니스의 조직(Business associations); 주식회사(Joint–stock companies)
Courts, English 후편 색인 참조. See 커먼 로 법원(Common law courts); 대권법원(Prerogative courts), 형법과 절차, 잉글랜드의(Criminal law and procedure, English): 초기 역사(early history of); 잉글랜드 혁명의 효과(effect of the English Revolution on); 젠트리 재산의 보호(its protection of property of gentry); 칼뱅주의가 선고에 미친 영향(effect of Calvinism on sentencing); 칼뱅주의가 실체 형법에 미친 영향(Calvinism on substantive criminal law); 피고인의 권리(rights of the accused), See also 잉글랜드법의 공모(Conspiracy, English law of); 사형(Death penalty); 증거법(Evidence); 법과학, 잉글랜드의(Legal science, English); 증거(Proof)
Criminal law and procedure, German 470; 밤베르겐시스(Bambergensis); 고백(confession); 소송절차(inquisitorial procedure); 절차법의 개혁(procedural reforms); 실체법의 개혁(substantive reforms); 고문(torture), See also 카롤리나(Carolina); 법과학, 도이치의(Legal science, German); 슈바르첸베르크(Schwarzenberg, Johann von)
Cujacius 413 See 쿠자시우스(Cujas)

(D)
Damaska, Mirjan 428
Damian, Peter 147
Davis, Natalie Zemon 581, 582
Death penalty 564 See also 밤베르겐시스(Bambergensis) 성직자의 혜택(Benefit of clergy); 형사법과 절차, 영국의(Criminal law and procedure, English); 형사법과 절차, 도이치의 (Criminal law and procedure, German); 법과학, 잉글랜드의(Legal science, English); 법과학, 도이치의(Legal science, German)
Decalogue 211, 236, 239, 240, 273, 274, 290 신의 법(Divine law); 자연법, 루터 신학의(Natural law, Lutheran theories of)
Declaration of Rights of Man and Citizen 54 See 권리장전(Bill of Rights)
Dickens, A. G. 163
Dumoulin, Charles 324
Durantis, William 433, 442

(E)
ecclesiastical courts 437 English; German; Roman Catholic, see 캐논법 (Canon law)
Enclosures 후편 색인 참조
English Law 75, 79, 535 영국 보통법(English common law); 소송 형태(Forms of action); 잉글랜드의 법철학 Legal philosophy, English; 잉글랜드의 법과학, 잉글랜드의(Legal science, English); 잉글랜드의 물권법 (Property law, English)
Erasmus 152, 286, 299, 320, 335, 338, 572, 582
Evangelical faith 144, 150, 178, 179 See also 루터주의(Lutheranism); 루터주의 신학(Lutheran theology); 프로테스탄티즘의 전파(Protestantism, spread of)
Ezekiel 598, 599

(F)
F. W. 메이틀런드(Maitland, F. W.) 79
Feenstra, Robert 522
Ferdinand II, Emperor 158, 186
Fraher, Richard 427, 428, 437
Frederick III, Elector of the Palatinate 159
Frederick the Wise 149
Fuller, Lon L 282

(G)
German cities; 569, 582 종교개혁의 역할(role of in Reformation)
Geremek, Bronislaw 581
German empire 143, 487, 581 See also 게르만 영방들, 영역들 (German territories (Länder)
German territories(Länder) 220, 319, 426, 582
Gierke, Otto von 309, 389
Gilbert, Neal W. 360
Gilchrist, John T. 495
Gorbachev, Mikhail 후편 색인 참조
Gordley, James R. 210
Gratian 241

(H)
Hart, H. L. A. 282, 283
Hattenhauer, Hans 211, 362
Heckscher, Eli 504
Helmholz, Richard H. 496, 564
Hermeneutics 374, 558
High magistracy 460
History 27, 52, 53, 55, 79, 81

집단 기억으로서의(as group memory); “법률가 대 경제학자의 역사”(lawyers' versus economists' history); 연대구분(periodization of), See also 계몽주의(“Enlightenment”); 봉건주의(“Feudalism”);
Holmes, George 80
Holy Roman Empire 186, 426 See 도이치제국 또는 게르만제국(German empire)
Hospitals, Roman Catholic 580
Hostiensis 387, 388, 395, 433, 437, 485, 543
Hus, Jan 121, 177, 465
Hussite Wars 121
Hussites 121

(I)

Institutes of Justinian 347, 389 See also 로마법(Roman law)
International law 183, 184, 187, 550 See also 만민법(Jus gentium)
Italian law 443, 449, 474 제정법/입법/제정 형법(statuti)
Ius ad rem 376, 522 ius in re와의 대비
Ius gentium 237, 278, 296 see 만민법(jus gentium)

(J)

James I, King of England 42
James II, King of England 후편 색인 참조
Jesus 146, 181, 313, 570
Jhering, Rudolf von 265
John, Prince Elector of Lower Saxony 398
Joint-stock companies 91, 536 See also 비즈니스의 조직(Business associations)
Jonas, Justus 563
Jury trial 44 배심원의 독립(independence of the jury), See also 법과학, 잉글랜드의(Legal science, English)
Jus commune 39, 308
Jus utrumque 405
Just Price 494, 495, 496
Jütte, Robert 419, 581, 595

(K)

Kant, Immanuel 48, 282
Kennedy, Duncan 법과 혁명1 참조
King v. Sir Charles Sidley 후편 색인 참조
Kisch, Guido 234, 265, 286, 338, 347, 355
Kling, Melchior 218, 265, 353, 384
Koschaker, Paul 362
Krause, Otto 267, 273
Kuhn, Thomas 법과 혁명1 참조
Kuske, Bruno 536

(L)

Legal method 362, 477 See also 법과학(Legal science) 법철학(Legal philosophy), See also 역사적 법학(Historical jurisprudence); 통합법학(Integrative jurisprudence); 법철학, 아메리카의(Legal philosophy, American); 법철학, 잉글랜드의(Legal philosophy, English); 법철학, 루터주의의(Legal philosophy, Lutheran); 자연법, 잉글랜드의(Natural law, English theories of); 자연법, 루터주의 이론의(Natural law, Lutheran theories of); 자연법, 로마 가톨릭 이론의(Natural law, Roman Catholic theories of);

법실증주의, 아메리카의(Positivism Legal philosophy, American)
Lincoln, Abraham 599
Lindberg, Carter 554, 584
Lipen, Martin 406, 526
Lollards 121 See also 위클리프(Wyclif, John)
Luther, Martin 120, 127, 128, 131, 133, 134
Lutheran theology 210, 229, 582 See also, 두 왕국 이론(two kingdoms theory; 오직 신앙만에 의한 정당화(justification by faith alone); 만인사제설(priesthood of all believers); 크리스천의 소명(Christian calling), See also 루터주의의 법철학(Legal philosophy, Lutheran);

(M)
MacLean, Ian 210, 361
Market economy 499 See also 자본주의(Capitalism); 중상주의(Mercantilism)
Marriage law 396, 566, 567 잉글랜드의(English); 도이치의(German)
Marx, Karl 478, 498
Mary II, Queen of England 후편 색인 참조
Maximilian I, Emperor 115
McGovern, John F. 495
Michelet, Jules 80
Milsom, S. F. C. 79
Moccia, Luigi 406
Moore, R. I. 27
Mortari, Vincenzo Piano 340, 362
Muther, Theodor 218, 347, 355, 385, 522
Müntzer, Thomas 150, 192

(N)
Nelson, Benjamin 499, 534
Noonan, John T. 494
North, Douglass C. (총론 참조) 81

(O)
Ong, Walter J. 360, 361
Ostrom, Vincent 62

(P)
Paul, Saint 141, 228, 260, 363, 539, 546
Philip of Hesse 149, 154
Philip the Magnanimous 271
Property law, feudal 40, 277, 364, 403, 512, 518, 527 See 물권법
Property law, German 40, 277, 364, 403, 512, 518, 527 See 물권법, 영주권으로부터 분리된(separated from lordship); 의무로부터 분리된(separated from obligations)
Public law / private law dichotomy (공 · 사법 이원론) 380

(R)
Rachum, Ilan 26
Reddita 530 See 저당 또는 담보(Mortgage, history of)
Reid, Charles J., Jr. 77, 377, 550, 606
Rente 530, 533, 534 See 저당 또는 담보(Mortgage, history of)
Roman Catholic Reformation 10, 28, 30, 32, 34, 424 See also 교황의 혁명, 프로테스탄트(Protestantism, spread of)
Roman law(로마법) 191, 218, 221, 272, 273, 318, 319, 331, 359, 362, 371 디게스타(Digest);

인스티투테스(Institutes); 계약법 law of contracts; 실천적 계수(practical reception of); 캐논법의 원천과 비교된 법원(sources compared with sources of Canon law)
Rule of law, English 70 헌법(Constitutional law), 잉글랜드의; 도이치의, see 법치국가(Rechtsstaat); 시민적 불복종(Civil disobedience)
Russian Revolution, impact on law 6, 29, 62, 68, 560 러시아혁명이 법에 미친 영향

(S)
Schmelzeisen, Gustaf Klemens 488
Schneidewin, Johannes 218, 265, 353
Scholasticism 223, 293
School law 569 잉글랜드의; 도이치의
Sickingen, Franz von 151
Sidley, Sir Charles. 후편 색인 참조 See King v. Sir Charles Sidley
Sigismund, Emperor 121
Skinner, Quentin 322
Skocpol, Theda 27
Social theory, Weberian. 5, 46, 83, 91, 94, 95, 499, 590, 593 See also 베버의 칼뱅주의 주제(Weber's Calvinist thesis)
Stein, Peter 331, 406, 522
Stern, Laura Ikins 432
Stone, Lawrence 43

(T)
Ten Commandments 236, 239, 240, 241, 244, 249, 313 See 십계명(Decalogue)
Theuerkauf, Gerhard 365
Tierney, Brian 184, 377, 579
Tilly, Charles 27
Troje, Hans 331
Trusen, Winfried 318

(U)
Ulpianus 222 See 울피아누스(Ulpianus)

(V)
Viehweg, Theodor 326
Vives, Luis 582

(W)
Wolter, Udo 384, 426
Wood, Gordon 55
Worms, Diet of 113, 143, 217
Worms, Edict of 142, 463
Wright, William J. 500, 536, 574
Württemburg Statute 492 See also 자치법규(Ordnungen)

(Z)
Zimmerman, Reinhard 75
Zins 530, 533, 534 See 저당 또는 담보(Mortgage, history of)
Zobel, Christopher 525
Zwingli, Huldrych 150

(ㄱ)
가톨릭 종교개혁(Catholic Reformation) 182, 207
간디누스, 알버트(Gandinus, Albert) 474
갈릴레이, 갈릴레오(Galilei, Galileo) 법과 혁명1 참조

개인주의(Individualism) 52, 58, 82, 94, 422, 591
게레멕, 브로니슬라브(Geremek, Bronislaw) 581
게르만 영방들, 영역들(German territories (Länder) 143, 487, 581
계몽주의(Enlightenment) 14, 64
계몽주의("Enlightenment") 48, 68, 88
계약법(Contract law) 31, 40, 255, 277, 484, 490, 512, 523
고등종무법원(Court of High Commision) 44 See also 교회법원, 잉글랜드의(Ecclesiastical courts, English); 대권법원(Prerogative courts)
고리대(Usury) 428, 497 See also 이자(Interest)
고문(torture) 426, 427, 429, 430, 431, 432, 434, 449, 452, 453 See 형법과 절차, 도이치의
고백(confession) 254, 427, 453, 466
고위 관료 계층(High magistracy) 102, 135, 400, 537 See 상부지배층(Obrigkeit)
공동모의, 잉글랜드 법에서의(Conspiracy,English law of) 후편 색인 참조
공동체주의(Communitarianism) 61, 94 See also 개인주의(Individualism); 주식회사(Joint-stock companies)
관습법, 도이치의(Customary law, German) 61, 109, 110, 113, 202, 214, 298, 391, 398, 421, 448, 458, 469, 480, 487, 524
교수의 역할(role of professors) 204
교환증서(Bills of exchange) 408, 506, 512
교황 그레고리 7세(Gregory VII, Pope) 125, 147
교황의 혁명(Papal Revolution) 10, 22, 28, 30, 32, 34, 36, 68, 78, 115, 118, 124, 148, 380, 424 See also 교회법(Canon law)
교회법(Canon law) 10, 22, 31, 111, 140, 405, 473, 514, 516, 549, 576
교회와 국가(Church and state) 66, 101, 120, 127, 162, 185, 248, 409, 596 도이치의 국가 교회(state church); 잉글랜드의 국교회(established church)
국제법(International law) 188, 207
군주제(Monarchy) 49, 208, 594, 600
권리(Interest) 29, 36, 50, 53, 71, 158, 200, 260, 376, 382, 514, 521, 531
권리장전(Bill of Rights) 54
권리청원(Petition of Right) 54 See also 의회(Parliament)
귀족 중심주의(Aristocracy) 42 See also 칼뱅주의(Calvinism); 토지 소유 젠트리, 토지 준 귀족(Landed gentry); 군주제(Monarchy)
규문(Inquisition) 44, 451
근대성("Modernity") 592, 596 See also 역사의 연대구분(History, periodization of)
길모어(Gilmore, Myron) 35, 124

(ㄴ)

나폴레옹(Napoleon) 28, 51, 60, 263, 448 See 보나파르트 나폴레옹(Bonaparte, Napoleon)
낭트 칙령(Nantes, Edict of) 179
농민전쟁(Peasants' War) 151, 152, 162, 168, 173, 174
뉴턴, 아이작(Newton, Issac) 후편

색인 참조

(ㄷ)

당사자주의(Adversary system) 458, 487 See 법과학(Legal science, English)
대권법원(Prerogative courts) 후편 색인 참조; 형사 관할(criminal jurisdiction); 형법 사례(criminal cases); 폐지된(abolished)
대리(代理, Partnership) 119, 481, 486, 509, 537 See also 비즈니스 조직(Business associations)
대법관법원(Chancery, High Court of) 44 See also 형평(Equity); 대권법원(Prerogative courts)
데카르트, 르네(Descartes, René) 후편 색인 참조
도시법(Urban law) 10, 22, 31, 34, 39, 109, 110, 202, 400, 421, 446
도이치법(German law) 169, 190, 204, 263, 477, 486 See 헌법(Constitutional law), German; 계약법(Contract law); 형법과 절차, 도이치의(Criminal law and procedure, German); 법철학(Legal philosophy), 루터주의(Lutheran); 법과학, 도이치의(Legal science, German); 물권법, 도이치의(Property law, German)
돈넬루스(Doneau) See 돈넬루스, 후고(Donellus, Hugo) 414
돈넬루스, 후고(Donellus, Hugo) 519
두 왕국 이론(two kingdoms theory) 235, 469, 543
두아레누스(Duaren) 414
디게스타(Digest) 317, 326, 333, 341, 371 See 로마법(Roman law)
디드로(Diderot) 48
딜타이, 빌헬름(Dilthey, Wilhelm) 230

(ㄹ)

라구스, 콘라드(Lagus, Konrad) 212, 349, 385, 397, 519
라무스, 피터(Ramus, Peter) 360, 362
랑바인, 존(Langbein, John) 462, 471, 476
랠리이, 왈터(Raleigh, Sir Walter) 후편 색인 참조
러시아혁명(Russian Revolution) 6, 29, 62, 68, 560
레프가우, 아이케 폰(Repgau, Eike von) 34, 108
로마법(Roman law) 32, 112, 192, 219, 234, 263, 316, 328, 336, 373, 380, 395, 404, 409, 473, 482, 525
로욜라의 이냐시우스(Ignatius of Loyola) 181
로저스, 제임스 스티븐(Rogers, James Steven) 93
로젠스토크-휘시(Rosenstock-Huessy, Eugen) 75, 76, 596
로크, 존(Locke, John) 209
루소, 장 자크(Rousseau, Jean Jacques) 48
루터 신학의 129
루터, 마틴(Luther, Martin) 120, 127, 128, 131, 133, 134 루터의 전기; 루터의 철학; 루터의 신학, See also 여러 사람이 찬송가 부르기(Hymnody), 루터주의(Lutheran)
루터주의, 영국의(Lutheranism in England) 후편 색인 참조
루터주의 신학(Lutheran theology) 139, 154, 232, 577, 583
루터주의(Lutheran) 34, 66
루터주의(Lutheranism) 10, 41, 125, 158, 178, 203, 213, 562, 594
루터주의의 이론(Lutheran theories

of) 303
르네상스("Renaissance") 63, 64, 79, 152, 210, 219, 234, 272, 321, 324 See also 연대구분의 역사(History, periodization of)
르웰린, 칼(Llewellyn, Karl) 7, 70, 415
리틀턴, 토마스(Littleton, Thomas) 후편 색인 참조
릴번, 존(Lilburne, John) 후편 색인 참조

(ㅁ)

마그데부르크의 법(Magdeburg law) 398
마법(Witchcraft) 111, 206, 461
마우라하, 라인하르트(Maurach, Reinhart) 445
마자랭, 카디날(Mazarin, Cardinal) 후편 색인 참조
마케, 피터(Macke, Peter) 299
마키아벨리 니콜로(Machiavelli, Niccolo) 134
만민법(Jus gentium) (law of nations) 237, 278, 296 See also 국제법(International law)
만인 사제설(priesthood of all believers) 131, 234, 300
매디슨, 제임스(Madison, James) 57
맨즈필드(Mansfield, Lord) 후편 색인 참조
머지, 레버렌드 자카리아(Mudge, Reverend Zachariah) 후편 색인 참조
머튼, 로버트(Merton, Robert) 후편 색인 참조
메인(Maine, Henry Sumner) 후편 색인 참조
멜랑히톤, 필립(Melanchthon, Philip) 100, 149, 212, 216, 229, 230, 237, 239, 252, 304, 348, 355, 388, 470 멜랑히톤의 전기; 멜랑히톤의 철학; 멜랑히톤의 신학, See also 법과학, 도이치의(Legal science, German)
멜랑히톤의 주제별 방식 [Melanchthon's topical method (application to law)] 38, 40, 355, 414, 520
모너, 바실리우스(Monner, Basilius) 265
모어, 토마스 경(More, Sir Thomas) 후편 색인 참조
무죄 추정(Presumption of innocence) 후편 색인 참조
물건에 대한 권리(Jus ad rem) 376
물권법, 잉글랜드의(Property law, English) 후편 색인 참조; 인클로져(enclosures); 임대보유권(leasehold)이 대체한 보유권(copyhold); 봉건적 토지보유권(feudal tenures)의 폐지; 정확한 규칙에 지배되고 정도를 벗어나지 않는 토지 승계 방식(strict settlement); 경제 성장과의 관계(relation to economic growth)
물권법(Property law) 40, 277, 364, 403, 512, 518, 527
물권법, 교회법의(Property, Canon law of) 513
물권법, 경제 성장과의 관계(Property, relationship to economy)후편 색인 참조
미국혁명(American Revolution) 23
미드, 윌리엄(Mead, William) 후편 색인 참조
민법(Code civil) 51, 59, 60, 61, 70, 73, 112, 256, 340, 401, 480
민주주의(Democracy) 7, 50, 59, 60, 66, 68, 71, 596
밀로즈, 체슬로(Milosz, Czeslaw) 74

밀턴, 존(Milton, John) 46, 58

(ㅂ)

바르톨루스(Bartolus) 264, 325, 326, 474 See also 로마법(Roman Law)
바이어(Baier, Christian) 463
박스터, 리차드(Baxter, Richard) 후편 색인 참조
반 개혁(Counter-Reformation). See 교황의 혁명(Roman Catholic Reformation)
발두스(Baldus) 474 See also 로마법(Roman law)
발라, 로렌초 (Valla, Lorenzo) 322, 323
발먼, 두들리(Bahlman, Dudley) 후편 색인 참조
밤베르겐시스(Bambergensis) 438, 445 See 카롤리나(Carolina); 법전 편찬(Codification); 형사법과 절차, 도이치의 (Criminal law and procedure, German); 슈바르첸베르크(Schwarzenberg, Johann von)
배당권(Annuity) 530 See 모기지의 역사(Mortgage, history of)
배심원의 형평(Jury equity) 306
백년전쟁(Hundred Year's War) 후편 색인 참조
배심재판(Jury trial) 44, 54
버크, 에드먼드(Burke, Edmund) 11, 56, 58
법개혁(law reforms) 37, 52
법과학(Legal science) 24, 38, 39, 45, 50, 63, 315, 321, 331, 344, 407, 437 See also 법과학, 잉글랜드의(Legal science, English); 법과학, 프랑스의(Legal Science, French); 법과학, 도이치의(Legal science, German)
법과학, 도이치의(Legal science, German) 366, 367 루터 이전의(pre-Lutheran); 루터주의(Lutheran); 인문주의자 법과학(humanist legal science); 멜랑히톤의 주제별 방식[Melanchthon's topical method (application to law)]; 압펠(Apel); 라구스(Lagus); 비겔리우스(Vigelius); 알투지우스(Althusius); 정치적・철학적 함의(political and philosophical implication); 슈바르첸베르크 형법(Schwarzenberg's criminal code); 교수의 역할(role of professors). See also 도이치 형법과 절차(Criminal law and procedure, German); 법해석학(Hermeneutics); 법학 논문(Legal treatises, German); 스콜라주의(Scholasticism)
법과학, 로마 가톨릭의(Legal science, Roman Catholic) 38 See 스콜라주의(Scholasticism)
법과학, 잉글랜드의(Legal science, English) 후편 색인 참조; 당사자주의(adversary system); 배심재판(jury trial); 증거(proof of guilt or liability); 자연 과학과의 관계(relation to natural sciences); 잉글랜드 혁명과의 관계(relation to English Revolution); 피고인의 권리(rights of the accused); 학문적 논문(scientific treatises). See also 의제(Fictions); 소송형태(Forms of action); 법학 논문(Legal treatises, English); 선례(Precedent); 무죄 추정의 원칙(Presumption of innocence)
법과학, 프랑스의(Legal science, French) 51
법률(Ordnungen, Statutes) 62, 108, 115, 122, 188, 206, 234, 322, 369, 547, 548, 551

법실증주의(Positivism) 14, 47, 51, 203, 227, 228, 273, 281, 289, 308, 311, 393
법의 효용(uses of the law) 225
법전 편찬(Codification) 41 See also 밤베르겐시스(Bambergensis)
법철학(Legal philosophy) 14, 24, 37, 41, 50, 207, 209, 213, 215, 233, 289, 304, 437, 438, 518
법철학, 루터주의(Legal philosophy, Lutheran) 209, 212, 216, 228, 253, 256, 268, 307, 310, 312 지속성, 로마 가톨릭과의(continuity with Roman Catholic); 루터의 이론들(Luther's theories); 멜랑히톤의 이론들(Melanchthon's theories); 올덴도르프의 이론들(Oldendorp's theories); 루터주의 이전의 부정적 평가(previous negative assessment of); 법의 효용(uses of the law), See also 법과학, 도이치의(Legal science, German)
법철학, 잉글랜드의(Legal philosophy, English) 후편 색인 참조: 코크 이전(before Coke), 코크의 이론(Coke's theory); 헤일의 통합 법학(Hale's integrative jurisprudence); 홉스에 대한 헤일의 반박(Hale's rebuttal of Hobbes); 칼뱅주의와의 관계(Calvinist religious beliefs); 과학 사상과의 관계(scientific thought); 셀던의 역사적 법학(Selden's historical jurisprudence), See also 후커(Hooker, Richard); 제임스 1세(James I, King of England); 법과학, 잉글랜드의(Legal science, English)
법치국가(Rechtsstaat, law-state) 201, 203
법학 논문, 잉글랜드의(Legal treatises, English) 후편 색인 참조
법학 논문, 도이치의(Legal treatises, German) 340, 473, 525, 529
법학제요, 잉글랜드의(Institutes, English), 후편 색인 참조 See also 법학제요파(Institutionalists)
법학제요파(Institutionalists) 후편 색인 참조
베버, 막스(Weber, Max) 5, 7, 46, 83, 90, 93, 95, 499, 590, 593 See also 사회 이론(Social theory), 베버주의의(Weberian); 베버의 칼뱅주의 명제(Weber's Calvinist thesis)
베스트팔리아 조약(Westphalia, Peace of) 160, 186, 188, 189, 207, 249
베이컨, 프란시스(Bacon, Francis) 후편 색인 참조
베젠벡, 마테우스(Wesenbeck, Mattheus) 490
벤담, 제레미(Bentham, Jeremy) 후편 색인 참조
보나파르트, 나폴레옹(Bonaparte, Napoleon) 28, 51, 60, 263, 448 See also 민법(Code Civil); 프랑스 대혁명(French Revolution), 법에 미친 영향(impact on law)
보댕, 장(Bodin, Jean) 42, 412, 414
보라, 캐더린 폰(Bora, Catherine von) 144
보유권(Copyhold) 524, 531, 533 See 물권법, 잉글랜드의(Property law, English)
보카치오, 조반니(Boccaccio, Giovanni) 321, 342
보통법(Common law) 39, 44, 47, 53, 55, 61, 405, 491 See 교회법(Canon law); 잉글랜드 보통법(English common law); 보통법(이우스 코무네, Jus commune); 로마법(Roman law)

보통법(Jus commune) 유럽 보통법(European common law), 404, 463, 489, 490, 524, 525, 526, 529 See also 교회법(Canon law); 봉건법(Feudal law); 로마법(Roman law)
보통법(이우스 코무네, Jus commune) 308, 473, 485, 490, 524, 526
본햄 케이스(Bonham's Case) 후편 색인 참조
볼테르(Voltaire) 48
볼프, 에릭(Wolf, Erik) 461, 464, 467, 472
봉건법(Feudal law) 22, 34, 39, 78, 202, 317, 341, 391, 404, 408, 409, 512, 515, 524, 527
봉건주의("Feudalism") 78, 80, 154 See also 봉건법(Feudal law); 연대구분(periodization of)
부겐하겐, 요한(Bugenhagen, Johann) 549, 587, 592
부다에우스(Budaeus, Guillelmus) 335, 336, 341, 352, 407
부도덕한 행위(Moral offenses) 297
불법행위(unjust enrichment) 403
불법행위에 관한 법(Tort law) 485
뷔르템베르크의 군주 울리히(Ulrich, Prince of Württemberg) 504
브라우델, 페르난드(Braudel, Fernand) 503
브락톤(Bracton) 34
브릿지맨 경(Bridgman, Sir Orlando)
블랙스톤, 윌리엄(Blackstone, William) 후편 색인 참조
블레이크, 로버트(Blake, Admiral Robert) 후편 색인 참조
블루멘베르크, 한스(Blumenberg, Hans) 591
비겔리우스 니콜라스(Vigelius, Nicolas) 402, 403, 470
비르길리우스(Virgil) 222, 572
비악커, 프란츠(Wieacker, Franz) 373
비에드, 헤르만 본 추기경(Wied, Cardinal Hermann von) 270
비즈니스의 조직(Business associations) 535 See also 주식회사(Joint-stock companies); 조합(Partnership)
빈민 구제법(Poor law: English) 581
빈민법(Poor Laws) 579

(ㅅ)

사법부, 잉글랜드의(Judiciary, English), See also 사법부의 독립(independence of)
사비니, 프리드리히 칼 폰(Savigny, Karl Friedrich von) 446
사형(Death penalty) 424, 434, 457
상급관료, 세속 상부 지배층(Obrigkeit, High magistracy) 89, 246, 306, 307, 453, 550, 560, 571 See also 헌법, 도이치의(Constitutional law, German)
상부지배층(Obrigkeit) 89, 246, 307, 453, 560, 571
상인법(Law merchant) 10, 22, 31, 39, 317, 404, 408, 480, 512, 518, 542
샌더슨, 로버트(Sanderson, Bishop Robert) 후편 색인 참조
생 저메인, 그리스토퍼 (St. German, Christopher) 후편 색인 참조
서머빌/솜머빌(Sommerville, C. John) 후편 색인 참조
서머빌/솜머빌(Sommerville, J. P.) 후편 색인 참조
서양법 전통(Western legal tradition) 5, 8, 10, 13, 15, 22, 24, 30, 62, 82, 148, 205, 289, 327, 352,

356, 446 See also 서양의 흥기 ("Rise of the West")
서양의 흥기("Rise of the West") 82
선례(Precedent) 51, 60, 73, 95, 316, 373, 548 See also 법과학, 잉글랜드의(Legal science, English)
성 안셀름(Anselm, Saint) 345
세계법(World law) 13, 67, 81, 367
셀던, 존(Selden, John) 후편 색인 참조
소송 형태(Forms of action) 후편 색인 참조, See also 법과학, 잉글랜드의(Legal science, English)
소송절차(inquisitorial procedure) 399, 475
소유권(Ownership) 364, 376, 377, 378, 381, 513, 515, 520 See 물권법(Property law)
쉴즈, 에드워드(Shils, Edward) 25
슈바르첸베르크(Schwarzenberg, Johann von) 438, 440, 442, 445, 446, 461, 462, 466, 472
슈바르첸베르크슈바르첸베르크(Schwarzenberg, Johann von) 446
슈에르프(Schuerpf, Hieronymous) 217
슈틴트찡(Stintzing, Roderich) 464
스토리, 조셉 재판장(Story, Justice Joseph) 후편 색인 참조
스토리, 조셉 재판장(Stillingfleet, Bishop Edward) 후편 색인 참조
슬랙, 폴(Slack, Paul) 후편 색인 참조
스콜라주의(Scholasticism) 32, 38, 66, 80, 210, 215, 223, 231, 237, 286, 324, 335, 344
시드니 웨브 부부(Webb, Beatrice) 후편 색인 참조
시드니 웨브 부부(Webb, Sidney) 후편 색인 참조
시민법 체계("Civil law system") 479 see also Jus Civile
시민법(Civil law) 217, 225, 296, 379, 388, 391 See also 라구스, 콘라트(Lagus, Konrad)
시민법(Jus civile) 379 See also 로마법(Roman law)
시민적 불복종(Civil disobedience) 198, 295, 308
시스네로스의 시메네스, 추기경 프란시스코(Ximenes de Cisneros, Cardinal Francisco) 183
시장경제(Market economy) 83
신의 법(Divine law) 64, 138, 172, 215, 220, 228, 235, 242, 272, 280, 288, 328, 349, 391, 401, 543, 565, 594 See also 십계명(Decalogue); 자연법(Natural law), 잉글랜드 이론의(English theories of)
신탁(Trusts) 93, 94, 403, 514
실증주의 41
실천적 계수(practical reception) 317, 318
십계명(Decalogue) 39, 65, 137, 201, 219, 241, 364, 545

(ㅇ)

아담스, 존(Adams, John) 57
아리스토텔레스(Aristotle) 66, 214, 230, 268, 278, 285, 318, 325, 358, 390, 392, 413, 467
아리스토텔레스를 467
아리스토텔레스의 네 가지 원인(Aristotelian causes) 393, 395
아메리카 혁명(American Revolution) 53, 54, 56, 61
아우구스부르크 고백(Augsburg Confession) 155, 156, 157, 232
아쿠르시우스(Accursius) 325, 326,

371
아퀴나스, 토마스(Aquinas, Thomas) 184, 209, 230, 274, 292, 310
안드레아스 알키아투스(Andreas, Alciatus) 339
알키아투스, 안드레아스(Alciato, Andrea) 341, 342 See 안드레아스 알키아투스(Andreas, Alciatus)
알투지우스, 요하네스(Althusius, Johannes) 349, 404
압펠(Apel) 366, 368, 369, 371, 376, 379, 383, 521
압펠, 요한(Apel, Johann) 212, 217, 349, 365, 519
앙리 2세(Henry II, King of England) 156
앙리 4세(Henry IV, King of France) 179
앙리 7세(Henry VII, King of England) 후편 색인 참조
앙리 8세(Henry VIII, King of England) 42, 180
양심(Conscience), 이성(reason), 신앙(faith), 법(law)과의 관계. See also 신의 법(Divine law); 형평(Equity); 자연법(Natural law), 루터주의에서의 양심(Lutheran theories of)
에드워드 1세(Edward I, King of England) 후편 색인 참조
에드워드 6세(Edward VI, King of England) 180
엘리자베스 1세(Elizabeth I, Queen of England) 180
엘튼(Elton, G. R.) 후편 색인 참조
엥겔스, 프리드리히(Engels, Friedrich) 478
여러 사람이 찬송가 부르기(hymnody) 556
역사적 법학(Historical jurisprudence) 47, 51, 205 법철학, 잉글랜드의 (Legal philosophy, English); 중세 ("Middle Ages"); 근대성 ("Modernity"); 르네상스("Renaissance") See also 법철학(Legal philosophy)
역사적으로 집적된 이성(Reason, artificial) 후편 색인 참조
영국 국교회(Church of England). See 국교회주의(Anglicanism)
영국 국교회주의(Anglicanism). See also 영국 칼뱅주의(Anglo-Calvinism); 청교도주의(Puritanism)
영국 보통법(English common law) 44, 58, 60, 95 See also 보통법원 (Common law courts); 영국법 (English law)
영국 칼뱅주의(Anglo-Calvinism) 21, 47, 85
영국법(English law) 23, 44, 45, 54, 58, 60 See 헌법, 영국의 (Constitutional law, English); 계약법 (Contract law); 형법과 절차(Criminal law and procedure)
예배(Liturgy) 139, 187, 249, 306, 552, 556, 558, 561, 562, 576 영국 칼뱅주의자(Anglo-Calvinist); 루터주의(Lutheran); 회중의 성찬식 참가(congregational participation in sacraments); 라틴어를 도이치어로 대체(replacement of Latin with German); 설교에의 중점(emphasis on sermon); 새로운 찬송가 부르기 (new hymnody)
예배, 전례의식, 잉글랜드의(Liturgy, English) 후편 색인 참조
예배, 전례의식, 루터주의의(Liturgy, Lutheran) 556
예일(Yale, D. E. C.) 후편 색인 참조
오비디우스(Ovid) 572
오즈먼트, 스티븐(Ozment, Steven) 163, 166, 175, 194

오캄, 윌리엄(Ockham, William of) 후편 색인 참조
올덴도르프(Oldendorp, Johann) 40, 100, 212, 216, 266, 268, 273, 289, 293, 298, 304, 524 올덴도르프의 전기; 올덴도르프의 법철학
왕립학회(Royal Society) 후편 색인 참조
월지, 토마스 추기경(Wolsey, Cardinal Thomas) 후편 색인 참조
웨슬리, 존(Wesley, John) 후편 색인 참조
올덴도르프의 법철학 266, 272
요한 압펠(Johann Apel) 383
울피아누스(Ulpianus) 222
위그노(Huguenots) 178 See also 프로테스탄티즘의 파급(Protestantism, spread of)
위클리프, 존(Wyclif, John) 121, 465
위테, 존(Witte, John) 567, 575, 606, 607
윌리엄 4세(William IV, Prince of Hesse) 503
윌리엄 공(William of Orange) 180 See 윌리엄 3세(William III, King of England)
윌슨, 제임스(Wilson, James) 57
유럽에서의 교회선택에 대한 고백 (Confessionalization of Europe) 185
은행법(Banking) 92, 535
의제(Fictions) 후편 색인 참조, See also 법과학, 잉글랜드의(Legal science, English)
의회(Parliament) 22, 43, 45, 547 pre-1640; 왕정 복고 중 (Restoration); post-1689 의회 우위(parliamentary supremacy)
이르네리우스(Irnerius) 264, 326
이신론(Deism) 29, 47, 49, 61, 64
이자(Interest) 493, 496, 517, 530
인문주의자 법과학(humanist legal science) 331, 372
인본주의(Humanism) 35, 163, 267, 271, 276, 319, 321, 335, 407
인스티투테스(Institutes) 317, 333, 373, 386
임대 보유권(Lease) (leasehold) See also Paradine v. Jane
입헌 군주주의의 원칙(Monarchy; constitutional); 제한된(limited), See also 귀족 중심주의(Aristocracy); 민주주의(Democracy)
잉글랜드 은행(Bank of England) 92

(ㅈ)

자본주의(Capitalism) 46, 80, 82, 84, 88, 89, 94, 502, 536 See also 시장경제(Market economy); 중상주의(Mercantilism); 베버의 칼뱅주의 명제(Weber's Calvinist thesis)
자연법(Natural law) 14, 29, 41, 65, 201, 214, 224, 235, 242, 243, 247, 259, 272, 280, 289, 304, 311, 412 잉글랜드 이론(English theories of), see 블랙스톤(Blackstone), 헤일(Hale), 후커(Hooker); 루터주의의 이론(Lutheran theories of); 로마 가톨릭의 이론(Roman Catholic theories). See also 아퀴나스, 토마스(Aquinas, Thomas); 오캄, 윌리엄(Ockham, William of)
작센슈피겔(Sachsenspiegel) 108, 110, 398, 421
재침례교도(Anabaptists) 146, 151, 152, 172, 173, 192
재판장 본(Vaughn, Chief Justice)

후편 색인 참조
저당 또는 담보(Mortgage) 524, 532 see 모기지(Mortgage), 모기지의 역사(Mortgage, history of)
제롬, 세인트(Jerome, Saint) 128
제정 형법(statuti) 474
제정법 37, 54, 203, 301, 443, 489, 524
제퍼슨, 토마스(Jefferson, Thomas) 55, 58
조리 있음("Reasonableness") 후편 색인 참조
존스(Jones, Mary G.) 후편 색인 참조
조합(Partnership) 535, 537
종교적 관용에 관한 입법(Toleration, Act of) 44
주권(Sovereignty) 36, 42, 136, 185, 187, 189, 201, 202
주기적이고 규칙적인 지불에 대한 권리를 사는 것 / 연금 또는 연간 배당권(annuity)을 사는 것(Rentenkauf). See 저당 또는 담보(Mortgage, history of)
주식회사(Joint-stock companies) 91, 536
주제별 방식(Topical method) 316, 472 See 법과학, 도이치의(Legal science, German); 멜랑히톤, 필립(Melanchthon, Philip); 옹, 월터(Ong, Walter); 라무스, 피터(Ramus, Peter)
중상주의(Mercantilism) 504, 536 See also 자본주의(Capitalism)
중세("Middle Ages") 29, 34, 35, 66, 77, 78, 209, 489, 580 See also 연대 구분의 역사(History, periodization of)
증거(Evidence) 44 See 법과학, 잉글랜드의(Legal science, English); 법과학, 도이치의(Legal science, German); 확률(Probability)
증거(Proof) 85, 86, 114, 360, 412, 422, 425, 427, 428, 429, 430, 432, 434, 451, 453, 458 잉글랜드의(English), see 법과학, 잉글랜드의(Legal science, English); 도이치의(German), see 법과학, 도이치의(Legal science, German). See also 확률(Probability); 타당한 의문(Reasonable doubt); "조리 있음"("Reasonableness")
증거법(Evidence) 44, 432
증권 거래소(Bourses) 536
지배권(Dominium) 105, 118, 131, 139, 147, 155, 167, 196, 200, 253, 478, 513, 514, 520, 541 See also 물권과 물권 법의 항목(property and property law)

(ㅊ)

차일드(Child, Josiah) 후편 색인 참조
찬송가 부르기, 루터주의의(Hymnody, Lutheran) 552, 556
찰스 1세(Charles I, King of England) 22
찰스 2세(Charles II, King of England) 후편 색인 참조
찰스 5세(Charles V, Emperor) 142, 156, 160, 179, 294
차지우스, 울리히(Zasi, Ulrich) 336, 339, 341, 488
채무/의무(Obligations) 36, 38, 60, 228, 250, 256, 260, 298, 346, 377, 381, 399, 482, 486, 512, 513, 531 유럽 보통법에서의 (in jus commune); 잉글랜드법에서의 (in English law); 도이치법에서의(in German law). See also 계약법 (Contract law); 물권법(Property law); 불법행위에 관한 법(Tort law); 불법행위(Unjust

enrichment)
청교도주의(Puritanism) 46, 61
튜더-스튜어트 왕조에의 도전(challenge to Tudor-Stuart monarchy); 법개혁(law reforms); 영국 국교회주의(influence on Anglicanism). See also 영국 칼뱅주의(Anglo-Calvinism); 칼뱅주의(Calvinism)
치안판사(Justices of the peace)
후편 색인 참조 . See 로마법(Roman law)

(ㅋ)

카롤리나(Carolina) 438, 441, 442, 444, 445, 449, 457 See also 밤베르겐시스(Bambergensis); 형법과 절차, 도이치의(Criminal law and procedure, German)
칸-프로인트, 오토(Kahn-Freund, Otto)
후편 색인 참조
칼뱅, 존(Calvin, John) 41, 177
칼뱅주의 반란 시기의 네덜란드 (Netherlands; Calvinist revolt of)
후편 색인 참조 ; 16세기 스페인에서의 칼뱅주의자들의 반란(sixteenth century Calvinist revolts in Spain)
칼뱅주의(Calvinism) 15, 21, 41, 47, 68, 83, 88, 95, 159, 178 See also Weber's Calvinist thesis (베버의 칼뱅주의 명제) 참조-미국혁명(American Revolution), 공동체주의(Communitarianism), 프랑스 대혁명(French Revolution), 베버의 사회이론(Weberian Social theory), 베버의 칼뱅주의 명제 (Weber's Calvinist thesis)
칼슈타트, 안드레아스(Karlstadt, Andreas) 584
켄수스(중세 유럽은 첸수스)(Census).
See 모기지의 역사(Mortgage, history of)
캐논법(Canon law) 23, 39, 111, 195, 254, 300, 318, 380, 395, 483, 544, 579
켈리, 도날드(Kelley, Donald R.)
322, 325
코크, 에드워드 경(Coke, Sir Edward)
후편 색인 참조; 코크의 전기; 코크의 철학
코페르니쿠스(Copernicus) 후편 색인 참조
쿠자시우스(Cujas) 413
크롬웰, 리차드(Cromwell, Richard)
후편 색인 참조
크리스천의 소명(Christian calling)
234
크롬웰, 올리버(Cromwell, Oliver)
후편 색인 참조
크롬웰, 토마스(Cromwell, Thomas)
후편 색인 참조
키케로(Cicero) 213, 222, 268, 440

(ㅌ)

타당한 의문(Reasonable doubt)
후편 색인 참조. See also 법과학, 잉글랜드의(Legal science, English); 확률(Probability); "조리 있음" ("Reasonableness")
타키투스(Tacitus) 후편 색인 참조
토크빌(Tocqueville, Alexis de)
599
통합 법학(Integrative jurisprudence)
14, 605 See also 법철학(Legal philosophy)
트렐치, 에른스트 (Troeltsch, Ernst)
590
트리보니안(Tribonian) 324

(ㅍ)

파두아의 마르실리우스(Marsilius of

Padua) 126
파라딘 v. 제인(Paradine v. Jane) 후편 색인 참조
파일을 송부하는 것, 법학 교수에게 판결 전에 문의함(Aktenversendung), See also 법과학, 도이치의(Legal science, German)
페인, 토마스(Paine, Thomas) 56
페트라르키, 프란체스코(Petrarch, Francesco) 321
펜, 윌리엄(Penn, William) 후편 색인 참조
펠리칸, 야로슬라브(Pelikan, Jaroslav) 25
평등파(Levellers) 후편 색인 참조; 푸트니 토의(Putney debates)
포스테마, 제럴드(Postema, Gerald) 후편 색인 참조
포테스큐, 존 경(Fortescue, Sir John) 후편 색인 참조
폭력행위를 동반하지 않는 도덕에 반하는 행위 / 부도덕한 행위(Moral offenses): 잉글랜드 법에서; 도이치법에서
폭스, 조지(Fox, George) 후편 색인 참조
폴란드(Poland) 105, 176, 177
프란시스 1세(Francis I, King of France) 42, 340
프란시스코의 비토리아(Vitoria, Francisco de) 183
프랑스 대혁명(French Revolution) 26, 47, 56, 59, 88, 169
프랑스혁명(French Revolution) 28, 49, 50, 52, 60, 69, 72, 79, 287
프랭클린, 벤자민(Franklin, Benjamin) 58, 88, 574
프랭클린, 줄리안(Franklin, Julian) 후편 색인 참조
프레이저, 안토니오(Fraser, Antonia) 후편 색인 참조
프렉네트(Plucknett, T. F. T.) 후편 색인 참조
프로테스탄트(Protestantism, spread of) 24, 41, 78, 80, 82, 89, 155, 186, 190, 201, 231, 349, 375, 560
프로테스탄티즘(Protestantism) 10, 41, 46, 85, 87, 94, 96, 103, 156, 158, 181, 192, 206, 212, 269, 348, 407, 414, 417, 575, 591 다음 지역으로 전파(Denmark, England, France, Netherlands, Poland, Sweden, Ukraine and Belarus), 반향이 일어난 지역(Spain and Italy). See also 위그노(Huguenots); 로마 가톨릭 종교개혁(Roman Catholic Reformation)
프롱드(Fronde) 후편 색인 참조
플라톤(Plato) 33, 214, 222, 268, 318, 413
피셔, 존(Fisher, Bishop John) 후편 색인 참조
필머, 로버트(Filmer, Robert) 후편 색인 참조

(ㅎ)

하원(Commons, House of) 43, 59, 66
하트립, 사무엘(Hartlib, Samuel) 후편 색인 참조
해상법원(Admiralty, High Court of) 44 See 대권 법원(Prerogative courts)
향사(Landed gentry) 22, 42, 94, 176, 196 See also 귀족 중심주의(Aristocracy); 의회(Parliament)
헌법, 도이치의(Constitutional law, German) 202 See also 시민의 불복종(Civil disobedience); 군주주의

(Monarchy), 제한적인(limited); 자연법(Natural Law), 루터주의 이론(Lutheran theories of); 상급 관료, 세속 상부 지배층[Obrigkeit(High magistracy)]; 법치국가(Rechtsstaat)
헌법, 잉글랜드의(Constitutional law, English) 58, 193 See 권리장전(Bill of Rights); 잉글랜드법(English law); 사법부, 잉글랜드의(Judiciary, English), 사법부의 독립; 군주주의(Monarchy), 절대적인(absolute); 의회(Parliament), post-1689 의회의 우위(parliamentary supremacy)
헤일, 매튜(Hale, Matthew) 58 헤일의 전기; 헤일의 법철학
혁명(Revolutions) 5, 6, 7, 8, 10, 13, 21, 23, 26, 96, 168 혁명의 단계(stages of revolutions). See also 아메리카혁명(American Revolution); 프랑스혁명(French Revolution); 교황의 혁명(Papal Revolution); 러시아혁명(Russian Revolution); 서양법 전통(Western legal tradition)
형법 사례(criminal cases) 441, 475
형법과 절차, 도이치의(Criminal law and procedure, German) 471
형사 관할(criminal jurisdiction) 426, 441
형평(Equity) 255, 272, 282, 287, 293, 305, 312, 392, 412 See also 배심원의 형평(Jury equity); 자연법(Natural law), 잉글랜드 이론
호킨스, 윌리엄(Hawkins, William) 후편 색인 참조
호트마누스(Hotman, Francois) 413
홀즈워스(Holdsworth, W. S.) 후편 색인 참조
홀트 경(Holt, Lord) 후편 색인 참조
홉스, 토마스(Hobbes, Thomas) 209
확률(Probability) 449 과학적 방법과의 관계(relationship to scientific method), See also 법과학, 잉글랜드의(Legal science, English); 타당한 의문(Reasonable doubt); "조리 있음"("Reasonableness")
황실법원/성실법원/성청법원/스타 챔버 법원/스타 챔버(Star Chamber, High Court of) 44
황제 나폴레옹 3세(Napoleon III, Emperor) 72
후커, 리처드(Hooker, Richard) 후편 색인 참조
후텐, 울리히 폰(Hutten, Ulrich von) 371
흄, 데이비드(Hume, David) 후편 색인 참조

해롤드 버만(Harold Joseph Berman, 1918~2007)

하버드 로스쿨(Harvard Law School)의 가장 중요한 업적을 내는 교수에게 주어지는 스토리 교수직(Story Professor of Law)과 에임즈 교수직(Ames Professor of Law)에 37년간 있었다. 이후 남부의 하버드라 불리는 에머리 로스쿨(Emory Law School) 최고의 교수에게 주어지는 우드러프 교수직(Woodruff Professor of Law)을 역임하였으며 89세에 영면할 때까지 60년 동안 현역 교수로 활약하였다.

1. 비교법과 비교법제사, 법철학(jurisprudence), 법과 종교, 국제 통상 및 국제사법, 러시아-소비에트법사, 법 교육 등을 전공 하였다.
2. 문명사에서 인류의 법과 종교의 상호작용 관계를 정리하였으며, 그의 영향으로 에머리 로스쿨의 'Center for the Study of Law and Religion'이 설립되었다[그의 학생이었던 존 위티 주니어(John Witte Jr.)가 director].
3. 법학 교육에 미친 영향은 하버드 로스쿨의 실질적인 창설자 로스코 파운드(Roscoe Pound), 법현실주의자 칼 N. 루엘린(Karl N. Llewellyn), 자연법론의 론 풀러(Lon Fuller)와 동열에 위치한다고 한다. 학제적으로는 막스 베버(Max Weber)에 비견된다고 한다.
4. 지적인 세계에서, 먼저 신대륙과 영국을 거쳐, 대서양을 넘어, 서유럽의 게르만 문명과 프랑크 문명을 연결시키고, 마침내 중동부 유럽과 러시아를 연결시켜, 서양법 전통이 지나간 역사가 아니라 '현존하는 전통의 힘'이라는 것을 증명하였다.
5. 그의 '법과 종교' 연구에서 확립된 보편주의는, 1989년 구 공산주의가 무너진 동유럽 러시아혁명 이후 진공 상태의 광대한 지역에서 새로운 질서를 형성시키는 데 기여하여 왔다. 또한 그가 '법과 종교'에 기한 인류문명사의 과거와 미래에 대한 해석 및 예견은, 2006년 중국서도 수천 명의 중국학자들을 경청하게 만들었다. 2010년에는 일본에서도 비교법을 통해 많은 학생들이 그를 따랐다.
6. 2013년『법과 혁명 Ⅰ』을 한국에서 출간한 이후, 이번에 출간되는『법과 혁명 Ⅱ』의 전편과 후편이 한국의 지식사회 및 법학계 에 줄 충격은, 1995년 독일어로 출간된『법과 혁명』이 유럽대륙에 던진 파문에 비교될지는 알 수 없다.

김 철(金徹) chullkim715@hanmail.net

서울대학교 법과대학과 동 대학원의 법학과 박사 과정을 수료. University of Michigan Graduate Study(fulbright fellow & UM Law fellow) 졸업, NYU Law Sch. 방문학자, Harvard, Columbia 등에서 단기연구를 진행한 바 있다. 서울대학교, 고려대학교, 숭실대학교 등 여러 국내 대학교에서 학생들을 가르쳤고, 1982년 숙명여자대학교 법과대학 창설 교수였으며, 현재는 명예교수로 서울대학교 등에 출강하고 있다. 이 밖에 법철학회, 법사학회, 경제법학회, 도산법연구회, 공법학회 산하 여러 학회, 행정법학회, 헌법학회, 사회이론학회, 인문사회과학회 등 여러 학회에서 활동하고 있다.

대표 저서로는 **I. 한국 법학 3부작**『한국 법학의 반성』(2009.9),『한국 법학의 철학적 기초』(2007),『법제도의 보편성과 특수성-한국 공법학의 지향점』(2007), **II. 기초법 3부작** 한국법철학회 편의『한국의 법철학자』(2013) 및 Legal Philosophers in Korea(2014, 영문판), 한국사회이론학회 공저『뒤르켐을 다시 생각한다』(2009.3), 한국사회이론학회 공저『다시 읽는 막스 베버』(2015), **III. 법과 경제 3부작**『경제위기와 치유의 법학』(2014.2),『법과 경제 질서: 21세기의 시대정신』(2010.3),『경제 위기 때의 법학: 뉴딜 법학의 회귀가능성』(2009.3), **IV. 법과 종교 3부작** 해롤드 버만과 김철『종교와 제도: 문명과 역사적 법이론』(1992.2), 영문논문「Religion & Law in East-Asian Culture」(2009.3), 인문사회과학회 공저『칼뱅주의 논쟁』(2010), **V. 법과 혁명 옮기고 주석 3부작** 해롤드 버만 원저, 김철 옮기고 정리하고 주석『법과 혁명 Ⅰ-서양법 전통의 형성』(2013.2), 법과 혁명 Ⅱ-그리스도교가 서양법 전통에 미친 영향(前)(2016.2), 법과 혁명 Ⅱ-그리스도교가 서양법 전통에 미친 영향(後)(2016.2), **VI. 비교법 2부작** 공저 미소 비교론(1992.2), 러시아 소비에트법-비교법 문화적 연구(1989) 등이 있다.

학제적 연구로 '인문, 사회, 과학, 특히 법학과 경제학, 법학과 신학의 학제성의 업적'으로 2015년도 한국인문사회과학상을 수상하였다(한국인문사회과학원, 2015.6.20).

단독 저서로, 학술원우수학술도서(2010), 문화관광부우수학술도서(2009, 2011), 학회 공동저서로 학술원우수도서(2009)에 선정되었다.

법과 혁명 Ⅱ

그리스도교가
서양법 전통에 미친 영향(前)

초판인쇄 2016년 1월 29일
초판발행 2016년 1월 29일

지은이 해롤드 버만
옮기고 주석 김철
펴낸이 채종준
펴낸곳 한국학술정보㈜
주소 경기도 파주시 회동길 230(문발동)
전화 031) 908-3181(대표)
팩스 031) 908-3189
홈페이지 http://ebook.kstudy.com
전자우편 출판사업부 publish@kstudy.com
등록 제일산-115호(2000. 6. 19)

ISBN 978-89-268-7190-4 93360

책에 대한 더 나은 생각, 끊임없는 고민, 독자를 생각하는 마음으로 보다 좋은 책을 만들어갑니다.